Iwan Gontscharow

# OBLOMOW

Iwan Gontscharow

# OBLOMOW

Ein Roman in vier Teilen

Aus dem Russischen von
Hermann Röhl

Anaconda

Titel der russischen Originalausgabe: *Oblomow* (Petersburg 1859).
Die Übersetzung von Hermann Röhl erschien zuerst 1923 bei Propyläen in Berlin. Sie wurde für diese Ausgabe bis auf wenige Formalia unverändert übernommen.

Die Deutsche Nationalbibliothek verzeichnet diese Publikation in der Deutschen Nationalbibliographie; detaillierte bibliographische Daten sind im Internet unter http://dnb.d-nb.de abrufbar.


Umschlagmotiv: Valentina Mikhailovna Khodasevich (1894–1970), »Portrait of the Poet Konstanti Lipskerov« (1918), State Central Literary Museum, Moskau/bridgemanart.com
Umschlaggestaltung: dyadesign, Düsseldorf, www.dya.de
Satz und Layout: Roland Poferl Print-Design, Köln
Printed in Czech Republic 2010
ISBN 978-3-86647-478-9
www.anacondaverlag.de
info@anaconda-verlag.de

# INHALT

# ERSTER TEIL

# I.

In der Gorochowaja-Straße*, in einem der großen Häuser, dessen Bewohnerschaft für eine ganze Kreisstadt ausgereicht hätte, lag Ilja Iljitsch Oblomow eines Morgens in seiner Wohnung im Bette.

Er war ein Mann von zwei- oder dreiunddreißig Jahren, von mittlerer Statur und angenehmen Äußern, mit dunkelgrauen Augen; aber seine Gesichtszüge zeigten einen Mangel an jeder bestimmten Idee und an jedem regen Interesse. Ein Gedanke flog wie ein freier Vogel über sein Gesicht, flatterte in den Augen umher, setzte sich auf die halbgeöffneten Lippen, versteckte sich in den Falten der Stirn, ging darauf ganz verloren, und dann verbreitete sich über sein ganzes Gesicht die warme, gleichmäßige Helle der Sorglosigkeit. Von dem Gesichte ging diese Sorglosigkeit auf die Haltung des ganzen Körpers über, sogar auf die Falten des Schlafrocks.

Manchmal verdunkelte sich sein Blick durch einen Ausdruck von Müdigkeit oder Langerweile; aber weder die Müdigkeit noch die Langeweile vermochten auch nur für einen Augenblick von seinem Gesichte die Weichheit zu verscheuchen, die der herrschende Zug, der Grundzug nicht nur seines Gesichtes, sondern auch seiner ganzen Seele war; seine Seele aber leuchtete hell und offen in seinen Augen, in seinem Lächeln, in jeder Bewegung des Kopfes und der Hände. Auch ein kühler, flüchtiger Beobachter würde, wenn er Oblomow im Vorbeigehen angeblickt hätte, gesagt haben: »Das muß ein guter Kerl, eine treue Seele sein!« Ein Mensch mit tieferem Blicke und wärmerem Herzen würde ihm lange ins Gesicht geschaut haben und, in angenehmes

* Im Zentrum von Petersburg. Anm. d. Übers.

Sinnen versunken, mit einem Lächeln auf den Lippen weitergegangen sein.

Ilja Iljitschs Gesichtsfarbe war weder frisch und rot, noch auch gebräunt, noch auch geradezu blaß, sondern von unbestimmtem Charakter, oder wenigstens machte sie diesen Eindruck, vielleicht weil Oblomow in einer seinen Jahren gar nicht entsprechenden Weise aufgedunsen war: sei es infolge des Mangels an Bewegung, sei es infolge des Mangels an frischer Luft, vielleicht auch aus beiden Gründen. Überhaupt schien sein Körper, nach der matten, übermäßig weißen Farbe des Halses, den kleinen fleischigen Händen und den weichen Schultern zu urteilen, für eine Mannsperson gar zu sehr verzärtelt zu sein.

Seine Bewegungen wurden, selbst wenn er erregt war, durch eine gewisse Weichheit und durch eine einer eigenartigen Anmut nicht entbehrende Lässigkeit gemäßigt. Wenn eine Sorgenwolke aus seiner Seele über sein Gesicht dahinlief, so umflorte sich sein Blick; auf der Stirn erschienen Falten; Zweifel, Trauer und Besorgnis spielten auf seinem Gesichte; aber nur selten verdichtete sich diese Unruhe in Form einer bestimmten Idee, noch seltener verwandelte sie sich in einen Vorsatz. Die ganze Unruhe endete mit einem Seufzer und erstarb in Apathie oder in einem Zustande des Halbschlafs.

Oblomows häusliche Tracht stimmte vollkommen zu seinen ruhigen Gesichtszügen und zu seinem verzärtelten Körper. Er trug einen Schlafrock von persischem Stoffe, einen echt orientalischen Schlafrock, ohne die geringste Anlehnung an die europäische Mode, ohne Troddeln, ohne Samt, ohne Taille, von gewaltiger Weite, so daß Oblomow sich zweimal in ihn einwickeln konnte. Die Ärmel wurden nach der unveränderlichen asiatischen Mode von den Fingern bis zu den Schultern immer weiter. Obgleich dieser Schlafrock seine ursprüngliche Frische eingebüßt und stellenweise seinen anfänglichen natürlichen Glanz mit einem andern, ehrlich erworbenen vertauscht hatte, so bewahrte er doch noch die Lebhaftigkeit der orientalischen Farbe, und das dauerhafte Gewebe war noch unversehrt.

Dieser Schlafrock besaß in Oblomows Augen eine Unmenge unschätzbarer Vorzüge: er war weich und schmiegsam; der Körper fühlte ihn nicht an sich; er fügte sich wie ein gehorsamer Sklave der geringsten Bewegung des Körpers.

Oblomow ging zu Hause immer ohne Krawatte und ohne Weste; denn er liebte Bequemlichkeit und Behaglichkeit. Seine Pantoffeln waren lang, weich und weit; wenn er, ohne hinzusehen, die Beine vom Bette herunternahm und auf den Fußboden setzte, so fuhr er mit Sicherheit in beide Pantoffeln gleichzeitig hinein.

Das Liegen war bei Ilja Iljitsch weder etwas Notwendiges wie bei einem Kranken oder bei jemand, der schlafen will, noch auch etwas Zufälliges wie bei jemand, der müde geworden ist, noch auch etwas Genußreiches wie bei einem Faulpelz; sondern es war dies sein normaler Zustand. Wenn er zu Hause war (und er war fast immer zu Hause), so lag er stets; und zwar lag er beständig in ein und demselben Zimmer, in dem wir ihn gefunden haben, und das ihm als Schlafzimmer, Wohnzimmer und Salon diente. Er hatte noch drei andre Zimmer; aber in diese warf er nur selten einen Blick, höchstens des Morgens, und auch das nicht alle Tage, sondern nur, wenn sein Diener das Wohnzimmer ausfegte, was nicht täglich geschah. In jenen Zimmern steckten die Möbel in Überzügen, und die Rouleaus waren herabgelassen.

Das Zimmer, in dem Ilja Iljitsch lag, konnte auf den ersten Blick schön eingerichtet scheinen. Es standen dort ein Mahagoni-Schreibtisch, zwei mit Seidenstoff bezogene Sofas und ein hübscher Bettschirm mit gestickten, in der Natur nicht vorkommenden Vögeln und Früchten. Es waren dort

seidene Vorhänge, Teppiche, einige Bilder, Bronzen, Porzellanfiguren und eine Menge netter Nippsachen.
Aber das erfahrene Auge eines Menschen mit reinem Geschmack hätte schon bei einem einzigen flüchtigen Blicke auf alles, was da war, erkannt, daß lediglich der Wunsch zugrunde lag, einigermaßen das Dekorum des unvermeidlichen Anstandes zu bewahren, sich irgendwie mit ihm abzufinden. Nur darauf war sicherlich Oblomows Tätigkeit gerichtet gewesen, als er sein Wohnzimmer einrichtete. Ein verfeinerter Geschmack hätte sich nicht mit diesen schweren, plumpen Mahagonistühlen und mit diesen wackeligen Etageren begnügt. An dem einen Sofa hatte sich die Rükkenlehne gesenkt und das aufgeleimte Holz hatte sich stellenweise losgelöst. Ganz denselben Charakter trugen auch die Bilder und die Vasen und die Nippsachen.
Der Eigentümer selbst jedoch blickte auf die Einrichtung seines Wohnzimmers so kühl und zerstreut, als ob er mit den Augen fragen wollte: »Wer hat denn das alles hierher geschleppt und aufgestellt?« Infolge dieses kühlen Verhaltens Oblomows zu seinem Eigentume und vielleicht auch infolge des noch kühleren Verhaltens seines Dieners Sachar zu diesen selben Gegenständen befremdete denn auch der Anblick des Wohnzimmers einen jeden, der es genauer betrachtete, durch die darin herrschende Unordnung und Verwahrlosung.
An den Wänden und um die Bilder hingen, nach Art von Festons, ganz mit Staub bedeckte Spinnweben; statt die Gegenstände zu reflektieren, hätten die Spiegel eher als Tafeln dienen können, um auf ihnen im Staube Notizen zur Unterstützung des Gedächtnisses niederzuschreiben. Die Teppiche wiesen zahlreiche Flecke auf. Auf dem einen Sofa lag ein vergessenes Handtuch; es war eine Seltenheit, wenn morgens das Abendessen des vorhergehenden Tages vom Tische

ordentlich abgeräumt war und nicht noch ein Teller mit einem Salzfäßchen und einem abgenagten Knochen darauf stand und Brotkrumen umherlagen.
Wäre nicht dieser Teller dagewesen und die am Bette lehnende soeben ausgerauchte Pfeife und der im Bette liegende Hausherr selbst, so hätte man denken können, daß hier niemand wohne – so verstaubt, verblichen und überhaupt so ohne jede Spur der Anwesenheit eines menschlichen Wesens sah alles aus. Auf den Etageren lagen allerdings zwei oder drei aufgeschlagene Bücher, auch trieb sich da eine Zeitung umher, und auf dem Schreibtisch stand ein Tintenfaß mit Federn; aber die Seiten, bei denen die Bücher aufgeschlagen waren, waren mit Staub bedeckt und vergilbt; die betreffende Zeitungsnummer stammte aus dem vorigen Jahre, und aus dem Tintenfaß wäre, wenn man eine Feder hineingesteckt hätte, höchstens eine erschrockene Fliege herausgesummt.
Ilja Iljitsch war gegen seine Gewohnheit sehr früh aufgewacht, um acht Uhr. Es war da etwas, was ihn stark beunruhigte. Auf seinem Gesichte prägte sich abwechselnd bald Furcht, bald Verdruß und Ärger aus. Es war deutlich, daß in seinem Innern ein Kampf stattfand, und daß der Verstand dabei noch nicht zu Hilfe gekommen war.
Die Sache war die, daß Oblomow am vorhergehenden Tage von seinem Gute einen Brief seines Dorfschulzen erhalten hatte, einen Brief mit recht unangenehmem Inhalt. Man weiß ja, was das für Unannehmlichkeiten sind, von denen so ein Dorfschulze schreiben kann: Mißernte, rückständige Zahlungen, Verringerung der Einnahme und so weiter. Obgleich der Dorfschulze auch im vorigen und im vorvorigen Jahre seinem Herrn genau ebensolche Briefe geschrieben hatte, wirkte doch auch dieser letzte Brief so stark, wie eben jede unangenehme Überraschung wirkt.

Und es war ja auch eine schwere Aufgabe: er mußte über die Mittel zur Ergreifung irgendwelcher Maßregeln nachdenken. Übrigens muß man der Sorgfalt, die Ilja Iljitsch seinen geschäftlichen Angelegenheiten widmete, Gerechtigkeit widerfahren lassen. Er hatte schon aus Anlaß des ersten unangenehmen Briefes, den er von dem Dorfschulzen vor einigen Jahren erhalten hatte, angefangen, im Geiste einen Plan zu verschiedenen Veränderungen und Verbesserungen in der Verwaltung seines Gutes zu entwerfen.
Bei diesem Plane hatte er die Einführung verschiedener neuer wirtschaftlicher, polizeilicher und anderer Maßregeln ins Auge gefaßt. Aber der Plan war noch lange nicht ganz durchdacht; die unangenehmen Briefe des Dorfschulzen aber wiederholten sich alljährlich, trieben ihn zur Tätigkeit an und störten folglich seine Ruhe. Oblomow war sich der Notwendigkeit bewußt, noch vor der abschließenden Ausarbeitung seines Planes etwas Entscheidendes ins Werk zu setzen.
Er hatte sich gleich nach dem Aufwachen vorgenommen aufzustehen, sich zu waschen und nach dem Teetrinken ordentlich nachzudenken, dies und das zu erwägen, sich Notizen zu machen und sich überhaupt mit dieser Angelegenheit so zu beschäftigen, wie es sich gehörte.
Etwa eine halbe Stunde lang lag er da und quälte sich mit diesem Vorsatze ab; dann aber sagte er sich, daß er auch noch nach dem Tee Zeit haben werde, dies zu tun, und daß er den Tee seiner Gewohnheit nach im Bette trinken könne, um so mehr, da die Denktätigkeit durch das Liegen nicht behindert werde.
So machte er es denn auch. Nach dem Tee hatte er sich schon halb von seinem Lager erhoben und war schon im Begriffe aufzustehen; er hatte sogar, mit einem Blicke nach seinen Pantoffeln, bereits angefangen, das eine Bein vom Bet-

te zu ihnen herabsinken zu lassen; aber er zog es sofort wieder zurück.

Es schlug halb zehn; Ilja Iljitsch fuhr zusammen.

»Wahrhaftig, wie benehme ich mich denn?« sagte er laut und ärgerlich. »Ich muß mich ja schämen: es ist Zeit, daß ich mich an die Arbeit mache! Wenn man sich nur ein bißchen die Zügel läßt, so ...«

»Sachar!« rief er.

In einem Zimmer, das von Ilja Iljitschs Zimmer nur durch einen kleine Flur getrennt war, ließ sich zuerst etwas wie das Knurren eines Kettenhundes vernehmen und dann das Gepolter von Beinen, die von irgend etwas hinabsprangen. Das war Sachar, der von der Ofenbank hinabsprang, auf der er gewöhnlich seine Zeit verbrachte, indem er in Halbschlummer versunken dasaß.

In das Zimmer trat ein bejahrter Mann in einem grauen Rocke mit einem Loche unter der Achsel, aus dem ein Stück Hemd heraushing, in einer ebenfalls grauen Weste mit kupfernen Knöpfen; sein Schädel war kahl wie ein Knie, und sein blonder, graumelierter Backenbart so außerordentlich breit und dicht, daß jede Hälfte desselben für drei Bärte ausgereicht hätte.

Sachar gab sich keine Mühe, an der ihm von Gott gegebenen Gestalt oder an seinem Kostüm, das er auf dem Lande getragen hatte, irgendwelche Veränderungen vorzunehmen. Seine Kleider ließ er sich nach dem Muster anfertigen, das er vom Lande mitgebracht hatte. Der graue Rock und die graue Weste gefielen ihm auch deshalb, weil er in diesem halb uniformartigen Anzuge eine schwache Erinnerung an die Livree sah, die er ehemals getragen hatte, wenn er seine verstorbene Herrschaft zur Kirche oder zu Visiten begleitete; die Livree aber war in seinen Erinnerungen das einzige, wodurch die Würde der Familie Oblomow repräsentiert wurde.

Weiter erinnerte den alten Mann nichts an das behagliche, ruhige Leben auf dem Herrensitze in dem abgelegenen Dorfe. Die alte Herrschaft war gestorben; die Familienporträts waren zu Hause geblieben und lagen wohl irgendwo auf dem Dachboden umher; die Überlieferungen von der alten Lebensweise und Vornehmheit der Familie waren ganz erstorben oder lebten nur noch im Gedächtnisse weniger auf dem Lande gebliebener alter Leute. Darum war der graue Rock dem alten Sachar so teuer: in ihm und dann noch in einigen Merkmalen, die sich in dem Gesichte und in dem Benehmen seines Herrn erhalten hatten und ihn an dessen Eltern erinnerten, sowie in den Launen seines Herrn, über die er zwar im stillen und auch laut brummte, die er aber innerlich als eine Bekundung des Herrenwillens und des Herrenrechtes respektierte, sah er schwache Überreste der dahingeschwundenen Größe.

Wären diese Launen nicht gewesen, so hätte er keinen Herrn über sich gefühlt; wären diese Launen nicht gewesen, so hätte nichts seine Jugend und das Dorf, das sie schon lange verlassen hatten, und die Traditionen von dieser alten Familie vor seinem geistigen Blicke wieder erstehen lassen; diese Traditionen aber waren die einzige Chronik, die von alten Dienern, Kinderfrauen und Ammen geführt und von Geschlecht zu Geschlecht überliefert wurde.

Die Familie Oblomow war ehemals reich und in ihrer Gegend angesehen gewesen; später aber war sie, Gott weiß woher, ganz verarmt und verkümmert und hatte sich zuletzt unmerklich unter den jüngeren adligen Familien verloren. Nur die ergrauten Diener bewahrten und überlieferten einer dem andern eine treue Erinnerung an das Vergangene und hielten diese Erinnerung wie ein Heiligtum in Ehren.

Dies war der Grund, weshalb Sachar seinen grauen Rock so sehr liebte. Vielleicht schätzte er auch seinen Backenbart

deswegen, weil er in seiner Kindheit viele alte Diener mit dieser altertümlichen aristokratischen Zierde gesehen hatte.
In Nachdenken versunken, bemerkte Ilja Iljitsch seinen Diener längere Zeit nicht. Sachar stand schweigend vor ihm. Endlich hustete er.
»Was willst du?« fragte Ilja Iljitsch.
»Sie haben mich doch gerufen.«
»Habe ich dich gerufen? Warum habe ich dich denn gerufen? Ich erinnere mich nicht!« antwortete er, sich reckend. »Geh vorläufig wieder auf dein Zimmer; ich werde mich besinnen.« Sachar ging hinaus; Ilja Iljitsch aber blieb weiter liegen und dachte weiter an den verdammten Brief.
So verging ungefähr eine Viertelstunde.
»Na, aber nun will ich nicht mehr liegen!« sagte er. »Ich muß aufstehen … Übrigens möchte ich doch den Brief des Dorfschulzen noch einmal aufmerksam durchlesen, und dann will ich aufstehen. – Sachar!«
Es erfolgte wieder dasselbe Springen und ein stärkeres Knurren. Sachar kam herein; Oblomow aber war wieder in seine Gedanken versunken. Sachar stand ein paar Minuten lang da und blickte seinen Herrn mißvergnügt etwas von der Seite her an; endlich ging er wieder zur Tür.
»Wo willst du hin?« fragte Oblomow auf einmal.
»Sie sagen nichts; also warum soll ich hier unnütze stehen?« erwiderte Sachar mit heiserer Stimme; eine andere Stimme hatte er nämlich nicht. Nach seiner Angabe hatte er seine Stimme verloren, als er mit seinem alten Herrn zu Pferde eine Hetzjagd mitgemacht und ihm ein starker Wind in die Kehle geblasen hatte.
Er stand halb abgewendet mitten im Zimmer und blickte immer seitwärts auf Oblomow hin.
»Sind dir etwa die Beine verdorrt, daß du nicht stehen kannst? Du siehst, ich habe meine Kopf voll Sorgen; also

warte ein Weilchen! Hast du denn bei dir noch nicht genug gelegen? Suche mal den Brief, den ich gestern von dem Dorfschulzen bekommen habe. Wo hast du ihn gelassen?«

»Was für einen Brief? Ich habe keinen Brief gesehen«, antwortete Sachar.

»Du hast ihn doch selbst von dem Briefträger in Empfang genommen: es war so ein schmutziger Brief!«

»Wie soll ich wissen, wo Sie ihn hingelegt haben?« sagte Sachar und klopfte mit der Hand auf die Papiere und auf die mancherlei anderen Sachen, die auf dem Tische lagen. »Du weißt aber auch nie etwas. Sieh mal da in dem Korbe nach! Oder ist er vielleicht hinter das Sofa gefallen? Die Rücklehne am Sofa ist immer noch nicht repariert; du solltest doch den Tischler rufen und sie ganzmachen lassen. Du hast sie ja selbst zerbrochen. Du denkst aber an nichts!«

»Ich habe sie nicht zerbrochen«, antwortete Sachar. »Sie ist von selbst zerbrochen; ewig kann sie ja doch nicht halten; einmal muß sie doch entzweigehen.«

Ilja Iljitsch hielt nicht für nötig, das Gegenteil zu beweisen.

»Hast du ihn gefunden, ja?« fragte er nur.

»Hier sind ein paar Briefe.«

»Das sind andere.«

»Na, mehr sind nicht da«, sagte Sachar.

»Nun gut, geh nur!« sagte Ilja Iljitsch ungeduldig; »ich werde aufstehen und ihn selbst suchen.«

Sachar ging in sein Zimmer; aber kaum hatte er sich mit den Armen auf die Ofenbank gestemmt, um hinaufzuspringen, als sich wieder der eilige Ruf: »Sachar, Sachar!« vernehmen ließ.

»Ach, du mein Gott!« brummte Sachar, während er sich wieder in das Wohnzimmer begab. »Ist das eine Quälerei! Wenn ich nur erst tot wäre!«

»Was wünschen Sie?« fragte er, indem er mit der einen Hand

die Tür des Wohnzimmers angefaßt hielt und seinen Herrn zum Zeichen seines Mißvergnügens dermaßen von der Seite anblickte, daß er ihn nur mit einem halben Auge sehen konnte, diesem aber nur die eine Hälfte des Backenbartes sichtbar war, die einen so großen, dichten Busch bildete, daß man erwarten konnte, es würden zwei oder drei Vögel herausfliegen.

»Das Taschentuch, schnell! Das könntest du auch selbst wissen; siehst du denn nichts?« bemerkte Ilja Iljitsch in strengem Tone.

Sachar äußerte bei diesem Befehle und Vorwurfe seines Herrn keine besondere Unzufriedenheit oder Verwunderung, da er wahrscheinlich seinerseits sowohl den Befehl als auch den Vorwurf sehr natürlich fand.

»Wer weiß, wo das Taschentuch ist?« brummte er, während er im Zimmer umherging und jeden Stuhl betastete, obgleich auch so schon zu sehen war, daß auf den Stühlen nichts lag.

»Alles verlieren Sie!« bemerkte er und öffnete die Tür zum Salon, um nachzusehen, ob das Tuch nicht dort sei.

»Wo willst du hin? Suche hier! Da bin ich seit vorgestern nicht gewesen. Aber schnell!« sagte Ilja Iljitsch.

»Ja, wo ist das Tuch? Das Tuch ist nicht da!« sagte Sachar, ratlos die Arme ausbreitend und in alle Ecken blickend. »Aber da ist es ja!« rief er plötzlich ärgerlich mit seiner heiseren Stimme; »unter Ihnen! Da schaut ein Zipfel davon hervor. Sie liegen selbst auf dem Tuche und suchen es!«

Und ohne eine Antwort abzuwarten, wollte Sachar hinausgehen. Oblomow war infolge seines eigenen Versehens etwas verlegen geworden, fand aber schnell einen anderen Grund, um seinem Diener einen Vorwurf zu machen.

»Wie du überall für Reinlichkeit sorgst! Ist das hier ein Staub und Schmutz, mein Gott! Da, da, sieh mal in die Ecken – nichts tust du!«

»Na, wenn ich nichts tue ...« begann Sachar in gekränktem Tone. »Ich gebe mir die größte Mühe und schone mein Leben nicht! Fast alle Tage fege ich aus und wische Staub ...« Er wies auf die Mitte des Fußbodens und auf den Tisch, an dem Oblomow immer zu Mittag aß.

»Da, da«, sagte er: »alles ist reingefegt und aufgeräumt, wie zu einer Hochzeit ... Was wollen Sie noch mehr?«

»Aber was ist das da?« unterbrach ihn Ilja Iljitsch, indem er auf die Wände und die Zimmerdecke wies. »Und das? Und das?« Er wies auf das seit dem vorhergehenden Tage herumliegende Handtuch und auf den auf dem Tische vergessenen Teller mit einem Stücke Brot.

»Na, das will ich gern wegräumen«, versetzte Sachar herablassend und nahm den Teller.

»Nur das! Und der Staub an den Wänden, und die Spinnweben?« sagte Oblomow, auf die Wände weisend. »Das beseitige ich zur Osterwoche; dann säubere ich den Heiligenschrein und nehme die Spinnweben ab ...«

»Und wann fegst du die Bücher und die Bilder ab?«

»Die Bücher und die Bilder vor Weihnachten; dann nehme ich mit Anisja alle Schränke vor. Jetzt aber, wann soll ich da aufräumen? Sie sitzen ja immer zu Hause!«

»Ich gehe doch manchmal ins Theater und auf Besuch; da könntest du ...«

»Wie kann ich bei Nacht reinmachen!«

Oblomow sah ihn vorwurfsvoll an, schüttelte den Kopf und seufzte; Sachar aber blickte gleichmütig durch das Fenster und seufzte ebenfalls. Der Herr schien zu denken: »Na, Bruder, du bist noch ein ärgerer Oblomow als ich selbst«; Sachar aber dachte ungefähr: »Du lügst! Du verstehst dich nur darauf, geschickte, klägliche Worte zu sagen; aber im Grunde sind dir der Staub und die Spinnweben ganz gleichgültig.«

»Weißt du wohl«, sagte Ilja Iljitsch, »daß infolge des Staubes sich Motten einnisten? Ich sehe manchmal sogar eine Wanze an der Wand!«

»Bei mir sind auch Flöhe!« erwiderte Sachar gleichmütig.

»Ist das etwa schön? Das ist doch eine Schmutzerei!« bemerkte Oblomow.

Sachar lächelte über das ganze Gesicht, so daß das Lächeln sogar die Augenbrauen und den Backenbart erfaßte und dieser sich nach den Seiten auseinanderteilte und das ganze Gesicht bis an die Stirn hinauf wie ein roter Fleck aussah.

»Was kann ich dafür, daß es auf der Welt Wanzen gibt?« sagte er mit naiver Verwunderung. »Habe ich sie etwa erfunden?«

»Das kommt von der Unreinlichkeit her«, unterbrach ihn Oblomow. »Was redest du immer für Unsinn!«

»Auch die Reinlichkeit habe ich nicht erfunden.«

»In deinem Zimmer laufen nachts Mäuse umher; ich höre es manchmal.«

»Auch die Mäuse habe ich nicht erfunden. Diese Geschöpfe, wie Mäuse, Katzen, Wanzen, gibt es überall die Menge.«

»Warum gibt es denn bei anderen Leuten weder Motten noch Wanzen?«

Auf Sachars Gesicht malte sich ein mißtrauischer Zweifel, oder, richtiger gesagt, eine ruhige Überzeugung, daß dem nicht so sei.

»Bei mir gibt es von alledem viel«, erwiderte er hartnäckig. »Auf jede Wanze kann man nicht aufpassen; in die Ritzen kann man ihnen nicht nachkriechen.«

Aber im stillen schien er zu denken: »Und was wäre das auch für ein Schlafen ohne Wanzen?«

»Fege aus, räume den Schmutz aus den Winkeln heraus; dann wird nichts mehr da sein«, belehrte ihn Oblomow.

»Heute räumt man ihn heraus, und morgen liegt wieder alles voll«, antwortete Sachar.

»Es wird nicht vollliegen«, unterbrach ihn der Herr; »das ist nicht nötig.«
»Es wird vollliegen, das weiß ich«, entgegnete der Diener beharrlich.
»Nun, und *wenn* es vollliegt, dann fege wieder aus.«
»Was? Alle Tage soll ich in allen Winkeln herumarbeiten?« fragte Sachar. »Was ist das für ein Leben? Da möchte ja Gott lieber meine Seele zu sich nehmen!«
»Warum ist es denn bei anderen Leuten rein?« erwiderte Oblomow. »Wirf mal einen Blick in die Wohnung des Klavierstimmers uns gegenüber: es ist eine wahre Freude, das zu sehen; und dabei haben sie nur ein einziges Dienstmädchen …«
»Aber wo soll auch bei diesen Deutschen Schmutz herkommen?« entgegnete Sachar schnell. »Sehen Sie nur, wie die Leute leben! Die ganze Familie nagt die ganze Woche über an einem Knochen. Wenn der Vater einen Rock abgetragen hat, so bekommt ihn der Sohn, und vom Sohne übernimmt ihn wieder der Vater. Die Frau und die Töchter tragen kurze Kleider und ziehen immer die Füße an den Leib wie die Gänse … Wo soll bei denen Schmutz herkommen? Bei denen ist es nicht so wie bei uns, daß ein Haufe alter abgetragener Kleider jahrelang in den Schränken liegt und sich im Winter eine ganze Ecke voll Brotrinden ansammelt … Bei denen liegt nicht einmal eine Brotrinde unnütz herum: sie machen sich Zwieback daraus und trinken ihn im Bier!« Sachar spuckte bei seiner Kritik einer so knauserigen Lebensweise sogar durch die Zähne aus.
»Es hat keinen Zweck, darüber hin und her zu reden!« versetzte Ilja Iljitsch. »Räume lieber auf!«
»Ich würde manchmal gern aufräumen; aber Sie selbst machen es mir ja unmöglich«, sagte Sachar.
»Die alte Leier! Na ja, immer bin ich das Hindernis.«

»Gewiß sind Sie das! Immer sitzen Sie zu Hause; wie soll ich da in Ihrer Anwesenheit aufräumen? Gehen Sie mal auf einen ganzen Tag weg, dann werde ich aufräumen.«

»Na, da hast du dir wieder mal etwas Schönes ausgedacht: ich soll ausgehen! Mach lieber, daß du auf dein Zimmer kommst.«

»Nein, wirklich!« versetzte Sachar beharrlich. »Wenn Sie zum Beispiel heute ausgingen, würden Anisja und ich alles aufräumen. Aber zu zweien würden wir es nicht schaffen: wir müßten noch ein paar Frauen annehmen, um alles zu scheuern.«

»Was sind das für Einfälle: Frauen annehmen! Scher' dich auf dein Zimmer!« sagte Ilja Iljitsch.

Es tat ihm schon leid, daß er Sachar zu diesem Gespräche herausgefordert hatte. Er vergaß immer, daß er sich durch jede Berührung dieses heiklen Gegenstandes mit Notwendigkeit Verdrießlichkeiten zuzog.

Oblomow hätte es gern gesehen, daß alles sauber wäre; aber er hätte gewünscht, daß das unmerklich, von selbst zustande käme; Sachar aber fing immer eine große Rederei an, sobald von ihm verlangt wurde, er solle den Staub ausfegen, den Fußboden scheuern und so weiter. Er begann in solchem Falle die Notwendigkeit eines gewaltigen Getreibes im Hause zu beweisen, da er sehr gut wußte, daß der bloße Gedanke daran seinen Herrn in Schrecken versetzte.

Sachar ging hinaus; Oblomow aber versank wieder in seine Überlegungen. Nach einigen Minuten schlug es wieder halb.

»Was ist das?« sagte Ilja Iljitsch ordentlich erschrocken. »Es ist bald elf, und ich bin noch nicht aufgestanden und habe mich noch nicht gewaschen? Sachar, Sachar!«

»Ach, du mein Gott! Schon wieder!« erscholl es aus Sachars Stube, und dann kam das bekannte Geräusch des Sprunges.

»Ist alles zum Waschen bereit?« fragte Oblomow.

»Schon längst!« antwortete Sachar. »Warum stehen Sie nicht auf?«
»Warum sagst du es mir denn nicht, daß alles bereit ist? Dann wäre ich schon längst aufgestanden. Geh nur; ich komme gleich nach. Ich habe zu tun; ich werde mich hinsetzen und schreiben.«
Sachar ging hinaus, kehrte aber eine Minute darauf mit einem vollgeschriebenen fettigen Hefte und einigen Papierblättern zurück.
»Da! Wenn Sie schreiben wollen, so seien Sie doch so gut, bei der Gelegenheit auch die Rechnungen durchzusehen; wir müssen sie bezahlen.«
»Was sind das für Rechnungen? Was müssen wir bezahlen?« fragte Ilja Iljitsch unzufrieden.
»Vom Fleischer; vom Gemüsehändler, von der Waschfrau, vom Bäcker: alle verlangen sie Geld.«
»Immer nur Geldsorgen!« brummte Ilja Iljitsch. »Warum gibst du mir denn die Rechnungen nicht nach und nach, sondern alle mit einem Mal?«
»Sie haben mich ja immer hinausgejagt. ›Morgen‹, sagten Sie, ›morgen!‹«
»Na, kann man es denn also nicht auch jetzt bis morgen lassen?«
»Nein. Die Leute sind schon sehr dringlich; sie wollen nichts mehr auf Kredit geben. Heute ist der Erste.«
»Ach!« sagte Oblomow verdrießlich. »Eine neue Sorge! Na, was stehst du noch? Lege die Rechnungen auf den Tisch. Ich werde gleich aufstehen, mich waschen und sie durchsehen«, sagte Ilja Iljitsch. »Also zum Waschen ist alles bereit?«
»Jawohl!« antwortete Sachar.
»Na, jetzt ...«
Er begann stöhnend, sich im Bette aufzurichten, um aufzustehen.

»Ich habe vergessen, Ihnen zu sagen«, begann Sachar: »vorhin, als Sie noch schliefen, hat der Hausverwalter den Hausknecht hergeschickt; er läßt sagen, wir müßten unbedingt ausziehen ... er brauche die Wohnung anderweitig.«

»Na, was ist denn? Wenn er die Wohnung anderweitig braucht, so ziehen wir selbstverständlich aus. Warum quälst du mich damit? Es ist schon das dritte Mal, daß du davon mit mir zu reden anfängst.«

»Er quält mich auch damit.«

»Sage ihm, wir würden ausziehen.«

»Er sagt: ›Ihr habt schon vor einem Monat versprochen auszuziehen, zieht aber immer noch nicht aus; ich werde es der Polizei anzeigen‹, sagt er.«

»Mag er es anzeigen!« sagte Oblomow in entschiedenem Tone. »Wir werden von selbst ausziehen, sobald es ein bißchen wärmer sein wird, so in drei Wochen.«

»Was heißt: in drei Wochen! Der Verwalter sagt, in zwei Wochen würden die Arbeiter kommen und alles einreißen. ›Zieht morgen oder übermorgen aus‹, sagt er ...«

»Oh, oh, oh! Das ist doch gar zu eilig! Nun sehe einer so was an! Am Ende wird er uns noch befehlen, sofort auszuziehen! Daß du dich aber nicht unterstehst, mich noch einmal an die Wohnung zu erinnern! Ich habe es dir schon einmal verboten; und nun hast du es doch wieder getan. Nimm dich in acht!«

»Was soll ich denn aber tun?« fragte Sachar.

»Was du tun sollst? Also auf diese Art möchtest du von der Sache loskommen!« antwortete Ilja Iljitsch. »Mich fragst du! Ist das etwa meine Sache? Belästige mich nicht damit, sondern richte alles ein, wie du willst, nur daß wir nicht auszuziehen brauchen. Kannst du dir denn für deinen Herrn nicht ein bißchen Mühe geben?«

»Aber wie soll ich es denn einrichten, Väterchen Ilja Iljitsch?« begann Sachar, indem er seiner heiseren, zischenden Stimme einen milden Klang zu geben suchte. »Das Haus gehört doch nicht mir; wie soll man es denn anfangen, daß man aus einem fremden Hause nicht auszuziehen braucht, wenn man hinausgejagt wird? Wenn das Haus mir gehörte, dann würde ich mit dem größten Vergnügen ...«

»Kann man ihn denn nicht irgendwie überreden? Sage ihm doch: ›Wir wohnen hier schon so lange und haben die Miete immer pünktlich bezahlt.‹«

»Das habe ich ihm schon gesagt«, antwortete Sachar.

»Nun, und was hat er darauf erwidert?«

»Was er erwidert hat? Immer dasselbe: ›Zieht aus‹, sagte er; ›wir müssen die Wohnung umbauen.‹ Sie wollen aus der Wohnung des Arztes und dieser hier eine einzige große Wohnung machen, weil der Sohn des Wirtes sich verheiratet.«

»Ach, du mein Gott!« sagte Oblomow ärgerlich. »Es gibt wirklich solche Esel, die sich verheiraten!«

Er drehte sich auf den Rücken.

»Sie sollten an den Hauswirt schreiben, gnädiger Herr«, sagte Sachar. »Vielleicht würde er Sie dann in Ruhe lassen und anordnen, daß zuerst jene Wohnung umgebaut wird.« Sachar zeigte dabei mit der Hand irgendwohin nach rechts.

»Na gut; wenn ich werde aufgestanden sein, werde ich schreiben ... Geh auf dein Zimmer; ich werde darüber nachdenken. Du verstehst doch aber auch nichts zu machen«, fügte er hinzu; »auch um diesen Quark muß ich mich selbst kümmern!«

Sachar ging hinaus, und Oblomow begann nachzudenken. Aber er war in Verlegenheit, worüber er nachdenken sollte: ob über den Brief des Dorfschulzen oder über den Umzug in eine neue Wohnung, oder sollte er sich an die Durchsicht der Rechnungen machen? Dieser Andrang materieller Sorgen machte ihn ganz fassungslos, und er lag noch immer da

und wälzte sich von einer Seite auf die andre. Nur von Zeit zu Zeit wurden abgebrochene Ausrufe vernehmbar: »Ach, mein Gott! Das Leben läßt einem doch gar keine Ruhe; überall faßt es einen an.«
Es läßt sich nicht sagen, ob er noch lange in dieser Unentschlossenheit verharrt wäre; aber im Vorzimmer ertönte die Klingel.
»Da kommt schon jemand«, sagte Oblomow und wickelte sich in seinen Schlafrock. »Und ich bin noch nicht aufgestanden; es ist geradezu eine Schande! Wer mag das so früh sein?« Und daliegend blickte er neugierig nach der Tür.

## II.

Der Eintretende war ein junger Mann von etwa fünfundzwanzig Jahren; sein Gesicht strahlte nur so von Gesundheit; seine Backen, seine Lippen und seine Augen lachten. Man wurde neidisch, wenn man ihn ansah.
Er war tadellos frisiert und gekleidet und blendete den Beschauer durch die Frische seines Gesichtes und durch die Schönheit seiner Wäsche, seiner Handschuhe und seines Fracks. Auf der Weste hing eine geschmackvolle Uhrkette mit einer Menge kleiner Anhänger. Er holte ein sehr feines batistenes Taschentuch hervor, zog das orientalische Parfüm ein, fuhr dann damit lässig über sein Gesicht und über den glänzenden Hut und schlug sich damit den Staub von den Lackstiefeln.
»Ah, guten Tag, Wolkow!« sagte Ilja Iljitsch.
»Guten Tag, Oblomow«, sagte der schmucke Herr, indem er näher an ihn herantrat.

»Kommen Sie nicht so nah heran, kommen Sie nicht so nah heran: Sie kommen aus der Kälte!« sagte dieser.
»O Sie Zärtling, Sie Sybarit!« erwiderte Wolkow und sah sich um, wo er seinen Hut hinstellen könnte; aber da er überall Staub sah, so stellte er ihn nirgends hin. Dann machte er seine beiden Frackschöße auseinander, um sich hinzusetzen; nachdem er aber den Lehnstuhl aufmerksam betrachtet hatte, blieb er stehen.
»Sie sind noch nicht aufgestanden! Und was haben Sie denn da für einen Schlafrock an? Solche trägt man ja schon längst nicht mehr«, schalt er Oblomow.
»Das ist ein orientalischer Schlafrock«, erwiderte Oblomow und wickelte sich liebevoll in die weiten Schöße dieses Kleidungsstückes.
»Wie steht's mit Ihrer Gesundheit?« fragte Wolkow.
»Gesundheit ist das gar nicht zu nennen!« antwortete Oblomow gähnend. »Es geht mir schlecht: meine Kongestionen haben mir arg zugesetzt. Und Sie, wie befinden Sie sich?«
»Ich? Oh, es macht sich: ich bin gesund und munter – sehr munter!« fügte der junge Mann offenbar aufrichtig hinzu.
»Von wo kommen Sie denn so früh?« fragte Oblomow.
»Vom Schneider. Sehen Sie mal, ist mein Frack nicht schön?« sagte er und drehte sich vor Oblomow hin und her.
»Vorzüglich! Er ist mit vielem Geschmack angefertigt«, versetzte Ilja Iljitsch; »aber warum ist er hinten so weit?«
»Es ist ein Reitfrack: zum Ausreiten.«
»Ah! Sehen Sie mal an! Reiten Sie denn?«
»Gewiß! Ich habe mir den Frack gerade für heute machen lassen. Heute ist ja der erste Mai; da reite ich mit Gorjunow nach Jekateringof*. Ach, Sie wissen von nichts? Mischa

* Park mit Schloß im Südwesten von Petersburg. Anm. d. Übers.

Gorjunow ist befördert worden – da wollen wir heute auf dem Korso paradieren«, fügte Wolkow entzückt hinzu.

»Na, so etwas!« sagte Oblomow.

»Er reitet einen Fuchs«, fuhr Wolkow fort. »In seinem Regimente haben sie sämtlich Füchse; ich aber habe einen Rappen. Wie werden Sie denn hinkommen: zu Fuß oder im Wagen?«

»Gar nicht«, erwiderte Oblomow.

»Wie kann jemand am ersten Mai nicht in Jekateringof sein! Was reden Sie, Ilja Iljitsch!« rief Wolkow erstaunt. »Es sind alle da!«

»Na, wie werden denn alle da sein! Nein, alle denn doch nicht!« bemerkte Oblomow träge.

»Kommen Sie mit, teuerster Ilja Iljitsch! Sofia Nikolajewna und Lidija werden im Wagen nur zu zweien sein; gegenüber ist im Wagen noch ein Bänkchen; da könnten Sie mitfahren ...«

»Nein, auf dem Bänkchen habe ich nicht Platz. Und was sollte ich da auch machen?«

»Nun, dann wird Ihnen Mischa, wenn Sie wollen, ein anderes Pferd geben.«

»Gott weiß, was der für Einfälle hat!« sagte Oblomow, beinahe nur so für sich. »Warum sind Sie denn so hinter den Gorjunows her?«

»Ach!« seufzte Wolkow errötend. »Soll ich es sagen?«

»Sagen Sie es!«

»Werden Sie es auch niemandem wiedersagen – Ehrenwort?« fuhr Wolkow fort und setzte sich zu ihm auf das Bett.

»Schön, meinetwegen.«

»Ich ... bin in Lidija verliebt«, flüsterte er.

»Bravo! Schon lange? Ich glaube, sie ist ein allerliebstes Wesen.«

»Schon drei Wochen lang!« sagte Wolkow mit einem tiefen Seufzer. »Und Mischa ist in Daschenka verliebt.«

»In was für eine Daschenka?«

»Wo sind Sie denn her, Oblomow? Kennt der Mensch Daschenka nicht! Die ganze Stadt ist davon enthusiasmiert, wie sie tanzt! Heute will ich mit ihm ins Ballett gehen, und er wird ihr ein Bukett werfen. Ich muß ihm ein bißchen Anweisung geben: er ist noch so schüchtern, ein Neuling … Ach, ich muß ja noch hinfahren und Kamelien besorgen …«

»Wohin wollen Sie denn noch? Lassen Sie das nur, und kommen Sie zu mir zum Mittagessen; dabei könnten wir miteinander reden. Ich habe in zwiefacher Hinsicht Unglück …«

»Ich kann nicht; ich speise beim Fürsten Tjumenew; alle Gorjunows werden da sein, auch sie, sie … meine süße Lidija«, fügte er flüsternd hinzu. »Warum haben Sie sich denn von dem Fürsten zurückgezogen? Was ist das für ein lustiges Haus? Wie fein und vornehm geht es da zu! Und das Landhaus! Es versinkt ordentlich in Blumen! Jetzt ist noch eine Galerie in gotischem Stil angebaut. Im Sommer sollen da, wie man hört, Tanzvergnügungen stattfinden und lebende Bilder gestellt werden. Sie werden doch hinkommen?«

»Nein, ich glaube, ich werde nicht hinkommen.«

»Ach, was ist das für ein Haus! In diesem Winter waren Mittwochs immer mindestens fünfzig Personen da, und manchmal fanden sich gegen hundert zusammen …«

»Mein Gott, das muß ja höllisch langweilig gewesen sein!«

»Wie können Sie so etwas sagen? Langweilig! Je mehr Leute da sind, um so lustiger ist es. Lidija war öfters da; ich beachtete sie zuerst nicht, und plötzlich …

›Vergeblich müh' ich mich, sie zu vergessen,
Die Leidenschaft zu bänd'gen durch Vernunft …‹«

sang er und setzte sich in Gedanken auf einen Lehnstuhl; aber plötzlich sprang er wieder auf und wischte sich den Staub vom Anzuge ab.

»Was liegt bei Ihnen überall für ein Staub!« sagte er.
»Daran ist immer dieser Sachar schuld!« klagte Oblomow.
»Na, es ist Zeit, daß ich gehe!« sagte Wolkow. »Ich muß das Kamelienbukett für Mischa besorgen. *Au revoir.*«
»Kommen Sie doch am Abend nach dem Ballett zum Tee zu mir; dann können Sie mir erzählen, was sich da zugetragen hat«, lud ihn Oblomow ein.
»Ich kann nicht; ich habe den Mussinskis mein Wort gegeben, zu ihnen zu kommen; die haben heute ihren Jour. Kommen Sie doch auch hin! Wenn es Ihnen recht ist, werde ich Sie vorstellen.«
»Nein, was soll ich da machen?«
»Bei Mussinskis? Aber ich bitte Sie, da verkehrt die halbe Stadt. Wie können Sie fragen: Was soll ich da machen? Das ist ein Haus, wo über alles mögliche gesprochen wird …«
»Das ist ja eben das Langweilige, daß über alles mögliche gesprochen wird«, versetzte Oblomow.
»Nun, dann besuchen Sie Mesdrows«, unterbrach ihn Wolkow. »Da wird nur über einen einzigen Gegenstand gesprochen, über Kunst; da hört man weiter nichts als: Venezianische Schule, Beethoven, Bach, Leonardo da Vinci …«
»Immer und ewig dasselbe Thema – wie langweilig! Das müssen rechte Pedanten sein!« sagte Oblomow gähnend.
»Ihnen kann es auch niemand recht machen. Aber wieviele Familien gibt es nicht, und alle haben sie jetzt ihre Jours: bei Sawinows kann man Donnerstags dinieren, Maklaschins haben ihre Freitage, Wjasnikows ihre Sonntage, Fürst Tjumenew seine Mittwoche. Bei mir sind alle Tage besetzt!« schloß Wolkow mit strahlenden Augen.
»Und ist es Ihnen nicht unbequem, so Tag für Tag umherzurennen?«
»Unbequem? Wie kann einem das unbequem sein? Es ist höchst amüsant!« sagte er sorglos. »Am Morgen liest man ein

bißchen; man muß auf allen Gebieten *au courant* sein, die Neuigkeiten wissen. Gott sei Dank ist meine dienstliche Tätigkeit von der Art, daß ich nicht in einem Büro zu sitzen brauche; ich sitze nur zweimal in der Woche ein bißchen beim General und speise bei ihm zu Mittag. Dann aber mach ich Visiten an Stellen, wo ich längere Zeit nicht gewesen bin; und dann ... da tritt bald im russischen, bald im französischen Theater eine neue Schauspielerin auf. Jetzt beginnt die Opernsaison; da nehme ich ein Abonnement. Und jetzt bin ich verliebt ... Der Sommer steht vor der Tür; die Vorgesetzten Mischas haben ihm einen Urlaub versprochen; da will ich mit ihm zur Abwechslung für einen Monat aufs Land fahren. Da kann ich auf die Jagd gehen. Ihre Nachbarn dort sind prächtige Leute; da werden *bals champêtres* veranstaltet. Mit Lidija werde ich im Walde spazierengehen, Kahn fahren, Blumen pflücken ... Ach! ...« und er drehte sich vor Freude hin und her. »Aber jetzt muß ich gehen adieu!« sagte er und versuchte vergebens, sich in dem verstaubten Spiegel von vorn und von hinten zu besehen.

»Warten Sie noch einen Augenblick«, hielt in Oblomow zurück; »ich möchte gern mit Ihnen über etwas Geschäftliches reden.«

»Pardon, ich habe keine Zeit«, versetzte Wolkow eilig; »ein andermal! – Aber wollen Sie nicht mit mir Austern essen? Dann können Sie mir ja erzählen, was Sie auf dem Herzen haben. Kommen Sie; Mischa traktiert.«

»Nein, was reden Sie da!« antwortete Oblomow.

»Na, dann adieu!«

Er ging zur Tür und kehrte wieder um.

»Haben Sie das schon gesehen?« fragte er, indem er ihm seine von dem Handschuh glatt umschlossene Hand zeigte.

»Was ist denn das?« fragte Oblomow verständnislos.

»Das sind die neuen *lacets*! Sehen Sie nur, wie vorzüglich so ein Ding zusammenzieht: man braucht sich nicht zwei Stunden lang mit den Knöpfen abzuquälen; man zieht an dem Schnürchen – fertig! Das ist soeben aus Paris gekommen. Wenn Sie wollen, bringe ich Ihnen ein Paar zur Probe, ja?«

»Schön, bringen Sie mit ein Paar!« antwortete Oblomow.

»Und sehen Sie einmal dies hier an: nicht wahr, allerliebst?« sagte er, während er aus der Menge von Anhängern einen heraussuchte. »Eine kleine Visitenkarte mit umgebogener Ecke.«

»Ich kann nicht erkennen, was darauf geschrieben steht.«

»*Pr.*, das heißt *prince*; *M.*, das heißt *Michel*«, sagte Wolkow; »für den Familiennamen Tjumenew hat der Platz nicht ausgereicht. Das hat er mir zu Ostern geschenkt, statt eines Ostereies. Aber nun adieu, *au revoir.* Ich muß noch nach zehn verschiedenen Stellen. O Gott, wie lustig lebt es sich auf der Welt!«

Und er verschwand.

»Nach zehn verschiedenen Stellen an einem Tage – der Unglückliche!« dachte Oblomow. »Und das nennt man nun ein Leben!« Er zuckte stark mit den Schultern. »Was wird da aus dem Menschen, wenn er sich so zersplittert und zerstückelt? Gewiß, es ist gar nicht so übel, auch einmal ins Theater hineinzusehen und sich in so eine Lidija zu verlieben … sie ist sehr nett! Auf dem Lande mit ihr Blumen zu pflücken und Kahn zu fahren, das ist ganz schön; aber nach zehn verschiedenen Stellen an einem Tage – der Unglückliche!« schloß er, drehte sich auf den Rücken und freute sich, daß er keine so nichtigen Wünsche und Gedanken hatte, daß er nicht herumrannte, sondern dalag, seine Menschenwürde aufrecht erhielt und seine Ruhe bewahrte.

Ein neues Läuten unterbrach seine Meditationen.

Es trat ein neuer Besucher ein.

Dies war ein Herr in einem dunkelgrünen Frack mit Wappenknöpfen, glatt rasiert, mit einem dunklen, sein Gesicht gleichmäßig umrahmenden Backenbarte, mit einem abgearbeiteten, aber ruhigen, selbstbewußten Ausdruck in den Augen, mit einem sehr intelligenten Gesichte und mit einem nachdenklichen Lächeln.

»Guten Tag, Sudbinski!« begrüßte ihn Oblomow erfreut. »Siehst du dich endlich auch einmal nach deinem alten Kollegen um? Komm nicht so nah heran, nicht so nah! Du kommst aus der Kälte.«

»Guten Tag, Ilja Iljitsch! Ich hatte schon längst vor, einmal zu dir zu kommen«, sagte der Besucher; »aber du weißt ja, was wir für einen anstrengenden Dienst haben! Da, sieh, ich trage einen ganzen Koffer voll Papiere zum Vortrag; und dem Kurier habe ich jetzt befohlen, wenn dort nach irgend etwas gefragt werden sollte, schleunigst hierher zu eilen. Ich kann auch nicht eine Minute lang über mich verfügen.«

»Gehst du erst jetzt zum Dienst? Warum denn so spät?« fragte Oblomow. »Früher gingst du doch immer um zehn Uhr ...«

»Ja, früher; aber jetzt ist es eine andere Sache: ich *fahre* um zwölf hin.« Er legte auf das Wort »fahre« einen besonderen Nachdruck.

»Ah, ich verstehe!« sagte Oblomow. »Du bist Abteilungsvorsteher geworden! Schon lange?«

Sudbinski nickte bedeutsam mit dem Kopfe.

»Zu Ostern«, antwortete er. »Aber wieviel ich zu tun habe, das ist horrend! Von acht bis zwölf arbeite ich zu Hause, von zwölf bis fünf im Büro und abends wieder zu Hause. Von dem Umgange mit Menschen habe ich mich vollständig entwöhnt!«

»Hm! Abteilungsvorsteher – na so etwas!« sagte Oblomow. »Ich gratuliere! So ein Mensch! Und wir hatten zusammen als Kanzleibeamte gedient. Ich glaube, im nächsten Jahre rückst du zum Staatsrat auf.«

»Nicht doch! Was redest du! In diesem Jahre muß ich erst noch die Krone bekommen; ich glaubte, ich würde nur ›zu einer Auszeichnung‹ vorgeschlagen werden; aber jetzt habe ich ein neues Amt erhalten: zwei Jahre hintereinander geht das nicht …«

»Komm doch heute zu mir zum Mittagessen; wir wollen deine Beförderung durch ein Gläschen Wein feiern!« sagte Oblomow.

»Nein, heute speise ich beim Vizedirektor. Zum Donnerstag muß ich einen Vortrag vorbereiten; das ist eine höllische Arbeit. Auf die Berichte aus den Gouvernements kann man sich nicht verlassen. Man muß die Tabellen selbst nachprüfen. Foma Fomitsch ist so mißtrauisch: er will alles selbst machen. Da wollen wir uns heute nach Tische zusammen an die Arbeit setzen.«

»Wirklich nach Tische?« fragte Oblomow ungläubig.

»Was denkst du denn? Ich will noch zufrieden sein, wenn ich leidlich früh davon loskomme und wenigstens noch die Spazierfahrt nach Jekateringof mitmachen kann … Ja, ich bin herangekommen, um dich zu fragen, ob du nicht mitfahren willst? Ich würde dich abholen …«

»Ich bin nicht ganz wohl, ich kann nicht!« antwortete Oblomow, die Stirn runzelnd. »Und ich habe auch viel zu tun … nein, ich kann nicht!«

»Schade!« sagte Sudbinski; »es ist ein so schöner Tag. Ich hoffe mich heute zu erholen.«

»Nun, was gibt es bei euch Neues?« fragte Oblomow.

»Vieles, vieles: in den Briefen ist der Ausdruck ›ergebenster Diener‹ abgeschafft; es wird jetzt geschrieben: ›nehmen Sie die Versicherung usw.‹ Es ist verboten worden, die Dienstlisten in zwei Exemplaren vorzulegen. In unserem Büro sind drei Tische und zwei Beamte ›zu besonderen Aufträgen‹ hinzugekommen. Unsere Kommission ist geschlossen worden … Viel Neues!«

»Nun, und was machen unsere früheren Kollegen?«

»Da ist einstweilen nichts Besonderes zu sagen; Swinkin hat ein Aktenstück verloren!«

»Wirklich? Was hat denn der Direktor dazu gesagt?« fragte Oblomow mit zitternder Stimme. Er hatte, weil er die Verhältnisse von früher her kannte, einen Schreck bekommen.

»Er hat befohlen, ihm die Gratifikation vorzuenthalten, bis das Aktenstück sich wiedergefunden haben wird. Es ist ein wichtiges Aktenstück: ›über Zwangsvollstreckungen‹. Der Direktor glaubt«, fügte Sudbinski beinahe flüsternd hinzu, »er habe es absichtlich verloren.«

»Nicht möglich!« rief Oblomow.

»Nein, nein! Dieser Verdacht ist unbegründet«, stimmte ihm Sudbinski in würdevollem, gönnerhaftem Tone bei. »Swinkin ist ein windiger Kopf. Weiß der Teufel, was er manchmal für Resultate herausbekommt; er verwirrt alle Rekognitionen. Ich habe mich viel mit ihm abgequält; aber nein, so etwas läßt er sich nicht zuschulden kommen. Das tut er nicht, nein, nein! Er wird das Aktenstück irgendwo verlegt haben, und es wird sich später finden.«

»Also du steckst immer tief in der Arbeit!« sagte Oblomow. »Immer Amtstätigkeit.«

»Ja, es ist schrecklich, schrecklich! Nun freilich, unter einem solchen Manne wie Foma Fomitsch zu dienen ist ein Vergnügen: er läßt niemanden unbelohnt; selbst diejenigen, die nichts tun, vergißt er nicht. Wenn der Termin für die Auszeichnungen da ist, so macht er seine Vorschläge; wer noch nicht an der Reihe ist aufzurücken oder einen Orden zu bekommen, dem erwirkt er eine pekuniäre Zuwendung ...«

»Wieviel bekommst du denn eigentlich?«

»Das will ich dir sagen: 1200 Rubel Gehalt, außerdem Tafelgeld 750 Rubel, Wohnungsgeld 600 Rubel, Beihilfe 900 Rubel, für Reisen 500 Rubel und an Gratifikationen gegen 1000 Rubel.«

»Donnerwetter!« rief Oblomow, vom Bette aufspringend. »Du hast wohl eine schöne Stimme? Du wirst ja bezahlt wie ein italienischer Sänger!«

»Das ist noch gar nichts! Pereswjetow bekommt Zulagen und arbeitet weniger als ich und versteht auch nichts. Na, allerdings erfreut er sich auch nicht eines so guten Rufes wie ich. Man weiß mich sehr zu schätzen«, fügte er mit niedergeschlagenen Augen bescheiden hinzu. »Der Minister hat kürzlich von mir gesagt, ich sei eine Zierde des Ministeriums.«

»Du bist ein Prachtmensch!« sagte Oblomow. »Aber von acht bis zwölf zu arbeiten und von zwölf bis fünf und dann noch zu Hause – o weh, o weh!«

Er wiegte den Kopf hin und her.

»Aber was sollte ich denn tun, wenn ich nicht meine dienstliche Tätigkeit hätte?« fragte Sudbinski.

»Da gibt es unzählige Dinge! Du könntest lesen, schreiben ...« sagte Oblomow.

»Ich tue auch jetzt weiter nichts als lesen und schreiben.«

»Aber das ist doch etwas ganz anderes. Du könntest etwas drucken lassen ...«

»Es können nicht alle Leute Schriftsteller sein. Du selbst schreibst ja auch nicht«, versetzte Sudbinski.

»Dafür habe ich ein Gut zu verwalten«, sagte Oblomow mit einem Seufzer. »Ich entwerfe einen neuen Plan; ich will verschiedene Verbesserungen einführen. Ich quäle mich und quäle mich ... Aber deine Tätigkeit ist auf Fremdes gerichtet und nicht auf Eigenes.«

»Was soll ich tun? Wenn man Geld dafür bekommt, muß man auch arbeiten. Im Sommer will ich mich erholen: Foma Fomitsch hat mir versprochen, er wolle extra für mich einen auswärts zu erledigenden dienstlichen Auftrag ersinnen ... da bekomme ich dann Fahrgelder für fünf Pferde, drei Rubel Diäten täglich und außerdem eine Gratifikation ...«

»Das sind ja schöne Einnahmen!« sagte Oblomow neidisch; dann seufzte er und versank in Gedanken.

»Ich kann das Geld gebrauchen: ich heirate im Herbst«, fügte Sudbinski hinzu.

»Was du sagst! Wirklich? Wen denn?« fragte Oblomow teilnehmend.

»Ohne Scherz, Fräulein Muraschina. Erinnerst du dich, sie wohnten in der Sommerfrische neben mir. Du hast einmal bei mir Tee getrunken und sie dabei gesehen, glaube ich.«

»Nein, ich erinnere mich nicht. Ist sie hübsch?« fragte Oblomow.

»Ja, sie ist sehr nett. Wenn du willst, können wir einmal bei ihnen zu Mittag essen …«

Oblomow fing an zu stottern: »Ja … schön, nur …«

»In der nächsten Woche«, sagte Sudbinski.

»Ja, ja, in der nächsten Woche«, stimmte ihm Oblomow erfreut bei. »Mein Anzug ist noch nicht fertig. Nun, und ist es eine gute Partie?«

»Ja, der Vater ist Wirklicher Staatsrat; er gibt ihr zehntausend Rubel Mitgift, und wir wohnen mit in seiner Dienstwohnung. Er hat eine ganze Hälfte seiner Dienstwohnung für uns bestimmt, zwölf Zimmer; fiskalische Möbel, desgleichen Heizung und Beleuchtung; damit kann man schon leben …«

»Ja, das kann man! Und ob! Du bist ein famoser Kerl, Sudbinski!« fügte Oblomow nicht ohne Neid hinzu.

»Ich lade dich zu meiner Hochzeit als meinen Marschall ein, Ilja Iljitsch; vergiß es nicht …«

»Wie werde ich; ich werde bestimmt kommen!« sagte Oblomow. »Nun, aber was machen Kusnezow, Wasiljew und Machow?«

»Kusnezow ist schon lange verheiratet; Machow ist in meine frühere Stelle eingerückt, und Wasiljew ist nach Polen versetzt worden. Iwan Petrowitsch hat den Wladimirorden erhalten, und Oleschkin ist Exzellenz geworden.«

»Er ist ein guter Kerl!« sagte Oblomow.

»Das ist er, das ist er; er verdient es.«

»Ein sehr guter Mensch, mit einem weichen, ruhigen Charakter«, sagte Oblomow.

»Und so gefällig«, fügte Sudbinski hinzu. »Und weißt du, es liegt ihm fern, sich durch Kriecherei heraufzuarbeiten, einem andern zu schaden, ihm ein Bein zu stellen, ihm den Rang abzulaufen … was er nur kann, tut er einem zuliebe.«

»Ein vortrefflicher Mensch! Hatte man manchmal in einem Schriftstück Konfusion gemacht, etwas übersehen, in einem Berichte eine falsche Meinung vertreten oder ein unrichtiges Gesetz herangezogen, so machte das nichts aus: er ließ es einfach von einem andern in Ordnung bringen. Ein vortrefflicher Mensch!« schloß Oblomow.

»Unser Semjon Semjonowitsch dagegen ist unverbesserlich«, sagte Sudbinski; »der versteht weiter nichts, als den Leuten Sand in die Augen zu streuen. Hör' nur, was er neulich getan hat: aus den Gouvernements war eine Eingabe eingegangen, es möchten bei den zu unserem Ressort gehörigen Gebäuden Hundehütten gebaut werden zum Schutze des fiskalischen Eigentums gegen Diebstahl; unser Architekt, ein tüchtiger, kenntnisreicher, ehrenhafter Mensch, stellt einen sehr maßvollen Kostenanschlag auf; unserm Semjon Semjonowitsch erscheint der Kostenanschlag auf einmal zu hoch; flugs stellt er Erhebungen darüber an, was die Erbauung einer Hundehütte kosten könne. Er bekommt dreißig Kopeken weniger heraus und reicht sofort ein Memorandum ein …«

Die Klingel ertönte von neuem.

»Adieu«, sagte der Beamte. »Ich bin zu sehr ins Plaudern gekommen; man wird mich dort schon nötig haben …«

Oblomow suchte ihn zurückzuhalten. »Bleib' doch noch ein Weilchen sitzen«, sagte er. »Ich möchte die Gelegenheit benutzen, um dich um Rat zu fragen: ich habe in zwiefacher Hinsicht Unglück …«
»Nein, nein, ich will lieber in den nächsten Tagen wieder herankommen«, erwiderte er und ging fort.
»Er ist im Morast versunken, der liebe Freund, bis über die Ohren im Morast versunken«, dachte Oblomow, während er ihm nachsah. »Für alles Übrige in der Welt ist er blind und taub und stumm. Aber er wird sich in die Höhe arbeiten, mit der Zeit in seinem Ressort eine einflußreiche Persönlichkeit werden, zu Ehren und Würden gelangen … Das nennt man bei uns Karriere! Und wie wenig von dem gesamten Menschen ist dazu nötig? Wozu braucht man dabei Verstand, Willen und Gefühl? Das ist Luxus! Er wird sein Leben hinbringen, und vieles, vieles wird in ihm gar nicht rege geworden sein … Und dabei arbeitet er von zwölf bis fünf in der Kanzlei und von acht bis zwölf zu Hause – der Unglückliche!«
Er empfand ein Gefühl friedlicher Freude bei dem Gedanken, daß er die Zeit von neun bis drei und von acht bis neun bei sich auf dem Sofa zubringen könne, und war stolz darauf, daß er nicht mit Berichten zu einem Vorgesetzten zu gehen und keine Akten zu schreiben brauchte, sondern seinen Gefühlen und seiner Phantasie freien Lauf lassen konnte.
So philosophierte Oblomow und bemerkte gar nicht, daß neben seinem Bette ein sehr magerer schwarzhaariger Herr stand, dessen Gesicht von einem Backenbarte, einem Schnurrbarte und einer Fliege vollständig zugewachsen war. Er war mit beabsichtigter Nachlässigkeit gekleidet.
»Guten Tag, Ilja Iljitsch.«
»Guten Tag, Penkin; kommen Sie nicht so nah heran, nicht so nah heran; Sie kommen aus der Kälte!« sagte Oblomow.

»Ach, Sie wunderlicher Kauz!« erwiderte dieser. »Immer noch derselbe unverbesserliche sorglose Faulenzer!«

»Jawohl, sorglos!« versetzte Oblomow. »Ich werde Ihnen gleich einen Brief meines Dorfschulzen zeigen; ich zerbreche mir hier unaufhörlich den Kopf, und Sie sagen: ›sorglos‹! Wo kommen Sie denn her?«

»Aus der Buchhandlung. Ich war hingegangen, um mich zu erkundigen, ob die Zeitschriften noch nicht erschienen seien. Haben Sie meinen Artikel gelesen?«

»Nein.«

»Ich werde ihn Ihnen zuschicken; lesen Sie ihn mal!«

»Worüber handelt er denn?« fragte Oblomow und gähnte dabei gewaltig.

»Über den Handel, über die Frauenemanzipation, über die schönen Apriltage, die uns beschieden waren, und über eine neuerfundene Mischung zur Unterdrückung von Feuersbrünsten. Wie kommt es nur, daß Sie gar nichts lesen? Darin besteht ja Tag für Tag unser Leben. Am meisten aber trete ich für die reale Richtung in der Literatur ein.«

»Haben Sie viel zu tun?«

»O ja, ziemlich viel. Ich schreibe wöchentlich zwei Artikel für eine Zeitung, ferner Rezensionen belletristischer Erscheinungen, und hier, sehen Sie, habe ich eine Erzählung verfaßt.«

»Worüber?«

»Darüber, wie in einer Stadt der Polizeimeister die Kleinbürger in die Fresse schlägt ...«

»Ja, das ist wirklich eine realistische Richtung«, sagte Oblomow.

»Nicht wahr?« stimmte ihm der erfreute Schriftsteller bei. »Ich führe da einen bestimmten Gedanken aus und weiß, daß er neu und kühn ist. Ein Durchreisender wird Zeuge einer solchen Mißhandlung und führt, als er später mit dem

Gouverneur zusammenkommt, bei diesem Klage darüber. Dieser befiehlt einem Beamten, der zum Zwecke irgendwelcher Untersuchungen dorthin reist, bei der Gelegenheit auch festzustellen, was daran Wahres sei, und überhaupt Nachrichtenmaterial über die Persönlichkeit und das Benehmen des Polizeimeisters zu sammeln. Der Beamte ruft die Kleinbürger zusammen, als ob er sie über die Handelsverhältnisse des Ortes befragen wollte, erkundigt sich aber dabei auch nach diesem Punkte. Und was tun die Kleinbürger? Sie verbeugen sich lachend und erheben den Polizeimeister mit Lobsprüchen in den Himmel. Der Beamte stellt an anderer Stelle Nachforschungen an, und da wird ihm gesagt, diese Kleinbürger seien schändliche Gauner, sie handelten mit Schundware, betrögen mit falschem Gewichte und Maße, sogar den Staat, und seien sämtlich eine unmoralische Bande, so daß diese Schläge für sie eine gerechte Strafe seien …

»Also haben die Schläge, die ihnen der Polizeimeister verabfolgt, in der Novelle ungefähr dieselbe Bedeutung wie das Fatum in der antiken Tragödie?« sagte Oblomow.

»Ganz richtig«, fiel Penkin ein. »Sie besitzen ein sehr feines Verständnis, Ilja Iljitsch; Sie sollten selbst etwas schreiben! Dabei aber ist es mir gelungen, sowohl das eigenmächtige Verfahren des Polizeimeisters als auch die Sittenverderbnis des niederen Volkes als auch die schlechte Organisation der Tätigkeit der untergeordneten Beamten aufzudecken und die Notwendigkeit strenger, aber gesetzlicher Maßregeln nachzuweisen … Nicht wahr, dieser Gedanke ist ziemlich neu?«

»Ja, besonders für mich«, erwiderte Oblomow; »ich lese so wenig …«

»Man sieht in der Tat keine Bücher bei Ihnen!« sagte Penkin. »Aber ich bitte Sie inständig, lesen Sie ein Werk, das demnächst erscheinen wird; man kann wohl sagen, es ist eine großartige Dichtung; ›Die Liebe eines bestechlichen Beamten zu einem gefallenen Weibe‹. Ich darf Ihnen nicht sagen, wer der Verfasser ist; das ist noch Geheimnis.«

»Was steht denn darin?«

»Es wird darin der ganze Mechanismus unserer sozialen Bewegung bloßgelegt, und alles in poetischen Farben. Alle Triebfedern des Handelns werden aufgewiesen, die gesellschaftliche Stufenleiter von unten bis oben kritisch beleuchtet. Allerlei Leute werden von dem Verfasser gleichsam vor Gericht gerufen: der schwache, aber lasterhafte Würdenträger und der ganze Schwarm der ihn betrügenden bestechlichen Beamten und alle möglichen Kategorien gefallener Frauen, Französinnen, Deutsche und Finninnen, und das stellt er uns alles mit einer geradezu erschreckenden, lebensvollen Naturtreue vor Augen … Ich habe nur einzelne Abschnitte daraus gehört – der Verfasser ist großartig! Man hört bei ihm bald Dante, bald Shakespeare …«

»Das ist aber viel gesagt!« rief Oblomow erstaunt und richtete sich halb auf.

Penkin verstummte plötzlich, da er sah, daß er tatsächlich im Lobe zu weit gegangen sei.

»Lesen Sie es nur, dann werden Sie ja selbst sehen«, fügte er, jetzt ohne die frühere Hitze, hinzu.

»Nein, Penkin, ich werde es nicht lesen.«

»Warum denn nicht? Das Werk macht Aufsehen; die Leute reden davon …«

»Mögen sie davon reden! Manche Leute haben weiter nichts zu tun als bloß zu reden. Das ist ihr Beruf.«

»Lesen Sie es doch wenigstens aus Neugierde.«

»Was werde ich denn Neues darin finden?« erwiderte Oblomow. »Warum schreiben denn die Verfasser so etwas? Doch nur zu ihrem eigenen Vergnügen …«

»Wieso zu ihrem eigenen Vergnügen? Wie wahr und naturgetreu ist das alles! Zum Lachen ähnlich. Porträts, die geradezu zu leben scheinen. Nehmen Sie, wen Sie wollen, einen Kaufmann, einen Beamten, einen Offizier, einen Polizeidiener – es ist wie eine lebende Kopie.«

»Warum mühen sich denn diese Autoren ab: doch wohl zum Vergnügen, damit jeder, den man herausgreift, naturgetreu geschildert erscheint? Aber Leben, Leben ist nicht darin, kein Verständnis für das Leben, kein Mitgefühl; es fehlt das, was bei euch Humanität genannt wird. Was da vorliegt, ist weiter nichts als Eigenliebe. Sie stellen die Diebe und die gefallenen Frauen dar, als ob sie sie auf der Straße aufgriffen und ins Gefängnis abführten. In ihrer Erzählung merkt man nicht die ›verborgenen Tränen‹, sondern nur ein offenes rohes Gelächter, einen heftigen Zorn …«

»Aber was wollen Sie denn noch weiter? Eben das ist ja gerade schön, Sie haben es selbst ausgesprochen: dieser aufbrausende Zorn, diese erbitterte Verfolgung des Lasters, dieses Lachen der Verachtung über den Gefallenen … das ist ja alles, was man nur wünschen kann!«

»Nein, das ist nicht alles!« sagte Oblomow, der plötzlich hitzig wurde. »Man schildere einen Dieb, ein gefallenes Weib, einen aufgeblasenen Dummkopf; aber man vergesse dabei auch nicht den Menschen. Aber wo bleibt bei euch die Menschlichkeit? Ihr wollt nur mit dem Kopfe schreiben!« (Seine Stimme klang beinah zischend.) »Ihr meint, zum Denken habe man das Herz nicht nötig? Nein, das Denken wird durch die Liebe befruchtet. Reicht dem Gefallenen die Hand, um ihn aufzuheben, oder weint bitterlich um ihn, wenn er zugrunde geht; aber verspottet ihn nicht! Liebt ihn; erinnert euch bei ihm an euch selbst und behandelt ihn, wie ihr euch selbst behandelt: dann werde ich anfangen euch zu lesen und werde mein Haupt vor euch neigen«, sagte er und legte sich wieder ruhig auf das Bett. »Aber da schildern sie einen Dieb, ein gefallenes Weib«, fuhr er fort; »aber den Menschen zu schildern, das vergessen sie, oder das verstehen sie nicht. Was soll da das Gerede von Kunst und poetischen Farben? Bekämpft das Laster und den Schmutz, aber, bitte, ohne Anspruch auf Poesie!«

»Wünschen Sie also, daß die Schriftsteller die Natur schildern, Rosen, Nachtigallen oder einen frostigen Morgen, während doch alles um uns herum braust und kreist? Was wir brauchen, ist eine nackte Physiologie der menschlichen Gesellschaft; nach Lyrik ist uns jetzt nicht zumute ...«

»Gebt mir den Menschen, den Menschen!« sagte Oblomow. »Liebt ihn ...«

»Einen Wucherer, einen scheinheiligen Frömmler, einen diebischen oder stumpfsinnigen Beamten lieben – hören Sie mal! Was reden Sie da? Man sieht, daß Sie sich nicht mit der Literatur beschäftigen!« sagte Penkin, der nun hitzig wurde. »Nein, man muß sie bestrafen, sie aus der bürgerlichen Gemeinschaft, aus der Gesellschaft ausstoßen ...«

»Sie aus der bürgerlichen Gemeinschaft ausstoßen!« begann Oblomow plötzlich in Begeisterung, stand auf und stellte sich vor Penkin hin. »Das heißt vergessen, daß in diesem schlechten Gefäße ein höheres Element vorhanden gewesen ist; daß ein solcher Mensch zwar ein verdorbener Mensch, aber doch immer noch ein Mensch ist, das heißt dasselbe wie ihr. Ausstoßen! Aber wie wollt ihr ihn ausstoßen aus dem Kreise der Menschheit, aus dem Schoße der Natur, aus der Barmherzigkeit Gottes?« rief er, fast schreiend, mit flammenden Augen.

»Da gehen Sie aber doch zu weit!« sagte Penkin, nun seinerseits erstaunt.

Oblomow sah ein, daß auch er zu weit gegangen war. Er verstummte plötzlich, blieb noch einen Augenblick stehen, gähnte und legte sich dann langsam auf das Bett.

Beide versanken in Schweigen.
»Was lesen Sie denn eigentlich?« fragte Penkin.
»Ich? ... Meist Reisebeschreibungen.«
Wieder Stillschweigen.
»Werden Sie also die Dichtung lesen, wenn sie herauskommt? Ich würde sie Ihnen bringen«, sagte Penkin.
Oblomow machte eine verneinende Kopfbewegung.
»Na, dann werde ich Ihnen meine Erzählung schicken?«
Oblomow nickte zum Zeichen der Zustimmung.
»Aber jetzt muß ich zur Druckerei!« sagte Penkin. »Wissen Sie, warum ich zu Ihnen gekommen bin? Ich wollte Ihnen vorschlagen, mit nach Jekateringof zu fahren; ich habe einen Wagen. Ich muß morgen einen Artikel über den Korso schreiben: da könnten wir zusammen unsere Beobachtungen anstellen; was mir entginge, würden Sie mir mitteilen; die ganze Sache würde vergnüglicher sein. Kommen Sie doch mit ...«
»Nein, ich hin nicht wohl«, erwiderte Oblomow, die Stirn runzelnd und sich in die Bettdecke wickelnd; »ich fürchte mich vor der Nässe, es ist noch nicht aufgetrocknet. Aber kommen Sie doch heute zum Mittagessen zu mir; wir könnten ein bißchen miteinander reden ... Ich habe in zwiefacher Hinsicht Unglück ...«
»Nein, unsere ganze Redaktion speist heute im Restaurant von Saint-Georges, und von da fahren wir zum Korso. Die Nacht über muß ich aber schreiben und bei Tagesanbruch das Manuskript in die Druckerei schicken. Auf Wiedersehen!«
»Auf Wiedersehen, Penkin!«
»In der Nacht schreiben«, dachte Oblomow. »Wann schläft er denn? Aber er verdient sich gewiß so ein fünftausend Rubel jährlich. Davon läßt sich leben! Aber immerzu schreiben, sein Denken und seine Seele auf Kleinigkeiten zu vertän-

deln, seine Anschauungen fortwährend zu wechseln, mit seinem Verstande und seiner Phantasie Handel zu treiben, seine Natur zu vergewaltigen, sich aufzuregen, immer Feuer und Flamme zu sein, keine Ruhe zu kennen und es immer irgendwo eilig zu haben … Und immer zu schreiben, immer zu schreiben, wie ein Rad, wie eine Maschine: er muß morgen schreiben, er muß übermorgen schreiben; und wenn ein Festtag kommt und es Sommer wird, er muß immerzu schreiben. Wann kann er pausieren und sich erholen? Der Unglückliche!«

Er drehte den Kopf zum Tische hin, wo die Tinte eingetrocknet und kein Schreibpapier und keine Feder zu sehen war, und freute sich, daß er sorglos wie ein neugeborenes Kind dalag, keine aufreibende Tätigkeit hatte und nicht für Geld arbeitete …

»Aber der Brief des Dorfschulzen, und die Wohnung?« ging es ihm plötzlich durch den Kopf, und er wurde nachdenklich.

Aber da wurde schon wieder geklingelt.

»Na, das ist ja heute bei mir wie auf einem Taubenschlage!« sagte Oblomow und wartete, wer da hereinkommen würde.

Der Eintretende war ein Mann von unbestimmtem Alter und mit einer unbestimmten Physiognomie; er befand sich in einem solchen Lebensstadium, wo es schwer ist, die Zahl der Jahre zu erraten; er war weder schön noch häßlich, weder groß noch klein von Wuchs, weder blond noch brünett. Die Natur hatte ihm keinen entschiedenen, bemerkenswerten Zug verliehen, weder nach der guten noch nach der schlechten Seite hin. Viele nannten ihn Iwan Iwanowitsch, andere Iwan Wasiljewitsch, wieder andere Iwan Michailowitsch.

Auch sein Familienname wurde verschieden angegeben: die einen sagten, er heiße Iwanow, andere nannten ihn Wasiljew oder Andrejew, wieder andere meinten, sein Name sei Alexejew. Ein Fremder, der ihn zum erstenmal sah und seinen Namen hörte, pflegte seinen Namen und sein Gesicht sofort wieder zu vergessen und sich nicht zu merken, was er sagte. Seine Anwesenheit war für eine Gesellschaft kein Gewinn, ebenso wie seine Abwesenheit keinen Verlust darstellte. Wie sein Körper keine besonderen Merkmale aufwies, so mangelte es auch seinem Geiste an Scharfsinn, Originalität und anderen Besonderheiten.

Vielleicht hätte er wenigstens verstanden, Gesehenes und Gehörtes zu erzählen und wenigstens dadurch andere Leute zu unterhalten; aber er war nirgends gewesen: seit er in Petersburg das Licht der Welt erblickt hatte, war er nach keinem andern Orte hingekommen; mithin hatte er nur das gesehen und gehört, was auch die andern kannten.

Ist ein solcher Mensch sympathisch? Liebt er, haßt er, leidet er? Man sollte meinen, auch er müsse lieben und hassen und leiden, da ja niemand davon befreit ist. Aber er bringt es Gott weiß wie fertig, alle zu lieben. Es gibt Menschen, bei denen man mit aller Mühe keine Feindschaft, keine Rachsucht usw. erwecken kann. Man mag sie behandeln, wie man will, sie bleiben immer freundlich. Übrigens muß man ihnen die Gerechtigkeit widerfahren lassen, daß auch ihre Liebe, wenn man sie in Grade einteilt, nie bis zu wirklicher Wärme steigt. Obgleich man von solchen Menschen sagt, sie empfänden Liebe gegen alle und hätten deshalb einen guten Charakter, so lieben sie doch in Wirklichkeit niemanden und haben nur insofern einen guten Charakter, als sie keinen schlechten haben.

Wenn andere in Gegenwart eines solchen Menschen einem Bettler ein Almosen geben, so wirft auch er ihm seinen Groschen hin; wenn sie aber den Bettler schimpfen oder wegjagen oder verspotten, so schimpft und verspottet auch er ihn mit den andern. Reich kann man ihn nicht nennen, weil er nicht reich, sondern eher arm ist; aber auch als geradezu arm kann man ihn nicht bezeichnen, indes nur deshalb, weil es viele Menschen gibt, die ärmer sind als er.

Er hat von seinem eigenen Vermögen eine Einnahme von etwa dreihundert Rubeln jährlich; außerdem bekleidet er irgendein unbedeutendes Amt und erhält ein unbedeutendes Gehalt. Not leidet er nicht und borgt sich von niemandem Geld; sich aber von ihm Geld zu borgen, dieser Gedanke kommt erst recht niemandem in den Sinn.

In seinem Amte hat er keine spezielle ständige Beschäftigung, weil seine Kollegen und seine Vorgesetzten schlechterdings nicht haben herausbekommen können, was er schlechter und was er besser macht, so daß man sagen könnte, wozu er eigentlich befähigt ist. Wenn man ihm das eine oder das andere zu arbeiten gibt, so macht er es so, daß der Vorgesetzte immer in Verlegenheit ist, wie er über seine Arbeit urteilen soll; er sieht sie längere Zeit an und liest darin und sagt endlich nur: »Lassen Sie sie hier; ich will sie nachher genauer ansehen … ja, sie ist beinah so, wie sie sein muß.«

Niemals nimmt man auf seinem Gesichte eine Spur einer Sorge oder einer Träumerei wahr, was ein Anzeichen davon wäre, daß er in diesem Augenblicke mit sich selbst spräche; ebensowenig bemerkt man jemals, daß er irgendeinen äußeren Gegenstand forschend ansähe, den er seinem Wissen einzuverleiben vorhätte.

Es begegnet ihm auf der Straße ein Bekannter und fragt ihn: »Nun, wohin?« – »Ich gehe aufs Büro«, antwortet er oder: »Ich gehe in einen Laden« oder: »Ich will mich nach etwas erkundigen.« – »Kommen Sie doch lieber mit mir mit«, sagt jener, »auf die Post, oder wir wollen zum Schneider herangehen oder einen Spaziergang machen.« Dann geht er mit ihm mit, geht auch zum Schneider mit heran und auf die Post und spazieren, wenn auch die Richtung die entgegengesetzte von derjenigen ist, nach der er selbst gehen wollte. Außer seiner Mutter hat kaum jemand sein Erscheinen auf der Welt bemerkt; sehr wenige bemerken ihn im Laufe seines Lebens; aber gewiß wird niemand sein Verschwinden aus der Welt bemerken; niemand wird nach ihm fragen, niemand ihn bedauern, aber auch niemand sich über seinen Tod freuen. Er hat keine Feinde und keine Freunde, aber eine Menge von Bekannten. Vielleicht wird sein Leichenzug die Aufmerksamkeit eines Passanten auf sich ziehen, der dieser farblosen Persönlichkeit eine ihr zum ersten Male zuteil werdende Ehre erweist, indem er ihr eine tiefe Verbeugung macht; vielleicht wird sogar ein andrer aus Neugier an die Spitze des Leichenzuges laufen, um den Namen des Verstorbenen zu erfahren, ihn aber sofort wieder vergessen.

Dieser Alexejew, Wasiljew, Andrejew, oder wie man ihn sonst nennen will, ist eine Art von unvollständiger, unpersönlicher, andeutungsweiser Kopie der großen Masse, ein dumpfer Widerhall von ihr, ihr undeutlicher Abglanz.

Sogar Sachar, der in offenherzigen Gesprächen bei Zusammenkünften am Haustor oder im Kaufladen alle, die seinen Herrn besuchten, in mannigfaltiger Weise zu charakterisieren pflegte, wurde jedesmal verlegen, wenn dieser, sagen wir, Alexejew an die Reihe kam. Er dachte lange nach, suchte lange in dem Äußern, in dem Benehmen und in dem Charakter dieser Persönlichkeit nach einem hervorstechenden Zuge, an dem die Kritik ansetzen könnte; aber zuletzt machte er eine resignierte Handbewegung und drückte sich so aus: »Der, der ist weder Fisch noch Fleisch noch sonst was.«

»Ah!« sagte Oblomow, als er ihn erblickte. »Sie sind es, Alexejew? Guten Tag. Wo kommen Sie her? Kommen Sie nicht so nahe heran, kommen Sie nicht so nahe heran; ich werde Ihnen nicht die Hand geben: Sie kommen aus der Kälte!«

»Aber was reden Sie? Es ist ja gar nicht kalt! Ich hatte eigentlich gar nicht vor, heute zu Ihnen zu kommen«, sagte Alexejew; »aber Owtschinin begegnete mir und nahm mich mit zu sich nach Hause. Nun komme ich, um Sie abzuholen, Ilja Iljitsch.«

»Wohin denn?«

»Nun, zu Owtschinin, kommen Sie nur mit. Da sind Matwjei Andrejewitsch Aljanow, Kasimir Albertowitsch Pchailo und Wasili Sewastjanowitsch Kolymjagin.«

»Wozu haben sie sich denn da versammelt, und wozu brauchen sie mich dabei?«

»Owtschinin ladet Sie zum Mittagessen ein.«

»Hm! Zum Mittagessen ...« wiederholte Oblomow eintönig.

»Und dann wollen wir alle nach Jekateringof fahren; er läßt Ihnen sagen, Sie möchten einen Wagen nehmen.«

»Aber was sollen wir denn da anfangen?«

»Welche Frage! Heute ist doch da Korso. Wissen Sie denn nicht, daß heute der erste Mai ist?«

»Setzen Sie sich doch; wir wollen die Sache überlegen ...« sagte Oblomow.

»Stehen Sie doch auf; es ist Zeit, daß Sie sich ankleiden.«

»Warten Sie doch ein bißchen; es ist ja noch früh.«

»Früh? Bewahre! Er bittet Sie, um zwölf Uhr hinzukommen; wir wollen es so einrichten, daß wir mit dem Mittagessen möglichst früh fertig sind, so gegen zwei Uhr; und dann zum Korso. Kommen Sie schnell! Soll ich Ihrem Diener sagen, daß er Ihnen beim Anziehen behilflich sein möge?«

»Wie kann ich mich denn anziehen? Ich habe mich noch nicht gewaschen.«

»Nun, so waschen Sie sich!«

Alexejew begann im Zimmer auf und ab zu gehen; dann blieb er vor einem Bilde stehen, das er früher schon tausendmal gesehen hatte, warf einen flüchtigen Blick aus dem Fenster, nahm irgendeinen Gegenstand von einer Etagere herunter, drehte ihn in den Händen herum, betrachtete ihn von allen Seiten und stellte ihn wieder hin; dann setzte er seinen Spaziergang im Zimmer pfeifend fort – alles, um Oblomow nicht beim Aufstehen und Waschen zu stören. So vergingen etwa zehn Minuten.

»Aber was ist denn mit Ihnen?« fragte er Ilja Iljitsch plötzlich.

»Wieso?«

»Sie liegen ja immer noch?«

»Muß ich denn aufstehen?«

»Gewiß! Wir werden erwartet. Sie wollten doch mitkommen.«

»Wohin denn? Ich wollte nirgendhin mitkommen.«

»Aber, Ilja Iljitsch, wir haben doch diesen Augenblick davon gesprochen, daß wir zum Mittagessen zu Owtschinin gehen und dann nach Jekateringof fahren wollten ...«

»Wie werde ich denn in dieser Nässe ausfahren! Und was werde ich dort Neues zu sehen bekommen? Es scheint regnen zu wollen; der Himmel ist so trübe«, sagte Oblomow träge.

»Es ist kein Wölkchen am Himmel; Ihre Befürchtung, es könne regnen, ist die reine Einbildung. Trübe ist es deswegen, weil bei Ihnen die Fenster seit wer weiß wie langer Zeit nicht geputzt sind. Was sitzt da für ein Schmutz darauf! Man kann ja gar nicht hindurchsehen, und das eine Rouleau ist auch fast ganz heruntergelassen.«

»Ja, sagen Sie davon mal ein Wort zu Sachar; dann schlägt er sogleich vor, es sollten Reinemachefrauen angenommen werden, und jagt mich für einen ganzen Tag aus dem Hause!«

Oblomow überließ sich seinen Gedanken; Alexejew aber trommelte mit den Fingern auf dem Tische, an dem er saß, und ließ seine Augen zerstreut an den Wänden und an der Decke umherlaufen.

»Also was wird nun aus uns? Was tun wir? Werden Sie sich anziehen oder so bleiben?« fragte er nach ein paar Minuten.

»Was ist denn los?«

»Wir wollten doch nach Jekateringof?«

»Bleiben Sie mir mit diesem Jekateringof vom Leibe!« versetzte Oblomow ärgerlich. »Können Sie denn nicht ruhig hier sitzenbleiben? Ist es etwa kalt im Zimmer, oder ist hier ein schlechter Geruch, daß Sie durchaus wegwollen?«

»Nein, ich fühle mich bei Ihnen immer wohl; ich bin völlig zufrieden«, antwortete Alexejew.

»Aber wenn Sie sich hier wohlfühlen, warum wollen Sie dann anderswohin? Bleiben Sie doch lieber den ganzen Tag über bei mir, essen Sie hier Mittagbrot, und bringen Sie dann in Gottesnamen den Abend dort zu! ... Ja, das hatte ich ganz vergessen: ich kann ja gar nicht weg! Tarantjew kommt heute zum Mittagessen zu mir; heute ist Sonnabend.«

»Nun, wenn es so ist ... ich fühle mich hier sehr wohl ... wie Sie befehlen ...« sagte Alexejew.

»Und von meinen materiellen Angelegenheiten habe ich Ihnen noch nichts gesagt?« fragte Oblomow lebhaft.

»Von was für materiellen Angelegenheiten? Daß ich nicht wüßte«, erwiderte Alexejew, ihn mit großen Augen ansehend.

»Warum ich so lange nicht aufstehe? Ich habe ja hier immerzu gelegen und darüber nachgedacht, wie ich aus dieser schwierigen Lage herauskommen könnte.«

»Was gibt es denn?« fragte Alexejew, der sich Mühe gab, ein erschrockenes Gesicht zu machen.

»Ich habe in zwiefacher Hinsicht Unglück! Ich weiß nicht, was ich anfangen soll.«

»Wieso denn?«

»Ich werde aus meiner Wohnung hinausgetrieben; stellen Sie sich das nur einmal vor: ich muß ausziehen. Dabei werden mir meine Sachen ruiniert, und was gibt es dabei für Unruhe und Arbeit! Es ist schauderhaft, daran auch nur zu denken! Acht Jahre lang habe ich ja in dieser Wohnung gewohnt. Der Hauswirt hat mir einen bösen Streich gespielt: ›Ziehen Sie aus‹, sagt er, ›ziehen Sie schleunigst aus!‹«

»Und noch dazu schleunigst! Er drängt ja sehr zur Eile; also werden Sie wohl nicht umhin können. Das ist eine sehr unangenehme Geschichte, das Umziehen; mit einem Umzuge ist immer viel Plackerei verbunden«, sagte Alexejew. »Es kommen Sachen abhanden oder werden zerbrochen. So etwas ist sehr verdrießlich! Und Sie haben eine so prächtige Wohnung … was bezahlen Sie denn dafür?«

»Wo werde ich eine andere derartige finden?« sagte Oblomow. »Und noch dazu in der Eile? Die Wohnung ist trocken und warm; im Hause geht es ruhig und ordentlich zu: nur ein einziges Mal bin ich bestohlen worden! Sehen Sie, die Zimmerdecke da sieht zwar defekt aus, der Putz ist ganz abgefallen; aber sie stürzt trotzdem nicht ein.«

»Nun sagen Sie um alles in der Welt!« sagte Alexejew, den Kopf hin und her wiegend.

»Wie läßt es sich nur einrichten, daß ich nicht auszuziehen brauche?« sagte Oblomow nachdenklich vor sich hin.

»Haben Sie die Wohnung auf Grund eines Kontraktes gemietet?« fragte Alexejew und musterte dabei mit den Augen das Zimmer von der Decke bis zum Fußboden.

»Ja; aber der im Kontrakt festgesetzte Termin ist schon überschritten; ich habe in der ganzen letzten Zeit monatweise bezahlt … ich erinnere mich nur nicht, seit wann.«

»Was beabsichtigen Sie denn nun?« fragte Alexejew nach einigem Stillschweigen. »Wollen Sie ausziehen oder hierbleiben?«

»Ich beabsichtige gar nichts«, erwiderte Oblomow; »ich mag überhaupt nicht daran denken. Mag Sachar etwas ausfindig machen!«

»Manche Leute lieben das Umziehen sogar«, sagte Alexejew, »und finden darin geradezu ein Vergnügen, als ob der Wohnungswechsel ein Genuß wäre …«

»Na, dann mögen diese ›manchen Leute‹ umziehen! Ich für meine Person bin ein Feind von Veränderungen Und das ist noch das wenigste, die Geschichte mit der Wohnung«, fuhr Oblomow fort. »Aber sehen Sie mal, was mir mein Dorfschulze schreibt. Ich werde Ihnen den Brief gleich zeigen … wo ist er nur? Sachar, Sachar!«

»Ach, du Königin des Himmels!« rief Sachar in seinem Zimmer mit heiserer Stimme und sprang von der Ofenbank herab. »Wann wird mich Gott zu sich nehmen?«

Er kam herein und blickte seinen Herrn mit trüben Augen an.

»Warum hast du den Brief noch nicht gefunden?«

»Wie soll ich ihn denn finden? Weiß ich etwa, was für einen Brief Sie haben wollen? Ich kann nicht lesen.«

»Ganz egal, suche ihn!« sagte Oblomow.

»Sie selbst haben gestern Abend irgendeinen Brief gelesen«, erwiderte Sachar; »aber nachher habe ich ihn nicht mehr gesehen.«

»Wo ist er denn nun?« versetzte Ilja Iljitsch ärgerlich. »Ich habe ihn doch nicht hinuntergeschluckt. Ich erinnere mich ganz genau, daß du ihn genommen und irgendwohin gelegt hast. Also sieh zu, wo er ist!«

Er schüttelte die Bettdecke: der Brief fiel aus den Falten derselben auf den Fußboden.

»Na, da haben wir es; so geben Sie mir immer die Schuld! …« – »Na, nun geh, geh!« schrien Oblomow und Sachar einander gleichzeitig an. Sachar ging hinaus; Oblomow aber begann den Brief vorzulesen, der mit braunem Siegellack gesiegelt und auf grauem Papier wie mit Kwaß geschrieben war. Die gewaltig großen Buchstaben zogen sich wie eine feierliche Prozession, ohne einander zu berühren, in steil abfallender Linie von der oberen Ecke zur unteren hin. Ihre Reihe wurde manchmal durch einen großen blassen Tintenklecks unterbrochen.

»Gnädiger Herr«, begann Oblomow, »Euer Wohlgeboren, unser Vater und Ernährer, Ilja Iljitsch …«

Hier ließ Oblomow mehrere Begrüßungsphrasen und Wünsche für sein Wohlergehen weg und fuhr aus der Mitte fort: »Ich melde Deiner herrschaftlichen Gnaden, daß auf Deinem Familiengute, Du unser Ernährer, alles in guter Ordnung ist. Seit fünf Wochen hat es nicht geregnet; wir müssen wohl den Herrgott erzürnt haben, daß er uns keinen Regen schickt. Auf eine solche Dürre können sich die ältesten Leute nicht besinnen: die Sommersaat ist wie ein Feuer verbrannt. Die Wintersaat haben an manchen Stellen die Würmer und an anderen die Frühfröste verdorben; wir haben versucht, sie zu Sommersaat umzupflügen, aber man kann nicht wissen, ob etwas Ordentliches wachsen wird. Vielleicht wird der barmherzige Gott mit Deiner herrschaftlichen Gnaden Erbarmen haben; um uns sorgen wir nicht: mögen wir immerhin verrecken. Zu Johannis sind noch drei Bauern davongegangen: Laptew, Balotschow, und für sich allein ist Waska, der Sohn des Schmiedes, davongegangen. Ich habe die Weiber weggejagt, damit sie ihre Männer zurückholen möchten; aber die Weiber sind nicht wiedergekommen, sondern leben, wie es verlautet, in Tschelki. Mein Gevatter aus Werchlowo fuhr nach Tschelki; der Verwalter hatte ihn dorthin geschickt; es hieß, es sei dort ein überseeischer Pflug angekommen, und der Verwalter hatte meinen Gevatter nach Tschelki geschickt, um sich den Pflug anzusehen. Da trug ich meinem

Gevatter auf, sich nach den entlaufenen Bauern umzusehen. Dann wandte ich mich in aller Demut an den Bezirkshauptmann; der sagte zu mir: ›Reiche ein Gesuch ein; dann wird jedes Mittel zur Anwendung gebracht werden, um die Bauern nach dem Orte ihrer Ansässigkeit zurückzuschaffen‹, und weiter sagte er nichts. Ich fiel ihm zu Füßen und flehte ihn unter Tränen an; aber er schrie aus voller Kehle: ›Mach, daß du fortkommst! Ich habe dir gesagt, daß alles getan werden wird; reiche nur ein Gesuch ein!‹ Aber ein Gesuch habe ich nicht eingereicht. Es ist niemand hier, den man zur Arbeit annehmen könnte: alle sind sie nach der Wolga gegangen, zur Arbeit auf den Schiffen, – so dumm ist heutzutage hier das Volk geworden, Du unser Ernährer, Väterchen Ilja Iljitsch! Leinewand wird in diesem Jahre von uns keine auf dem Jahrmarkte sein; ich habe den Trockenraum und die Bleichkammer zugeschlossen und Sytschug angestellt, um bei Tage und bei Nacht aufzupassen; er ist ein nüchterner Mensch, und damit er nichts von dem herrschaftlichen Eigentume entwendet, passe ich auf ihn Tag und Nacht auf. Die andern sind arge Trinker und bitten darum, auf Zins gesetzt zu werden. Von den Rückständen ist wenig eingegangen; in diesem Jahre werden wir Dir, Du unser Väterchen und Wohltäter, wohl ungefähr zweitausend Rubel weniger schicken als im vorigen Jahr, vorausgesetzt, daß uns die Dürre nicht ganz und gar zugrunde richtet; sonst werden wir es Dir schicken, wovon wir Deine Gnaden benachrichtigen.«
Dann folgten Versicherungen der Ergebenheit und die Unterschrift: »Dein Dorfschulze und allerniedrigster Sklave Prokofi Wytjaguschkin hat dies eigenhändig unterschrieben.« Wegen Unkunde der Schrift war ein Kreuz hingezeichnet. »Geschrieben hat dies nach dem Diktate des Dorfschulzen sein Schwager Djomka, der Krumme.«
Oblomow blickte auf den Schluß des Briefes.

»Es steht kein Monat und kein Jahr da«, sagte er; »wahrscheinlich hat der Brief bei dem Dorfschulzen seit dem vorigen Jahre herumgelegen; darum redet er auch von Johannis und von der Dürre! Nun endlich ist es ihm eingefallen, ihn abzusenden!«

Er versank in Nachdenken.

»Nun?« fuhr er fort, »was meinen Sie dazu: er stellt mir ungefähr zweitausend Rubel weniger in Aussicht! Wieviel bleibt mir dann noch? Wieviel habe ich doch im vorigen Jahre bekommen?« fragte er, indem er Alexejew anblickte. »Habe ich es Ihnen damals nicht gesagt?«

Alexejew wandte die Augen zur Zimmerdecke und dachte nach.

»Ich muß Stolz danach fragen, wenn er kommt«, fuhr Oblomow fort; »ich glaube sieben- oder achttausend Rubel ... es ist schlimm, wenn man sich so etwas nicht notiert! Also jetzt will er mich auf sechstausend setzen! Da kann ich ja Hungers sterben! Wovon soll ich da leben?«

»Warum regen Sie sich so auf, Ilja Iljitsch?« sagte Alexejew. »Man muß sich nie der Verzweiflung überlassen; es wird schon alles wieder gut werden.«

»Hören Sie wohl, was er schreibt? Statt mir Geld zu schikken, mich irgendwie zu trösten, bereitet er mir wie zum Hohn nur Unannehmlichkeiten! Und so macht er es jedes Jahr! Ich weiß jetzt gar nicht, wo mir der Kopf steht! Zweitausend Rubel weniger!«

»Ja, das ist ein großer Verlust«, sagte Alexejew; »zweitausend Rubel sind kein Spaß! Alexei Longinowitsch hat, wie es heißt, ebenfalls in diesem Jahre nur zwölftausend bekommen statt siebzehntausend.«

»Also doch zwölftausend und nicht sechstausend«, unterbrach ihn Oblomow. »Dieser Dorfschulze hat mich ganz aus der Fassung gebracht! Und selbst wenn es sich wirklich so mit der Mißernte und Dürre verhält, warum bereitet er mir diesen Schmerz im voraus?«

»Ja … das sollte er wirklich nicht tun«, begann Alexejew. »Aber was kann man von einem Bauern für Zartgefühl erwarten? Dieses Volk hat ja kein Verständnis.«

»Na, was würden Sie denn nun an meiner Stelle tun?« sagte Oblomow und blickte Alexejew fragend an, in der schwachen Hoffnung, daß dieser vielleicht etwas ersinnen werde, was zu seiner Beruhigung dienen könne.

»Das muß man sich überlegen, Ilja Iljitsch; so plötzlich kann man da keine Entscheidung treffen«, antwortete Alexejew.

»Soll ich vielleicht an den Gouverneur schreiben?« meinte Ilja Iljitsch zweifelnd.

»Wer ist denn bei Ihnen Gouverneur?« fragte Alexejew.

Ilja Iljitsch gab ihm keine Antwort und dachte nach. Alexejew verstummte und überlegte ebenfalls etwas.

Oblomow knitterte den Brief in den Händen zusammen, stützte den Kopf in die Hände, setzte die Ellbogen auf die Knie und saß so eine Zeitlang da, gequält von den auf ihn einstürmenden unruhigen Gedanken.

»Wenn wenigstens Stolz recht bald käme!« sagte er. »Er schreibt, er werde bald herkommen, und dabei treibt er sich weiß der Teufel wo umher! Der würde alles in Ordnung bringen.«

Er wurde wieder trübsinnig. Lange Zeit schwiegen beide. Oblomow war der erste, der sich endlich aufraffte.

»Das ist's, was man tun muß«, sagte er in entschiedenem Tone und wäre beinahe vom Bette aufgestanden, »und zwar so schnell wie möglich, ohne jede Zögerung … Erstens …«

In diesem Augenblicke ertönte ein höchst energisches Läuten im Vorzimmer, so daß Oblomow und Alexejew zusammenfuhren und Sachar schleunigst von der Ofenbank heruntersprang.

## III.

»Ist er zu Hause?« fragte jemand im Vorzimmer laut in grobem Tone.

»Wohin soll er zu dieser Tageszeit gegangen sein«, gab Sachar in noch göberem Tone zur Antwort.

Der Eintretende war ein Mann von ungefähr vierzig Jahren, zu einem derben Menschenschlage gehörig, hochgewachsen, breit in den Schultern und im ganzen Rumpfe, mit grobgeschnitzten Gesichtszügen, einem großen Kopfe, einem kräftigen, kurzen Halse, großen, vorstehenden Augen und dicken Lippen. Ein flüchtiger Blick auf diesen Menschen rief die Vorstellung von etwas Grobem, Unsauberem hervor. Es war augenscheinlich, daß er nicht auf Eleganz seines Anzuges bedacht war. Nicht immer glückte es einem, ihn sauber rasiert zu sehen. Aber das war ihm anscheinend auch völlig gleichgültig; er genierte sich nicht wegen seiner Kleidung und trug sie mit einer Art von zynischer Würde.

Das war Michei Andrejewitsch Tarantjew, Oblomows Landsmann.

Tarantjew blickte alles grimmig und halb verächtlich an; er war seiner ganzen Umgebung offenbar feindlich gesinnt und stets bereit, auf alles und alle in der Welt zu schimpfen, als wäre er ein durch Ungerechtigkeit tief gekränkter oder in bezug auf irgendwelche treffliche Eigenschaft nicht anerkannter Mensch, ja schließlich ein vom Schicksal verfolgter starker Charakter, der sich ihm nur widerwillig und trotzig füge. Seine Bewegungen waren immer kühn und schwungvoll; er sprach laut, keck und fast immer in ärgerlichem Tone; wenn man ihn aus einiger Entfernung hörte, so war es, als ob drei leere Bauernwagen über eine Brücke führen. Mochte anwesend sein, wer da wollte, er legte sich in seinen

Worten keinen Zwang auf, gebrauchte sein Mundwerk ganz gehörig und war überhaupt beständig grob im Verkehr mit allen Leuten, seine Freunde nicht ausgenommen, als wollte er zu verstehen geben, daß, wenn er mit jemandem redete, oder sogar auch, wenn er bei ihm zu Mittag oder zu Abend speiste, er ihm damit eine große Ehre erwiese.

Tarantjew hatte einen lebhaften, klugen Geist; niemand konnte leichter als er eine Frage des gewöhnlichen Lebens beantworten oder eine verwickelte juristische Prozeßsache entscheiden: er stellte sogleich eine Theorie auf, nach der in dem einen oder andern Falle zu handeln sei, und führte sehr scharfsinnig die Beweise dafür an; zum Schlusse aber wurde er fast immer grob gegen denjenigen, der ihn über etwas um Rat gefragt hatte.

Trotzdem bekleidete er noch jetzt, wo er schon graue Haare hatte, in einer Kanzlei dasselbe Amt als Schreiber, das er vor fünfundzwanzig Jahren übernommen hatte. Weder ihm selbst noch sonst jemandem kam je der Gedanke in den Sinn, daß er aufrücken könne.

Die Sache war die, daß Tarantjew nur meisterlich zu reden verstand; mit Worten entschied er alle Fragen klar und leicht, besonders solche Fragen, die andere Leute betrafen; aber sobald es erforderlich war, auch nur einen Finger zu rühren, sich vom Flecke zn bewegen, kurz, die von ihm selbst aufgestellte Theorie auf die Praxis anzuwenden und die Sache in Gang zu bringen, Organisationstalent und Promptheit zu zeigen, da war er ein ganz andrer Mensch, da versagte er: es wurde ihm plötzlich zu schwer, oder er fühlte sich unwohl, oder es war ihm unbequem, oder es kam ihm etwas anderes in den Wurf, das er ebenfalls nicht in Angriff nahm oder, wenn er es ja tat, nicht zu einem ordentlichen Ende führte. Er war dabei wie ein Kind: hier ließ er es an Achtsamkeit fehlen, dort wußte er irgendwelche Kleinigkeiten nicht, da verspätete er sich, und das Ende vom Liede war, daß er die Sache halbvollendet liegen ließ oder sie falsch angriff und alles so verdarb, daß keine Möglichkeit war, es wieder in Ordnung zu bringen; und dann fing er noch an zu schimpfen.

Sein Vater, ein Gerichtsschreiber vom alten Schlage in der Provinz, wollte seinem Sohne seine Geschicklichkeit und Erfahrung in der Betreibung fremder Prozesse und seine klug zurückgelegte Laufbahn beim Gerichte als Erbe hinterlassen; aber das Schicksal fügte es anders. Der Vater, der seinerzeit in russischer Weise selbst nur für wenige Groschen Schulunterricht genossen hatte, wollte nicht, daß sein Sohn hinter der Zeit zurückbleibe, und wünschte, ihn noch außer der schwierigen Kunst der Führung von Prozessen etwas lernen zu lassen. Er schickte ihn daher drei Jahre lang zu einem Geistlichen, damit er bei diesem Lateinisch lerne.

Der von Natur wohlbefähigte Knabe machte sich im Laufe der drei Jahre die lateinische Formenlehre und Syntax zu eigen und sollte gerade anfangen, Cornelius Nepos zu lesen, als sein Vater zu der Ansicht kam, es sei auch an dem, was er nun wisse, genug; auch diese Kenntnisse gaben ihm schon einen gewaltigen Vorsprung vor der alten Generation, und es könne ihm schließlich eine weitere Fortsetzung der Studien vielleicht gar in seiner dienstlichen Laufbahn beim Gerichte schaden.

Der sechzehnjährige Michei, der nicht wußte, was er mit seinem Latein anfangen sollte, vergaß es allmählich wieder im Elternhause; aber dafür nahm er, in Erwartung der Ehre, beim Land- und Kreisgerichte angestellt zu werden, einstweilen an allen von seinem Vater gegebenen kleinen Gastereien teil, und in dieser Schule, bei den offenherzigen Gesprächen der Fachgenossen, schärfte und entwickelte sich der Verstand des jungen Menschen.

Mit jugendlicher Empfänglichkeit lauschte er den Erzählungen seines Vaters und der Kollegen desselben von allerlei Zivil- und Kriminalprozessen und von interessanten Fällen, die durch die Hände aller dieser Gerichtsschreiber alten Schlages gegangen waren.
Aber all das führte zu nichts. Michei bildete sich nicht zu einem praktischen Rechtskundigen und Rechtsverdreher heraus, obgleich alle Anstrengungen des Vaters darauf gerichtet waren und gewiß auch von Erfolg gekrönt worden wären, wenn nicht das Schicksal die Absichten des Alten zunichte gemacht hätte. Michei machte sich tatsächlich die ganze Theorie der väterlichen Unterweisungen zu eigen und brauchte sie nur noch auf die Praxis anzuwenden; aber zur Zeit des Todes seines Vaters war er noch nicht beim Gerichte angestellt, und so wurde er denn von einem Wohltäter nach Petersburg gebracht, der ihm dort eine Schreiberstelle in einem Ministerium verschaffte und ihn dann vergaß.
So blieb Tarantjew sein ganzes Leben über nur Theoretiker. In dem Petersburger Amte konnte er mit seinem Latein und mit seiner feinausgebildeten Theorie, gerechte und ungerechte Prozeßsachen nach seinem Belieben durchzuführen, nichts anfangen; dabei aber war er sich bewußt, daß er eine schlummernde Kraft in sich trug, die durch feindliche Umstände in ihm für immer ohne Hoffnung und Befreiung eingeschlossen lag, so wie in den Märchen böse Geister in enge, verzauberte Mauern eingeschlossen und der Macht zu schaden beraubt sind. Vielleicht war dieses Bewußtsein der in ihm ruhenden ungenutzten Kraft die Ursache, weswegen Tarantjew im Verkehr grob, mißgünstig und stets ärgerlich und zänkisch war.
Mit Bitterkeit und Verachtung blickte er auf seine gegenwärtigen Beschäftigungen: das Abschreiben von Schriftstükken, das Heften von Akten und so weiter. Ihm lächelte in der

Ferne nur eine einzige letzte Hoffnung: eine Anstellung bei der Verwaltung der Branntweinpacht zu bekommen. Auf diesem Wege sah er den einzigen vorteilhaften Ersatz für die Karriere, die ihm sein Vater hatte vermachen wollen, und die er nicht erreicht hatte. Und in Erwartung dessen wandte er die ihm von seinem Vater überlieferte gebrauchsfertig daliegende Theorie der Bestechlichkeit und Schlauheit, da ihr die beste und ihrer würdigste Laufbahn in der Provinz entgangen war, auf alle Kleinigkeiten seiner nichtigen Existenz in Petersburg an; und diese seine Kunstfertigkeit stahl sich, in Ermangelung einer Betätigung im amtlichen Leben, in alle seine freundschaftlichen Beziehungen ein.

Er war auf Grund seiner Theorie nach seiner ganzen Denkweise bestechlich und brachte, in Ermangelung von Prozessen und Bittstellern, es durch Schlauheit fertig, von seinen Kollegen und Freunden, Gott weiß wie und wofür, Bestechungen einzuheimsen, veranlaßte sie, wo und wann er nur konnte, bald durch List, bald durch Aufdringlichkeit, ihn zu traktieren, verlangte von allen einen Respekt, den er nicht verdiente, und suchte mit jedem Händel. Über seine abgetragenen Kleider empfand er nie Scham oder Verlegenheit; aber es beunruhigte ihn, wenn ein Tag ihm nicht die Perspektive auf ein tüchtiges Mittagessen mit einer gehörigen Quantität Wein oder Schnaps bot.

Infolgedessen spielte er im Kreise seiner Bekannten die Rolle eines großen Wächterhundes, der alle anbellt und nicht duldet, daß sich jemand rührt, der aber gleichzeitig unfehlbar jedes Stück Fleisch im Fluge auffängt, woher es auch immer geflogen kommt.

Von dieser Art waren die beiden eifrigsten Besucher Oblomows.

Warum kamen diese beiden russischen Proletarier zu ihm? Sie wußten recht gut, warum sie das taten: um zu essen, zu

trinken und gute Zigarren zu rauchen. Sie fanden bei ihm ein warmes, ruhiges Obdach und eine wenn auch nicht freudige, so doch immer in gleicher Weise gleichmütige Aufnahme.
Aber warum Oblomow diese Leute zu sich ließ, darüber gab er sich selbst schwerlich Rechenschaft. Wohl aus demselben Grunde, aus welchem noch heutzutage bei uns in jedem abgelegenen wohlhabenden Gutshause sich ein Schwarm solcher Personen beiderlei Geschlechts herumdrängt, ohne Brot, ohne Kunstfertigkeit, sozusagen ohne Hände zur Produktion und nur mit einem Magen zur Konsumtion, aber fast immer mit einem Rang und Titel.
Es gibt noch immer Sybariten, denen im Leben solche Anhängsel unentbehrlich sind; sie langweilen sich in der Welt ohne etwas Überflüssiges. Wer wird eine abhanden gekommene Tabaksdose wieder zur Stelle schaffen oder ein hingefallenes Taschentuch aufheben? Wem kann man mit einem Rechte auf Teilnahme etwas von seinen Kopfschmerzen vorklagen oder einen bösen Traum erzählen und dessen Ausdeutung verlangen? Wer liest einem vor dem Schlafengehen aus einem Buche vor und hilft einem so zum Einschlafen? Manchmal wird ein solcher Proletarier auch nach der nächsten Stadt geschickt, um etwas einzukaufen, oder er hilft in der Wirtschaft – man kann sich doch mit dergleichen nicht selbst abgeben!
Tarantjew machte viel Lärm und rüttelte dadurch Oblomow aus seiner Unregsamkeit und Langenweile auf. Er schrie, stritt, führte eine Art von Theaterstück auf und überhob so den trägen Herrn der Notwendigkeit, selbst zu reden und zu handeln. In das Zimmer, in welchem Schlaf und Ruhe herrschten, brachte Tarantjew Leben und Bewegung und manchmal auch Nachrichten von draußen. Oblomow konnte, ohne einen Finger zu rühren, etwas Lebendiges sehen, das sich vor seinen Augen bewegte und redete. Außer-

dem besaß er noch die Einfalt zu glauben, Tarantjew sei wirklich imstande, ihm etwas Nützliches zu raten.

Alexejews Besuche ließ sich Oblomow aus einem andern, nicht minder wichtigen Grunde gefallen. Wenn er die Zeit in seiner gewöhnlichen Weise hinbringen, das heißt schweigend daliegen, druseln oder im Zimmer auf und ab gehen wollte, so war Alexejew gewissermaßen nicht anwesend: er schwieg ebenfalls, druselte, oder er sah in ein Buch hinein und betrachtete mit einem trägen Gähnen, das ihm die Tränen in die Augen trieb, die Bilder und Nippsachen. Er konnte nötigenfalls drei Tage in dieser Weise verbringen. Wenn aber Oblomow des Alleinseins überdrüssig wurde und das Bedürfnis verspürte, sich auszusprechen, zu reden, etwas vorzulesen, zu disputieren, eine Erregung zu äußern, dann war er immer ein gehorsamer, bereitwilliger Zuhörer und Partner, der mit stets gleichbleibender Zustimmung an seinem Stillschweigen und an seinem Gespräche und an seiner Erregung und an seiner Anschauungsweise, wie auch immer sie beschaffen war, teilnahm.

Andere Besucher kamen nur selten, nur auf einen Augenblick, wie die ersten drei, die sich an diesem Tage eingefunden hatten; die lebendigen Beziehungen zwischen ihm und ihnen allen starben immer mehr ab. Oblomow interessierte sich manchmal für irgendeine Neuigkeit und führte manchmal gern fünf Minuten lang ein Gespräch; dann aber fühlte er sich dadurch befriedigt und schwieg. Jene Herren jedoch beanspruchten, daß er ihnen die entsprechenden Gegendienste leiste und an dem, was sie selbst interessierte, Anteil nehme. Sie fühlten sich unter den Menschen in ihrem Elemente; jeder von ihnen faßte das Leben auf seine Weise auf, so wie Oblomow es nicht auffassen wollte, aber sie zogen auch ihn in das Leben hinein: all das mißfiel ihm, stieß ihn ab, widerstrebte seinem ganzen Wesen.

Nur ein einziger Mensch sagte ihm zu: auch dieser störte ihn in seiner Ruhe, liebte Neuigkeiten und die Gesellschaft und die Wissenschaft und das ganze Leben, aber in einer tieferen, wärmeren, aufrichtigeren Art als andere – und obgleich Oblomow gegen alle freundlich war, so war dies doch der einzige Mensch, den er von Herzen liebte, der einzige, dem er Vertrauen schenkte, vielleicht deshalb, weil er mit ihm aufgewachsen war, mit ihm zusammen die Schule besucht und mit ihm zusammen gelebt hatte. Das war Andrei Karlowitsch Stolz.

Er war abwesend, aber Oblomow erwartete ihn stündlich.

## IV.

»Guten Tag, Landsmann!« sagte Tarantjew in barschem Tone und streckte Oblomow seine haarige Hand hin.

»Warum liegst du denn zu dieser Tageszeit noch im Bette wie ein Klotz?«

»Komm nicht so nah heran, komm nicht so nah heran; du kommst aus der Kälte!« sagte Oblomow und deckte sich fest mit der Bettdecke zu.

»Was ist das für eine Idee: ›aus der Kälte‹!« schrie Tarantjew. »Wenn dir jemand die Hand gibt, dann nimm sie! Es ist bald zwölf, und er liegt noch im Bett!«

Er wollte Oblomow vom Bette in die Höhe heben; aber dieser kam ihm zuvor, streckte schnell die Beine heraus und fuhr mit den Füßen gleichzeitig in beide Pantoffeln.

»Ich wollte diesen Augenblick selbst aufstehen«, sagte er gähnend.

»Ich kenne dich, wie du aufstehst: du hättest dich bis zum

Mittagessen im Bette herumgerekelt. He, Sachar! Wo steckst du denn, alter Esel! Hilf mal schnell deinem Herrn beim Anziehen!«

»Schaffen Sie sich erst Ihren eigenen Sachar an, und dann schimpfen Sie!« sagte Sachar, der ins Zimmer trat und Tarantjew grimmig anblickte. »Und wie Sie den Fußboden vollgetreten haben, wie ein Hausierer!« fügte er hinzu.

»Er redet auch noch, der Unverschämte!« sagte Tarantjew und hob das Bein in die Höhe, um dem vorbeigehenden Sachar von hinten einen Tritt zu versetzen; aber Sachar blieb stehen, drehte sich nach ihm hin und machte sich zur Gegenwehr fertig.

»Rühren Sie mich nur an!« rief er wütend mit seiner heiseren Stimme. »Was soll das heißen? Ich gehe wieder hinaus ...« sagte er und ging wieder nach der Tür zurück.

»So hör‹ doch auf, Michei Andrejewitsch; wie heftig du gleich bist! Warum reizt du ihn denn?« sagte Oblomow. »Gib mir meine Kleider her, Sachar!«

Sachar kehrte wieder um und schlüpfte, nach Tarantjew hinschielend, hurtig an ihm vorbei.

Oblomow stützte sich mit dem Ellbogen auf ihn, stand mit Selbstüberwindung wie ein sehr ermüdeter Mensch vom Bette auf, ging mißmutig zu einem großen Lehnstuhl, ließ sich in ihn hineinsinken und verharrte regungslos in der Haltung, wie er sich hingesetzt hatte.

Sachar nahm von einem Tischchen Pomade, einen Kamm und eine Bürste, pomadisierte ihm den Kopf, machte ihm einen Scheitel und frisierte ihn dann mit der Bürste.

»Wollen Sie sich jetzt auch waschen?« fragte er.

»Ich will noch ein bißchen warten«, antwortete Oblomow. »Geh nur wieder nach deiner Stube.«

»Ach, sind Sie auch da?« sagte Tarantjew auf einmal, sich zu Alexejew wendend, während Sachar seinen Herrn frisierte.

»Ich hatte Sie gar nicht gesehen. Weshalb sind Sie denn hier? Aber was ist Ihr Verwandter für ein gemeiner Kerl! Ich hatte es Ihnen schon sagen wollen ...«
»Was für ein Verwandter? Ich habe gar keinen Verwandten«, antwortete der bestürzte Alexejew schüchtern und sah Tarantjew mit großen Augen an.
»Na, der, der hier ebenfalls angestellt ist, wie heißt er doch? ... Afanasjew heißt er. Wie sollte er denn nicht Ihr Verwandter sein? Natürlich ist er Ihr Verwandter.«
»Ich heiße ja aber nicht Afanasjew; ich heiße Alexejew«, erwiderte Alexejew. »Ich habe keinen Verwandten.«
»Na, daß das nicht ein Verwandter von Ihnen ist! Er sieht ebenso unansehnlich aus wie Sie und heißt ebenfalls Wasili Nikolajewitsch.«
»Bei Gott, er ist nicht mit mir verwandt! Ich heiße Iwan Alexejewitsch.«
»Na, ganz egal, er hat mit Ihnen Ähnlichkeit. Aber er ist ein gemeiner Kerl; das können Sie ihm wiedersagen, wenn Sie ihn sehen.«
»Ich kenne ihn nicht und habe ihn nie gesehen«, sagte Alexejew und öffnete seine Tabaksdose.
»Geben Sie mir mal eine Prise!« sagte Tarantjew. »Haben Sie da nur gewöhnlichen Schnupftabak, keinen französischen? Wahrhaftig«, fuhr er fort, nachdem er geschnupft hatte; »warum haben Sie keinen französischen?« fügte er dann in strengem Tone hinzu.
»Ja, so ein gemeiner Kerl wie Ihr Verwandter ist mir noch nie vorgekommen«, fuhr Tarantjew fort. »Da habe ich mir einmal (es wird jetzt schon zwei Jahre her sein) fünfzig Rubel von ihm geborgt. Na, fünfzig Rubel, ist das etwa eine große Summe? Man möchte meinen, das könnte er doch wohl vergessen. Aber nein, er denkt daran: alle Monat, wo er mich nur trifft, sagt er: ›Wie steht es denn mit Ihrer

Schuld?‹ Der Mensch wurde mir wirklich langweilig. Und damit nicht genug: gestern kam er zu uns ins Ministerium und sagte: ›Sie haben gewiß Ihr Gehalt bekommen; jetzt könnten Sie mir das Geld zurückgeben.‹ Ich gab ihm mein Gehalt hin; aber dann habe ich ihn vor aller Ohren so madig gemacht, daß er kaum die Tür fand. ›Ich bin ein armer Mensch‹, sagte er, ›ich habe das Geld selbst nötig!‹ Als ob ich es nicht nötig hätte! Bin ich denn ein reicher Mann, daß ich ihm immer fünfzig Rubel hinspucken kann? Gib mir eine Zigarre, Landsmann!«

»Die Zigarren sind dort, in dem Kistchen«, antwortete Oblomow, nach einer Etagere zeigend.

Er saß nachdenklich in der ihm eigenen schönen, trägen Haltung auf dem Lehnstuhl, ohne zu bemerken, was um ihn herum geschah, und ohne zu hören, was gesprochen wurde. Liebevoll betrachtete und streichelte er seine kleinen weißen Hände.

»Ach herrje! Sind das immer noch dieselben?« fragte Tarantjew in strengem Tone, indem er eine Zigarre herausnahm und Oblomow anblickte.

»Ja, es sind dieselben«, antwortete Oblomow mechanisch.

»Und ich habe dir doch gesagt, du möchtest andre kaufen, ausländische! Du merkst dir immer gar nicht, was man dir sagt! Also sorge dafür, daß am nächsten Sonnabend unbedingt welche da sind, sonst werde ich lange Zeit nicht mehr zu dir kommen. Nun seh einer, was das für ein Schund ist«, fuhr er fort, nachdem er die Zigarre angezündet und eine Rauchwolke in die Luft geblasen, eine zweite eingesogen hatte. »Gar nicht zu rauchen!«

»Du bist ja heute so früh gekommen, Michei Andrejewitsch«, sagte Oblomow gähnend.

»Du bist meiner wohl überdrüssig, ja?«

»Nein, ich meinte nur so; du kommst sonst gewöhnlich erst

unmittelbar vor dem Mittagessen; jetzt ist es aber erst zwölf durch.«

»Ich bin absichtlich früher gekommen, um mich zu erkundigen, was es bei dir heute zu Mittag geben wird. Du fütterst mich immer mit so elenden Gerichten, daß ich fragen möchte, was du heute zu machen angeordnet hast.«

»Frage doch dort, in der Küche«, antwortete Oblomow.

Tarantjew ging hinaus.

»Aber ich bitte dich«, sagte er, als er zurückkam: »Rindfleisch und Kalbsbraten! Ach, Bruder Oblomow, du verstehst nicht zu leben, und dabei bist du doch Gutsbesitzer! Ist das ein Leben für einen adligen Herrn? Du lebst ja wie ein Kleinbürger und verstehst es nicht, einen Freund zu bewirten! Na, ist Madeira gekauft?«

»Ich weiß es nicht; frage Sachar«, erwiderte Oblomow, der fast gar nicht nach ihm hinhörte. »Wein wird gewiß da sein.«

»Die frühere Sorte, von dem deutschen Weinhändler? Nein, laß welchen im Englischen Magazin kaufen.«

»Na, dieser wird auch gut genug sein«, sagte Oblomow. »Sonst muß ich erst noch hinschicken.«

»Warte mal, gib mir Geld; ich muß noch anderswohin gehen; da komme ich dort vorbei und werde welchen mitbringen.«

Oblomow kramte im Tischkasten umher und nahm einen Zehnrubelschein (damals von roter Farbe) heraus.

»Madeira kostet sieben Rubel«, sagte Oblomow; »hier sind zehn.«

»Gib nur alles her: die Leute geben mir da heraus; sei unbesorgt!«

Er riß die Banknote Oblomow aus den Händen und steckte sie schnell in die Tasche.

»Na, dann werde ich jetzt gehen«, sagte Tarantjew, indem er den Hut aufsetzte. »Um fünf bin ich wieder hier. Ich muß noch anderswohin gehen: es ist mir eine Anstellung bei der Branntweinakzise in Aussicht gestellt, und ich soll dort einmal nachfragen … Ja, was ich noch sagen wollte, Ilja Iljitsch: willst du nicht heute einen Wagen nehmen und nach Jekateringof fahren? Dann könntest du mich mitnehmen.«

Oblomow schüttelte zum Zeichen der Verneinung den Kopf.

»Wie steht's? Bist du zu faul, oder tut dir das Geld leid? Ach, du Mehlsack!« sagte Tarantjew. »Na, adieu einstweilen!«

»Warte, Michei Andrejewitsch«, unterbrach in Oblomow. »Ich möchte dich über etwas um Rat fragen.«

»Was ist denn noch? Sprich schnell, ich habe keine Zeit.«

»Es ist ein zwiefaches Unglück über mich hereingebrochen. Ich werde aus der Wohnung hinausgeiagt …«

»Gewiß hast du keine Miete bezahlt; da geschieht dir recht«, sagte Tarantjew und wollte gehen.

»Nicht doch! Ich bezahle immer pränumerando. Nein, der Hauswirt will meine Wohnung zur Herstellung einer andern mitbenutzen … Aber warte doch! Wo willst du hin? Rate mir, was ich tun soll: der Wirt drängt mich; in einer Woche soll ich ausziehen …«

»Bin ich als dein Ratgeber angestellt? … Da hast du eine falsche Vorstellung …«

»Ich habe gar keine Vorstellung«, erwiderte Oblomow; »mach' nicht solchen Lärm und schreie nicht so, sondern denke lieber nach, was ich tun soll. Du bist ein praktischer Mensch …«

Tarantjew hörte nicht mehr nach ihm hin, sondern überlegte etwas.

»Na, meinetwegen; du kannst dich bei mir bedanken«, sagte er, nahm den Hut wieder ab und setzte sich hin. »Ordne an, daß es beim Mittagessen Champagner geben soll: deine Angelegenheit ist erledigt.«

»Wie denn das?« fragte Oblomow.

»Wird es auch Champagner geben?«

»Meinetwegen, wenn dein Rat das wert ist …«

»Du selbst bist meinen Rat nicht wert. Warum soll ich dir umsonst Rat geben? Da, frage den da«, fügte er, auf Alexejew weisend, hinzu, »oder seinen Verwandten!«

»Nun, nun, laß gut sein und sprich!« bat Oblomow.

»Nun, so höre: du ziehst gleich morgen in eine andre Wohnung …«

»Ach herrje! So eine Idee! Das habe ich auch selbst gewußt …«

»Warte, unterbrich mich nicht!« schrie Tarantjew. »Zieh morgen zu meiner Gevatterin, nach der Wyborger Seite* …«

»Was ist das für eine Neuigkeit? Nach der Wyborger Seite! Da laufen ja, wie es heißt, im Winter die Wölfe herum.«

»Es kommt schon vor, daß von den Inseln welche herüberlaufen; aber was geht dich das an?«

»Da ist es langweilig und öde; kein Mensch ist da.«

»Unsinn! Da wohnt meine Gevatterin; die hat ein eigenes Haus mit großen Gemüsegärten. Sie ist eine vornehme Frau, eine Witwe mit zwei Kindern. Bei ihr wohnt ihr unverheirateter Bruder, ein höchst geistvoller Mensch, nicht so einer wie der, der da in der Ecke sitzt«, sagte er, auf Alexejew weisend. »Der steckt mich und dich in die Tasche.«

»Was geht das alles mich an?« versetzte Oblomow ungeduldig. »Ich werde nicht dorthin ziehen.«

»Das will ich doch einmal sehen, ob du nicht doch hinziehen wirst. Nein, wenn du um Rat fragst, dann befolge auch, was man dir sagt.«

»Ich ziehe nicht um«, sagte Oblomow entschieden.

»Na, dann hol' dich der Teufel!« antwortete Tarantjew, stülpte sich den Hut auf den Kopf und ging zur Tür.

* Eine Vorstadt im Nordosten auf dem rechten Newaufer. Anm. d. Übers.

»Du bist ein wunderlicher Patron!« sagte Tarantjew umkehrend. »Was sagt dir denn hier so sehr zu?«
»Was mir zusagt? Hier habe ich alles in der Nähe«, erwiderte Oblomow: »Die Läden und das Theater und meine Bekannten, alles … Ich wohne im Zentrum der Stadt …«
»So-o?« unterbrach ihn Tarantjew. »Aber wie lange ist es her, daß du nicht aus dem Hause gegangen bist, sag' mal? Wie lange ist es her, daß du nicht im Theater gewesen bist? Zu welchen Bekannten gehst du denn? Was hast du denn von diesem Zentrum der Stadt, wenn ich fragen darf?«
»Was ich davon habe? Unendlich viel habe ich davon!«
»Siehst du wohl, du weißt es selbst nicht! Und nun stelle dir einmal vor, wie es dort sein wird: du wirst bei meiner Gevatterin, einer vornehmen Frau, in aller Ruhe und Stille wohnen; kein Mensch wird dich stören; kein Lärm und Spektakel; alles ist rein und sauber. Sieh nur, du wohnst ja hier wie in einer Herberge und bist doch ein adliger Herr, ein Gutsbesitzer! Dort aber hast du Reinlichkeit und Stille; du hast jemand, mit dem du sprechen kannst, wenn du dich langweilst. Außer mir wird niemand zu dir kommen. Es sind zwei Kinderchen da, mit denen kannst du spielen, soviel du Lust hast! Was willst du noch mehr? Und der pekuniäre Vorteil, der gewaltige pekuniäre Vorteil! Was bezahlst du hier?«
»Fünfzehnhundert Rubel.«
»Und dort wirst du tausend Rubel fast für das ganze Haus bezahlen! Und was sind das für helle, prächtige Zimmer! Sie wünschte sich schon lange einen stillen, pünktlichen Mieter; da werde ich ihr dich zuweisen …«
Oblomow schüttelte zerstreut zum Zeichen der Verneinung den Kopf.
»Unsinn, du wirst umziehen!« sagte Tarantjew. »Bedenke nur, daß du da nur halb so teuer leben wirst: schon allein an der Wohnung wirst du fünfhundert Rubel ersparen. Du

wirst noch einmal so gut essen, und sauberer; weder die Köchin noch Sachar werden dich bestehlen …«

Aus Sachars Zimmer ließ sich ein Brummen vernehmen.

»Und es wird auch mehr Ordnung herrschen«, fuhr Tarantjew fort; »jetzt ist es einem ja widerwärtig, sich bei dir an den Tisch zu setzen! Man möchte nach dem Pfeffer greifen, aber es ist kein Pfeffer da; auch Essig ist nicht gekauft. Die Wäsche geht, wie du selbst sagst, verloren; überall liegt Staub – mit einem Worte, es ist gräßlich! Dort aber wird eine Frau die Wirtschaft führen; weder du noch dein Esel, der Sachar …«

Das Brummen in Sachars Zimmer wurde stärker.

»… dieser alte Hund«, fuhr Tarantjew fort, »keiner von euch wird dann mehr an etwas zu denken brauchen; du wirst in voller Pension leben. Was ist da noch zu überlegen? Zieh um, und alles ist erledigt …«

»Aber wie kann ich denn so plötzlich mir nichts dir nichts nach der Wyborger Seite …«

»Mit dir ist aber auch nichts anzufangen!« sagte Tarantjew und wischte sich den Schweiß vom Gesichte. »Jetzt ist es Sommer: da ist es dort ganz wie in einer Sommerfrische. Warum willst du hier in der Gorochowaja-Straße während des Sommers verfaulen? Dort ist der Besborodkin-Park; Ochta* hast du ganz in der Nähe; die Newa ist nur zwei Schritte entfernt; du hast deinen eigenen Gemüsegarten, keinen Staub, keine schlechte Luft! Da ist nichts weiter zu überlegen: ich will gleich nach dem Mittagessen schleunigst zu ihr hin (gib mir Geld zu einer Droschke!), und morgen kannst du umziehen …«

»Was ist das für ein Mensch!« sagte Oblomow. »Denkt er sich da auf einmal weiß der Teufel was aus: ich soll nach der Wyborger Seite … Sich so etwas auszudenken, das ist keine

* Eine Ortschaft an der Newa. Anm. d. Übers.

Kunst. Nein, mach' lieber ein schlaues Mittel ausfindig, daß ich hierbleiben kann. Ich wohne hier nun schon acht Jahre und habe keine Lust zu einer Veränderung ...«

»Die Sache ist abgetan: du ziehst um. Ich eile sogleich zu meiner Gevatterin; nach der neuen Stelle, die mir versprochen ist, will ich mich ein andermal erkundigen ...«

Er wollte fortgehen.

»Warte, warte! Wo willst du hin?« hielt ihn Oblomow zurück. »Ich habe noch eine Angelegenheit; die ist noch wichtiger. Sieh nur, was für einen Brief ich von meinem Dorfschulzen bekommen habe, und sage mir, was ich da tun soll.«

»Na, da siehst du es, was für ein Mensch du von deiner Geburt an bist!« erwiderte Tarantjew. »Nichts verstehst du selbst zu machen. Immer muß ich einspringen, immer ich! Na, wozu bist du denn eigentlich zu gebrauchen? Du bist nicht ein Mensch, sondern einfach eine Strohpuppe!«

»Wo ist nur der Brief? Sachar, Sachar! Er muß ihn wieder irgendwohin versteckt haben!« sagte Oblomow.

»Hier ist der Brief des Dorfschulzen«, bemerkte Alexejew und reichte ihm den zerknitterten Brief hin.

»Ja, da ist er«, sagte Oblomow und begann ihn laut vorzulesen.

»Was sagst du dazu? Wie soll ich mich verhalten?« fragte Ilja Iljitsch, sobald er mit dem Vorlesen fertig war. »Dürre, Zahlungsrückstände ...«

»Du bist ein verlorener Mensch, ein ganz verlorener Mensch!« sagte Tarantjew.

»Warum soll ich denn ein verlorener Mensch sein?«

»Natürlich bist du ein verlorener Mensch!«

»Na, wenn ich ein verlorener Mensch bin, dann sage mir, was ich tun soll.«

»Aber was bekomme ich dafür?«

»Ich habe ja schon gesagt: es soll Champagner geben; was willst du denn noch weiter?«

»Der Champagner ist für das Auffinden der Wohnung. Ich überhäufe dich ja mit Wohltaten; aber du hast dafür keine Empfindung; du streitest noch; du bist undankbar! Versuch's doch mal und suche dir selbst eine Wohnung! Und was will noch die Wohnung besagen! Die Hauptsache ist die Ruhe, die dich da umfangen wird: es wird dir ganz so sein, als ob du bei deiner leiblichen Schwester lebtest. Dann sind da noch die beiden Kinderchen und der unverheiratete Bruder, und ich werde dich täglich besuchen …«

»Nun gut, gut«, unterbrach ihn Oblomow; »sag' nur jetzt, was ich mit dem Dorfschulzen anfangen soll.«

»Nein, versprich erst, daß es auch Porter zum Mittagessen geben wird; dann werde ich es sagen.«

»Nun auch noch Porter! Du kannst doch gar nicht genug bekommen!«

»Na, dann adieu!« sagte Tarantjew und setzte den Hut wieder auf.

»Ach, du mein Gott! Da schreibt mir der Dorfschulze, die Einnahme werde um zweitausend Rubel geringer ausfallen, und da verlangt der noch obendrein Porter! Na, gut, kaufe Porter!«

»Gib mir noch Geld!« sagte Tarantjew.

»Du bekommst ja noch von dem Zehnrubelschein etwas heraus.«

»Und für die Droschke nach der Wyborger Seite?« antwortete Tarantjew.

Oblomow nahm noch einen Rubel heraus und reichte ihn ihm ärgerlich hin.

»Dein Dorfschulze ist ein Gauner – das ist es, was ich dir sagen will«, begann Tarantjew, während er den Rubel in die Tasche steckte; »und du glaubst ihm, du alte Schlafmütze. Sieh nur, was er für ein Lied anstimmt: Dürre, Mißernte, Zahlungsrückstände; und Bauern sind davongelaufen. Er lügt; all das ist erlogen! Ich habe gehört, daß in unserer Gegend auf dem Gute Schumilowskoje von der vorjährigen Ernte alle Schulden bezahlt sind, und bei dir ist auf einmal Dürre und Mißernte. Schumilowskoje liegt nur fünfzig Werst von deinem Gute entfernt: warum ist denn da das Getreide nicht verbrannt? Ferner hat er sich das mit den Zahlungsrückständen ausgedacht! Warum hat er nicht aufgepaßt? Warum ist er so nachlässig gewesen? Gibt es etwa in unserer Gegend keine Arbeit und keinen Absatz? O dieser Betrüger! Ich würde ihn mir gehörig vornehmen! Und die Bauern sind deswegen fortgegangen, weil er selbst wahrscheinlich von ihnen Bestechungen angenommen und sie dann hat laufen lassen; aber sich bei dem Bezirkshauptmann zu beklagen, das ist ihm gar nicht eingefallen.«

»Das ist nicht möglich«, sagte Oblomow; »er teilt mir ja sogar die Antwort des Bezirkshauptmanns in seinem Briefe mit, in so natürlich klingender Weise …«

»Ach, du! Du verstehst eben gar nichts. Alle Gauner schreiben in natürlich klingender Weise; das kannst du mir schon glauben! Da sitzt zum Beispiel«, fuhr er, auf Alexejew weisend, fort, »eine ehrliche Seele, ein dummes Schaf; wird der in natürlich klingender Weise schreiben? Niemals. Aber sein Verwandter, obwohl er ein gemeiner Kerl und eine Kanaille ist, der kann so schreiben. Auch du kannst nicht in natürlich klingender Weise schreiben! Also ist dein Dorfschulze schon allein deswegen eine Kanaille, weil er in geschickter, natürlich klingender Weise geschrieben hat. Sieh nur, wie er die einzelnen Worte ausgewählt hat: ›nach dem Orte ihrer Ansässigkeit zurückzuschaffen‹.«

»Was soll ich denn mit ihm anfangen?« fragte Oblomow.

»Setze ihn sofort ab!«

»Aber wen soll ich einsetzen? Woher kenne ich die Bauern?

Ein anderer wird vielleicht noch schlechter sein. Ich bin seit zwölf Jahren nicht dort gewesen.«

»Fahre selbst nach dem Gute hin; ohne das geht es nicht. Bleib den Sommer über dort und zieh zum Herbst geradeswegs in die neue Wohnung! Ich werde schon dafür sorgen, daß sie fertig und bereit ist.«

»In eine neue Wohnung ziehen, selbst nach dem Gute fahren! Was du einem immer für schreckliche Mittel vorschlägst!« sagte Oblomow unzufrieden. »Nein, ich möchte doch die Extreme vermeiden und einen Mittelweg einschlagen ...«

»Na, Bruder Ilja Iljitsch, du wirst vollständig zugrunde gehen. Ich hätte an deiner Stelle schon längst auf das Gut Hypotheken aufgenommen und mir für das Geld ein anderes gekauft, oder auch ein Haus, hier, an einer hübschen Stelle: das wäre mehr wert als dein Gut. Dann aber würde ich auch auf das Haus Hypotheken aufnehmen und mir ein anderes kaufen ... Gib mir dein Gut; dann sollten die Leute schon etwas von mir zu hören bekommen!«

»Hör' auf zu prahlen und denke ein Mittel aus, wie die Sache in Ordnung kommen kann, ohne daß ich aus der Wohnung ausziehen und auf das Gut zu fahren brauche ...« bemerkte Oblomow.

»Wirst du dich denn jemals vom Flecke rühren?« sagte Tarantjew. »Sieh dich mal selbst an: wozu bist du denn zu gebrauchen? Was hat das Vaterland von dir für Nutzen? Er kann nicht einmal auf das Gut fahren!«

»Jetzt ist es mir noch zu früh«, antwortete Ilja Iljitsch. »Laß mich vorher mit dem Plane für die Reformen fertig werden, die ich auf dem Gute einzuführen beabsichtige Aber weißt du was, Michei Andrejewitsch?« sagte Oblomow plötzlich: »Fahr du hin! Die Sache ist dir bekannt; die Gegend kennst du ebenfalls, und ich würde gern alle Kosten tragen.«

»Bin ich etwa dein Verwalter?« erwiderte Tarantjew hochmütig. »Ich bin es auch gar nicht mehr gewohnt, mit Bauern umzugehen ...«

»Was soll ich dann nur tun?« sagte Oblomow melancholisch. »Ich weiß es wirklich nicht.«

»Na, schreib an den Bezirkshauptmann; frage ihn, ob der Dorfschulze mit ihm über die davongelaufenen Bauern gesprochen hat«, riet Tarantjew, »und bitte ihn, einmal nach deinem Gute mit heranzufahren. Ferner schreibe an den Gouverneur, er möchte dem Bezirkshauptmann aufgeben, über die Führung des Dorfschulzen zu berichten. Schreibe so: ›Wollen Eurer Exzellenz mir eine väterliche Teilnahme erweisen und mit barmherzigem Auge auf das unvermeidliche schreckliche Unglück hinblicken, das mir infolge der frechen Handlungsweise des Dorfschulzen droht, und auf den vollständigen Ruin, dem ich mit meiner Frau und mit meinen ohne jede Pflege und ohne einen Bissen Brot zurückbleibenden unmündigen zwölf Kindern unfehlbar verfallen muß.‹«

Oblomow lachte.

»Wo soll ich denn so viele Kinder hernehmen, wenn man von mir verlangt, daß ich sie aufzeige?« sagte er.

»Unsinn! Schreib nur: ›mit meinen zwölf Kindern‹; das wird durch das eine Ohr hinein- und durch das andere hinausgehen, und kein Mensch wird Nachforschungen anstellen; dafür wird es natürlich klingen. Der Gouverneur wird den Brief seinem Sekretär übergeben; an den schreibst du gleichzeitig, selbstverständlich mit einer Einlage; der wird dann das Erforderliche veranlassen. Und bitte doch auch deine Nachbarn; wen hast du denn da?«

»Dobrynin wohnt da in der Nähe«, antwortete Oblomow. »Ich bin hier häufig mit ihm zusammengetroffen; er ist jetzt dort.«

»Schreib auch an den; bitte ihn recht schön; etwa so: ›Erweisen Sie mir damit einen sehr wertvollen Dienst, und verpflichten Sie mich als Christ, als Freund und als Nachbar zu Dank!‹ Und lege dem Brief irgendein Geschenk aus Petersburg bei, zum Beispiel Zigarren. So mußt du das machen; aber du verstehst eben nichts. Du bist ein verlorener Mensch! Ich würde dem Dorfschulzen schon die Flötentöne beibringen, wenn ich sein Herr wäre; ich würde es ihm gehörig geben! Wann geht denn die Post dorthin ab?«

»Übermorgen«, antwortete Oblomow.

»Dann setz dich hin und schreib gleich!«

»Sie geht ja doch erst übermorgen; also warum soll ich denn gleich schreiben?« versetzte Oblomow. »Das kann ich ja auch noch morgen tun. Aber höre mal, Michei Andrejewitsch«, fügte er hinzu, »setze deinen ›Wohltaten‹ die Krone auf: ich werde meinetwegen zum Mittagessen noch einen Fisch oder ein Geflügel hinzufügen.«

»Was soll ich denn noch tun?« fragte Tarantjew.

»Setz dich hin und schreib. Drei Briefe herunterzuschreiben, das dauert ja bei dir nicht lange. Du bringst das in einer so natürlich klingenden Weise heraus ...« fügte er hinzu, wobei er sich Mühe gab, ein Lächeln zu unterdrücken. »Und Iwan Alexejewitsch hier könnte es abschreiben.«

»Puh, was sind das für Einfälle!« antwortete Tarantjew. »Ich soll deine Briefe schreiben! Ich schreibe seit vorgestern nicht einmal auf dem Büro; sowie ich mich zum Schreiben hinsetze, kommt mir eine Träne ins linke Auge, ich habe mich offenbar erkältet. Und auch der Kopf ist mir geschwollen und tut mir weh, wenn ich mich bücke. Du Faulpelz, du Faulpelz! Du gehst zugrunde, Bruder Ilja Iljitsch; um nichts und wieder nichts gehst du zugrunde!«

»Ach, wenn doch Andrei recht bald käme!« sagte Oblomow. »Der würde alles in Ordnung bringen ...«

»Na, das ist mir auch der richtige Wohltäter!« unterbrach ihn

Tarantjew. »So ein verfluchter Deutscher, so ein geriebener Schwindler! ...«

Tarantjew hegte eine Art von instinktiver Abneigung gegen die Ausländer. In seinen Augen waren die Worte Franzose, Deutscher, Engländer gleichbedeutend mit Gauner, Betrüger, Preller oder Dieb. Er machte nicht einmal zwischen den Nationen einen Unterschied: sie waren in seinen Augen alle von gleicher Art.

»Hör' mal, Michei Andrejewitsch«, sagte Oblomow in strengem Tone, »ich möchte dich bitten, dich in deinen Ausdrücken zu mäßigen, besonders wenn es sich um einen mir so nahestehenden Menschen handelt ...«

»Um einen dir so nahestehenden Menschen!« erwiderte Tarantjew voller Haß. »Wie ist er denn mit dir verwandt? Er ist ja doch ein Deutscher!«

»Er steht mir näher als jeder Verwandte: ich bin mit ihm zusammen aufgewachsen, bin mit ihm zusammen in die Schule gegangen und dulde keine Schmähworte über ihn ...«

Tarantjew wurde vor Zorn dunkelrot.

»Ah, wenn du einen Deutschen mir vorziehst«, sagte er, »so setze ich keinen Fuß mehr über die Schwelle.«

Er setzte den Hut auf und ging zur Tür. Oblomow wurde augenblicklich sanfter.

»Du solltest in ihm meinen Freund achten und von ihm mit größter Vorsicht sprechen. Das ist alles, was ich verlange! Ich möchte meinen, das ist kein großer Dienst«, sagte er.

»Einen Deutschen achten?« erwiderte Tarantjew höchst verächtlich. »Wofür?«

»Ich habe es dir schon gesagt; wenigstens dafür, daß er mit mir zusammen aufgewachsen und mit mir zusammen in die Schule gegangen ist.«

»Das ist auch wohl eine große Sache! Mit wem ist man nicht alles in die Schule gegangen!«

»Wenn der hier wäre, so würde er mich schon längst von allen Sorgen und Plackereien befreit haben, ohne daß er Porter und Champagner verlangt hätte …« sagte Oblomow.
»Ah, du machst mir Vorwürfe! Hol' dich der Teufel mitsamt deinem Porter und deinem Champagner! Da, nimm dein Geld zurück … Wohin habe ich es nur gesteckt? Habe ich doch ganz vergessen, wo ich dieses verdammte Zeug gelassen habe!«
Er zog ein fettfleckiges beschriebenes Blatt Papier heraus.
»Nein, das ist es nicht …« sagte er. »Wo habe ich es nur? …« Er wühlte in seinen Taschen umher.
»Bemühe dich nicht, hole es nicht hervor!« sagte Oblomow. »Ich mache dir keinen Vorwurf; ich bitte dich nur, in anständigeren Ausdrücken von einem Manne zu sprechen, der mir nahesteht und so viel für mich getan hat.«
»Viel für dich getan!« entgegnete Tarantjew zornig. »Warte nur; er wird noch mehr für dich tun; höre du nur auf ihn!«
»Warum sagst du mir das?« fragte Oblomow.
»Weil, wenn dein Deutscher dich ausgeplündert haben wird, du wissen wirst, wie töricht es ist, einem Landsmann, einem Russen einen beliebigen Landstreicher vorzuziehen …«
»Höre, Michei Andrejewitsch …« begann Oblomow.
»Da ist nichts zu hören, ich habe schon genug gehört und genug Kränkungen von dir erduldet! Gott weiß, wieviel Beleidigungen ich ertragen habe … Sein Vater hat wohl in Sachsen nichts zu beißen und zu brechen gehabt, und da ist er hierher gekommen, um die Nase hochzutragen.«
»Warum störst du die Ruhe der Toten? Was hat denn der Vater Unrechtes getan?«
»Sie haben beide Unrechtes getan, der Vater und der Sohn«, erwiderte Tarantjew finster mit einer wegwerfenden Handbewegung. »Nicht ohne Grund hat mir mein Vater den Rat gegeben, mich vor diesen Deutschen zu hüten, und der hat-

te in seinem Leben alle möglichen Menschen kennengelernt!«

»Aber warum mißfällt dir denn zum Beispiel der Vater?« fragte Ilja Iljitsch.

»Weil er in unser Gouvernement seinerzeit im September im bloßen Rocke und ohne Überschuhe gekommen ist und hier auf einmal seinem Sohne eine beträchtliche Erbschaft hinterlassen hat; wie geht das zu?«

»Er hat seinem Sohne nur ungefähr vierzigtausend Rubel hinterlassen. Einen Teil davon hat ihm seine Frau als Mitgift zugebracht, und das übrige hat er sich dadurch erworben, daß er Kinder unterrichtete und ein Gut verwaltete: dafür bezog er ein schönes Gehalt ... Du siehst, daß der Vater nichts begangen hat. Was hat denn nun der Sohn begangen?«

»Das ist ein nettes Bürschchen! Auf einmal hat er die vierzigtausend Rubel seines Vaters in ein Kapital von dreihunderttausend Rubeln verwandelt, und in der dienstlichen Laufbahn hat er es zum Hofrat gebracht, und ein Gelehrter ist er auch ... jetzt reist er überdies umher! Er ist ein Hans in allen Gassen! Wird etwa ein richtiger braver Russe all dergleichen tun? Ein Russe wählt sich ein einzelnes Gebiet für seine Tätigkeit aus und verfährt auch da nicht eilig, sondern langsam, bedächtig, mit Gemütsruhe; aber wie hat es der gemacht! Ja, wenn er noch zur Branntweinakzise gegangen wäre, dann könnte man es schon verstehen, wovon er reich geworden ist; aber nein, es ist ihm so zugefallen, durch Spitzbüberei! Die Geschichte ist unsauber! Ich meine, man müßte solche Leute vor Gericht stellen! Da treibt er sich nun jetzt weiß der Teufel wo umher!« fuhr Tarantjew fort. »Warum treibt er sich in fremden Ländern umher?«

»Er will lernen, alles sehen und wissen.«

»Lernen! Hat er denn noch nicht genug gelernt? Was will er denn noch mehr lernen? Er lügt; glaube ihm nicht; er betrügt dich ins Gesicht hinein, wie man ein kleines Kind betrügt. Lernen denn Erwachsene noch etwas? Das ist ja alles nur Schwindel! Wie wird denn ein Hofrat noch etwas lernen! Du hast in der Schule gelernt; aber lernst du etwa jetzt noch? Oder lernt etwa der hier noch?« (Er zeigte auf Alexejew.) »Oder lernt sein Verwandter noch? Welcher brave Mann lernt denn noch? Sitzt er etwa dort in einer deutschen Schule und lernt, was ihm aufgegeben wird? Er lügt! Ich habe gehört, er sei hingefahren, um eine Maschine anzusehen und zu bestellen: gewiß eine Presse, um russisches Geld herzustellen! Ich würde ihn ins Gefängnis setzen … Auch mit Aktien gibt er sich ab. Ach, diese Aktien, das ist nun erst der höhere Schwindel!«

Oblomow lachte auf.

»Was fletschst du die Zähne? Sage ich nicht die Wahrheit?« rief Tarantjew.

»Na, lassen wir das!« unterbrach ihn Ilja Iljitsch. »Geh in Gottes Namen dahin, wohin du gehen wolltest, und ich werde mit Iwan Alexejewitschs Hilfe alle diese Briefe schreiben und versuchen, meinen Reformplan so schnell wie möglich aufs Papier zu werfen; bei der Gelegenheit wird sich beides zusammen machen lassen …«

Tarantjew ging ins Vorzimmer, kehrte aber plötzlich wieder zurück.

»Das hatte ich ganz vergessen! Ich kam heute zu dir mit einem Anliegen«, begann er, jetzt in ganz höflichem Tone. »Ich bin zu morgen zu einer Hochzeit eingeladen: Rokotow verheiratet sich. Borge mir dazu deinen Frack, Landsmann; weißt du, meiner ist schon ein bißchen abgescheuert …«

»Aber wie geht denn das?« antwortete Oblomow, der bei dieser neuen Forderung ein finsteres Gesicht machte. »Mein Frack paßt dir nicht …«

»Er wird mir schon passen; warum sollte er mir nicht passen?« unterbrach ihn Tarantjew. »Erinnerst du dich: ich habe einmal deinen Rock anprobiert, und er saß, als ob er für mich gemacht wäre! Sachar, Sachar! Komm mal her, altes Rindvieh!« rief Tarantjew.

Sachar brummte wie ein Bär, kam aber nicht.

»Rufe ihn doch, Ilja Iljitsch! Was ist das von deinem Diener für ein Benehmen!« schalt Tarantjew.

»Sachar!« rief Oblomow.

»Ach, daß euch doch ...« ertönte es aus Sachars Zimmer, zugleich mit dem Sprunge der Beine von der Ofenbank.

»Nun, was wollen Sie?« fragte er, sich an Tarantjew wendend.

»Gib meinen schwarzen Frack her!« befahl Ilja Iljitsch. »Michei Andrejewitsch wird ihn anprobieren, ob er ihm paßt; er muß morgen zu einer Hochzeit ...«

»Ich gebe den Frack nicht her«, sagte Sachar in entschiedenem Tone.

»Wie kannst du es wagen, so zu antworten, wenn dein Herr es befiehlt?« schrie Tarantjew. »Warum schickst du ihn nicht ins Arbeitshaus, Ilja Iljitsch?«

»Ja, das fehlte noch, den alten Mann ins Arbeitshaus zu schicken!« sagte Oblomow. »Gib den Frack her, Sachar; sei nicht eigensinnig!«

»Ich gebe ihn nicht her«, erwiderte Sachar kaltblütig. »Mag er vorher unsere Weste und unser Hemd zurückbringen. Die sind beide schon bald fünf Monate bei ihm zu Besuch. Er hat sie sich ebenso zu einer Namenstagsfeier geborgt, und wir haben sie nicht wieder zu sehen bekommen; es ist eine Samtweste und ein Hemd von feiner holländischer Leinwand, das fünfundzwanzig Rubel gekostet hat. Ich gebe den Frack nicht her!«

»Na, dann adieu! Seid einstweilen dem Teufel befohlen!« schloß Tarantjew zornig und drohte beim Hinausgehen Sachar mit der Faust. »Vergiß nicht, Ilja Iljitsch, ich werde die Wohnung für dich mieten, hörst du?« fügte er hinzu.

»Nun gut, gut!« sagte Oblomow ungeduldig, um ihn nur loszuwerden.

»Und schreibe nur alles Erforderliche«, fuhr Tarantjew fort, »und vergiß nicht, dem Gouverneur zu schreiben, daß du zwölf Kinder hast, eines immer kleiner als das andre. Und sorge dafür, daß um fünf Uhr die Suppe auf dem Tische ist! Warum hast du denn nicht Befehl gegeben, eine Pastete zu machen?«

Aber Oblomow schwieg; er hörte schon längst nicht mehr nach ihm hin, hielt die Augen geschlossen und dachte an etwas anderes.

Nach Tarantjews Weggange herrschte im Zimmer etwa zehn Minuten lang eine durch nichts gestörte Stille. Oblomow war durch den Brief des Dorfschulzen und durch den bevorstehenden Umzug verstimmt und zum Teil auch durch Tarantjews Rederei ermüdet. Endlich stieß er einen Seufzer aus.

»Warum schreiben Sie denn nicht?« fragte Alexejew leise. »Ich würde Ihnen eine Feder schneiden.«

»Tun Sie das, und gehen Sie dann in Gottes Namen irgendwohin. Ich werde die Briefe allein aufsetzen, und Sie können dann nach Tische abschreiben.«

»Sehr wohl«, antwortete Alexejew. »Ich fürchte wirklich, daß ich Sie dabei am Ende noch stören würde. Ich werde unterdessen zu den Herren hingehen und ihnen sagen, sie möchten mit der Fahrt nach Jekateringof nicht auf uns warten. Leben Sie wohl, Ilja Iljitsch!«

Aber Ilja Iljitsch hörte nicht nach ihm hin: er hatte die Beine unter den Leib gezogen, so daß er auf dem Lehnstuhl beinah lag, und versank trübsinnig in einen Zustand, der zwischen Druseln und Nachdenken die Mitte hielt.

## V.

Oblomow, von Geburt Adliger, dem Range nach Kollegiensekretär*, lebte seit zwölf Jahren ununterbrochen in Petersburg.

Anfangs, solange seine Eltern noch am Leben waren, hatte er etwas beschränkter gelebt, nur eine Zweizimmerwohnung gehabt und sich mit einem Diener, den er vom Gute mitgebracht hatte, begnügt, mit Sachar; aber nach dem Tode seines Vaters und seiner Mutter war er der alleinige Besitzer von dreihundertfünfzig Seelen geworden, die ihm durch Erbschaft in einem der abgelegensten Gouvernements, beinahe schon in Asien, zugefallen waren.

Statt fünftausend Rubel hatte er nun eine Jahreseinnahme, die zwischen sieben- und zehntausend Rubeln schwankte, und da nahm auch seine Lebenshaltung einen andern, größeren Zuschnitt an. Er mietete sich eine geräumigere Wohnung, vergrößerte sein Hauspersonal durch einen Koch und schaffte sich einen Wagen und zwei Pferde an.

Damals war er noch jung, und wenn man auch nicht sagen kann, daß er lebhaft gewesen wäre, so war er doch wenigstens lebhafter als jetzt; er war noch von mancherlei Bestrebungen erfüllt, hoffte immer noch auf etwas und erwartete vieles, sowohl vom Schicksal als auch von sich selbst; er bereitete sich immer auf eine Karriere vor, auf eine Rolle, die er spielen wollte, selbstverständlich vor allen Dingen im Staatsdienste, was ja auch der Zweck seiner Übersiedelung nach Petersburg gewesen war. Außerdem dachte er daran, auch in der Gesellschaft eine Rolle zu spielen; in fernerer Perspektive endlich, für die Zeit des Überganges von der Ju-

* Die zehnte der vierzehn Rangklassen. Anm. d. Übers.

gend zum reiferen Alter, schwebte seiner Phantasie das lächelnde Bild des Eheglücks vor.

Aber ein Tag ging nach dem andern dahin, ein Jahr löste das andere ab; der weiche Flaum in seinem Gesichte verwandelte sich in einen harten Bart; die leuchtenden Augen wurden zu zwei trüben Punkten; die Taille rundete sich; die Haare begannen erbarmungslos auszufallen; er vollendete das dreißigste Lebensjahr; aber er war auf keinem Gebiete auch nur einen Schritt vorwärtsgekommen und stand immer noch an der Schwelle seiner Laufbahn, ebendort wo er zehn Jahre vorher gestanden hatte.

Er hatte immer noch die Absicht, demnächst das wirkliche Leben zu beginnen, und bereitete sich noch darauf vor; er entwarf immer noch im Geiste ein ideales Bild seiner Zukunft; aber mit jedem Jahre, das über seinem Haupte dahinzog, sah er sich genötigt, an diesem idealen Bilde Änderungen und Tilgungen vorzunehmen.

Das Leben zerfiel nach seiner Auffassung in zwei Hälften: die eine bestand aus Arbeit und Langerweile (das waren bei ihm gleichbedeutende Begriffe), die andere aus Ruhe und friedlicher Heiterkeit. Infolgedessen enttäuschte ihn seine hauptsächlichste Laufbahn, der Staatsdienst, in der ersten Zeit in der unangenehmsten Weise.

Da er fern von jeder größeren Stadt mitten in den sanften, freundlichen Sitten und Gebräuchen seiner Heimat aufgewachsen war und zwanzig Jahre lang mit seinen Angehörigen, Freunden und Bekannten auf das innigste verkehrt hatte, so war er dermaßen von Familiensinn durchdrungen, daß er sich auch den bevorstehenden Staatsdienst gleichsam wie eine Beschäftigung in der Familie vorstellte, zum Beispiel in der Art einer lässigen Eintragung der Einnahmen und Ausgaben in ein Heft, wie das sein Vater gemacht hatte. Er hatte die Vorstellung, daß die Beamten einer jeden Dienststelle unter sich eine eng befreundete Familie bildeten, die unermüdlich wechselseitig für die Ruhe und das Vergnügen der einzelnen sorge; daß der Besuch des Büros keineswegs eine obligatorische Gewohnheit sei, an die man sich täglich zu halten habe, sondern daß Schlackerwetter, Hitze oder auch bloß Verstimmung stets als ausreichende gesetzmäßige Gründe für ein Fernbleiben vom Amte dienen könnten.

Aber wie betrübte es ihn, als er sah, daß mindestens ein Erdbeben nötig war, damit ein gesunder Beamter nicht zum Dienste zu gehen brauchte; nun kommen aber Erdbeben in Petersburg leider nicht vor. Eine Überschwemmung hätte allerdings ebenfalls als Hinderungsgrund dienen können; aber auch Überschwemmungen treten nur selten ein.

Noch nachdenklicher wurde Oblomow, als Kuverts mit der Aufschrift »eilig« und »sehr eilig« an seinen Augen vorüberhuschten und als ihm aufgetragen wurde, allerlei Nachforschungen anzustellen, Auszüge zu machen, in den Akten umherzuwühlen und zweifingerdicke Hefte abzuschreiben, die wie zum Hohn »Notizen« genannt wurden. Zudem wurde immer schnelles Arbeiten verlangt; alle hatten es eilig und machten nie eine Pause; kaum hatten sie eine Sache erledigt, so griffen sie mit einer wahren Wut nach einer andern, als ob gerade die die Hauptsache wäre; wenn sie aber mit ihr fertig waren, so vergaßen sie sie und stürzten sich auf eine dritte – und dieses Hasten nahm nie ein Ende!

Ein paarmal veranlaßte man ihn, in der Nacht aufzustehen, und »Notizen« zu schreiben; einige Male wurde er, wenn er irgendwo zu Besuch war, durch einen Amtsboten abgerufen, immer wegen eben dieser Notizen. All dies versetzte ihn in Angst und arge Mißstimmung. »Wann soll man denn leben? Ja, wann soll man leben?« fragte er sich immer wieder.

Über den Chef hatte er in seiner Heimat gehört, dieser sei der Vater seiner Untergebenen; und daher hatte er sich von dieser Persönlichkeit eine höchst freundliche, familienhafte Vorstellung gemacht. Er hatte ihn sich als eine Art von zweitem Vater vorgestellt, der nur daran denke, wie er seine Untergebenen für ihre Verdienste und ohne ihr Verdienst unaufhörlich belohnen könne, und der nicht nur für ihre Bedürfnisse, sondern auch für ihr Vergnügen sorge.

Ilja Iljitsch hatte gedacht, der Chef versetze sich so sehr in die Lage seines Untergebenen hinein, daß er ihn besorgt frage, wie er in der Nacht geschlafen habe, warum seine Augen so trübe aussahen, und ob ihm auch nicht der Kopf weh tue. Aber er sah sich gleich am ersten Tage seiner dienstlichen Tätigkeit grausam enttäuscht. Bei der Ankunft des Chefs begann ein Hin- und Herrennen, ein hastiges Treiben; alle gerieten in Verwirrung; einer stieß den andern beinah um; manche strichen und zupften ihren Anzug zurecht aus Besorgnis, daß sie nicht gut genug aussähen, um sich dem Chef zu zeigen.

Dies kam, wie Oblomow später wahrnahm, daher, daß es Chefs gibt, die in dem bis zur Verdummung erschrockenen Gesichte eines ihnen entgegenspringenden Untergebenen nicht nur Respekt gegen ihre Person, sondern sogar Eifer für den Dienst und manchmal sogar Befähigung zu diesem erblicken.

Ilja Iljitsch brauchte vor seinem Chef nicht zu erschrecken. Dieser war ein gutherziger, im Umgange angenehmer Mensch; er tat nie jemandem etwas Böses; seine Untergebenen waren im denkbar höchsten Maße zufrieden und wünschten sich keinen besseren. Niemand hatte jemals von ihm ein unfreundliches Wort, ein Anschreien oder Lärmen gehört; er forderte nie etwas, sondern bat immer nur. Er bat, man möchte eine Arbeit erledigen; er bat, man möchte ihn besuchen; er bat sogar, man möchte in Arrest gehen. Er duzte nie jemand; alle nannte er »Sie«, sowohl den einzelnen Beamten als auch alle zusammen.

Aber trotzdem waren alle Beamten bei Anwesenheit des Chefs ängstlich; sie antworteten auf seine freundlichen Fragen nicht mit ihrer gewöhnlichen Stimme, sondern mit einer andern, mit der sie zu keinem der übrigen Menschen sprachen.

Auch Ilja Iljitsch wurde plötzlich ängstlich (er wußte selbst nicht warum), wenn der Chef ins Zimmer trat; er verlor seine gewöhnliche Stimme, und es kam dafür aus seiner Kehle eine andere, dünne, häßlich klingende, sobald der Chef mit ihm zu reden begann.

Selbst unter einem so guten, leutseligen Chef hatte Ilja Iljitsch sehr von Angst und Sorge zu leiden. Gott weiß, was aus ihm geworden sein würde, wenn er an einen strengen und anspruchsvollen geraten wäre!

Mit Mühe und Not brachte Oblomow zwei Dienstjahre hinter sich; vielleicht hätte er sich auch noch durch ein drittes hindurchgeschleppt, nach dessen Ablauf er einen höheren Rang erhalten haben würde; aber ein besonderer Fall veranlaßte ihn, den Dienst früher zu quittieren.

Er sandte eines Tages ein eiliges Schriftstück, statt nach Astrachan, nach Archangelsk ab. Die Sache kam ans Licht; man suchte den Schuldigen.

Alle andern warteten gespannt darauf, daß der Chef Oblomow werde rufen lassen und ihn kühl und ruhig fragen werde, ob er das Schriftstück nach Archangelsk gesandt habe, und alle waren neugierig, wie Ilja Iljitschs Stimme bei der Antwort auf diese Frage klingen werde.

Einige vermuteten, er werde überhaupt nicht antworten; er werde dazu nicht imstande sein.

Beim Anblick der Gesichter der andern bekam Ilja Iljitsch es selbst mit der Angst, obgleich er und alle übrigen wußten, daß der Chef sich auf einen Verweis beschränken werde; aber sein eigenes Gewissen war weit strenger als der Vorgesetzte.

Oblomow wartete die verdiente Strafe nicht ab, sondern ging nach Hause und sandte ein ärztliches Attest ein.
In diesem Atteste hieß es: »Ich Unterzeichneter bescheinige unter Beidrückung meines Siegels, daß der Kollegiensekretär Ilja Oblomow an Vermehrung der Muskelsubstanz des Herzens mit Erweiterung der linken Herzkammer *(Hypertrophia cordis cum dilatatione eius ventriculi sinistri)*, sowie auch einer chronischen Leberkrankheit *(Hepatitis)* leidet, die sich in einer der Gesundheit und dem Leben des Kranken gefährlichen Weise zu entwickeln droht, welche Erscheinungen, wie man annehmen muß, von der täglichen Tätigkeit auf dem Büro herrühren. Um daher einer Wiederholung und Verschlimmerung der krankhaften Anfälle vorzubeugen, halte ich es für notwendig, Herrn Oblomow die dienstliche Tätigkeit einstweilen zu untersagen, und verordne ihm überhaupt Enthaltung von geistiger Beschäftigung und jeder Arbeit.«
Aber das half nur einstweilen: er mußte ja doch einmal wieder gesund werden, und dann stand ihm wieder die tägliche Tätigkeit auf dem Büro bevor. Das hielt Oblomow nicht aus und reichte seinen Abschied ein. So endete seine Tätigkeit im Staatsdienste und wurde nachher nicht wieder aufgenommen.
Seine Rolle in der Gesellschaft schien zunächst glücklicher zu gelingen.
In den ersten Jahren seines Aufenthaltes in Petersburg, in seinen Jugendjahren, belebten sich seine ruhigen Gesichtszüge häufiger; die Augen leuchteten lange von Lebensfeuer, und Strahlen von Licht, Hoffnung und Kraft gingen von ihnen aus. Wie andere Menschen regte er sich auf, hoffte, freute sich über Kleinigkeiten und grämte sich über Kleinigkeiten. Aber all das lag schon weit zurück, noch in jenem Lebensalter der Zärtlichkeit, wo der Mensch in jedem andern Menschen einen aufrichtigen Freund sieht und sich fast in jede

Frau verliebt und bereit ist, einer jeden sein Herz und seine Hand anzubieten, was manchem sogar zur Ausführung zu bringen gelingt, oft zu großer späterer Bekümmernis für das ganze Leben.

In diesen wonnevollen Tagen fielen auch Ilja Iljitsch nicht wenige samtweiche und sogar leidenschaftliche Blicke schöner weiblicher Wesen zu, Blicke, die von einem vielversprechenden Lächeln begleitet waren, ferner zwei oder drei nichtprivilegierte Küsse und noch mehr freundschaftliche Händedrücke, die ihn bis zu Tränen schmerzten.

Übrigens gab er sich diesen Schönen niemals gefangen, war nie ihr Sklave, nicht einmal ein sehr eifriger Anbeter, schon deshalb nicht, weil man viele Mühe und Unbequemlichkeit nötig hat, um den Frauen nahe zu kommen. Oblomow beschränkte sich mehr auf eine Anbetung von weitem, aus respektvoller Entfernung.

Nur selten brachte ihn das Schicksal mit einer Frau in der Gesellschaft so energisch in Berührung, daß er für einige Tage aufflammte und sich für verliebt halten konnte. Infolgedessen entwickelten sich seine Liebschaften nicht zu Romanen: sie blieben gleich am Anfange stehen und konnten sich an Unschuld, Harmlosigkeit und Reinheit mit den Liebeleien einer Pensionärin im Backfischalter messen.

Am meisten mied er jene blassen, traurigen Jungfrauen, die größtenteils schwarze Augen haben, aus denen »die Tage voller Qual, die Nächte ohne Schlaf« hervorleuchten, Jungfrauen, deren Leiden und Freuden niemand kennt, und die immer etwas anzuvertrauen und zu sagen haben, und wenn sie es nun sagen sollen, zusammenfahren, plötzlich in Tränen ausbrechen, dann auf einmal die Arme um den Hals des Freundes schlingen, ihm lange in die Augen und dann gen Himmel schauen und sagen, daß ihr Leben von einem Fluche belastet sei, und manchmal in Ohnmacht fallen. Solchen

Jungfrauen ging er ängstlich aus dem Wege. Seine Seele war noch rein und jungfräulich; sie wartete vielleicht auf ihre wahre Liebe, auf ihre glühende Leidenschaft; aber dann, mit den Jahren, hörte sie, wie es schien, auf zu warten und gab die Hoffnung auf.

Mit noch größerem Gleichmute nahm Ilja Iljitsch von der Schar seiner Freunde Abschied. Gleich nach dem ersten Briefe des Dorfschulzen über Zahlungsrückstände und Mißernte vertauschte er seinen besten Freund, den Koch, mit einer Köchin; dann verkaufte er seinen Wagen und seine Pferde, und endlich verabschiedete er seine übrigen »Freunde«. Fast nichts vermochte ihn aus dem Hause zu locken, und er wurde mit jedem Tage immer fester und dauernder in seiner Wohnung seßhaft.

Anfangs war es ihm lästig, den ganzen Tag besuchsfähig angekleidet zu sein; dann wurde er zu faul, um bei anderen Leuten zu Mittag zu essen, mit Ausnahme von nahen Bekannten, meist Junggesellen, wo man sich die Krawatte abbinden, die Weste aufknöpfen, sich sogar hinrekeln oder ein Stündchen schlafen konnte.

Bald wurde er auch der Abendgesellschaften überdrüssig: er mußte dazu den Frack anziehen und sich alle Tage rasieren. Er hatte irgendwo gelesen, nur die Morgenluft sei der Gesundheit zuträglich, die Abendluft dagegen schädlich, und begann sich vor der Feuchtigkeit zu fürchten.

Trotz all dieser Grillen gelang es seinem Freunde Stolz, ihn unter Menschen zu bringen; aber Stolz war häufig von Petersburg abwesend, da er nach Moskau, nach Nischni-Nowgorod, nach der Krim und später auch ins Ausland reiste, – und wenn er abwesend war, versank Oblomow wieder bis über die Ohren in seine Zurückgezogenheit und Vereinsamung, aus der ihn nur irgendein außerordentliches, aus dem Rahmen der alltäglichen Ereignisse heraustretendes Erlebnis hätte herausreißen können; aber dergleichen kam nicht vor und war auch für die Zukunft nicht zu erwarten.

Zu alledem geriet er mit den Jahren in eine Art von kindlicher Ängstlichkeit zurück; er erwartete Gefahren und Böses von allem, was nicht innerhalb der Sphäre seines täglichen Lebens lag – eine Folge davon, daß er sich der mannigfaltigen Dinge der Außenwelt entwöhnt hatte.

Zum Beispiel erschreckte ihn ein Riß in der Decke seines Schlafzimmers nicht; an den hatte er sich gewöhnt. Es kam ihm auch nicht in den Sinn, daß die stets eingeschlossene Luft in seinem Zimmer und das beständige Sitzen im geschlossenen Raume für die Gesundheit vielleicht verderblicher waren als die nächtliche Feuchtigkeit, und daß die tägliche Überfüllung des Magens eine Art von allmählichem Selbstmord war: aber daran war er eben gewöhnt und fürchtete es nicht.

Nicht gewöhnt war er dagegen an Bewegung, an reges Leben, an viele Menschen und hastiges Treiben.

In einer dichten Menschenmenge fühlte er sich beklommen; wenn er in einen Kahn stieg, so schien es ihm sehr zweifelhaft, ob er glücklich an das andere Ufer gelangen werde; wenn er in einem Wagen fuhr, so erwartete er, daß die Pferde durchgehen würden und der Wagen in Stücke gehen werde.

Manchmal befiel ihn eine nervöse Angst; er fürchtete sich vor der ihn umgebenden Stille oder er wußte selbst nicht wovor – es lief ihm ein Kribbeln über den ganzen Körper. Er schielte manchmal ängstlich nach einer dunklen Ecke hin, in der Erwartung, daß seine Einbildungskraft ihm einen üblen Streich spielen und ihm eine übernatürliche Erscheinung zeigen werde.

So war denn seine Rolle in der Gesellschaft ausgespielt. Mit einer trägen, resignierten Handbewegung warf er all die jugendlichen Hoffnungen hinter sich, die ihn getäuscht hatten, oder die er selbst zerstört hatte, sowie alle die zärtlich traurigen, leuchtenden Erinnerungen, bei denen manchem andern auch noch im Alter das Herz klopft.

## VI.

Was tat er zu Hause? Las er? Schrieb er? Lernte er?

Ja, wenn ihm ein Buch oder eine Zeitung in die Hände fiel, so las er darin.

Wenn er von einer aufsehenerregenden Neuerscheinung hörte, so erwachte bei ihm das Verlangen, mit ihr bekannt zu werden; er bestellte sich das Buch, und wenn er es bald bekam, so machte er sich daran; es begann sich bei ihm eine Vorstellung von dem Gegenstande zu bilden; noch ein Schritt, und er hätte sich dieses Gegenstandes bemeistert. Aber wenn man nun nach ihm hinsah so lag er schon wieder da und blickte apathisch nach der Zimmerdecke; das Buch aber lag, ohne ausgelesen und ohne verstanden zu sein, neben ihm.

Die Abkühlung stellte sich bei ihm noch schneller ein als die Begierde; und nun kehrte er zu dem beiseite gelegten Buche nie wieder zurück.

Und dabei hatte er als Knabe ebenso wie andere, ebenso wie alle gelernt, und zwar bis zu seinem fünfzehnten Lebensjahre in einem Pensionate; dann hatten die alten Oblomows nach langen Kämpfen, sich entschlossen, ihren lieben Ilja nach Moskau zu schicken, wo er *nolens volens* den wissenschaftlichen Kursus ganz durchmachte.

Sein schüchterner, apathischer Charakter hinderte ihn, seine

Trägheit und seine Launen unter fremden Leuten in der Schule, wo keine Ausnahmen zu Gunsten verwöhnter Muttersöhnchen gemacht wurden, vollständig an den Tag zu legen. Er saß notgedrungen mit gerader Körperhaltung in der Klasse da, hörte an, was die Lehrer sagten, weil er nichts anderes tun durfte, und lernte mit Mühe, mit Schweiß und mit vielen Seufzern auswendig, was ihm aufgegeben war. Alles das hielt er für eine Strafe, die ihm Gott für seine Sünden gesandt habe.

Über die Zeile hinaus, unter der der Lehrer bei Stellung der Aufgabe mit dem Nagel einen Strich gezogen hatte, sah er nichts an; er stellte ihm keine Fragen und erbat sich keine Erklärungen. Er begnügte sich mit dem, was im Hefte geschrieben stand, und äußerte auch dann keine aufdringliche Neugierde, wenn ihm nicht alles verständlich geworden war, was er gehört und gelernt hatte.

Wenn es ihm mit Mühe und Not gelang, ein Buch zu bewältigen, das sich Statistik, Geschichte oder Nationalökonomie nannte, so war er ganz zufrieden.

Wenn ihm aber Stolz Bücher brachte, die er über das in der Schule Gelernte hinaus lesen sollte, so sah ihn Oblomow lange schweigend an.

»Auch du, Brutus, bist gegen mich?« sagte er mit einem Seufzer und machte sich an die Bücher heran.

Ein so maßloses Lesen schien ihm eine unnatürliche Belastung.

»Wozu sind denn alle diese Hefte, auf die man eine Unmenge von Papier, Zeit und Tinte verwendet? Wozu sind die Lehrbücher da? Und schließlich, wozu dienen die sechs, sieben Jahre des Einsiedlerlebens, all die Strenge, die Strafen, das Stillsitzen und Brüten über den Aufgaben, das Verbot umherzulaufen, zu tollen, sich zu vergnügen, wenn damit noch nicht alles zu Ende ist?«

»Wann soll man denn leben?« fragte er sich wieder. »Wann soll man denn endlich dieses Kapital von Kenntnissen in Umlauf setzen, von denen der größte Teil im Leben zu nichts gebraucht werden kann? Die Nationalökonomie zum Beispiel, die Algebra, die Geometrie – was soll ich damit in Oblomowka anfangen?«

»Und selbst die Geschichte stürzt einen nur in Bekümmernis. Man lernt, man liest, daß da eine Zeit der Not hereingebrochen ist; die Menschen sind unglücklich; sie raffen ihre Kräfte zusammen, arbeiten, hasten, leiden schrecklich und mühen sich ab und suchen sich bessere Tage zu schaffen. Nun haben die besseren Tage begonnen – wenigstens nun könnte die Geschichte selbst sich erholen: aber nein, wieder erscheinen dunkle Wolken, das Gebäude stürzt zusammen; es muß wieder gearbeitet und gehastet werden ... Die besseren Tage verweilen nicht; sie laufen davon – und so fließt das Leben immer, alles fließt, ist fortwährend in der Umänderung begriffen.«

Eine ernste Lektüre ermüdete ihn. Es gelang den Denkern nicht, in ihm den Durst nach den Wahrheiten der spekulativen Wissenschaften zu erwecken.

Dafür griffen ihm die Dichter gewaltig an das Herz: er wurde ein Jüngling wie alle. Auch für ihn kam die glückliche, niemandem versagte, allen lächelnde Zeit des wahrhaften Lebens, der aufblühenden Kräfte, der Hoffnungen auf ein schönes Dasein, der Sehnsucht nach dem Guten, nach Heldenhaftigkeit, nach Tätigkeit, die Periode des starken Herzklopfens, des mächtig schlagenden Pulses, des Bebens, der begeisterten Reden und der süßen Tränen. Geist und Herz wurden hell; er schüttelte die Schläfrigkeit ab; seine Seele verlangte nach Tätigkeit.

Stolz war ihm behilflich, diese Periode zu verlängern, soviel es bei einer solchen Natur, wie die seines Freundes, nur ir-

gend möglich war. Er faßte Oblomow bei seiner Neigung zu den Dichtern und hielt ihn anderthalb Jahre lang unter dem Herrscherstabe des Gedankens und der Wissenschaft fest.
Indem er den begeisterten Schwung des jugendlichen Phantasierens ausnutzte, setzte er in die Lektüre der Dichter noch andere Ziele als den Genuß ein, zeigte ihm mit sittlichem Ernste in der Ferne ihren beiderseitigen Lebensweg und begeisterte ihn für die Zukunft. Beide wurden gerührt, weinten und gaben einander das feierliche Versprechen, einen vernünftigen, hellen Weg zu wandeln.
Stolzens jugendliche Glut übertrug sich auf Oblomow, und er brannte vor Begierde nach Arbeit und nach einem fernen, aber lockenden Ziele.
Aber die Blüte des Lebens erschloß sich, ohne sich zur Frucht zu entwickeln. Oblomow ernüchterte sich und las nur ab und zu auf Stolzens Anregung ein oder das andere Buch, aber nicht mit einem Male, nicht eilig; nein, ohne Eifer ließ er seine Augen träge über die Zeilen hinlaufen.
Mochte die Stelle, zu der er gelangt war, noch so interessant sein: wenn bei dieser Stelle die Stunde des Mittagessens oder Schlafengehens gekommen war, so legte er das Buch aufgeklappt, mit dem Einbande nach oben, hin und ging zum Mittagessen oder löschte das Licht aus und legte sich schlafen. Wenn ihm ein erster Band gegeben wurde, so erbat er sich, nachdem er ihn durchgelesen hatte, nicht den zweiten; wurde ihm dieser aber gebracht, so las er ihn langsam durch. Später bewältigte er nicht einmal mehr den ersten Band, sondern verbrachte den größten Teil seiner freien Zeit in der Weise, daß er den Arm auf den Tisch und den Kopf auf den Arm legte; manchmal benutzte er statt des Armes das Buch, das ihm Stolz zum Lesen aufgedrängt hatte.
So schloß Oblomow seine wissenschaftliche Laufbahn ab. Der Tag, an welchem er seine letzte Vorlesung gehört hatte,

hatte für sein Lernen die Bedeutung der Säulen des Herkules. Der Direktor des Institutes zog durch seine Unterschrift auf dem Zeugnis, ähnlich wie früher der Lehrer mit dem Nagel im Buche, gleichsam einen Strich, über welchen hinaus seine wissenschaftlichen Bestrebungen auszudehnen unser Held nicht mehr für nötig hielt.

Sein Kopf stellte ein buntscheckiges Archiv von toten Tatsachen, Personen, Epochen, Ziffern, Religionen, zusammenhangslosen nationalökonomischen, mathematischen und anderen Wahrheiten, Problemen, Thesen und so weiter dar. Es war eine Art Bibliothek, bestehend aus einzelnen Bänden, die verschiedenen Gebieten des Wissens angehörten.

Das Lernen hatte auf Ilja Iljitsch eine seltsame Wirkung ausgeübt: bei ihm lag zwischen der Wissenschaft und dem Leben ein ganzer Abgrund, den er nicht zu überschreiten versuchte. Das Leben war bei ihm eine Sache für sich und die Wissenschaft auch eine Sache für sich.

Er hatte alle existierenden und längst nicht mehr existierenden Rechte gelernt, auch einen Kursus des praktischen Gerichtsverfahrens durchgemacht; aber als er anläßlich eines Diebstahls im Hause eine Anzeige an die Polizei schreiben mußte, nahm er einen Bogen Papier und eine Feder, dachte lange, lange nach und ließ dann einen Schreiber rufen.

Die Rechnungsbücher auf dem Gute führte der Dorfschulze. »Was könnte die Wissenschaft dabei helfen?« fragte er sich zweifelnd.

Und er kehrte ohne eine Last von Kenntnissen, die seinem frei im Kopfe sich ergehenden oder müßig schlummernden Denken eine Richtung hätten geben können, in seine Einsamkeit zurück.

Was tat er denn eigentlich? Er fuhr immer noch fort, sich einen idealen Plan seines eigenen Lebens zu entwerfen. In seinem Leben fand er (und nicht ohne Grund) soviel Weisheit und Poesie, daß sie sich nie ausschöpfen ließen, auch ohne Bücher und Gelehrsamkeit.

Nachdem er auf den Staatsdienst und das gesellschaftliche Leben verzichtet hatte, begann er, die Aufgabe seines Daseins in anderer Weise zu lösen; er dachte über seine Bestimmungen nach und entdeckte endlich, daß der Kreis seiner Tätigkeit und seines Lebens in ihm selbst verborgen lag. Er kam zu der Erkenntnis, daß das Familienglück und die Sorge für das Gut ihm als Anteil zugefallen seien. Bis dahin hatte er seine Angelegenheiten nicht ordentlich gekannt; an seiner Statt hatte sich manchmal Stolz darum gekümmert. Er hatte weder mit seinen Einnahmen noch mit seinen Ausgaben genauer Bescheid gewußt, nie ein Budget aufgestellt, – kurz, er hatte nichts getan.

Der alte Oblomow hatte seinem Sohne das Gut so übergeben, wie er es von seinem Vater übernommen hatte. Obgleich er sein ganzes Leben auf dem Gute verbrachte, hatte er sich nicht, wie das heutzutage viele tun, auf Klügeleien eingelassen und sich nicht über allerlei Erfindungen den Kopf zerbrochen: wie man neue Quellen der Produktivität der Felder erschließen oder die alten erweitern und verstärken könne, und so weiter. Wie und womit die Felder zur Zeit des Großvaters besät worden waren, und wie die Wege für den Absatz der landwirtschaftlichen Produkte damals gewesen waren, so war das auch bei ihm geblieben.

Übrigens war der Alte sehr zufrieden gewesen, wenn eine gute Ernte oder eine Preissteigerung ihm eine größere Einnahme als im vorhergehenden Jahre verschaffte: er hatte das »göttlichen Segen« genannt. Er war nur kein Freund neuer Erfindungen und Künsteleien zum Zwecke des Gelderwerbs gewesen.

»Unsere Väter und Großväter sind nicht dümmer gewesen als wir«, hatte er auf irgendwelche seiner Meinung nach schädlichen Ratschläge geantwortet, »und haben doch glücklich gelebt; und auch wir werden glücklich leben; so Gott will, werden wir immer satt zu essen haben.«

Wenn er ohne alle listigen Schlauheiten von seinem Gute soviel Einnahme hatte, wie er brauchte, um täglich mit seiner Familie und einigen Gästen reichlich zu Mittag und zu Abend essen zu können, so hatte er Gott gedankt und es für eine Sünde gehalten, nach größerem Erwerbe zu streben. Wenn der Verwalter ihm zweitausend Rubel brachte, wobei er ein Drittel in seine Tasche gesteckt hatte, und unter Tränen sich auf den Hagelschlag, die Dürre und die Mißernte berief, so hatte der alte Oblomow sich bekreuzt und ebenfalls unter Tränen gesagt: »Es ist Gottes Wille; mit Gott wollen wir nicht hadern! Wir müssen Gott auch für das danken, was wir bekommen haben.«

Seit dem Tode der beiden Alten hatten sich die wirtschaftlichen Angelegenheiten des Gutes nicht nur nicht verbessert, sondern sie waren, wie aus den Briefen des Dorfschulzen zu ersehen war, schlechter geworden. Es war klar, daß Ilja Iljitsch selbst hinreisen und an Ort und Stelle die Ursache der allmählichen Verminderung der Einnahmen untersuchen mußte.

Er hatte sich auch vorgenommen, dies zu tun, es aber immer aufgeschoben, zum Teil auch deswegen, weil eine Reise für ihn eine fast neue, unbekannte Heldentat war.

Er hatte in seinem Leben nur eine einzige Reise gemacht, in langsamer Fahrt mit einem Fuhrmann, zwischen Federbetten, Kasten und Koffern, wohlversehen mit ein paar Schinken, Semmeln und allerlei gebratenem und gekochtem Fleisch und Geflügel, und in Begleitung mehrerer Diener. So hatte er diese einzige Reise von seinem Gute nach Moskau zurückgelegt, und diese Reise betrachtete er als die Norm aller Reisen überhaupt. Aber jetzt reiste man, wie er hörte, nicht mehr so: man mußte Hals über Kopf dahinjagen!

Ferner hatte Ilja Iljitsch seine Reise auch deswegen aufgeschoben, weil er sich auf die Beschäftigung mit seinen Angelegenheiten noch nicht so vorbereitet hatte, wie es erforderlich war.

Er war nicht nach seinem Vater und nach seinem Großvater geartet. Er hatte etwas gelernt, hatte in der Gesellschaft gelebt: das alles hatte ihn zu allerlei Anschauungen geführt, die jenen fremd gewesen waren. Er sah ein, daß das Erwerben nicht nur keine Sünde sei, sondern jeder Bürger die Pflicht habe, durch redliche Arbeit den allgemeinen Wohlstand zu fördern.

Infolgedessen nahm den größten Teil jenes idealen Lebensplanes, den er in seiner Einsamkeit entwarf, dieser neue, frische, den Anforderungen der Neuzeit entsprechende Plan zur Einrichtung des Gutes und zur Leitung der Bauern ein. Die Grundidee des Planes, die Disposition, die Hauptteile, das alles war schon längst in seinem Kopfe fertig; es fehlten nur noch die Einzelheiten, die ziffermäßigen Berechnungen. Er arbeitete mehrere Jahre lang unermüdlich an diesem Plane, überlegte ihn und dachte darüber nach, wenn er ging oder lag oder unter Menschen war; bald ergänzte, bald änderte er einzelne Abschnitte, bald rief er sich das, was er am vorhergehenden Tage ausgesonnen und über Nacht vergessen hatte, wieder ins Gedächtnis zurück; mitunter aber leuchtete plötzlich wie ein Blitz ein neuer, unerwarteter Gedanke in seinem Kopfe auf und versetzte ihn in lebhafte Erregung – und dann ging die Arbeit gut vonstatten.

Er wollte nicht ein geringer Ausführer eines fremden fertigen Gedankens sein, sondern selbst eigene Ideen schaffen und sie selbst ausführen.

Wenn er morgens aus dem Bette aufgestanden war und Tee

getrunken hatte, legte er sich sogleich auf das Sofa, stützte den Kopf in die Hand und dachte, ohne seine Kräfte zu schonen, solange nach, bis ihm endlich der Kopf von der schweren Arbeit müde wurde und sein Gewissen ihm sagte, er habe heute genug für das allgemeine Wohl getan.

Erst dann entschloß er sich, sich von der Mühe zu erholen und die sorgenvolle Haltung mit einer anderen, minder geschäftlichen, minder ernsten, zu angenehmen Träumereien bequemeren zu vertauschen.

Sobald Oblomow sich von den geschäftlichen Sorgen freigemacht hatte, liebte er es, Einkehr in sich selbst zu halten und in der von ihm selbst geschaffenen Welt zu leben.

Er war fähig, hohe Gedanken zu genießen, und stand dem allgemein menschlichen Leide nicht als ein Fremder gegenüber. Er weinte manchmal aus tiefster Seele bitterlich über die Nöte der Menschheit, empfand im Verborgenen namenlosen Schmerz und strebte sehnsüchtig irgendwohin in die Ferne, wahrscheinlich dorthin nach jener Welt, in die ihn sein Freund Stolz mit sich fortzureißen pflegte.

Süße Tränen flossen über seine Wangen.

Es kam auch vor, daß er von Verachtung des menschlichen Lasters, der Lüge, der Verleumdung und all des in der Welt verbreiteten Bösen ergriffen und von dem glühenden Wunsche erfüllt wurde, die Menschen auf ihre Wunden hinzuweisen; und plötzlich flammten in ihm Gedanken auf und gingen in seinem Kopfe hin und her wie die Wogen im Meere; dann wuchsen sie zu Vorsätzen heran und erhitzten sein ganzes Blut; seine Muskeln gerieten in Bewegung; seine Sehnen spannten sich; die Vorsätze verwandelten sich in Bestrebungen: von sittlicher Kraft erfüllt, veränderte er in einer Minute zwei-, dreimal seine Haltung, richtete sich mit leuchtenden Augen im Bette halb auf, streckte den Arm aus und blickte begeistert um sich … Nun, nun mußte sein Streben sich verwirklichen, sich in eine große Tat umsetzen … und dann, o Gott! welche Wunder, welche herrlichen Folgen konnte man von einer so hohen Kraftanstrengung erwarten! …

Aber siehe da, der Morgen ging vorüber, der Tag neigte sich schon zum Abend, und gleichzeitig verlangten auch Oblomows ermüdete Kräfte nach Ruhe: die Stürme und Aufregungen beruhigten sich in seiner Seele; der Kopf wurde nach der Trunkenheit des Denkens wieder nüchtern; das Blut strömte langsamer durch seine Adern.

Oblomow drehte sich in stillem Sinnen auf den Rücken herum, richtete einen melancholischen Blick durch das Fenster nach dem Himmel und verfolgte traurig mit den Augen die Sonne, die hinter einem vierstöckigen Hause versank.

Und wie oft, wie oft hatte er so den Sonnenuntergang angeschaut!

Der nächste Morgen brachte wieder Leben, wieder Erregungen und Träumereien! Er liebte es, sich manchmal vorzustellen, er sei ein unbesiegbarer Feldherr, dem gegenüber nicht nur ein Napoleon, sondern auch ein Jeruslan Lasarewitsch* unbedeutend seien; er ersann sich einen Krieg und eine Ursache zu diesem: es strömten zum Beispiel die Völker aus Afrika nach Europa, oder er unternahm neue Kreuzzüge und kämpfte, entschied das Schicksal von Nationen, zerstörte Städte, begnadigte, ließ hinrichten und führte edle, hochherzige Taten aus.

Oder er erwählte sich die Laufbahn eines Denkers, eines großen Künstlers: alle neigten sich vor ihm; er erntete Lorbeeren; die Menge lief hinter ihm her und rief: »Seht, seht, da geht Oblomow, unser berühmter Ilja Iljitsch!«

In schlimmen Stunden quälten ihn Sorgen; er wälzte sich von einer Seite auf die andre, legte sich mit dem Gesichte

* Ein sagenhafter Held. Anm. d. Übers.

nach unten und verlor manchmal sogar vollständig die Fassung; dann stand er vom Bette auf, fiel auf die Knie und begann heiß und inbrünstig zu beten, indem er den Himmel anflehte, den drohenden Sturm irgendwie abzuwenden.
Wenn er dann die Sorge um sein eigenes Schicksal dem Himmel anheimgegeben hatte, wurde er ruhig und gleichgültig gegen alles in der Welt; mochte der Sturm dort wüten, wie er wollte.
So setzte er seine sittlichen Kräfte in Tätigkeit; so regte er sich oft ganze Tage lang auf und kam erst dann von einer bezaubernden Träumerei oder von einer qualvollen Sorge mit einem tiefen Seufzer wieder zu sich, wenn der Tag sich zum Abend neigte und die Sonne wie ein gewaltiger glühender Ball majestätisch hinter dem vierstöckigen Hause zu versinken begann.
Dann begleitete er sie wieder mit einem melancholischen Blicke und einem traurigen Lächeln und schlummerte nach den Aufregungen friedlich ein.
Niemand sah und kannte dieses innere Leben Ilja Iljitschs: alle meinten, Oblomow liege nur so da und esse nach Herzenslust; weiter könne man von ihm nichts erwarten; es stekke kaum ein Gedanke in seinem Kopfe. So redeten über ihn alle, die ihn kannten.
Stolz allerdings hatte von seinen Fähigkeiten, von dieser inneren vulkanischen Arbeit seines feurigen Kopfes und von seinem menschenfreundlichen Herzen genauere Kenntnis und hätte es bezeugen können; aber Stolz war fast nie in Petersburg anwesend.
Sachar, der sein ganzes Leben lang um seinen Herrn gewesen war, war der einzige, der dessen inneres Leben noch genauer kannte; aber er war davon überzeugt, daß er und sein Herr viel täten und durchaus normal lebten, und daß es sich nicht gehöre, anders zu leben.

## VII.

Sachar war über fünfzig Jahre alt. Er war nicht mehr ein direkter Nachkomme jener russischen Calebs*, die die Ritter der Bedientenstube ohne Furcht und Tadel genannt zu werden verdienten, ihren Herren gegenüber von einer bis zur Selbstverleugnung gehenden Ergebenheit waren, sich durch alle möglichen Tugenden auszeichneten und keine Laster hatten.

Dieser Ritter war einer mit Furcht und mit Tadel. Er gehörte zwei Perioden an, und beide hatten ihm ihren Stempel aufgeprägt. Von der einen hatte er die grenzenlose Ergebenheit gegen die Oblomowsche Familie geerbt, von der anderen, der späteren, die Raffiniertheit und die moralische Verderbtheit.

Obwohl er seinem Herrn leidenschaftlich ergeben war, verging doch nur selten ein Tag, ohne daß er ihn belogen hätte. Der Diener der alten Zeit pflegte seinen Herrn von Verschwendung und Unmäßigkeit zurückzuhalten; Sachar aber trank selbst gern mit seinen Freunden auf seines Herrn Kosten; der frühere Diener war keusch wie ein Eunuch; dieser aber lief immer zu einer verdächtigen Gevatterin. Jener verwahrte das Geld seines Herrn sicherer als ein Schrank; Sachar aber suchte bei jeder Ausgabe seinen Herrn um zehn Kopeken zu betrügen und eignete sich einen auf dem Tische liegenden Zehner oder Fünfer unfehlbar an. Desgleichen, wenn Ilja Iljitsch vergaß, Sachar das Geld abzufordern, das dieser bei einem Einkauf herausbekommen hatte, erhielt er es nie zurück.

* Caleb = treuer Diener, in Anlehnung an Walter Scotts Roman *Die Braut von Lammermoor.* Anm. d. Übers.

Größere Summen stahl er nicht, vielleicht weil er seine Bedürfnisse nach Zehnkopekenstücken maß, oder weil er dabei abgefaßt zu werden fürchtete, jedenfalls nicht aus einem Übermaß von Ehrlichkeit.

Ein Caleb der alten Zeit wäre wie ein gut dressierter Jagdhund bei den ihm anvertrauten Eßwaren eher gestorben, als daß er sie angerührt hätte; dieser aber lauerte nur darauf, wie er auch das essen und trinken könne, was ihm nicht anvertraut war. Jener war nur darauf bedacht, daß sein Herr tüchtig aß, und betrübte sich, wenn der das nicht tat; dieser aber betrübte sich, wenn der Herr alles, was auf dem Teller lag, vollständig verzehrte.

Außerdem war Sachar ein Klatschmaul. In der Küche, im Kramladen und bei den Zusammenkünften am Haustor beklagte er sich alle Tage, er könne dieses Leben gar nicht ertragen; einen so schlechten Herrn habe es noch nie gegeben: er sei launisch und geizig und jähzornig; man könne es ihm auf keine Weise recht machen; kurz, es sei besser, tot zu sein als bei ihm zu leben.

Das tat Sachar nicht aus Bosheit und nicht in der Absieht, seinem Herrn zu schaden, sondern nur so zufolge einer Gewohnheit, die er von seinem Großvater und von seinem Vater geerbt hatte, auf den Herrn bei jeder geeigneten Gelegenheit zu schimpfen.

Aus Langerweile oder aus Mangel an anderweitigem Gesprächsstoff, oder um bei seiner Zuhörerschaft größeres Interesse zu erwecken, verbreitete er manchmal über seinen Herrn eine Unwahrheit.

»Meiner geht jetzt immer zu der und der Witwe«, sagte er mit seiner heiseren Stimme leise im Vertrauen: »gestern hat er ein Billett an sie geschrieben.«

Oder er erzählte, sein Herr sei ein solcher Kartenspieler und Trunkenbold, wie es noch nie einen auf der Welt gegeben habe; die ganzen Nächte hindurch, bis zum Morgen, dresche er Karten und trinke Branntwein.

Nichts davon war wahr: Ilja Iljitsch ging zu keiner Witwe, schlief nachts friedlich und rührte keine Karte an.

Sachar war unsauber. Er rasierte sich nur selten, und obgleich er sich die Hände und das Gesicht wusch, so schien es doch, als tue er nur so, wie wenn er sich wüsche; auch hätte man ihn mit keiner Seife rein bekommen können. Wenn er ins Badehaus ging, so wurden seine schwarzen Hände nur für ein paar Stunden rot, dann aber wieder schwarz.

Er war sehr ungeschickt: wenn er das Haustor oder eine Tür öffnen wollte, so öffnete er den einen Flügel, und der andere ging dabei zu; lief er dann zu diesem hin, so schloß sich der erste wieder.

Nie hob er ein Taschentuch oder einen andern Gegenstand mit einem Male vom Fußboden auf, sondern bückte sich immer ungefähr dreimal, wie wenn er es haschen wollte, frühestens beim vierten Mal hob er es auf und ließ es mitunter dann noch einmal wieder hinfallen.

Wenn er eine größere Menge Geschirr oder anderer Dinge durch das Zimmer trug, so begannen gleich vom ersten Schritte an die obersten Gegenstände auf den Fußboden zu fallen. Zuerst fiel einer herunter; er machte plötzlich eine verspätete nutzlose Bewegung, um ihn am Fallen zu hindern, und ließ dabei noch zwei hinfallen. Verwundert den Mund aufsperrend, sah er nach den fallenden Gegenständen hin und nicht nach denen, die er noch in den Händen hatte, und hielt infolgedessen das Präsentierbrett schief, so daß immer noch mehr Gegenstände herunterrutschten, – und auf diese Art brachte er manchmal nur ein einziges Glas oder einen einzigen Teller an das andere Ende des Zimmers, und manchmal warf er schimpfend und fluchend auch noch das letzte Stück, das er in den Händen behalten hatte, absichtlich auf den Boden.

Wenn er durch das Zimmer ging, so stieß er bald mit dem Fuße, bald mit der Seite an einen Tisch oder an einen Stuhl; nicht immer traf er geradewegs in den offenstehenden Türflügel hinein, sondern stieß mit der Schulter an den andern und schimpfte dabei auf die beiden Türflügel oder auf den Hauswirt oder auf den Zimmermann, der die Tür gemacht hatte.

In Oblomows Wohnzimmer waren fast alle Gegenstände zerbrochen oder zerschlagen, namentlich die kleinen, die eine behutsame Behandlung verlangten, – und alles von Sachars Gnaden. Er brachte seine Fähigkeit, einen Gegenstand in die Hand zu nehmen, bei allen Gegenständen in gleicher Weise zur Anwendung, ohne in der Art der Behandlung zwischen dem einen und dem andern einen Unterschied zu machen.

Wenn ihm zum Beispiel befohlen wurde, eine Kerze zu putzen oder Wasser in ein Glas zu gießen, so verwandte er darauf soviel Kraft, wie zum Öffnen des Haustores erforderlich war.

Wehe, wenn Sachar von einem Eifer, es dem Herrn recht zu machen, ergriffen wurde und auf den Einfall geriet, alles aufzuräumen, zu reinigen, zurechtzustellen und alles flink und mit einem Male in Ordnung zu bringen! Die Beschädigungen und Zerstörungen nahmen dann gar kein Ende: ein feindlicher Soldat, der in das Haus eingedrungen wäre, hätte kaum soviel Unheil anrichten können. Es begann ein Zerbrechen und Hinwerfen der verschiedenen Gegenstände, ein Zerschlagen des Geschirrs, ein Umwerfen der Stühle; und das Ende vom Liede war, daß er aus dem Zimmer gejagt werden mußte oder von selbst schimpfend und fluchend hinausging.

Zum Glück wurde er nur selten von einem solchen Eifer ergriffen.

Alles dies kam natürlich daher, daß er nicht in der Enge und dem Halbdunkel eleganter, luxuriöser möblierter Wohnzimmer und Boudoirs, wo alles mögliche herumsteht, seine Erziehung empfangen und sich seine Manieren angeeignet hatte, sondern auf dem Lande, in aller Ruhe, in weitem Raume und in freier Luft.

Dort hatte er sich daran gewöhnt, an massiven Gegenständen seinen Dienst zu tun, ohne sich in seinen Bewegungen irgendwelchen Zwang aufzuerlegen; er hatte immer mit kräftigen, haltbaren Werkzeugen hantiert, wie zum Beispiel mit Schaufeln, Brechstangen, eisernen Türklinken und solchen Stühlen, die man nicht umstößt.

Manche Dinge, ein Leuchter, eine Lampe, ein transparentes Bild, ein Briefbeschwerer, befanden sich drei, vier Jahre lang auf ihrem Fleck, ohne daß ihnen etwas passiert wäre; kaum nahm er sie in die Hand, da waren sie auch schon zerbrochen.

»Ach«, sagte er dabei manchmal erstaunt zu Oblomow.

»Sehen Sie nur mal, gnädiger Herr, wie seltsam: ich habe das Ding nur in die Hand genommen, und da ist es gleich entzweigegangen!«

Oder aber er sagte überhaupt nichts, sondern stellte den betreffenden Gegenstand heimlich so schnell wie möglich wieder auf seinen Fleck und suchte nachher dem Herrn einzureden, daß dieser ihn selbst zerbrochen habe. Manchmal rechtfertigte er sich auch, wie wir das am Anfange unserer Erzählung gesehen haben, mit der Ausrede, auch so ein Ding müsse endlich einmal ein Ende nehmen, selbst wenn es von Eisen sei; ewig könne es nicht dauern.

In den beiden ersten Fällen war es noch möglich, mit ihm zu streiten; aber wenn er sich im Notfalle hinter das letzte Argument verschanzte, dann war jeder Widerspruch nutzlos, und er behielt ohne Appellation Recht.

Sachar hatte sich ein für allemal einen bestimmten Wirkungskreis abgegrenzt, den er freiwillig nie überschritt.
Er stellte morgens den Samowar auf, putzte die Stiefel und reinigte diejenigen Kleider, die der Herr verlangte, aber beileibe nicht diejenigen, die er nicht verlangte, und wenn sie zehn Jahre lang dahingen.
Dann fegte er (aber nicht jeden Tag) die Mitte des Zimmers aus, ohne in die Ecken einzudringen, und wischte nur von demjenigen Tische den Staub ab, auf welchem nichts lag, damit er nicht irgendwelche Gegenstände wegzunehmen brauchte.
Darauf hielt er sich dann bereits für berechtigt, auf der Ofenbank zu druseln oder mit Anisja in der Küche und mit anderen Dienstboten am Haustore zu schwatzen, ohne sich um etwas weiter zu kümmern.
Wenn ihm befohlen wurde, über dieses Pensum hinaus etwas zu tun, so erfüllte er den Befehl nur ungern, nachdem er darüber hin und her gestritten und die Zwecklosigkeit des Befehles oder die Unmöglichkeit seiner Ausführung zu beweisen gesucht hatte.
Durch kein Mittel ließ er sich dazu bringen, in den Kreis der Beschäftigungen, die er für sich festgesetzt hatte, eine neue ständige Tätigkeit aufzunehmen.
Wenn ihm befohlen wurde, etwas zu reinigen, abzuwaschen oder dies fortzutragen und jenes zu bringen, so führte er den Befehl gewöhnlich mit Gebrumm aus; aber wenn jemand verlangte, daß er nachher dasselbe dauernd tun solle, so war das von ihm schlechterdings nicht zu erreichen.
Am zweiten und dritten Tage mußte man ihm dasselbe aufs neue befehlen und sich mit ihm aufs neue in unerquickliche Erörterungen einlassen.
Trotz alledem, das heißt obwohl Sachar gern trank, klatschte, seinem Herrn Fünfer und Zehner wegnahm, allerlei Din-

ge zerbrach und zerschlug und faul war, ergab sich dennoch als Gesamtresultat, daß er ein seinem Herrn tief ergebener Diener war.

Er hätte sich keinen Augenblick bedacht, für ihn ins Feuer oder ins Wasser zu gehen, ohne daß er dies für eine Großtat gehalten hätte, die der Bewunderung oder irgendwelcher Belohnungen würdig gewesen wäre. Er sah das als etwas Natürliches an, das gar nicht anders sein könne, oder, richtiger gesagt, er dachte überhaupt nichts darüber, sondern handelte so ohne alle Überlegungen.

Theoretische Ansichten über diesen Gegenstand hatte er keine. Es kam ihm nie in den Sinn, über seine Gefühle gegen Ilja Iljitsch und seine Beziehungen zu ihm eine Untersuchung anzustellen; er hatte diese Gefühle und Beziehungen nicht selbst erfunden, sondern sie von seinem Vater, seinem Großvater, seinen Brüdern und dem Gesinde, in dessen Mitte er geboren und aufgewachsen war, übernommen, und sie waren ihm in Fleisch und Blut übergegangen.

Sachar wäre für seinen Herrn gestorben, weil er das für seine unweigerliche, angeborene Pflicht hielt, und hätte sich sogar, ohne sich irgendwelche Gedanken darüber zu machen, für ihn in den Tod gestürzt, gerade wie ein Hund beim Zusammentreffen mit einem wilden Tier im Walde sich auf dieses stürzt, ohne darüber nachzudenken, warum er sich auf dasselbe stürzen muß und nicht sein Herr.

Andrerseits, wenn es zum Beispiel notwendig gewesen wäre, die ganze Nacht am Bette des Herrn aufzusitzen, ohne ein Auge zu schließen, und davon die Gesundheit oder gar das Leben des Herrn abgehangen hätte, wäre Sachar sicher eingeschlafen.

Äußerlich bekundete er nicht nur keinen sklavischen Respekt vor seinem Herrn, sondern war sogar im Verkehr mit ihm grob und familiär, wurde über ihn um jeder Kleinigkeit willen ernstlich ärgerlich und verleumdete ihn sogar, wie schon gesagt, am Haustore. Aber dennoch wurde dadurch das echte verwandtschaftliche Gefühl seiner Ergebenheit, nicht gegen Ilja Iljitsch speziell, sondern gegen alles, was den Namen Oblomow trug und ihm deshalb lieb und wert war, nur vorübergehend verdunkelt, aber ganz und gar nicht verringert. Vielleicht stand dieses Gefühl sogar im Widerspruch zu Sachars eigener Ansicht über Oblomows Persönlichkeit; vielleicht rief die Kenntnis des Charakters seines Herrn bei Sachar andere Ansichten hervor. Wahrscheinlich würde Sachar, wenn man ihn über den Grad seiner Anhänglichkeit an Ilja Iljitsch belehrt hätte, dies bestritten haben.

Sachar liebte Oblomowka wie die Katze den Dachboden, wie das Pferd den Stall, wie der Hund die Hütte, in der er geboren und aufgewachsen ist. Innerhalb der Sphäre dieser Anhänglichkeit hatten sich bei ihm besondere persönliche Empfindungen herausgebildet.

Zum Beispiel liebte er den Oblomowschen Kutscher mehr als den Koch, die Viehmagd Warwara mehr als diese beiden, Ilja Iljitsch aber weniger als diese alle; aber trotzdem stand der Oblomowsche Koch in seinen Augen hoch über allen andern Köchen der Welt und Ilja Iljitsch hoch über allen andern Gutsbesitzern.

Den Schankwirt Taraska konnte er nicht leiden; aber er hätte diesen Taraska nicht für den besten Menschen in der ganzen Welt hingegeben, nur deswegen, weil Taraska ein Oblomowkaer war.

Er verkehrte mit Oblomow in familiärem, grobem Tone, gerade wie ein Schamane seinen Götzen grob und familiär behandelt: er fegt ihn ab, läßt ihn hinfallen, schlägt ihn vielleicht sogar mitunter im Ärger; aber in seiner Seele bleibt doch dauernd das Bewußtsein bestehen, daß dieser Götze ein höheres Wesen ist als er selbst.

Der geringste Anlaß genügte, um dieses Gefühl aus Sachars tiefstem Herzensgrunde ans Licht zu rufen und ihn dazu zu bringen, daß er seinen Herrn mit Ehrfurcht betrachtete und manchmal sogar vor Rührung in Tränen ausbrach. Er war weit davon entfernt, irgendeinen andern Herrn über den seinigen oder auch nur mit diesem auf eine Stufe zu stellen! Und wehe jedem, der sich hätte in den Sinn kommen lassen, dies zu tun!

Sachar blickte auf alle andern Herren, die Oblomow besuchten, etwas von oben herab und bediente sie, reichte ihnen Tee und so weiter mit einer Art von Herablassung, wie wenn er ihnen zu verstehen geben wollte, welche Ehre sie dadurch genössen, daß sie sich bei seinem Herrn befänden. Er pflegte sie grob abzuweisen: »Der Herr schläft«, sagte er, indem er den Ankömmling hochmütig vom Kopfe bis zu den Füßen musterte.

Manchmal begann er statt der Klatschereien und Verleumdungen auf einmal in den Kramläden und bei den Zusammenkünften am Haustore Ilja Iljitsch maßlos zu loben und konnte dann in seiner Begeisterung gar kein Ende finden. Er fing plötzlich an, die vortrefflichen Eigenschaften seines Herrn aufzuzählen, seinen Verstand, seine Freundlichkeit, seine Freigiebigkeit und seine Herzensgüte; und wo es seinem Herrn an geeigneten Eigenschaften für einen solchen Panegyrikus mangelte, borgte er sie von anderen und legte ihm Vornehmheit, Reichtum oder außerordentlichen Einfluß bei.

Wenn er den Hausknecht, den Hausverwalter oder sogar den Hauswirt selbst einschüchtern wollte, tat er dies immer dadurch, daß er seinen Herrn ins Treffen führte: »Warte nur, ich werde es meinem Herrn sagen«, sagte er in drohendem Tone; »dann wirst du's schon kriegen!« Eine höhere Autorität erkannte er auf der ganzen Welt nicht an.

Aber das äußerliche Verhältnis Oblomows und Sachars hatte immer gewissermaßen einen feindseligen Charakter. Bei ihrem Zusammenleben waren sie einer des anderen überdrüssig geworden. Wenn zwei Menschen täglich in naher Berührung miteinander sind, so gestaltet sich das Verhältnis nicht ohne das Zutun eines jeden von ihnen gut: es ist von der einen und von der andern Seite viel Lebenserfahrung, korrektes Denken und Herzenswärme erforderlich, um nur die trefflichen Eigenschaften des andern mit Genuß zu empfinden, durch die beiderseitigen Fehler aber weder den andern zu verletzen noch sich verletzen zu lassen.

Ilja Iljitsch kannte schon Sachars einzige gute Eigenschaft, daß er ihm grenzenlos ergeben war, war an sie gewöhnt und glaubte seinerseits ebenfalls, das könne und dürfe gar nicht anders sein; da er sich nun an diese gute Eigenschaft ein für allemal gewöhnt hatte, so hatte er an ihr keine besondere Freude mehr; dagegen konnte er, trotz seiner Gleichgültigkeit gegen alles, die unzähligen kleinen Fehler Sachars nicht mit Geduld ertragen.

Wie Sachar trotz der den Dienern der alten Zeit eigenen Ergebenheit, die er in der Tiefe seiner Seele gegen seinen Herrn hegte, sich von diesen durch neuzeitliche Fehler unterschied, so empfand seinerseits auch Ilja Iljitsch, wiewohl er innerlich die Ergebenheit seines Dieners zu schätzen wußte, gegen ihn nicht mehr jene freundschaftliche, fast verwandtschaftliche Zuneigung, welche die Herren in früherer Zeit zu ihren Dienern gehabt hatten. Er erlaubte sich manchmal, sich mit Sachar derb herumzuzanken.

Sachar war ebenfalls mit seinem Herrn unzufrieden. Nachdem er in seiner Jugend in dem Hause der Herrschaft als Lakai Dienst getan hatte, war er zum Wärter des kleinen Ilja Iljitsch befördert worden und hatte seitdem angefangen, sich nur für einen Luxusgegenstand zu halten, für ein aristokratisches Zubehör des Hauses, dazu bestimmt, die Opulenz der alten Familie zu bekunden, ihren Glanz aufrecht zu erhalten, aber nicht für einen notwendigen Bedarfsgegenstand. Daher kleidete er nur seinen jungen Herrn morgens an und abends aus; während der übrigen Zeit tat er einfach nichts.

Schon von Natur träge, war er es durch seine Erziehung zum Lakaien noch mehr geworden. Er machte sich unter der Dienerschaft wichtig und gab sich nicht die Mühe, den Samowar aufzustellen oder die Stuben auszufegen. Entweder druselte er im Vorzimmer, oder er ging in die Gesindestube oder in die Küche, um da zu schwatzen; oder er stand auch ganze Stunden lang, die Arme über der Brust verschränkt, am Haustor und blickte mit schläfriger Versonnenheit nach allen Seiten umher.

Und nach einem solchen Leben wurde ihm nun plötzlich eine so schwere Last aufgebürdet: er sollte den ganzen im Hause nötigen Dienst auf seinen Schultern tragen! Er sollte den Herrn bedienen und ausfegen und reinmachen und auch noch den Laufburschen spielen! Infolge all dieser Anforderungen lagerte sich in seiner Seele eine starke Verdrossenheit ab, und in seinem Wesen äußerte sich Grobheit und Rauhheit; so knurrte er denn jedesmal, wenn der Ruf des Herrn ihn zum Verlassen der Ofenbank zwang.

Aber trotz dieser äußeren Verdrossenheit und Unfreundlichkeit hatte Sachar ein recht weiches, gutes Herz. Er liebte es sogar, seine Zeit mit kleinen Kindern zu verbringen. Man konnte ihn häufig auf dem Hofe und am Haustore mit einem Haufen von Kindern zusammen sehen. Er stiftete Frieden unter ihnen, neckte sie, arrangierte ihnen Spiele oder saß auch einfach mit ihnen da: eines hatte er auf das eine Knie genommen, ein anderes auf das andere, und von hinten umschlang noch so ein Wildfang seinen Hals mit den Armen oder zupfte ihn am Backenbarte.

In dieser Lebensweise wurde Sachar von Oblomow dadurch gestört, daß dieser alle Augenblicke seine Dienste und seine Anwesenheit bei ihm verlangte, während doch Sachar durch sein Herz, durch seinen mitteilsamen Charakter, durch seine Liebe zum Nichtstun und durch seine beständige, nie aufhörende Eßlust sich bald zu der Gevatterin, bald nach der Küche, bald nach dem Kramladen, bald nach dem Haustore hingezogen fühlte.
Sie kannten einander schon lange und lebten schon lange zu zweien beisammen. Sachar hatte den kleinen Oblomow auf den Armen getragen, und Oblomow hatte ihn noch als einen jungen, flinken, gefräßigen, schlauen Burschen in der Erinnerung.
Das Band, das sie von alters her verknüpfte, war unzerreißbar. Wie Ilja Iljitsch ohne Sachars Hilfe weder aufzustehen, noch sich schlafen zu legen, noch sich zu kämmen, noch sich die Stiefel anzuziehen, noch Mittagbrot zu essen verstand, so vermochte Sachar sich keinen andern Herrn als Ilja Iljitsch und keine andere Existenz als seine jetzige vorzustellen, die darauf hinauslief, daß er seinen Herrn ankleidete, für seine Ernährung sorgte, gegen ihn grob wurde, ihn betrog und belog und ihn gleichzeitig innerlich hochschätzte und verehrte.

## VIII.

Nachdem Sachar hinter Tarantjew und Alexejew bei ihrem Weggehen die Tür zugemacht hatte, setzte er sich nicht auf die Ofenbank; denn er erwartete, daß der Herr ihn sogleich wieder rufen werde, weil er gehört hatte, daß dieser zu schreiben beabsichtigte. Aber in Oblomows Zimmer war alles still wie in einem Grabe.

Sachar sah durchs Schlüsselloch, und was erblickte er? Ilja Iljitsch lag auf dem Sofa und stützte den Kopf in die Hand; vor ihm lag ein Buch. Sachar öffnete die Tür.

»Warum liegen Sie denn wieder?« fragte er.

»Störe mich nicht; du siehst doch, daß ich lese!« antwortete Oblomow kurz.

»Es ist Zeit, daß Sie sich waschen und schreiben«, sagte der beharrliche Sachar.

»Ja, es ist wirklich Zeit«, erwiderte Ilja Iljitsch, zur Besinnung kommend. »Gleich; geh nur! Ich will nachdenken.«

»Wann hat er es nur fertig bekommen, sich wieder hinzulegen!« brummte Sachar, während er auf den Ofen sprang. »Ein flinker Mensch.«

Oblomow hatte die in der langen Zeit schon vergilbte Seite zu Ende gelesen, auf der er vor einem Monat seine Lektüre abgebrochen hatte. Er legte das Buch gähnend auf seinen Platz; dann vertiefte er sich in die unabweisbaren Gedanken über das »Unglück in zwiefacher Hinsicht«.

»Wie langweilig!« flüsterte er, indem er die Beine bald ausstreckte, bald an den Leib zog.

Er hatte große Lust, sich einer süßen Ruhe und angenehmen Träumereien zu überlassen; er wandte die Augen zum Himmel und suchte seine geliebte Sonne; aber sie hatte gerade ihren höchsten Stand erreicht und übergoß nur mit blendendem Glanze die Kalkwand des Hauses, hinter dem sie abends immer den Blicken Oblomows entschwand.

»Nein, zuerst die Arbeit«, sagte er streng zu sich selbst, »und dann …«

Der Morgen war nach ländlicher Lebensweise längst vorbei, nach Petersburger seinem Ende nah. An Ilja Iljitschs Ohr drang von draußen der vermischte Lärm menschlicher und nicht menschlicher Stimmen: der Gesang wandernder Künstler, der meist von Hundegebell begleitet wurde. Es kamen Leute, die allerlei Meergetier zeigten; alle möglichen Produkte wurden gebracht und mit verschiedenen Stimmen ausgeboten.

Er legte sich auf den Rücken und schob beide Hände unter den Kopf. Ilja Iljitsch beschäftigte sich mit der Ausarbeitung seines Planes für das Gut. Er durchlief schnell im Geiste einige wichtige grundlegende Paragraphen über den Pachtzins und über das Pflügen, dachte sich eine neue, strengere Maßregel gegen die Faulheit und das Vagabundieren der Bauern aus und ging dann zur Einrichtung seines eigenen Lebens auf dem Lande über.

Es beschäftigte ihn der Bau eines Gutshauses; er verweilte mit Vergnügen einige Minuten bei der Verteilung der Zimmer, bestimmte die Länge und die Breite des Speisezimmers und des Billardzimmers und überlegte, nach welcher Seite die Fenster seines Arbeitszimmers hinausgehen sollten; er dachte sogar an die Möbel und an die Teppiche.

Darauf errichtete er einige Nebengebäude, unter Berücksichtigung der Zahl der Gäste, die er aufzunehmen beabsichtigte, und bestimmte die Plätze für die Ställe, die Scheunen, die Gesindewohnungen und für anderweitige Baulichkeiten.

Endlich wandte er sich zum Garten: er beschloß, die alten Linden und Eichen alle so zu lassen, wie sie waren, die Apfel- und Birnbäume aber umhauen zu lassen und an ihrer Stelle Akazien zu pflanzen; er nahm auch schon einen Park in Aussicht; aber als er im Kopfe einen ungefähren Kostenanschlag machte, fand er, daß die Sache doch zu teuer würde, verschob dies auf eine andere Zeit und ging zu dem Blumengarten und den Treibhäusern über.

Hier leuchtete in seinem Kopfe der Gedanke an das künftige Obst mit solcher Lebhaftigkeit auf, daß er sich plötzlich um einige Jahre voraus auf das Gut versetzt sah, wenn dieses schon nach seinem Plane eingerichtet sein und er dann dauernd dort leben würde.

Er stellte sich folgendes vor: er sitzt an einem Sommerabende auf der Terrasse am Teetisch, unter dem für die Sonne undurchdringlichen Laubdache der Bäume, mit einer langen Pfeife, zieht träge den Rauch ein und genießt nachdenklich die Aussicht, die sich zwischen den Bäumen auftut, und die Kühle und die Stille. In der Ferne liegen die gelben Kornfelder; die Sonne senkt sich hinter das wohlbekannte Birkenwäldchen hinab und rötet den spiegelglatten Teich; von den Feldern steigt ein Dampf auf; es wird kühl; die Dämmerung bricht an, die Bauern kehren in Scharen nach Hause zurück.

Das Gesinde sitzt müßig am Tor; dort ertönen fröhliche Stimmen, Gelächter und Balalaikaspiel; die Mädchen spielen Haschen; um ihn selbst tollen seine Kleinen herum, klettern ihm auf die Knie, hängen sich an seinen Hals; beim Samowar sitzt sie, die Königin all dessen, was ihn umgibt, seine Göttin … ein Weib, seine Frau! Unterdessen aber sind in dem mit eleganter Einfachheit möblierten Speisezimmer freundliche Lichter angezündet und der große runde Tisch gedeckt worden; Sachar, der zum Haushofmeister befördert worden ist und schon einen vollständig ergrauten Backenbart hat, deckt den Tisch, stellt das lieblich tönende Kristallgeschirr darauf und legt das Silberzeug umher, wobei er alle Augenblicke bald ein Glas, bald eine Gabel auf die Erde fallen läßt; sie setzen sich zu dem opulenten Abendbrot hin; da sitzt auch sein Kamerad von der Kindheit her, sein unveränderlicher Freund Stolz, und andere, ihm sämtlich wohlbekannte Gäste. Nachher gehen sie schlafen …

Oblomows Gesicht wurde plötzlich von der Röte der

Glückseligkeit übergossen: die Träumerei war so klar, so lebhaft und so poetisch, daß er auf einmal sein Gesicht dem Kissen zuwandte. Er empfand eine undeutliche Sehnsucht nach Liebe und stillem Glück, ein heißes Verlangen nach den Feldern und Hügeln seiner Heimat, nach seinem Hause, nach einer Frau und Kindern …

Nachdem er etwa fünf Minuten lang so mit dem Gesichte nach unten dagelegen hatte, drehte er sich wieder auf den Rücken. Sein Gesicht strahlte von einer sanften Rührung: er war glücklich.

Mit einem wonnigen Gefühle streckte er langsam die Beine aus, so daß sich dabei die Beinkleider ein wenig in die Höhe schoben; aber er beachtete diese kleine Unordnung nicht. Die gefällige Phantasie trug ihn in leichtem, freiem Fluge in eine ferne Zukunft.

Jetzt nahm ihn sein Lieblingsgedanke vollständig in Anspruch: er dachte an eine kleine Kolonie von Freunden, die sich in kleinen Dörfern und Farmen, in einer Entfernung von fünfzehn bis zwanzig Werst um sein Gut herum, ansiedeln werden. Dann werden sie täglich beieinander die Reihe herum zusammenkommen, Mittagbrot und Abendbrot essen und tanzen; ihm stehen lauter heitere Tage vor Augen, lauter heitere Gesichter, ohne Sorgen und Runzeln, lachende, runde Gesichter mit roter, gesunder Hautfarbe, mit Doppelkinn und mit nie versagendem Appetit; es wird ein ewiger Sommer, eine ewige Freude, ein wonniges Schmausen, ein süßes Nichtstun sein …

»O Gott, o Gott!« sagte er aus der Fülle der Seligkeit heraus und kam zur Besinnung.

Von draußen erscholl es fünfstimmig: »Kartoffeln!« – »Sand! Brauchen Sie keinen Sand?« – »Kohlen! Kohlen!« – »Barmherzige Herrschaften, spenden Sie etwas zum Bau eines Gotteshauses!« Und aus der Nachbarschaft, wo ein Haus neu gebaut wurde, hörte man das Pochen der Äxte und die Rufe der Arbeiter.

»Ach!« seufzte Ilja Iljitsch laut und schmerzlich. Und dann dachte er: »Was ist das für ein Leben! Wie gräßlich ist dieser großstädtische Lärm! Wann wird das ersehnte paradiesische Leben beginnen? Wann werde ich zu meinen heimatlichen Feldern und Wäldern zurückkehren? Könnte ich doch jetzt unter einem Baume im Grase liegen und durch die Zweige nach der Sonne blicken und zählen, wieviel Vögelchen auf den Zweigen umherspringen! Und da bringt einem eine rotbackige Magd mit nackten, runden, weichen Armen und sonngebräuntem Halse bald das Frühstück und bald das Mittagessen auf den Grasplatz heraus; sie schlägt die Augen nieder, die Schelmin, und lächelt ... Wann wird diese Zeit nur endlich anbrechen? ...«

»Aber der Plan! Aber der Dorfschulze! Aber die Wohnung!« sagte eine Stimme in seinem Gedächtnisse.

»Ja, ja!« antwortete Ilja Iljitsch eilig; »gleich, diesen Augenblick!«

Oblomow richtete sich schnell auf und setzte sich auf dem Sofa aufrecht hin; dann ließ er die Beine auf den Fußboden hinab, fuhr in beide Pantoffeln gleichzeitig hinein und blieb so eine Weile sitzen; dann stand er ganz auf und blieb so etwa zwei Minuten lang nachdenklich stehen.

»Sachar, Sachar!« rief er laut, indem er nach dem Tische und dem Tintenfasse hinblickte.

»Was ist denn da noch los?« hörte man mit dem Geräusche des Sprunges zugleich. »Meine Beine können mich kaum noch tragen«, fügte Sachar, heiser flüsternd, hinzu.

»Sachar!« wiederholte Ilja Iljitsch nachdenklich, ohne die Augen von dem Tische abzuwenden. »Sieh mal, Bruder ...« begann er und zeigte dabei auf das Tintenfaß; aber ohne den Satz zu beenden, versank er wieder in seine Gedanken. Nun begannen sich seine Arme nach oben zu strecken; die Knie knickten ein; er fing an, sich zu recken und zu gähnen …

»Es war doch noch«, sagte er, sich immer noch reckend, in einzelnen Absätzen, »Käse übriggeblieben … und … gib mir Madeira; bis zum Mittagessen ist noch lange hin … da will ich jetzt ein bißchen frühstücken …«

»Wo soll welcher übriggeblieben sein?« antwortete Sachar. »Es ist nichts übriggeblieben …«

»Wie kannst du sagen, es sei nichts übriggeblieben?« unterbrach ihn Ilja Iljitsch. »Ich erinnere mich ganz genau: es war noch ein Stück von *der* Größe …«

»Nein, bewahre! Es ist kein Stück übriggeblieben!« wiederholte Sachar hartnäckig.

»Doch!« sagte Ilja Iljitsch.

»Nein!« antwortete Sachar.

»Na, dann kaufe welchen!«

»Geben Sie mir, bitte, Geld!«

»Da liegt kleines Geld; das nimm!«

»Hier ist nur ein Rubel und vierzig Kopeken; ich brauche aber einen Rubel und sechzig.«

»Da war auch noch Kupfer.«

»Ich habe keins gesehen«, sagte Sachar, von einem Bein auf das andere tretend. »Silber war da, und das liegt auch noch da; aber Kupfer war nicht da.«

»Doch, es war welches da; der Hausierer hat es mir selbst gestern in die Hand gegeben.«

»Ich bin dabei gewesen, als er Ihnen das Geld gab«, erwiderte Sachar. »Ich habe gesehen, daß er Ihnen Silber gab; aber Kupfer habe ich keins gesehen …«

»Hat es auch nicht am Ende Tarantjew weggenommen?« dachte Ilja Iljitsch zweifelnd. »Aber nein; der hätte auch das Silber genommen.«

»Also was ist denn noch zu essen da?« fragte er.

»Es ist nichts übriggeblieben. Höchstens vielleicht von dem gestrigen Schinken; ich muß mal Anisja fragen«, antwortete Sachar. »Soll ich den bringen?«
»Ja, bringe, was da ist. Aber wie geht es nur zu, daß nichts übriggeblieben ist?«
»Es ist eben nichts übriggeblieben«, versetzte Sachar und ging hinaus. Ilja Iljitsch aber ging langsam und nachdenklich im Zimmer auf und ab.
»Ja, ich habe viel Sorge und Mühe«, sagte er leise. »Zum Beispiel schon mit dem Plane – was werde ich mit dem noch für eine Unmenge von Arbeit haben! ... Aber Käse war doch übriggeblieben«, fügte er nachdenklich hinzu; »den hat dieser Sachar aufgegessen, und nun sagt er, es sei keiner übriggeblieben! – Und wo sind nur die Kupfermünzen geblieben?« sagte er und fuhr mit der Hand auf dem Tische umher.
Nach einer Viertelstunde öffnete Sachar die Tür mit dem Präsentierbrett, das er in beiden Händen hielt, und wollte, nachdem er ins Zimmer hereingetreten war, die Tür mit dem Fuße wieder zumachen; aber er verfehlte sie und stieß in die leere Luft: es fiel ein Glas herunter und mit ihm zugleich noch der Stöpsel der Karaffe und eine Semmel.
»Du kannst doch nicht einen Schritt tun, ohne daß so etwas passiert!« sagte Ilja Iljitsch. »Na, dann hebe wenigstens auf, was du hingeworfen hast; aber er steht noch da und sieht es verwundert an!«
Mit dem Präsentierbrett in den Händen bückte sich Sachar, um die Semmel aufzuheben; aber als er sich niedergekauert hatte, bemerkte er plötzlich, daß er beide Hände voll hatte und die Semmel nicht aufheben konnte.
»Na, so hebe sie doch auf!« sagte Ilja Iljitsch spöttisch. »Was machst du denn? Woran liegt es?«
»Oh, hol' euch der Teufel, ihr verfluchten Dinger!« wandte sich Sachar wütend an die hingefallenen Gegenstände. »Wo

hat man das aber auch jemals gehört, daß einer kurz vor dem Mittagessen noch frühstückt?«

Dann stellte er das Präsentierbrett hin und hob die heruntergefallenen Gegenstände vom Fußboden auf. Die Semmel bepustete er erst, ehe er sie auf den Tisch legte.

Ilja Iljitsch machte sich an sein Frühstück; Sachar aber stellte sich in einiger Entfernung von ihm hin, sah ihn von der Seite an und beabsichtigte anscheinend, etwas zu sagen.

Aber Oblomow frühstückte, ohne ihm die geringste Aufmerksamkeit zuzuwenden.

Sachar hustete ein paarmal.

Oblomow kümmerte sich auch darum nicht.

»Der Hausverwalter hat soeben wieder hergeschickt«, begann Sachar endlich zaghaft: »Der Baumeister ist bei ihm gewesen und hat gefragt, ob er nicht unsere Wohnung einmal ansehen könne. Es ist wegen des Umbaues ...«

Ilja Iljitsch aß weiter, ohne ein Wort zu erwidern.

»Ilja Iljitsch!« sagte Sachar nach einem kurzen Stillschweigen noch leiser.

Ilja Iljitsch tat, als hörte er nicht.

»Er verlangt, daß wir in der nächsten Woche ausziehen«, fuhr Sachar heiser fort.

Oblomow trank ein Glas Wein und schwieg.

»Was sollen wir denn tun, Ilja Iljitsch?« fragte Sachar beinah flüsternd.

»Ich habe dir doch verboten, mit mir davon zu reden«, erwiderte Ilja Iljitsch in strengem Tone, stand auf und ging auf Sachar zu. Dieser wich vor ihm zurück.

»Was du für ein giftiger Mensch bist, Sachar!« fügte Oblomow empört hinzu.

Sachar fühlte sich beleidigt.

»Nun sehe einer an«, sagte er: »›Giftig!‹ Wieso soll ich giftig sein? Ich habe keinen Menschen gemordet.«

»Natürlich bist du giftig!« wiederholte Ilja Iljitsch. »Du vergiftest mir mein Leben!«
»Ich bin nicht giftig«, entgegnete Sachar hartnäckig.
»Warum setzt du mir denn mit der Wohnung zu?«
»Was soll ich denn machen?«
»Aber *ich*, was soll ich denn machen?«
»Sie wollten ja an den Hauswirt schreiben.«
»Na, ich werde auch an ihn schreiben; warte nur; so plötzlich geht das nicht!«
»Sie sollten jetzt gleich schreiben.«
»Jetzt gleich, jetzt gleich! Ich habe noch Wichtigeres zu tun. Du denkst wohl, das ist so wie Holzhacken? Eins, zwei, drei, und die Geschichte ist fertig? Da«, sagte Oblomow, indem er die trockene Feder im Tintenfaß umdrehte; »Tinte ist auch nicht da! Wie soll ich denn schreiben?«
»Ich werde sie sofort mit Kwaß anrühren«, sagte Sachar, nahm das Tintenfaß und lief hurtig ins Vorzimmer. Oblomow machte sich daran, Papier zu suchen.
»Auch Papier ist nicht da«, sagte er zu sich selbst, während er im Tischkasten herumwühlte und auf dem Tische herumtastete. »Nein, so geht das nicht! Ach, dieser Sachar: er verdirbt einem das ganze Leben!«
»Na, und du willst kein giftiger Mensch sein?« sagte Ilja Iljitsch zu dem wieder eintretenden Sachar. »Um nichts kümmerst du dich! Wie kommt es denn, daß wir kein Papier im Hause haben?«
»Was verhängen Sie da für eine Strafe über mich, Ilja Iljitsch? Ich bin ein Christ: warum schimpfen Sie mich: ›giftig‹? Da haben Sie ja einen schönen Ausdruck gefunden: ›giftig‹! Ich bin unter dem alten Herrn geboren und aufgewachsen; er hat mich manchmal ›Hund‹ geschimpft und an den Ohren gezogen; aber so ein Wort habe ich von ihm nicht zu hören bekommen; so etwas ist ihm nicht eingefallen! Das ist ja ge-

radezu eine Sünde! Hier ist Papier, bitte!« Er nahm von einer Etage einen halben Bogen graues Papier und reichte ihn ihm hin.

»Kann man denn darauf schreiben?« fragte Oblomow und warf das Papier hin. »Damit decke ich mir immer zur Nacht mein Wasserglas zu, damit mir nicht etwas Giftiges hineinfällt.«

Sachar wandte sich ab und sah nach der Wand hin.

»Na, aber es tut nichts; gib es nur her; ich werde das Konzept darauf schreiben, und Alexejew kann es nachher ins Reine schreiben.«

Ilja Iljitsch setzte sich an den Tisch und schrieb schnell hin: »Sehr geehrter Herr!«

»Was für schauderhafte Tinte!« sagte er. »Pass' ein andermal besser auf, Sachar, und verrichte deine Obliegenheiten, wie es sich gehört!«

Er dachte ein wenig nach und begann zu schreiben.

»Die Wohnung, welche ich im zweiten Stock des Hauses innehabe, in welchem Sie einige bauliche Veränderungen vorzunehmen beabsichtigen, entspricht völlig meiner Lebensweise und den Gewohnheiten, welche ich mir infolge des langen Wohnens in diesem Hause angeeignet habe. Da ich durch meinen leibeigenen Diener Sachar Trosimow erfahre, daß Sie mir haben mitteilen lassen, daß die von mir gemietete Wohnung ...«

Oblomow hielt inne und las das Geschriebene durch.

»Das ist ungeschickt«, sagte er. »Da steht zweimal hintereinander ›daß‹ und dort zweimal ›welcher‹.«

Er flüsterte etwas vor sich hin und stellte die Worte um: nun kam es so heraus, daß sich »welcher« auf »Stock« bezog – was wieder unbeholfen war. Er korrigierte das, so gut es ging, und begann darüber nachzudenken, wie er das doppelte »daß« vermeiden könne. Bald strich er das Wort aus, bald schrieb er es wieder hin. Wohl dreimal stellte er das »daß« um; aber es kam entweder ein Unsinn heraus oder eine zu nahe Nachbarschaft mit dem andern »daß«.

»Daß ich dieses andere ›daß‹ auch gar nicht loswerden kann!« sagte er ungeduldig. »Ach was! Hol' der Teufel diesen ganzen Brief! Soll ich mir hier den Kopf über solche Lappalien zerbrechen Ich bin es nicht mehr gewohnt, Geschäftsbriefe zu schreiben. Und jetzt ist es schon bald drei Uhr.«

»Sachar, da hast du es!« Er zerriß den Brief in vier Stücke und warf sie auf den Fußboden.

»Siehst du es?« fragte er.

»Ja, ich sehe es«, antwortete Sachar und sammelte die Papierfetzen auf.

»Also setze mir nicht mehr mit der Wohnung zu. Aber was hast du denn da?«

»Die Rechnungen.«

»Ach, du großer Gott! Du zermarterst mich ganz! Na, wieviel ist es denn? Sag' schnell!«

»Der Fleischer hat 84 Rubel 54 Kopeken zu bekommen.«

Ilja Iljitsch schlug vor Erstaunen die Hände zusammen.

»Hast du den Verstand verloren? Schon allein der Fleischer einen solchen Haufen Geld?«

»Sie haben drei Monate lang nicht bezahlt; da wird es eben ein Haufen! Hier steht es alles aufgeschrieben; Betrug ist nicht dabei!«

»Na, und Du willst kein giftiger Mensch sein?« sagte Oblomow. »Für eine Million Rindfleisch hat er gekauft! Ist denn dein Bauch eine Scheune, daß so viel hineingeht? Wenn ich nur wenigstens etwas davon gehabt hätte!«

»Ich habe es nicht aufgegessen«, antwortete Sachar grob.

»Nein, du hast es nicht gegessen!«

»Warum machen Sie mir mein bißchen tägliches Brot zum Vorwurf? Da, sehen Sie weiter!«

Und er hielt ihm die Rechnungen hin.
»Nun, wer hat denn noch etwas zu bekommen?« fragte Ilja Iljitsch und stieß die unsauberen Büchelchen ärgerlich von sich.
»Der Bäcker und der Gemüsehändler zusammen 121 Rubel 18 Kopeken.«
»Das ist ja mein Ruin! Das ist ja unerhört!« rief Oblomow ganz außer sich. »Bist du denn eine Kuh, daß du soviel Grünzeug zusammenfrißt?«
»Nein, ich bin ein giftiger Mensch!« bemerkte Sachar bitter und drehte sich so herum, daß er seinem Herrn nur die Seite zuwandte. »Wenn Sie Michei Andrejewitsch nicht so oft zu sich gelassen hätten, würde weniger herauskommen«, fügte er hinzu.
»Na, wieviel macht das alles zusammen? Rechne es mal aus!« sagte Ilja Iljitsch und fing selbst an zu rechnen.
Sachar stellte dieselbe Berechnung an den Fingern an.
»Weiß der Teufel, was da für ein Unsinn herauskommt: jedesmal etwas anderes!« sagte Oblomow. »Na, wieviel hast du denn heraus? Zweihundert, wie?«
»Warten Sie nur, lassen Sie mir Zeit!« antwortete Sachar brummend mit zusammengekniffenen Augen. »Acht Zehner und zehn Zehner sind achtzehn Zehner, und noch zwei Zehner ...«
»Na, auf die Art wirst du im Leben nicht fertig«, sagte Ilja Iljitsch. »Geh auf dein Zimmer; die Rechnungen gib mir morgen und sorge für Papier und Tinte ... So ein Haufen Geld! Ich habe doch gesagt, es soll in kleinen Posten bezahlt werden – aber nein, er will durchaus, daß alles auf einmal bezahlt wird ... so ein Volk!«
»Zweihundertfünf Rubel zweiundsiebzig Kopeken«, sagte Sachar, der mit der Addition fertig geworden war. »Bitte, geben Sie mir das Geld!«

»Na, so was! Will er das Geld sofort haben! Warte noch: ich will die Rechnungen morgen prüfen ...«

»Wie Sie wollen, Ilja Iljitsch; aber die Leute möchten ihr Geld haben ...«

»Nun, nun, hör' nur auf! Ich habe gesagt: morgen; also wirst du es morgen bekommen. Geh auf dein Zimmer; ich werde arbeiten; ich habe wichtigere Sorgen.«

Ilja Iljitsch setzte sich auf einen Lehnstuhl, zog die Beine unter den Leib und wollte sich gerade seinen Gedanken überlassen, als die Klingel ertönte.

Es erschien ein Mann von kleiner Statur, mit einem mäßigen Bäuchlein, weißem Gesichte, roten Backen und einer Glatze, die im Nacken von dichten schwarzen Haaren wie von Fransen umgeben war. Diese Glatze war rund, rein und glänzte so, als wäre sie aus Elfenbein gedrechselt. Charakteristisch für das Gesicht des Besuchers war ein besorgter, prüfender Ausdruck allem gegenüber, was er ansah, ein zurückhaltender Blick, ein maßvolles Lächeln und ein diskreter, berufsmäßiger Anstand.

Er trug einen bequemen Frack, der sich fast schon bei einer bloßen Berührung weit und gemächlich wie ein Tor öffnete. Seine Wäsche war von einer so blendenden Weiße, als ob sie mit der Glatze harmonieren sollte. Am Zeigefinger der rechten Hand steckte ein dicker goldener Ring mit einem dunklen Stein.

»Doktor! Welcher glückliche Zufall führt Sie her?« rief Oblomow, streckte dem Gaste die eine Hand hin und zog mit der andern einen Stuhl heran.

»Es wurde mir langweilig, daß Sie immer gesund sind und mich nicht rufen lassen, und da bin ich von selbst hergekommen«, antwortete der Arzt scherzend. »Nein«, fügte er dann ernst hinzu, »ich war hier oben bei Ihrem Nachbar, und da wollte ich doch auch einmal zu Ihnen hereinschauen.«

»Sehr dankbar. Wie geht es denn dem Nachbar?«
»Wie soll es ihm gehen? Die Geschichte wird sich noch drei, vier Wochen, vielleicht auch bis zum Herbst hinziehen; aber dann ... wird die Wassersucht in die Brust steigen: das bekannte Ende. Nun, und wie geht es Ihnen?«
Oblomow schüttelte traurig den Kopf
»Schlecht, Doktor. Ich habe selbst schon daran gedacht, Sie um Rat zu fragen. Ich weiß nicht, was ich tun soll. Mein Magen verdaut fast gar nicht; unter der Herzgrube fühle ich einen Druck; ich leide an quälendem Sodbrennen, das Atmen fällt mir schwer ...« sagte Oblomow mit kläglicher Miene.
»Geben Sie Ihre Hand her!« sagte der Arzt, faßte den Puls und schloß eine Minute lang die Augen. »Husten Sie?« fragte er.
»Ja, des Nachts; besonders wenn ich zu Abend gegessen habe.«
»Hm! Haben Sie häufig Herzklopfen? Kopfschmerzen?«
Der Arzt stellte noch mehr Fragen ähnlicher Art; dann neigte er seine Glatze und dachte tief nach. Nach zwei Minuten hob er plötzlich den Kopf in die Höhe und sagte in entschiedenem Tone:
»Wenn Sie noch zwei, drei Jahre in diesem Klima leben, immer stilliegen und fette, schwere Sachen essen – so werden Sie am Schlagfluß sterben.«
Oblomow fuhr zusammen.
»Was soll ich denn tun? Belehren Sie mich, um Gotteswillen!« bat er.
»Dasselbe, was andere Leute tun: ins Ausland reisen.«
»Ins Ausland!« wiederholte Oblomow erstaunt.
»Ja; was ist dabei?«
»Aber ich bitte Sie, Doktor, ins Ausland! Wie wäre das möglich?«
»Warum soll es nicht möglich sein?«

Oblomow ließ schweigend seine Augen über seine eigene Gestalt, dann über sein Zimmer hingleiten und wiederholte mechanisch:
»Ins Ausland!«
»Was hindert Sie denn daran?«
»Welche Frage! Alles …«
»Wieso denn alles? Haben Sie kein Geld?«
»Ja, ja, ich habe wirklich kein Geld«, versetzte Oblomow lebhaft; er freute sich über dieses allernatürlichste Hindernis, hinter das er sich vollständig verschanzen konnte. »Sehen Sie nur einmal, was mir mein Dorfschulze schreibt … Wo ist der Brief nur? Wo habe ich ihn gelassen? Sachar!«
»Gut, gut«, sagte der Arzt. »Das ist nicht meine Sache; meine Pflicht ist, Ihnen zu sagen, daß Sie Ihre Lebensweise ändern müssen, Ihren Wohnort, die Luft, Ihre Beschäftigung – alles, alles.«
»Gut, ich werde es mir überlegen«, sagte Oblomow. »Wohin soll ich denn fahren, und was soll ich tun?« fragte er.
»Fahren Sie nach Kissingen oder nach Ems«, erwiderte der Arzt. »Verbringen Sie da den Juni und den Juli; trinken Sie Brunnen. Begeben Sie sich dann nach der Schweiz oder nach Tirol: machen Sie eine Traubenkur durch; verbringen Sie dort den September und Oktober …«
»Weiß der Teufel, wo ich überall hin soll; nach Tirol!« flüsterte Ilja Iljitsch kaum hörbar.
»Dann irgendwohin in eine trockene Gegend, zum Beispiel nach Ägypten …«
»Auch das noch!« dachte Oblomow.
»Verscheuchen Sie die Sorgen und Bekümmernisse …«
»Sie haben gut reden«, bemerkte Oblomow. »Sie bekommen keine solchen Briefe von einem Dorfschulzen …«
»Desgleichen müssen Sie das Denken vermeiden«, fuhr der Arzt fort.

»Das Denken?«
»Ja, geistige Anstrengung.«
»Und mein Plan für die Einrichtung des Gutes? Ich bitte Sie, bin ich denn ein gefühlloser Klotz?«
»Na, tun Sie, was Sie wollen! Meine Pflicht ist es nur, Sie zu warnen. Auch vor Leidenschaften müssen Sie sich hüten: sie schaden der Kur. Sie müssen sich zu zerstreuen suchen: durch Spazierritte, durch Tanzen, durch mäßige Bewegung in reiner Luft, durch angenehme Gespräche, namentlich mit Damen, damit das Herz leicht schlägt und nur infolge von angenehmen Empfindungen.«
Oblomow hörte ihm mit gesenktem Kopfe zu.
»Und ferner?« fragte er.
»Hüten Sie sich zu lesen oder zu schreiben; davor wolle Sie Gott bewahren! Mieten Sie sich eine Villa, deren Fenster nach Süden liegen; recht viel Blumen, Musik und Frauen müssen Sie um sich haben …«
»Und wie ist's mit der Nahrung?«
»Vermeiden Sie Fleischnahrung, überhaupt jede tierische Nahrung, auch mehlreiche und stark gewürzte Kost. Sie können leicht Bouillon und Gemüse genießen; nur nehmen Sie sich in acht: jetzt kommen fast überall Cholerafälle vor; also muß man recht vorsichtig sein … Gehen können Sie täglich acht Stunden. Schaffen Sie sich ein Gewehr an …«
»Herr Gott! …« stöhnte Oblomow.
»Und endlich im Winter«, schloß der Arzt, »fahren Sie nach Paris; zerstreuen Sie sich dort im Wirbel des Lebens, seien Sie nicht melancholisch: fahren Sie vom Theater auf einen Ball; besuchen Sie Maskeraden, machen Sie Landpartien und Visiten; Sie müssen Freunde und Lärm und Gelächter um sich haben …«
»Ist nicht sonst noch etwas nötig?« fragte Oblomow mit schlecht verhehltem Ärger.

Der Arzt dachte nach.

»Vielleicht würde Ihnen die Seeluft gut tun: setzen Sie sich in England auf einen Dampfer und fahren Sie nach Amerika hinüber ...«

Er stand auf und schickte sich an, sich zu empfehlen.

»Wenn Sie das alles genau befolgen«, sagte er, »so ...«

»Gut, gut, ich werde es unbedingt befolgen«, antwortete Oblomow bissig, während er ihn zur Tür begleitete.

Als der Arzt gegangen war, blieb Oblomow in einem ganz kläglichen Zustande zurück. Er schloß die Augen, legte beide Hände auf den Kopf, zog sich auf seinem Sessel zu einem Knäuel zusammen und saß so da, ohne nach etwas hinzublicken, und ohne etwas zu fühlen.

Hinter ihm ließ sich ein schüchterner Anruf vernehmen:

»Ilja Iljitsch!«

»Nun?« antwortete er.

»Was soll ich denn dem Hausverwalter sagen?«

»Worüber?«

»Nun, über das Umziehen.«

»Fängst du schon wieder damit an?« rief Oblomow erstaunt.

»Aber was soll ich denn tun, Väterchen Ilja Iljitsch? Sagen Sie selbst: mein Leben ist ja so schon ein recht trauriges; ich blicke in meinen Sarg hinein ...«

»Nein, mich willst du offenbar in den Sarg bringen mit deinem Umzug«, sagte Oblomow. »Hör' mal, was der Arzt sagt!«

Sachar wußte nicht, was er noch sagen sollte; er seufzte nur so tief, daß die Enden seines Halstuches auf seiner Brust zitterten.

»Du hast wohl beschlossen, mich umzubringen, nicht wahr?« fragte Oblomow wieder. »Du bist meiner wohl überdrüssig geworden, he? Na, so rede doch!«

»Wie können Sie so etwas sagen? Möchten Sie lange und gesund leben! Wer wünscht Ihnen Übles?« brummte Sachar, den die tragische Wendung, die das Gespräch genommen hatte, ganz in Verwirrung brachte.

»Du!« antwortete Ilja Iljitsch. »Ich habe dir verboten, von dem Umzuge noch ein Wort zu sagen; aber es vergeht kein Tag, wo du mich nicht fünfmal daran erinnerst: das muß mir ja auf die Nerven fallen – begreife das doch! Mit meiner Gesundheit ist es so wie so schon nicht weit her!«

»Ich habe gedacht, gnädiger Herr, daß ... warum sollten wir nicht umziehen? habe ich gedacht«, sagte Sachar mit einer Stimme, die vor innerer Aufregung zitterte.

»Warum sollten wir nicht umziehen! Du urteilst darüber so leichthin!« antwortete Oblomow und drehte sich mitsamt dem Lehnstuhl zu Sachar um. »Hast du das auch ordentlich überlegt, was das heißt: umziehen? He? Gewiß hast du das nicht überlegt?«

»Nein, so recht habe ich es nicht überlegt«, antwortete Sachar demütig, da er bereit war, seinem Herrn in allen Stücken beizustimmen, damit es nur nicht zu pathetischen Szenen käme, die ihm widerwärtiger waren als ein bitterer Rettich.

»Wenn du es nicht überlegt hast, so höre zu, und dann sage selbst, ob wir umziehen können oder nicht. Was bedeutet das: umziehen? Das bedeutet: der Herr soll auf einen ganzen Tag ausgehen und vom Morgen an vollständig angekleidet sein ...«

»Was ist dabei, wenn Sie auch ausgehen?« versetzte Sachar. »Warum sollten Sie nicht einen ganzen Tag lang abwesend sein können? Es ist ja doch ungesund, immer zu Hause zu sitzen. Sehen Sie nur, wie kränklich Sie geworden sind! Früher waren Sie frisch und gesund wie eine Gurke; aber jetzt, wo Sie immer zu Hause sitzen, sehen Sie Gott weiß wie aus. Sie sollten auf den Straßen umhergehen und sich die Leute und sonst was ansehen ...«

»Schwatz nicht solchen Unsinn, sondern höre!« sagte Oblomow. »Auf den Straßen umhergehen!«

»Ja, wirklich«, fuhr Sachar mit großem Eifer fort. »Da ist, wie es heißt, ein unerhörtes Wunderwesen hergebracht worden; das sollten Sie sich ansehen. Sie sollten ins Theater oder auf einen Maskenball gehen, und wir würden unterdessen hier in Ihrer Abwesenheit den Umzug bewerkstelligen.«

»Schwatz keine Torheiten! Du sorgst ja vortrefflich für die Ruhe deines Herrn! Deiner Meinung nach soll ich mich den ganzen Tag herumtreiben; es kümmert dich nicht, daß ich Gott weiß wo und wie zu Mittag esse und mich nach dem Mittagessen nicht zum Ausruhen hinlegen kann … In meiner Abwesenheit wollt ihr hier umziehen! Wenn man da nicht sehr vorsichtig ist, bringt man nur Trümmer in die neue Wohnung. Ich weiß«, fuhr Oblomow mit wachsender Sicherheit fort, »was so ein Umzug zu bedeuten hat! Das bedeutet Wirrwarr und Lärm; alle Sachen liegen in einem Haufen auf dem Fußboden: da ist ein Koffer und eine Sofalehne, und da sind Bilder und Tabakspfeifen und Bücher und Flaschen, die man zu anderer Zeit nie zu sehen kriegt, die aber nun, weiß der Teufel woher, zum Vorschein kommen! Da muß man seine Augen überall haben, damit die Sachen nicht verloren gehen oder zerbrochen werden … die eine Hälfte ist hier, die andere auf dem Möbelwagen oder in der neuen Wohnung: man möchte rauchen und nimmt die Pfeife zur Hand; aber der Tabak ist schon weggefahren. Man will sich hinsetzen; aber es ist nichts da, worauf man sich setzen könnte. Man mag anrühren, was man will, so macht man sich schmutzig; alles ist voll Staub; man kann sich nicht waschen und muß mit solchen Händen umhergehen wie deine …«

»Meine Hände sind rein«, bemerkte Sachar und zeigte seine Hände, die aber mit Schuhsohlen Ähnlichkeit hatten.

»Na, zeige sie mir nur gar nicht!« sagte Ilja Iljitsch, sich abwendend. »Und wenn man trinken will und nach der Karaffe greift, so ist kein Glas da …«

»Man kann auch aus der Karaffe trinken!« wandte Sachar treuherzig ein.

»Ja, bei euch kann man alles: man kann auch das Ausfegen unterlassen und das Staubwischen unterlassen und das Teppichklopfen unterlassen. Und in der neuen Wohnung«, fuhr Ilja Iljitsch fort, der sich selbst durch das ihm lebhaft vor Augen tretende Bild des Umzugs hinreißen ließ, »da kann man drei Tage lang keine Ordnung schaffen, nichts ist an seinem Platze: die Bilder stehen an den Wänden auf dem Fußboden; die Überschuhe liegen auf dem Bette; die Stiefel befinden sich in ein und demselben Bündel mit dem Tee und der Pomade. Wo man nur hinsieht, ist etwas beschädigt: da ist an einem Lehnstuhl ein Bein abgebrochen, da das Glas eines Bildes zerschlagen oder das Sofa voller Flecke. Wenn man nach etwas fragt, so ist es nicht da; niemand weiß, wo es ist; es ist entweder verlorengegangen oder in der alten Wohnung vergessen: da kann man dann dahin laufen …«

»Manchmal läuft man zehnmal hin und her«, unterbrach ihn Sachar.

»Da siehst du es selbst!« fuhr Oblomow fort. »Und wenn man in der neuen Wohnung am Morgen aufsteht, was ist das dann für eine verdrießliche Lage! Weder Wasser noch Kohlen sind da; und im Winter sitzt man so in der Kälte da, die Zimmer sind eisig, und Holz hat man nicht; da kann man dann laufen und sich welches borgen …«

»Und zu was für Nachbarn man manchmal durch Gottes Fügung hingerät«, bemerkte wieder Sachar; »von manchen bekommt man trotz allen Bittens nicht einmal einen Krug Wasser, geschweige denn eine Tracht Holz.«

»Das ist es eben!« sagte Ilja Iljitsch. »Wenn man am Abend

den Umzug hinter sich hat, so könnte man glauben, die Mühsal hätte ein Ende: aber nein, man muß sich noch ein paar Wochen lang plagen. Man denkt, es ist alles in Ordnung gekommen; wenn man aber näher hinsieht, so fehlt immer noch dies und jenes: die Rouleaus sind noch nicht aufgehängt, die Bilder noch nicht angenagelt; man arbeitet sich rein zunichte, das ganze Leben wird einem verleidet … Und die Ausgaben, die Ausgaben …«

»Das vorige Mal, vor acht Jahren, hat es zweihundert Rubel gekostet; ich erinnere mich noch, als ob es heute wäre«, bestätigte Sachar.

»Na, siehst du, ist das etwa ein Spaß?« sagte Ilja Iljitsch. »Und wie unbehaglich fühlt man sich am Anfang in der neuen Wohnung! Wie lange dauert es, bis man sich daran gewöhnt! Ich werde fünf Nächte hindurch an dem neuen Orte nicht schlafen können; es wird mir traurig zumute werden, wenn ich morgens aufstehe und statt dieses Aushängeschildes des Drechslers etwas anderes mir gegenüber sehe; und wenn vor dem Mittagessen nicht diese alte Frau mit dem kurzgeschnittenen Kopfhaar aus dem Fenster heraussieht, dann werde ich das schmerzlich vermissen … Siehst du nun selbst ein, in welche unglückliche Lage du deinen Herrn bringen wolltest, ja?« fragte Ilja Iljitsch vorwurfsvoll.

»Ja, ich sehe es ein«, flüsterte Sachar demütig.

»Warum hast du mir denn geraten umzuziehen? Ist es denn menschenmöglich, das alles auszuhalten?«

»Ich dachte, daß doch andere Leute, die nicht schlechter sind als wir, umziehen, und daß wir es da auch könnten …« erwiderte Sachar.

»Was? Was?« fragte Ilja Iljitsch erstaunt und erhob sich halb von seinem Lehnstuhl. »Was hast du da gesagt?«

Sachar wurde plötzlich verlegen, da er nicht wußte, wodurch er seinem Herrn Anlaß zu einem so pathetischen Ausrufe und zu einer so aufgeregten Gebärde gegeben haben könne. Er schwieg.

»Andere Leute, die nicht schlechter sind!« wiederholte Ilja Iljitsch ganz entsetzt. »Da hast du dich einmal verschnappt! Jetzt weiß ich, daß ich für dich ganz dasselbe bin wie ›andere Leute‹!«

Oblomow verbeugte sich ironisch vor Sachar und machte ein höchst beleidigtes Gesicht.

»Aber ich bitte Sie, Ilja Iljitsch, stelle ich Sie denn mit jemand auf die gleiche Stufe?«

»Geh mir aus den Augen!« sagte Oblomow gebieterisch und wies mit der Hand nach der Tür. »Ich kann dich nicht sehen. Ah! ›andere Leute‹! Schön!«

Sachar entfernte sich mit einem tiefen Seufzer und ging nach seinem Zimmer.

»Ist das ein Leben, wenn man es so bedenkt!« brummte er, als er sich auf die Ofenbank setzte.

»Mein Gott!« stöhnte auch Oblomow, »da wollte ich nun den Vormittag der geschäftlichen Arbeit widmen, und nun ist mir für den ganzen Tag die Stimmung verdorben! Und wer hat das getan? Mein eigener Diener, mein ergebener, erprobter Diener; und was hat er gesagt! Wie konnte er das nur fertig bringen?«

Oblomow konnte sich lange Zeit nicht beruhigen; er legte sich hin, stand wieder auf, ging im Zimmer hin und her und legte sich wieder hin. Darin, daß Sachar ihn auf die Stufe »anderer Leute« herabgestellt hatte, sah er eine Verletzung seines Rechtes, auf Grund dessen Sachar die Person seines Herrn jedem andern Menschen unbedingt vorzuziehen hatte. Er drang in die Tiefe dieses Vergleiches ein und untersuchte, was eigentlich die »anderen Leute« seien, und was er selbst sei, inwieweit diese Parallele möglich und gerechtfertigt sei, und wie schwer die Beleidigung sei, die ihm Sachar zugefügt hatte; ferner, ob Sachar ihn mit Bewußtsein gekränkt habe, das heißt ob er wirklich die bestimmte Ansicht habe, daß er, Ilja Iljitsch, ganz dasselbe sei wie »andere Leute«, oder ob seine Zunge das nur so hingesprochen habe ohne Mitwirkung des Kopfes. Dies alles hatte Oblomows Selbstgefühl verletzt, und er beschloß, seinem Diener den Unterschied zwischen ihm, dem Herrn, und jenen Menschen, die Sachar unter der Bezeichnung »andere Leute« verstand, deutlich zu machen und ihm die ganze Schändlichkeit seines Benehmens zum Bewußtsein zu bringen.

»Sachar!« rief er in gedehntem, feierlichem Tone.

Als Sachar diesen Ruf hörte, sprang er nicht wie gewöhnlich mit Gepolter von der Ofenbank herunter und brummte nicht; er kroch langsam vom Ofen herab und ging, mit den Armen und den Seiten an alles anstoßend, nach dem Wohnzimmer hin, sachte und widerwillig wie ein Hund, der an der Stimme seines Herrn merkt, daß ein von ihm verübter Streich entdeckt ist und er vor Gericht gerufen wird.

Sachar öffnete die Tür halb, entschloß sich aber nicht dazu, einzutreten.

»Komm herein!« sagte Ilja Iljitsch.

Obwohl sich die Tür mit Leichtigkeit öffnen ließ, machte Sachar sie doch so auf, als könne er sich gar nicht hindurchquetschen, und blieb infolgedessen in der Tür eingeklemmt stehen, ohne hereinzukommen.

Oblomow saß auf dem Rande des Bettes.

»Komm hierher!« sagte er energisch.

Sachar machte sich mühsam aus der Tür frei, schloß sie aber sogleich hinter sich und lehnte sich mit dem Rücken eng gegen sie. »Hierher!« sagte Ilja Iljitsch und wies mit dem Finger auf eine Stelle neben sich. Sachar machte einen halben Schritt vorwärts und blieb ungefähr sechs Schritte von dem ihm angewiesenen Orte entfernt stehen.

»Noch näher!« sagte Oblomow.

Sachar tat, als ginge er, schaukelte aber nur hin und her, stampfte mit den Beinen und blieb an derselben Stelle.

Da Ilja Iljitsch sah, daß es ihm diesmal schlechterdings nicht gelingen werde, Sachar näher heranzulocken, so ließ er ihn dort, wo er stand, und sah ihn eine Weile schweigend und vorwurfsvoll an.

Sachar, der sich bei dieser schweigenden Musterung seiner Person unbehaglich fühlte, tat, als bemerke er seinen Herrn gar nicht, wandte ihm, während er so dastand, mehr als sonst je die Seite zu und warf in diesem Augenblick nicht einmal den sonst bei ihm üblichen schrägen Blick nach Ilja Iljitsch hin.

Er blickte hartnäckig nach der anderen Seite, nach links; dort sah er etwas, was er schon längst kannte: die fransenartigen Spinnweben an den Bildern, und in der Spinne sah er einen lebenden Vorwurf für seine Nachlässigkeit.

»Sachar!« sagte Ilja Iljitsch leise und würdevoll.

Sachar antwortete nicht; er schien zu denken: »Na, was willst du? Etwa einen anderen Sachar? Ich stehe ja hier!« und ließ seinen Blick, an dem Herrn vorbei, von links nach rechts wandern; dort erinnerte ihn der von dichtem Staube wie mit Musselin bedeckte Spiegel ebenfalls an seine eigene Person: durch den Staub hindurch blickte ihn wild und mürrisch wie aus einem Nebel sein eigenes finsteres, unschönes Gesicht an.

Unzufrieden wandte er seinen Blick von diesem traurigen, ihm nur zu wohlbekannten Gegenstande ab und entschloß sich, ihn für einen Augenblick auf Ilja Iljitsch zu richten. Ihre Blicke begegneten einander.

Sachar ertrug den Vorwurf nicht, der in den Augen seines Herrn lag, und schlug die seinigen nieder, so daß er nach seinen Füßen blickte; dort las er wieder auf dem von Staub und

Flecken bedeckten Teppich ein trauriges Zeugnis über seinen Eifer im herrschaftlichen Dienste.
»Sachar!« wiederholte Ilja Iljitsch im Tone tiefer Empfindung.
»Was befehlen Sie?« flüsterte Sachar kaum hörbar und fuhr beinah zusammen, da er eine pathetische Rede ahnte.
»Gib mir Kwaß!« sagte Ilja Iljitsch.
Sachar fiel ein Stein vom Herzen; vor Freuden stürzte er flink wie ein Knabe nach dem Büfett hin und brachte den Kwaß.
»Nun, wie ist dir zumute?« fragte Ilja Iljitsch sanft, als er aus dem Glase getrunken hatte und es in der Hand hielt. »Doch wohl nicht gut?«
Der Ausdruck von Wildheit auf Sachars Gesicht milderte sich sofort durch einen in seinen Zügen aufleuchtenden Strahl von Reue. Sachar fühlte die ersten Symptome eines in seiner Brust erwachenden und an sein Herz heranrückenden Gefühles der Ehrfurcht vor seinem Herrn, und er begann plötzlich, ihm gerade in die Augen zu sehen.
»Bist du dir deines Vergehens bewußt?« fragte Ilja Iljitsch.
»Was soll das für ein ›Vergehen‹ sein?« dachte Sachar betrübt. »Wohl irgend etwas Klägliches; man fängt ja unwillkürlich an zu weinen, wenn er einen so vornimmt.«
»Aber, Ilja Iljitsch«, begann Sachar im tiefsten Tone seines Stimmregisters, »ich habe ja nichts gesagt, als daß …«
»Nein, warte noch!« unterbrach ihn Oblomow. »Verstehst du, was du getan hast? Hier, stelle das Glas auf den Tisch und antworte!«
Sachar antwortete nicht und verstand absolut nicht, was er getan haben sollte; aber das hinderte ihn nicht, voll Ehrfurcht auf seinen Herrn zu blicken; er senkte sogar schuldbewußt ein wenig den Kopf.
»Und du willst kein giftiger Mensch sein?« sagte Oblomow.

Sachar schwieg immer noch und zwinkerte nur dreimal heftig mit den Augen.
»Du hast deinen Herrn gekränkt!« sagte Ilja Iljitsch; er sprach jedes Wort einzeln aus, sah Sachar unverwandt an und weidete sich an dessen Verwirrung.
Sachar wußte nicht, wo er vor Verlegenheit bleiben sollte.
»Du hast mich ja doch gekränkt?« fragte Ilja Iljitsch.
»Ja, ich habe Sie gekränkt«, flüsterte Sachar, der bei diesem neuen »kläglichen« Worte alle Fassung verloren hatte. Er ließ seine Blicke nach rechts, nach links und geradeaus schweifen, indem er bei irgend etwas Rettung suchte, und wieder kamen ihm die Spinnweben und der Staub und sein eigenes Spiegelbild und das Gesicht des Herrn flüchtig vor Augen.
»Wenn mich doch die Erde verschlänge! Ach, daß der Tod für mich nicht kommen will!« dachte er, als er sah, daß, wie er sich auch drehen und wenden mochte, er einer pathetischen Szene doch nicht entgehen konnte. Und er fühlte, daß er immer häufiger mit den Augen zwinkern mußte und ihm jeden Augenblick die Tränen kommen konnten.
Endlich antwortete er dem Herrn mit einem bekannten Verse, nur in Prosa:
»Wodurch habe ich Sie denn gekränkt, Ilja Iljitsch?« sagte er beinah weinend.
»Wodurch du mich gekränkt hast?« erwiderte Oblomow. »Hast du wohl bedacht, was das bedeutet: ›ein anderer‹?« Er hielt inne und fuhr fort, Sachar anzusehen.
»Soll ich dir sagen, was das bedeutet?«
Sachar drehte sich hin und her wie ein Bär in seinem Lager und seufzte so, daß es durch das ganze Zimmer schallte.
»Der ›andere‹, den du meinst, ist ein elender, unglücklicher, grober, ungebildeter Mensch; er wohnt in einer schmutzigen, ärmlichen Dachkammer; oder er schläft auch auf einer Filzdecke im Freien. Was kann einem solchen Menschen

Schlimmes widerfahren? Nichts. Er frißt Kartoffeln und Hering. Die Not treibt ihn von einem Winkel in den andern, und er läuft den ganzen Tag umher. Der zieht, wenn's nötig ist, auch nach einer andern Wohnung um. Zum Beispiel dieser Ljagajew, der nimmt sein Lineal unter den Arm, bindet seine zwei Hemden in ein Taschentuch und geht davon. Wenn man ihn fragt: ›Wo gehst du hin?‹ so antwortet er: ›Ich ziehe um.‹ Siehst du, so macht es der ›andere‹! Und ich bin deiner Ansicht nach so ein ›anderer‹, was?«

Sachar sah seinen Herrn an, trat von einem Beine auf das andere und schwieg.

»Was für ein Mensch ist der ›andere‹?« fuhr Oblomow fort.

»Der ›andere‹, das ist ein Mensch, der sich selbst die Stiefel putzt und sich selbst ankleidet, wenn er auch manchmal wie ein Herr aussieht; aber das ist nur Schwindelei; er weiß nicht einmal, was überhaupt Dienerschaft ist; er hat niemand, den er schicken könnte; er läuft selbst, um das Nötige einzuholen; auch das Holz im Ofen rührt er selbst um; manchmal wischt er auch Staub …«

»Unter den Deutschen gibt es viele solche«, sagte Sachar finster.

»Ganz richtig! Aber ich? Was meinst du, bin auch ich so ein ›anderer‹?«

»Nein, Sie sind etwas ganz anderes!« sagte Sachar kläglich; er begriff immer noch nicht, was sein Herr eigentlich sagen wollte. »Gott weiß, was über Sie gekommen ist …«

»Ich bin etwas ganz anderes, wie? Warte, überlege mal, was du da sagst! Sieh einmal zu, wie der ›andere‹ lebt. Der ›andere‹ arbeitet, ohne müde zu werden, läuft umher, hastet sich ab«, fuhr Oblomow fort; »wenn er nicht arbeitet, ißt er auch nicht. Der ›andere‹ macht Bücklinge; der ›andere‹ bittet und erniedrigt sich … Aber ich? Na, sag' mal selbst: was meinst du: bin ich so ein ›anderer‹, ja?«

»Hören Sie doch auf, Väterchen, mich mit kläglichen Worten zu quälen!« flehte Sachar. »Ach, du mein Gott!«

»Ich soll ein ›anderer‹ sein! Renne ich etwa umher, arbeite ich etwa? Esse ich wenig, wie? Sehe ich mager oder jämmerlich aus? Habe ich etwa an irgend etwas Mangel? Ich meine, es ist jemand da, der mir alles zu reichen und alles für mich zu tun hat! Solange ich lebe, habe ich mir noch nie einen Strumpf auf das Bein gezogen, Gott sei Dank! Ich werde mir doch nicht damit Mühe machen; warum sollte ich das tun? Und wem sage ich das? Hast du mich nicht von meiner Kindheit an gepflegt? Du weißt das alles; du hast gesehen, daß ich zart und schonend erzogen bin, daß ich nie weder Kälte noch Hunger zu ertragen brauchte, keine Not gekannt, mir mein Brot nicht durch Arbeit erworben und mich überhaupt nicht mit grober Arbeit befaßt habe. Woher hast du also den Mut genommen, mich mit ›anderen Leuten‹ zu vergleichen? Besitze ich denn eine solche Gesundheit wie diese ›anderen‹? Kann ich etwa das alles tun und ertragen?«

Sachar hatte endgültig alle Fähigkeit verloren, Oblomows Rede zu verstehen; aber seine Lippen blähten sich vor innerer Erregung auf; die pathetische Szene donnerte wie ein Gewitter über seinem Haupte. Er schwieg.

»Sachar!« sagte Ilja Iljitsch noch einmal.

»Was befehlen Sie?« zischte Sachar kaum hörbar.

»Gib mir noch Kwaß!«

Sachar brachte den Kwaß und wollte, als Ilja Iljitsch getrunken und das Glas zurückgegeben hatte, flink wieder nach seiner Stube gehen.

»Nein, nein, bleib hier!« sagte Oblomow. »Ich frage dich: wie konntest du deinen Herrn so bitter kränken, den du, als er noch ein kleines Kind war, auf deinen Armen getragen hast, dem du dein Leben lang dienst, und der dir so viele Wohltaten erweist?«

Sachar konnte es nicht länger aushalten: die Worte »Wohltaten erweist« gaben ihm den letzten Stoß! Er begann immer häufiger zu zwinkern. Je weniger er verstand, was Ilja Iljitsch in so pathetischer Redeweise zu ihm sagte, um so trauriger wurde ihm zumute.

»Verzeihen Sie mir, Ilja Iljitsch«, begann er reuevoll mit seiner heiseren Stimme; »ich habe nur aus Dummheit, wirklich nur aus Dummheit ...«

Aber da er nicht verstand, was er getan hatte, so wußte er nicht, welches Zeitwort er am Ende seines Satzes gebrauchen sollte.

»Ich aber«, fuhr Oblomow im Tone eines Menschen fort, der gekränkt und nicht nach Verdienst gewürdigt ist, »ich sorge mich Tag und Nacht und mühe mich ab; manchmal brennt mir ordentlich der Kopf und das Herz pocht mir nur so; ich schlafe nachts nicht, sondern wälze mich herum und denke immer darüber nach, wie es sich wohl am besten machen ließe ... und worüber denke ich nach? Für wen mühe ich mich ab? Immer für euch, für die Bauern, also auch für dich. Wenn du manchmal siehst, wie ich mich mit dem Kopfe ganz unter die Bettdecke verkrieche, dann denkst du vielleicht, daß ich wie ein Klotz daliege und schlafe; nein, ich schlafe nicht; ich bin immer in diese Gedanken versunken, wie es einzurichten sei, daß die Bauern an nichts Not leiden, gegen Fremde keinen Neid empfinden, mich nicht am Jüngsten Tage mit Tränen bei Gott dem Herrn verklagen, sondern für mich beten und meiner im Guten gedenken!« schloß Oblomow mit bitterem Vorwurf.

Durch die letzten »kläglichen« Worte wurde Sachars Rührung eine endgültige. Er begann allmählich zu schluchzen; die zischenden, heiseren Laute flossen nun zu einem einzigen Tone zusammen, den es auf keinem Instrumente gibt, höchstens auf einem chinesischen Gong oder einem indischen Tamtam.

»Väterchen Ilja Iljitsch!« flehte er, »hören Sie auf! Was reden Sie da, um Gottes willen! Ach, du allerheiligste Muttergottes! Was für ein Unglück ist aus heiterem Himmel über uns hereingebrochen …«

»Du aber«, fuhr Oblomow, ohne auf ihn zu hören, fort, »du solltest dich schämen, so etwas zu sagen! Was habe ich da für eine Schlange an meinem Busen gewärmt!«

»Eine Schlange!« rief Sachar, schlug die Hände zusammen und brach in ein solches Geheul aus, als ob zwanzig Käfer ins Zimmer hereingeflogen wären und darin umhersummten. »Wann habe ich denn von einer Schlange gesprochen?« sagte er zwischen dem Schluchzen. »Nicht einmal geträumt habe ich jemals von einem so garstigen Tiere!«

Sie verstanden einander beide nicht mehr, und schließlich kam es dahin, daß keiner von beiden sich selbst mehr verstand.

»Wie hast du nur so etwas über deine Lippen bringen können?« fuhr Ilja Iljitsch fort. »Und ich habe noch in meinem Plane für ihn ein besonderes Haus bestimmt und einen Gemüsegarten und ein Getreidedeputat und habe ein Gehalt für ihn angesetzt! Du solltest mein Verwalter und mein Haushofmeister und mein Vertrauensmann in geschäftlichen Angelegenheiten sein! Die Bauern sollten sich tief vor dir verneigen und alle zu dir: ›Sachar Trosimowitsch‹ sagen, immer: ›Sachar Trosimowitsch!‹ Aber er ist immer noch nicht zufrieden und rechnet mich zu den ›anderen Leuten‹! Das ist der Lohn! In so schöner Weise ehrt er seinen Herrn!«

Sachar schluchzte immer noch, und auch Ilja Iljitsch selbst war gerührt. Während er Sachar Vorhaltungen machte, durchdrang ihn gleichzeitig das Bewußtsein der Wohltaten, die er den Bauern erwiesen hatte, und die letzten Vorwürfe brachte er mit zitternder Stimme und mit Tränen in den Augen heraus.

»Na, jetzt geh mit Gott!« sagte er in versöhnlichem Tone zu Sachar. »Warte, gib mir noch Kwaß! Die Kehle ist mir ganz trocken geworden: du hättest von selbst darauf kommen sollen, mir zu trinken zu geben; hörst du nicht, daß dein Herr heiser ist? Daran bist du schuld!«

»Ich hoffe, daß du dein Vergehen eingesehen hast«, sagte Ilja Iljitsch, als Sachar den Kwaß gebracht hatte, »und daß du in Zukunft deinen Herrn nicht wieder mit anderen Leuten auf eine Stufe stellen wirst. Um deine Schuld wieder gutzumachen, richte es irgendwie mit dem Hauswirt ein, daß ich nicht umzuziehen brauche. Da sieht man's, wie du dafür sorgst, daß dein Herr seine Ruhe hat: du hast mich ganz wirr gemacht und mich eines neuen nützlichen Gedankens beraubt. Und wem hast du damit geschadet? Dir selbst; denn euren Interessen habe ich mich vollständig gewidmet; um euretwillen habe ich den Abschied genommen und sitze hier eingeschlossen ... Na, Gott verzeihe es dir! Da, es schlägt drei! Nur noch zwei Stunden bis zum Mittagessen; was kann man in zwei Stunden fertigbringen? Nichts. Und dabei habe ich eine Unmenge zu tun. In Gottes Namen, ich werde den Brief bis zur folgenden Post verschieben und den Plan morgen entwerfen. Na, jetzt aber werde ich mich ein bißchen hinlegen: ich bin ganz schwach geworden; laß die Rouleaus herunter und schließe mich fest ein, damit ich nicht gestört werde; vielleicht werde ich ein Stündchen schlafen; aber um halb fünf wecke mich ...«

Sachar sperrte seinen Herrn im Wohnzimmer von der ganzen Welt ab; zuerst deckte er ihn selbst mit der Bettdecke zu und stopfte sie unter ihn herunter; dann ließ er die Rouleaus herab, schloß alle Türen fest zu und ging auf sein Zimmer. »Daß du verrecktest; so ein Waldteufel!« brummte er, während er sich die Tränenspuren abwischte und auf die Ofenbank hinaufstieg. »Der reine Waldteufel! Ein besonderes Haus, ein Gemüsegarten, ein Gehalt!« sagte Sachar, der nur die letzten Worte verstanden hatte. »Ja, klägliche Worte zu reden, das versteht er meisterlich: er schneidet einem ordentlich mit einem Messer ins Herz … Aber hier ist mein Haus und mein Gemüsegarten; hier werde ich mich auch einst zur letzten Ruhe ausstrecken!« sagte er und schlug grimmig auf die Ofenbank: »Ein Gehalt! Wenn ich mir nicht die Zehner und Fünfer aneignete, so hätte ich kein Geld, um mir Tabak zu kaufen und die Gevatterin zu traktieren! Hol' dich der Teufel! … Man möchte am liebsten tot sein!«

Ilja Iljitsch hatte sich auf den Rücken gelegt, schlief aber nicht sogleich ein. Er dachte und dachte und regte sich auf …

»Ein Unglück und noch ein Unglück!« sagte er und wickelte sich bis über den Kopf in die Bettdecke ein. »Da soll einer widerstehen!«

Aber in Wirklichkeit hatte dieses doppelte »Unglück«, das heißt der unheilverkündende Brief des Dorfschulzen und der Umzug in die neue Wohnung, aufgehört, Oblomow zu beunruhigen, und war bereits lediglich in die Reihe der unbequemen Erinnerungen eingetreten.

»Die Nachteile, mit denen der Dorfschulze droht, liegen noch in weiter Ferne«, dachte er; »bis dahin kann sich noch vieles ändern: möglicherweise kommt Regen und verbessert das Getreide; vielleicht treibt der Dorfschulze die Rückstände noch ein; die entlaufenen Bauern ›werden nach dem Orte ihrer Ansässigkeit zurückgeschafft werden‹, wie er schreibt.«

»Und wohin sind sie gegangen, diese Bauern?« dachte er und vertiefte sich in eine mehr ästhetische Erörterung dieser Frage. »Wahrscheinlich sind sie in der Nacht davongegangen, in der Nässe, ohne Brot. Wo mögen sie nur geschlafen haben? Etwa im Walde? Da kann man sich doch gar nicht hinlegen! Im Bauernhause riecht es zwar garstig; aber es ist doch wenigstens warm …«

»Und wozu soll ich mich beunruhigen?« dachte er. »Bald wird ja auch mein Plan fertig sein, noch zur rechten Zeit – wozu soll ich mich vorher ängstigen? Ach, was bin ich doch für ein Mensch …«

Der Gedanke an den Umzug beunruhigte ihn etwas mehr. Dies war das neueste, letzte »Unglück«; aber in Oblomows ruheliebendem Geiste war auch diese Tatsache bereits ein Teil der Geschichte geworden. Allerdings sah er undeutlich voraus, daß der Umzug unvermeidlich sein werde, um so mehr, da Tarantjew sich in die Angelegenheit hineingemischt hatte; aber in Gedanken sagte er sich, daß dieses die Ruhe seines Lebens störende Ereignis doch erst in einer Woche stattfinden solle, und so hatte er schon eine ganze Woche der Ruhe gewonnen!

»Vielleicht wird Sachar sich Mühe geben, es so zu arrangieren, daß ich überhaupt nicht umzuziehen brauche; möglicherweise behilft sich der Hauswirt anderweitig und verschiebt den Umbau bis zum nächsten Sommer oder verzichtet ganz darauf: na, irgendwie wird es sich schon machen lassen! Es ist ja auch wirklich ein Ding der Unmöglichkeit, das Umziehen! …«

So regte Oblomow sich abwechselnd auf und beruhigte sich wieder und fand schließlich in diesen beruhigenden, beschwichtigenden Worten »möglicherweise«, »vielleicht« und »irgendwie« auch diesmal wie immer eine ganze Fülle von Hoffnungen und Tröstungen, wie sie die Bundeslade unserer Väter enthalten hatte, und wappnete sich im gegenwärtigen Augenblicke mit ihnen gegen das doppelte Unglück.

Schon lief eine leichte, angenehme Taubheit durch seine Glieder, umnebelte seine Gefühle und versenkte sie beinahe in Schlaf, so wie der erste leichte Frost die Oberfläche der Gewässer überzieht; noch ein Augenblick, und das Bewußtsein wäre ihm geschwunden; aber auf einmal kam Ilja Iljitsch zur Besinnung und öffnete die Augen.

»Aber ich habe mich ja noch nicht gewaschen! Was ist denn das? Und ich habe auch noch nichts getan«, flüsterte er. »Ich wollte meinen Plan zu Papier bringen und habe es nicht getan; an den Bezirkshauptmann habe ich nicht geschrieben, auch an den Gouverneur nicht; einen Brief an den Hauswirt habe ich angefangen, aber nicht beendet; die Rechnungen habe ich nicht durchgesehen und auch kein Geld herausgegeben – den ganzen Vormittag habe ich verloren!« Er wurde nachdenklich.

»Was ist denn das für ein Verhalten? Der ›andere‹ würde alles getan haben!« ging es ihm durch den Kopf. »Der ›andere‹, der ›andere‹ Was ist das für ein Mensch, der ›andere‹?«

Er vertiefte sich in einen Vergleich seiner eigenen Person mit dem »andern«. Er begann angestrengt nachzudenken: und jetzt bildete sich in seinem Kopfe eine Vorstellung heraus, die derjenigen vollständig entgegengesetzt war, welche er seinem Sachar von dem »andern« vorgetragen hatte.

Er mußte bekennen, daß der »andere« alle Briefe geschrieben haben würde, ohne daß »welcher« und »daß« durch ihre Wiederholung einander gestört hätten; der »andere« würde auch in eine neue Wohnung umziehen und den Plan fertigstellen und nach dem Gute hinfahren …

»Auch ich könnte ja das alles …« dachte er. »Ich verstehe ja, möchte ich meinen, auch zu schreiben; ich habe manchmal nicht bloß Briefe, sondern auch knifflichere Sachen geschrieben! Wo ist denn diese ganze Fähigkeit geblieben? Auch das Umziehen ist kein Kunststück. Man braucht nur zu wollen! Der ›andere‹ trägt auch nie einen Schlafrock«, fügte er noch zur Charakteristik des »anderen« hinzu. »Der ›andere‹« (hier gähnte er) »schläft fast gar nicht … Der ›andere‹ genießt das Leben, ist überall, sieht alles, hat Interesse für alles ... Aber ich! ich ... bin nicht ein ›anderer‹!« sagte er; er war traurig geworden und versank in tiefes Sinnen. Er machte sogar seinen Kopf von der Bettdecke frei. Es war einer der klaren Augenblicke der Selbsterkenntnis in Oblomows Leben gekommen.

Wie schrecklich wurde ihm zumute, als auf einmal in seiner Seele eine lebendige, klare Vorstellung von dem Schicksal und der Bestimmung des Menschen auftauchte, und als, wenn auch nur für einen Moment, sich ihm eine Parallele zwischen dieser Bestimmung und seinem eigenen Leben aufdrängte, und als in seinem Kopfe allerlei Lebensfragen eine nach der andern erwachten und unordentlich und ängstlich durcheinander flatterten wie Vögel, die ein plötzlicher Sonnenstrahl in einer schlummernden Ruine geweckt hat. Betrübend und schmerzlich war ihm seine mangelhafte Entwicklung, der Stillstand im Wachstum seiner geistigen Kräfte, die Schwerfälligkeit, die ihm in allem hinderlich war; und es nagte an ihm der Neid, daß andere so voll und großzügig lebten, ihm aber gleichsam ein schwerer Stein auf den schmalen, kläglichen Pfad seines Daseins geworfen war.

In seiner schüchternen Seele wurde er sich zu seiner Qual bewußt, daß viele Fähigkeiten seines Wesens nicht geweckt, andere kaum angeregt waren und keine einzige eine volle Ausbildung gefunden hatte.

Und dabei fühlte er mit tiefem Schmerze, daß in ihm wie in einem Grabe etwas Schönes und Lichtes, vielleicht jetzt schon Erstorbenes, verschüttet war oder wie Gold im Innern eines Berges lag, und daß dieses Gold schon längst in gangbare Münze hätte umgewandelt sein sollen.

Aber der Schatz war hoch und schwer mit Unrat und angeschwemmtem Schutt überhäuft. Es war, als hätte die ihm von der Welt und dem Leben geschenkten Kostbarkeiten jemand gestohlen und in seiner eigenen Seele vergraben. Es hinderte ihn etwas daran, auf das Meer des Lebens hinauszufahren und dort mit allen Segeln des Verstandes und Willens dahinzufliegen. Irgendein geheimer Feind hatte gleich zu Beginn des Weges seine schwere Hand auf ihn gelegt und ihn von dem geraden Pfade, der zur Bestimmung des Menschen führt, weit abseits geschleudert …

Und es scheint, daß er sich aus dem Dickicht und der Wildnis nicht mehr auf diesen geraden Pfad hinausarbeiten kann. Der Wald um ihn herum und in seiner Seele wird immer dichter und dunkler; der Pfad, auf dem er geht, verwächst immer mehr; das lichte Bewußtsein erwacht immer seltener und weckt die schlafenden Kräfte immer nur für einen Augenblick. Verstand und Wille sind längst gelähmt, und zwar, wie es scheint, unwiederbringlich.

Die Ereignisse seines Lebens haben sich zu mikroskopischen Dimensionen verkleinert; aber auch mit diesen Ereignissen kommt er nicht zurecht; er geht nicht von dem einen Ereignisse zum andern über, sondern wird von ihnen hin und her geschleudert, eine Welle nimmt ihn von der andern in Empfang; er ist nicht imstande, dem einen Ereignisse einen spannkräftigen Willen entgegenzustellen oder sich von einem andern in vernünftiger Weise hinreißen zu lassen.

Eine tiefe Traurigkeit überkam ihn bei dieser geheimen Beichte, die er vor sich selbst ablegte. Fruchtlose bedauernde Erinnerungen an die Vergangenheit und brennende Vorwürfe seines Gewissens verwundeten ihn wie Nadeln, und er bemühte sich mit aller Kraft, die Last dieser Vorwürfe von sich abzuwälzen, einen andern Schuldigen als sich zu finden und ihren Stachel auf diesen zu richten. Aber auf wen?

»An alledem … ist Sachar schuld!« flüsterte er.

Er erinnerte sich an die Einzelheiten der Szene mit Sachar, und auf seinem Gesichte flammte die glühende Röte der Scham auf.

»Aber wenn jemand das gehört hätte? …« dachte er, und dieser Gedanke machte ihn ganz starr. »Gott sei Dank, daß Sachar nicht versteht, es jemandem wiederzuerzählen; es würde ihm auch niemand glauben, Gott sei Dank!«
Er seufzte, verwünschte sich selbst, wälzte sich von einer Seite auf die andre, suchte einen Schuldigen, fand aber keinen. Sein Ächzen und Seufzen drang sogar bis an Sachars Ohr.
»Na, wie ihn der Kwaß aufgebläht hat!« brummte Sachar ärgerlich.
»Warum bin ich nur ein solcher Mensch?« fragte sich Oblomow beinah mit Tränen und verbarg wieder den Kopf unter die Bettdecke.
Nachdem er ohne Erfolg nach dem feindlichen Elemente gesucht hatte, das ihn seiner Meinung nach hinderte, so zu leben, wie es sich gehörte, und wie »andere Leute« lebten, seufzte er, schloß die Augen, und einige Minuten darauf begann der Schlummer wieder, sein Bewußtsein allmählich in Fesseln zu schlagen.
»Ich möchte … ebenfalls …« sagte er, mühsam mit den Augen zwinkernd, »so etwas tun … Hat mich denn die Natur so kümmerlich ausgestattet … Aber nein, Gott sei Dank … ich kann mich nicht beklagen …«
Darauf wurde ein beruhigender Seufzer vernehmbar. Oblomow ging von der Aufregung zu seinem normalen Zustande, dem Zustande der Ruhe und Apathie, über.
»Offenbar ist es nun einmal mein Schicksal so … Was soll ich da tun? …« flüsterte er kaum noch, da ihn der Schlaf überwältigte.
»Zweitausend Rubel Einnahme weniger …« sagte er auf einmal laut im Schlaf. »Gleich, gleich, warte noch …« und er wurde wieder halb wach.
»Aber … es wäre doch interessant zu wissen … woher ich … ein solcher Mensch bin …« flüsterte er wieder. Seine Lider

hatten sich ganz geschlossen. »Ja, woher wohl? Wahrscheinlich … daher, daß …« er strengte sich an, zu Ende zu sprechen, vermochte es aber nicht.
So machte er die Ursache nicht ausfindig. Seine Zunge und seine Lippen erstarrten plötzlich mitten im Satze; der Mund blieb halb geöffnet, wie er gewesen war. Statt der Worte erscholl noch ein Seufzer, und darauf begann das gleichmäßige Schnarchen eines fest schlafenden Menschen zu ertönen.
Der Schlaf hielt den langsamen trägen Strom seiner Gedanken an und versetzte ihn in einem Augenblicke in eine andere Periode, zu anderen Menschen, an einen anderen Ort, wohin ich und der Leser, ihm folgend, uns im nächsten Kapitel ebenfalls versetzen werden.

## IX.

### OBLOMOWS TRAUM

Wo sind wir? In welches gesegnete Erdenwinkelchen hat uns Oblomows Traum versetzt? Was ist das für eine wundervolle Gegend?
Allerdings ist da kein Meer; es sind keine hohen Berge da, keine Felsen und Abgründe, keine dichten Wälder – nichts Grandioses, Wildes und Düsteres.
Aber was haben wir denn auch davon, von diesem Wilden und Grandiosen? Zum Beispiel vom Meere? Das können wir gut und gern entbehren. Es macht den Menschen nur traurig; wenn man es anblickt, möchte man weinen. Das Herz wird unruhig und zaghaft angesichts der unübersehbaren Wasserfläche; der durch die Einförmigkeit des endlosen Bildes ermüdete Blick findet keine Stelle, wo er ausruhen könnte.

Das Brausen und das wütende Gebrüll der Wogen sind einem empfindsamen Ohre nicht angenehm: die Wogen wiederholen immer ihr vom Anfange der Welt sich gleichbleibendes Lied, das einen düsteren, rätselhaften Inhalt hat; und immer hört man in diesem Liede dasselbe Stöhnen, dieselben Klagen, die wie die eines zur Qual verdammten Ungeheuers klingen, und durchdringende, unheilverkündende Stimmen. Da zwitschern keine Vögel; nur die schweigsamen Möwen flattern, als ob sie dazu verurteilt wären, traurig am Gestade umher und kreisen über dem Wasser. Das Gebrüll der wilden Tiere ist diesem Getöse der Natur gegenüber machtlos; auch die Stimme des Menschen ist dagegen ohnmächtig; und der Mensch selbst ist so klein und schwach und verschwindet unmerklich in den kleinen Einzelheiten des weiten, weiten Bildes! Vielleicht ist dies die Ursache der peinlichen Empfindung, die der Anblick des Meeres bei ihm hervorruft.
Nein, wir können das Meer gut und gern entbehren! Selbst seine Stille und Regungslosigkeit erwecken kein freudiges Gefühl in der Seele: in dem kaum wahrnehmbaren Schwanken der Wassermasse sieht der Mensch immer dieselbe unermeßliche, wenn auch schlafende Kraft, die bisweilen seinen stolzen Willen so boshaft verhöhnt und seine kühnen Pläne und alle seine Mühe und Arbeit so tief im Grunde begräbt.
Auch Berge und Abgründe sind nicht zur Erheiterung des Menschen geschaffen. Sie sind drohend und furchtbar wie die vorgestreckten und auf ihn gerichteten Krallen und Zähne eines wilden Tieres; sie erinnern uns zu lebhaft daran, daß wir aus irdischem Stoffe bestehen, und halten uns in Angst und Sorge um unser Leben. Und der Himmel sieht dort, über den Felsen und Abgründen, so fern und unerreichbar aus, als hätte er sich von den Menschen losgesagt.
Ganz anders geartet war das friedliche Winkelchen, in welchem unser Held sich auf einmal befand.

Im Gegensatze zu jenen Gegenden nähert sich dort der Himmel der Erde noch mehr als anderwärts, aber nicht, um seine Pfeile mit größerer Kraft auf sie abzuschießen, sondern vielleicht nur, um sie fester und liebevoller zu umarmen. Er breitet sich so niedrig über dem Kopfe hin wie das verläßliche Dach eines Elternhauses, um, wie es scheint, das auserwählte Winkelchen vor allem Ungemach zu beschützen.

Die Sonne scheint dort ungefähr ein halbes Jahr lang hell und warm und entfernt sich dann von dort gleichsam ungern, nicht auf ein, sondern sie wendet sich noch ein oder zweimal zurück, um nach diesem ihrem Lieblingsorte hinzusehen und ihm im Herbste mitten in der garstigen Witterung noch einen hellen, warmen Tag zu schenken.

Die Berge sind dort sozusagen nur Modelle jener furchtbaren, anderwärts aufgetürmten Höhen, die die Phantasie erschrecken. Sie sind eine Reihe von mäßig steilen Hügeln, und es ist ein Vergnügen, mutwillig von ihnen auf dem Rücken hinabzurutschen oder auf ihnen zu sitzen und sinnend nach der untergehenden Sonne zu blicken.

Der Fluß läuft fröhlich scherzend und spielend dahin; bald breitet er sich zu einem weiten Teiche aus, bald strebt er in Form eines Bandes schnell vorwärts, oder er beruhigt sich, wie nachdenkend, gleitet langsam über die Steinchen dahin und entsendet rechts und links muntere Seitenarme, bei deren Gemurmel sich süß schlummern läßt.

Das ganze Winkelchen, das einen Umfang von fünfzehn bis zwanzig Werst hat, bietet eine Reihe von heiteren, lächelnden Landschaften, die wie Studien von Malern anmuten. Die sandigen, sanft abgedachten Ufer des hellen Flüßchens, das niedrige Gebüsch, das sich vom Hügel zum Wasser hinabzieht, die gekrümmte Schlucht mit dem Bache auf dem Grunde und der Birkenhain – alles macht den Eindruck, als

sei es eine meisterhafte Zeichnung, bei der absichtlich ein Stück zum andern passend ausgewählt worden ist.
Ein von Aufregungen zerquältes oder mit ihnen ganz unbekanntes Herz verlangt danach, sich in dieses von allen vergessene Winkelchen zu verbergen und dort, von niemand gesehen, glücklich zu leben. Alles verspricht dort ein ruhiges, langes Leben bis zum Weißwerden der Haare und einen unmerklichen, dem Schlafe ähnlichen Tod.
Der Kreislauf des Jahres vollzieht sich dort regelmäßig und ohne Störung.
Nach Vorschrift des Kalenders beginnt im März der Frühling; schmutzige Bäche laufen von den Hügeln hinab; die Erde taut auf, und es entsteigt ihr ein warmer Dampf. Der Bauer wirft seinen Halbpelz ab, geht in Hemdsärmeln ins Freie und betrachtet, die Augen mit der Hand schützend, lange mit Vergnügen die Sonne, wobei er vor Freude die Schultern hin und her bewegt; dann zieht er den Leiterwagen, der mit dem Boden nach oben daliegt, bald an der einen, bald an der andern Femerstange, oder er betrachtet den müßig unter dem Schuppendache liegenden Pflug und versetzt ihm einen Stoß mit dem Fuße; so bereitet er sich auf seine gewohnten Arbeiten vor.
Es kommen dort nicht im Frühling als Rückfälle plötzliche Schneestürme vor, wie sie anderwärts die Felder verschütten und die Bäume unter der Schneelast zum Zerbrechen bringen.
Der Winter behält, wie eine unzugängliche kalte Schöne, seinen Charakter genau bis zur vorgeschriebenen Zeit des Wärmerwerdens bei; er neckt die Menschen nicht durch unerwartetes Tauwetter und benimmt ihnen nicht den Lebensmut durch unerhörte Kälte; alles geschieht in der gewöhnlichen, von der Natur vorgeschriebenen, allgemein gültigen Ordnung.

Im November beginnen Schnee und Kälte, welche letztere sich zum Dreikönigstage so verstärkt, daß der Bauer, wenn er einen Augenblick aus dem Hause herausgeht, unfehlbar mit Reif im Barte zurückkehrt; im Februar aber spürt eine feine Nase schon in der Luft das linde Wehen des nahen Frühlings.

Aber der Sommer, der Sommer ist in jener Gegend besonders entzückend. Da ist die Luft frisch und trocken und durchtränkt nicht von dem Dufte üppiger Lorbeerbüsche und blühender Zitronenbäume, sondern einfach von dem Geruche des Wermuts, der Fichte und des Faulbaums; da sind die Tage klar und hell; die Sonnenstrahlen brennen wohl leise, haben aber nichts Sengendes, und der Himmel ist fast drei Monate lang wolkenlos.

Wenn die hellen Tage kommen, so dauern sie drei, vier Wochen lang; auch der Abend ist dort warm und die Nacht lau. Die Sterne blinken so freundlich und vertraut am Himmel.

Wenn es regnet – was ist das für ein wohltätiger Sommerregen! Er strömt munter und reichlich herab, in fröhlichen Sprüngen wie die dicken, warmen Tränen eines Menschen, der sich plötzlich freut; sowie er aber aufhört, blickt die Sonne auch schon wieder mit einem hellen Lächeln der Liebe die Felder und Hügel an und trocknet sie: und das ganze Land lächelt wieder zur Antwort glückselig der Sonne zu.

Freudig begrüßt der Bauer den Regen. »Der Regen macht naß, die Sonne trocken!« sagt er und bietet mit Wonne Gesicht, Schultern und Rücken dem warmen Gusse dar.

Die Gewitter sind dort nicht furchtbar, sondern nur wohltätig: sie finden beständig zu ein und derselben festgesetzten Zeit statt und vergessen dabei fast nie den Eliastag, wie wenn sie die bekannte im Volke darüber bestehende Tradition bestätigen wollen. Auch die Zahl und die Stärke der Blitze sind, wie es scheint, in jedem Jahre die gleichen, als ob von

Staatswegen jährlich der ganzen Gegend ein bestimmtes Maß von Elektrizität zugeteilt wäre.

Man hört in jener Gegend weder von furchtbaren Stürmen etwas noch von Zerstörungen, die durch solche angerichtet wären.

In den Zeitungen hat nie jemand dergleichen von diesem gottgesegneten Winkelchen gelesen. Und es wäre überhaupt nie etwas über diese Gegend gedruckt worden und zu allgemeiner Kenntnis gelangt, wenn nicht die verwitwete achtundzwanzigjährige Bäuerin Marina Kulkowa vier Kinder zugleich zur Welt gebracht hätte, was nun allerdings nicht mit Stillschweigen übergangen werden durfte.

Gott hat diesen Landstrich weder mit den ägyptischen noch mit den sonstigen gewöhnlichen Plagen gestraft. Keiner der Bewohner erinnert sich, irgendwelche furchtbaren Himmelszeichen gesehen zu haben, weder feurige Kugeln noch plötzliche Dunkelheit; es hausen dort keine giftigen Reptilien; die Heuschrecke fliegt nicht dorthin; es gibt da keine brüllenden Löwen und Tiger, nicht einmal Bären und Wölfe, denn es sind keine Wälder da. Auf den Feldern und im Dorfe wandern nur in reichlicher Menge wiederkäuende Kühe, blökende Schafe und gackernde Hühner umher.

Gott weiß, ob ein Dichter oder ein Träumer mit der natürlichen Beschaffenheit dieses friedlichen Winkelchens zufrieden sein würde. Diese Herren lieben es bekanntlich, Luna zu betrachten und dem Geschmetter der Nachtigallen zu lauschen. Sie lieben eine kokette Luna, die sich in strohgelbe Wolken drapiert und geheimnisvoll durch die Baumzweige scheint oder Garben von silbernen Strahlen ihren Anbetern in die Augen schüttet.

Aber in diesem Lande weiß nicht einmal jemand, was das Wort Luna bedeutet; alle nennen diesen Himmelskörper Mond. Er blickt gleichsam gutherzig mit großen Augen auf die Dörfer und Felder hinab und hat große Ähnlichkeit mit einem blankgeputzten kupfernen Waschbecken.

Vergebens würde ein Dichter mit entzückten Augen nach ihm hinblicken; der Mond würde den Dichter ebenso harmlos ansehen, wie eine rundköpfige ländliche Schöne die leidenschaftlichen, beredten Blicke eines städtischen Courmachers erwidert.

Nachtigallen bekommt man in jener Gegend ebenfalls nicht zu hören, vielleicht weil es dort an schattigen Lauben und Rosen mangelt; aber dafür welch eine Unmenge von Wachteln! Im Sommer bei der Getreideernte greifen die Knaben sie mit den Händen.

Man glaube jedoch nicht, daß die Wachtel dort den Gegenstand feinschmeckerischer Üppigkeit bilde; nein, eine solche Sittenverderbnis ist den Bewohnern jener Gegend fremd geblieben: die Wachtel ist ein Vogel, den zu essen verboten ist. Er erfreut dort das Ohr der Menschen durch seine Stimme; daher hängt fast in jedem Hause unter dem Dache in einem aus Zwirn hergestellten Käfig eine Wachtel.

Der Dichter und der Träumer würden auch mit dem gesamten Aussehen dieser bescheidenen, anspruchslosen Örtlichkeit nicht zufrieden sein. Es würde ihnen nicht gelingen, dort einen Abend in schweizerischem oder schottischem Geschmack zu sehen: wenn die ganze Natur, der Wald und das Wasser und die Wände der Hütten und die sandigen Hügel, alles wie von purpurner Glut brennt; wenn sich auf diesem purpurnen Hintergrunde eine auf dem sandigen gewundenen Wege dahinsprengende Kavalkade von Männern scharf abhebt, die irgendeine Lady auf ihrer Spazierfahrt nach einer düsteren Ruine begleitet haben und nun nach der festen Burg eilen, wo ihrer eine Erzählung eines Großvaters über eine Episode aus dem Kriege der beiden Rosen, ein Gemsenbraten zum Abendessen und eine von einer jungen

Miß zur Laute gesungene Ballade warten – Bilder, mit denen Walter Scotts Feder unsere Phantasie so reich bevölkert hat. Nein, davon gibt es in unserer Gegend nichts.

Wie still und schläfrig alles in den drei, vier Dörfchen ist, die dieses Winkelchen bilden! Sie liegen nicht weit voneinander entfernt und scheinen zufällig von einer Riesenhand dorthin geworfen zu sein, sich dabei nach verschiedenen Seiten zerstreut zu haben und seitdem so liegengeblieben zu sein.

Wie die eine Hütte an den Rand der Schlucht hingefallen ist, so hängt sie dort seit undenklichen Zeiten; sie steht mit der einen Hälfte in der freien Luft und stützt sich auf drei Pfähle. Drei, vier Generationen haben still und glücklich in ihr gelebt. Man möchte meinen, ein Huhn müßte sich ängstigen, in sie hineinzugehen; aber dort wohnt mit seiner Frau Onisim Suslow, ein kräftiger Mann, der sich in seiner Wohnung nicht bis zu seiner vollen Größe aufrichten kann.

Nicht jeder vermag in die Hütte zu Onisim hineinzugehen; der Besucher muß die Hütte vorher bitten, »dem Walde den Rücken und ihm die Vorderseite zuzuwenden«*.

Die Freitreppe hängt über der Schlucht, und um den Fuß auf die Freitreppe setzen zu können, muß man mit der einen Hand das Gras, mit der andern das Dach der Hütte anfassen und dann geradezu auf die Freitreppe treten.

Eine andere Hütte klebt an einem Hügel wie ein Schwalbennest; dort befinden sich zufällig drei nebeneinander, während zwei ganz auf dem Grunde der Schlucht stehen.

Still und schläfrig ist es immer im Dorfe: die Türen der schweigsamen Hütten sind sperrangelweit geöffnet; keine Menschenseele ist zu sehen; nur ganze Wolken von Fliegen fliegen umher und summen in der Hitze.

* Das heißt in der Sprache des Märchens: ihm den Eintritt freundlichst zu gestatten. Anm. d. Übers.

Wenn man in eine Hütte tritt, so ruft man vergebens laut nach jemand: totes Schweigen ist die Antwort; in einigen Hütten erschallt als Erwiderung das schmerzliche Stöhnen oder der dumpfe Husten einer alten Frau, die ihr Leben auf dem Ofen beschließt, oder es erscheint hinter einer Halbwand hervor ein barfüßiges langhaariges dreijähriges Kind im bloßen Hemde, sieht den Eintretenden schweigend und unverwandt an und versteckt sich ängstlich wieder.
Dieselbe tiefe Stille und derselbe Friede liegen auch auf den Feldern; nur hier und da bewegt sich auf dem schwarzen Akker, auf den Pflug drückend, ein von der Hitze gesengter, von Schweiß bedeckter Bauer.
Stille und ungestörte Ruhe herrschen auch in den Sitten der Menschen in dieser Gegend. Weder Raub noch Mord noch andere schreckliche Begebnisse kommen dort vor; weder starke Leidenschaften noch kühne Unternehmungen regen die Bewohner auf.
Und welche Leidenschaften und Unternehmungen könnten sie auch aufregen? Ein jeder kennt dort sich selbst. Die Bewohner dieser Gegend wohnen fern von anderen Menschen. Die nächsten Dörfer und die Kreisstadt sind fünfundzwanzig bis dreißig Werst entfernt.
Die Bauern bringen zu bestimmter Zeit ihr Getreide nach dem nächsten Anlegeplatz an der Wolga; der ist ihr Kolchis, ihre Säulen des Herkules; und einmal im Jahre fahren einige von ihnen auf den Jahrmarkt. Weiter haben sie keine Beziehungen zu irgend jemand.
Ihre Interessen konzentrieren sich auf ihre eigenen Personen, ohne sich mit den Interessen anderer Leute zu kreuzen und sie auch nur zu berühren.
Sie wissen, daß achtzig Werst von ihnen entfernt die Gouvernementsstadt liegt; aber nur wenige von ihnen sind jemals dorthin gekommen; ferner wissen sie, daß da weiterhin Sa-

ratow und Nischni Nowgorod liegen; sie haben gehört, daß es Moskau und Petersburg gibt, daß da hinter Petersburg die Franzosen und die Deutschen wohnen; aber noch weiter hin beginnt schon für sie wie für die Alten die dunkle Welt, unbekannte Länder, die von Ungeheuern, von Menschen mit zwei Köpfen und von Riesen bewohnt sind; dann folgt die Finsternis – und endlich schließt alles mit jenem Fische, der die Erde auf seinem Rücken trägt.

Und da durch ihr Winkelchen fast gar keine Fahrstraßen gehen, so können sie auch von nirgendsher die neuesten Nachrichten über das, was in der weiten Welt vorgeht, erlangen: Fuhrleute, die mit Holzgeschirr umherziehen, wohnen allerdings nur zwanzig Werst von ihnen entfernt, wissen aber auch nicht mehr als sie. Sie kennen nicht einmal etwas, womit sie ihr Leben vergleichen könnten: ob sie reich oder arm seien, gut oder schlecht lebten, ob sie sich noch etwas wünschen könnten, was andere besäßen.

Die glücklichen Menschen leben in der Meinung, anders könne und dürfe es nicht sein; sie sind davon überzeugt, daß auch alle anderen Menschen genau ebenso leben, und daß anders zu leben eine Sünde sei.

Sie würden es auch gar nicht glauben, wenn man ihnen sagte, daß andere in irgendwelcher anderen Weise pflügten, säten, ernteten, verkauften. Was können sie also für Leidenschaften und Aufregungen haben?

Auch sie haben wie alle Menschen ihre Sorgen, z. B. um die Entrichtung der Steuern und des Pachtzinses, und ihre Schwächen, z. B. Trägheit und Schläfrigkeit; aber alles das hält sich bei ihnen in mäßigen Grenzen, und ihr Blut kommt dadurch nicht in Aufregung.

In den letzten fünf Jahren ist von den einigen hundert Menschen niemand gestorben, nicht einmal eines natürlichen Todes, geschweige denn eines gewaltsamen.

Wenn aber jemand aus Altersschwäche oder infolge einer chronischen Krankheit in den ewigen Schlaf versinkt, so kann man sich dort noch lange nachher über ein so ungewöhnliches Ereignis gar nicht genug wundern.
Jedoch ist es ihnen gar nicht verwunderlich erschienen, als z. B. der Schmied Taras sich in seiner Erdhütte durch ein zu lange dauerndes Dampfbad beinah selbst zu Tode gebracht hätte, so daß man ihn mit Wasser begießen mußte. Von Verbrechen ist eines, nämlich der Diebstahl von Erbsen, Möhren und Rüben aus den Gemüsegärten, sehr im Schwange, und einmal verschwanden plötzlich zwei Ferkel und eine Henne, ein Ereignis, das die ganze Umgegend in Entrüstung versetzte und einstimmig auf die Fuhrleute einer Wagenkolonne zurückgeführt wurde, die am vorhergehenden Tage mit Holzgeschirr zum Jahrmarkt durchgefahren war. Sonst sind Ereignisse jeder Art überhaupt äußerst selten.
Eines Tages jedoch wurde außerhalb des Dorfgeheges ein Mensch gefunden, der im Graben bei der Brücke lag und offenbar von einem Arbeitertrupp zurückgeblieben war, der auf seinem Wege nach der Stadt das Dorf passiert hatte.
Die Jungen hatten ihn zuerst bemerkt und kamen voller Angst in das Dorf gelaufen mit der Kunde von einem furchtbaren Drachen oder Werwolfe, der im Graben liege; sie fügten hinzu, er sei ihnen nachgesetzt und habe Kuska beinah aufgefressen.
Die Bauern waren beherzter; sie bewaffneten sich mit Heugabeln und Beilen und schickten sich an, in dichten Haufen nach dem Graben zu ziehen.
»Wo wollt ihr hin?« suchten die Alten sie zurückzuhalten. »Seid ihr so stark? Was geht euch die Sache an? Wenn ihr ihm nichts tut, wird er euch auch nichts tun.«
Aber die Bauern zogen doch hin und begannen, als sie hundertfünfzig Schritte von dem Orte entfernt waren, das Un-

geheuer vielstimmig anzurufen; es erfolgte jedoch keine Antwort. Eine Weile blieben sie stehen; dann rückten sie wieder vor.

In dem Graben lag ein Bauer, den Kopf gegen die Böschung gelehnt; neben ihm lagen ein Sack und ein Stock, an welchem zwei Paar Bastschuhe hingen.

Die Bauern wagten weder nahe heranzugehen noch ihn zu berühren.

»Heda! Du, Bruder!« riefen sie abwechselnd, wobei sich der eine den Nacken, der andere den Rücken kratzte. »Wie heißt du? Wer bist du? Heda, du! Was hast du da zu suchen?«

Der Fremde machte eine Bewegung, um den Kopf aufzuheben, brachte es aber nicht zustande; er war anscheinend krank oder sehr müde.

Einer wollte es wagen, ihn mit der Heugabel zu berühren.

»Rühr' ihn nicht an! Rühr' ihn nicht an!« schrien viele. »Woher kann man wissen, was er für einer ist? Er redet ja nichts; vielleicht ist er irgend so einer ... Rührt ihn nicht an, Kinder!«

»Wollen weggehn«, sagten einige; »wirklich, wollen weggehn. Was geht er uns an; ist er etwa unser Onkel? Wir haben nur Schaden von ihm!«

Und alle gingen wieder zurück ins Dorf und erzählten den Alten, da liege ein Fremder, der kein Wort spreche; Gott möge wissen, was er für einer sei ...

»Ein Fremder, also rührt ihn nicht an!« sagten die Alten, die auf den Erdbänken an den Hütten saßen und die Ellbogen auf die Knie gesetzt hielten. »Laßt ihn für sich! Ihr hättet gar nicht hingehen sollen!« – – –

So war das Winkelchen beschaffen, wohin Oblomow auf einmal im Traume versetzt wurde.

Von den drei oder vier dort zerstreut liegenden Dörfern hieß eines Sosnowka, ein anderes Wawilowka; sie waren eine Werst voneinander entfernt.

Sosnowka und Wawilowka bildeten zusammen das Erbgut der Familie Oblomow und waren infolgedessen unter dem Gesamtnamen Oblomowka bekannt.

In Sosnowka befand sich das Gutshaus, in dem die Herrschaft wohnte. Etwa fünf Werst von Sosnowka entfernt lag das kleine Kirchdorf Werchlowo, das ebenfalls einmal der Familie Oblomow gehört hatte, aber schon vor langer Zeit in andere Hände übergegangen war, sowie noch einige zerstreut liegende Bauernhäuser, die zu demselben Kirchdorfe gezählt wurden.

Das Kirchdorf gehörte einem reichen Gutsbesitzer, der nie auf seinem Gute erschien; dieses wurde von einem deutschen Verwalter bewirtschaftet.

Das war die ganze Geographie dieses Winkelchens.

Ilja Iljitsch erwachte am Morgen in seinem kleinen Bettchen. Er war erst sieben Jahre alt. Es war ihm leicht und fröhlich zumute.

Was war er für ein hübscher, rotbackiger, dicker Bube! Seine Bäckchen waren so rundlich, daß mancher Schelm, auch wenn er die seinigen absichtlich aufbläst, solche nicht zustande bringt. Die Kinderfrau hatte auf sein Erwachen gewartet. Sie fing an, ihm die Strümpfe anzuziehen; er sträubte sich dagegen, trieb Mutwillen und strampelte mit den Beinen; die Kinderfrau griff sie, und beide lachten.

Endlich war es ihr gelungen, ihn auf die Füße zu stellen; sie kämmte ihn und führte ihn zu seiner Mutter.

Beim Anblick der längst verstorbenen Mutter fing Oblomow im Traume vor Freude und vor heißer Liebe zu ihr an zu zittern; unter den Wimpern des Schlafenden rannen langsam zwei warme Tränen hervor und blieben ohne sich zu bewegen auf den Wangen stehen.

Die Mutter bedeckte ihn mit leidenschaftlichen Küssen; dann betrachtete sie ihn mit prüfenden, besorgten Blicken, ob seine Augen auch nicht trübe aussähen, fragte ihn, ob ihm nichts weh täte, examinierte die Kinderfrau, ob er ruhig geschlafen habe, in der Nacht nicht aufgewacht sei, sich nicht im Schlafe herumgewälzt und keine Hitze gehabt habe. Darauf faßte sie ihn bei der Hand und führte ihn zum Heiligenbilde.

Dort kniete sie nieder, umschlang ihn mit dem einen Arme und sprach ihm die Worte des Gebetes vor.

Der Knabe wiederholte sie zerstreut und blickte dabei durch das Fenster, von wo kühle Luft und Fliederduft ins Zimmer strömte.

»Werden wir heute spazierengehen, Mamachen?« fragte er plötzlich mitten im Gebete.

»Ja, mein Herzchen«, antwortete sie eilig, ohne die Augen von dem Heiligenbilde abzuwenden, und sprach die heiligen Worte rasch zu Ende.

Der Knabe wiederholte sie lässig; aber die Mutter legte ihre ganze Seele hinein.

Dann gingen sie zum Vater und dann zum Tee.

Am Teetische erblickte Oblomow eine bei ihnen wohnende hochbejahrte Tante; sie war schon achtzig Jahre alt und brummte beständig über ihre Dienerin, die, vor Altersschwäche mit dem Kopfe wackelnd, hinter ihrem Stuhle stand und sie bediente. Da waren auch drei alte unverheiratete Damen, entfernte Verwandte seiner Mutter und ein bei ihnen zu Besuch weilender Gutsbesitzer Tschekmenew, dessen Gut nur sieben Seelen umfaßte, und noch ein paar alte Männer und Frauen.

Dieser ganze Hofstaat und Parasitenschwarm der Familie Oblomow bemächtigte sich Ilja Iljitschs und begann ihn mit Liebkosungen und Lobsprüchen zu überschütten; er fand kaum Zeit, die Spuren der unerwünschten Küsse abzuwischen.

Darauf begann man ihn mit Semmel, Zwieback und Sahne zu füttern.

Dann, nach nochmaligen Liebkosungen, entließ ihn seine Mutter, damit er im Garten, auf dem Hofe und auf der Wiese spazierengehe; die Kinderfrau bekam dabei die strenge Anweisung, den Kleinen nicht allein zu lassen, nicht zu dulden, daß er den Pferden, den Hunden oder dem Ziegenbock nahe käme, nicht weit vom Hause fortzugehn und namentlich ihn nicht an die Schlucht heranzulassen als den schrecklichsten Ort der ganzen Umgegend, der in üblem Rufe stand.

Es war dort früher einmal ein Hund gefunden worden, den man nur deshalb für toll erklärt hatte, weil er vor den Menschen weggerannt war, als sie sich zum Angriffe auf ihn mit Heugabeln und Beilen versammelten; er war dann irgendwo hinter dem Berge verschwunden. In die Schlucht pflegte man verendetes Vieh zu werfen; auch nahm man an, daß in der Schlucht Räuber und Wölfe und allerlei andere Wesen hausten, die es entweder in jener Gegend oder überhaupt in der Welt nicht gab.

Der Knabe wartete das Ende der mütterlichen Warnungen nicht ab; er war schon längst draußen.

Dort betrachtete er mit freudigem Erstaunen, als ob er alles zum erstenmal sähe, rings herumlaufend, das Elternhaus mit dem schief seitwärts hängenden Tor, mit dem in der Mitte eingesunkenen hölzernen Dache, auf dem zartes grünes Moos wuchs, mit der wackeligen Freitreppe, mit den verschiedenen Anbauten und Aufbauten und mit dem verwilderten Garten. Es verlangte ihn sehnlich, auf die das ganze Haus umgebende Hängegalerie hinaufzulaufen, um von dort nach dem Flüßchen hinzusehen; aber die Galerie war schon baufällig und hielt sich nur noch so eben; nur die »Leute« durften auf ihr gehen; die Herrschaft betrat sie nicht.

Ohne die Ermahnungen der Mutter zu beachten, nahm er schon seinen Weg nach den verlockenden Stufen hin; aber da erschien auf der Freitreppe die Kinderfrau und fing ihn noch so gerade ab.

Er rannte von ihr weg nach dem Heuboden, in der Absicht, auf der steilen Leiter dort hinaufzusteigen, und kaum war sie bis zum Heuboden gelangt, als sie schon wieder nach einer andern Seite laufen und seinen Plan hintertreiben mußte, auf den Taubenschlag zu klettern und nach dem Viehhof und (Gott bewahre uns!) nach der Schlucht vorzudringen.

»Ach, du großer Gott, was ist das für ein Kind, was für ein Wildfang! Kannst du denn gar nicht ein Weilchen ruhig und artig sein, junger Herr? Schäme dich etwas!« sagte die Kinderfrau.

Und wie dieser Tag, so waren alle Tage und Nächte der Kinderfrau von unruhiger Tätigkeit und Lauferei ausgefüllt: bald von Kummer, bald von lebhafter Freude über den Knaben, bald von Furcht, er könne hinfallen und sich die Nase zerschlagen, bald von Rührung über seine herzlichen, kindlichen Liebkosungen oder von trüben Besorgnissen um seine ferne Zukunft. Nur infolge dieser Gemütsbewegungen schlug das Herz der alten Frau noch; nur sie erwärmten ihr Blut und hielten mit knapper Not ihr schläfriges Leben aufrecht, das sonst vielleicht schon längst erloschen wäre.

Aber nicht immer war der Knabe so ausgelassen; er wurde manchmal plötzlich still, saß neben der Kinderfrau und sah nach allem aufmerksam hin. Sein kindlicher Verstand beobachtete alle Ereignisse, die sich vor seinen Augen vollzogen; sie prägten sich seiner Seele tief ein, und diese Eindrücke wuchsen und entwickelten sich dann mit ihm zugleich.

Es ist ein herrlicher Morgen; die Luft ist kühl; die Sonne steht noch nicht hoch. Von dem Hause, von den Bäumen, von dem Taubenschlage, von der Galerie und von allen anderen Gegenständen erstreckten sich lange Schatten weithin. Im Garten und auf dem Hofe haben sich kühle Winkelchen gebildet, die zum Träumen und Schlafen locken. Nur das Roggenfeld in der Ferne brennt wie Feuer, und das Flüßchen glänzt und blitzt in der Sonne so, daß einem die Augen weh tun.

»Woher ist es hier dunkel und dort hell, Kinderfrau, und wird es später auch hier hell werden?« fragt der Knabe.

»Das kommt daher, Väterchen, daß die Sonne dem Monde entgegengeht und ihn nicht sieht; dann macht sie ein finsteres Gesicht. Wenn sie ihn aber nachher von weitem sieht, dann strahlt sie nur so.«

Der Knabe denkt nach und sieht alles rings umher. Er sieht, wie Antip ausfährt, um Wasser zu holen; aber auf der Erde neben ihm geht ein anderer Antip, zehnmal so groß wie der wirkliche, und die Tonne sieht so groß aus wie ein Haus, und der Schatten des Pferdes bedeckt die ganze Wiese. Der Schatten hat nur zwei Schritte auf der Wiese gemacht und sich plötzlich über den Berg hinaus bewegt, während Antip noch nicht einmal vom Hofe weggefahren ist.

Der Knabe macht ebenfalls zwei Schritte; noch ein Schritt, und er wird über den Berg hinausgekommen sein.

Er möchte gern nach dem Berge hin, um zu sehen, wo das Pferd geblieben ist. Er geht nach dem Tore zu; aber da ertönt aus dem Fenster die Stimme der Mutter.

»Kinderfrau! Siehst du denn nicht, daß das Kind in die Sonne läuft! Bring es ins Kühle; wenn ihm der Kopf heiß wird, so wird er ihm weh tun; es wird ihm übel werden, und es wird nichts essen mögen. Du wirst es noch nach der Schlucht hingehen lassen!«

»Nein, so ein verzärteltes Kind!« brummt die Kinderfrau leise und zieht den Knaben zur Freitreppe hin.

Der Knabe sieht und beobachtet mit scharfem, gelehrigem

Blicke, was die Erwachsenen tun, und wie sie es machen, und womit sie sich den Vormittag über beschäftigen.

Keine Einzelheit, nicht ein einziger Zug entgeht der forschenden Aufmerksamkeit des Kindes; das Bild des häuslichen Lebens prägt sich seiner Seele unauslöschlich ein; der noch weiche Verstand wird durch die lebenden Beispiele gesättigt und entwirft unbewußt ein Programm für sein eigenes Leben nach dem Muster des Lebens, das ihn umgibt.

Man kann nicht sagen, daß der Morgen in dem Oblomowschen Hause unbenutzt blieb. Das Klopfen der Messer, mit denen in der Küche Koteletts und Gemüse gehackt werden, dringt sogar bis ins Dorf.

Aus der Leutestube hört man den zischenden Ton einer Spindel und die leise, dünne Stimme einer alten Frau: es ist schwer zu unterscheiden, ob sie weint oder ein melancholisches Lied ohne Worte improvisiert.

Sowie Antip mit der Tonne auf den Hof zurückkehrt, kommen von allen Ecken und Enden Frauen und Kutscher mit Eimern, Trögen und Krügen herbeigelaufen.

Dort trägt eine alte Frau eine Schale mit Mehl und einen Haufen Eier aus der Vorratskammer nach der Küche; da schüttet der Koch plötzlich Wasser aus einem Fenster und begießt damit die Hündin Arapka, die den ganzen Morgen über, ohne ein Auge abzuwenden, nach dem Fenster sieht, freundlich mit dem Schweife wedelt und sich die Schnauze leckt.

Auch der alte Oblomow selbst ist nicht unbeschäftigt. Er sitzt den ganzen Vormittag am Fenster und paßt unaufhörlich auf alles auf, was auf dem Hofe geschieht.

»Heda, Ignaschka, was trägst du da, du Dummkopf?« fragt er einen Mann, der über den Hof geht.

»Ich trage die Messer zum Schleifen in die Leutestube«, antwortet der, ohne nach dem Herrn hinzublicken.

»Na, das tu, das tu; aber gib dir auch Mühe, sie gut zu schleifen!«

Dann hält er eine alte Frau an:

»Heda, Alte, Alte! Wo gehst du hin?«

»In den Keller, Väterchen«, antwortete sie stehenbleibend und blickt, die Augen mit der Hand beschirmend, nach dem Fenster. »Ich will Milch zum Mittagessen holen.«

»Na, dann geh, geh!« versetzt der Herr. »Aber paß nur auf, daß du die Milch nicht verschüttest. Aber du, Sacharka, du Galgenstrick, wo läufst du schon wieder hin?« schreit er dann.

»Ich werde dich lehren, immer herumzulaufen! Schon zum dritten Male sehe ich dich hier vorbeikommen. Mach, daß du wieder zurückkommst, ins Vorzimmer!«

Und Sachar geht wieder ins Vorzimmer, um da zu druseln. Wenn die Kühe von der Weide kommen, so ist der Alte der erste, der dafür sorgt, daß sie auch getränkt werden; wenn er vom Fenster aus sieht, daß der Hofhund eine Henne jagt, so ergreift er gegen einen solchen Unfug sogleich strenge Maßregeln.

Auch seine Frau ist stark beschäftigt: sie redet mit dem Schneider Awerka drei Stunden lang darüber, wie sich aus einer Unterjacke ihres Mannes ein Jäckchen für Iljuscha zurechtschneidern läßt, zeichnet selbst mit Kreide den Schnitt und paßt auf, daß Awerka auch kein Zeug stiehlt. Darauf geht sie in die Mädchenstube und gibt jedem Mädchen ein Pensum, wieviel Spitzen sie an dem Tage klöppeln muß. Dann fordert sie Nastasja Iwanowna oder Stepanida Agapowna oder eine andere ihrer Parasitinnen auf, mit ihr einen Spaziergang im Garten zu machen, zu praktischem Zwecke: um nachzusehen, wie die Äpfel reifen; ob die, die gestern schon reif waren, abgefallen sind; hier muß gepfropft, dort beschnitten werden und so weiter.

Aber die Hauptsorge dreht sich um die Küche und das Mittagessen. Über das Mittagessen wird vom ganzen Hause eine Beratung abgehalten; auch die hochbejahrte Tante wird dazu herangezogen. Jeder schlägt ein Gericht vor: der eine eine Suppe mit Gekröse, ein andrer Nudeln oder Magen, ein andrer Pansen, ein andrer eine rote Sauce, ein andrer eine weiße.

Jeder Vorschlag wird in Erwägung gezogen, umständlich kritisiert und dann nach dem ausschlaggebenden Urteilsspruche der Hausfrau angenommen oder abgelehnt.

Fortwährend wird bald Nastasja Petrowna, Stepanida Iwanowna nach der Küche geschickt, um an das eine zu erinnern, etwas anderes hinzuzufügen, jenes umzuändern, Zucker, Honig, Wein für die Speisen hinzubringen und aufzupassen, ob auch der Koch alles, was herausgegeben ist, bestimmungsgemäß verwendet.

Die Sorge um die Nahrung bildet die oberste und wichtigste Lebensfrage in Oblomowka. Was für Kälber werden dort für die hohen Festtage gemästet! Was für Geflügel gezüchtet! Wie viele subtile Erwägungen, wieviel Sachkenntnis und Sorge wird auf die Pflege desselben verwandt! Die Puten und Küchlein, die zu Namenstagsfeiern und zu anderen festlichen Tagen bestimmt sind, werden mit Nüssen gefüttert; die Gänse werden der Bewegungsmöglichkeit beraubt und müssen einige Tage vor dem betreffenden Festtage ohne sich zu regen in einem Sacke hängen, damit sie ganz besonders fett werden. Was gibt es dort für Vorräte von Eingemachtem, Eingesalzenem und Gebackenem! Was für Met, was für Kwaß wird in Oblomowka gekocht, was für Pasteten werden da gebacken!

So sind bis zum Mittage alle in sorglicher, geschäftiger Tätigkeit; alle führen ein vollbesetztes, achtsames Ameisenleben.

Auch an Sonn- und Festtagen ruhen diese arbeitsamen Ameisen nicht: dann erschallt das Klopfen der Messer in der

Küche noch häufiger und stärker; die alte Frau legt die Reise von der Vorratskammer zur Küche mehrere Male mit der doppelten Quantität von Eiern und Mehl zurück; auf dem Geflügelhofe gibt es noch mehr Stöhnen und Blutvergießen als sonst. Es wird eine Riesenpastete gebacken, die die Herrschaften selbst noch am folgenden Tage essen; was übrig bleibt, wandert zum dritten und vierten Tage in die Mädchenstube; die Pastete erlebt sogar noch den Freitag, so daß ein ganz trockner Rest ohne jede Füllung als Zeichen besonderer Gnade dem Knechte Antip zuteil wird, der, nachdem er sich bekreuzt hat, diese merkwürdige Versteinerung mit lautem Krachen furchtlos zerstört, wobei ihm das Bewußtsein, daß das eine herrschaftliche Pastete ist, einen größeren Genuß gewährt als die Pastete selbst, so wie ein Archäologe mit Hochgenuß einen elenden Wein aus einem zerbrochenen, tausend Jahre alten Tongefäße trinkt.
Der Knabe aber sieht alles und beobachtet alles mit seinem kindlichen, nichts übersehenden Verstande. Er sieht, wie nach dem nützlich und geschäftig verbrachten Morgen der Mittag und das Mittagessen herankommen.
Der Mittag ist drückend heiß; am Himmel ist kein Wölkchen. Die Sonne steht regungslos über den Köpfen und versengt das Gras. Die Luft hat aufgehört sich zu bewegen und ist in einen Zustand der Starrheit geraten. Weder das Wasser noch die Bäume rühren sich; über dem Dorfe und dem Felde lagert eine ungestörte Stille – alles ist wie erstorben. Hell und weit ertönt die menschliche Stimme in dem leeren Raume. Auf sechzig Schritt kann man hören, wie ein Käfer vorbeifliegt und summt, und in dem dichten Grase ist es immer, als ob etwas schnarche, als ob sich jemand da hingelegt habe und süß schlafe.
Auch im Hause herrscht Totenstille. Die Stunde des allgemeinen Mittagsschlafes ist angebrochen.

Der Knabe sieht, daß der Vater und die Mutter und die alte Tante und die Parasiten sich alle zerstreut haben, jeder nach seinem Zimmer oder Stübchen; und von denen, die ein solches nicht haben, ist der eine auf den Heuboden gegangen, ein zweiter in den Garten, ein dritter hat im Flur Kühlung gesucht, und mancher hat sich da, wo er, von der Hitze und dem reichlichen Mittagessen entkräftet, hingesunken ist, zum Schutz gegen die Fliegen das Taschentuch über das Gesicht gedeckt und ist eingeschlafen. Auch der Gärtner hat sich im Garten unter einem Strauche neben seinem Geräte hingestreckt, und der Kutscher schläft im Pferdestalle.

Ilja Iljitsch blickt in die Leutestube hinein: da liegen alle der Reihe nach auf den Bänken, auf dem Fußboden und im Flur; die Kinder sind sich selbst überlassen, kriechen auf dem Hofe umher und wühlen im Sande. Auch die Hunde sind tief in ihre Hütten hineingekrochen, um so mehr, da niemand da ist, den sie anbellen müßten.

Man kann quer durch das ganze Haus gehen, ohne einer Menschenseele zu begegnen, es ist ein leichtes, alles, was da ist, zu stehlen und mit Fuhrwerken vom Hofe wegzuschaffen: niemand würde es hindern; aber freilich gibt es in jener Gegend keine Diebe.

Das ist ein Schlaf, der alles verschlingt und durch nichts zu überwinden ist, das wahre Ebenbild des Todes. Alles ist tot; nur ertönt aus allen Ecken verschiedenartiges Schnarchen in allen möglichen Tönen und Modulationen.

Nur ab und zu hebt jemand aus dem Schlafe plötzlich den Kopf in die Höhe, sieht gedankenlos und erstaunt nach allen Seiten umher und dreht sich auf die andere Seite, oder er spuckt, ohne die Augen zu öffnen, im Halbschlaf aus und schläft, mit den Lippen schmatzend oder etwas vor sich in brummend, wieder ein.

Ein andrer springt schnell, ohne alle vorhergehenden Vorbereitungen, mit beiden Beinen von seinem Lager auf, als fürchte er, kostbare Augenblicke zu verlieren, greift nach dem Kruge mit Kwaß, bläst die darauf schwimmenden Fliegen weg, so daß sie nach dem andern Rande getrieben werden (infolge wovon die bis dahin regungslosen Tiere in der Hoffnung auf eine Verbesserung ihrer Situation sich stark zu bewegen beginnen), netzt sich die Kehle und fällt dann wieder auf das Bett wie ein Erschossener.

Der Knabe aber beobachtet alles unausgesetzt.

Er geht mit der Kinderfrau nach dem Mittagessen wieder ins Freie. Aber auch die Kinderfrau vermag trotz der strengen Vermahnungen der gnädigen Frau und trotz ihres eigenen guten Willens sich dem Zauberbann des Schlafes nicht zu entziehen. Auch sie ist von dieser in Oblomowka herrschenden epidemischen Krankheit angesteckt.

Zuerst beaufsichtigt sie den Knaben eifrig, läßt ihn nicht weit von sich weg, schilt ihn streng wegen seines Mutwillens; dann, als sie die Symptome der herannahenden Ansteckung fühlt, fängt sie an, ihn zu ermahnen, er möchte nicht vors Tor gehen, nicht den Ziegenbock anrühren, nicht auf den Taubenschlag oder auf die Galerie steigen.

Sie selbst setzt sich irgendwo ins Kühle: auf die Freitreppe, auf die Kellerschwelle oder auch einfach auf das Gras, anscheinend um an einem Strumpfe zu stricken und dabei den Knaben zu beaufsichtigen. Aber bald fängt sie an, mit dem Kopfe zu nicken und ihm nur noch lässig Einhalt zu tun.

»Ach, ehe man sich dessen versieht, wird dieser Wildfang nach der Galerie hinaufgehen«, denkt sie, beinah schon schlafend, »oder … am Ende gar … nach der Schlucht …«

Her sinkt der Kopf der alten Frau auf die Knie herab, der Stumpf fällt ihr aus den Händen; sie verliert den Knaben aus den Augen und läßt, den Mund ein wenig öffnend, ein leises Schnarchen hören.

Der Knabe aber hat voll Ungeduld auf diesen Augenblick gewartet, mit dem sein selbständiges Leben beginnt.
Er ist gleichsam allein in der ganzen Welt; er läuft auf den Fußspitzen von der Kinderfrau weg, betrachtet hier und da die Schläfer, bleibt stehen und beobachtet aufmerksam, wie jemand zu sich kommt, ausspuckt und im Schlaf etwas vor sich hin murmelt; dann steigt er mit fast aussetzendem Herzschlage auf die Galerie, läuft auf den knarrenden Dielen rings herum, klettert auf den Taubenschlag, dringt in einen abgelegenen Teil des Gartens ein, horcht, wie ein Käfer summt, und verfolgt seinen Flug in der Luft weit mit den Augen; er lauscht, wie etwas immer im Grase zirpt, sucht und fängt die Grillen, die diese Stille stören; er hascht eine Libelle, reißt ihr die Flügel aus und sieht, was nun aus ihr wird; oder er stößt ein Strohhälmchen quer durch sie hindurch und verfolgt, wie sie mit dieser Bürde fliegt; mit Genuß, kaum zu atmen wagend, beobachtet er eine Spinne, wie sie einer gefangenen Fliege das Blut aussaugt, wie das arme Opfer zwischen ihren Klauen sich sträubt und summt. Schließlich tötet der Knabe sowohl das Opfer als auch die Peinigerin.
Dann kriecht er in einen Graben hinein, wühlt darin umher, sucht sich irgendwelche Wurzeln, reinigt sie von der Rinde und ißt sie mit Genuß; sie schmecken ihm besser als die Äpfel und das Eingemachte, das ihm seine Mama gibt.
Er läuft auch vors Tor: er möchte gern nach dem Birkenwäldchen hin; das scheint ihm so nahe, daß er in fünf Minuten hinkommen könnte, wenn er nicht den Umweg auf dem Steige nähme, sondern geradezu über den Graben, die Zäune und Gruben weg ginge; aber er fürchtet sich: die Leute sagen, es gebe da Waldteufel und Räuber und schreckliche wilde Tiere.
Er möchte auch gern nach der Schlucht laufen; die ist nur

etwa hundertfünfzig Schritte vom Garten entfernt; schon ist der Knabe bis an den Rand gelaufen; er kneift die Augen zusammen, er möchte hineinsehen wie in den Krater eines Vulkans: aber auf einmal fallen ihm alle die Erzählungen und Traditionen über diese Schlucht ein: das Entsetzen packt ihn; halb tot, halb lebendig läuft er zurück, stürzt, vor Angst zitternd, zu der Kinderfrau hin und weckt die Alte auf.

Sie fährt aus dem Schlafe in die Höhe, rückt ihr Kopftuch zurecht, schiebt mit dem Finger die grauen Haarbüschel darunter, blickt, indem sie sich stellt, als hätte sie gar nicht geschlafen, mißtrauisch nach dem kleinen Ilja und dann nach den herrschaftlichen Fenstern hin und beginnt mit zitternden Fingern an dem Strumpfe, der auf ihren Knien liegt, eine Stricknadel gegen die andere zu stoßen.

Inzwischen fängt die Hitze an, ein wenig abzunehmen; in der Natur wird alles lebendiger; die Sonne nähert sich schon dem Walde.

Auch im Hause wird die Stille nach und nach gestört: irgendwo in einer Ecke knarrt eine Tür; auf dem Hofe hört man Schritte; es niest jemand auf dem Heuboden.

Bald darauf bringt ein Mann, der sich unter der Last zusammenbiegt, eilig aus der Küche einen riesigen Samowar. Man versammelt sich zum Tee: dem einen ist das Gesicht ganz verdrückt und die Augen schwimmen von Tränen; ein anderer hat sich einen roten Fleck an der Backe und den Schläfen gelegen; ein dritter spricht nach dem Schlafe mit fremdklingender Stimme. Alle schnaufen, ächzen, gähnen, kratzen sich den Kopf; eben erst wieder zu sich gekommen, suchen sie ihre Glieder durch Bewegung gelenkig zu machen. Das Mittagessen und der Schlaf haben einen unstillbaren Durst erzeugt, so daß die Kehle brennt. Mancher trinkt zwölf Tassen Tee; aber auch das hilft nicht: Ächzen und Stöhnen werden vernehmbar; man nimmt seine Zuflucht zu Preißelbeer-

und Birnenwasser und Kwaß, manche sogar zu Medikamenten, um nur den Brand in der Kehle zu löschen.

Alle suchen Befreiung von dem Durste wie von einer Strafe Gottes; alle rennen umher, alle sind ermattet, wie wenn eine Karawane von Reisenden in der arabischen Wüste nirgends eine Wasserquelle findet.

Der Knabe ist ebenfalls da, bei seiner Mama: er betrachtet die seltsamen Gesichter der ihn umgebenden Personen und hört ihre schläfrigen, müden Gespräche mit an. Es amüsiert ihn, sie anzusehen; jeder Unsinn, den sie reden, kommt ihm interessant vor.

Nach dem Tee beschäftigen sich alle mit irgend etwas: der eine geht zum Flusse, schlendert sachte am Ufer entlang und stößt mit dem Fuße Steinchen ins Wasser; ein andrer setzt sich ans Fenster und achtet auf jedes momentane, geringfügige Ereignis: wenn eine Katze über den Hof läuft oder eine Dohle vorbeifliegt, so beobachtet er die eine und die andre, richtet seine Nasenspitze nach ihr hin und folgt ihr mit dem Blicke, indem er den Kopf bald nach rechts, bald nach links wendet. So lieben es manchmal Hunde, stundenlang auf dem Fensterbrett zu sitzen, den Kopf in die Sonne zu halten und jeden Passanten angelegentlich zu betrachten.

Die Mutter nimmt Iljas Kopf, legt ihn auf ihre Knie und kämmt dem Kinde langsam das Haar; dabei bewundert sie die Weichheit desselben und veranlaßt Nastasja Iwanowna und Stepanida Tichonowna, sie ebenfalls zu bewundern; sie spricht mit ihnen über Ilias Zukunft und macht ihn zum Helden eines selbsterfundenen herrlichen Epos. Die Parasitinnen erschöpfen sich in den großartigsten Prophezeiungen. Aber da fängt es an zu dämmern. In der Küche prasselt wieder das Feuer; wieder erschallt das rasche Klopfen der Messer: das Abendessen wird zubereitet.

Das Gesinde versammelt sich am Tore: dort hört man Balalaikageklimper und Gelächter. Die Leute spielen Haschen. Die Sonne ist schon hinter den Wald herniedergegangen; sie entsendet noch einige kaum mehr warme Strahlen, die wie ein feuriger Streifen durch den ganzen Wald hindurchdringen und die Wipfel der Fichten mit hellem Goldglanz übergießen. Dann erlöschen diese Strahlen einer nach dem andern; der letzte dauert lange; er bohrt sich wie eine feine Nadel durch das Dickicht der Zweige; aber auch er erlischt. Die Gegenstände verlieren ihre Form; alles fließt zuerst in eine graue, dann in eine schwarze Masse zusammen. Der Gesang der Vögel wird allmählich schwächer; bald verstummen sie vollständig, außer einem einzigen hartnäckigen Sänger, der, wie allen zum Trotz, inmitten der allgemeinen Stille, allein eintönig in Intervallen zwitschert, aber immer seltener und seltener; und auch der zwitschert schließlich nur noch schwach, kaum hörbar, zum letzten Male, schüttelt sich, so daß die Blätter um ihn herum sich leise bewegen, und schläft ein.

Alles ist verstummt. Nur die Grillen zirpen noch stärker um die Wette. Von der Erde steigen weiße Dünste auf und breiten sich über die Wiese und den Fluß aus. Auch der Fluß wird ruhig; nach einem Weilchen plätschert auch in ihm etwas noch zum letzten Male, und dann liegt er regungslos da. Es riecht nach Feuchtigkeit. Es wird immer dunkler und dunkler. Die Bäume gruppieren sich zu seltsamen Ungeheuern zusammen; im Walde wird es unheimlich; da knarrt plötzlich etwas, wie wenn eines der Ungeheuer von seinem Platze nach einem andern herüberginge und ein trockner Zweig unter seinem Fuße knackte.

Am Himmel erglänzt hell wie ein lebendiges Auge das erste Sternchen, und in den Fenstern des Hauses schimmern Lichter auf.

Es beginnt die Zeit des allgemeinen feierlichen Stillschweigens der Natur, jene Zeit, wo der schöpferische Verstand kräftiger arbeitet und die poetischen Gedanken heißer sieden, wo die Leidenschaft im Herzen lebhafter aufflammt oder der Gram schmerzlicher quält, wo in einer bösen Seele das Samenkorn eines verbrecherischen Planes ungestörter und schneller reift, und wo – in Oblomowka alle so fest und ruhig schlafen.

»Wir wollen spazierengehen, Mama!« sagt der kleine Ilja.

»Aber ich bitte dich, was redest du! Jetzt spazierengehen!« antwortet sie. »Es ist feucht; du erkältest dir die Füßchen. Und es ist auch unheimlich: im Walde geht jetzt der Waldteufel umher; der trägt die kleinen Kinder fort.«

»Wo trägt er sie denn hin? Wie sieht er aus? Wo wohnt er?« fragt der Knabe.

Und die Mutter läßt ihrer zügellosen Phantasie freien Lauf. Der Knabe hört ihr zu; bald öffnet er die Augen, bald schließt er sie wieder, bis der Schlaf ihn endlich vollständig überwältigt. Die Kinderfrau kommt, nimmt ihn von den Knien der Mutter in die Höhe und trägt den Schlafenden, dessen Kopf über ihre Schulter hängt, ins Bett.

»Na, da haben wir wieder einen Tag hinter uns, Gott sei Dank!« sagen die Bewohner von Oblomowka, während sie sich ächzend ins Bett legen und das Zeichen des Kreuzes über sich machen. »Wir haben ihn glücklich verlebt; Gott gebe, daß es morgen ebenso sei! Gott sei gelobt, Gott sei gelobt!« – – –

Dann sah sich Oblomow im Traume in eine andere Zeit versetzt. Er schmiegt sich an einem endlosen Winterabend ängstlich an die Kinderfrau, und sie flüstert ihm etwas zu von einem unbekannten Lande, wo es keine Nächte und keine Kälte gibt, wo immer Wunder geschehen, wo Flüsse von Honig und Milch fließen, wo das ganze Jahr über kein

Mensch etwas tut und den ganzen Tag lang brave Burschen, solche wie Ilja Iljitsch, und schöne Mädchen, wie man sie gar nicht schildern kann, spazierengehen.
Da wohnt auch eine gute Zauberin, die bei uns manchmal in Gestalt eines Hechtes erscheint; die wählt sich einen Liebling aus, einen stillen, harmlosen Menschen, mit anderen Worten einen Faulpelz, den alle Leute schlecht behandeln. Den überschüttet sie ohne weiteres mit allen möglichen guten Dingen, und er tut weiter nichts als schmausen und sich mit neuen Kleidern putzen; und dann heiratet er ein Mädchen von unerhörter Schönheit; es heißt Militrisa Kirbitjewna.
Der Knabe hört, den Mund öffnend, mit gespannter Aufmerksamkeit zu und nimmt die Erzählung gierig in sich auf. Die Kinderfrau oder die Überlieferung vermied so geschickt in der Erzählung alles, was in Wirklichkeit existiert, daß die Phantasie und der Verstand, nachdem sie sich von der Erdichtung einmal hatten durchdringen lassen, nun auch bis zum Greisenalter in ihrer Knechtschaft verblieben. Die Kinderfrau erzählte in aller Gutmütigkeit das Märchen vom dummen Jamelja, diese boshafte, hinterlistige Satire auf unsere Vorfahren und vielleicht auch auf uns selbst.
Wenn Ilja Iljitsch groß geworden ist, so erfährt er zwar, daß es keine Milch- und Honigflüsse und keine guten Zauberinnen gibt, und er scherzt mit einem Lächeln über die Märchen der Kinderfrau; aber dieses Lächeln ist nicht aufrichtig; es wird von einem geheimen Seufzer begleitet: das Märchen hat sich in seinem Kopfe mit dem Leben vermischt, und er trauert manchmal unbewußt darüber, warum das Märchen nicht das Leben und das Leben nicht ein Märchen sei. Unwillkürlich denkt er in seinen Träumereien an Militrisa Kirbitjewna; es zieht ihn alles nach jenem Lande hin, wo man weiter nichts tut als spazierengehen, wo es keine Sorgen und

keinen Kummer gibt; es bleibt ihm immer die Neigung treu, auf dem Ofen zu liegen, in neuen, nicht durch Arbeit erworbenen Kleidern umherzugehen und auf Rechnung der guten Zauberin zu schmausen.

Auch der alte Oblomow und der Großvater hatten in ihrer Kindheit dieselben Märchen gehört, die sich in der Stereotypausgabe des Altertums auf den Lippen der Kinderfrauen und Kinderwärter durch die Jahrhunderte und Generationen hindurch erhielten.

Unterdessen zeigt die Kinderfrau der Phantasie des Knaben schon ein anderes Bild.

Sie erzählt ihm von den Großtaten unserer, einem Achill und einem Odysseus ebenbürtigen Helden, von der Kühnheit Ilja Muromezs, Dobrynja Nikititschs, Aloscha Popowitschs, Polkans und des Irrenden Ritters*, davon, wie sie Rußland durchzogen, die unzählbaren Heere der Ungläubigen schlugen, wie sie miteinander wetteiferten, wer ein großes Glas Fuselbranntwein ohne sich zu räuspern austrinken könne; dann spricht sie von bösen Räubern, von schlafenden Prinzessinnen, von versteinerten Städten und Menschen; endlich geht sie zu unserer Dämonologie über, zu Toten, Ungeheuern und Werwölfen.

Mit der Schlichtheit und Gutherzigkeit eines Homer und mit derselben lebensvollen Wahrheit der Einzelheiten und Anschaulichkeit der Bilder prägt sie der Phantasie und dem Gedächtnisse des Kindes die Ilias des russischen Lebens ein, wie sie von unsern Homeriden jener nebelhaften Zeiten geschaffen ist, als der Mensch noch nicht mit den Gefahren und Geheimnissen des Lebens vertraut war, als er vor dem Werwolfe und vor dem Waldteufel zitterte und bei Aloscha Popowitsch Schutz suchte gegen die ihn umringenden Nö-

* Sagenhafte Helden. Anm. d. Übers.

te, als in der Luft und im Wasser und im Walde und auf dem Felde das Wunder herrschte.
Unsicher und angstvoll war das Leben des damaligen Menschen; es war für ihn gefährlich, über die Schwelle seines Hauses hinauszutreten: ehe er sich dessen versah, konnte ihn ein wildes Tier zerreißen, ein Räuber ihn ermorden, ein böser Tatar ihm all sein Hab und Gut wegnehmen, oder er konnte auch verschwinden, ohne daß jemand etwas davon erfuhr, ohne daß eine Spur von ihm zurückblieb.
Oder es erschienen plötzlich Himmelszeichen, Feuersäulen und Feuerkugeln; und dort über einem frischen Grabe flammte ein Licht auf, oder es ging jemand im Walde spazieren, wie es schien, mit einer Laterne und lachte entsetzlich, und seine Augen funkelten im Dunkeln.
Auch mit dem Menschen selbst begaben sich so viele unbegreifliche Dinge: da lebte ein Mensch lange Zeit ordentlich, so daß gar nichts dagegen zu sagen war; und auf einmal fing er an, höchst liederliche Reden zu führen oder mit ganz fremdklingender Stimme zu schreien oder nachts im Schlafe umherzuirren; ein anderer bekam ganz aus heiler Haut Krämpfe und stürzte zu Boden. Und bevor so etwas geschah, krähte eine Henne wie ein Hahn, und eine Krähe krächzte auf dem Dache.
Der schwache Mensch fühlte sich wie verloren, sah ängstlich im Leben um sich und suchte in seiner Phantasie nach dem Schlüssel zu den Geheimnissen der ihn umgebenden und seiner eigenen Natur.
Vielleicht aber war es die Schläfrigkeit und stete Stille des schlaffen Lebens und der Mangel an Bewegung und an allen wirklichen Ängsten, Abenteuern und Gefahren, was den Menschen dazu veranlaßte, inmitten der natürlichen Welt sich eine andre, unwirkliche zu schaffen und in ihr einen Spielraum und eine Ergötzung für seine müßige Phantasie

oder eine Erklärung der gewöhnlichen Verkettungen der Umstände und der Ursachen der Erscheinung außerhalb der Erscheinung selbst zu suchen.

Unsere armen Vorfahren lebten gewissermaßen so, als ob sie im Dunklen umhertasteten; weder beflügelten sie ihren Willen, noch legten sie ihm Zügel an, aber dann erstaunten oder erschraken sie naiverweise über Widerwärtigkeiten und Schlimmes und befragten die stummen, unklaren Hieroglyphen der Natur nach den Ursachen.

Ein Todesfall war ihrer Ansicht nach dadurch veranlaßt worden, daß vorher ein Toter mit dem Kopfe und nicht mit den Füßen voran aus dem Tore hinausgetragen war; eine Feuersbrunst dadurch, daß ein Hund drei Nächte lang unter dem Fenster geheult hatte. Und nun sorgen sie achtsam dafür, daß jeder Tote mit den Füßen voran aus dem Tore hinausgetragen werde, genossen aber dieselbe Nahrung in derselben Quantität weiter und schliefen wie vorher auf dem bloßen Rasen. Der heulende Hund wurde geschlagen oder vom Hofe gejagt; aber die Funken vom Leuchtspan ließ man nach wie vor in die Ritzen des morschen Fußbodens fallen. Auch heutzutage liebt es der Russe, inmitten der ihn umgebenden ernsten, poesielosen Wirklichkeit an die verlockenden Sagen des Altertums zu glauben, und es wird vielleicht noch lange dauern, bis er sich von diesem Glauben freimacht. Wenn der Knabe aus dem Munde der Kinderfrau die Märchen von unserm Goldenen Vlies, von dem Wundervogel, von den Befestigungen und Schlupfwinkeln des Zauberschlosses hörte, so erglühte er bald von Mut, indem er sich vorstellte, er sei selbst der Held, der die Großtat verrichtete, bald wieder grämte er sich über das Mißgeschick, das dem Tapferen zustieß.

Eine Erzählung reihte sich an die andre. Die Kinderfrau erzählte voll Feuer, malerisch, mit innerlicher Teilnahme, stellenweise geradezu begeistert, da sie selbst halb und halb an die Wahrheit der Erzählungen glaubte. Die Augen der Alten sprühten Feuer; ihr Kopf zitterte vor Aufregung; die Stimme schwang sich zu ungewohntem Klange auf.

Von unbekannter Angst erfaßt, schmiegte sich der Knabe mit Tränen in den Augen an die Erzählerin.

Wenn die Rede auf Tote kam, die sich um Mitternacht aus ihren Gräbern erheben, oder auf die Opfer, die in der Gefangenschaft des Ungeheuers schmachten, oder auf den Bären mit dem hölzernen Bein, der durch die Dörfer geht, um das ihm abgehauene natürliche Bein zu suchen: dann knisterten die Haare auf dem Kopfe des Knaben vor Angst; die kindliche Phantasie erstarrte bald, bald flammte sie hell auf; er machte eine qualvolle, süß-schmerzliche Empfindung durch; seine Nerven spannten sich wie Saiten.

Wenn die Kinderfrau in düsterem Tone die Worte des Bären wiederholte: »Knarre, knarre, du Bein von Lindenholz; ich bin durch die großen und kleinen Dörfer gegangen, alle Frauen schlafen, eine Frau schläft nicht, sie sitzt auf meinem Felle, kocht mein Fleisch, spinnt meine Wolle«, und so weiter, und wenn der Bär endlich in das Bauernhaus hineintrat und sich anschickte, den Räuber seines Beines zu packen: dann konnte der Knabe sich nicht mehr beherrschen; zitternd und aufkreischend warf er sich in die Arme der Kinderfrau; die Tränen stürzten ihm vor Angst aus den Augen, und zugleich lachte er vor Freude, daß er sich nicht in den Krallen des wilden Tieres, sondern auf der Ofenbank neben der Kinderfrau befand.

Die Phantasie des Knaben wurde durch seltsame Gespenster bevölkert; Furcht und Bangigkeit setzten sich für lange Zeit, vielleicht für immer, in seiner Seele fest. Auch in späteren Jahren blickte er traurig um sich, sah im Leben nur Leid und Not und träumte immer von jenem Zauberlande, wo es nichts Schlimmes, keine Mühsal, keine Traurigkeit gibt, wo Militrisa Kirbitjewna wohnt, und wo man umsonst so schön schmaust und umsonst sich so gut kleidet …

Das Märchen behauptete in Oblomowka nicht nur über die Kinder, sondern auch über die Erwachsenen bis zu ihrem Lebensende seine Herrschaft. Alle im Hause und im Dorfe, von dem Gutsherrn und seiner Frau angefangen bis zu dem robusten Schmiede Taras, alle zitterten an einem dunklen Abende vor etwas: jeder Baum verwandelte sich dann in einen Riesen, jeder Strauch in eine Räuberhöhle.

Das Klappern eines Fensterladens und das Heulen des Windes im Schornstein bewirkten, daß Männer und Frauen und Kinder blaß wurden. Niemand ging am Dreikönigstage nach zehn Uhr abends allein vor das Tor; jeder fürchtete sich, in der Nacht vor Ostern in den Pferdestall zu gehen, aus Angst, dort den Hauskobold zu treffen.

Die Bewohner von Oblomowka glaubten an alles: an Werwölfe und an umgehende Tote. Wenn man ihnen erzählt hätte, ein Heuhaufen sei auf dem Felde herumspaziert, so würden sie es unbedenklich geglaubt haben; hätte jemand das Gerücht verbreitet, dieses Tier da sei kein Hammel, sondern etwas anderes, oder eine gewisse Marfa oder Stepanida sei eine Hexe, so würden sie sich sowohl vor dem Hammel als auch vor der Marfa gefürchtet haben; es wäre ihnen gar nicht in den Sinn gekommen zu fragen, warum der Hammel nicht mehr ein Hammel sein und Marfa eine Hexe geworden sein solle; ja, sie wären auch noch über denjenigen hergefallen, der sich hätte beikommen lassen, das zu bezweifeln – so stark war der Wunderglaube in Oblomowka!

Ilja Iljitsch sah ja später ein, daß die Welt einfach eingerichtet ist, daß die Toten nicht aus den Gräbern aufstehen, daß Riesen, sobald sie vorkommen, sich in den Schaubuden zeigen und Räuber ins Gefängnis gesetzt werden; aber wenn auch der Gespensterglaube selbst aufhörte, so blieb doch immer noch ein gewisser Rest von Furcht und unwillkürlicher Bangigkeit zurück.

Ilja Iljitsch erfuhr später, daß man von Ungeheuern kein Unheil zu befürchten hat, und wußte kaum, was das für Ungeheuer sein sollten; aber doch erwartete er auf Schritt und Tritt etwas Schreckliches und fürchtete sich. Wenn er in einem dunklen Zimmer allein war oder einen Toten sah, zitterte er immer noch infolge einer unheimlichen, in der Kindheit in seine Seele eingepflanzten Bangigkeit; morgens lachte er über seine Furcht, aber abends wurde er doch wieder blaß. – – –

Ferner sah sich Ilja Iljitsch plötzlich als dreizehn- oder vierzehnjährigen Knaben.

Er lernte schon etwas im Kirchdorfe Werchlowo, fünf Werst von Oblomowka entfernt, bei dem dortigen Gutsverwalter, einem Deutschen namens Stolz, der eine kleine Pension für die Kinder der umwohnenden Adligen hielt.

Dieser hatte einen eigenen Sohn, Andrei, der mit Oblomow fast in gleichem Alter stand; und dann war noch ein Knabe zu ihm hingegeben worden, der fast nie etwas lernte, sondern meist an Skrofeln litt und während seiner ganzen Kindheit beständig mit verbundenen Augen oder Ohren umherging und immer heimlich darüber weinte, daß er nicht bei seiner Großmutter lebte, sondern in einem fremden Hause, bei bösen Menschen, wo ihn niemand liebkoste und niemand ihm seinen Lieblingskuchen backte.

Außer diesen Kindern waren andere in der Pension vorläufig nicht vorhanden.

Es half nichts: Vater und Mutter mußten Einrichtung treffen, daß der verwöhnte Knabe Ilja sich an die Bücher setzte. Das kostete Tränen; auch an Geheul und Eigensinn fehlte es nicht. Endlich wurde er von zu Hause fortgebracht. Der

Deutsche war ein tüchtiger, ernster Mensch, wie fast alle Deutschen. Vielleicht würde Ilja bei ihm etwas Ordentliches gelernt haben, wenn Oblomowka fünfhundert Werst von Werchlowo entfernt gewesen wäre. Aber wie sollte er unter den vorliegenden Umständen viel lernen? Der Zauber der Oblomowkaer Atmosphäre, Lebensweise und Gewohnheiten erstreckte sich auch nach Werchlowo. Dieses Dorf hatte ja auch einmal zu Oblomowka gehört; mit Ausnahme des Stolzschen Hauses atmete dort alles dieselbe ursprüngliche Trägheit, Einfachheit der Sitten, Stille und Regungslosigkeit.

Der Verstand und das Herz des Knaben hatten sich mit all den Bildern, Szenen und Sitten dieses Lebens erfüllt, noch ehe er das erste Buch zu sehen bekam. Und wer weiß, wie früh die Entwicklung des geistigen Samenkornes in dem kindlichen Gehirne beginnt? Wie soll man das Entstehen der ersten Begriffe und Empfindungen in der Seele eines kleinen Kindes verfolgen?

Vielleicht sieht das Kind schon zu der Zeit, wo es noch kaum die betreffenden Worte spricht, ja vielleicht schon zu der Zeit, wo es überhaupt noch nichts spricht und noch nicht einmal gehen kann, sondern nur alles mit jenem starren, stummen kindlichen Blicke anschaut, den die Erwachsenen stumpf nennen, – vielleicht sieht und errät es da schon die Bedeutung und den Zusammenhang der Erscheinungen in der es umgebenden Sphäre, ohne sich jedoch dessen bewußt zu werden und ohne es anderen mitteilen zu können. Vielleicht hatte der kleine Ilja schon längst beachtet und verstanden, was in seiner Gegenwart gesprochen und getan wurde: wie sein Vater in Plüschhosen und in einer braunen wattierten Tuchjoppe den ganzen Tag lang weiter nichts tat als mit den Händen auf dem Rücken von einer Ecke nach der andern zu gehen, zu schnupfen und sich zu schneuzen, und wie seine Mutter vom Kaffee zum Tee und vom Tee zum Mittagessen überging, und daß es dem Vater nie einfiel zu kontrollieren, wie viele Garben gemäht oder geerntet waren, und einen Nachlässigen zur Verantwortung zu ziehen, daß er aber, wenn ihm sein Taschentuch nicht schnell genug gereicht wurde, ein großes Geschrei über unordentliche Wirtschaft erhob und das ganze Haus auf den Kopf stellte.

Vielleicht war sein kindlicher Geist schon längst zu der Anschauung gelangt, daß man so leben müsse, wie die Erwachsenen um ihn herum lebten, und nicht anders. Und wie hätte er auch zu einer anderen Anschauung kommen können?

Wie lebten aber die Erwachsenen in Oblomowka?

Stellten sie sich die Frage: »Wozu ist uns das Leben gegeben?« Gott weiß. Und wie beantworteten sie sie? Wahrscheinlich gar nicht; die Sache erschien ihnen sehr einfach und klar.

Sie hatten nichts von einem sogenannten arbeitsvollen Leben gehört, von Menschen, welche quälende Sorgen in der Brust tragen und zu irgendwelchem Zwecke von einem Orte der Erde zum andern hasten oder ihr Leben steter, endloser Arbeit weihen.

Die Oblomowkaer glaubten auch nicht recht an seelische Unruhen; beständig im Kreislaufe irgendwohin und nach irgend etwas zu streben, das erachteten sie nicht für ein wahres Leben; vor leidenschaftlichen Affekten fürchteten sie sich wie vor einem Feuer; und während bei anderen Menschen der Körper infolge der vulkanischen Arbeit des inneren seelischen Feuers schnell verbrannte, war die Seele der Oblomowkaer friedlich und ungestört in dem weichen Körper gebettet.

Das Leben drückte ihnen nicht, wie anderen, durch vorzeitige Runzeln oder zerstörende seelische Schläge und Leiden sein Zeichen auf.

Die guten Leute faßten das Leben lediglich als ein Ideal der Ruhe und Untätigkeit auf, die nur zeitweilig durch allerlei unangenehme Zufälle gestört werde, als da seien: Krankheiten, Verluste, Streitigkeiten und unter anderm auch Arbeit. Sie ertrugen die Arbeit als eine Strafe, die schon unsern Vorvätern auferlegt sei; aber lieben konnten sie sie nicht, und wo sich die Möglichkeit dazu bot, befreiten sie sich immer von ihr, da sie das für zulässig und pflichtmäßig erachteten.
Sie zerbrachen sich nie den Kopf über irgendwelche intellektuellen oder moralischen Fragen: infolgedessen erfreuten sie sich immer einer blühenden Gesundheit und einer heiteren Stimmung und lebten infolgedessen auch lange; die Männer sahen mit vierzig Jahren wie Jünglinge aus; die Greise rangen nicht mit einem schweren, qualvollen Tode, sondern starben nach einem unglaublich langen Leben gewissermaßen verstohlen, indem sie sachte erstarrten und unmerklich den letzten Seufzer aushauchten. Daher sagt man auch, die Menschen seien früher kräftiger gewesen.
Ja, sie waren auch wirklich kräftiger. Früher beeilte man sich nicht, einem Kinde den Sinn des Lebens zu erklären und es für das Leben als für etwas Schwieriges, mit dem nicht zu scherzen sei, vorzubereiten; man quälte das Kind nicht mit Büchern, die in seinem Kopfe eine Unmenge von Fragen hervorrufen; diese Fragen aber nagen dann am Verstande und Herzen und verkürzen das Leben.
Die Norm des Lebens war fertig und ihnen von ihren Eltern überliefert; diese aber hatten sie, ebenfalls in fertigem Zustande, vom Großvater übernommen, und der Großvater vom Urgroßvater, mit dem Vermächtnis, ihre Vollständigkeit und Unberührtheit zu hüten wie das Feuer der Vesta. Wie etwas bei den Großvätern und Vätern gemacht war, so wurde es auch bei Ilja Iljitschs Vater gemacht, und so wird es vielleicht noch heutzutage in Oblomowka gemacht.

Worüber brauchten sie nachzudenken, worüber sich aufzuregen, was zu erforschen, welche Ziele zu verfolgen?
Nichts von alledem war erforderlich: das Leben strömte wie ein ruhiger Fluß an ihnen vorbei; sie hatten weiter nichts zu tun, als an dem Ufer dieses Flusses zu sitzen und die unvermeidlichen Erscheinungen zu beobachten, die der Reihe nach ungerufen sich einem jeden von ihnen darboten.
Und da zeigten sich nun der Phantasie des schlafenden Ilja Iljitsch ebenso der Reihe nach, lebenden Bildern vergleichbar, zuerst die drei wichtigsten Akte des Lebens, die sich sowohl in seiner Familie als auch bei Verwandten und Bekannten abspielten: Geburt, Hochzeit, Begräbnis.
Dann zog sich eine bunte Prozession heiterer und trauriger Unterabteilungen dieser Lebensakte hin: Taufen, Namenstage, Familienfeste, Fastenanfang, Fastenschluß, geräuschvolle Diners, Familienzusammenkünfte, Begrüßungen, Gratulationen, offizielle Tränen und offizielles Lächeln.
Alles wurde mit der größten Genauigkeit, Würde und Feierlichkeit ausgeführt.
Es traten ihm sogar bekannte Personen bei verschiedenen Anlässen entgegen; er sah ihren Gesichtsausdruck, ihren Eifer, ihre Geschäftigkeit. Wenn man ihnen die Durchführung einer noch so kitzlichen Heiratsvermittlung, das Arrangement einer noch so großartigen Hochzeit oder Namenstagsfeier auftrug, so erledigten sie das nach allen Regeln, ohne das geringste Versehen. Bei Fragen wie: welcher Platz soll einem jeden angewiesen werden? welche Gerichte sollen aufgetragen und wie sollen sie serviert werden? wer soll mit wem zusammen zu der Feierlichkeit fahren? welche Schutzmaßregeln sind gegen dieses und jenes Vorzeichen zu ergreifen? bei all solchen Fragen beging in Oblomowka nie jemand auch nur den kleinsten Fehler.

Und man hätte dort nicht verstanden, ein Kind aufzuziehen? Man brauchte nur zu sehen, was für rosige, gewichtige Kupidos die dortigen Mütter auf dem Arme trugen und an der Hand führten. Sie legten den größten Wert darauf, daß die Kinder recht dick, weiß und gesund seien.

Die Oblomowkaer hätten den Frühling nicht als solchen anerkannt und nichts von ihm wissen wollen, wenn sie nicht zu Beginn desselben eine gebackene Lerche verspeist hätten. Es galt bei ihnen als selbstverständlich, daß man das wußte und ausführte.

Darin bestand ihr ganzes Leben und ihre ganze Wissenschaft; darauf beruhten alle ihre Schmerzen und Freuden; daher wiesen sie auch jede andere Sorge und Bekümmernis von sich und kannten keine anderen Genüsse; ihr Leben war ausschließlich von diesen natürlichen, unvermeidlichen Ereignissen angefüllt, die ihrem Geiste und Herzen unendliche Nahrung boten.

Mit aufgeregtem Herzklopfen erwarteten sie eine Feier, eine Schmauserei, eine kirchliche Handlung; dann aber, wenn sie einen Menschen getauft, verheiratet oder begraben hatten, vergaßen sie ihn selbst und sein Schicksal und versanken wieder in ihre gewöhnliche Apathie, aus der sie erst ein neues Ereignis von derselben Art, eine Namenstagsfeier, eine Hochzeit und so weiter wieder aufrüttelte.

Sobald ein Kind geboren war, richtete sich die erste Sorge der Eltern darauf, in betreff seiner so genau wie nur möglich, ohne den geringsten Verstoß, alle durch den Anstand geforderten Gebräuche zu erfüllen, das heißt nach der Taufe eine Schmauserei zu veranstalten; darauf begann die sorgsame Pflege des Kindes selbst.

Die Mutter stellte sich und der Kinderfrau die Aufgabe: ein recht gesundes Kind aufzuziehen, es vor Erkältung, vor bösem Blick und anderen feindlichen Einwirkungen zu behü-

ten. Sie gaben sich die größte Mühe, daß das Kind immer vergnügt sei und tüchtig esse.
Sobald ein kleiner Bube auf eigenen Füßen stehen konnte und keine Kinderfrau mehr brauchte, schlich sich in das Herz der Mutter schon der geheime Wunsch, ihm eine Lebensgefährtin zu suchen, ebenfalls eine recht gesunde, rotbackige. Wieder begann die Zeit der herkömmlichen Gebräuche und der Schmausereien, und schließlich fand die Hochzeit statt; darauf konzentrierte sich das ganze Interesse des Lebens. Dann begannen die Wiederholungen: das Kindergebären, die herkömmlichen Gebräuche, die Schmausereien, bis das Begräbnis die Szenerie änderte; aber nicht auf lange: diejenigen, die bisher gelebt hatten, machten anderen Platz; die Knaben wurden Jünglinge und zugleich Bräutigame, heirateten, erzeugten Nachkommen, die ihnen ähnlich waren – und so zog sich das Leben nach diesem Programme wie ein ununterbrochenes, einförmiges Gewebe hin, das erst am Grabe unmerklich zerriß.
Allerdings drängten sich ihnen manchmal auch andere Sorgen auf; aber die Oblomowkaer verhielten sich ihnen gegenüber meistens mit stoischer Ruhe, und die Sorgen flogen, nachdem sie eine Weile über ihren Köpfen gekreist hatten, wieder vorbei, wie Vögel, die gegen eine glatte Mauer fliegen und, wenn sie da kein Plätzchen finden, um festen Fuß zu fassen, vergeblich an dem festen Steine herumflattern und weiterfliegen.
So stürzte zum Beispiel eines Tages ein Teil der Galerie auf der einen Seite des Hauses plötzlich herunter und begrub unter seinen Trümmern eine Glucke mit ihren Küchlein; auch Antips Frau Axinja, die mit der Spinnbank unter der Galerie saß, hätte etwas abbekommen, wenn sie sich nicht gerade in dem Augenblicke zu ihrem Glücke entfernt gehabt hätte, um eine Docke Flachs zu holen.

Im Hause entstand ein großer Aufruhr: alle, groß und klein, kamen herbeigelaufen und entsetzten sich bei der Vorstellung, daß statt der Glucke mit den Küchlein auch die gnädige Frau selbst mit Ilja Iljitsch da hätte spazierengehen können. Alle ergingen sich in Ausrufen und machten einander Vorwürfe darüber, daß keinem das Notwendige eingefallen war: der eine hätte daran erinnert, der andere die Reparatur anordnen, der dritte sie ausführen sollen.

Alle waren erstaunt, daß die Galerie eingestürzt war, und dabei hatten sie sich noch am Tage zuvor gewundert, daß sie so lange hielt!

Nun begannen Sorgen und Besprechungen darüber, wie die Sache wieder in Ordnung gebracht werden solle; alle bedauerten die Glucke mit den Küchlein und gingen dann langsam wieder auseinander, jeder an seinen Platz; es wurde aber streng verboten, Ilja Iljitsch an die Galerie heranzulassen.

Darauf, etwa drei Wochen nachher, erhielten Andrjuschka, Petruschka und Waska Befehl, die heruntergestürzten Bohlen und Geländerteile in den Schuppen zu tragen, damit sie nicht im Wege lägen. Da lagerten sie dann bis zum Frühjahr. Jedesmal, wenn der alte Oblomow sie vom Fenster aus sah, bereitete ihm der Gedanke an die Reparatur Sorge; er ließ den Zimmermann kommen und beriet mit ihm, was besser sei: eine neue Galerie zu bauen oder die Überreste auch noch abzubrechen. Dann entließ er ihn wieder nach Hause mit den Worten: »Geh nur, ich werde mir die Sache überlegen.« Das dauerte so lange, bis Waska oder Motka dem Herrn berichtete, als er, Motka, am Morgen auf die Reste der Galerie hinaufgestiegen sei, da hätten die Ecken ganz weit von den Mauern abgestanden und könnten jeden Augenblick ebenfalls einstürzen.

Nun wurde der Zimmermann zu einer endgültigen Beratung berufen, bei der beschlossen wurde, den übriggebliebenen Teil der Galerie vorläufig mit den alten Bruchstücken zu stützen; und dies wurde auch gegen Ende desselben Monats ausgeführt.

»Ei! Die Galerie ist jetzt wie neu geworden!« sagte der Alte zu seiner Frau. »Sieh nur mal, wie hübsch Fedot die Balken in Abständen aufgestellt hat, ganz wie die Säulen am Hause des Präsidenten! Jetzt sieht es schön aus, und wieder für lange Zeit!«

Jemand erinnerte ihn daran, es könnte bei dieser Gelegenheit auch das Tor ausgebessert und die Freitreppe zurechtgemacht werden; denn jetzt kämen durch die Stufen nicht nur die Katzen, sondern sogar die Schweine in das Souterrain herein.

»Ja, ja, das ist nötig«, antwortete Ilja Iwanowitsch besorgt und ging sogleich hin, um sich die Freitreppe anzusehen.

»Wahrhaftig, ja, sieh nur, sie ist ganz wackelig geworden«, sagte er und brachte sie mit den Füßen wie eine Wiege in schwingende Bewegung.

»Aber sie hat auch damals schon gewackelt, als sie eben gebaut war«, bemerkte jemand.

»Na also, was hat es geschadet, daß sie gewackelt hat?« antwortete Oblomow. »Sie ist ja doch nicht entzweigegangen, obgleich sie sechzehn Jahre ohne Reparatur dasteht. Luka hat sie damals vorzüglich gearbeitet! Ja, das war ein Zimmermann, wie er sein soll … er ist gestorben; Gott gebe ihm das Himmelreich! Heutzutage taugen die Handwerker nicht mehr viel; sie arbeiten nicht mehr so gut.«

Damit wandte er die Augen nach einer andern Seite; die Freitreppe aber wackelt dem Vernehmen nach noch heute und ist noch immer nicht entzweigegangen.

Da sieht man, daß dieser Luka wirklich ein vorzüglicher Zimmermann gewesen ist.

Indes muß man der Gutsherrschaft Gerechtigkeit widerfahren lassen: manchmal beunruhigte sie sich bei einem Unglück oder einer Unannehmlichkeit wirklich sehr und wurde sogar ärgerlich und zornig.

»Wie hat das und das nur so vernachlässigt und in solchem Zustande belassen werden können?« hieß es dann. »Es müssen sofort die nötigen Maßregeln ergriffen werden.« Und dann wurde von nichts anderem gesprochen, als wie das Brückchen über den Graben repariert oder der Garten an einer Stelle umzäunt werden sollte, damit das Vieh nicht die Bäume verderbe, da ein Stück des Flechtzaunes an einer Stelle ganz auf der Erde lag.

Ilja Iwanowitsch trieb die Sorglichkeit sogar so weit, daß er einmal, als er im Garten spazierenging, eigenhändig unter Ächzen und Stöhnen den Flechtzaun aufhob und dem Gärtner befahl, ihn sofort mit zwei Stangen zu stützen; dank dieser Anordnung Oblomows stand der Flechtzaun so den ganzen Sommer über und fiel erst im Winter infolge des Schnees wieder um.

Endlich kam es sogar so weit, daß auf die Brücke drei neue Bohlen gelegt wurden, gleich nachdem Antip mit dem Pferde und der Wassertonne von ihr herunter in den Graben gefallen war. Er war von seinem Falle noch nicht ganz wieder genesen, als das Brückchen schon wie neu hergestellt war.

Auch die Kühe und Ziegen hatten von dem neuen Umfallen des Flechtzaunes im Garten nicht viel Nutzen: sie hatten erst die Johannisbeerbüsche abgefressen und sich erst darangemacht, die zehnte Linde abzuschälen, ohne noch zu den Apfelbäumchen gelangt zu sein, als die Anordnung erlassen wurde, den Flechtzaun ordnungsmäßig zu schließen und ihn sogar durch einen kleinen Graben zu sichern.

Auch die beiden Kühe und die Ziege, die auf frischer Tat ertappt wurden, bekamen etwas Gehöriges ab; sie kriegten tüchtige Peitschenhiebe rechts und links! – – –

Ilja Iljitsch träumte auch noch von dem großen, dunklen Salon in seinem Elternhause, mit den altertümlichen Lehnstühlen von Eschenholz, die immer in Überzügen steckten, mit dem gewaltigen, plumpen, harten Sofa, das mit verschossenem, himmelblauem, fleckigem Berkan überzogen war, und mit einem großen ledernen Lehnstuhl.

Ein langer Winterabend bricht an.

Die Mutter sitzt auf dem Sofa, hat die Füße unter den Leib gezogen und strickt träge einen Kinderstrumpf, wobei sie gähnt und sich ab und zu mit der Stricknadel am Kopf kratzt. Neben ihr sitzt Nastasja Iwanowna und Pelageja Ignatjewna und nähen, die Köpfe tief auf die Arbeit hinabbeugend, etwas zu den Feiertagen für den kleinen Ilja oder für seinen Vater oder auch für sich selbst.

Der Vater geht, die Hände auf dem Rücken, höchst zufrieden im Zimmer auf und ab, oder er setzt sich auf seinen Lehnstuhl, sitzt ein Weilchen und nimmt dann seine Promenade wieder auf, wobei er aufmerksam nach dem Schalle seiner eigenen Schritte hinhorcht. Dann nimmt er eine Prise, schneuzt sich und nimmt noch eine Prise.

Im Zimmer brennt trübe ein einziges Talglicht. Auch das wurde nur an Winter- und Herbstabenden spendiert. In den Sommermonaten war ein jeder darauf bedacht, ohne Kerze, bei Tageslicht sich hinzulegen und aufzustehen.

Das geschah teils aus Gewohnheit, teils aus Sparsamkeit. Mit allen Dingen, die nicht in der eigenen Wirtschaft produziert wurden, sondern käuflich erworben werden mußten, waren die Oblomowkaer äußerst geizig.

Sie stachen bei Ankunft eines Gastes mit Freuden einen prächtigen Truthahn oder ein Dutzend junger Hühner ab, taten aber um seinetwillen auch nicht eine Rosine mehr an eine Speise und wurden ganz blaß, wenn ein Gast unaufgefordert auf den Einfall kam, sich ein Glas Wein einzugießen. Übrigens kam eine solche Schändlichkeit dort kaum je vor; so handelte höchstens ein Tollkopf, der in der allgemeinen Meinung schon drunter durch war; einen solchen Gast ließ man überhaupt nicht auf den Hof.

Nein, dort herrschten andere Sitten: vor dreimaligem Nötigen rührte der Gast dort nichts an. Er wußte sehr wohl, daß in einem nur einmaligen Nötigen häufiger die Bitte lag, auf das angebotene Gericht zu verzichten, als die Bitte, davon zu nehmen.

Auch zwei Lichte wurden nicht um eines jeden willen angezündet: die Lichte wurden in der Stadt für Geld gekauft und wie alle eingekauften Sachen von der Hausfrau selbst unter Verschluß gehalten. Die Stümpfchen wurden sorgfältig gezählt und aufbewahrt.

Überhaupt liebte man es dort nicht, Geld auszugeben, und mochte ein Gegenstand noch so notwendig sein, so wurde doch Geld für ihn immer nur mit großem Bedauern hingegeben, und auch das nur, wenn die Ausgabe unbedeutend war. Eine bedeutende Ausgabe wurde von Stöhnen, Seufzen und Schimpfen begleitet.

Die Oblomowkaer waren lieber dazu bereit, alle möglichen Unbequemlichkeiten zu ertragen, die sie sich dann sogar gewöhnten, nicht für Unbequemlichkeiten zu halten, als Geld auszugeben.

Das war auch der Grund, weshalb das Sofa im Salon schon längst voller Flecke war. Das war auch der Grund, weshalb Ilja Iwanowitschs Lehnstuhl nur den Namen »der Ledersessel« führte, während sein Bezug in Wirklichkeit teils aus Bast, teils aus Bindfaden bestand; vom Leder war nur an der Lehne noch ein Stück vorhanden; das übrige war schon vor fünf Jahren in Stücke gegangen und heruntergefallen. Das war vielleicht auch der Grund, weshalb das Tor immer schief war und die Freitreppe wackelte. Aber für irgend etwas, auch für etwas höchst Notwendiges, auf einmal zweihundert, dreihundert, fünfhundert Rubel zu bezahlen, das erschien ihnen beinah als Selbstmord.

Als der alte Oblomow hörte, daß ein junger Gutsbesitzer der Umgegend nach Moskau gefahren sei und dort für ein Dutzend Hemden dreihundert Rubel, für ein Paar Stiefel fünfundzwanzig Rubel und für eine Hochzeitsweste vierzig Rubel bezahlt habe, da bekreuzigte er sich und sagte ohne Besinnen mit einer Miene des Entsetzens, so ein Bursche müsse ins Gefängnis gesetzt werden.

Überhaupt waren sie taub gegen die Lehren der Nationalökonomie von der Notwendigkeit eines schnellen, lebhaften Umsatzes der Kapitalien, einer Steigerung der Produktion und eines Austausches der Produkte. Sie glaubten in der Einfalt ihres Herzens, die einzige Verwendung eines Kapitals bestehe darin, daß man es im Kasten aufbewahre, und handelten dementsprechend.

Auf den Lehnstühlen im Salon sitzen, ruhig atmend, in mannigfachen Körperhaltungen die Bewohner oder die gewöhnlichen Gäste des Hauses.

Unter den so zusammen Sitzenden herrscht meistens tiefes Schweigen: alle sehen einander täglich; die geistigen Schätze sind wechselseitig erschöpft und ergründet; Neuigkeiten aber von außen gehen nur spärlich ein.

Es ist still; man hört nur die Schritte der schweren, im Hause angefertigten Stiefel Ilja Iwanowitschs; die Wanduhr tickt in ihrem Gehäuse dumpf mit dem Pendel; und ab und zu stört ein Faden, den Pelageja Ignatjewna oder Nastasja Iwanowna mit der Hand abreißt oder mit den Zähnen abbeißt, die tiefe Stille.

So vergeht manchmal eine halbe Stunde; höchstens gähnt jemand laut, bekreuzt sich den Mund und sagt dabei: »Herr, erbarme dich!«

Nach ihm gähnt sein Nachbar; dann öffnet der Folgende langsam wie auf Kommando den Mund, und so weiter; das ansteckende Spiel der Luft in den Lungen macht bei allen die Runde, wobei manchem die Tränen kommen.

Oder Ilja Iwanowitsch tritt ans Fenster, blickt hindurch und sagt einigermaßen erstaunt: »Es ist erst fünf Uhr; aber wie dunkel es draußen schon ist!«

»Ja«, antwortet jemand, »um diese Jahreszeit ist es immer so dunkel; die langen Abende kommen heran.«

Im Frühjahr aber wundern und freuen sie sich darüber, daß die langen Tage herankommen. Aber wenn man sie fragen wollte, wozu ihnen diese langen Tage dienen, so würden sie es selbst nicht wissen.

Dann schweigen sie wieder.

Nun möchte jemand das Licht putzen und löscht es dabei unversehens aus – da geraten alle in Bewegung: »Es wird ein unerwarteter Besuch kommen!« sagt mit Sicherheit jemand. Manchmal knüpft sich daran ein Gespräch.

»Was könnte das für ein Besuch sein?« sagt die Hausfrau. »Am Ende Nastasja Faddjejewna? Ach, das gebe Gott! Aber nein, früher als zu den Feiertagen wird sie nicht kommen. Das wäre eine Freude! Wie würden wir uns umarmen und uns beide zusammen ausweinen! Auch die Frühmesse und den Mittagsgottesdienst würden wir zusammen besuchen ... Aber ich kann es ihr nicht gleichtun! Obwohl ich jünger bin, kann ich doch nicht so lange stehen!«

»Wann ist sie denn von uns abgereist?« fragt Ilja Iwanowitsch. »Ich glaube, nach dem Eliastage?«

»Was redest du nur, Ilja Iwanowitsch! Du machst doch immer Konfusion! Sie hat nicht einmal den Semik abgewartet«, verbessert ihn seine Frau.

»Sie war doch zu den Petrifasten* hier, glaube ich«, erwidert Ilja Iwanowitsch.
»So bist du immer!« sagt seine Frau vorwurfsvoll. »Du streitest, aber du blamierst dich bloß …«
»Na, aber gewiß war sie zu den Petrifasten hier! Es wurden damals noch Pilzpasteten gebacken, die aß sie so gern …«
»Das war ja Marja Onisimowna; die ißt gern Pilzpasteten – wie hast du das nur vergessen können! Und auch Marja Onisimowna hat nicht bis zum Eliastage, sondern nur bis Prochor und Nikanor bei uns logiert.«
Sie berechneten die Zeit immer nach den Festtagen, nach den Jahreszeiten und nach allerlei Ereignissen in der Familie und im Hause, ohne jemals den Monat und das Datum anzugeben. Vielleicht kam das zum Teil auch davon her, daß, wie Oblomow selbst, so auch die übrigen immer mit den Monatsnamen und Daten Verwirrung anrichteten. Der geschlagene Ilja Iwanowitsch schweigt, und die ganze Gesellschaft versinkt wieder in ihre Druselei. Iljuschka, der sich hinter dem Rücken seiner Mutter ausgestreckt hat, druselt ebenfalls und schläft manchmal vollständig.
»Ja«, sagt dann einer der Gäste mit einem tiefen Seufzer, »was war Maria Onisimownas Mann, der selige Wasili Fomitsch, für ein gesunder Mensch, weiß Gott, und ist doch gestorben! Nicht einmal sechzig Jahre ist er alt geworden; so einer hätte hundert Jahre leben müssen!«
»Wir werden alle sterben; wann ein jeder sterben wird, das hängt von Gottes Willen ab!« erwidert Pelageja Ignatjewna mit einem Seufzer. »Der eine stirbt, und da bei Chlopows folgt eine Taufe auf die andre: es heißt, Anna Andrejewna hat schon wieder ein Kind bekommen – das ist nun das sechste!«

* Der Eliastag ist der 20. Juli, der Semik der siebente Donnerstag nach Ostern; die Petrifasten liegen vor dem Peterpaulstage, dem 29. Juni. Anm. d. Übers.

»Und Anna Andrejewna ist nicht die einzige!« sagt die Hausfrau. »Wenn erst ihr Bruder sich verheiratet und da Kinder kommen, wieviel Mühe und Sorge wird das geben! Auch die jüngeren Brüder wachsen heran und werden Frauen nehmen; die Töchter sollen unter die Haube gebracht werden; aber wo gibt es hier Freier? Heutzutage wollen ja alle eine Mitgift haben, und immer in bar …«

»Wovon sprecht ihr denn da?« fragt Ilja Iwanowitsch, an die Redenden herantretend.

»Wir sagen, daß …«

Und nun wird ihm das Gespräch wiederholt.

»Ja, so ist das menschliche Leben!« sagt Ilja Iwanowitsch in lehrhaftem Tone. »Der eine stirbt, ein andrer wird geboren, ein dritter heiratet, und wir werden immer älter. Ein Jahr gleicht nicht dem andern, und auch ein Tag gleicht nicht dem andern! Warum ist das so eingerichtet? Das wäre eine Sache, wenn jeder Tag so wäre wie gestern, und gestern so wie morgen! Es ist traurig, wenn man es so bedenkt …«

»Ein alter Mensch altert, und ein junger Mensch wächst heran!« sagt jemand von einer Ecke her mit schläfriger Stimme.

»Man muß mehr beten und über nichts nachdenken!« bemerkt die Hausfrau in strengem Tone.

»Das ist richtig, das ist richtig«, versetzt Ilja Iwanowitsch nach seinem Versuche zu philosophieren eilig und ängstlich und beginnt wieder auf und ab zu gehen.

Wieder langes Schweigen; es rascheln nur die mittels der Nadel durch das Gewebe gezogenen Zwirnfäden. Manchmal unterbricht die Hausfrau das Schweigen.

»Ja, es ist draußen dunkel«, sagt sie. »Wenn Gott gibt, daß wir die Christwoche erleben, so werden unsere Angehörigen zu Besuch kommen; dann wird es lustig werden, und die Abende werden im Umsehen vergehen. Wenn Malanja Petrowna herkäme, dann würden wir eine Menge mutwillige Streiche zu sehen bekommen! Was gibt die nicht alles an! Zinn gießen und Wachs schmelzen und vors Tor laufen; alle Mägde bringt sie mir aus Rand und Band. Alle möglichen Spiele arrangiert sie ja, das ist so ihre Art!«

»Ja, sie ist eine Weltdame!« bemerkt einer der Dabeisitzenden. »Vor zwei Jahren hatte sie den Einfall, mit dem Schlitten vom Berge herunterzufahren; damals zerschlug sich noch Luka Sawitsch die Stirn über dem einen Auge ...«

Auf einmal geraten alle in lebhafte Bewegung, blicken Luka Sawitsch an und brechen in ein Gelächter aus.

»Wie hast du denn das angefangen, Luka Sawitsch? Na zu! erzähle mal!« sagt Ilja Iwanowitsch und will sich ausschütten vor Lachen.

Und alle lachen weiter; auch der kleine Ilja wacht auf und lacht ebenfalls.

»Na, was ist da zu erzählen«, sagt Luka Sawitsch verlegen. »Das hat sich Alexei Naumowitsch alles bloß ausgedacht; es war überhaupt gar nichts ...«

»Hoho!« rufen alle im Chor. »Es soll überhaupt nichts gewesen sein? Sind wir etwa nicht dabei gewesen? Und die Stirn, die Stirn, da ist ja noch bis heute die Narbe zu sehen ...«

Sie lachen gewaltig.

»Was lacht ihr denn?« versucht Luka Sawitsch in ein paar Lachpausen zu sagen. »Ich hätte ... es wäre gar nichts ... an allem ist der schändliche Waska schuld ... der hat mir einen alten Handschlitten zugeschanzt ... der ist unter mir auseinandergegangen ... und da bin ich ...«

Allgemeines Gelächter übertönt seine Stimme. Vergeblich bemüht er sich, die Geschichte seines Falles zu Ende zu erzählen: das Lachen dehnt sich auf die ganze Gesellschaft aus, dringt in das Vorzimmer und in die Mädchenstube und erfaßt das ganze Haus; alle erinnern sich an das komische Ereignis; alle lachen lange, herzlich, unsäglich wie die olympi-

schen Götter. Sowie sie anfangen still zu werden, platzt jemand wieder los, und dann folgt eine neue Lachsalve.
Endlich beruhigen sie sich mit Not und Mühe einigermaßen.
»Wie ist's, wirst du diesmal in der Christwoche wieder Schlitten fahren, Luka Sawitsch?« fragt Ilja Iwanowitsch nach einem kurzen Stillschweigen.
Wieder bricht ein allgemeines Lachen aus, das wohl zehn Minuten lang dauert.
»Soll ich nicht Antip befehlen, in den Fasten einen Rutschberg herzustellen?« sagt wieder Oblomow. »Luka Sawitsch ist ja wohl ein großer Liebhaber dieses Vergnügens; er kann die Zeit gar nicht erwarten …«
Das Gelächter der ganzen Gesellschaft hindert ihn, zu Ende zu sprechen.
»Ist denn jener … Handschlitten jetzt ganz?« sagt einer von ihnen, vor Lachen kaum fähig zu reden.
Wieder Gelächter.
Lange lachen alle; endlich beginnen sie sich allmählich zu beruhigen; der eine wischt sich die Tränen ab, ein anderer schneuzt sich, ein dritter hustet und spuckt schrecklich und sagt dabei mühsam:
»Ach, du mein Gott! Ich ersticke ganz vor Verschleimung … Nein, wie hat er uns damals zum Lachen gebracht, weiß Gott! So ein Malheur! Wie er mit dem Rücken nach oben dalag und ihm die Rockschöße auseinanderstanden …«
Her erfolgt die endgültig letzte, anhaltende Lachsalve, und dann wird alles still. Der eine seufzt, ein andrer gähnt laut, wobei er irgendeine Redensart macht, und alles versinkt in Schweigen.
Wie vorher hört man nur das Ticken des Pendels, das Poltern von Oblomows Stiefeln und das leise Knistern eines abgebissenen Fadens.

Plötzlich bleibt Ilja Iwanowitsch mit aufgeregter Miene mitten im Zimmer stehen und faßt sich an die Nasenspitze. »Was bedeutet das für ein Unglück? Seht mal an!« sagt er. »Es wird eine Leiche geben; mir juckt immer die Nasenspitze …«

»Ach, du mein Gott!« sagt seine Frau und schlägt die Hände zusammen. »Das bedeutet ja gar keine Leiche, wenn einem die Nasenspitze juckt. Wenn einem der Nasenrücken juckt, das bedeutet eine Leiche. Nein, Ilja Iwanowitsch, wie vergeßlich du doch bist, Gott verzeihe es dir! Wenn du das vor den Ohren andrer Leute oder in Gegenwart fremder Gäste sagtest, du müßtest dich ja schämen.«

»Aber was bedeutet es denn, wenn einem die Nasenspitze juckt?« fragt Ilja Iwanowitsch verlegen.

»Das bedeutet, daß man ins Glas sehen wird. Wie kann nur ein Mensch sagen, daß das eine Leiche bedeutet!«

»Ich verwechsle das immer!« erwidert Ilja Iwanowitsch. »Wie soll man das aber auch behalten: bald juckt einem die Seite der Nase, bald die Nasenspitze, bald die Augenbrauen …«

»Wenn einem die Seite der Nase juckt«, fällt Pelageja Iwanowna ein, »so bedeutet das neue Nachrichten; wenn die Augenbrauen, Tränen; wenn die Stirn, daß man sich verbeugen wird, und zwar wenn die rechte Seite juckt, vor einem Manne, wenn die linke, vor einer Frau; wenn einem die Ohren jucken, so bedeutet es Regen; wenn die Lippen, Küsse; wenn der Schnurrbart, daß man Näschereien geschenkt bekommen wird; wenn der Ellbogen, daß man an einem neuen Orte schlafen wird; wenn die Fußsohlen, eine Reise …«

»Na, Pelageja Iwanowna, Sie sind ein famoses Frauenzimmer!« sagt Ilja Iwanowitsch. »Aber wenn die Butter billig werden wird, dann juckt einem ja wohl der Nacken …«

Die Damen fangen an zu lachen und untereinander zu flüstern; einige von den Männem lächeln; es bereitet sich wieder ein neuer Ausbruch von Gelächter vor; aber in diesem Augenblicke wird im Zimmer ein Geräusch hörbar, das gleichzeitig wie das Knurren eines Hundes und wie das Zischen einer Katze klingt, wenn diese beiden Tiere sich anschicken aufeinander loszustürzen: es ist das Schlagen der Uhr.

»Na nu! Schon neun!« ruft Ilja Iwanowitsch mit frohem Erstaunen. »Nun seh einer an, man merkt gar nicht, wie die Zeit vergeht. Heda, Waska! Wanka! Motka!«

Es erscheinen drei verschlafene Gesichter.

»Warum deckt ihr denn nicht den Tisch?« fragt Oblomow erstaunt und ärgerlich. »Daß ihr auch gar nicht an eure Herrschaft denkt! Na, was steht ihr noch? Schnell, Schnaps her!«

»Da haben wir's, darum hat Ihnen die Nasenspitze gejuckt!« sagt Pelageja Iwanowna lebhaft. »Sie werden Schnaps trinken und ins Glas sehen.«

Nach dem Abendessen küssen sie sich, bekreuzen einander und trennen sich, um zu Bette zu gehen; bald herrscht der Schlaf über ihren sorglosen Häuptern. – – –

Ilja Iljitsch träumte nicht nur von einem oder zwei solchen Abenden, sondern von ganzen Wochen, Monaten und Jahren, in denen die Tage und Abende so verlebt wurden. Nichts unterbrach die Einförmigkeit dieses Lebens, und die Oblomowkaer selbst fühlten sich durch dasselbe nicht bedrückt, da sie sich keine andere Lebensweise vorstellen konnten; und selbst wenn sie sich voll Entsetzen von ihr abgewandt haben. Sie wollten kein anderes Leben und hätten an keinem andern Leben Gefallen gefunden. Sie hätten es bedauert, wenn die Umstände Veränderungen, von welcher Art diese auch immer sein mochten, in ihr Dasein hineingebracht hätten. Der Kummer hätte an ihren Herzen genagt, wenn der morgige Tag nicht dem heutigen und der übermorgige nicht dem morgigen ähnlich gewesen wäre.

Wozu brauchten sie Mannigfaltigkeit, Veränderungen, Ereignisse, die anderen Menschen ein Lebensbedürfnis sind? Mochten die anderen diese Suppe auslöffeln; aber ihnen, den Oblomowkaern, stand danach nicht der Sinn. Mochten die andern leben, wie sie wollten.

Denn Ereignisse, mögen sie selbst von vorteilhafter Art sein, bringen immer eine gewisse Unruhe mit sich: sie machen Mühe und Sorge und Lauferei; man darf nicht auf einer Stelle sitzen bleiben, muß Handel treiben oder schreiben, kurz, sich tummeln; das ist kein Spaß!

Sie lebten ganze Jahrzehnte lang, indem sie gleichmäßig vor sich hin atmeten, druselten und gähnten oder über ihre ländlichen Späße in ein gutmütiges Gelächter ausbrachen oder, zu einer Runde versammelt, einander erzählten, was ein jeder in der Nacht geträumt hatte.

War der Traum schrecklich, so wurden alle nachdenklich und fürchteten sich allen Ernstes; war er prophetisch, so freuten oder betrübten sich alle aufrichtig, je nachdem der Betreffende etwas Trauriges oder Tröstliches geträumt hatte. Verlangte der Traum die Beachtung irgendeines Vorzeichens, so wurden dafür sofort praktische Maßregeln ergriffen.

Oder sie spielten Schafskopf, Eigene Trümpfe und an Festtagen mit Gästen Boston, oder sie legten grande patience, indem sie die Prophezeiungen auf Coeurkönig und Treffdame richteten und eine Heirat vorhersagten.

Manchmal kam irgend so eine Natalja Faddjejewna auf eine oder zwei Wochen zu Besuch. Zuerst nahmen dann die alten Damen die ganze Umgegend vor, wie ein jeder lebe, und was er tue; sie drangen nicht nur in das Familienleben, in das Leben hinter den Kulissen ein, sondern auch in die geheimen Pläne und Absichten eines jeden; sie prüften Herz und Nieren, schimpften auf Unwürdige und fällten Verdammungsurteile über sie, besonders über treulose Ehemänner. Dann

sprachen sie allerlei Familienfeste durch: Namenstags-, Tauf- und Entbindungsfeiern, womit ein jeder seine Gäste bewirtet hatte, wen er eingeladen hatte und wen nicht.
Waren sie dessen müde geworden, so fingen sie an, einander ihre neuen Erwerbungen zu zeigen: die Kleider, die Mäntel, sogar die Unterröcke und Strümpfe. Die Hausfrau prahlte mit Sachen, die im Hause hergestellt waren: Leinwand, Garn und Spitzen.
Aber auch dieser Stoff erschöpfte sich. Dann vertrieb man sich die Zeit mit Kaffee, Tee und Eingemachtem. Nachher ging man zum Stillschweigen über.
Sie saßen lange da, sahen einander an und seufzten von Zeit zu Zeit schwer über irgend etwas. Manchmal fing eine auch an zu weinen.
»Was hast du, meine Beste?« fragte die andere beunruhigt.
»Ach, mir ist traurig zumute, mein Täubchen!« antwortete die Besucherin mit einem schweren Seufzer. »Wir haben Gott den Herrn erzürnt, wir Ruchlosen. Es wird schlimm werden.«
»Ach, erschrecke mich nicht, ängstige mich nicht, meine Teure!« unterbrach die Hausfrau sie.
»Ja, ja«, fuhr jene fort; »die letzten Tage sind gekommen; ein Volk wird sich über das andere empören und ein Königreich über das andre … das Ende der Welt wird hereinbrechen!« sagte endlich Natalja Faddjejewna, und beide weinten bitterlich.
Irgendwelchen Grund zu einer solchen Vermutung hatte Natalja Faddjejewna nicht; niemand hatte sich über jemand empört; nicht einmal ein Komet hatte sich in diesem Jahre gezeigt; aber alte Frauen haben eben manchmal dunkle Ahnungen.
Mitunter wurde diese Art, die Zeit hinzubringen, durch ein unerwartetes Ereignis gestört; es erkrankten zum Beispiel alle im ganzen Hause, groß und klein, infolge von Kohlendunst.

Von anderen Krankheiten bekam man im Hause und im Dorfe so gut wie nichts zu hören; höchstens stieß sich jemand im Dunkeln an einem Pfahl, oder es stürzte einer vom Heuboden herunter, oder es fiel ein Brett vom Dache herunter und traf jemanden auf den Kopf.

Aber all das kam nur selten vor; und es wurden gegen solche unerwarteten Unglücksfälle erprobte Hausmittel angewandt: die verletzte Stelle wurde mit Flußschwamm oder Liebstöckel eingerieben; man gab dem Patienten Weihwasser zu trinken oder besprach den Schaden – und alles ging vorüber.

Aber Betäubung durch Kohlendunst kam ziemlich oft vor. Dann wälzten sich alle auf den Betten umher; man hörte Ächzen und Stöhnen; der eine legte sich Gurken auf den Kopf und band ein Handtuch darüber; ein andrer steckte sich Moosbeeren in die Ohren und roch an Meerrettich; ein dritter ging im bloßen Hemde in die Kälte hinaus; ein vierter wälzte sich einfach ohne Bewußtsein auf dem Fußboden umher.

Das ereignete sich periodisch ein- oder zweimal im Monat; denn man liebte es nicht, die Wärme unnütz in den Schornstein zu lassen, und machte die Öfen zu, wenn darin noch solche Flammen loderten wie in »Robert dem Teufel«. An keine Ofenbank, an keinen Ofen konnte man die Hand heranlegen: ehe man es sich versah, hatte man eine Blase weg.

Nur einmal wurde die Einförmigkeit ihres Lebens durch ein wirklich unerwartetes Ereignis gestört.

Als alle sich nach einem anstrengenden Mittagessen ausgeruht und zum Tee versammelt hatten, kam plötzlich ein aus der Stadt zurückgekehrter Bauer; grabbelte lange mit der Hand zwischen seiner Brust und seinem Anzuge umher und zog endlich mit Gewalt einen zerknitterten, an Ilja Iwanowitsch Oblomow adressierten Brief hervor.

Alle wurden starr; die Hausfrau wechselte sogar ein wenig die Farbe; aller Augen richteten sich und aller Nasen streckten sich nach dem Briefe hin.

»Wie seltsam! Von wem mag er nur sein?« sagte endlich die gnädige Frau, als sie sich wieder gefaßt hatte.

Oblomow nahm den Brief und drehte ihn erstaunt in den Händen herum, ohne zu wissen, was er mit ihm anfangen solle.

»Wo hast du das her?« fragte er den Bauer. »Wer hat dir das gegeben?«

»In der Herberge, wo ich in der Stadt eingekehrt war«, antwortete der Bauer. »Es ist zweimal einer von der Post fragen gekommen, ob keine Bauern aus Oblomowka da wären; es wäre ein Brief an den gnädigen Herrn da.«

»Na, und?«

»Na, zuerst habe ich mich versteckt; da ist der Soldat mit dem Briefe wieder weggegangen. Aber der Küster aus Werchlowo hat mich gesehen und hat es gesagt. Und da ist der Soldat zum zweitenmal gekommen. Wie er zum zweitenmal kam, hat er angefangen zu schimpfen und hat mir den Brief gegeben und mir noch fünf Kopeken abgenommen. Ich fragte: ›Was soll ich mit ihm anfangen? Wo soll ich ihn hinbringen?‹ Da befahl er, ich sollte ihn an Euer Gnaden abgeben.«

»Du hättest ihn nicht annehmen sollen«, bemerkte die gnädige Frau ärgerlich.

»Ich wollte ihn ja auch nicht annehmen. ›Was soll ich mit einem Briefe?‹ sagte ich; ›ich kann keinen Brief brauchen. Es ist mir nicht befohlen worden, Briefe anzunehmen; ich wage das nicht. Geht doch selbst hin mit eurem Briefe!‹ Aber da fing der Soldat furchtbar zu schimpfen an: er wollte sich bei der Obrigkeit beschweren. Na, da nahm ich ihn denn.«

»Du Schafskopf!« sagte die gnädige Frau.
»Von wem mag er nur sein?« sagte Oblomow nachdenklich, indem er die Adresse betrachtete. »Die Handschrift kommt mir bekannt vor, wirklich!«
Und nun ging der Brief von einer Hand in die andere. Es wurden Meinungen geäußert, Vermutungen aufgestellt, von wem der Brief wohl sein möchte, und was er enthielte. Zuletzt waren alle mit ihrer Weisheit am Ende.
Ilja Iwanowitsch befahl, man solle ihm seine Brille holen: nach dieser wurde anderthalb Stunden lang gesucht. Er setzte sie auf und schickte sich schon dazu an, den Brief zu öffnen.
»Tu's nicht, öffne ihn nicht, Ilja Iwanowitsch!« hielt ihn seine Frau ängstlich zurück. »Wer weiß, was das für ein Brief ist! Vielleicht ist es etwas Schreckliches, irgendein Unglück. Man kennt das ja, wie das Volk heutzutage ist! Wenn du ihn morgen oder übermorgen aufmachst, ist es auch noch früh genug; der Brief läuft dir ja nicht davon.«
Und der Brief wurde mit der Brille zusammen eingeschlossen. Alle beschäftigten sich nun mit dem Teetrinken. Der Brief hätte dort jahrelang gelegen, wenn er nicht eine gar zu ungewöhnliche Erscheinung gewesen wäre und die Gemüter der Oblomowkaer so stark aufgeregt hätte. Beim Tee und am nächsten Tage sprachen alle von nichts anderem als von dem Briefe.
Endlich hielten sie es nicht länger aus; am vierten Tage versammelten sie sich in dichtem Schwarm, und der Brief wurde unter allgemeiner Aufregung geöffnet. Oblomow blickte nach der Unterschrift.
»Radischtschew«, las er. »Ei, er ist ja von Filipp Matwjejewitsch!«
»Ah! Nun seht mal an! Also von dem!« wurde von allen Seiten gerufen. »Ist der immer noch am Leben? Daß der noch

nicht gestorben ist! Na, Gott sei Dank! Was schreibt er denn?«

Oblomow las den Brief laut vor. Es stellte sich heraus, daß Filipp Matwjejewitsch bat, ihm doch das Rezept des Bieres zu schicken, das in Oblomowka in besonders guter Qualität gebraut wurde.

»Das muß ihm geschickt werden, das muß ihm geschickt werden!« sagten alle. »Und es muß ihm ein Briefchen dazu geschrieben werden.«

So vergingen etwa vierzehn Tage.

»Ich muß schreiben, ich muß schreiben«, sagte Ilja Iwanowitsch wiederholentlich zu seiner Frau. »Wo ist denn das Rezept?«

»Ja, wo ist das?« antwortete sie. »Das müssen wir erst suchen. Aber warte doch noch, warum eilst du so damit? Wenn Gott gibt, daß wir das Ende der Fasten und die Feiertage erleben, dann kannst du schreiben; der Brief läuft dir nicht weg ...«

»In der Tat, ich will lieber im Fest schreiben«, sagte Ilja Iwanowitsch.

Im Fest kam wieder die Rede auf den Brief. Ilja Iwanowitsch machte ernstlich Anstalten zum Schreiben. Er zog sich in sein Zimmer zurück, setzte die Brille auf und nahm am Tische Platz.

Im Hause herrschte tiefes Stillschweigen; den Dienstboten war verboten worden, laut aufzutreten oder Lärm zu machen. »Der Herr schreibt!« sagten alle in demselben ängstlichen, respektvollen Tone, in dem man zu sprechen pflegt, wenn ein Toter im Hause ist.

Er hatte eben erst langsam, schief, mit zitternder Hand und mit solcher Vorsicht, als ob er ein gefährliches Werk unternähme, die Worte: »Sehr geehrter Herr!« hingeschrieben, als seine Frau zu ihm trat.

»Ich habe gesucht und gesucht, das Rezept ist nicht da«, sagte sie. »Ich muß noch in der Schlafstube im Schranke nachsehen. Und wie willst du denn den Brief hinbefördern?«

»Mit der Post«, antwortete Ilja Iwanowitsch.

»Was kostet es denn bis dahin?«

Oblomow holte einen alten Kalender hervor.

»Vierzig Kopeken«, sagte er.

»Na ja, da sollen wir vierzig Kopeken für solche Torheiten wegwerfen!« bemerkte sie. »Wir wollen doch lieber warten, ob nicht aus der Stadt einmal eine Gelegenheit dorthin ist. Sage doch den Bauern, sie möchten sich danach erkundigen.«

»In der Tat, mit Gelegenheit wäre es besser«, antwortete Ilja Iwanowitsch, knipste mit der Feder gegen den Tisch, um die Tinte auszuspritzen, legte sie hin und nahm die Brille ab. »Wirklich, das ist besser«, schloß er; »der Brief läuft uns nicht davon; es ist immer noch Zeit, ihn abzuschicken.«

Es ist nicht bekannt geworden, ob Filipp Matwjejewitsch in den Besitz des Rezeptes gelangt ist.

Ilja Iwanowitsch nahm manchmal auch ein Buch in die Hand; was für eines, war ihm ganz gleichgültig. Er sah auch in der Lektüre nicht ein wirkliches Bedürfnis, sondern hielt sie für einen Luxus, für etwas, das man mit Leichtfertigkeit auch entbehren könne, gerade wie man ein Bild an der Wand haben oder auch nicht haben kann, oder wie man spazierengehen oder auch zu Hause bleiben kann: daher war es ihm ganz gleichgültig, was es für ein Buch war, er betrachtete es als einen Gegenstand, der zur Zerstreuung bestimmt sei, als ein Mittel, um die Zeit auszufüllen und sich die Langeweile zu vertreiben.

»Ich habe schon lange kein Buch gelesen«, sagte er; manchmal änderte er den Satz auch so ab: »Na, ich werde mal ein Buch lesen«; oder er sah einfach im Vorbeigehen zufällig das kleine Häufchen Bücher, das ihm sein verstorbener Bruder hinterlassen hatte, und nahm ohne zu wählen eines heraus, das ihm gerade in die Hand kam. Ob es nun Golikow* oder das Neueste Traumbuch oder Cheraskows Rossiade oder Sumarokows Dramen oder schließlich eine zwei Jahre alte Zeitung war – er las alles mit dem gleichen Vergnügen und sagte dabei von Zeit zu Zeit:

»Nun sehe mal einer, was der für Einfälle hat! So ein Racker! Ach, hol' dich der Henker!«

Diese Ausrufe bezogen sich auf die Verfasser, ein Beruf, der nach seiner Anschauung keinerlei Achtung verdiente; er hatte sich sogar jene halb verächtliche Meinung von den Schriftstellern zu eigen gemacht, welche die Leute der alten Zeit von ihnen hatten. Er glaubte, wie damals viele, ein Schriftsteller sei nichts anderes als ein lustiger Patron, ein Faulenzer, Trunkenbold und Spaßmacher, so eine Art Clown.

Manchmal las er auch aus zwei Jahre alten Zeitungen für alle laut vor oder teilte ihnen in folgender Weise Nachrichten daraus mit:

»Da wird aus dem Haag geschrieben«, sagte er, »daß Seine Majestät der König von seiner kurzen Reise glücklich nach dem Schlosse zurückgekehrt ist«; und dabei sah er alle seine Zuhörer über die Brille weg an.

Oder:

»In Wien hat der und der Gesandte sein Beglaubigungsschreiben überreicht.«

»Und hier schreiben sie«, las er weiter, »daß ein Werk der Madame Genlis** ins Russische übersetzt worden ist.«

»Sie übersetzen wohl immer nur«, bemerkte einer der Zuhörer, ein kleiner Gutsbesitzer, »um uns Adligen das Geld abzulocken.«

* Historiker (1735–1801); er schrieb über Peter den Großen. Anm. d. Übers.

** Französische Schriftstellerin (1746–1830). Anm. d. Übers.

Aber der arme kleine Ilja fuhr immer und immer zu Stolz, um da zu lernen. Sowie er am Montag aufwachte, fing sein Leiden gleich an. Er hörte die scharfe Stimme Waskas, der von der Freitreppe aus schrie:

»Antip, spann den Schecken an; du mußt den jungen Herrn zu dem Deutschen fahren!«

Das Herz fing ihm an zu beben. Traurig ging er zu seiner Mutter. Diese wußte, was ihm fehlte, und suchte ihm die Pille zu vergolden; im geheimen aber seufzte sie selbst darüber, daß sie sich von ihm für eine ganze Woche trennen sollte. Man wußte gar nicht, was man ihm alles von guten Dingen an jenem Morgen zu essen geben sollte; es wurden für ihn Semmeln und Brezeln gebacken, man gab ihm Eingesalzenes, Gebackenes, Eingemachtes, verschiedene Obstpasten und allerlei andre trockne und feuchte Leckerbissen mit, und sogar solide Nahrungsmittel. All dies wurde ihm mitgegeben im Hinblick darauf, daß die Beköstigung bei dem Deutschen nicht gerade üppig war.

»Da wird man nicht fett«, sagten die Oblomowkaer. »Zu Mittag gibt es nur Suppe, Braten und Kartoffeln, zum Tee Brot und Butter und zum Abendessen wenig oder nichts.«

Übrigens träumte Ilja Iljitsch meist von denjenigen Montagen, an denen er nicht Waskas Stimme hörte, der den Schekken anzuspannen befahl, und an denen die Mutter ihn beim Tee mit einem Lächeln und mit der angenehmen Nachricht empfing:

»Heute fährst du nicht; am Donnerstag ist ein hoher Festtag; auf drei Tage lohnt es nicht hin und zurück zu fahren.«

Oder manchmal erklärte sie ihm plötzlich, heute sei Allerseelenwoche: »Da schickt es sich nicht zu lernen; wir wollen Pfannkuchen backen.«

Oder aber die Mutter blickte ihn am Montag morgen prüfend an und sagte:

»Deine Augen sehen ja heute so trübe aus. Ist dir nicht wohl?« Und sie wiegte besorgt den Kopf hin und her.
Der schlaue Junge war munter und wohlauf; aber er schwieg.
»Bleib mal diese Woche zu Hause«, sagte sie; »und dann nachher, wie Gott will.«
Und alle im Hause waren von der Überzeugung durchdrungen, daß am Allerseelensonnabend unter keinen Umständen gelernt werden dürfe, und daß ein auf den Donnerstag fallender Feiertag während der ganzen Woche ein unüberwindliches Hindernis für das Lernen sei.
Höchstens brummte manchmal ein Diener oder ein Dienstmädchen, die wegen des jungen Herrn gescholten waren: »Ach, du Muttersöhnchen! Wirst du nicht bald machen, daß du zu deinem Deutschen hinkommst?«
Ein andermal erschien plötzlich bei dem Deutschen Antip mit dem Wagen und dem wohlbekannten Schecken in der Mitte oder am Anfange der Woche, um Ilja Iljitsch zurückzuholen. »Marja Sawischna«, bestellte er, »oder Natalja Faddjejewna oder Kusowkows mit allen Kindern sind zu Logierbesuch eingetroffen; also möchten Sie nach Hause kommen.«
Und dann blieb der kleine Ilja drei Wochen lang zu Hause, und dann war es nicht mehr lange hin bis zur Karwoche, oder es kam ein Feiertag, oder jemand in der Familie war aus irgendwelchem Grunde der Ansicht, in der Thomaswoche* dürfe man nicht lernen; bis zum Sommer blieben nur noch zwei Wochen, da lohnte es nicht hinzufahren; im Sommer aber machte der Deutsche selbst eine Erholungspause; also schob man das Lernen am besten bis zum Herbste auf.
Ei, wie sich Ilja Iljitsch in dem halben Jahre erholte, und wie er in dieser Zeit wuchs! Wie er dick wurde! Wie prächtig er schlief! Alle im Hause konnten ihn gar nicht genug bewun-

* Das ist die zweite Woche nach Ostern. Anm. d. Übers.

dern; dagegen fanden sie, daß das Kind, wenn es am Sonnabend von dem Deutschen zurückkehrte, mager und blaß aussah.

»Wie leicht kann ein Unglück geschehen?« sagten der Vater und die Mutter. »Das Lernen läuft nicht davon; Gesundheit aber kann man für kein Geld kaufen; die Gesundheit ist das Wertvollste im Leben. Wenn er vom Lernen zurückkommt, sieht er aus, als käme er aus dem Krankenhause: sein hübsches Fett ist ganz dahin, und wie mager er geworden ist … und er ist auch ein Wildfang und möchte immer umherlaufen!

»Ja«, bemerkte der Vater, »das Lernen ist ein schlinimes Ding und kann einem übel mitspielen!«

Und die zärtlichen Eltern fuhren fort, nach Gründen zu suchen, aus denen sie ihren Sohn zu Hause behalten konnten. An solchen Gründen war, auch abgesehen von den Feiertagen, kein Mangel. Im Winter schien es ihnen zu kalt; im Sommer war es wegen der Hitze ebenfalls nicht ratsam zu fahren; manchmal regnete es auch, und im Herbst bildete die naßkalte Witterung ein Hindernis. Manchmal machte Antip einen etwas bedenklichen Eindruck: ob er betrunken war, mochte dahingestellt bleiben, aber sein Gesicht sah so befremdlich aus; es war zu befürchten, daß er irgendwelchen Schaden anrichtete, mit dem Wagen steckenblieb oder umwarf.

Die Eltern bemühten sich übrigens, diese Gründe in ihren eigenen Augen und besonders in Stolzens Augen, soweit es irgend möglich war, als schwerwiegend erscheinen zu lassen; Stolz aber schalt sowohl ins Gesicht als auch hinter ihrem Rücken in den kräftigsten Ausdrücken über eine solche Verzärtelung.

Die Zeiten der Prostakows und Skotinins*, waren längst vorbei: die Redewendung »Wissen ist Licht, Unwissenheit Fin-

* Personen in D. J. Fonwisins (1745–1792) Lustspiel *Der Landjunker.* Anm. d. Übers.

sternis« wanderte schon, zusammen mit den Büchern, die die fliegenden Buchhändler umhertrugen, durch alle Dörfer. Die alten Oblomows sahen den Vorteil, den die Bildung gewährte, ein, aber nur den äußersten Vorteil. Sie sahen, daß neuerdings alle nur vermittels des Lernens Karriere machten, das heißt zu Rang, Orden und Geld gelangten, daß es dagegen den alten Amtsschreibern, den im Dienste zu Maschinen gewordenen Praktikern, die bei ihren hergebrachten Gewohnheiten, Kniffen und Finten gealtert waren, nur schlecht ging.

Es kamen bedenkliche Gerüchte in Umlauf, daß nicht nur die Fähigkeit zu lesen und zu schreiben, sondern auch die Kenntnis andrer in jenem Lebenskreise bisher völlig unbekannter Wissenschaften unumgänglich notwendig sei. Zwischen einem Titularrat und einem Kollegienassessor* hatte sich eine Kluft aufgetan, die sich nur durch ein Prüfungszeugnis überbrücken ließ.

Die alten Beamten, die nichts als ihren Dienst verstanden, ihn gewohnheitsmäßig verrichteten und sich von Bestechungsgeldern nährten, fingen an zu verschwinden. Viele, die nicht rechtzeitig gestorben waren, wurden teils wegen Unzuverlässigkeit weggejagt, teils vor Gericht gestellt; am glücklichsten waren noch diejenigen, die vor der neuen Ordnung der Dinge die Segel strichen und sich mit heiler Haut in den wohlverdienten Ruhestand zurückzogen.

Die alten Oblomows sahen das ein und verstanden den Nutzen der Bildung, aber nur den augenfälligen. Von dem innern Bedürfnis zu lernen hatten sie nur eine unklare, entfernte Vorstellung, und daher kam es ihnen einstweilen nur darauf an, ihrem lieben Ilja gewisse glänzende Privilegien zu verschaffen.

* Der Titularrat gehört der neunten, der Kollegienassessor der nächst höheren, achten Rangstufe an. Anm. d. Übers.

Sie träumten von einer gestickten Uniform für ihn und stellten ihn sich als Appellationsgerichtsrat vor; die Mutter sah ihn sogar schon als Gouverneur. Aber sie wollten das alles auf möglichst billige Weise, durch allerlei Kniffe erreichen; ihr Sohn sollte die Steine und Hindernisse, mit denen der zur Bildung und Ehren führende Weg bestreut ist, heimlich umgehen, nicht mühsam überspringen, das heißt zum Beispiel, er sollte nur so ein bißchen lernen, nicht bis zur Erschöpfung des Geistes und Körpers, nicht bis zur Einbuße der in der Kindheit erworbenen Fülle, sondern nur so, daß er der vorgeschriebenen Form Genüge täte und ein Zeugnis erhielte, in dem es hieße, daß er »alle Wissenschaften und Künste studiert habe.«

Dieses ganze Oblomowkaer Erziehungssystem stieß bei Stolz auf energischen Widerstand. Der Kampf war von beiden Seiten ein hartnäckiger. Stolz setzte seinen Gegnern beharrlich mit offenen, ehrlichen Schlägen zu; diese aber wichen den Schlägen durch die oben angeführten und andere Listen aus.

Der Sieg blieb unentschieden; vielleicht hätte die deutsche Beharrlichkeit den Eigensinn und die Verstocktheit der Oblomowkaer doch noch überwunden; aber der Deutsche stieß bei seiner eignen Partei auf Schwierigkeiten, und der Sieg war weder der einen noch der andern Seite beschieden. Die Sache war die, daß Stolzens Sohn den jungen Oblomow verwöhnte, indem er ihm bald beim Aufsagen der Lektionen vorsagte, bald für ihn die Übersetzungen anfertigte. – – –

Ilja Iljitsch sah sein Leben im Elternhause und sein Leben bei Stolz deutlich vor sich.

Sowie er bei sich zu Hause aufgewacht war, stand auch schon Sacharka, in der Folge sein berühmter Kammerdiener Sachar Trofimowitsch, an seinem Bette.

Sachar zog ihm, wie vordem die Kinderfrau, die Strümpfe

und Schuhe an; Ilja aber, obwohl er schon ein vierzehnjähriger Junge war, tat weiter nichts als ihm daliegend bald das eine, bald das andre Bein hinzuhalten; und wenn er der Meinung war, daß Sacharka etwas nicht richtig machte, so gab er ihm mit dem Fuße eins auf die Nase.

Wenn der unzufriedene Sacharka sich beikommen ließ, sich darüber zu beklagen, so bekam er von den Erwachsenen auch noch eine Maulschelle.

Dann kämmte ihn Sacharka und zog ihm die Jacke an, wobei er Ilja Iljitschs Arme vorsichtig in die Ärmel steckte, um ihn nicht zu sehr zu inkommodieren, und erinnerte Ilja Iljitsch daran, daß er dies und das tun müsse, zum Beispiel sich nach dem Aufstehen morgens waschen und so weiter.

Wenn Ilja Iljitsch etwas wünschte, so brauchte er nur mit den Augen zu zwinkern, und es stürzten schon drei, vier Diener hin, um seinen Wunsch zu erfüllen; ließ er etwas hinfallen oder wollte er etwas fassen, was nicht im Bereich seiner Hände war, etwas irgendwohin bringen, hinlaufen, um etwas zu holen, so hatte er als ein muntrer Knabe manchmal die größte Lust, sich schnell zu rühren und alles selbst zu machen; aber dann riefen auf einmal der Vater und die Mutter und die drei Tanten fünfstimmig:

»Wozu? Wo willst du hin? Wozu sind denn Waska und Wanka und Sacharka da? Heda! Waska! Wanka! Sacharka! Was gafft ihr, ihr Maulaffen? Ich will euch lehren …«

So kam Ilja Iljitsch nie dazu, etwas für sich selbst zu tun. Später fand er, daß das auch weit bequemer sei, und lernte selbst rufen: »Heda, Waska, Wanka! Gib das her, gib das andre! Ich will dieses nicht, gib mir jenes! Lauf hin und hol' es!«

Manchmal aber wurde ihm die zärtliche Besorgnis der Eltern doch auch lästig.

Wenn er von der Treppe herunter oder über den Hof lief, so riefen auf einmal zehn aufgeregte Stimmen hinter ihm her:

»Ach, ach! Faßt ihn doch unter den Arm, haltet ihn doch zurück! Er wird hinfallen und sich zerschlagen … halt, halt!«

Ließ er sich beikommen, im Winter auf den Flur hinauszulaufen oder die Luftscheibe am Fenster zu öffnen, so wurde wieder aufgeschrien: »Wo willst du hin? Wie kannst du das nur tun? Lauf nicht hinaus, mach' nicht die Luftscheibe auf: du wirst dich beschädigen, dich erkälten …«

Und der Knabe blieb traurig im Hause, verzärtelt wie eine exotische Blume im Treibhause; und ebenso wie die letztere unter ihrem Glasdache wuchs er langsam und matt heran. Die Kräfte, die sich gern dokumentiert hätten, wandten sich nach innen und beugten sich welkend nieder.

Manchmal erwachte er so munter, frisch und vergnügt; er fühlte, daß in ihm sich etwas luftig regte und brauste, wie wenn sich da ein Kobold eingenistet hätte, der ihn dazu antriebe, auf das Dach zu klettern oder sich auf den Braunen zu setzen und auf die Wiese zu galoppieren, wo das Heu gemäht wurde, oder sich rittlings auf einen Zaun zu setzen oder die Dorfhunde zu necken. Oder er bekam plötzlich Lust, durch das Dorf zu rennen, dann auf das Feld, über die Gräben weg, in das Birkenwäldchen, und dann mit drei Sätzen auf den Boden der Schlucht hinabzuspringen oder sich mit den Dorfjungen in einen Schneeballkampf einzulassen und seine Kräfte zu erproben.

Der Kobold ließ ihm gar keine Ruhe: Ilja Iljitsch bezwang sich lange; endlich aber hielt er es nicht mehr aus, sprang auf einmal trotz des Winters ohne Mühe die Freitreppe hinauf auf den Hof, lief von da aus dem Tore hinaus, nahm in jede Hand einen Schneeball und rannte zu der Schar der Jungen hin.

Der frische Wind schnitt ihm nur so ins Gesicht, der Frost kniff ihn in die Ohren, die Kälte erfüllte ihm Mund und Kehle; aber seine Brust war von Freude geschwellt – er rannte (woher hatten seine Beine nur solche Geschwindigkeit?), kreischte und lachte.

Nun war er bei den Jungen: er warf mit seinen Schneebällen, aber vorbei; er hatte keine Übung. Eben wollte er noch einen Schneeball machen, als ein großer Schneeklumpen ihm das ganze Gesicht verklebte; er fiel hin; es tat ihm weh, weil er es nicht gewohnt war; aber er war doch vergnügt und lachte und hatte Tränen in den Augen …

Aber im Hause wurde Alarm geschlagen: Ilja ist nicht da! Geschrei und Lärm überall! Sacharka stürzte auf den Hof hinaus, hinter ihm der Waska, Motka, Wanka – alle liefen ganz fassungslos auf dem Hofe herum.

Hinter ihnen her rannten, dicht an ihren Fersen, zwei Hunde, wie denn die Hunde es bekanntlich nie ruhig mit ansehen können, daß jemand läuft.

Die Diener jagten mit Geschrei und Geheul, die Hunde mit Gebell durch das Dorf.

Endlich waren sie bei den Jungen angelangt und übten nun strenge Justiz: der eine wurde an den Haaren gerissen, ein anderer an den Ohren, ein dritter bekam einen Schlag ins Genick; auch gegen ihre Väter wurden Drohungen ausgestoßen. Darauf bemächtigten sie sich des jungen Herrn, wickelten ihn in einen mitgebrachten Schafspelz, dann in den Pelz seines Vaters, dann in zwei Decken und trugen ihn im Triumph auf den Armen nach Hause.

Zu Hause waren alle schon daran verzweifelt, ihn je wiederzusehen, da sie meinten, er sei umgekommen; aber als die Eltern ihn lebendig und unversehrt erblickten, war ihre Freude unbeschreiblich. Sie dankten Gott dem Herrn; dann gaben sie dem Knaben Pfefferminztee, darauf Holundertee und zum Abend noch Himbeertee zu trinken und hielten ihn drei Tage lang im Bett; ihm aber hätte nur eines nützlich sein können: sich wieder zu schneeballen …

## X.

Kaum hatte Ilja Iljitschs Schnarchen Sachars Ohr erreicht, als er auch schon vorsichtig ohne Geräusch von der Ofenbank sprang, auf den Zehen auf den Flur ging, seinen Herrn einschloß und sich zum Haustor begab.

»Ah, Sachar Trofimowitsch! Seien Sie uns willkommen! Man hat Sie ja so lange nicht gesehen!« sagten in verschiedenen Tonarten die Kutscher, Lakaien, Frauen und Kinder am Tore.

»Was macht denn Ihrer? Er ist wohl ausgegangen?« fragte der Hausknecht.

»Er schläft«, erwiderte Sachar finster.

»Nanu?« sagte ein Kutscher. »Ich möchte meinen, es ist doch noch zu früh, um diese Tageszeit … er ist wohl krank?«

»Wo wird er krank sein! Er hat sich vollgesoffen«, versetzte Sachar in einem Tone, als ob er selbst davon überzeugt wäre. »Können Sie es glauben: er allein hat anderthalb Flaschen Madeira und zwei Liter Kwaß getrunken; da hat er sich nun hingelegt.«

»Sieh mal an!« sagte der Kutscher neidisch.

»Warum hat er sich denn heute betrunken?« fragte eine der Frauen.

»Nein, Tatjana Iwanowna«, antwortete Sachar, indem er ihr nach seiner Gewohnheit einen schiefen Blick zuwarf; »das ist nicht bloß heute so; er ist überhaupt ein rechter Taugenichts geworden; es ekelt einen, davon zu reden!«

»Er ist offenbar ganz wie Meine!« bemerkte die Frau mit einem Seufzer.

»Wie ist's, Tatjana Iwanowna, wird sie heute noch ausfahren?« fragte der Kutscher. »Sonst möchte ich hier in der Nachbarschaft einen Besuch machen.«

»Wie wird sie noch ausfahren!« antwortete Tatjana. »Sie sitzt mit ihrem Liebhaber zusammen, und sie können sich aneinander nicht satt sehen.«

»Er kommt recht oft zu Ihnen«, sagte der Hausknecht. »Ich habe mich des Nachts schon genug über ihn geärgert, den verfluchten Kerl! Alle sind schon fortgegangen, und alle sind nach Hause gekommen: er ist immer der letzte; und dann schimpft er noch, warum die Haupttür zugeschlossen sei! Soll ich denn um seinetwillen hier an der Tür Schildwache stehen?«

»Was ist dieser Mensch für ein Dummkopf, liebe Leute!« sagte Tatjana; »da kann man lange nach einem zweiten suchen! Was schenkt er ihr nicht alles! Sie putzt sich wie ein Pfau und geht so würdevoll umher; aber wenn einer sähe, was sie für Unterröcke und Strümpfe trägt – es ist eine Schande, es anzusehen! Den Hals wäscht sie sich oft vierzehn Tage lang nicht, und das Gesicht bemalt sie sich … Manchmal versündigt man sich wirklich und denkt: ›Ach, du armseliges Ding! Du solltest dir ein Tuch um den Kopf binden und als Wallfahrerin nach einem Kloster gehen …‹«

Alle außer Sachar lachten.

»Ja, ja, Tatjana Iwanowna trifft ins Schwarze!« sagten einige Stimmen beifällig.

»Ja, wirklich!« fuhr Tatjana fort. »Ich wundere mich nur, daß die Herrschaften mit so einer verkehren …«

»Wo wollen Sie denn hingehen?« fragte sie einer. »Was haben Sie da für ein Bündel?«

»Ich trage ein Kleid zur Schneiderin; meine Modenärrin schickt mich hin: sie sagt, es ist ihr zu weit! Aber wenn ich und Dunjaschka sie geschnürt haben, können wir drei Tage lang mit den Händen nichts tun; sie sind uns wie abgebrochen! Na, nun muß ich aber gehen. Adieu unterdessen!«

»Adieu, adieu!« riefen mehrere.

»Adieu, Tatjana Iwanowna«, sagte der Kutscher. »Kommen Sie doch heute abend!«
»Ich weiß noch nicht, ob's geht; vielleicht komme ich, sonst adieu!«
»Na, dann adieu!« sagten alle.
»Adieu … lassen Sie es sich gut gehen!« antwortete sie im Fortgehen.
»Adieu, Tatjana Iwanowna!« rief ihr der Kutscher noch einmal nach.
»Adieu!« antwortete sie mit heller Stimme von weitem.
Als sie gegangen war, erwartete Sachar anscheinend, daß er nun an die Reihe kommen werde zu erzählen. Er setzte sich auf den gußeisernen Prellpfahl am Haustor, baumelte mit den Beinen und blickte finster und zerstreut nach den Vorbeigehenden und Vorbeifahrenden hin.
»Na, wie ist denn Ihrer heute, Sachar Trofimowitsch?« fragte der Hausknecht.
»Wie immer: es geht ihm zu gut, und davon ist er so wütend«, antwortete Sachar. »Und immer deinetwegen, dank deiner Güte, habe ich nicht wenig Leid zu ertragen gehabt; alles wegen der Wohnung! Er ist wütend: er will durchaus nicht ausziehen …«
»Was kann ich denn dafür?« erwiderte der Hausknecht. »Meinetwegen könnt ihr eurer Lebelang wohnen bleiben; bin ich etwa hier der Hauswirt? Es ist mir befohlen worden … Ja, wenn ich der Hauswirt wäre; aber ich bin nicht der Hauswirt …«
»Was tut er denn? Er schimpft wohl, wie?« fragte ein Kutscher. »Er schimpft so, daß ich selbst erstaunt darüber bin, wie mir Gott die Kraft gibt, es zu ertragen!«
»Na, was ist dabei? Das ist ein guter Herr, der immer schimpft«, sagte ein Lakai, indem er langsam mit einem knarrenden Geräusche seine runde Schnupftabaksdose auf-

machte; die ganze Gesellschaft mit Ausnahme Sachars streckte sogleich die Hände nach dem Tabak aus. Es begann ein allgemeines Schnupfen, Niesen und Ausspucken.

»Wenn einer schimpft, so ist das das beste«, fuhr der Lakai fort. »Je ärger er schimpft, um so besser; wenigstens schlägt er nicht, wenn er schimpft. Da bin ich einmal bei einem Herrn in Stellung gewesen: der hatte einen schon bei den Haaren, ehe man noch wußte weswegen.«

Sachar wartete geringschätzig, bis dieser mit seinem Gewäsch fertig war, und fuhr dann, zu dem Kutscher gewendet, fort:

»Einen Menschen so ohne jeden Anlaß gröblich auszuschelten«, sagte er, »darauf kommt es ihm gar nicht an.«

»Man kann ihm wohl nichts recht machen?« fragte der Hausknecht.

»Na, ich sage!« erwiderte Sachar bedeutsam mit seiner heiseren Stimme und kniff dabei die Augen zusammen. »Diesen Fehler besitzt er im höchsten Grade! Dies ist ihm nicht recht, und das ist ihm nicht recht, und man versteht nicht zu geben, und man hat keinen Begriff davon, wie etwas präsentiert werden muß, und man zerbricht alles, und man macht nicht rein, und man stiehlt ihm Geld, und man vergreift sich an seinen Eßwaren ... Pfui, hol' ihn der Teufel! ... Heute hat er mal räsoniert, man schämte sich, es mit anzuhören! Und warum? Da war ein Stückchen Käse noch von der vorigen Woche übrig geblieben; man mußte sich schämen, es einem Hunde hinzuwerfen; aber nein, der Diener darf nicht wagen, es aufzuessen! Er fragte danach; ich sagte: ›Es ist nichts mehr da‹, und nun ging es los: ›Aufhängen müßte man dich‹, sagte er, ›in siedendem Pech kochen, mit glühenden Zangen zwicken; einen espenen Pfahl müßte man dir durch den Leib stoßen!‹ Und dabei gebärdete er sich ganz wütend, ganz wütend! ... Was sagt ihr dazu, Brüder:

neulich habe ich ihm (ich weiß nicht, wie es kam) den Fuß mit heißem Wasser verbrüht; was hat er da gebrüllt! Wenn ich nicht zurückgesprungen wäre, hätte er mich mit der Faust vor die Brust gestoßen … er holte schon dazu aus! Er hätte mich sicherlich gestoßen …«

Der Kutscher wiegte den Kopf hin und her; der Hausknecht aber sagte: »Sieh mal an, ein forscher Herr; er kennt keine Nachsicht!«

»Na, wenn er noch schimpft, dann ist er ein prächtiger Herr!« bemerkte eben jener selbe Lakai phlegmatisch. »Ein anderer, der nicht schimpft, ist schlimmer; so einer sieht einen nur an, und auf einmal packt er einen bei den Haaren, man weiß gar nicht wofür!«

»Na, aber sein Fuß«, sagte Sachar, wieder ohne die Worte des Lakaien, der ihn unterbrochen hatte, irgendwie zu beachten, »ist auch jetzt noch nicht geheilt; er schmiert ihn sich immer mit einer Salbe ein. Na, meinetwegen!«

»Ein charaktervoller Herr!« sagte der Hausknecht.

»Er wird noch einmal (Gott behüte uns davor!)«, fuhr Sachar fort, »einen Menschen töten, bei Gott, einen Menschen ums Leben bringen! Und für jede Lappalie schimpft er einen ›du kahlköpfiger …‹, ich mag es gar nicht zu Ende sagen. Heute aber hat er sich etwas ganz Neues ausgedacht: ›giftig‹ hat er mich genannt! Was seine Zunge nicht alles zuwegebringt! …«

»Na, was tut das?« sagte eben jener selbe Lakai. »Wenn einer schimpft, dann kann man Gott dafür danken; Gott gebe einem solchen Herrn Gesundheit … Aber mancher schweigt immer, und wenn man an ihm vorbeigeht, sieht er einen nur an und packt einen gleich, so wie der, bei dem ich in Stellung war. Aber wenn einer schimpft, das macht nichts …«

»Es ist dir ganz recht geschehen«, bemerkte Sachar, der sich über die unerbetenen Entgegnungen ärgerte; »ich würde es dir noch ganz anders geben.«

»Wie geht es denn weiter, wenn er ›du kahlköpfiger …‹ schimpft, Sachar Trofimowitsch?« fragte ein etwa fünfzehnjähriger Laufbursche. »Wohl ›Teufel‹, nicht wahr?«

Sachar drehte ihm langsam den Kopf zu und richtete einen trüben Blick auf ihn.

»Nimm dich vor mir in acht!« sagte er dann bissig. »Du bist noch jung, Bruder, und sehr naseweis! Ich werde mich nicht darum kümmern, da du bei einem General dienst, sondern dich beim Schopfe kriegen! Mach, daß du fortkommst, dahin, wo du hingehörst!«

Der Laufbursche trat ein paar Schritte zurück, blieb stehen und sah Sachar lächelnd an.

»Was grinsest du?« sagte Sachar wütend mit heiserer Stimme. »Warte nur, wenn du mir in die Hände fällst, werde ich dir die Ohren schon zurechtsetzen. Ich werde dich lehren, mich anzugrinsen!«

In diesem Augenblicke kam aus dem Portal ein außerordentlich hochgewachsener Lakai herausgelaufen, in einem aufgeknöpften Livreefrack, mit Achselschnüren und Gamasche. Er trat auf den Laufburschen zu, gab ihm zunächst eine Ohrfeige und nannte ihn dann »Schafskopf«.

»Was ist denn, Matwjei Mosejewitsch, was habe ich denn getan?« fragte der ganz bestürzte, verwirrte Laufbursche; er hielt sich die Hand an die Backe und zwinkerte krampfhaft mit den Augen.

»So! Du fragst auch noch?« antwortete der Lakai. »Ich laufe im ganzen Hause herum, um dich zu suchen, und du bist hier!«

Er faßte ihm mit der einen Hand in die Haare, bog ihm den Kopf herunter und schlug ihn dreimal methodisch, gleichmäßig und langsam mit der Faust auf den Nacken.

»Der Herr hat fünfmal geläutet«, fügte er im Tone einer Moralpredigt hinzu, »und ich werde deinetwegen gescholten,

um eines solchen jungen Hundes willen! Mach, daß du wegkommst!«
Und er wies gebieterisch mit der Hand nach der Treppe hin.
Der Knabe stand noch einen Augenblick in einer Art von Benommenheit da, zwinkerte ein paarmal mit den Augen, blickte nach dem Lakaien hin, und da er sah, daß von diesem weiter nichts zu erwarten war als eine Wiederholung desselben Verfahrens, so schüttelte er seine Haare zurecht und ging munter, als ob nichts geschehen wäre, die Treppe hinauf.
Welch ein Triumph für Sachar!
»Geben Sie es ihm ordentlich, geben Sie es ihm ordentlich, Matwjei Mosejewitsch! Noch mehr, noch mehr!« hatte er bei der Züchtigung schadenfroh gesagt. »Immer noch zu wenig! Bravo, Matwjei Mosejewitsch; ich danke Ihnen! Er ist gar zu naseweis ... Das hast du für den ›kahlköpfigen Teufel‹! Wirst du künftig wieder grinsen?«
Die Dienerschaft lachte; sie sympathisierte freundschaftlich sowohl mit dem Lakaien, der den Laufburschen geschlagen hatte, als auch mit Sachar, der seine Schadenfreude darüber äußerte. Aber mit dem Laufburschen hatte niemand Mitleid.
»Ebenso, genau ebenso pflegte es mein früherer Herr zu machen«, begann wieder derselbe Lakai, welcher Sachar immer unterbrach. »Man hatte manchmal vor, sich irgendein Vergnügen zu verschaffen; aber da war es doch, als erriete er, was man beabsichtigte: er ging an einem vorbei und packte einen an den Haaren, gerade so wie Matwjei Mosejewitsch den kleinen Andrjuschka. Aber was schadet das, wenn einer nur schimpft! Das ist keine große Sache, wenn der Herr zu einem ›kahlköpfiger Teufel‹ sagt!«
»Dich«, antwortete der Kutscher, »hätte vielleicht dem sein« (er wies auf Sachar) »Herr auch an den Haaren gepackt; denn du hast ja eine wahre Filzdecke auf dem Kopfe! Aber woran

soll er denn Sachar Trofimowitsch packen? Dessen Kopf ist ja wie ein Kürbis ... Er könnte ihn höchstens am Backenbart fassen: na, da ist allerdings etwas, wo man hineingreifen kann! ...«

Alle lachten; Sachar aber war wie vom Schlage gerührt bei dieser ausfälligen Bemerkung des Kutschers, des einzigen, mit dem er bisher freundschaftliche Gespräche geführt hatte.

»Wenn ich es meinem Herrn wiedersage«, zischte er den Kutscher wütend an, »dann wird er auch bei dir etwas finden, woran er dich packen kann: er wird dir deinen Kinnbart glattstreichen; der ist ja ganz voll Zotten!«

»Dein Herr ist ja sehr liebenswürdig, wenn er fremden Kutschern die Kinnbärte glattstreichen will! Nein, schafft euch eigene Kinnbärte an; die könnt ihr dann glattstreichen; so aber bist du gar zu gefällig!«

»Sollen wir etwa dich als Kutscher annehmen, so einen Gauner?« erwiderte Sachar heiser. »Du bist ja nicht einmal wert, daß man dich selbst meinem Herrn vor den Wagen spannt!«

»Na, das ist mir auch ein netter Herr!« bemerkte der Kutscher spöttisch. »Wo hast du denn den eigentlich aufgetrieben?«

Er selbst und der Hausknecht und der Barbier und der Lakai, der das Schimpfsystem verteidigte, lachten alle.

»Lacht nur, lacht nur; aber ich werde es meinem Herrn sagen!« rief Sachar.

»Und du«, sagte er, sich zu dem Hausknecht wendend, »du solltest diese frechen Menschen zur Ruhe bringen und nicht selbst lachen. Wozu bist du hier angestellt? Um in jeder Hinsicht die Ordnung aufrecht zu erhalten. Aber was tust du? Ich werde es meinem Herrn sagen; warte nur, dann wirst du es gehörig bekommen!«

»Na, laß nur gut sein, laß nur gut sein, Sachar Trofimowitsch!«

sagte der Hausknecht in der Absicht, ihn zu beschwichtigen. »Was hat er dir denn zuleide getan?«

»Wie kann er es wagen, so über meinen Herrn zu sprechen?« erwiderte Sachar, auf den Kutscher zeigend, hitzig. »Weiß er denn, wer mein Herr ist?« fragte er in ehrfurchtsvollem Tone. »Du aber«, fuhr er, zu dem Kutscher gewendet, fort, »kannst dir von einem solchen Herrn nicht einmal etwas träumen lassen: so ein guter, verständiger, schöner Herr ist das! Aber deiner ist wie ein schlecht gefütterter Klepper! Es ist eine Schande zu sehen, wie ihr mit der braunen Stute vom Hofe wegfahrt: wie die Bettler! Und essen tut ihr nur Rettich und Kwaß. Da sieh mal den Rock an, den du anhast: die Löcher sind gar nicht zu zählen! ...«

Es muß angemerkt werden, daß der Rock des Kutschers überhaupt keine Löcher hatte.

»Ja freilich, so einen, wie du ihn anhast, findet man nicht so leicht«, unterbrach ihn der Kutscher und zog geschickt ein unter Sachars Achsel hervorkommendes Stück Hemde ganz heraus.

»So hört doch auf, hört doch auf!« mahnte der Hausknecht von neuem und streckte die Arme zwischen die beiden.

»So! Du zerreißt mir den Rock!« schrie Sachar und zog noch mehr von dem Hemde heraus. »Warte, das werde ich meinem Herrn sagen! Seht nur, Brüder, was er getan hat: er hat mir meinen Rock zerrissen!«

»Na ja, am Ende ich!« sagte der Kutscher, der ein bißchen ängstlich wurde. »Gewiß hat ihn dir dein Herr zerrissen! ...«

»So ein Herr wird mir auch gerade den Rock zerreißen!« sagte Sachar. »So eine gute Seele, ein goldener Herr, Gott gebe ihm Gesundheit! Ich lebe bei ihm wie im Himmelreich, ich kenne keine Not; in seinem Leben hat er noch nie zu mir ›Schafskopf‹ gesagt; ich habe in Hülle und Fülle, lebe in Ruhe, esse von seinem Tische, gehe aus, wohin ich will – ja, so ist das! … Und auf dem Lande habe ich ein besonderes Haus und einen besonderen Gemüsegarten und ein Getreidedeputat; alle Bauern verbeugen sich tief vor mir! Ich bin Verwalter und Haushofmeister! Aber du und dein Herr …«

Die Stimme versagte ihm vor Wut und machte es ihm unmöglich, seinen Gegner vollständig zu vernichten. Er hielt einen Augenblick inne, um neue Kraft zu sammeln und ein recht giftiges Wort zu ersinnen, aber infolge des Übermaßes von Galle, das sich bei ihm angesammelt hatte, fiel ihm kein solches ein.

»Ja, warte nur, der Rock wird dir noch teuer zu stehen kommen, man wird dich lehren, anderen Leuten die Röcke zu zerreißen!« sagte er endlich.

Durch die Angriffe auf seinen Herrn fühlte sich auch Sachar tief verletzt. Sein Ehrgefühl und seine Eigenliebe waren gereizt worden; seine Anhänglichkeit war erwacht und äußerte sich in ihrer ganzen Kraft. Er war bereit, mit seiner giftigen Galle nicht nur seinen Gegner zu bespritzen, sondern auch dessen Herrn und die Verwandtschaft des Herrn, von der er nicht einmal wußte, ob sie existierte, und die Bekannten desselben. Er wiederholte nun mit einer erstaunlichen Genauigkeit alles, was er an Klatschereien und üblen Nachreden über die Herrschaften aus früheren Gesprächen mit dem Kutscher erfahren hatte.

»Aber du und dein Herr, ihr seid eine jammervolle Bande; Juden seid ihr, schlimmer als Deutsche!« sagte er. »Ich weiß, was euer Großvater war: ein Kommis vom Trödelmarkte. Gestern abend kamen Gäste von euch heraus; ich dachte schon, es hätten sich Diebe ins Haus eingeschlichen, einen so kläglichen Eindruck machten sie! Die Mutter hat ebenfalls auf dem Trödelmarkte mit gestohlenen alten Kleidern gehandelt.«

»Hört doch auf, hört doch auf!« sagte der Hausknecht beschwichtigend.
»Ja«, fuhr Sachar fort, »ich habe, Gott sei Dank, einen Edelmann vom alten Adel zum Herrn; seine Freunde sind Generäle, Grafen und Fürsten. Und nicht jeden Grafen läßt er zu sich herein und bietet ihm einen Stuhl an; mancher muß sich im Vorzimmer die Beine in den Leib stehen ... Es kommen lauter Schriftsteller zu ihm ...«
»Was sind denn das für Leute, Schriftsteller?« fragte der Hausdiener in der Absicht, dem Streite ein Ende zu machen. »Wohl so eine Art Beamte?«
»Nein, das sind solche Herren, die sich das, was sie nötig haben, selbst ausdenken«, erklärte Sachar.
»Was tun sie denn bei euch?« fragte der Hausknecht.
»Was sie bei uns tun? Der eine läßt sich eine Pfeife geben, der andere ein Glas Sherry ...« erwiderte Sachar, hielt dann aber inne, da er wahrnahm, daß fast alle spöttisch lächelten.
»Aber ihr seid alle Schurken, soviel ihr euer da seid!« fuhr er hastig fort und warf allen einen schrägen Blick zu. »Man wird dich schon lehren, was das heißt, einen fremden Rock zerreißen! Ich werde es meinem Herrn sagen!« schloß er und ging schnell nach dem Hause zu.
»So laß doch nur gut sein! Warte, warte!« rief der Hausknecht. »Sachar Trofimowitsch! Komm doch mit in das Bierlokal, bitte, komm mit ...«
Sachar blieb auf seinem Wege stehen, drehte sich schnell um und rannte, ohne die Dienerschaft anzusehen, noch schneller auf die Straße. Er gelangte, ohne sich nach jemand umzudrehen, bis zur Tür des Bierlokales, das gegenüberlag; hier drehte er sich um, ließ seinen Blick finster über die ganze Gesellschaft hinschweifen, bedeutete ihr durch eine Handbewegung noch finsterer, ihm zu folgen, und verschwand in der Tür.

Alle übrigen zerstreuten sich ebenfalls: die einen gingen in das Bierlokal, die andern nach Hause; es blieb nur jener eine Lakai zurück.
»Na, was schadet das, wenn er es auch seinem Herrn sagt?« sagte er nachdenklich und phlegmatisch zu sich selbst, während er langsam seine Schnupftabaksdose öffnete. »Es ist ein guter Herr; das sieht man an allem; er schimpft nur. Was schadet das, wenn er schimpft? Aber mancher sieht einen bloß so an und fährt einem gleich in die Haare ...«

## XI.

Als es vier Uhr durch war, schloß Sachar behutsam ohne Geräusch die Tür des Vorzimmers auf und schlich auf den Zehen in seine Stube; von dort aus trat er an die Tür des Wohnzimmers seines Herrn und hielt zuerst das Ohr heran; dann kauerte er sich nieder und legte das Auge ans Schlüsselloch. In dem Zimmer ertönte ein gleichmäßiges Schnarchen.
»Er schläft«, flüsterte er; »ich muß ihn wecken; es ist bald halb fünf.«
Er hustete und trat ins Zimmer.
»Ilja Iljitsch! Hören Sie, Ilja Iljitsch!« begann er, am Kopfende von Oblomows Bett stehend, mit leiser Stimme. Das Schnarchen dauerte fort.
»Nein, was der schläft!« sagte Sachar. »Wie ein Ratz!«
»Ilja Iljitsch!«
Sachar berührte Oblomow leise am Ärmel.
»Stehen Sie auf! Es ist halb fünf.«
Ilja Iljitsch ließ als Antwort darauf nur ein Brummen vernehmen, wachte aber nicht auf.

»So stehen Sie doch auf, Ilja Iljitsch! Was ist das für eine Schande!« sagte Sachar mit erhobener Stimme.

Es erfolgte keine Antwort.

»Ilja Iljitsch!« wiederholte Sachar und berührte seinen Herrn am Ärmel.

Oblomow drehte den Kopf ein wenig herum und öffnete mühsam in der Richtung nach Sachar hin das eine Auge, das wie gelähmt aussah.

»Wer ist da?« fragte er mit heiserer Stimme.

»Ich bin es. Stehen Sie auf!«

»Mach, daß du wegkommst!« brummte Ilja Iljitsch und versank wieder in festen Schlaf. Statt des Schnarchens ließ sich nun ein Pfeifen durch die Nase vernehmen. Sachar zupfte ihn am Rockschoße.

»Was willst du?« fragte Oblomow in drohendem Tone und öffnete auf einmal beide Augen.

»Sie haben mir befohlen, Sie zu wecken.«

»Nun ja, ich weiß. Du hast deine Pflicht erfüllt – nun mach, daß du wegkommst! Das übrige ist meine Sache ...«

»Nein, ich gehe nicht weg«, versetzte Sachar und berührte ihn wieder am Ärmel.

»Na aber, faß mich doch nicht an!« sagte Ilja Iljitsch mit sanfter Stimme, drückte den Kopf in das Kissen und wollte wieder weiterschnarchen.

»Das geht nicht, Ilja Iljitsch«, sagte Sachar. »Ich würde mich von Herzen freuen, wenn es ginge; aber es geht schlechterdings nicht!«

Er berührte den Herrn von neuem.

»Na, so erweise mir doch die Liebe und störe mich nicht!« bat Oblomow inständig und öffnete die Augen.

»Ja, jetzt soll ich Ihnen die Liebe erweisen; aber nachher werden Sie selbst darüber ärgerlich sein, daß ich Sie nicht geweckt habe ...«

»Ach du mein Gott! Was ist das für ein Mensch!« sagte Oblomow. »Na, laß mich doch noch ein bißchen schlafen, wenn auch nur eine Minute; was kommt es denn auf eine Minute an? Ich weiß ja selbst …«

Ilja Iljitsch verstummte auf einmal, da ihn der Schlaf plötzlich wieder übermannte.

»Aufs Schlafen verstehst du dich!« sagte Sachar, der davon überzeugt war, daß sein Herr ihn nicht hörte. »Nun seh einer, er schläft wie ein Klotz von Espenholz! Wozu bist du eigentlich auf die Welt gekommen?«

»So steh doch auf, sag ich dir! …« brüllte Sachar los.

»Was? Was?« sagte Oblomow drohend und hob den Kopf in die Höhe.

»Ich sage, wollen Sie nicht aufstehen, gnädiger Herr?« erwiderte Sachar in sanftem Tone.

»Nein, wie hast du das gesagt, he? Wie kannst du es wagen, so – he?«

»Wie denn?«

»So grob zu reden?«

»Das ist Ihnen nur im Schlaf so vorgekommen … bei Gott, nur im Schlaf.«

»Du denkst, ich schlafe? Ich schlafe nicht; ich höre alles …« Aber dabei schlief er schon wieder.

»Na«, sagte Sachar ganz verzweifelt, »ach, du Mensch, du! Was liegst du da wie ein Baumstamm? Es wird einem ja übel, wenn man dich bloß ansieht. Seht nur einmal her, liebe Leute! … Pfui, so was!«

»Stehen Sie auf, stehen sie auf!« begann er plötzlich in ängstlichem Tone. »Ilja Iljitsch! Sehen Sie nur, was um Sie herum geschieht …«

Oblomow hob schnell den Kopf in die Höhe, blickte um sich und legte sich mit einem tiefen Seufzer wieder hin.

»Laß mich in Ruhe!« sagte er würdevoll. »Ich habe dir befohlen, mich zu wecken; aber jetzt ändere ich meinen Befehl, hörst du wohl? Ich werde von selbst aufwachen, sobald es mir gut scheinen wird.«

In solchen Fällen nahm Sachar manchmal von weiteren Versuchen Abstand und sagte: »Na, dann schlafe, hol' dich der Teufel!« Manchmal aber bestand er auch auf seinem Willen, und so machte er es auch jetzt.

»Stehen Sie auf, stehen Sie auf!« schrie er aus voller Kehle und ergriff Oblomow mit beiden Händen beim Rockschoße und beim Ärmel. Oblomow sprang plötzlich unerwartet auf die Beine und stürzte auf Sachar los.

»Warte du nur, ich will dich lehren, was es heißt, seinen Herrn stören, wenn er schlafen will!« sagte er.

Sachar rannte Hals über Kopf von ihm weg; aber Oblomow hatte kaum drei Schritte gemacht, als seine Schläfrigkeit vollständig verschwunden war. Er begann sich zu recken und zu gähnen.

»Gib mir … Kwaß …« sagte er zwischen dem Gähnen hindurch.

In diesem Augenblicke brach hinter Sachars Rücken jemand in ein helles Gelächter aus. Beide sahen sich um.

»Stolz! Stolz!« rief Oblomow ganz entzückt und stürzte dem Ankömmling entgegen.

»Andrei Iwanowitsch!« sagte Sachar grinsend.

Stolz schüttelte sich immer noch vor Lachen; er hatte die ganze vorhergehende Szene mit angesehen.

# ZWEITER TEIL

# I.

Stolz war nur zur Hälfte Deutscher, von väterlicher Seite; seine Mutter war eine Russin; er bekannte sich zur rechtgläubigen Kirche; seine Muttersprache war das Russische; er hatte es von seiner Mutter, aus Büchern, in den Auditorien der Universität, beim Spielen mit den Dorfjungen, bei Gesprächen mit ihren Vätern und auf den Moskauer Märkten gelernt. Die deutsche Sprache hatte er von seinem Vater geerbt und aus Büchern kennengelernt.

In dem Kirchdorfe Werchlowo, wo sein Vater Verwalter war, wuchs Stolz auf und erhielt seine Erziehung. Als er acht Jahre alt war, saß er mit seinem Vater bei einer Landkarte, buchstabierte Schriften von Herder und Wieland und Bibelverse und addierte die unorthographisch geschriebenen Rechnungen der Bauern, Kleinbürger und Fabrikarbeiter nach; mit seiner Mutter aber las er die biblische Geschichte, lernte Krylowsche Fabeln und buchstabierte den *Télémaque*. Sobald er von den Büchern losgekommen war, lief er mit den Bauernjungen Vogelnester ausnehmen, und nicht selten ließ sich während des Unterrichts oder des Gebetes aus seiner Tasche das Kreischen junger Dohlen vernehmen.

Auch Dinge folgender Art kamen vor. Sein Vater saß nachmittags unter einem Baume im Garten und rauchte seine Pfeife, während die Mutter eine wollene Jacke strickte oder auf Kanevas stickte: plötzlich erscholl von der Straße der Lärm und Geschrei, und ein ganzer Menschenschwarm drang in das Haus ein.

»Was gibt es?« fragte die erschrockene Mutter.

»Gewiß bringen sie wieder Andrei«, sagte der Vater mit Seelenruhe.

Die Tür wurde weit aufgerissen und eine Menge Bauern,

Weiber und Kinder stürmten in den Garten hinein. Sie brachten wirklich Andrei – aber in welchem Zustande: ohne Stiefel, mit zerrissenen Kleidern und mit zerschlagener Nase; oder wenn seine Nase ganz war, so war dafür die eines andern Knaben zerschlagen.

Die Mutter fühlte sich immer sehr beunruhigt, wenn sie sah, daß Andrei für einen halben Tag aus dem Hause verschwand; und hätte ihr der Vater nicht entschieden verboten, dem Knaben hinderlich zu sein, so würde sie ihn immer bei sich behalten haben.

Wenn sie ihn dann gewaschen und ihm reine Wäsche und ganze Kleider angezogen hatte, so ging Andrei einen halben Tag lang als ein sauberer, wohlerzogener Knabe umher; aber am Abend, manchmal auch am Morgen brachte ihn wieder jemand angeschleppt, beschmutzt, zerzaust und unkenntlich; oder Bauern brachten ihn auf einer Heufuhre mit, oder endlich er kam mit Fischern in deren Kahne, wo er auf dem Netze schlief.

Die Mutter brach dann in Tränen aus; aber der Vater regte sich darüber nicht auf, er lachte nur.

»Er wird ein tüchtiger Bursche werden, ein tüchtiger Bursche!« sagte er manchmal.

»Aber ich bitte dich, Iwan Bogdanowitsch«, klagte sie; »es vergeht kein Tag, ohne daß er mit einem blauen Fleck nach Hause kommt; und neulich hatte er sich die Nase blutig geschlagen.«

»Was wäre er denn für ein Kind, wenn er nicht auch einmal sich oder einem andern die Nase blutig schlüge?« sagte der Vater lachend.

Die Mutter weinte eine Weile; dann setzte sie sich ans Klavier und suchte ihr Leid bei Herzschen Kompositionen zu vergessen: die Tränen tropften eine nach der andern auf die Tasten. Aber da kam Andrei, oder er wurde auch gebracht;

und nun begann er so munter und lebhaft zu erzählen, daß er auch sie zum Lachen brachte. Und überdies lernte er so gut! Es war zu erwarten, daß er den *Télémaque* bald ebensogut, wie sie selbst, lesen und mit ihr vierhändig spielen werde.
Einmal war er eine ganze Woche lang verschwunden; die Mutter weinte sich die Augen aus, aber der Vater blieb ruhig, ging im Garten auf und ab und rauchte.
»Ja, wenn Oblomows Sohn verschwunden wäre«, antwortete er auf die Bitte der Mutter, er möchte doch auf die Suche nach Andrei fahren, »dann würde ich das ganze Dorf und die Landpolizei auf die Beine bringen; aber Andrei wird schon wiederkommen. O, der ist ein tüchtiger Bursche!«
Am andern Tage fand man Andrei höchst ruhig in seinem Bette schlafend; unter dem Bette aber lag ein Gewehr, das Gott weiß wem gehören mochte, und ein Pfund Pulver und Schrot.
»Wo bist du denn gewesen? Wo hast du das Gewehr her?« überschüttete ihn die Mutter mit Fragen. »Warum schweigst du?«
»Hm!« war die ganze Antwort.
Der Vater fragte, ob er die Übersetzung aus dem Cornelius Nepos ins Deutsche fertig habe.
»Nein«, antwortete er.
Der Vater faßte ihn mit der einen Hand beim Kragen, führte ihn vors Tor, setzte ihm die Mütze auf den Kopf und gab ihm von hinten einen solchen Fußtritt, daß er hinfiel. »Geh dahin, wo du hergekommen bist«, fügte er hinzu, »und komm mit der Übersetzung zweier Kapitel statt eines Kapitels wieder und lerne für die Mutter die Rolle aus dem französischen Lustspiel auswendig, die sie dir aufgegeben hat: ohne das laß dich nicht wieder blicken!«
Andrei kehrte nach einer Woche zurück und brachte nicht nur die Übersetzung, sondern hatte auch die Rolle gelernt.

Als er heranwuchs, nahm ihn der Vater zu sich auf sein Wägelchen, gab ihm die Zügel und befahl ihm, nach der Fabrik, dann auf die Felder, dann nach der Stadt zu den Kaufleuten und zu den Behörden zu fahren. Dann hieß er ihn Tonerde besehen, die er auf den Finger nahm, beroch, manchmal auch mit der Zunge berührte und dem Sohne zum Riechen gab, und erklärte ihm, von welcher Art sie sei, und wozu sie benutzt werden könne. Oder sie fuhren auch hin, um anzusehen, wie Pottasche oder Teer gewonnen und Talg zerlassen wurde.

Im Alter von vierzehn, fünfzehn Jahren begab sich der Knabe oft allein in dem Wägelchen oder zu Pferde mit einer Tasche am Sattel im Auftrage des Vaters nach der Stadt, und es kam niemals vor, daß er etwas vergessen, falsch ausgerichtet, übersehen oder sonst einen Fehler gemacht hätte.

»Recht gut, mein lieber Junge!« sagte der Vater nach Anhörung seines Berichtes, klopfte ihm mit der Hand auf die Schulter und gab ihm zwei, drei Rubel, je nach der Wichtigkeit des Auftrages.

Die Mutter hatte dann lange zu tun, um Andrei von dem Ruß, Schmutz, Lehm und Talg zu säubern.

Ihr gefiel diese Erziehung zur praktischen Arbeit nicht ganz. Sie fürchtete, ihr Sohn würde ein ebensolcher deutscher »Bürger« werden wie die, aus denen sein Vater hervorgegangen war. Sie betrachtete die ganze deutsche Nation als eine Schar von patentierten Kleinbürgern und liebte die Grobheit, das Selbstbewußtsein und den Hochmut nicht, womit die Masse der Deutschen überall ihre durch ein Jahrtausend der Arbeit erworbenen Bürgerrechte herauskehrt, so wie eine Kuh ihre Hörner trägt und es nicht versteht, sie zu richtiger Zeit zu verbergen.

In der ganzen deutschen Nation gab es ihrer Ansicht nach keinen einzigen Gentleman und konnte es auch keinen geben. Sie gewahrte im deutschen Charakter keine Weichheit, kein Zartgefühl, keine Freundlichkeit, nichts von dem, was das Leben in dem Kreise der guten Gesellschaft so angenehm macht, womit man um einen Grundsatz herumkommen, einen allgemeinen Brauch umgehen, einer hergebrachten Ordnung sich entziehen kann.

Nein, diese ungeschliffenen Menschen fallen immer mit der Tür ins Haus, versteifen sich auf das, was sie sich einmal vorgenommen und in den Kopf gesetzt haben, und würden sogar mit der Stirn gegen eine Mauer anrennen, um nur ihren Grundsätzen gemäß zu handeln.

Sie hatte in einem reichen Hause als Gouvernante gelebt, Gelegenheit gehabt, sich im Auslande aufzuhalten, ganz Deutschland bereist und warf nun alle Deutschen unterschiedslos in einen Topf; es gab da ihrer Ansicht nach nur Kommis, Handwerker und Kaufleute, welche kurze Pfeifen rauchten und durch die Zähne spuckten, Offiziere mit soldatischem Gesichtsausdruck, die so steif gingen, als ob sie einen Stock verschluckt hätten, und Beamte, welche Alltagsgesichter hatten und zu nichts taugten als zu niedriger Arbeit, zu mühsamem Gelderwerb, zur Innehaltung einer trivialen Ordnung, zu einer langweiligen Regelmäßigkeit des Lebens und zu einer pedantischen Pflichterfüllung; lauter »Bürger« mit eckigen Manieren, mit großen, plumpen Händen, mit pöbelhaft frischem Teint und grober Redeweise.

»Mag man einen Deutschen auch noch so sehr herausputzen«, dachte sie, »mag er auch ein noch so feines weißes Hemd tragen, mag er auch Lackstiefel, ja sogar gelbe Handschuhe anziehen: er macht doch immer den Eindruck, als sei er aus Kommißleder zugeschnitten; aus den weißen Manschetten schauen immer die rauhen, roten Hände hervor, und in dem eleganten Anzuge steckt, wenn nicht ein Bäcker, so doch ein Schankwirt. Diese rauhen Hände verlangen geradezu nach einem Pfriem oder höchstens nach einem Violinbogen im Orchester.«

In ihrem Sohne aber glaubte sie das Ideal eines vornehmen Herrn zu sehen. Wenn er auch ein Emporkömmling von geringer Herkunft war, einen »Bürger« zum Vater hatte, so war er doch der Sohn einer russischen Adligen, ein schön gewachsener Knabe mit weißer Haut, mit kleinen Händen und Füßen, mit reinem Teint, mit einem klaren, frischen Blicke, ein Knabe, wie sie sie in reichen russischen Häusern mit Vergnügen gesehen hatte, auch im Auslande, aber natürlich nicht bei den Deutschen.

Und nun sollte er auf einmal beinahe eigenhändig in der Mühle die Mühlsteine drehen und von den Fabriken und Feldern wie sein Vater nach Hause zurückkehren: mit Talg und Mist beschmutzt, mit roten, schmutzigen, schwieligen Händen und mit einem Wolfshunger!

Sie schnitt ihrem Andrei eifrig die Nägel, kräuselte ihm die Haare, nähte ihm elegante Kragen und Vorhemdchen, bestellte in der Stadt für ihn Jacketts, lehrte ihn den melancholischen Klängen ihres Lieblingskomponisten Herz lauschen, sang ihm etwas von Blumen und von der Poesie des Lebens vor, flüsterte ihm etwas von einem glänzenden Berufe zu, bald von dem eines Kriegers, bald von dem eines Schriftstellers, und träumte mit ihm von der großartigen Rolle, die manchen zufällt …

Und da sollte nun diese ganze schöne Perspektive zerstört werden durch das Klappern der Rechenmaschine, durch das Entziffern der schmutzigen Quittungen der Bauern und durch den Umgang mit Fabrikarbeitern!

Sie haßte sogar das Wägelchen, auf welchem Andrei nach der Stadt fuhr, und den Wachstuchmantel, den ihm der Vater geschenkt hatte, und die grünen waschledernen Handschuhe – all diese groben Attribute eines arbeitsvollen Lebens.

Unglücklicherweise lernte Andrei vorzüglich, und der Vater machte ihn zum Repetitor in seinem kleinen Pensionate. Nun, das mochte noch sein; aber er setzte ihm in echt deutscher Art wie einem Gesellen ein Gehalt aus, zehn Rubel monatlich, und ließ ihn in einem Buche darüber quittieren.

Tröste dich, gute Mutter: dein Sohn wächst auf russischem Boden auf – nicht in dem Schwarm von Alltagsgesichtern, mit »bürgerlichen« Kuhhörnern und mit Händen, welche Mühlsteine drehen. In der Nähe lag Oblomowka: dort war ein ewiger Feiertag! Dort schüttelte man die Arbeit von den Schultern ab wie ein Joch; dort stand der Gutsherr nicht mit Tagesanbruch auf und ging nicht in den Fabriken umher bei den mit Talg und Öl beschmierten Rädern und Treibstangen.

Auch in Werchlowo selbst stand ein Gutshaus; es war zwar den größten Teil des Jahres über menschenleer und verschlossen, aber der mutwillige Knabe schlich sich dennoch häufig heimlich hinein und sah dort lange Säle und Galerien, dunkle Porträts an den Wänden, nicht mit derb-frischem Teint, nicht mit rauhen, großen Händen; er sah schmachtende blaue Augen, gepuderte Haare, weiße, zarte Gesichter, volle Busen, wohlgepflegte, blaugeäderte Hände, die aus losen Manschetten hervorkamen und stolz auf dem Degengriff ruhten; er sah eine Reihe in Brokat, Samt und Spitzen gekleideter Geschlechter, die ihr Leben in vornehmem, nutzlosem Nichtstun hingebracht hatten.

Beim Anblicke dieser Gesichter zog vor seinem geistigen Auge die Geschichte herrlicher Zeiten mit gewaltigen Schlachten und großen Namen vorüber; er las dort Nachrichten über das Leben in älterer Zeit, nicht solche Nachrichten, wie sie ihm sein Vater, Pfeife rauchend und spukkend, hundertmal über das Leben in Sachsen erzählt hatte, ein Leben zwischen Kohl und Kartoffeln, zwischen Gemüsegarten und Markt …

Einmal alle drei Jahre füllte sich dieses Schloß plötzlich mit einer bunten Menschenmenge; es begann ein munteres Leben mit Festen und Bällen; in den langen Galerien strahlten nachts unzählige Lichter.

Es kamen der Fürst, die Fürstin und ihre Kinder: der Fürst ein grauhaariger alter Herr mit verblichenem, pergamentartigem Gesichte, trüben, vorstehenden Augen und hoher, kahler Stirn, mit drei Ordenssternen, einer goldenen Schnupftabaksdose, Samtstiefeln und einem Spazierstock mit Saphirknopf; die Fürstin eine durch ihre Schönheit, ihren hohen Wuchs und ihren Umfang imponierende Dame, von der man hätte glauben mögen, es sei ihr nie jemand nähergetreten, habe sie nie jemand umarmt und geküßt, nicht einmal der Fürst selbst, obgleich sie fünf Kinder geboren hatte.

Sie schien über jener Welt zu stehen, zu der sie alle drei Jahre einmal herabstieg; sie redete mit niemand, fuhr nirgendshin, sondern saß immer mit drei alten Frauen in dem grünen Eckzimmer und ging durch den Garten zu Fuß durch die verdeckte Galerie nach der Kirche und setzte sich dort auf einen Stuhl hinter einem Wandschirm.

Aber dafür gab es, von dem Fürsten und der Fürstin abgesehen, in dem Hause eine ganze Welt, eine so lustige und lebendige Welt, daß Andrei mit seinem munteren Geiste begierig und unbewußt die charakteristischen Erscheinungen dieser verschiedenartigen Menge beobachtete wie die bunten Gestalten eines Maskenballes.

Da waren die Fürsten Pierre und Michel, von denen der erstere Andrei sogleich darüber belehrte, wie die Reveille bei der Kavallerie und bei der Infanterie geblasen werde, was für

Säbel und Sporen die Husaren hätten und was für welche die Dragoner, von welcher Farbe die Pferde bei jedem Regimente seien, und wo man nach Beendigung des Schullebens unbedingt eintreten müsse, um sich nicht zu blamieren.
Der andre, Michel, hatte kaum Andreis Bekanntschaft gemacht, als er ihn auch schon in Positur stellte und mit den Fäusten erstaunliche Kunststücke auszuführen begann, indem er ihm bald auf die Nase, bald auf den Bauch Schläge versetzte; er sagte ihm dann, das sei englisches Boxen.
Nach drei Tagen zerschlug Andrei, lediglich dank seiner ländlichen Frische und mit Hilfe seiner muskulösen Arme, ihm die Nase auf eine sowohl englische als auch russische Art, ohne alle Wissenschaft, und erwarb sich dadurch bei den beiden Fürsten ein bedeutendes Ansehen.
Es waren noch zwei Prinzessinnen da, Mädchen von elf und zwölf Jahren, hochgewachsen, schlank, elegant gekleidet; sie sprachen mit niemand, grüßten niemand und fürchteten sich vor den Bauern.
Auch ihre Gouvernante war da, Mademoiselle Ernestine, die zu Andreis Mutter zum Kaffee kam und ihr zeigte, wie sie ihm Locken machen müsse. Sie nahm manchmal seinen Kopf, legte ihn auf ihre Knie und wickelte ihm das Haar in Papierstückchen, was ihm sehr weh tat; dann faßte sie ihn mit ihren weißen Händen bei beiden Backen und küßte ihn sehr freundlich!
Dann war da noch ein Deutscher, der auf einer Drehbank Schnupftabaksdosen und Knöpfe fabrizierte; ferner ein Musiklehrer, der sich immer an einem Sonntage so betrank, daß der Rausch bis zum nächsten Sonntage vorhielt; ferner ein ganzer Schwarm von Stubenmädchen, und endlich ein Rudel großer und kleiner Hunde.
Alles dies erfüllte das Haus und das Dorf mit Lärm, unruhigem Treiben, Gepolter, Geschrei und Musik.

Auf der einen Seite wirkte Oblomowka, auf der anderen das Fürstenschloß mit seinem großzügigen Herrenleben auf das deutsche Element ein, und es wurde aus Andrei weder ein »tüchtiger Bursche« noch auch ein Philister.

Andreis Vater war Landwirt, Technologe und Lehrer. Bei seinem Vater, einem Gutspächter, hatte er praktischen Unterricht in der Landwirtschaft genossen, auf sächsischen Fabriken Technologie studiert und auf der nächsten Universität, an der etwa vierzig Professoren dozierten, die Berechtigung erlangt, das, was ihm die vierzig Weisen so einigermaßen klargemacht hatten, seinerseits durch Unterricht an andere weiterzugeben.

Er ging in der theoretischen Laufbahn nicht weiter, sondern machte eigensinnig kehrt, da er sich sagte, daß er praktisch tätig sein müsse, und begab sich zu seinem Vater zurück. Dieser gab ihm hundert Taler und eine neue Reisetasche und schickte ihn damit in die weite Welt.

Seitdem hatte Iwan Bogdanowitsch weder seine Heimat noch seinen Vater wiedergesehen. Er war sechs Jahre lang in der Schweiz und in Österreich umhergewandert, lebte nun seit zwanzig Jahren in Rußland und segnete sein Geschick.

Da er die Universität besucht hatte, so war er der Ansicht, daß sein Sohn dasselbe tun müsse, obwohl es bei diesem keine deutsche Universität sein konnte, und obwohl die russische Universität in dem Leben seines Sohnes einen Umschwung herbeiführen und ihn weit von dem Geleise wegführen mußte, das der Vater im Geiste für das Leben des Sohnes in Aussicht genommen hatte.

Er verfuhr dabei sehr einfach: er nahm das Geleise, in welchem sich die Familie von seinem Großvater an bewegt hatte, und verlängerte es wie mit dem Lineal bis zu seinem künftigen Enkel; er fühlte sich dabei völlig ruhig und sicher und ahnte nicht, daß die Variationen von Herz, die Zukunftsträumereien und Erzählungen der Mutter und die Galerie und das Boudoir im Fürstenschlosse das schmale deutsche Geleise in eine so breite Straße verwandeln würden, wie sie weder sein Großvater, noch sein Vater, noch er selbst sich hatten träumen lassen.

Übrigens war er in dieser Hinsicht nicht pedantisch und würde sich auf seinen Plan nicht versteift haben; er verstand eben nur nicht, seinem Sohne im Geiste einen anderen Weg vorzuzeichnen.

Er machte sich darüber wenig Sorge. Als sein Sohn von der Universität zurückgekehrt war und etwa drei Monate wieder zu Hause gelebt hatte, sagte der Vater zu ihm, in Werchlowo sei für ihn nichts mehr zu tun; sogar der junge Oblomow sei nach Petersburg geschickt worden; mithin sei es auch für ihn Zeit, dorthin zu gehen.

Aber warum er eigentlich nach Petersburg gehen mußte, und weshalb er nicht in Werchlowo bleiben und bei der Verwaltung des Gutes helfen konnte, diese Frage stellte sich der Alte nicht vor; er dachte nur daran, daß, als er selbst mit dem Lernen fertig war, sein Vater ihn von sich weggeschickt hatte. So schickte denn auch er seinen Sohn weg; das ist in Deutschland nun einmal so Brauch. Die Mutter war nicht mehr auf der Welt, und so war niemand da, der ihm hätte widersprechen können.

Am Tage der Abreise gab Iwan Bogdanowitsch seinem Sohne hundert Rubel.

»Reite nach der Gouvernementsstadt«, sagte er. »Da laß dir von Kalinnikow dreihundertfünfzig Rubel geben; das Pferd laß bei ihm. Sollte er nicht da sein, so verkaufe das Pferd; es ist dort bald Jahrmarkt: man wird dir gut und gerne vierhundert Rubel dafür geben. Für die Reise nach Moskau wirst du ungefähr vierzig Rubel brauchen, für die Reise von dort nach Petersburg fünfundsiebzig; also wird dir noch genug übrigbleiben. Dann tu, was du willst. Du hast mit mir zusammen gearbeitet; also weißt du, daß ich einiges Kapital besitze; rechne jedoch vor meinem Tode nicht darauf; ich werde aber wahrscheinlich noch ein zwanzig Jahre lang leben, es müßte denn sein, daß mir ein Stein auf den Kopf fiele. Das Lämpchen brennt noch hell, und es ist noch viel Öl darin. Du besitzt eine gute Bildung: alle Laufbahnen stehen dir offen; du kannst in den Staatsdienst treten, Handel treiben, meinetwegen sogar Schriftsteller werden, – ich weiß nicht, wofür du dich entscheiden wirst, wozu du die größte Lust verspürst ...«

»Ich werde mal sehen, ob ich mich nicht auf all diesen Gebieten zugleich betätigen kann«, sagte Andrei.

Der Vater lachte aus voller Kehle und schlug seinem Sohn so auf die Schulter, daß es ein Pferd nicht ausgehalten hätte; aber dem Sohne tat das nichts.

»Na, und wenn dein eigenes Wissen und Verstehen einmal nicht ausreicht, du selbst deinen Weg nicht zu finden weißt und jemanden fragen und dir von ihm Rat holen möchtest, dann geh zu Reinhold: er wird dich belehren. Oh«, fügte er hinzu, indem er die Finger in die Höhe hob und den Kopf hin und her wiegte, »das ist ... das ist ...« (er wollte ihn loben, fand aber nicht die richtigen Worte). »Wir sind zusammen aus Sachsen gekommen. Er hat jetzt ein vierstöckiges Haus. Ich will dir seine Adresse angeben ...«

»Das ist nicht nötig; gib sie mir nicht an«, erwiderte Andrei. »Ich werde erst dann zu ihm gehen, wenn ich selbst ein vierstöckiges Haus haben werde; jetzt aber werde ich mich ohne ihn behelfen ...«

Der Vater klopfte ihm wieder auf die Schulter.

Andrei sprang auf das Pferd. Am Sattel waren zwei Taschen angebunden: in der einen steckte der Wachstuchmantel, ein Paar kräftige, mit Nägeln beschlagene Stiefel und einige

Hemden aus Werchlowoer Leinwand, Sachen, die er auf den dringenden Rat des Vaters gekauft hatte und mitnahm; in der andern befand sich ein eleganter Frack von feinem Tuche, ein flockiger Überzieher, ein Dutzend feine Hemden und ein Paar Stiefletten; diese Sachen hatte er sich, in Erinnerung an die Ermahnung seiner Mutter, in Moskau machen lassen.

»Na, dann also!« sagte der Vater.

»Na, dann also!« sagte der Sohn.

»Hast du alles?« fragte der Vater.

»Ja!« antwortete der Sohn.

Sie sahen einander schweigend an, wie wenn einer den andern mit seinem Blicke durchdringen wollte.

Unterdessen hatte sich um sie herum ein Häufchen neugieriger Nachbarn angesammelt, um mit offenem Munde zu sehen, wie der Verwalter seinen Sohn in die Fremde schickte. Vater und Sohn drückten einander die Hände. Andrei ritt in starkem Schritt davon.

»So ein Benehmen von dem jungen Hunde: auch nicht ein Tränchen hat er vergossen!« sagten die Nachbarn. »Da krächzen zwei Krähen aus Leibeskräften auf dem Zaune; die weissagen ihm Unglück. Warte du nur!«

»Was tun dem die Krähen? Der treibt sich am Johannistage nachts allein im Walde umher; den ficht das nicht an, Bruder. Einem Russen würde das übel bekommen!«

»Und der alte Unchrist ist auch der Rechte!« bemerkte eine Mutter. »Wie eine junge Katze wirft er ihn auf die Straße, ohne ihn zu umarmen, Ohne zu weinen!«

»Halt, halt, Andrei!« rief der Alte.

Andrei hielt das Pferd an.

»Ah! Nun hat sich wohl doch das Herz bei ihm gerührt!« wurde in der Menge beifällig geäußert.

»Nun?« fragte Andrei.

»Der Sattelgurt ist zu lose; ich will ihn dir festziehen.«

»Wenn ich nach Schamschewka komme, will ich ihn selbst in Ordnung bringen. Ich darf keine Zeit verlieren; ich muß noch bei Tage ankommen.«

»Na, dann also!« sagte der Vater, ihn mit einer Handbewegung entlassend.

»Na, dann also!« wiederholte der Sohn, nickte mit dem Kopfe, beugte sich ein wenig nach vorn und gab dem Pferde die Sporen.

»Ach, ihr Hunde! Ihr seid wahrhaftig die reinen Hunde! Als ob sie einander fremd wären!« sagten die Nachbarn.

Aber auf einmal erscholl in der Menge ein lautes Weinen: eine Frau konnte sich nicht länger halten.

»Du mein Väterchen, du mein Lieber!« rief sie und wischte sich mit einem Zipfel ihres Kopftuches die Augen. »Du arme Waise! Du hast keine Mutter; niemand segnet dich … Erlaube, daß wenigstens ich dich bekreuze, du mein Teurer! …«

Andrei ritt zu ihr heran, sprang vom Pferde, umarmte die Alte und wollte dann weiterreiten; aber plötzlich brach er, während sie ihn bekreuzte und küßte, in Tränen aus. In ihren warmen Worten glaubte er die Stimme seiner Mutter zu hören, und das liebe Bild derselben trat ihm einen Augenblick vor die Seele.

Er umarmte die Alte noch einmal herzlich; dann wischte er sich schnell die Tränen ab und sprang auf das Pferd. Er schlug es gegen die Flanken und verschwand in einer Staubwolke; hinter ihm stürzten von beiden Seiten drei Dorfköter mit wütendem Gebell her.

## II.

Stolz war mit Oblomow gleichaltrig; auch er war schon über dreißig Jahre alt. Er war im Staatsdienste tätig gewesen, hatte aber dann den Abschied genommen, sich seinen Privatgeschäften gewidmet und sich wirklich ein Haus und Geld erworben. Er war bei einer Gesellschaft beteiligt, welche Waren nach dem Auslande exportierte.

Er war in steter Bewegung: wenn die Gesellschaft einen Agenten nach Belgien oder England schicken mußte, so schickte sie ihn; sollte irgendein Projekt ausgearbeitet oder eine neue Idee für das Geschäft verwertet werden, so wurde er dazu gewählt. Und dabei unterhielt er einen regen Verkehr mit den besseren Kreisen und las viel: wo er die Zeit zu alledem hernahm, das mochte Gott wissen.

Er bestand ganz aus Knochen, Muskeln und Nerven, wie ein englisches Vollblutpferd. Er war mager; Backen hatte er fast gar nicht; das heißt, er hatte Knochen und Muskeln, aber auch nicht eine Spur von einer fetten Rundung; seine Gesichtsfarbe war gleichmäßig bräunlich, ohne jede Röte, die Augen zwar ein wenig grünlich, aber ausdrucksvoll.

Er machte keine überflüssigen Bewegungen. Wenn er saß, so saß er ruhig; wenn er etwas tat, so wandte er nur soviel Mimik an, als eben nötig war.

Wie in seinem Organismus nichts Überflüssiges vorhanden war, so suchte er auch bei den geistigen Funktionen seines Lebens die praktische Seite mit den feineren Bedürfnissen der Seele ins Gleichgewicht zu bringen. Diese beiden Seiten liefen nebeneinander her; sie kreuzten und verschlangen sich wohl miteinander auf ihrem Wege, wirrten sich aber nie zu lästigen, unlösbaren Knoten zusammen.

Er hatte einen festen, energischen Gang; er lebte nach einem bestimmten Budget und bemühte sich, wie bei der Ausgabe eines jeden Rubels, so auch bei der Verwendung eines jeden Tages dauernd und unermüdlich zu kontrollieren, was er an Zeit, an Arbeit und an Kräften der Seele und des Herzens aufwandte.

Er schien auch Leid und Freude so zu beherrschen wie die Bewegung seiner Hände und die Schritte seiner Füße, oder sich gegen Leid und Freude ähnlich zu verhalten wie gegen schlechtes und gutes Wetter.

Er spannte den Schirm auf, solange es regnete, das heißt, er litt, solange der Schmerz dauerte; und zwar litt er ohne schüchterne Fügsamkeit, sondern vielmehr mit einem Gefühle des Ärgers und Stolzes, und er ertrug den Schmerz nur deshalb geduldig, weil er die Ursache jedes Leides in sich selbst suchte und es nicht wie einen Rock an einen fremden Nagel hängte.

Auch die Freude genoß er wie eine unterwegs gepflückte Blume, bis sie in seiner Hand verwelkte, trank aber den Freudenbecher nie einschließlich jenes bitteren Tropfens aus, der auf dem Boden eines jeden Genusses liegt.

Einen einfachen, natürlichen, das heißt geraden, richtigen Blick für das Leben sich zu eigen zu machen, das war die Aufgabe, die er sich beständig stellte, und während er allmählich ihrer Lösung näherkam, begriff er ihre ganze Schwierigkeit und war jedesmal innerlich stolz und glücklich, wenn es ihm gelungen war, auf seinem Wege eine Krümmung zu bemerken und einen Schritt geradeaus zu machen.

»Es ist schwer und mühsam, einfach und natürlich zu leben!« sagte er oft zu sich selbst und suchte mit eiligen Blicken zu erkennen, wo es krumm und schief wurde, und wo der Faden der Lebensschnur sich zu einem unordentlichen, wirren Knoten zusammenzuschlingen begann.

Am meisten fürchtete er die Phantasie, diesen Begleiter mit zwei Gesichtern, mit einem freundlichen auf der einen und mit einem feindlichen auf der andern Seite, diesen um so besseren Freund, je weniger man ihm traut, und diesen Feind, wenn man bei seinem süßen Geflüster vertrauensvoll einschläft.

Er fürchtete jede Träumerei, oder wenn er sich auf ihr Gebiet begab, so tat er das in der Art, wie man in eine Grotte eintritt, über der die Inschrift steht: *Ma solitude, mon hermitage, mon repos* – man weiß, zu welcher Stunde und Minute man sie wieder verlassen wird.

Für Träumereien und für alles Rätselhafte und Geheimnisvolle war in seiner Seele kein Platz vorhanden. Was sich nicht nach den Regeln der Erfahrung und der praktischen Vernunft prüfen ließ, war in seinen Augen nur eine optische Täuschung, eine so oder so beschaffene Spiegelung von Lichtern und Farben auf der Netzhaut des Sehorgans oder aber höchstens etwas, an das die Erfahrung noch nicht heranreicht.

Fremd war ihm auch jener Dilettantismus, der es liebt, sich auf dem Gebiete des Wunderbaren zu tummeln oder auf dem Felde der Hypothesen und Entdeckungen in der Weise eines Don Quichotte seiner Zeit um ein Jahrtausend vorauszueilen. Er blieb eigensinnig an der Schwelle des Geheimnisses stehen, ohne den Glauben eines Kindes oder den Zweifel eines Gecken zu äußern, und wartete, bis sich das Gesetz kundtun und damit auch zugleich der Schlüssel des Geheimnisses gegeben sein werde.

Ebenso sorgsam und vorsichtig, wie er seine Phantasie beobachtete, tat er es auch mit seinem Herzen. Aber hier mußte er häufig Verzicht leisten und eingestehen, daß das Gebiet der Funktionen des Herzens noch eine *terra incognita* sei.

Er war dem Schicksal innig dankbar, wenn es ihm auf diesem unbekannten Gebiete gelang, die ungeschminkte Lüge rechtzeitig von der blassen Wahrheit zu unterscheiden; er klagte nicht einmal in Fällen, wo er sich von dem mit Blumen verhüllten Betruge losgemacht hatte ohne zu fallen, wenn sein Herz lediglich fieberhaft und heftig geschlagen hatte, und war seelenfroh, wenn es nicht qualvoll blutete, wenn ihm nicht kalter Schweiß auf die Stirn trat und sich dann für lange Zeit ein weit reichender Schatten auf sein Leben legte.

Er hielt sich schon deswegen für glücklich, weil er imstande war, sich auf ein und derselben Höhe zu halten und beim Umhergaloppieren auf dem Steckenpferde des Gefühls diesseits der feinen Grenzlinie zu bleiben, welche die Welt des Gefühls von der Welt der Lüge und der Sentimentalität, die Welt der Wahrheit von der Welt des Lächerlichen trennt, oder beim Zurückgaloppieren den trocknen Sandboden der Härte, des Vernünftelns, des Mißtrauens, der Kleinlichkeit und der Entmannung des Herzens zu vermeiden.

Er fühlte auch mitten im Affekt den Boden unter den Füßen und fühlte Kraft genug in sich, um sich schlimmstenfalls loszureißen und freizumachen. Er ließ sich nicht durch Schönheit blenden und vergaß darum seine Manneswürde nicht, entehrte sie nicht, war nicht der Sklave schöner Frauen und lag nicht zu ihren Füßen, wenn ihm auch dadurch glühende Freuden entgingen.

Er hatte keine Götzen; aber dafür erhielt er sich auch die Kraft der Seele und die Festigkeit des Körpers, dafür war er auch von einer stolzen Keuschheit; es ging von ihm ein solcher Hauch der Frische und der Kraft aus, daß demgegenüber auch Frauen, die sonst nicht schüchtern waren, verlegen wurden.

Er kannte den Wert dieser seltenen, kostbaren Eigenschaften und verausgabte sie so geizig, daß man ihn egoistisch und gefühllos nannte. Seine Zurückhaltung von Leidenschaften und seine Kunst, innerhalb der Grenzen eines natürlichen, freien Zustandes der Seele zu bleiben, machte man ihm zum Vorwurf und erklärte zugleich, manchmal mit Neid und Bewunderung, das Verhalten eines andern für entschuldbar, der sich Hals über Kopf in den Sumpf stürzte und seine eigene und eine fremde Existenz zerstörte.

»Die Leidenschaft, die Leidenschaft ist für alles eine Entschuldigung«, sagte man um ihn herum; »aber Sie in Ihrem Egoismus sparen sich nur auf; wir wollen einmal sehen, für wen.«

»Ich spare mich allerdings für jemand auf«, antwortete er nachdenklich, wie wenn er in die Ferne sähe, und beharrte bei seinem Unglauben an den poetischen Wert der Leidenschaften, ließ sich durch ihre stürmischen Äußerungen und zerstörenden Folgen nicht zur Bewunderung hinreißen, sondern wollte das Ideal des menschlichen Daseins und Strebens immer in einer ernsten Auffassung und Verwendung des Lebens sehen.

Und je mehr man ihm seine Thesen bestritt, um so hartnäckiger hielt er an ihnen fest, ja, er geriet sogar, wenigstens während der Disputationen, in einen puritanischen Fanatismus hinein. Er sagte, es sei die normale Bestimmung des Menschen, die vier Jahreszeiten, das heißt die vier Lebensalter, ohne wilde Sprünge zu verleben und das Gefäß des Lebens bis zum letzten Tage einherzutragen, ohne auch nur einen Tropfen unnütz zu verschütten. Ein gleichmäßig und langsam brennendes Feuer sei besser als heftige Feuersbrünste, wie poetisch deren Lodern auch sein möge. Zum Schlusse fügte er hinzu, er würde glücklich sein, wenn es ihm gelänge, die Richtigkeit seiner Anschauung an seiner eigenen Person zu beweisen; aber er wage nicht zu hoffen, daß er das erreichen werde, da es sehr schwer sei.

Er selbst aber schritt immer unbeirrt auf dem Wege dahin, den er sich erwählt hatte. Man sah ihn nie über etwas schmerzlich und selbstquälerisch grübeln; anscheinend nagte an ihm kein Weh infolge von Ermüdung des Herzens; er krankte nicht an der Seele, verlor in verwickelten, schwierigen oder neuen Verhältnissen nie die Fassung, sondern trat an sie heran wie an ehemalige Bekannte, als ob er zum zweitenmal lebe und durch bekannte Örtlichkeiten wandere.

Was auch immer ihm im Leben begegnete, er wandte stets sofort dasjenige Mittel an, das für die betreffende Situation erforderlich war, so wie eine Wirtschafterin aus der Menge der an ihrem Gurte hängenden Schlüssel ohne weiteres gerade den herausfindet, der zu dieser oder jener Tür paßt. Am allerhöchsten schätzte er die Beharrlichkeit im Streben nach einem Ziele; diese war in seinen Augen ein Zeichen von Charakterfestigkeit, und einem Menschen, der solche Beharrlichkeit bewies, versagte er niemals seine Achtung, wie gering dessen Ziele auch an sich sein mochten.

»Das ist ein Mensch, wie er sein muß!« sagte er.

Brauchen wir erst noch hinzuzufügen, daß er selbst bei der Verfolgung seines Zieles kühn über alle Hindernisse hinwegschritt und nur dann von einer Aufgabe Abstand nahm, wenn er auf seinem Wege eine Mauer aufragte oder ein unüberschreitbarer Abgrund klaffte?

Aber er war unfähig, sich mit jener Kühnheit zu wappnen, die mit geschlossenen Augen den Sprung über den Abgrund wagt oder aufs Geratewohl gegen die Mauer anstürmt. Er maß den Abgrund oder die Mauer, und wenn es kein verläßliches Mittel zur Überwindung des Hindernisses gab, so ging er weg, mochten die Leute von ihm reden, was sie wollten.

Damit ein solcher Charakter zustande kam, war vielleicht die Mischung gerade derjenigen Elemente notwendig gewesen, aus denen sich Stolzens Wesen gebildet hatte. Diejenigen Männer, die die wirkende Kraft sein sollen, wurden bei uns von jeher sozusagen in fünf oder sechs stereotype Formen gegossen, blickten träge mit einem halben Auge um sich, legten die Hand an die Maschine des sozialen Lebens und bewegten dieselbe schläfrig in dem gewohnten Geleise weiter, indem sie die Füße in die von den Vorgängern hinterlassenen Stapfen setzten. Aber nun machten sich die Augen von dem Halbschlafe los; man hörte mutige, weite Schritte und lebhafte Stimmen … Wieviele Männer von Stolzens Art, aber mit russischem Namen, werden noch erscheinen müssen, damit alles gut wird!

Wie konnte ein solcher Mensch mit Oblomow nahe befreundet sein, bei dem jeder Charakterzug, jeder Schritt, das ganze Dasein in schreiendem Widerspruche zu Stolzens Leben standen? Aber es ist wohl nicht mehr strittig, daß entgegengesetzte Extreme, wenn sie auch nicht als Veranlassung zur Sympathie dienen, wie man früher meinte, der Sympathie wenigstens in keiner Weise hinderlich sind. Außerdem verband sie die Kindheit und die Schule, zwei starke Momente; ferner die russischen gutmütigen, herzlichen Liebkosungen, die in der Familie Oblomow dem deutschen Knaben reichlich gespendet wurden; ferner die Stellung als Stärkerer, die Stolz Oblomow gegenüber in physischer und in geistiger Hinsicht einnahm. Endlich aber lag (und das war das Wichtigste) im Grunde von Oblomows Natur ein reines, lichtes, gutes Element voll tiefer Sympathie für alles, was gut war und sich auf den Ruf dieses schlichten, harmlosen, stets vertrauensvollen Herzens auftat und auf ihn antwortete.

Wer zufällig oder absichtlich einen Blick in Oblomows lichte, kindliche Seele warf, mochte er auch ein finsterer, böser Mensch sein, der konnte ihm Gegenliebe nicht versagen oder mußte, wenn die Umstände eine Annäherung verhinderten, ihm wenigstens ein gutes, dauerndes Andenken bewahren.

Andrei riß sich oft von seinen Geschäften oder von einer gesellschaftlichen Veranstaltung, einer Abendgesellschaft, einem Balle, los und fuhr zu Oblomow, um auf dessen breitem Sofa zu sitzen, in lässigem Gespräche sich das Herz zu erleichtern und die aufgeregte oder ermüdete Seele zu beruhigen, und empfand jedesmal jenes sanfte, friedliche Gefühl, das man empfindet, wenn man aus prächtigen Sälen wieder unter das eigene bescheidene Dach tritt oder von den Schönheiten der südlichen Natur in den Birkenhain zurückkehrt, in dem man sich als Kind ergangen hat.

## III.

»Guten Tag, Ilja. Wie freue ich mich, dich wiederzusehen! Nun also, wie geht es dir? Bist du gesund?« fragte Stolz.

»Ach nein, es geht mir schlecht, Bruder Andrei«, antwortete Oblomow mit einem Seufzer. »Von Gesundheit ist nicht die Rede!«

»Wieso? Bist du krank?« fragte Stolz besorgt.

»Die Gerstenkörner belästigen mich: eben ist in der letzten Woche eines vom rechten Auge weggegangen, und jetzt bildet sich schon wieder ein anderes.«

Stolz lachte.

»Weiter nichts?« fragte er. »Das ist bei dir eine Folge des vielen Schlafens.«

»Und das ist nicht das einzige: es quält mich auch ein arges Sodbrennen. Du hättest nur hören sollen, was vorhin der

Arzt gesagt hat. ›Gehen Sie ins Ausland‹, sagt er; ›sonst kann es schlimm werden: der Schlag kann Sie treffen.‹«

»Nun, und was wirst du tun?«

»Ich werde nicht hinreisen.«

»Warum denn nicht?«

»Ich bitte dich! Höre nur, was er da gesagt hat: ›Leben Sie irgendwo im Gebirge; fahren Sie nach Ägypten oder nach Amerika ...‹«

»Was ist denn dabei?« sagte Stolz kaltblütig. »Zu der Reise nach Ägypten brauchst du zwei Wochen und zu der Reise nach Amerika drei.«

»Na, Bruder Andrei, haust du in denselben Kerb? Einen einzigen vernünftigen Menschen hat es bis jetzt gegeben, und der hat nun auch den Verstand verloren. Wer fährt denn nach Amerika und Ägypten? Die Engländer; die sind nun einmal von Gott dem Herrn dazu eingerichtet, und sie haben auch bei sich zu Hause keinen Raum. Aber bei uns, wer fährt denn bei uns dorthin? Höchstens so ein verzweifelter Mensch, dem an seinem Leben nichts mehr gelegen ist.«

»Aber wirklich, was sind das für Heldentaten: sich in einen Wagen zu setzen oder auf ein Schiff zu steigen, reine Luft zu atmen, fremde Länder, Städte, Gebräuche und alle möglichen wunderbaren Dinge anzusehen Ach du! Na, sag' mal, wie steht es denn mit deinen Angelegenheiten, wie geht es in Oblomowka?«

»Ach! ...« brachte Oblomow heraus und machte eine resignierte Handbewegung.

»Was ist denn passiert?«

»Was passiert ist? Das Leben faßt mich an.«

»Nun, Gott sei Dank!« sagte Stolz.

»Wie kannst du so reden! Ja, wenn es mir immer den Kopf streichelte; aber es setzt mir arg zu, wie manchmal in der

Schule unnütze Buben einem friedlichen Schüler zusetzen: bald kneift ihn einer heimtückisch, bald rennt einer von vorn gerade auf ihn zu und bewirft ihn mit Sand … ich kann es nicht mehr aushalten!«

»Du bist eben gar zu – friedlich. Was ist denn vorgefallen?« fragte Stolz.

»Ein zwiefaches Unglück hat mich betroffen.«

»Worin besteht es denn?«

»Ich bin völlig zugrunde gerichtet.«

»Wieso?«

»Ich werde dir mal vorlesen, was mein Dorfschulze schreibt … wo ist der Brief nur? Sachar, Sachar!«

Sachar fand den Brief. Stolz durchlief ihn mit den Augen und lachte laut auf, wahrscheinlich über den Stil des Dorfschulzen.

»Was ist dieser Dorfschulze für ein Gauner!« sagte er. »Er hat die Bauern davonlaufen lassen, und nun klagt er noch darüber! Das beste wäre, ihnen Pässe auszustellen und sie laufen zu lassen, wohin sie Lust haben.«

»Aber ich bitte dich! Dann werden ja am Ende alle wegwollen«, erwiderte Oblomow.

»Na, laß sie doch!« antwortete Stolz sorglos. »Wer sich an seinem Fleck wohlfühlt und vom Dableiben Vorteil hat, der wird nicht weggehen; wer aber keinen Vorteil davon hat, von dem hast du auch keinen; wozu willst du so einen festhalten?«

»Ist das eine Anschauung!« sagte Ilja Iljitsch. »Die Bauern in Oblomowka haben einen ruhigen, seßhaften Charakter; wozu sollen die sich umhertreiben?«

»Aber du scheinst nicht zu wissen«, unterbrach ihn Stolz: »in Werchlowo will man einen Anlegeplatz einrichten, und es wird geplant, eine Chaussee vorbeizuführen, so daß dann auch Oblomowka nicht weit von einer großen Landstraße entfernt sein wird; und in der Stadt soll ein Jahrmarkt eingerichtet werden …«

»Ach du mein Gott!« stöhnte Oblomow. »Das fehlte noch! Oblomowka lag so schön still und abseits; und nun kommt ein Jahrmarkt und eine große Landstraße! Die Bauern werden es sich angewöhnen, nach der Stadt zu laufen, und uns werden die Kaufleute heimsuchen – es ist alles dahin! Nein, so ein Unglück!«

Stolz lachte.

»Wie sollte das kein Unglück sein?« fuhr Oblomow fort. »Die Bauern waren bisher so leidlich; man hörte über sie nichts Gutes und nichts Schlechtes; sie taten ihre Arbeit und trachteten nach nichts weiter; aber jetzt werden sie verlottern! Nun werden Tee und Kaffee und Samthosen und Ziehharmonikas und Schmierstiefel hinkommen … es wird kein Segen dabei sein!«

»Ja, wenn's so zugeht, wird allerdings wenig Segen dabei sein«, bemerkte Stolz. »Aber richte doch eine Schule im Dorfe ein …«

»Ist das auch nicht zu früh?« erwiderte Oblomow. »Das Lesen und Schreiben ist dem Bauer schädlich; wenn man ihn unterrichtet, wird er am Ende nicht mehr pflügen mögen …«

»Aber die Bauern werden ja dann zu lesen bekommen, wie sie rationell pflügen müssen, du wunderlicher Kauz! Aber höre: im Ernst, du mußt in diesem Sommer selbst auf dem Gute sein.«

»Ja, das ist richtig; nur ist mein Plan noch nicht vollständig fertig …« versetzte Oblomow schüchtern.

»Du brauchst auch gar keinen Plan!« sagte Stolz. »Fahre nur hin; du wirst an Ort und Stelle schon sehen, was du tun mußt. Du mühst dich schon wer weiß wie lange mit diesem Plane ab; ist er denn noch nicht zustande gekommen? Was hast du denn eigentlich zu tun?«

»Ach, Bruder! Als ob ich keine andre Sorge hätte als die mit dem Gute! Und mein anderes Unglück?«

»Worin besteht denn das?«

»Der Hauswirt treibt mich aus der Wohnung.«

»Wie macht er denn das?«

»Ganz einfach; er sagt: ›Zieh aus!‹ Weiter nichts.«

»Na, was ist denn dabei?«

»Was dabei ist! Ich habe mir den Rücken und die Seiten durchgerieben, so habe ich mich wegen dieser Sorge umhergewälzt. Ich muß ja alles allein tun: bald ist dies nötig, bald das; da muß ich Rechnungen prüfen und hier bezahlen und da bezahlen, und nun noch der Umzug! Ich gebe eine Unmenge Geld aus und weiß selbst nicht, wo es alles bleibt! Ehe ich mich dessen versehe, sitze ich vollständig auf dem Trockenen ...«

»Ist das ein verwöhnter Mensch: es ist ihm zu beschwerlich, aus der Wohnung auszuziehen!« sagte Stolz erstaunt.

»Aber da du gerade von Geld sprichst: hast du viel im Hause? Gib mir fünfhundert Rubel: ich muß sie sofort abschicken; morgen nehme ich mir die Summe aus unserm Kontor ...«

»Warte! Laß mich darüber nachdenken Neulich habe ich vom Gute tausend Rubel geschickt bekommen; davon sind jetzt noch übrig ... warte mal ...«

Oblomow begann in den Schubladen herumzusuchen.

»Da! Hier sind zehn, zwanzig Rubel; da sind zweihundert Rubel und da noch zwanzig. Es war auch noch Kupfergeld hier ... Sachar, Sachar!«

Sachar sprang in der üblichen Manier von der Ofenbank und kam ins Zimmer.

»Hier lagen noch zwanzig Kopeken auf dem Tische; wo sind die geblieben? Ich habe sie gestern hergelegt ...«

»Was haben Sie nur mit den zwanzig Kopeken, Ilja Iljitsch?

Ich habe Ihnen doch schon gesagt, daß da keine zwanzig Kopeken gelegen haben …«

»Gewiß haben sie da gelegen! Ich habe sie herausbekommen, als ich mir Apfelsinen kaufte …«

»Sie werden sie jemandem gegeben und es vergessen haben«, sagte Sachar und wandte sich nach der Tür zu.

Stolz lachte. »Ach, ihr Oblomowkaer!« sagte er vorwurfsvoll. »Ihr wißt nicht einmal, wieviel Geld ihr in der Tasche habt!«

»Und was für Geld haben Sie vorhin Michei Andrejewitsch gegeben?« erinnerte ihn Sachar.

»Ach ja, Tarantjew hat auch noch zehn Rubel bekommen«, sagte Oblomow, sich lebhaft zu Stolz hinwendend. »Das hatte ich vergessen.«

»Warum läßt du denn diese Kanaille zu dir herein?« bemerkte Stolz.

»Ja, warum wird der hereingelassen?« mischte sich Sachar in das Gespräch. »Er kommt herein, als ob er in sein eigenes Haus oder in ein Restaurant einträte. Er hat sich eine Weste und ein Hemd, die dem Herrn gehören, geborgt, und wir haben die Sachen nicht wieder zu sehen bekommen! Vorhin kam er, um sich einen Frack zu leihen: ›Laß ihn mich anziehen!‹ sagte er. Wenn doch wenigstens Sie, Väterchen Andrei Iwanowitsch, ihm einen Riegel vorschieben wollten …«

»Das ist nicht deine Sache, Sachar. Geh nach deiner Stube!« bemerkte Oblomow in strengem Tone.

»Gib mir einen Briefbogen«, bat Stolz; »ich möchte mir etwas notieren.«

»Sachar, gib das Papier her! Andrei Iwanowitsch wünscht welches …« sagte Oblomow.

»Es ist ja keines da! Wir haben doch schon vorhin danach gesucht«, erwiderte Sachar vom Vorzimmer aus, ohne auch nur ins Zimmer hereinzukommen.

»So gib mir irgendein Blättchen!« bat Stolz weiter.

Oblomow suchte auf dem Tische; aber es war auch kein Blättchen da.

»Na, dann gib mir wenigstens eine Visitenkarte!«

»Visitenkarten habe ich schon längst nicht mehr«, sagte Oblomow.

»Was ist denn eigentlich mir dir?« versetzte Stolz ironisch. »Und doch beabsichtigst du, etwas zu arbeiten, entwirfst einen Plan. Sag' doch mal, gehst du denn irgendwohin? Wo verkehrst du? Mit wem kommst du zusammen?«

»Wo ich verkehre? Ich komme wenig aus; ich sitze immer zu Hause. Mein Plan beunruhigt mich, und nun noch die Wohnung ... Zum Glück will Tarantjew sich darum bemühen und mir eine verschaffen ...«

»Besucht dich hier jemand?«

»O ja ... da ist Tarantjew, dann auch Alexejew. Vorhin war der Arzt hier ... Penkin war hier, Sudbinski, Wolkow ...«

»Ich sehe bei dir auch keine Bücher«, sagte Stolz.

»Da ist ein Buch«, erwiderte Oblomow und wies auf ein Buch, das auf dem Tische lag.

»Was ist es denn für eins?« fragte Stolz und sah das Buch an. »›Eine Reise nach Afrika‹. Und die Seite, bei der du stehen geblieben bist, ist ganz verschimmelt. Es ist auch keine Zeitung zu sehen. Liest du denn Zeitungen?«

»Nein, der Druck ist mir zu klein; er verdirbt mir die Augen ... Und ich habe auch kein Bedürfnis, Zeitungen zu lesen: wenn etwas Neues passiert, hört man den ganzen Tag über von allen Seiten von nichts anderem sprechen.«

»Aber ich bitte dich, Ilja«, sagte Stolz, indem er einen verwunderten Blick auf ihn richtete. »Was tust du denn eigentlich? Du hast dich wie ein Teigklumpen zusammengerollt und liegst nun still da.«

»Das ist richtig, Andrei, wie ein Teigklumpen«, antwortete Oblomow traurig.

»Aber ist das etwa eine Entschuldigung, daß du dir dessen selbst bewußt bist?«

»Nein, es ist nur die Antwort auf deine Worte; ich suche mich nicht zu entschuldigen«, erwiderte Oblomow mit einem Seufzer.

»Du müßtest doch aus diesem Zustande des Schlafes herauskommen.«

»Das habe ich früher versucht; es ist mir nicht gelungen, und jetzt … wozu? Nichts weckt mich auf; meine Seele trachtet nicht danach, sich zu befreien; mein Geist schläft ruhig!« schloß er mit kaum merklicher Bitterkeit. »Genug davon … Sage mir lieber, wo du jetzt herkommst.«

»Aus Kiew. In vierzehn Tagen reise ich ins Ausland. Komm doch mit …«

»Schön; vielleicht …« antwortete Oblomow.

»Dann setz dich hin und schreibe ein Gesuch; morgen kannst du es einreichen …«

»Gleich morgen!« rief Oblomow erschrocken. »Was diese Menschen für Eile haben, als ob jemand mit der Hetzpeitsche hinter ihnen her wäre! Wir wollen es uns überlegen und miteinander besprechen, und dann, wie Gott will! Vielleicht fahre ich zuerst nach dem Gute … und erst später nach dem Auslande …«

»Warum denn erst später? Der Arzt hat es dir doch verordnet? Wirf zuerst das Fett von dir, das deinen Körper beschwert; dann wird auch deine geistige Schläfrigkeit verschwinden. Der Mensch bedarf sowohl einer körperlichen wie einer geistigen Gymnastik.«

»Nein, Andrei, all das wird mich zu sehr ermüden: ich habe nun einmal eine schwache Gesundheit. Nein, laß mich lieber hier und reise allein …«

Stolz blickte den daliegenden Oblomow an und dieser ihn. Stolz wiegte den Kopf hin und her; Oblomow seufzte.

»Ich glaube, du bist sogar zu faul zum Leben?« fragte Stolz.
»Auch das ist richtig; ich bin zu faul dazu, Andrei.«
Andrei überlegte bei sich, an welcher Stelle er ihn anfassen müsse, um ihn in Bewegung zu bringen; er musterte ihn dabei schweigend und lachte plötzlich auf.
»Warum hast du denn einen zwirnenen und einen baumwollenen Strumpf an?« fragte er und wies auf Oblomows Füße. »Und auch das Hemd hast du verkehrt angezogen!«
Oblomow betrachtete seine Füße und dann das Hemd.
»In der Tat«, sagte er, es verlegen zugebend. »Dieser Sachar ist mir zur Strafe gesandt! Du glaubst gar nicht, was ich für eine Plage mit ihm habe! Er streitet mit mir und ist grob; aber Arbeit darf man nicht von ihm verlangen!«
»Ach, Ilja, Ilja!« sagte Stolz. »Nein, ich kann dich nicht in diesem Zustande lassen. In einer Woche wirst du dich selbst nicht wiedererkennen. Gleich heute abend werde ich dir meinen ausführlichen Plan mitteilen, was ich mit mir und dir anzufangen gedenke. Jetzt aber zieh dich an! Warte nur, ich werde dich schon aufrütteln. Sachar!« rief er. »Ilja Iljitsch will sich ankleiden!«
»Wohin soll ich denn, ich bitte dich, was hast du vor? Es werden gleich Tarantjew und Alexejew kommen, um bei mir zu Mittag zu essen. Dann wollten wir …«
»Sachar«, sagte Stolz, ohne auf ihn zu hören, »sei ihm beim Ankleiden behilflich.«
»Zu Befehl, Väterchen Andrei Iwanowitsch. Ich will nur erst noch die Stiefel putzen«, antwortete Sachar bereitwillig.
»Wie? Um fünf Uhr hast du die Stiefel noch nicht geputzt?«
»Geputzt sind sie, noch von der vorigen Woche her; aber der Herr ist nicht ausgegangen, und da sind sie wieder blind geworden …«
»Na, bring sie, wie sie sind! Meinen Koffer trage in den Salon; ich werde bei euch logieren. Ich ziehe mich sogleich

um, und du, Ilja, mach' dich auch fertig! Wir wollen irgendwo unterwegs Mittagbrot essen; dann fahren wir zu zwei, drei Familien und ...«

»Hm! Aber du ... wie kann ich nur so plötzlich ... warte ... laß mich die Sache erst überlegen ... ich bin ja nicht rasiert ...«

»Da brauchst du nichts zu überlegen und dir nicht den Nakken zu kratzen ... Rasieren lassen kannst du dich unterwegs: ich werde dich zu einem Barbier hinbringen.«

»In was für Familien werden wir denn fahren?« rief Oblomow trübselig. »Zu solchen, die ich gar nicht kenne? Was ist das für ein Einfall? Ich will lieber einen Besuch bei Iwan Gerasimowitsch machen; ich bin seit drei Tagen nicht bei ihm gewesen.«

»Wer ist das, Iwan Gerasimowitsch?«

»Er war früher bei derselben Behörde angestellt wie ich ...«

»Ah, dieser grauköpfige Hausverwalter! Was hast du denn an dem gefunden? Eine wunderliche Passion, mit diesem Tölpel die Zeit totzuschlagen!«

»Wie scharf du manchmal über die Menschen urteilst, Andrei; weiß Gott. Er ist ja doch ein braver Mensch, nur daß er keine Hemden von holländischer Leinwand trägt ...«

»Was machst du denn bei ihm? Wovon redest du mit ihm?« fragte Stolz.

»Weißt du, bei ihm in seiner Wohnung ist es so ordentlich und gemütlich. Die Zimmer sind nur klein und die Sofas so weich: man sinkt mitsamt dem Kopfe hinein und ist gar nicht mehr zu sehen. Die Fenster sind ganz von Efeu und Kaktussen verdeckt; Kanarienvögel sind mehr als ein Dutzend da und drei Hunde, so nette Tiere! Ein kalter Imbiß kommt nie vom Tische weg. Die Stahlstiche stellen lauter Familienszenen dar. Wenn man zu ihm hinkommt, möchte man gar nicht wieder fortgehen. Man sitzt da, ohne sich irgendwelche Sorgen zu machen, ohne an etwas zu denken; man weiß, daß man einen Menschen neben sich hat, der allerdings nicht besonders klug ist (an einen Ideenaustausch mit ihm ist gar nicht zu denken), aber dafür redlich, gutherzig, dienstfertig, anspruchslos; auch redet er nicht hinter dem Rücken Übles von einem!«

»Was macht ihr denn da?«

»Was wir machen? Wenn ich hinkomme, setzen wir uns auf zwei Sofas einander gegenüber und legen die Beine herauf; er raucht ...«

»Na, und du?«

»Ich ... ich rauche ebenfalls; ich höre zu, wie die Kanarienvögel schmettern. Dann bringt Marfa den Samowar.«

»Tarantjew und Iwan Gerasimowitsch!« sagte Stolz achselzuckend. »Na, zieh dich schnell an!« trieb er zur Eile. Und zu Sachar gewendet fügte er hinzu: »Zu Tarantjew sage, wenn er kommt, wir würden außer dem Hause zu Mittag essen, und Ilja Iljitsch werde den ganzen Sommer über nicht zu Hause zu Mittag essen; im Herbst aber werde er sehr viel zu tun haben, so daß es ihm nicht möglich sein werde, mit ihm zusammenzusein ...«

»Ich werde es ihm sagen, ich werde es nicht vergessen; ich werde ihm alles sagen«, erwiderte Sachar. »Aber was befehlen Sie, daß mit dem Mittagessen geschehen soll?«

»Iß es mit irgend jemand zusammen auf und laß es dir gut bekommen.«

»Zu Befehl, gnädiger Herr.«

Zehn Minuten darauf trat Stolz umgekleidet, rasiert und gekämmt wieder ins Zimmer; Oblomow aber saß melancholisch auf seinem Bette und knöpfte langsam sein Hemd über der Brust zu, wobei er mit den Knöpfen nicht recht in die Knopflöcher hineintraf. Vor ihm kniete auf einem Knie Sachar mit einem ungeputzten Stiefel, den er wie ein Gericht

präsentierte; er war bereit, ihn ihm anzuziehen, und wartete nur, bis sein Herr mit dem Zuknöpfen des Hemdes fertig sein werde.
»Du hast noch nicht die Stiefel angezogen!« sagte Stolz verwundert. »Na, dann flink, Ilja, flink!«
»Aber wo soll ich denn hin? Und wozu?« sagte Oblomow bekümmert. »Was habe ich da zu suchen? Ich habe mich von allem zurückgezogen; ich möchte nicht …«
»Flink, flink!« mahnte Stolz wieder zur Eile.

## IV.

Obgleich es schon spät war, brachten sie es doch noch fertig, zu diesem und jenem heranzufahren, um geschäftliche Angelegenheiten zu erledigen; dann nahm Stolz einen Besitzer von Goldgruben zum Mittagessen mit; dann fuhren sie mit diesem letzteren nach seinem Landhause, um da Tee zu trinken, und trafen dort eine große Gesellschaft an; so war Oblomow aus seiner völligen Einsamkeit auf einmal in einen ganzen Schwarm von Menschen hineingeraten. Erst spät in der Nacht kehrten sie nach Hause zurück.
Ebenso am zweiten und am dritten Tage; so verging die ganze Woche unmerklich wie im Fluge. Oblomow protestierte, beklagte sich, widersprach, wurde aber von seinem Freunde mit fortgerissen und begleitete ihn überallhin.
Eines Tages, als sie von irgendwo spät heimgekehrt waren, opponierte er besonders heftig gegen diese unruhevolle Lebensweise.
»Ganze Tage lang«, brummte Oblomow, während er sich in seinen Schlafrock hüllte, »zieht man die Stiefel nicht aus: die

Füße brennen mir ordentlich davon! Mir mißfällt dieses euer Petersburger Leben!« fuhr er fort, indem er sich auf das Sofa legte.

»Was für ein Leben gefällt dir denn?« fragte Stolz.

»Ein andersartiges als das hiesige.«

»Was hat dir denn eigentlich hier so besonders mißfallen?«

»Alles, das ewige Wettrennen, das ewige Spiel unwürdiger, kleinlicher Leidenschaften, besonders der Habgier, der gegenseitigen Versperrung des Weges, der Klatschsucht, der Verleumdung, der gegenseitigen Nasenstüber, und daß man vom Kopf bis zu den Füßen gemustert wird; wenn man zuhört, wovon die Leute reden, wird man ganz schwindlig und dumm im Kopfe. Sie machen äußerlich einen so verständigen Eindruck, haben so würdevolle Gesichter; aber man hört weiter nichts als: ›Diesem ist das und das gegeben worden; jener hat eine Pacht bekommen.‹ – ›Aber ich bitte Sie, wie hat er das verdient?‹ ruft einer. ›Dieser hat gestern im Klub beim Spiel verloren; jener bekommt dreihunderttausend Rubel!‹ Diese Öde, diese Öde, diese Öde! ... Wo bleibt denn da der Mensch? Wo bleibt seine Totalität? Wohin ist er verschwunden, wie hat er sich nur so in Kleingeld umwechseln können?«

»Die Welt und die Gesellschaft müssen sich doch mit etwas beschäftigen«, erwiderte Stolz; »ein jeder hat seine eigenen Interessen. So ist das Leben nun einmal eingerichtet ...«

»›Die Welt, die Gesellschaft!‹ Du bringst mich wohl absichtlich in diese Welt und in diese Gesellschaft hinein, Andrei, um mir die Luft zum Verweilen in ihr zu benehmen. ›Das Leben‹: das ist ein schönes Leben! Was will man darin suchen? Etwas, was den Verstand und das Herz interessiert? Sieh nur einmal zu, wo der Mittelpunkt ist, um den das alles sich dreht: es gibt keinen solchen, es gibt nichts Tiefes, nichts, was einem an die Seele griffe. Das alles sind tote, schlafende Menschen und schlechter als ich, diese Mitglieder der Welt und der Gesellschaft! Wovon lassen sie sich im Leben leiten? Da liegen sie nun nicht still, sondern rennen tagtäglich umher, vorwärts und rückwärts, wie die Fliegen, ohne Sinn und Zweck! Man tritt in einen Salon und ist entzückt davon, wie symmetrisch die Gäste verteilt sind, wie friedlich und tiefsinnig sie dasitzen – bei den Karten. Das muß man sagen, eine herrliche Lebensaufgabe! Ein vorzügliches Vorbild für einen Geist, der nach Bewegung trachtet! Sind das etwa nicht Tote? Schlafen sie etwa nicht ihr ganzes Leben lang im Sitzen? Inwiefern bin ich mehr zu tadeln als sie, der ich bei mir zu Hause stilliege und meinen Geist nicht mit den Dreien und Buben infiziere?«

»Das sind schon alte, tausendmal vorgebrachte Dinge«, bemerkte Stolz. »Hast du nicht etwas Neueres zu sagen?«

»Und unsere jungen Leute aus den besseren Kreisen, was tun sie? Schlafen sie etwa nicht, wenn sie tanzen und auf dem Newski-Prospekt promenieren und umherfahren? Mit solchen Hohlheiten füllen sie einen Tag nach dem andern aus! Und sieh nur, mit welchem Stolze, mit welcher großartigen Würde, mit welchem zurückweisenden Blicke sie denjenigen anschauen, der nicht so gekleidet ist wie sie und keinen so vornehmen Namen und Stand hat. Und dabei bilden sich diese Unglücklichen noch ein, höher zu stehen als die Menge: ›Wir nehmen im Staatsdienst Stellen ein, wie sie außer uns niemand einnimmt; wir sitzen in der ersten Reihe des Parketts; wir sind auf dem Balle beim Fürsten N., wo nur wir Zutritt haben …‹ Wenn sie aber unter sich zusammenkommen, so betrinken sie sich und raufen miteinander wie die Wilden! Sind das etwa lebende, wache Menschen? Und so sind nicht nur die jungen Leute; sieh einmal die Erwachsenen an! Sie kommen zusammen und bewirten einander; aber es ist keine Treuherzigkeit, keine Biederkeit, keine wechselseitige Zuneigung dabei! Sie kommen zum Mittagessen und zum Abendessen zusammen wie zu einer Pflicht, ohne Fröhlichkeit, kühl, um mit ihrem Koche und mit ihrem Salon zu prahlen und sich nachher insgeheim übereinander lustig zu machen und einander ein Bein zu stellen. Vorgestern beim Mittagessen wußte ich gar nicht, wo ich meine Augen lassen sollte, und wäre am liebsten unter den Tisch gekrochen, als die Leute anfingen, den guten Ruf der Abwesenden zu zerstückeln: ›Der ist dumm, dieser gemein, ein andrer ein Dieb, ein dritter lächerlich‹ – es war eine richtige Hetzjagd! Und während sie so redeten, sahen sie einander an, als ob sie sagen wollten: ›Sowie du aus der Tür heraus bist, wird es dir ebenso ergehen …‹ Warum kommen sie denn zusammen, wenn sie eine solche Gesinnung haben? Warum drücken sie einander so kräftig die Hände? Man hört weder ein aufrichtiges Lachen, noch sieht man einen Schimmer von Zuneigung! Sie bemühen sich, mit Leuten in Verkehr zu kommen, die einen hohen Rang und einen berühmten Namen haben. ›Bei mir ist der und der gewesen, und ich war bei dem und dem!‹ rühmen sie sich nachher … Was ist das für ein Leben? Ich mag ein solches Leben nicht. Was kann ich da lernen, was für mich daraus entnehmen?«

»Weißt du was, Ilja?« sagte Stolz. »Du urteilst ganz wie die Leute der alten Zeit: in alten Büchern steht das alles ebenso geschrieben. Übrigens ist auch das gut: wenigstens denkst du nach und schläfst nicht. Nun, was willst du noch weiter sagen? Fahre fort!«

»Was soll ich noch hinzufügen? Sieh selbst: niemand hier hat ein frisches, gesundes Gesicht.«

»Das liegt am Klima«, unterbrach ihn Stolz. »Du hast doch auch ein welkes Gesicht und läufst nicht herum, sondern liegst immer.«

»Niemand hat einen offenen, ruhigen Blick«, fuhr Oblomow fort; »alle stecken einander wechselseitig mit einer Art von Sorge und Bekümmernis an; sie suchen schmerzlich etwas. Und wenn sie noch die Wahrheit und das ihnen und anderen Heilsame suchten; aber nein, sie werden blaß vor Neid, wenn einem Kameraden etwas gelingt. Der eine hat diese Sorge: morgen muß er aufs Gericht gehen; sein Prozeß zieht sich schon in das fünfte Jahr hin; die Gegenpartei gewinnt die Oberhand, und er hat schon fünf Jahre lang nur den einen Gedanken und nur den einen Wunsch mit sich herumgetragen, den andern zu Fall zu bringen und über dessen Falle das Gebäude seines eigenen Wohlstandes zu errichten. Fünf Jahre lang im Wartezimmer umherzugehen, herumzusitzen und zu seufzen – das ist das Ideal und Ziel eines Lebens! Ein andrer fühlt sich todunglücklich, weil er dazu verdammt ist, täglich ins Büro zu gehen und da bis fünf Uhr zu sitzen; und jener seufzt schwer weil ihm ein solches Glück nicht beschieden ist ...«

»Du bist ein Philosoph«, sagte Stolz. »Alle machen sich Mühe und Sorgen; nur du bedarfst nichts.«

»Da fragte mich dieser Herr mit der gelben Hautfarbe und der Brille in aufdringlicher Weise«, fuhr Oblomow fort, »ob ich die Rede eines gewissen Abgeordneten gelesen hätte, und starrte mich mit weit aufgerissenen Augen an, als ich ihm sagte, ich läse überhaupt keine Zeitungen. Und dann fing er an, über Louis Philippe zu reden, als ob der sein leiblicher Vater wäre. Dann setzte er mir mit der Frage zu, was ich für den Grund der Abreise des französischen Gesandten aus Rom hielte. Wie kann man sich nur für sein ganzes Leben dazu verurteilen, sich täglich mit Neuigkeiten aus der ganzen Welt voll zu stopfen und eine Woche lang ein Geschrei darüber zu machen, bis man sich ausgeschrien hat! Heute hat Mehmed Ali ein Schiff nach Konstantinopel geschickt, und da zerbricht dieser Herr sich nun den Kopf darüber, warum der das getan hat. Morgen hat Don Carlos Unglück gehabt, und da ist er in furchtbarer Aufregung. Hier wird ein Kanal gebaut, dort ist eine Truppenabteilung nach dem Osten geschickt worden; um Gottes willen, es brennt ein Krieg! Er sieht im Gesichte ganz entstellt aus, läuft umher und vollführt ein Geschrei, als ob die Truppen gegen ihn selbst marschieren. Da erörtern diese Leute nun die Sache kreuz und quer und stellen ihre Vermutungen auf; aber in Wirklichkeit ist sie ihnen selbst gleichgültig; sie interessieren sich gar nicht dafür; durch all das Geschrei hindurch merkt man, wie sie eigentlich in tiefem Schlafe liegen! All das ist ihnen etwas Fremdes; es ist, als ob sie nicht ihre eigene Mütze auf dem Kopfe hätten. Sie haben keine eigene Beschäftigung; so stürzen sie denn nach allen Seiten hin, ohne Ziel und Richtung. Unter diesem universellen Interesse verbirgt sich die Leerheit und der Mangel an Sympathie allem gegenüber! Aber sich einen bescheidenen, arbeitsvollen Weg zu erwählen, diesen zu verfolgen, ein tiefes Geleise auf ihm herzustellen, das ist langweilig, das erregt kein Aufsehen; dabei hilft einem das allumfassende Wissen nichts, und man kann niemandem Sand in die Augen streuen.«

»Na, du und ich, wir sind nicht nach allen Seiten hingestürzt, Ilja. Wo ist denn unser bescheidener, arbeitsvoller Weg?« fragte Stolz.

Oblomow verstummte plötzlich.

»Ja, ich will nur erst … meinen Plan … fertigmachen«, sagte er. »Überlassen wir diese Menschen in Gottes Namen sich selbst!« fügte er dann ärgerlich hinzu. »Ich greife sie nicht an, erhebe keine Anklage gegen sie; ich sehe in ihrem Leben nur nicht das normale Leben. Nein, das ist kein Leben, sondern eine Karikatur des normalen, idealen Lebens, das die Natur dem Menschen als Ziel gewiesen hat …«

»Wie ist denn dieses ideale, normale Leben beschaffen?«

Oblomow antwortete nicht.

»Na, dann sage mir, was für einen Lebensplan du für dich entwerfen würdest«, fuhr Stolz fort zu fragen.

»Einen solchen Plan habe ich schon entworfen.«

»Wie sieht er denn aus? Erzähle mir, bitte, wie er aussieht.«

»Wie er aussieht?« sagte Oblomow, indem er sich auf den Rücken drehte und nach der Zimmerdecke blickte. »Ja, wie sieht er aus? Ich würde auf das Gut fahren.«

»Was hindert dich denn daran?«

»Mein Reformplan ist noch nicht vollendet. Ferner würde ich nicht allein hinfahren, sondern mit meiner Frau ...«

»Ah! Sieh mal an! Na, dazu helfe dir Gott! Worauf wartest du denn? Noch drei, vier Jahre, dann nimmt dich keine mehr ...«

»Was ist zu tun? Es ist mir nun einmal nicht beschieden!« sagte Oblomow seufzend. »Meine Vermögensverhältnisse erlauben es nicht!«

»Ich bitte dich! Und Oblomowka? Dreihundert Seelen!«

»Was will das heißen? Wie kann man davon mit einer Frau leben?«

»Zwei Personen, und du fragst, wie man davon leben kann!«

»Aber wenn nun Kinder kommen?«

»Wenn du die Kinder richtig erziehst, werden sie sich selbst etwas erwerben; du mußt nur verstehen, sie dazu anzuleiten ...«

»Nein, wie darf man aus Edelleuten Handwerker machen!« unterbrach ihn Oblomow trocken. »Und auch abgesehen von den Kindern, wo sind da nur zwei Personen? Das sagt man wohl so, daß Mann und Frau nur zwei Personen seien; aber in Wirklichkeit kommt, sowie man sich verheiratet hat, eine Unmenge von Weibern ins Haus gekrochen. Blicke in eine beliebige Familie hinein: da siehst du Weiber, die mit der Hausfrau verwandt sind, und solche, die nicht mit ihr verwandt und nicht in der Wirtschaft tätig sind; wenn sie nicht da wohnen, so kommen sie täglich, um Kaffee zu trinken und Mittagbrot zu essen ... Wie soll man von dreihundert Seelen ein solches Pensionat durchfüttern?«

»Na, gut; wenn du nun dreihunderttausend Rubel geschenkt bekämest, was würdest du damit anfangen?« fragte Stolz mit lebhafter Neugier.

»Ich würde sie sofort auf die Bank bringen und von den Zinsen leben«, antwortete Oblomow.

»Zinsen gibt es da nur wenig; warum würdest du das Kapital nicht irgendeiner Gesellschaft übergeben, wie zum Beispiel der unsrigen?«

»Nein, Andrei, du wirst mich nicht betören.«

»Wie? Auch mir würdest du es nicht anvertrauen?«

»Um keinen Preis; von deiner Person ist ja dabei nicht die Rede; aber es kann doch alles mögliche passieren: na, wenn nun die Gesellschaft Konkurs macht, dann habe ich alles verloren. Bei der Bank ist das eine andre Sache.«

»Na, gut; was würdest du also weiter tun?«

»Ich würde in mein neues, bequem eingerichtetes Haus ziehen ... In der Umgegend würden gute Nachbarn wohnen, du zum Beispiel ... Aber nein, du kannst ja nicht an einem Orte stillsitzen.«

»Würdest du etwa immer da sitzenbleiben und nirgends hinfahren?«

»Um keinen Preis!«

»Warum ist man denn geschäftig, überall Eisenbahnen und Dampfschiffe zu bauen, wenn das Ideal des Lebens darin besteht, an einem Orte stillzusitzen? Dann wollen wir doch eine Eingabe machen, Ilja, sie möchten mit dem Bau innehalten; wir fahren ja doch nicht darauf.«

»Es gibt aber außer uns noch viele Menschen; da sind zahllose Verwalter, Agenten, Kaufleute, Beamte, müßige Rei-

sende, die keine eigene Häuslichkeit haben; die mögen darauf fahren!«
»Und was bist du denn?«
Oblomow schwieg.
»Zu welcher Kategorie der menschlichen Gesellschaft zählst du dich?«
»Frage Sachar«, antwortete Oblomow.
Stolz erfüllte Oblomows Wunsch buchstäblich.
»Sachar!« rief er.
Sachar kam mit verschlafenen Augen herein.
»Was ist das für einer, der da liegt?« fragte Stolz.
Sachar wurde auf einmal wach und blickte von der Seite mißtrauisch zuerst Stolz und dann Oblomow an.
»Was soll die Frage bedeuten? Sehen Sie das denn nicht?«
»Nein, ich sehe es nicht«, sagte Stolz.
»Wunderlich! Das ist ein gnädiger Herr, Ilja Iljitsch.«
Er lächelte.
»Gut, du kannst wieder gehen.«
»Ein gnädiger Herr!« wiederholte Sachar und brach in ein lautes Gelächter aus.
»Na, ein Gentleman«, korrigierte Oblomow ärgerlich.
»Nein, nein, du bist ein gnädiger Herr!« fuhr Stolz lachend fort.
»Was ist dazwischen für ein Unterschied?« sagte Oblomow. »Ein Gentleman ist ein ebensolcher gnädiger Herr.«
»Ein Gentleman«, definierte Stolz, »ist ein solcher gnädiger Herr, der sich selbst die Strümpfe anzieht und sich selbst die Stiefel auszieht.«
»Ja, ein Engländer tut das selbst, weil die nicht sehr viel Diener haben; aber ein Russe …«
»Fahre nur fort, mir das Ideal deines Lebens zu zeichnen … Also, gute Freunde ringsumher; was nun weiter? Wie würdest du deine Tage verbringen?«

»Nun, ich würde am Morgen aufstehen«, begann Oblomow, indem er die Hände unter den Hinterkopf legte und ein Ausdruck von Ruhe sich über sein Gesicht verbreitete; er war im Geiste schon auf dem Gute. »Es ist schönes Wetter, der Himmel ganz blau; kein Wölkchen ist zu sehen«, sagte er. »Die eine Seite des Hauses, die mit dem Balkon, liegt auf meinem Plane nach Osten zu, nach dem Garten und den Feldern hin, die andre nach dem Dorfe zu. Einstweilen, bis meine Frau aufwacht, würde ich den Schlafrock anziehen und im Garten promenieren, um die Morgenluft einzuatmen; dort würde ich schon den Gärtner finden; wir würden zusammen die Blumen begießen und die Sträucher und Bäume beschneiden. Ich stelle ein Bukett für meine Frau zusammen. Dann gehe ich hin, um ein Bad zu nehmen, sei es in der Wanne oder im Flusse. Wenn ich zurückkomme, ist die Balkontür schon geöffnet; meine Frau wartet dort auf mich in einer Bluse und mit einem leichten Häubchen, das kaum auf ihrem Kopfe haftet und anscheinend jeden Augenblick davonfliegen kann. ›Der Tee ist fertig‹, sagt sie. Was für ein Kuß! Was für ein Tee! Was für ein bequemer Lehnstuhl! Ich setze mich an den Tisch; auf dem Tische stehen Zwiebacke, Sahne, frische Butter …«

»Und dann?«

»Dann ziehe ich mir einen bequemen Rock oder ein bequemes Jackett an, lege einen Arm um die Taille meiner Frau und vertiefe mich mit ihr in eine endlose, dunkle Allee; wir gehen still, nachdenklich und schweigend; oder wir denken laut, hängen unseren Träumereien nach und zählen die Augenblicke des Glückes wie Pulsschläge; wir hören, wie das Herz bald laut bald leise pocht; wir suchen in der Natur eine Teilnahme an unseren Empfindungen … und gelangen unvermerkt an den Fluß, zu den Feldern … Der Fluß plätschert kaum; die Ähren wogen, von einem leisen Winde bewegt; es ist heiß ... wir steigen in einen Kahn; meine Frau lenkt ihn, kaum das Ruder hebend ...«

»Aber du bist ja ein Dichter, Ilja!« unterbrach ihn Stolz.

»Ja, ein Dichter auf dem Gebiete des Lebens; denn das Leben ist Poesie. Aber es steht den Menschen frei, es zu karikieren! Dann können wir in das Treibhaus gehen«, fuhr Oblomow fort, der sich selbst an dem Ideale des von ihm geschilderten Glückes berauschte.

Er entnahm seiner Phantasie fertige, schon längst von ihm entworfene Bilder und sprach daher lebhaft und ohne Pausen.

»Wir besehen uns die Pfirsiche und die Weintrauben«, sagte er, »und ordnen an, was davon auf den Tisch kommen soll; dann kehren wir zurück, nehmen ein leichtes Frühstück ein und warten auf unsere Gäste ... Und da kommt bald einmal ein Briefchen an meine Frau von irgendwelcher Marja Petrowna mit einem Buche oder mit Noten, bald wieder wird uns eine Ananas zum Geschenk geschickt, oder es ist bei uns selbst auf dem Mistbeete eine wundervolle Melone reif geworden, und wir schicken sie einem guten Freunde zum morgigen Mittagessen und fahren auch selbst hin ... In der Küche aber ist unterdes die Arbeit in vollem Gange; der Koch in schneeweißer Schürze und Mütze ist eifrig beschäftigt; er stellt eine Kasserolle ans Feuer und nimmt eine andre ab; hier mischt er etwas zusammen, dort beginnt er einen Teig zu kneten, da gießt er Wasser aus ... die Messer klopfen unermüdlich ... es wird das Gemüse gehackt ... dort wird Gefrorenes gedreht ... Es ist ein Vergnügen, vor dem Mittagessen in die Küche hineinzublicken, eine Kasserolle zu öffnen und hineinzuriechen, zu sehen, wie die Pasteten zusammengerollt und Schlagsahne gemacht wird. Dann lege ich mich auf eine Chaiselongue; meine Frau liest mir etwas Neues vor; wir halten an einer Stelle inne und diskutieren über etwas ... Aber nun kommen die Gäste, zum Beispiel du mit deiner Frau.«

»Hoho! Auch mich verheiratest du?«

»Unbedingt! Dann noch zwei, drei Freunde, immer dieselben Gesichter. Wir beginnen das gestrige, unvollendet gebliebene Gespräch von neuem; es werden Scherze gemacht, oder es tritt auch ein beredtes Stillschweigen ein, ein Nachdenken – nicht infolge des Verlustes eines Amtes, nicht infolge eines Prozesses beim Appellationsgericht, sondern infolge der Fülle befriedigter Wünsche; das ist die Beschaulichkeit des Genießens ... Da hört man keine Philippika, die mit Schaum auf den Lippen gegen einen Abwesenden gehalten wird; man fängt keinen Blick auf, der einem zugeworfen wird und einem dasselbe verspricht, sobald man aus der Tür sein wird. Wen wir nicht gern haben, wer kein guter Mensch ist, den lassen wir nicht an unserm gastlichen Tische sitzen. In den Augen der Tischgenossen liest man ihre freundschaftliche Gesinnung; dem Lachen über Scherze hört man an, daß es ein aufrichtiges, gutgemeintes ist ... Alles kommt von Herzen! Was die Augen und die Worte sagen, das fühlt auch das Herz! Nach dem Mittagessen folgt der Mokka und eine Havanna auf der Terrasse ...«

»Du schilderst mir dasselbe Leben, das unsere Großväter und Väter geführt haben.«

»Nein, nicht dasselbe«, versetzte Oblomow, beinah beleidigt. »Wie sollte es denn dasselbe sein? Würde sich meine Frau etwa mit dem Eingemachten und den Pilzen abquälen? Würde sie etwa die Garnsträhnen zählen und die auf dem Gute hergestellte Leinwand prüfen? Würde sie etwa die Mägde ohrfeigen? Du hörst ja: wir werden Noten, Bücher, einen Flügel und elegante Möbel haben.«

»Nun, und du selbst?«

»Ich selbst würde nicht vorjährige Zeitungen lesen, würde nicht in einer altmodischen Kutsche fahren, würde nicht Gänsebraten mit Nudeln essen; sondern ich würde meinen

Koch im englischen Klub oder beim englischen Gesandten lernen lassen.«

»Nun, und dann?«

»Dann, wenn die Hitze nachgelassen hat, würden wir einen Wagen mit dem Samowar und dem Dessert nach dem Birkenwäldchen schicken oder auch nach einer abgemähten Wiese, würden zwischen den Heuhaufen Teppiche ausbreiten und es uns bis zur Okroschka* und dem Beefsteak wohl sein lassen. Die Bauern kommen mit den Sensen auf den Schultern vom Felde; dort fährt langsam ein so hoch beladener Heuwagen vorüber, daß der ganze Wagen und das Pferd bedeckt ist; oben schaut aus dem Heu eine blumengeschmückte Bauernmütze und ein Kinderköpfchen heraus; dort singt eine Schar barfüßiger Frauen mit Sicheln in den Händen … Auf einmal erblicken sie die Herrschaft, verstummen und verbeugen sich tief. Eine von ihnen, mit sonngebräuntem Halse, nackten Armen, züchtig niedergeschlagenen, aber schelmischen Augen, lehnt nur zum Schein die freundlichen Blicke des gnädigen Herrn ab, ist aber selbst glücklich darüber … pst! … daß es nur ja meine Frau nicht sieht, Gott behüte uns!«

Oblomow selbst und Stolz schüttelten sich vor Lachen.

»Es ist feucht auf dem Felde«, schloß Oblomow; »es ist dunkel; der Nebel hängt über dem Roggen wie ein darübergewälztes Meer; die Pferde zucken mit den Schultern und schlagen mit den Hufen; es ist Zeit, nach Hause zurückzukehren. Zu Hause sind schon die Lichter angezündet; in der Küche klopfen etwa fünf Messer; eine Pfanne Pilze, Koteletts, Beeren … Dann Musik … *Casta diva* … *Casta diva*!« sang Oblomow. »Ich kann an *Casta diva* nicht mit Gleichmut

* Kalte Suppe aus Kwaß mit Fleischstücken, Fisch, Gurken usw. Anm. d. Übers.

denken«, sagte er, nachdem er den Anfang der Kavatine gesungen hatte; »wie diese Frau das, was ihr Herz erfüllt, ausweint! Welche Trauer liegt in diesen Tönen! … Und niemand um sie herum weiß etwas davon … Sie ist allein … Das Geheimnis bedrückt sie; sie vertraut es der Mondgöttin an …«

»Du liebst diese Arie? Das freut mich sehr; Olga Iljinskaja singt sie vorzüglich. Ich werde dich ihr vorstellen – ist das eine Stimme, ist das ein Gesang! Und auch sie selbst, was ist sie für ein entzückendes Kind! Übrigens urteile ich vielleicht parteiisch; ich habe eine Schwäche für sie … Aber laß dich nicht ablenken, laß dich nicht ablenken!« fügte Stolz hinzu. »Erzähle weiter!«

»Nun«, fuhr Oblomow fort, »was soll ich noch weiter sagen? Das ist alles … Die Gäste verteilen sich in die Nebengebäude und Pavillons; am andern Tage geht jeder, wohin er mag: der eine angelt, ein andrer geht mit dem Gewehr aus; ein dritter sitzt bloß so für sich da …«

»Bloß so, ohne etwas in der Hand zu haben?« fragte Stolz.

»Was willst du denn noch? Na, meinetwegen mag er sein Taschentuch in der Hand halten. Wie ist's? Würdest du nicht so leben mögen?« fragte Oblomow. »Nun? Ist das nicht ein schönes Leben?«

»Und so soll es das ganze Leben über weitergehen?« fragte Stolz.

»Ja, bis man graue Haare bekommt und im Sarge liegt. Das ist ein schönes Leben!«

»Nein, das ist kein schönes Leben!«

»Warum soll das nicht ein schönes Leben sein? Was fehlt daran? Bedenke nur, daß du kein blasses, leidendes Gesicht sehen würdest, von keiner Sorge etwas hören würdest, nichts vom Appellationsgerichte, von der Börse, von Aktien, von Berichten, von einem Empfange beim Minister, von Rangverleihungen, von Erhöhung der Tischgelder. Alle Gespräche tragen einen freundschaftlichen Charakter! Du würdest niemals deine Wohnung zu wechseln brauchen – was ist das allein schon wert! Und das soll kein schönes Leben sein?«

»Nein, das ist kein schönes Leben«, wiederholte Stolz hartnäckig.

»Was ist es denn deiner Ansicht nach?«

»Das ist …« (Stolz dachte nach und suchte einen Ausdruck zur Bezeichnung dieses Lebens) »das ist … Oblomowerei«, sagte er endlich.

»O-blo-mowerei!« sagte Ilja Iljitsch langsam; er war über dieses sonderbare Wort verwundert und zerlegte es in seine Silben: »O-blo-mo-werei!«

Er sah Stolz mit einem seltsamen Blicke unverwandt an. »Was ist denn deiner Ansicht nach das Lebensideal? Nicht Oblomowerei?« fragte er ohne Erregung, vielmehr schüchtern. »Erstreben denn nicht alle dasselbe, was ich mir in meinen Träumereien ausmale? Ich bitte dich«, fügte er mutiger hinzu: »Das Ziel all eures Hastens, eurer Leidenschaften, eurer Kriege, eures Handels und eurer Politik, ist dieses Ziel etwa nicht die Erreichung der Ruhe? Strebt ihr nicht alle nach diesem Ideale des verlorenen Paradieses?«

»Auch deine Utopie, auch die ist oblomowisch«, erwiderte Stolz.

»Alle Menschen streben nach Erholung und Ruhe«, verteidigte sich Oblomow.

»Nicht alle; auch du selbst hast vor zehn Jahren nach anderen Dingen im Leben gestrebt.«

»Wonach habe ich denn gestrebt?« fragte Oblomow verständnislos und versenkte sich mit seinen Gedanken in die Vergangenheit.

»Erinnere dich, denke nach! Wo sind deine Bücher, deine Übersetzungen?«

»Sachar wird sie irgendwohin weggepackt haben«, antwortete Oblomow. »Sie müssen hier irgendwo in der Ecke liegen.«

»In der Ecke!« sagte Stolz vorwurfsvoll. »Und in dieser selben Ecke liegen auch deine Vorsätze, ›dem Staate zu dienen, solange die Kräfte vorhalten; denn Rußland hat Hände und Köpfe nötig zur Ausnutzung seiner unerschöpflichen Quellen‹ (deine eigenen Worte); ›zu arbeiten, damit die Erholung um so süßer sei‹; und sich erholen, das bedeutete ›das Leben von einer anderen, geschmackvollen Seite kennenlernen, sich an Kunst und Poesie ergötzen‹. Hat Sachar alle diese Vorsätze ebenfalls in die Ecke gelegt? Erinnerst du dich, du wolltest nach Absolvierung des Bücherstudiums fremde Länder bereisen, um das eigene Land besser zu kennen und zu lieben? ›Das ganze Leben ist Denken und Arbeiten‹, sagtest du damals; ›mag die Arbeit auch eine unscheinbare sein und wenig beachtet werden, wenn sie nur ohne Unterbrechung andauert und man mit dem Bewußtsein stirbt, das Seinige getan zu haben.‹ Nun? In welcher Ecke liegt das bei dir?«

»Ja … ja …« sagte Oblomow, der mit unruhiger Spannung auf jedes Wort seines Freundes gelauscht hatte, »ich erinnere mich, ich habe wirklich … ich glaube … Gewiß«, sagte er, da ihm die Vergangenheit auf einmal wieder ins Gedächtnis kam, »wir hatten uns ja ursprünglich vorgenommen, Andrei, Europa kreuz und quer zu durchstreifen, die Schweiz zu Fuß zu durchwandern, uns die Füße auf dem Vesuv zu verbrennen und nach Herkulaneum hinabzusteigen. Wir hatten beinah den Verstand verloren. Was waren das für viele Dummheiten! …«

»Dummheiten!« wiederholte Stolz vorwurfsvoll. »Hast du nicht, wenn du die Kupferstiche der Raffaelschen Madonnen, der Nacht von Correggio und des Apollo von Belvedere betrachtetest, unter Tränen gesagt: ›O mein Gott, wird es mir nie vergönnt sein, die Originale zu sehen und zu verstummen in freudigem Schreck darüber, daß ich vor den Werken eines Michel Angelo, eines Tizian stehe und den Boden Roms trete? Soll ich denn mein ganzes Leben lang die Myrten, Zypressen und Orangenbäume nur in Treibhäusern sehen und nicht in ihrer Heimat? Werde ich nie die Luft Italiens atmen, mich nie an der Bläue seines Himmels berauschen?‹ Und wie viele prächtige Feuerwerke hast du aus deinem Kopfe heraus abgebrannt! Dummheiten!«

»Ja, ja, ich erinnere mich!« sagte Oblomow, sich in die Vergangenheit zurückversetzend. »Du faßtest mich noch bei der Hand und sagtest: ›Wir wollen uns das Versprechen geben, nicht eher zu sterben, ehe wir nicht etwas davon gesehen haben …‹«

»Ich erinnere mich«, fuhr Stolz fort, »wie du mir einmal zu meinem Namenstage eine Übersetzung aus Say* mit einer Widmung an mich brachtest; die Übersetzung habe ich bis heute sorgsam aufgehoben. Und wie du dich mit deinem Mathematiklehrer eingeschlossen hattest und unbedingt in die Lehre von den Kreisen und Quadraten eindringen wolltest, aber die Sache auf halbem Wege aufgabst und dein Ziel nicht erreichtest. Du fingst an, Englisch zu lernen … hast es aber nicht durchgeführt! Und als ich einen Plan zu einer Reise ins Ausland entworfen hatte und dich aufforderte, einen Blick in die deutschen Universitäten zu werfen, da sprangst du auf, umarmtest mich und gabst mir feierlich die Hand: ›Ich bin der deine, Andrei; ich gehe mit dir überallhin‹, – das sind deine eigenen Worte. Du warst immer ein bißchen Schauspieler. Und nun, Ilja? Ich bin zweimal im Auslande gewesen, und nachdem ich unsere russische Weisheit ausgekostet hatte, habe ich bescheiden in Bonn, Jena

* Französischer Nationalökonom, 1767–1832. Anm. d. Übers.

und Erlangen auf den Studentenbänken gesessen; dann habe ich mir eine solche Kenntnis von Europa erworben wie von meinem eigenen Gute. Indessen ist eine solche Reise allerdings ein Luxus, und nicht alle sind imstande und verpflichtet, sich dieses Mittels zu bedienen; aber Rußland? Ich habe mir Rußland kreuz und quer angesehen. Ich arbeite …«

»Irgendeinmal wirst du doch aufhören zu arbeiten«, bemerkte Oblomow.

»Nein, ich werde nie aufhören. Warum sollte ich das tun?«

»Wenn du dein Kapital verdoppelt haben wirst«, sagte Oblomow.

»Und wenn ich es vervierfacht haben werde, auch dann werde ich nicht aufhören.«

»Warum arbeitest du dich denn so ab«, begann Oblomow nach einem kurzen Stillschweigen, »wenn dein Ziel nicht ist, dich für immer sicherzustellen und dich dann in die Ruhe zurückzuziehen und dich zu erholen?«

»Das ist ländliche Oblomowerei!« sagte Stolz.

»Oder durch den Staatsdienst eine angesehene Stellung in der Gesellschaft zu erlangen und dann in ehrenvoller Muße die wohlverdiente Ruhe zu genießen …«

»Das ist Petersburger Oblomowerei!« erwiderte Stolz.

»Wann soll man denn dann leben?« versetzte Oblomow, der sich über Stolzens Bemerkungen ärgerte. »Wozu sollte man sich lebenslänglich abquälen?«

»Um der Arbeit selbst willen, aus keinem andern Grunde. Die Arbeit ist die Form, der Inhalt, das Element und der Zweck des Lebens, wenigstens des meinigen. Siehst du, du hast die Arbeit aus deinem Leben eliminiert: wie schrecklich hast du dadurch dein Leben entstellt! Ich versuche dich aufzurichten, vielleicht zum letzten Male. Wenn du auch nach diesem Versuche noch mit Menschen wie Tarantjew und Alexejew hier sitzen bleibst, dann wirst du ganz zugrunde gehen und dir selbst zur Last werden. Jetzt oder nie!« schloß er. Oblomow hörte ihm zu und sah ihn mit unruhigen Augen an. Der Freund hatte ihm gewissermaßen einen Spiegel vorgehalten, und er hatte einen Schreck bekommen, als er sich darin erkannt hatte.

»Schilt mich nicht, Andrei, sondern hilf mir lieber wirklich!« begann er mit einem Seufzer. »Ich quäle mich selbst damit; und wenn du mich zum Beispiel gerade heute gesehen und gehört hättest, wie ich mir selbst mein Grab grabe und mich beweine, dann würde kein Vorwurf über deine Lippen kommen. Ich weiß das alles, ich verstehe das alles; aber ich habe keine Kraft und keinen Willen. Gib mir deinen Willen und deinen Geist, und dann führe mich, wohin du willst. Ich werde dir vielleicht folgen; aber allein werde ich mich nicht von der Stelle rühren. Du sagst die Wahrheit: ›jetzt oder nie mehr‹. Noch ein Jahr, und es wird zu spät sein!«

»Bist du das wirklich, Ilja?« sagte Andrei. »und ich habe dich doch noch als einen schlanken, lebhaften Knaben im Gedächtnis, der täglich von der Pretschistenka nach Kudrino* ging; dort in dem Gärtchen … denkst du wohl noch an die beiden Schwestern? Denkst du wohl noch daran, wie du ihnen Rousseau, Schiller, Goethe und Byron brachtest und ihnen die Romane der Cottin** und der Genlis wegnahmst … du tatest vor ihnen groß und wolltest ihren Geschmack bilden?« Oblomow sprang vom Bette auf.

»Wie? Daran erinnerst du dich noch, Andrei? Gewiß! Ich habe mit ihnen Zukunftsträumereien ausgesponnen, ihnen Hoffnungen zugeflüstert, Pläne und Gedanken entwickelt und … auch von Gefühlen gesprochen, heimlich vor dir, damit du mich nicht auslachtest. Aber das ist alles erstorben

* Im Südwesten bzw. Westen von Moskau. Anm. d. Übers.

** Französische Romanschriftstellerin; 1770–1807. Anm. d. Übers.

und hat sich nie mehr wiederholt! Und wo ist das alles geblieben – warum ist es erloschen? Ich habe ja weder Stürme noch Erschütterungen durchgemacht; ich habe nichts verloren; keine Last bedrückt mein Gewissen (mein Gewissen ist rein wie Glas); kein Schlag hat mich in meinem Ehrgefühl verletzt; nein, ohne sichtbare Ursache geht alles zugrunde, Gott weiß warum.«

Er seufzte.

»Weißt du, Andrei, in meinem Leben ist ja nie ein Feuer entbrannt, weder ein rettendes, noch ein zerstörendes. Mein Leben war nicht einem Morgen ähnlich, der allmählich Licht und Farben gewinnt und dann, wie bei anderen Menschen, in den Tag übergeht, und nun wird es glühend heiß, und alles wimmelt und bewegt sich am hellen Mittage, und dann wird alles immer stiller und blasser, und alles erlischt gegen Abend nach und nach in natürlicher Weise. Nein, mein Leben fing mit dem Erlöschen an. Es ist seltsam, aber es ist so! Vom ersten Augenblicke an, wo ich mir meiner selbst bewußt wurde, fühlte ich, daß ich schon erlosch. Ich begann zu erlöschen beim Abschreiben von Akten in der Kanzlei; ich erlosch dann, als ich in den Büchern Wahrheiten las, mit denen ich im Leben nichts anzufangen wußte; ich erlosch im Verkehr mit Freunden, wenn ich ihre Reden, die Klatschgeschichten, die Spötteleien, das kalte, boshafte Geschwätz, die öden Gespräche mit anhörte und die Freundschaft ansah, die nur durch Zusammenkünfte ohne Ziel und ohne Zuneigung erhalten wurde; ich erlosch und vergeudete meine Kräfte mit Mina: ich bezahlte ihr mehr als die Hälfte meines Einkommens und bildete mir ein, daß ich sie liebte; ich erlosch bei dem trübseligen, trägen Promenieren auf dem Newski-Prospekte zwischen Schuppenpelzen und Biberkragen, auf Abendgesellschaften, an Empfangstagen, wo man mir als einem annehmbaren Heiratskandidaten freundlich entgegenkam; ich erlosch und verschwendete mein Leben und meinen Geist in kleinlichem Treiben, indem ich von der Stadt nach einem Landhause und von dem Landhause wieder nach der Gorochowaja-Straße zog und den Frühling als die Zeit des Eintreffens der Austern und Hummern, den Herbst und den Winter als die Zeit der *jours fixes*, den Sommer als die Zeit der Spaziergänge und das ganze Leben als ein träges, ruhiges Hindämmern definierte, wie das auch andere taten … Sogar mein Ehrgeiz, worauf verschwendete ich ihn? Darauf, mir bei einem bekannten Schneider einen Anzug zu bestellen? Darauf, in einer vornehmen Familie Zutritt zu erlangen? Darauf, vom Fürsten P. eines Händedrucks gewürdigt zu werden? Und der Ehrgeiz ist ja das Salz des Lebens! Wo ist der geblieben? Entweder habe ich dieses Leben nicht begriffen, oder es taugt wirklich nichts; etwas Besseres aber habe ich nicht gekannt und nicht gesehen, und niemand hat es mir gezeigt. Du bist erschienen und verschwunden wie ein Komet, hell leuchtend und schnell dahinfliegend, und ich vergaß das alles und erlosch …«

Stolz antwortete auf Oblomows Rede nicht mehr mit einem geringschätzigen Lächeln. Er hörte zu und schwieg finster.

»Du sagtest vorhin, mein Gesicht sehe nicht recht frisch, vielleicht welk aus«, fuhr Oblomow fort. »Ja, ich bin ein alter, schlechter, abgetragener Rock; aber daran ist nicht das Klima schuld, auch ist es nicht eine Folge vieler Arbeit, sondern es kommt davon her, daß zwölf Jahre lang in meinem Innern das Licht eingeschlossen war und einen Ausweg suchte, aber nur sein Gefängnis verbrannte, nicht zur Freiheit durchbrach, sondern erlosch. Zwölf Jahre sind so vergangen, mein lieber Andrei: ich wollte schon nicht mehr erwachen.«

»Warum hast du dich denn nicht losgerissen, bist nicht irgendwohin geflohen, sondern schweigend zugrunde gegangen?« fragte Stolz ungeduldig.

»Wohin hätte ich fliehen sollen?«

»Wohin? Nun, und wenn du mit deinen Bauern an die Wolga geflohen wärest. Auch dort ist mehr Bewegung; da gibt es allerlei Interessen, Ziele, Arbeit. Ich wäre nach Sibirien, nach Sitcha* gegangen ...«

»Was du mir immer für starke Mittel verschreibst!« bemerkte Oblomow trübselig. »Und bin ich denn der einzige, dem es so geht? Sieh nur Michailow an und Petrow und Semjonow und Alexejew und Stepanow ... sie sind gar nicht zu zählen: es ist unser eine Legion!«

Stolz stand noch unter dem Eindrucke dieser Beichte und schwieg. Dann seufzte er.

»Ja, es ist viel Wasser seitdem ins Meer geflossen!« sagte er. »Ich werde dich nicht in diesem Zustande verharren lassen; ich werde dich von hier wegbringen, zuerst ins Ausland, dann auf dein Gut: du wirst ein bißchen abmagern, deine Hypochondrie loswerden, und dort werden wir auch eine Tätigkeit für dich finden ...«

»Ja, wir wollen von hier wegfahren, irgendwohin!« rief Oblomow in unwillkürlichem Eifer.

»Morgen wollen wir uns um einen Auslandspaß bemühen und uns dann reisefertig machen ... Ich werde nicht davon abstehen; hörst du, Ilja?«

»Du immer mit deinem ›Morgen‹!« erwiderte Oblomow, der aus den Wolken fiel.

»Du hättest es wohl mit dem Sprichwort: ›Was du heute kannst besorgen, das verschiebe nicht auf morgen‹? Welche Eile! Heute ist es zu spät«, fügte Stolz hinzu. »Aber in vierzehn Tagen werden wir schon weit weg sein ...«

»Was redest du da, Bruder: in vierzehn Tagen! Ich bitte dich, so plötzlich! ....« sagte Oblomow. »Laß mir nur Zeit, die Sa-

* In Nordamerika, in Alaska, welches bis 1867 russisch war. Anm. d. Übers.

che ordentlich zu überlegen und mich vorzubereiten … Es muß doch ein Reisewagen beschafft werden … allenfalls in drei Monaten.«

»Was für ein Einfall: ein Reisewagen! Wir fahren bis zur Grenze im Postwagen oder mit dem Dampfschiff bis Lübeck, das wird noch bequemer sein; und dort gibt es an vielen Orten Eisenbahnen.«

»Aber die Wohnung, und Sachar, und Oblomowka? Ich muß doch erst die erforderlichen Anordnungen treffen«, verteidigte sich Oblomow.

»Oblomowerei, Oblomowerei!« sagte Stolz lachend; dann nahm er ein Licht, wünschte Oblomow gute Nacht und ging, um sich schlafen zu legen. »Jetzt oder nie! Vergiß das nicht!« fügte er, sich zu Oblomow umwendend, hinzu und schloß die Tür hinter sich.

## V.

Jetzt oder nie! Diese drohenden Worte klangen Oblomow noch in den Ohren, als er am Morgen erwachte. Er stand vom Bette auf, ging etwa dreimal im Zimmer auf und ab und warf dann einen Blick in den Salon: Stolz saß da und schrieb.

»Sachar!« rief er.

Der Sprung vom Ofen wurde nicht hörbar; Sachar kam nicht: Stolz hatte ihn nach der Post geschickt.

Oblomow trat an seinen verstaubten Tisch heran, setzte sich hin, nahm eine Feder und steckte sie in das Tintenfaß; aber es war keine Tinte darin. Er suchte nach Papier; auch das war nicht vorhanden.

Er versank in Gedanken und begann mechanisch mit dem Finger im Staube zu malen; dann blickte er hin, was er geschrieben hatte: es war das Wort »Oblomowerei« geworden. Er wischte das Geschriebene eilig mit dem Ärmel weg. Von diesem Worte hatte er in der Nacht geträumt; es hatte mit feuriger Schrift an der Wand gestanden wie bei Belsazars Fest.

Sachar kam zurück, und als er Oblomow nicht im Bette fand, blickte er seinen Herrn mit trüben Augen an, erstaunt darüber, daß er schon auf den Beinen war. In diesem stumpfen Blicke des Erstaunens stand geschrieben: »Oblomowerei!«

»Es ist nur ein einziges Wort«, dachte Ilja Iljitsch, »aber was für ein giftiges Wort! ...«

Sachar nahm wie gewöhnlich den Kamm, die Bürste und das Handtuch und trat an Ilja Iljitsch heran, um ihn zu frisieren.

»Scher dich zum Teufel!« sagte Oblomow und schlug ihm die Bürste aus der Hand, worauf Sachar selbst den Kamm auf den Boden fallen ließ.

»Wollen Sie sich nicht wieder hinlegen?« fragte Sachar. »Dann würde ich Ihnen das Bett zurechtmachen.«

»Bring mir Tinte und Papier!« antwortete Oblomow.

Oblomow dachte über die Worte: »Jetzt oder nie!« nach. Indem er auf diesen energischen Appell an seine Vernunft und an seine Kraft hinhorchte, suchte er sich darüber klarzuwerden und abzuwägen, wieviel Wille ihm noch übriggeblieben sei, und was er mit diesem spärlichen Reste anfangen, wozu er ihn verwenden solle.

Nach qualvollem Nachdenken ergriff er die Feder, holte aus einer Ecke ein Buch herbei und wollte in einer Stunde all das lesen, schreiben und durchdenken, was er in zehn Jahren nicht gelesen, geschrieben und durchdacht hatte.

Was sollte er jetzt tun? Vorwärtsgehen oder stehenbleiben?

Diese Oblomowsche Frage war für ihn tiefsinniger als die Hamletsche. Vorwärtsgehen, das bedeutete, auf einmal den bequemen Schlafrock nicht nur von den Schultern, sondern auch von der Seele, vom Verstande abwerfen; wie den Staub und die Spinnweben von den Wänden, so auch zugleich die Spinnweben von den Augen wegfegen und sehend werden!

»Welches ist der erste Schritt, den ich dazu tun muß? Womit muß ich anfangen? Ich weiß es nicht, ich kann es nicht ... nein, das sind Ausflüchte, ich weiß es, und ... Und auch Stolz ist da, ganz in der Nähe; der wird es mir sogleich sagen.

Aber was wird er mir sagen? Er wird mir sagen, ich solle binnen einer Woche eine detaillierte Instruktion für einen Bevollmächtigten entwerfen und ihn nach dem Gute schicken; ich solle eine Hypothek auf Oblomowka aufnehmen, noch Land dazukaufen, einen Plan der Neubauten hinsenden, die Wohnung räumen, mir einen Paß ausstellen lassen und auf ein halbes Jahr ins Ausland fahren, mich von dem überflüssigen Fette befreien, die Schwerfälligkeit abwerfen, meine Seele durch jene Luft erfrischen, von der ich manchmal mit ihm phantasiert habe, ohne Schlafrock, ohne Sachar und ohne Tarantjew leben, mir selbst die Strümpfe und die Stiefel an- und ausziehen, nur nachts schlafen, dahin fahren, wohin alle fahren, auf Eisenbahnen und Dampfschiffen. Dann ... dann, wird er sagen, solle ich mich in Oblomowka niederlassen, mir Kenntnis davon verschaffen, was Aussaat und Korndrusch sind, wovon der Bauer arm und reich wird; ich solle aufs Feld gehen, zu den Wahlen, nach der Fabrik, nach der Mühle, nach dem Anlegeplatze fahren. Zu gleicher Zeit solle ich Zeitungen und Bücher lesen, mir darüber Gedanken machen, warum die Engländer ein Schiff nach dem Osten geschickt hätten ...

Das ist's, was er sagen wird! Das ist's, was vorwärtsgehen bedeutet … Und so das ganze Leben lang! Lebe wohl, du poetisches Ideal des Lebens! Das ist eine Art Schmiede, kein Leben; da ist ein fortwährend loderndes Feuer, pochende Hämmer, Hitze, Lärm … wann soll man denn da leben? Ist es da nicht besser stehenzubleiben?«

Stehenzubleiben, das bedeutete: das Hemd verkehrt anziehen, hören, wie Sachar mit den Beinen von der Ofenbank sprang, mit Tarantjew zu Mittag essen, an alles möglichst wenig denken, die Reise nach Afrika nicht zu Ende lesen, friedlich in der Wohnung bei Tarantjews Gevatterin altern …

»Jetzt oder nie! Sein oder nicht sein!« Oblomow schickte sich schon an, sich von dem Sessel zu erheben, traf aber mit dem Fuße nicht gleich in den Pantoffel hinein und setzte sich wieder hin.

Nach vierzehn Tagen reiste Stolz schon nach England ab; Oblomow hatte ihm sein Wort darauf geben müssen, direkt nach Paris zu fahren. Ilja Iljitsch besaß bereits einen fertigen Paß; er hatte sich sogar einen Reisepaletot bestellt und sich eine Mütze gekauft. Soweit war die Sache gediehen.

Sachar bewies schon scharfsinnig, daß es ausreichend sei, ein Paar neue Stiefel anfertigen und ein anderes Paar besohlen zu lassen. Oblomow kaufte sich eine Reisedecke, eine wollene Unterjacke und ein Reisenecessaire; er wollte sich auch einen Sack für Eßwaren kaufen; aber ein Dutzend Leute versicherten ihm, daß man ins Ausland keine Eßwaren mitzunehmen brauche.

Sachar rannte, in Schweiß gebadet, bei den Handwerkern und in den Läden umher, und obgleich er viele Zehn- und Fünfkopekenstücke von dem in den Läden herausbekommenen Gelde in seine Tasche steckte, so verfluchte er doch Andrei Iwanowitsch und alle, die das Reisen erfunden hätten.

»Was wird er da alleine anfangen?« sagte er im Laden. »Es heißt, daß die Herren da immer von Mädchen bedient werden. Aber wie soll ihm ein Mädchen die Stiefel ausziehen? Und wie wird ein Mädchen dem Herrn die Strümpfe auf die nackten Beine ziehen? …«

Er lächelte sogar, so daß sein Backenbart sich seitwärts in die Höhe zog, und schüttelte mit dem Kopfe. Oblomow ließ es sich nicht verdrießen, aufzuschreiben, was er mitnehmen und was er zu Hause lassen wollte. Tarantjew wurde beauftragt, die Möbel und die andern Sachen in die Wohnung bei der Gevatterin auf der Wyborger Seite zu schaffen, sie in drei Zimmern unter Verschluß zu halten und bis zu Oblomows Rückkehr aus dem Auslande aufzubewahren.

Schon sagten von Oblomows Bekannten manche zweifelnd, andere lachend, wieder andere gewissermaßen erschrocken: »Er will wegfahren; denken Sie sich nur: Oblomow hat sich vom Flecke gerührt!«

Aber Oblomow fuhr weder nach einem Monat noch nach drei Monaten weg.

Am Tage vor der Abreise schwoll ihm in der Nacht die Lippe an. »Eine Fliege hat mich gebissen; ich kann doch nicht mit einer solchen Lippe auf die See gehen!« sagte er und wollte einen andern Dampfer abwarten. Es war bereits August; Stolz befand sich schon längst in Paris und schrieb ihm zornige Briefe, bekam aber keine Antwort.

Warum bekam er keine Antwort? Wohl weil in Oblomows Tintenfaß die Tinte eingetrocknet war und er kein Papier hatte? Oder vielleicht weil in Oblomows Stil die Wörtchen »welcher« und »daß« sich oft zu bald wiederholten, oder endlich weil Ilja Iljitsch angesichts der bedrohlichen Alternative: »Jetzt oder nie!«, bei dem letzteren stehengeblieben war, die Hände unter den Kopf legte und Sachar sich vergebens bemühte, ihn zu wecken?

Nein, sein Tintenfaß war voller Tinte; auf dem Tische lag Papier, sogar Stempelpapier, und überdies von seiner Hand vollgeschrieben.

Wenn er ein paar Seiten geschrieben hatte, so hatte er niemals das Wort »welcher« zweimal dicht hintereinander gebraucht; sein Stil hatte einen freien Fluß und war stellenweise von ausdrucksvoller Energie und rhetorischer Schönheit, wie in jenen Tagen, als er mit seinem Freunde Stolz von einem arbeitsvollen Leben und von weiten Reisen geträumt hatte.

Er stand der Regel nach um sieben Uhr auf, las und trug seine Bücher irgendwohin. Auf seinem Gesichte war weder Schläfrigkeit, noch Müdigkeit, noch Langeweile zu sehen. Es hatte sogar lebhaftere Farben angenommen; die Augen hatten Glanz gewonnen, und es prägte sich in ihnen eine Art von Kühnheit oder wenigstens von Selbstvertrauen aus. Den Schlafrock sah man nicht mehr an seinem Leibe; Tarantjew hatte ihn mit den übrigen Sachen zu der Gevatterin geschafft.

Oblomow saß mit einem Buche da oder schrieb in einer Hausjoppe; um den Hals hatte er ein leichtes Tuch geschlungen, über welches der schneeweiße Hemdkragen herüberfiel. Wenn er ausging, trug er einen gut gearbeiteten Rock und einen eleganten Hut … Er war vergnügt und sang … Woher kam das? …

Da saß er am Fenster seiner Sommerwohnung (er wohnte in einem Landhause, einige Werst von der Stadt); neben ihm lag ein Blumenbukett. Er schrieb hurtig etwas fertig, blickte dabei fortwährend durch die Büsche nach dem Steige hin und schrieb wieder eilig weiter.

Auf einmal knirschte auf dem Steige der Sand unter leichten Schritten; Oblomow warf die Feder hin, ergriff das Bukett und lief zum Fenster.

»Sind Sie es, Olga Sergejewna? Sofort, sofort!« sagte er, ergriff seine Mütze und sein Spazierstöckchen, lief zur Pforte, reichte einem schönen Mädchen den Arm und verschwand mit ihr im Walde, im Schatten der gewaltigen Tannen …

Sachar kam aus irgendwelchem Winkel hervor, sah ihm nach, schloß das Zimmer zu und ging in die Küche.

»Er ist weggegangen!« sagte er zu Anisja.

»Wird er zum Mittagessen hier sein?«

»Wer kann's wissen?« antwortete Sachar schläfrig.

Sachar war unverändert geblieben: er hatte noch denselben gewaltigen Backenbart, das unrasierte Kinn, dieselbe graue Weste und das Loch im Rock; aber er war mit Anisja verheiratet, sei es infolge eines Bruches mit der Gevatterin oder bloß so infolge seiner Anschauung, daß der Mensch verheiratet sein müsse; er hatte sich verheiratet, sich aber dem Sprichworte zum Trotz nicht verändert.

Stolz hatte Oblomow mit Olga und ihrer Tante bekannt gemacht. Als Stolz Oblomow zum erstenmal zu Olgas Tante ins Haus brachte, waren dort Gäste. Oblomow fühlte sich wie gewöhnlich bedrückt und unbehaglich.

»Es wäre gut, wenn man sich die Handschuhe ausziehen könnte«, dachte er. »Es ist ja warm im Zimmer. Wie sehr ich mich all dieser Dinge entwöhnt habe!«

Stolz setzte sich neben Olga, die allein unter der Lampe abseits vom Teetisch saß, den Rücken gegen den Sessel lehnte und an dem, was um sie herum vorging, wenig teilnahm.

Sie freute sich sehr über sein Kommen; wenn auch ihre Augen nicht in lebhaftem Glanze aufleuchteten und ihre Wangen sich nicht mit flammender Röte überzogen, so verbreitete sich doch eine gleichmäßige, ruhige Helligkeit über ihr ganzes Gesicht, und es wurde auf ihm ein Lächeln sichtbar.

Sie nannte ihn ihren Freund und mochte ihn gern, weil er sie immer zum Lachen brachte und ihr die Langeweile vertrieb; aber sie fürchtete sich auch ein bißchen vor ihm, weil sie sich ihm gegenüber gar zu sehr als Kind vorkam.

Wenn in ihrem Geiste eine Frage, ein Zweifel auftauchte, so konnte sie sich nicht sofort entschließen, ihm das anzuvertrauen: er war ihr zu weit voraus, stand zu hoch über ihr, so daß ihr Ehrgefühl manchmal unter dieser Unreife und unter dem Abstand zwischen ihrem und Stolzens Verstande und Lebensalter litt.

Stolz hatte an ihr ebenfalls eine uneigennützige Freude als an einem wundervollen Geschöpfe mit einer erquickenden Frische des Verstandes und der Empfindung. Sie war in seinen Augen nur ein reizendes, zu den größten Hoffnungen berechtigendes Kind.

Indes redete er mit ihr lieber und häufiger als mit anderen Frauen, weil sie, wenn auch unbewußt, einen einfachen, natürlichen Lebensweg verfolgte und dank ihrer glücklichen Naturanlage sowie dank ihrer vernünftigen, ungekünstelten Erziehung sich nicht scheute, ihre Gedanken, ihre Gefühle und ihren Willen in natürlicher Weise zu äußern, was sich sogar bis auf die kleinsten, kaum wahrnehmbaren Bewegungen der Augen, Lippen und Hände erstreckte.

Vielleicht verfolgte sie diesen Weg gerade deshalb mit solcher Sicherheit, weil sie mitunter neben sich andere, noch sichrere Schritte, die Schritte ihres »Freundes« hörte, dem sie vertraute, und dessen Schritten sie die ihrigen anpaßte.

Wie dem auch sein mochte, war es doch eine Seltenheit, bei einem Mädchen eine solche Einfachheit und natürliche Freiheit des Blickes, der Rede und des Benehmens zu finden. Man las nie in ihren Augen: »Jetzt will ich einmal die Lippe ein wenig einziehen und ein nachdenkliches Gesicht machen – das steht mir gut. Ich werde dorthin blicken, erschrocken tun und leicht aufschreien; dann werden alle sofort zu mir gelaufen kommen. Ich werde mich ans Klavier

setzen und die Fußspitze ein klein wenig vorstrecken …«
Weder Ziererei, noch Koketterie, noch Unwahrheit, noch Blendwerk, noch Absichtlichkeit, nichts derartiges hatte sie an sich! Die Folge davon war, daß Stolz fast der einzige war, der sie zu schätzen wußte, und daß sie bei mancher Masurka ohne einen Tänzer sitzen blieb, wobei sie dann ihren Verdruß nicht verbarg, und daß bei ihrem Anblicke die liebenswürdigsten jungen Männer ihre Redegewandtheit verloren, da sie nicht wußten, was und wie sie mit ihr sprechen sollten …
Die einen hielten sie für einfältig, beschränkt und oberflächlich, weil weder weise Sentenzen über das Leben und über die Liebe, noch rasche, unerwartete, kecke Erwiderungen, noch aus Büchern geschöpfte oder im Gespräche aufgefangene Urteile über Musik und Literatur von ihren Lippen strömten; sie sprach wenig, nur Eigenes, nicht Bedeutsames – und daher mieden die klugen, gewandten »Kavaliere« sie; die ungewandten dagegen hielten sie für gar zu klug und fürchteten sich ein bißchen vor ihr. Nur Stolz redete mit ihr, ohne je zu verstummen, und brachte sie zum Lachen.
Sie liebte die Musik, sang aber meist nur, wenn niemand oder nur Stolz oder eine Freundin aus der Pensionszeit zugegen war; sie sang aber nach Stolzens Worten besser als die beste berufsmäßige Sängerin.
Kaum hatte Stolz sich damals neben sie gesetzt, als sie das Zimmer mit einem Lachen erfüllte, das so klangvoll, herzlich und ansteckend war, daß jeder, der es hörte, unfehlbar selbst anfing zu lachen, ohne den Grund zu kennen.
Aber Stolz brachte sie nicht dauernd zum Lachen: nach einer halben Stunde hörte sie ihm interessiert zu und richtete ihre Augen mit verdoppelter Neugier auf Oblomow; Oblomow aber wäre unter diesen Blicken am liebsten in die Erde versunken.

»Was reden die da über mich?« dachte er und warf voll Unruhe einen schrägen Blick nach ihnen. Er wollte schon fortgehen; aber Olgas Tante rief ihn an den Tisch heran und wies ihm einen Platz neben sich an, unter dem Kreuzfeuer der Blicke aller Gäste.

Er wandte sich ängstlich nach Stolz um, aber der war nicht mehr da; er schaute nach Olga hin und begegnete ihrem immer noch mit derselben Neugier auf ihn gerichteten Blicke.

»Sie sieht mich immer noch an!« dachte er und musterte verlegen seinen Anzug.

Er fuhr sich sogar mit dem Taschentuche über das Gesicht, weil er dachte, er hätte vielleicht einen Fleck auf der Nase; er berührte seine Krawatte, ob sie auch nicht aufgegangen sei, was ihm manchmal passierte; nein, es schien alles in Ordnung zu sein, und doch sah sie ihn an!

Aber der Diener reichte ihm eine Tasse Tee und hielt ihm ein Präsentierbrett mit Brezeln hin. Er wollte seine Verlegenheit unterdrücken und sich ungeniert zeigen und nahm Biskuits und Brezeln, daß ein junges Mädchen, welches neben ihm saß, loslachte. Auch andere betrachteten den Haufen Gebäck mit Neugierde.

»Mein Gott, auch sie sieht her!« dachte Oblomow. »Was soll ich nur mit diesem Haufen anfangen?«

Ohne hinzusehen, bemerkte er, daß Olga von ihrem Platze aufstand und nach einer anderen Ecke ging. Es fiel ihm ein Stein vom Herzen.

Das junge Mädchen aber blickte ihn höchst gespannt an und wartete, was er mit den Zwiebacken machen werde.

»Ich will sie möglichst schnell aufessen«, dachte er und begann, hurtig die Biskuits zu vertilgen; zum Glück zerschmolzen sie ihm ordentlich im Munde. Es blieben nur zwei Zwiebacke übrig; er seufzte befreit auf und wagte es, dahin zu blicken, wohin Olga gegangen war …

O Gott! Sie stand neben einer Büste, auf deren Sockel sie sich stützte, und beobachtete ihn. Sie war, wie es schien, aus ihrer Ecke nur in der Absicht fortgegangen, ungenierter nach ihm hinsehen zu können: sie hatte seine Ungeschicklichkeit mit den Zwiebacken bemerkt.

Beim Abendessen saß sie am andern Ende des Tisches, redete, aß und schien sich gar nicht mit ihm zu beschäftigen. Aber sowie Oblomow sich ängstlich nach ihrer Seite hinwandte in der Hoffnung, daß sie wohl nicht nach ihm hinsehe, begegnete er ihrem neugierigen, aber zugleich herzensguten Blicke …

Oblomow verabschiedete sich nach dem Abendessen eilig von der Tante: sie lud ihn für den folgenden Tag zum Mittagessen ein und bat ihn, diese Einladung auch seinem Freunde Stolz zu übermitteln. Ilja Iljitsch verbeugte sich und schritt, ohne die Augen aufzuschlagen, durch den ganzen Saal. Gleich hinter dem Flügel befand sich ein Wandschirm und die Tür. Er blickte auf – am Flügel saß Olga und sah ihn mit der größten Neugier an. Es kam ihm so vor, als ob sie lächelte.

»Gewiß hat ihr Andrei erzählt, daß ich gestern verschiedene Strümpfe anhatte und das Hemd verkehrt trug!« dachte er und fuhr arg verstimmt nach Hause, sowohl wegen dieser Vermutung als auch in noch höherem Grade wegen der Einladung zum Mittagessen, die er mit einer Verbeugung beantwortet, also angenommen hatte.

Von diesem Augenblicke an kam ihm Olgas beharrlicher Blick nicht aus dem Sinne. Vergeblich legte er sich seiner ganzen Länge nach auf den Rücken; vergeblich nahm er die trägsten, ruhigsten Stellungen ein – er konnte nicht einschlafen, schlechterdings nicht. Auch sein Schlafrock war ihm zuwider, und Sachar kam ihm dumm und unausstehlich vor und der Staub und die Spinnweben unerträglich.

Er befahl, ein paar elende Bilder hinauszuschaffen, die ihm ein Protektor armer Künstler aufgedrängt hatte, brachte selbst ein Rouleau in Ordnung, das schon seit langer Zeit nicht mehr in die Höhe gegangen war, rief Anisja, befahl ihr, die Fenster zu putzen, und fegte selbst die Spinnweben ab – aber dann legte er sich auf die Seite und dachte eine Stunde lang an Olga.

Er beschäftigte sich zunächst anhaltend mit ihrem Äußern und entwarf beharrlich in der Erinnerung ihr Porträt.

Olga war keine Schönheit im strengen Sinne des Wortes, das heißt, sie hatte keine blendend weiße Hautfarbe und keine rosenfarbenen Wangen, auch sprühten aus ihren Augen nicht Strahlen eines inneren Feuers; ihre Lippen glichen nicht Korallen, ihre Zähne nicht Perlen; ihre Hände waren nicht von miniaturhafter Kleinheit wie bei einem fünfjährigen Kinde, mit rundlich gedrechselten Fingern.

Aber wenn man sie in eine Statue verwandelt hätte, so wäre sie eine Statue voller Anmut und Ebenmaß gewesen. Ihrem ziemlich hohen Wuchse entsprach genau die Größe des Kopfes, der Größe des Kopfes das Oval und die Dimensionen des Gesichtes; all dies zusammen harmonierte seinerseits mit den Schultern, und die Schultern mit der Taille …

Jeder, der ihr begegnete, mochte er auch zerstreut sein, blieb einen Augenblick vor diesem gleichsam mit streng künstlerischer Überlegung geschaffenen Wesen stehen.

Diese Nase bildete eine kaum merklich gekrümmte, anmutige Linie; die feinen Lippen waren meist geschlossen, ein Zeichen ununterbrochen auf etwas gerichteter Denktätigkeit. Von dem Vorhandensein einer regen Denktätigkeit zeugte auch der helle, scharfe, immer lebhafte, nichts unbeachtet lassende Blick der dunklen graublauen Augen. Die Brauen verliehen den Augen eine besondere Schönheit: sie waren nicht bogenförmig, umgaben die Augen nicht wie zwei schmale, mit den Fingern zurechtgezupfte Fädchen – nein, sie waren zwei dunkelblonde, flaumige, fast gerade Streifen, die nur selten symmetrisch lagen: der eine war meist um eine Linie höher als der andre, und infolgedessen lag über der Braue eine kleine Falte, die so aussah, als ob in ihr ein Gedanke ruhte.

Olga ging mit ein wenig nach vorn gebeugtem Kopfe, der ebenmäßig und vornehm auf dem schlanken, stolzen Halse ruhte; sich mit dem ganzen Körper gleichmäßig bewegend, schritt sie leicht, fast unhörbar einher …

»Warum hat sie gestern so unverwandt nach mir hingesehen?« dachte Oblomow. »Andrei schwört, er habe von den Strümpfen und dem Hemde noch nichts gesagt, sondern nur von seiner Freundschaft mit mir gesprochen, davon, wie wir zusammen aufgewachsen seien und zusammen gelernt hätten, nur von solchen schönen Dingen. Und dabei habe er auch erzählt, wie unglücklich ich sei, wie alles Gute in mir infolge des Mangels an regem Interesse und an Tätigkeit zugrunde gehe, wie schwach mein Lebenslicht glimme, und wie …«

»Worüber hat sie denn gelächelt?« dachte Oblomow weiter. »Wenn sie nur ein bißchen Herz besäße, so müßte es ihr bluten und weh tun vor Mitleid; aber sie … nun, Gott verzeihe es ihr! Ich will nicht mehr an sie denken! Ich will nur noch heute zum Mittagessen hinfahren und dann keinen Fuß mehr über ihre Schwelle setzen.«

Es verging ein Tag nach dem andern – und er war mit beiden Füßen dort und mit den Händen und mit dem Kopfe.

Eines schönen Morgens transportierte Tarantjew Oblomows ganzen Hausrat nach der Wyborger Seite in eine Seitenstraße zu seiner Gevatterin, und Oblomow verbrachte drei Tage in einer Art, wie es bei ihm lange nicht vorgekommen war: ohne Bett und ohne Sofa; zu Mittag aß er bei Olgas Tante.

Auf einmal stellte sich heraus, daß dem Landhause der beiden Damen gegenüber ein anderes Landhaus frei war. Oblomow mietete es unbesehen und wohnte nun dort. Mit Olga war er vom Morgen bis zum Abend zusammen; er las ihr vor, schickte ihr Blumen und ging mit ihr am See und in den Bergen spazieren … er, Oblomow!

Was passiert nicht alles in der Welt! Wie hatte das nur zustande kommen können? Der Hergang war folgender gewesen:

Als er mit seinem Freunde bei Olgas Tante zu Mittag aß, litt er bei Tische dieselben Folterqualen wie tags zuvor; er aß und redete in dem Bewußtsein und Gefühle, daß ihr Blick wie eine Sonne über ihm stand, ihn versengte, beunruhigte, seine Nerven und sein Blut in Aufregung versetzte. Nur dadurch, daß er sich auf den Balkon zurückzog, um eine Zigarre zu rauchen, gelang es ihm mit Not und Mühe, sich für eine Weile vor diesem stummen, beharrlichen Blicke zu verbergen.

»Was stellt das vor?« sagte er sich selbst, indem er sich nach allen Seiten hin und her drehte. »Das ist ja eine Pein! Macht sie sich etwa über mich lustig? Sie sieht keinen andern so an: das wagt sie nicht. Ich bin demütiger, darum tut sie es bei mir … Ich werde mit ihr reden!« beschloß er. »Ich will ihr lieber selbst mit Worten das sagen, was sie mit ihren Augen mir ordentlich aus der Seele herauszieht.«

Auf einmal erschien sie vor ihm auf der Schwelle des Balkons; er rückte ihr einen Stuhl zurecht, und sie setzte sich neben ihn. »Ist es wahr, daß Sie sich zu Hause sehr langweilen?« fragte sie ihn.

»Ja, es ist wahr«, antwortete er, »nur nicht sehr … Ich habe meine Beschäftigungen.«

»Andrei Iwanowitsch hat mir gesagt, Sie seien dabei, einen Plan zu entwerfen?«

»Ja, ich will auf mein Gut fahren und dort wohnen; da bereite ich mich denn allmählich darauf vor.«

»Werden Sie auch ins Ausland fahren?«

»Ja, unbedingt; sowie Andrei Iwanowitsch fertig sein wird.«

»Fahren Sie gern hin?« fragte sie.

»Ja, sehr gern ...«

Er sah sie an: ein Lächeln glitt über ihr Gesicht; bald erleuchtete es die Augen, bald verbreitete es sich über die Wangen; nur die Lippen blieben geschlossen wie immer. Er hatte nicht den Mut, richtig zu lügen.

»Ich bin ein wenig träg«, sagte er; »aber ...«

Gleichzeitig ärgerte er sich darüber, daß sie mit solcher Leichtigkeit, beinahe schweigend, ihm das Geständnis seiner Trägheit entlockt hatte. »Was ist sie mir denn? Fürchte ich mich etwa vor ihr?« dachte er.

»Träge!« erwiderte sie mit kaum merklicher Schelmerei. »Ist das möglich? Ein Mann ist träge? Das verstehe ich nicht.«

»Was ist dabei unverständlich?« dachte er. »Das scheint doch eine einfache Sache zu sein.« Und laut sagte er: »Ich sitze meist zu Hause, daher denkt Andrei, daß ich ...«

»Aber wahrscheinlich schreiben und lesen Sie viel«, sagte sie. »Ja, da würde ich Sie gern nach einigen Büchern fragen, ob Sie die gelesen haben ...«

Dabei sah sie ihn unverwandt an.

»Nein, ich habe sie nicht gelesen«, entfuhr es ihm plötzlich vor Angst, sie könnte sich beikommen lassen, ihn zu examinieren.

»Was denn?« fragte sie lachend. Auch er lachte

»Ich glaubte, Sie wollten mich nach irgendwelchen Romanen fragen; ich lese keine Romane.«

»Nein, da haben Sie falsch geraten. Ich wollte Sie nach Reisebeschreibungen fragen ...«

Er blickte sie scharf an; ihr ganzes Gesicht lachte, nur die Lippen nicht.

»Oh!« dachte Oblomow. »Das ist eine … mit der muß man sich in acht nehmen …«

»Was lesen Sie denn?« fragte sie neugierig.

»Ich habe gerade Reisebeschreibungen am liebsten.«

»Von Reisen nach Afrika?« fragte sie leise in schelmischem Tone.

Er wurde rot, da er nicht ohne Grund vermutete, daß ihr nicht nur bekannt war, was er las, sondern auch wie er las.

»Sind Sie musikalisch?« fragte sie, um ihm über die Verlegenheit hinwegzuhelfen.

In diesem Augenblicke trat Stolz zu ihnen heran.

»Ilja, ich habe Olga Sergejewna erzählt, daß du die Musik leidenschaftlich liebst, und sie gebeten, etwas zu singen … etwa *Casta diva.*«

»Warum verleumdest du mich denn?« antwortete Oblomow. »Ich liebe die Musik durchaus nicht leidenschaftlich …«

»Was sagen Sie dazu?« unterbrach ihn Stolz. »Er fühlt sich beleidigt, wie es scheint! Ich stelle ihn als einen anständigen Menschen dar, und er beeilt sich, die dadurch erweckte günstige Meinung zu seinem Schaden wieder zu zerstören!«

»Ich lehne nur die Rolle eines Musikliebhabers ab; das ist eine bedenkliche, schwierige Rolle!«

»Welche Musik gefällt Ihnen denn am besten?« fragte Olga.

»Das ist eine schwer zu beantwortende Frage: jede Musik! Manchmal höre ich mit Vergnügen einen heiseren Leierkasten an, der eine Melodie spielt, die mir im Gedächtnis haften geblieben ist; ein andermal gehe ich mitten aus einer Oper fort; dann wieder ergreift mich Meyerbeer oder sogar das Lied eines Kahnschiffers: das kommt ganz auf die Stimmung an! Mitunter halte ich mir auch bei Mozarts Musik die Ohren zu …«

»Also lieben Sie die Musik wahrhaft.«

»Singen Sie uns doch etwas, Olga Sergejewna!« bat Stolz.

»Aber wenn sich nun Monsieur Oblomow in solcher Stimmung befindet, daß er sich die Ohren zuhält?« sagte sie, sich zu ihm wendend.
»Jetzt müßte ich irgendein Kompliment sagen«, erwiderte Oblomow. »Aber ich verstehe mich nicht darauf, und wenn ich mich auch darauf verstände, so würde ich es doch nicht wagen …«
»Warum denn nicht?«
»Wenn Sie nun schlecht sängen?« antwortete Oblomow naiv.
»Dann käme ich doch in Verlegenheit …«
»Wie gestern mit den Zwiebacken …« entfuhr es ihr plötzlich; sie errötete selbst und hätte Gott weiß was darum gegeben, es nicht gesagt zu haben. »Verzeihen Sie, ich war unartig! …« sagte sie.
Oblomow hatte dergleichen nicht erwartet und verlor die Fassung.
»Das ist ein boshafter Verrat!« sagte er halblaut.
»Nein, höchstens eine kleine Rache und zudem, weiß Gott, eine unbeabsichtigte, dafür, daß Sie nicht einmal ein Kompliment für mich finden konnten.«
»Vielleicht werde ich eines finden, wenn ich Sie singen höre.«
»Also wünschen Sie, daß ich singe?« fragte sie.
»Nein, der hier wünscht es«, antwortete Oblomow, auf Stolz zeigend.
»Und Sie?«
Oblomow schüttelte verneinend den Kopf.
»Ich kann nicht etwas wünschen, was ich nicht kenne.«
»Du bist ein Grobian, Ilja!« bemerkte Stolz. »Das kommt davon, wenn man zu Hause herumliegt und Strümpfe anzieht, die …«
»Ich bitte dich, Andrei«, unterbrach ihn Oblomow lebhaft, um ihn nicht ausreden zu lassen; »es würde mich ja nichts kosten zu sagen: ›Ach, ich werde mich sehr freuen, ich wer-

de glücklich sein; Sie singen gewiß ausgezeichnet‹«, fuhr er, sich zu Olga wendend, fort; »›das wird mir einen außerordentlichen Genuß bereiten‹, und so weiter. Aber ist das denn nötig?«

»Aber Sie konnten wenigstens aus Neugierde den Wunsch aussprechen, daß ich sänge.«

»Das wage ich nicht«, antwortete Oblomow; »Sie sind keine Schauspielerin.«

»Nun, dann werde ich für Sie singen«, sagte sie zu Stolz.

»Ilja, bereite ein Kompliment vor.«

Unterdessen war es Abend geworden. Die Lampe wurde angezündet; sie schimmerte durch das mit Efeu umrahmte Gitterwerk hindurch, wie wenn sie der Mond wäre. Die Dämmerung verbarg die Umrisse des Gesichtes und der Gestalt Olgas und warf gleichsam einen Florschleier um sie; ihr Gesicht war im Schatten; man hörte nur die weiche, aber kräftige Stimme, die vor Empfindung nervös zitterte.

Sie sang viele Arien und Lieder, die Stolz ihr angab; in manchen kam Leid zum Ausdruck, mit einer unklaren Ahnung von Glück, in anderen Freude; aber in den Tönen dieser Lieder lag schon ein Keim der Traurigkeit verborgen.

Die Worte des Textes, die Melodien und diese reine, kräftige Mädchenstimme bewirkten, daß dem Hörer das Herz stärker schlug, die Nerven zitterten, die Augen glänzten und sich mit Tränen füllten. Man wäre am liebsten gestorben und nach diesen Tönen nicht mehr erwacht; aber doch dürstete fast in demselben Augenblicke das Herz wieder danach zu leben …

Oblomow flammte auf, wurde ganz matt, hielt mit Mühe die Tränen zurück, und noch schwerer wurde es ihm, den freudigen Aufschrei zu unterdrücken, der sich aus seiner Seele losringen wollte. Seit langer Zeit hatte er nicht mehr eine solche Frische und eine solche Kraft in sich gefühlt;

diese Kraft schien aus dem tiefsten Grunde seiner Seele heraufzusteigen und sich in einer Großtat bekunden zu wollen.

Er wäre in diesem Augenblicke sogar ins Ausland gereist, wenn er dazu nichts weiter hätte zu tun brauchen als sich hinzusetzen und abzufahren.

Zum Schlusse sang sie *Casta diva*. Durch alle die Empfindungen des Entzückens, durch die blitzartig ihm durch den Kopf gehenden Gedanken, durch das Zittern, das ihm wie Nadelstiche über den Leib lief – durch all dies war Oblomow wie vernichtet, seine Kraft war erschöpft.

»Sind Sie heute mit mir zufrieden?« fragte Olga plötzlich Stolz, als sie aufgehört hatte zu singen.

»Fragen Sie Oblomow, was er dazu sagt«, erwiderte Stolz.

»Ach!« rief dieser unwillkürlich.

Er ergriff auf einmal Olga bei der Hand, ließ sie aber sofort wieder los und wurde höchst verlegen.

»Verzeihen Sie ...« murmelte er.

»Hören Sie?« sagte Stolz zu ihr. »Sage mal auf dein Gewissen, Ilja: wie lange ist dir das nicht passiert?«

»Das hätte heute früh passieren können, wenn vor dem Fenster ein heiserer Leierkasten vorbeigekommen wäre ...« mischte sich Olga in so gutherzigem, sanftem Tone ein, daß sie dem Spotte den Stachel nahm.

Er blickte sie vorwurfsvoll an.

»Er hat noch immer nicht die Doppelfenster herausnehmen lassen; er kann nicht hören, was draußen geschieht«, fügte Stolz hinzu.

Oblomow richtete nun seinen vorwurfsvollen Blick auf Stolz.

Stolz ergriff Olgas Hand.

»Ich weiß nicht, welchem Umstande ich es zuschreiben soll, daß Sie heute gesungen haben wie noch nie, Olga Sergejewna; wenigstens habe ich Sie seit langer Zeit nicht so singen hören. Das ist mein Kompliment!« sagte er und küßte ihr jeden einzelnen Finger.

Stolz brach auf. Oblomow wollte das gleiche tun; aber Stolz und Olga hielten ihn davon zurück.

»Ich habe geschäftlich zu tun«, sagte Stolz; »aber du würdest ja doch nur weggehen, um dich hinzulegen, und dafür ist es noch zu früh ...«

»Andrei! Andrei!« sagte Oblomow in flehendem Tone. »Nein, ich kann heute nicht hierbleiben; ich muß fort!« fügte er hinzu und ging wirklich.

Er schlief die ganze Nacht nicht. Traurig und nachdenklich ging er im Zimmer auf und ab; bei Tagesanbruch verließ er das Haus und wanderte an der Newa und auf den Straßen umher, Gott weiß mit welchen Empfindungen und Gedanken ...

Nach zwei Tagen war er wieder dort, und als am Abend die übrigen Gäste sich zum Kartenspiel hinsetzten, befand er sich mit Olga allein am Flügel. Die Tante hatte Kopfschmerzen, saß auf ihrem Zimmer und roch an ihrem Riechfläschchen.

»Wenn es Ihnen recht ist, werde ich Ihnen die Sammlung von Zeichnungen zeigen, die mir Andrei Iwanowitsch aus Odessa mitgebracht hat?« fragte Olga. »Hat er sie Ihnen gezeigt?«

»Sie bemühen sich, wie es scheint, mich als Wirtin pflichtmäßig zu unterhalten«, bemerkte Oblomow. »Das ist nicht nötig.«

»Warum ist es nicht nötig? Ich möchte, daß Sie sich nicht langweilten, sondern sich hier wie zu Hause fühlten, daß es Ihnen behaglich, frei und leicht zumute wäre und Sie nicht weggingen ... um sich hinzulegen.«

»Sie ist ein boshaftes, spottsüchtiges Geschöpf!« dachte Oblomow, betrachtete aber wider seinen Willen voll Bewunderung jede ihrer Bewegungen.

»Sie möchten, daß mir frei und leicht zumute sei und ich mich nicht langweile?« wiederholte er ihre Worte.

»Ja«, antwortete sie und sah ihn in derselben Weise wie das vorige Mal, aber mit einem noch gesteigerten Ausdruck von Neugier und Gutherzigkeit an.

»Zu diesem Zweck ist erstens nötig, daß Sie mich nicht so ansehen, wie Sie es jetzt tun, und wie Sie es neulich taten ...«

Die Neugier in ihren Augen verdoppelte sich.

»Da haben wir's! Gerade bei diesem Blick wird mir sehr unbehaglich zumute ... Wo ist mein Hut?«

»Warum wird Ihnen denn unbehaglich zumute?« fragte sie ihn sanft, und ihr Blick verlor den Ausdruck von Neugier; er wurde nur gutherzig und freundlich.

»Ich weiß es nicht; aber es scheint mir, als zögen Sie mit diesem Blicke aus mir alles das heraus, was ich andere Menschen und besonders Sie nicht wissen lassen möchte ...«

»Warum wollen Sie es mich denn nicht wissen lassen? Sie sind Andrei Iwanowitschs Freund, und er ist mein Freund; folglich ...«

»Folglich brauchen Sie über mich nicht all das zu erfahren, was Andrei Iwanowitsch über mich weiß«, beendete er ihren Satz.

»Nein, ich brauche es nicht zu erfahren; aber es kann doch kommen, daß ich es erfahre ...«

»Dank der Offenherzigkeit meines Freundes. Das ist von seiner Seite ein schlechter Dienst! ...«

»Haben Sie etwa Geheimnisse?« fragte sie. »Vielleicht haben Sie irgendwelche Verbrechen begangen?« fügte sie lachend hinzu und bewegte sich von ihm weg.

»Ja, vielleicht«, antwortete er seufzend.

»Ja, das ist ein großes Verbrechen«, sagte sie schüchtern und leise, »verschiedenartige Strümpfe anzuziehen.«

Oblomow griff nach seinem Hute.

»Ich kann das nicht ertragen!« sagte er. »Und Sie möchten, daß ich mich behaglich fühle! Ich werde Andrei die Freundschaft aufkündigen … Er hat Ihnen also auch das gesagt?«

»Er hat mich heute dadurch furchtbar zum Lachen gebracht«, fügte Olga hinzu; »er bringt mich immer zum Lachen. Verzeihen Sie mir, ich werde es nicht wieder tun, gewiß nicht, und ich werde mir Mühe geben, Sie in andrer Art anzusehen …«

Sie machte eine schelmisch-ernste Miene.

»Das alles ist noch ›erstens‹«, fuhr sie fort. »Nun, ich sehe Sie nicht mehr so an wie das vorige Mal; also wird Ihnen jetzt frei und leicht zumute sein. Jetzt kommt: was muß ich ›zweitens‹ tun, damit Sie sich nicht langweilen?«

Er blickte ihr geradezu in die graublauen, freundlichen Augen.

»Da! Nun sehen Sie selbst mich so seltsam an …« sagte sie.

Er blickte sie tatsächlich sozusagen nicht mit den Augen, sondern mit seinen Gedanken, mit seinem ganzen Willen an, wie ein Magnetiseur; aber er tat es unwillkürlich und hatte nicht die Kraft, es zu unterlassen.

»O Gott, wie hübsch sie ist! Daß es solche weiblichen Wesen auf der Welt gibt!« dachte er, während er sie mit beinah ängstlichen Augen ansah. »Diese weiße Haut, diese Augen, in denen es wie in einem Abgrunde dunkel ist und doch etwas leuchtet, wohl die Seele! In dem Lächeln kann man wie in einem Buche lesen; und hinter dem Lächeln stehen diese Zähne … Und der ganze Kopf, wie zart er auf den Schultern ruht; er wiegt sich wie eine Blume hin und her und haucht süßen Duft …«

»Ja, ich empfange etwas von ihr«, dachte er; »es geht von ihr etwas auf mich über. Hier, in meinem Herzen, fängt es gleichsam zu brodeln und unruhig zu werden an … O Gott, welch ein Glück ist es, sie anzusehen! Es wird einem sogar schwer zu atmen.«

Diese Gedanken wirbelten in seinem Kopfe herum, und er blickte Olga immer so an, wie man in eine endlose Ferne oder in einen bodenlosen Abgrund schaut, selbstvergessen, voll Wonne.

»Aber nun hören Sie auf, Monsieur Oblomow; wie sehen Sie selbst mich jetzt an!« sagte sie, verlegen den Kopf abwendend; aber die Neugier überwog doch, und sie lenkte die Augen nicht von seinem Gesichte weg.

Er hatte nichts gehört.

Er blickte sie tatsächlich immerzu an, hörte nicht, was sie sagte, und kontrollierte schweigend, was in ihm vorging. Er berührte seinen Kopf – auch da wogte etwas und bewegte sich mit Geschwindigkeit dahin. Es gelang ihm nicht, die Gedanken zu haschen: sie flatterten davon wie ein Schwarm Vögel; im Herzen aber, auf der linken Seite, fühlte er einen Schmerz.

»Sehen Sie mich doch nicht so seltsam an«, sagte sie. »Auch mir ist das unbehaglich ... Sie wollen gewiß etwas aus meiner Seele herausholen ...«

»Was könnte ich aus Ihnen herausholen?« fragte er mechanisch.

»Ich habe ebenfalls Pläne, angefangene und unvollendete Pläne«, antwortete sie.

Bei dieser Anspielung auf seinen unvollendeten Plan kam er zur Besinnung.

»Seltsam!« bemerkte er: »Sie sind boshaft; aber Ihr Blick ist gutherzig. Nicht ohne Grund sagt man, daß man den Frauen nicht trauen kann: sie lügen sowohl absichtlich mit der Zunge als auch unabsichtlich mit dem Blicke, mit dem Lächeln, mit dem Erröten, sogar mit ihren Ohnmachten ...«

Sie ließ diesem Eindrucke nicht Zeit, sich zu verstärken,

sondern nahm Oblomow leise den Hut weg und setzte sich selbst auf einen Stuhl.

»Ich werde es nicht wieder tun, bestimmt nicht!« sagte sie lebhaft. »Ach, verzeihen Sie mir; ich habe eine unausstehliche Zunge! Aber, weiß Gott, es ist keine Spötterei!« fügte sie in beinah singendem Tone hinzu, und in dem singenden Tone dieses Satzes zitterte wirkliche Empfindung.

Oblomow beruhigte sich.

»Dieser Andrei! ...« sagte er vorwurfsvoll.

»Und nun, bitte, sagen Sie: was soll ich zweitens tun, damit Sie sich nicht langweilen?« fragte sie.

»Singen Sie!« antwortete er.

»Da haben wir ja das Kompliment, auf das ich wartete!« unterbrach sie ihn, freudig auffahrend. »Wissen Sie«, fuhr sie dann mit Lebhaftigkeit fort: »wenn Sie vorgestern nach meinem Gesange nicht dieses ›Ach!‹ gesagt hätten, so glaube ich, ich würde die ganze Nacht nicht geschlafen und vielleicht geweint haben.«

»Warum denn?« fragte Oblomow erstaunt.

Sie dachte nach.

»Ich weiß es selbst nicht«, sagte sie dann.

»Sie sind ehrgeizig, das ist der Grund.«

»Ja, das ist gewiß der Grund«, versetzte sie und fuhr, in Gedanken verloren, mit einer Hand über die Tasten; »aber der Ehrgeiz ist ja überall zu finden und in großer Menge. Andrei Iwanowitsch sagt, der Ehrgeiz sei fast das einzige Motiv, das den Willen lenke. Sehen Sie, Sie selbst haben wohl keinen Ehrgeiz, und das ist der Grund, weswegen Sie immer ...«

Sie sprach den Satz nicht zu Ende.

»Was denn?« fragte er.

»Nein, ich meinte nur, weiter nichts«, antwortete sie ausweichend. »Ich habe Andrei Iwanowitsch gern«, fuhr sie fort, »nicht nur weil er mich zum Lachen bringt (manchmal weine ich auch, wenn er spricht), auch nicht weil er mich gern hat, sondern, wie ich glaube, weil er mir mehr zugetan ist als anderen: da sehen Sie, wo sich der Ehrgeiz überall einschleicht!«

»Sie haben Andrei gern?« fragte Oblomow und senkte einen gespannten, forschenden Blick in ihre Augen.

»Ja, gewiß; wenn er mir mehr zugetan ist als anderen, so erwidere ich ihm das in noch höherem Grade«, versetzte sie ernst.

Oblomow sah sie schweigend an; sie antwortete ihm mit einem natürlichen, schweigenden Blicke.

»Er hat auch Anna Wasiljewna und Sinaida Michailowna gern, aber doch nicht so«, fuhr sie fort; »er wird mit ihnen nicht zwei Stunden lang sitzen, sucht sie nicht zum Lachen zu bringen und erzählt ihnen nichts, was ihn tiefer berührt; er spricht mit ihnen von seinen Geschäften, vom Theater, von Neuigkeiten; aber mit mir redet er wie mit einer Schwester … nein, wie mit einer Tochter«, fügte sie eilig hinzu. »Manchmal schilt er mich sogar, wenn ich etwas nicht gleich verstehe oder ihm nicht gehorche oder mit ihm nicht einverstanden bin. Die andern aber schilt er nicht, und ich glaube, ich mag ihn eben deswegen noch mehr leiden. Ehrgeiz!« fügte sie nachdenklich hinzu: »aber ich weiß nicht, wie der hier hereingeraten ist, in meinen Gesang. Über meinen Gesang sagen mir die Leute schon lange viel Schönes; Sie aber wollten mich nicht einmal hören; Sie mußten beinahe mit Gewalt dazu gezwungen werden. Und wenn Sie nachher weggegangen wären, ohne mir ein Wort zu sagen, und wenn ich auf Ihrem Gesichte nichts wahrgenommen hätte … so wäre ich, glaube ich, krank geworden … ja, wahrhaftig, das ist Ehrgeiz!« schloß sie in entschiedenem Tone.

»Haben Sie denn auf meinem Gesichte etwas wahrgenommen?« fragte er.

»Ja, Tränen, obwohl Sie sie zu verbergen suchten; es ist ein schlechter Charakterzug an den Männern, daß sie sich ihres Herzens schämen. Das ist ebenfalls ein Ehrgeiz, aber ein falscher. Die Männer würden besser tun, sich manchmal ihres Verstandes zu schämen: der irrt häufiger. Sogar Andrei Iwanowitsch schämt sich seines Herzens. Ich habe ihm das gesagt, und er gab es mir zu. Und Sie?«

»Was sollte man nicht zugeben, wenn man Sie ansieht!« versetzte er.

»Noch ein Kompliment! Und was für ein …«

Sie hatte Schwierigkeit, einen passenden Ausdruck zu finden.

»Fades!« ergänzte Oblomow, ohne die Augen von ihr abzuwenden.

Sie bestätigte mit einem Lächeln, daß der Ausdruck zutraf.

»Gerade davor habe ich mich gefürchtet, als ich Sie nicht bitten wollte zu singen … Was soll man sagen, wenn man jemanden zum ersten Male hört? Und sagen muß man doch etwas. Es ist schwer, verständig und aufrichtig zu gleicher Zeit zu sein, besonders wo man fühlt und unter dem Eindrucke einer solchen Empfindung steht wie ich damals …«

»Ich aber habe damals tatsächlich so gesungen, wie lange nicht, ja ich glaube sogar, wie nie vorher … Bitten Sie mich nicht wieder zu singen; ich werde nie mehr so singen … Warten Sie, *ein* Lied will ich Ihnen noch singen …« sagte sie, und in demselben Augenblicke flammte ihr Gesicht auf, ihre Augen leuchteten; sie setzte sich auf den Klaviersessel, griff kräftig zwei, drei Akkorde und fing an zu singen.

O Gott, was lag nicht alles in diesem Gesange! Hoffnungen und unklare Furcht vor schwerer Zeit, und die schwere Zeit selbst, und jubelnde Glückseligkeit, all das erklang nicht sowohl im Liede als in ihrer Stimme.

Sie sang lange; von Zeit zu Zeit wandte sie sich nach ihm um und fragte kindlich: »Ist es genug? Nein, dieses noch!« Und sie sang wieder weiter.

Ihre Wangen und Ohren röteten sich vor Erregung; manchmal leuchteten auf ihrem frischen Gesichte wie spielende Blitze die Empfindungen ihres Herzens, und es flammte ein Strahl einer so gereiften Leidenschaft auf, als ob sie mit ihrem Herzen eine ferne, zukünftige Zeit ihres Lebens durchlebte, und dann erlosch dieser flüchtige Strahl auf einmal wieder, und die Stimme klang wieder frisch und silberhell.

Auch in Oblomows Innern spielte sich derselbe Vorgang ab; es schien ihm, als durchlebe und empfinde er das alles nicht eine oder zwei Stunden lang, sondern ganze Jahre lang …

Beide wurden sie bei äußerlicher Regungslosigkeit von einer inneren Explosion zerrissen; sie zitterten und bebten in gleicher Weise; in ihren Augen standen Tränen, die durch dieselben Empfindungen hervorgerufen waren. All das waren Symptome jener Leidenschaften, die, wie es schien, die junge Seele des Mädchens später einmal erfüllen sollten; aber einstweilen zeigte diese Seele nur momentane, flüchtige Andeutungen davon, nur ein vorübergehendes Aufflackern der noch schlafenden Lebenskräfte.

Sie schloß mit einem lang ausklingenden Akkorde, und ihre Stimme erstarb in ihm. Sie hielt auf einmal inne, legte die Hände auf die Knie und blickte, selbst gerührt und aufgeregt, Oblomow an: was er wohl empfinde.

Auf seinem Gesichte glänzte das Morgenrot des erwachenden, vom Grunde seiner Seele emporsteigenden Glückes; sein von Tränen erfüllter Blick war auf sie gerichtet.

Jetzt ergriff sie ihn, wie er sie bei dem vorigen Besuche, ebenso unwillkürlich bei der Hand.

»Was ist Ihnen?« fragte sie. »Was machen Sie für ein Gesicht? Warum denn?«

Aber sie wußte, warum er ein solches Gesicht machte; sie

weidete sich an dem Anblicke dieser Wirkung ihrer Macht und empfand im Innern ein bescheidendes Triumphgefühl.

»Sehen Sie nur in den Spiegel«, fuhr sie fort und zeigte ihm lächelnd sein Gesicht im Spiegel. »Ihre Augen glänzen, und, o Gott, Sie haben Tränen darin! Wie tief Sie die Musik empfinden! ...«

»Nein, ich empfinde ... nicht die Musik ... sondern ... Liebe!« sagte Oblomow leise.

Sie ließ seine Hand augenblicklich los, und ihr Gesichtsausdruck änderte sich. Ihr Blick begegnete seinem auf sie gerichteten Blicke: dieser Blick war starr, beinah irrsinnig; so blickte nicht Oblomow, sondern ein von heftiger Leidenschaft ergriffener Mensch.

Olga begriff, daß ihm dieses Wort unwillkürlich entfahren war, daß er keine Macht darüber gehabt hatte, und daß es die Wahrheit war.

Er kam zur Besinnung, ergriff seinen Hut und lief, ohne sich umzusehen, aus dem Zimmer. Jetzt begleitete sie ihn nicht mit einem neugierigen Blicke; sie stand lange, ohne sich zu bewegen, wie eine Bildsäule am Klavier und blickte unverwandt auf den Fußboden; nur ihre Brust hob und senkte sich heftig.

## VI.

Oblomow hatte, wenn er in bequemen Stellungen träge dalag und entweder matt vor sich hindämmerte oder Anfälle von Begeisterung bekam, sich in seiner Phantasie das Weib immer in erster Linie als Gattin, kaum je als Geliebte vorgestellt.

In seinen Träumereien stand ihm das Bild einer hochgewachsenen, schlanken Frau vor Augen, mit ruhig über der Brust verschränkten Armen, mit stillem, aber stolzem Blikke, wie sie lässig in der Efeulaube saß oder mit leichtem Gange über den Teppich oder über den Sand der Allee dahinschritt, sich in den Hüften wiegend, den Kopf graziös auf die Schulter geneigt, mit sinnender Miene – wie ein Ideal, wie die Verkörperung eines ganzen Lebens voll Behaglichkeit und feierlicher Ruhe, wie die Ruhe selbst.

Er sah sie in seinen Träumereien zuerst reich mit Blumen geschmückt am Altar, mit einem langen Schleier, dann am Kopfende des Ehebettes mit schamhaft niedergeschlagenen Augen, endlich als Mutter inmitten einer Gruppe von Kindern.

In seinen Träumereien lag auf ihren Lippen ein Lächeln, das nichts Leidenschaftliches hatte, und ihre Augen schimmerten nicht feucht von allerlei Wünschen: das Lächeln bekundete Zuneigung zu ihm, dem Gatten, und ruhige Freundlichkeit gegen alle andern; und der Blick hatte nur ihm gegenüber etwas Herzliches, während er andern gegenüber schamhaft, ja streng war.

Er wollte sie niemals beben und zittern sehen, niemals sehnsüchtige Zukunftsträumereien aus ihrem Munde hören, niemals an ihr plötzliche Tränen, Qualen, Ermattung und dann einen tollen Übergang zur Freude wahrnehmen. Süße Melancholie und Schwärmerei für den Silbermond waren durchaus entbehrlich. Sie sollte nicht plötzlich blaß werden, in Ohnmacht fallen, aufregenden Gefühlsausbrüchen unterworfen sein.

»Solche Frauen haben Liebhaber«, sagte er sich, »und sie machen einem auch viel Mühe und Umstände: sie brauchen Ärzte und Badereisen und quälen einen mit einer Unmenge der verschiedenartigsten Launen. Dabei kann man nicht ruhig schlafen.

Aber an der Seite einer stolzen, schamhaften, ruhigen Lebensgefährtin, da schläfst ein Mann sorglos. Er schläft mit der festen Zuversicht ein, beim Erwachen demselben sanften, freundlichen Blicke zu begegnen. Und noch nach zwanzig, dreißig Jahren begegnet seinem warmen Blicke in ihren Augen derselbe sanfte, still schimmernde Strahl von Zuneigung. Und so bis zum Grabe.
Und ist das nicht das geheime Ziel jedes Mannes und jedes Weibes, an dem Lebensgefährten ein unveränderlich ruhiges Gesicht, ein stets gleichbleibendes Gefühl zu finden? Das ist ja die normale Form der Liebe, und sobald eine Abweichung davon, eine Änderung, eine Abkühlung eintritt, leiden wir: folglich ist mein Ideal das allgemein gültige?« dachte er. »Sind damit nicht die wechselseitigen Beziehungen der beiden Geschlechter vollkommen festgestellt und klargelegt?
Der Leidenschaft einen gesetzlichen Ausgang zu schaffen, ihr einen ordnungsmäßigen Lauf zu weisen, wie man es bei einem Flusse zum Segen für die ganze Gegend tut, das ist eine soziale Aufgabe, das ist der Gipfel des Fortschrittes, zu dem alle diese George Sands emporstreben, von dem sie jedoch seitwärts abirren. Nach der Lösung dieser Aufgabe gibt es keine Untreue und keine Abkühlung mehr, sondern ein stets gleichmäßiges Schlagen des ruhigen, glücklichen Herzens, folglich ein stets inhaltsreiches Leben, eine stete Saftzeit des Lebens, eine stete sittliche Gesundheit.
Es gibt Beispiele eines solchen glücklichen Lebens; aber sie sind selten: man weist auf sie hin wie auf ein Phänomen. Man muß dazu geboren sein, heißt es. Und Gott weiß, ob man nicht auch dazu erzogen sein, nicht mit Bewußtsein auf dieses Ziel losgehen muß …
Die Leidenschaft! All das ist ganz schön in Gedichten und auf der Bühne, wo die Schauspieler mit dem Dolch unter

dem Mantel umhergehen und dann die Ermordeten und die Mörder zusammen Abendbrot essen …

Es wäre gut, wenn auch die Leidenschaften so endeten; aber von denen bleiben nur Rauch und Gestank zurück; Glück aber ist nicht dabei! Und wenn man daran zurückdenkt, so schämt man sich und reißt sich die Haare aus.

Wenn einen aber ein solches Unglück, eine Leidenschaft, betrifft, so ist das gerade, wie wenn man auf eine zerfahrene, holperige, greuliche Landstraße gerät, auf der sowohl die Pferde stürzen als auch der Insasse ganz zermartert wird; aber schon ist das Heimatdorf in Sicht; das darf man nicht aus den Augen lassen, sondern man muß sich so schnell wie irgend möglich aus der gefährlichen Gegend zu ihm hindurcharbeiten …

Ja, man muß die Leidenschaft bei der Heirat einschränken, ersticken und ertränken! …«

Er wäre erschrocken von einer Frau geflohen, die ihn mit ihren Augen versengt hätte oder selbst aufgestöhnt hätte, ihm mit geschlossenen Augen an die Schulter gesunken wäre und dann nach wiedererlangtem Bewußtsein seinen Hals mit ihren Armen bis zum Ersticken umschlungen hätte … »Das ist ein Feuerwerk, die Explosion eines Pulverfasses; und was ist die Folge! Betäubung, Blendung und verbranntes Haar!«

Aber sehen wir nun, was für ein Mädchen Olga war.

Nachdem ihm das Bekenntnis entfahren war, sahen sie einander lange Zeit nicht unter vier Augen. Er versteckte sich wie ein Schulknabe, sobald er Olga erblickte. Sie hatte sich in ihrem Benehmen gegen ihn geändert; aber sie vermied ihn nicht und war auch nicht kalt, sondern sie war nur nachdenklicher geworden.

Es tat ihr, wie es schien, leid, daß etwas geschehen war, wodurch sie gehindert wurde, Oblomow mittels des auf ihn gerichteten neugierigen Blickes zu quälen und ihn in gutherziger Weise wegen seines Umherliegens, seiner Trägheit und seiner Ungeschicklichkeit zu verspotten …

Oblomows komische Seiten reizten sie zum Lachen, aber nur in der Weise, wie eine Mutter nicht umhin kann zu lächeln, wenn sie den lächerlichen Anzug ihres Sohnes sieht. Stolz war weggereist, und es war ihr verdrießlich, daß sie niemanden hatte, dem sie etwas vorsingen konnte; ihr Flügel war geschlossen – kurz, auf ihnen beiden lastete ein Zwang, sie fühlten sich in Fesseln geschlagen, es war ihnen unbehaglich zumute.

Und wie schön hatte sich alles zuerst angelassen! In wie einfacher Weise waren sie miteinander bekannt geworden! Wie ungezwungen waren sie einander nähergetreten! Oblomow war schlichter und gutherziger als Stolz, wenn er sie auch nicht so zum Lachen brachte; oder er brachte sie durch seine eigene Person zum Lachen und verzieh ihre Spöttereien so leicht.

Überdies hatte Stolz bei seiner Abreise Oblomow ihrer Obhut anvertraut, sie gebeten, ein Auge auf ihn zu haben und ihn am Stubenhocken zu hindern. In ihrem klugen, hübschen Köpfchen hatte sich schon ein ausführlicher Plan entwickelt, wie sie Oblomow das Schlafen nach Tische abgewöhnen wollte; und damit nicht genug: sie wollte ihm auch nicht einmal erlauben, bei Tage auf dem Sofa zu liegen; er sollte ihr sein Wort darauf geben, dies nicht mehr zu tun.

Sie gefiel sich in dem Gedanken, daß sie ihm »befehlen« werde, die Bücher zu lesen, welche Stolz dagelassen hatte, ferner täglich die Zeitungen zu lesen und ihr die Neuigkeiten daraus zu erzählen, Briefe nach seinem Dorfe zu schreiben, den Plan der Einrichtung des Gutes zu Ende zu bringen, sich zu der Reise ins Ausland vorzubereiten – kurz, er sollte unter ihrer Aufsicht nicht in Halbschlaf versinken; sie wollte ihm ein Ziel zeigen, ihn die einst gern ausgeübten,

dann aufgegebenen Tätigkeiten wieder lieben lehren. Stolz sollte ihn bei seiner Rückkehr gar nicht wiedererkennen.
Und dieses ganze Wunder würde sie zustande bringen, die schüchterne, schweigsame Olga, der bisher noch niemand gehorcht hatte, und die noch nicht angefangen hatte zu leben! Sie würde die Urheberin einer solchen Umwandlung sein! Und diese Umwandlung hatte bereits begonnen: sowie sie zu singen angefangen hatte, war Oblomow ein anderer geworden …
Er würde leben, wirken, das Leben und sie segnen. Welch ein Ruhm für einen Arzt, wenn er einen hoffnungslosen Kranken rettet, ihn dem Leben wiedergibt! Und einen zugrunde gehenden Geist, eine zugrunde gehende Seele zu retten, war das etwas Geringeres? …
Sie zitterte sogar vor stolzer, freudiger Aufregung; sie hielt das für eine ihr von Gott gestellte Aufgabe. Sie machte ihn in Gedanken zu ihrem Sekretär, zu ihrem Bibliothekar.
Und nun sollte das alles plötzlich zu Ende sein! Sie wußte nicht, wie sie sich verhalten sollte, und schwieg daher, wenn sie mit Oblomow zusammenkam.
Oblomow quälte sich mit dem Gedanken, daß er sie erschreckt und beleidigt habe, erwartete zornfunkelnde Blicke und kalte Strenge, zitterte, sobald er sie sah, und wich ihr aus.
Inzwischen war er schon nach dem Landhause übergesiedelt und schweifte drei Tage lang ganz allein in dem unebenen, sumpfigen Terrain und im Walde umher oder ging ins Dorf, saß müßig am Tore eines Bauernhauses und sah zu, wie die Kinder und die Kälber umherliefen und die Enten im Teiche plätscherten.
In der Nähe des Landhauses befand sich ein See und ein gewaltig großer Park; aber er fürchtete sich dorthin zu gehen, um nicht Olga allein zu treffen.

»Was für eine unverzeihliche Torheit, so herauszuplatzen!« dachte er und fragte sich nicht einmal, ob ihm da wirklich die Wahrheit entfahren war, oder ob das nur die augenblickliche Wirkung der Musik auf die Nerven gewesen war.

Das Gefühl der Unbehaglichkeit oder der Beschämung über den ihr angetanen »Schimpf«, wie er sich ausdrückte, hinderte ihn daran, sich darüber klar zu werden, von welcher Art jene übereilte Äußerung gewesen war, und was Olga ihm überhaupt war. Er bemühte sich nicht, festzustellen, was zu seinem Herzen für ein neues, vorher darin nicht vorhandenes Element hinzugekommen war. Alle seine Gefühle hatten sich zu einem einzigen zusammengeballt – zu dem der Scham. Wenn sie aber für einzelne Augenblicke vor seiner Einbildungskraft erschien, so tauchte in dieser auch jenes Bild, jenes verkörperte Ideal der Ruhe und des Lebensglükkes auf: und dieses Ideal war Zug für Zug Olga! Beide Bilder deckten sich und flossen zu einem einzigen zusammen.

»Ach, was habe ich angerichtet!« sagte er. »Ich habe alles zerstört! Gott sei Dank, daß Stolz verreist ist; so hat sie es ihm nicht mehr erzählen können; sonst müßte ich ja vor Scham in die Erde sinken! Liebe, Tränen – steht mir das zu Gesichte? Auch Olgas Tante schickt nicht zu mir, um mich zu sich einzuladen; gewiß hat sie es der erzählt … O mein Gott! …« So dachte er, während er sich in die abgelegenste Gegend des Parks, in eine Seitenallee zurückzog.

Olga fand es nur schwer, sich die Frage zu beantworten, wie sie ihm entgegentreten sollte, und wie eine solche Begegnung sich abspielen werde. Sollte sie von dem Geschehenen schweigen, als ob überhaupt nichts geschehen wäre, oder mußte sie etwas zu ihm sagen?

Aber was sollte sie sagen? Sollte sie ein finsteres Gesicht machen und ihn stolz anblicken? Oder sollte sie ihn überhaupt nicht einmal anblicken, sondern in hochmütigem, trockenem Tone bemerken, sie habe ein solches Benehmen von ihm in keiner Weise erwartet; wofür er sie denn halte, daß er sich eine solche Dreistigkeit herausgenommen habe? So hatte Sonitschka bei der Masurka einem Kornett geantwortet, obgleich sie selbst sich vorher alle erdenkliche Mühe gegeben hatte, ihm den Kopf zu verdrehen.

»Aber was ist denn daran für eine Dreistigkeit?« fragte sie sich. »Nun, wenn er das wirklich empfindet, warum soll er es nicht aussprechen? – Aber wie konnte er es nur so plötzlich tun, nachdem er mich kaum kennengelernt hatte? … Ein anderer würde das unter keinen Umständen gesagt haben, wenn er ein Mädchen erst zum zweiten oder dritten Male gesehen hätte; aber es würde auch niemand so schnell Liebe empfunden haben. Das konnte eben nur Oblomow …«

Aber sie erinnerte sich, gehört und gelesen zu haben, daß die Liebe oft ganz plötzlich kommt.

»Es war bei ihm ein Ausbruch der innerlichen Empfindung, ein unwillkürlicher Impuls; jetzt läßt er sich nicht blicken; er schämt sich: also war es keine Dreistigkeit. Aber wer ist schuld daran?« dachte sie weiter. »Bestimmt Andrei Iwanowitsch, weil er mich zum Singen veranlaßte.«

Aber Oblomow hatte sie anfangs gar nicht singen hören wollen; sie hatte sich darüber geärgert, und sie hatte sich Mühe gegeben (sie wurde ganz rot bei dieser Erinnerung), ja, sie hatte sich aus aller Kraft Mühe gegeben, ihn aufzurütteln.

Stolz hatte von ihm gesagt, er sei apathisch und interessiere sich für nichts; es sei alles in ihm erloschen … Und da hatte sie sehen wollen, ob wirklich alles erloschen sei, und hatte gesungen, gesungen wie nie zuvor …

»O mein Gott! Ich bin ja selbst schuld daran: ich werde ihn um Verzeihung bitten … Aber um Verzeihung wofür?« fragte sie dann. »Was werde ich zu ihm sagen? Etwa: ›Monsieur Oblomow, ich bitte Sie um Verzeihung; ich habe Sie verlockt‹? Welche Schande! Das wäre eine Unwahrheit!« sagte sie, von dunkler Röte übergossen, und stampfte mit dem Fuße. »Wer wagt, das zu denken? … Habe ich etwa vorhergewußt, was sich ereignen werde? Wenn sich das aber nicht ereignet hätte, wenn ihm diese Äußerung nicht entfahren wäre … was dann? …« fragte sie sich. »Ich weiß es nicht …« dachte sie.

Sie hatte seit jenem Tage so eine seltsame Empfindung am Herzen … sie fühlte sich wohl sehr beleidigt … sie bekam sogar Hitze, und auf ihren Wangen erschienen zwei rosa Flecke …

»Nervösität … ein leichtes Fieber«, sagte der Arzt.

»Was hat dieser Oblomow angerichtet! Oh, ich muß ihm eine gehörige Lehre geben, damit sich das in Zukunft nicht wiederholt! Ich werde *ma tante* bitten, ihm das Haus zu verbieten; er darf sich nicht so vergessen … Wie hat er es nur wagen können!« dachte sie, während sie im Parke umherging; ihre Augen brannten …

Auf einmal hörte sie, daß jemand kam.

»Es kommt jemand«, dachte Oblomow.

Da standen sie Gesicht gegen Gesicht einander gegenüber.

»Olga Sergejewna!« sagte er, zitternd wie Espenlaub.

»Ilja Iljitsch!« erwiderte sie schüchtern, und beide hielten inne.

»Guten Tag«, sagte er.

Guten Tag«, versetzte sie.

»Ich gehe nur so spazieren«, antwortete sie, ohne die Augen aufzuschlagen.

»Störe ich Sie?«

»Oh, durchaus nicht …« versetzte sie und sah ihn schnell mit einem neugierigen Blicke an.

»Darf ich Sie begleiten?« fragte er, ihr plötzlich einen prüfenden Blick zuwerfend.

Sie gingen schweigend den Steig entlang. Weder aus Furcht vor dem Lineal des Lehrers, noch aus Furcht vor den zusammengezogenen Brauen des Direktors hatte Oblomows Herz jemals in seinem Leben so gepocht wie jetzt. Er wollte etwas fragen, sich dazu zwingen; aber die Worte wollten ihm nicht über die Lippen; nur das Herz schlug ihm übermäßig, wie in Ahnung eines Unglücks.

»Haben Sie keinen Brief von Andrei Iwanowitsch bekommen?« fragte sie.

»Ja, ich habe einen bekommen«, antwortete Oblomow.

»Was schreibt er denn?«

»Er schreibt, ich soll nach Paris kommen.«

»Und was werden Sie tun?«

»Ich werde hinfahren.«

»Wann denn?«

»Gleich … nein, morgen … sobald ich fertig bin.«

»Warum denn so bald?« fragte sie.

Er schwieg.

»Gefällt Ihnen Ihr Landhaus nicht, oder … sagen Sie doch, warum wollen Sie wegfahren?«

»Der dreiste Mensch! Er will sogar wegfahren!« dachte sie.

»Es schmerzt mich etwas; ich fühle mich unbehaglich; es quält mich etwas«, flüsterte Oblomow, ohne sie anzusehen.

Sie schwieg, brach einen Fliederzweig ab und roch daran, hielt auch ihm den Flieder an die Nase.

»Aber da sind Maiglöckchen! Warten Sie, ich werde Ihnen welche pflücken«, sagte er, sich zum Boden hinabbiegend. »Die riechen besser, nach Feld und Wald; es ist mehr Natur darin. Der Flieder wächst immer bei den Häusern; die Zweige kriechen ordentlich in die Fenster hinein; sein Geruch hat etwas widerlich Süßes. Sehen Sie nur, auf den Maiglöckchen ist der Tau noch nicht weggetrocknet.«

Er reichte ihr einige Maiglöckchen hin.

»Mögen Sie Reseda gern?« fragte sie.
»Nein, er riecht mir zu stark; ich mag weder Reseda noch Rosen gern. Ich liebe Blumen überhaupt nicht; auf dem Felde geht es noch; aber im Zimmer hat man von ihnen gar zu viel Arbeit ... auch Schmutz ...«
»Und Sie haben es gern, daß es in den Zimmern sauber ist?« fragte sie, ihn schelmisch anblickend. »Sie können Schmutz nicht ausstehen?«
»Nein, aber ich habe einen solchen Diener ...« murmelte er. »Oh, die Boshafte!« fügte er im stillen hinzu.
»Fahren Sie direkt nach Paris?« fragte sie.
»Ja, Stolz erwartet mich schon lange.«
»Nehmen Sie doch einen Brief an ihn mit; ich werde einen schreiben«, sagte sie.
»Dann geben Sie ihn mir, bitte, heute noch; ich ziehe morgen nach der Stadt.«
»Morgen?« fragte sie. »Warum so bald? Das sieht ja so aus, als ob Sie jemand wegjagte.«
»Das ist auch wirklich der Fall.«
»Wer jagt Sie denn weg?«
»Die Scham«, flüsterte er.
»Die Scham«, sprach sie ihm mechanisch nach. Und im stillen dachte sie: »Jetzt werde ich zu ihm sagen: ›Monsieur Oblomow, ich hätte nie von Ihnen erwartet ...‹«
»Ja, Olga Sergejewna«, antwortete er, sich endlich mit Gewalt zwingend. »Ich glaube, Sie wundern sich ... Sie zürnen ...«
»Jetzt ist es Zeit«, dachte sie; »jetzt ist der richtige Augenblick.« Das Herz klopfte ihr gewaltig. »Ich kann es nicht, o mein Gott!«
Er bemühte sich, ihr ins Gesicht zu blicken, um zu erkennen, wie sie seine Worte aufnahm; aber sie roch an den Maiglöckchen und dem Flieder und wußte selbst nicht, was sie wollte ... was sie sagen und was sie tun sollte.

»Ach, Sonitschka hätte sich sofort etwas ausgesonnen«, dachte sie. »Aber ich bin so dumm; ich verstehe gar nichts … es ist eine Qual!«

»Ich kann mich gar nicht erinnern …« sagte sie.

»Glauben Sie mir, es war unwillkürlich … ich konnte mich nicht beherrschen …« begann er, sich allmählich mit Mut wappnend. »Wäre ein Donnerschlag ertönt, ein Stein mir auf den Kopf gefallen, ich hätte es trotzdem gesagt. Ich konnte es mit keiner Kraft zurückhalten … Um Gotteswillen, glauben Sie nicht, daß ich absichtlich … Ich selbst hätte einen Augenblick darauf Gott weiß was darum gegeben, wenn ich das unvorsichtige Wort hätte ungesagt machen können …«

Sie ging mit gesenktem Kopfe und roch an den Blumen.

»Vergessen Sie es also«, fuhr er fort, »vergessen Sie es um so mehr, da es eine Unwahrheit ist …«

»Eine Unwahrheit?« wiederholte sie plötzlich, indem sie sich geraderichtete und die Blumen fallen ließ.

Ihre Augen öffneten sich auf einmal weit; in ihnen leuchtete ein starkes Erstaunen.

»Wieso eine Unwahrheit?« sagte sie noch einmal.

»Ja, um Gotteswillen, zürnen Sie mir nicht und vergessen Sie es! Ich versichere Sie: ich habe mich nur für einen Augenblick hinreißen lassen … das kam von der Musik.«

»Nur von der Musik! …«

Ihr Gesicht veränderte sich: die beiden rosa Flecke verschwanden, und ihre Augen trübten sich.

»Also es ist gar nichts mehr los! Er hat das unvorsichtige Wort zurückgenommen, und ich habe keinen Anlaß, zornig zu sein! … Das ist ja schön … jetzt ist alles wieder in Ordnung … Ich kann wie früher mit ihm reden und scherzen …« dachte sie, brach im Vorbeigehen gewaltsam einen Zweig von einem Baum, riß mit den Lippen ein Blatt davon ab und warf

dann gleich sowohl den Zweig als auch das Blatt auf den Weg.
»Sie zürnen nicht? Sie haben es vergessen?« sagte Oblomow, sich zu ihr hinbiegend.
»Aber was ist denn? Um was bitten Sie?« fragte sie in erregtem, beinahe ärgerlichem Tone und wandte sich von ihm ab. »Ich habe alles vergessen … ich habe ein so kurzes Gedächtnis!«
Er schwieg und wußte nicht, was er tun sollte. Er sah nur ihren plötzlichen Ärger, ohne seine Ursache zu verstehen.
»O Gott!« dachte sie. »Nun ist alles wieder zurechtgekommen; diese Szene ist so gut wie ungeschehen, Gott sei Dank! Nun gut … Ach mein Gott! Was stellt das nur alles vor? Ach, Sonitschka, Sonitschka, wie glücklich bist du!«
»Ich möchte nach Hause gehen«, sagte sie auf einmal, beschleunigte ihre Schritte und bog in eine andere Allee ein. Sie spürte in der Kehle, daß ihr die Tränen kamen, und fürchtete, sie würde losweinen.
»Nicht dort; hier ist es näher«, bemerkte Oblomow. »Ich Dummkopf!« sagte er niedergeschlagen zu sich selbst. »Wozu brauchte ich ihr das zu erklären? Jetzt habe ich sie nur noch ärger beleidigt. Ich hätte sie gar nicht daran erinnern sollen; es wäre auch so vorübergegangen und von selbst in Vergessenheit geraten. Jetzt ist nichts zu machen; ich muß sie um Verzeihung bitten.«
»Ich habe mich wohl deswegen geärgert«, dachte sie, »weil ich nicht dazu gekommen bin, ihm zu sagen: ›Monsieur Oblomow, ich hätte in keiner Weise erwartet, daß Sie sich erlauben würden …‹ Er ist mir zuvorgekommen … ›Eine Unwahrheit!‹ Was soll man dazu sagen: er hat sogar noch gelogen! Wie hat er das nur wagen können?«
»Haben Sie es wirklich vergessen?«
»Ja, ich habe es vergessen, habe alles vergessen!« erwiderte sie rasch und beeilte sich, nach Hause zu kommen.

»Geben Sie mir Ihre Hand zum Zeichen, daß Sie mir nicht böse sind.«

Sie hielt ihm, ohne ihn anzusehen, die Fingerspitzen hin und zog, sowie er sie berührte, die Hand sogleich wieder zurück.

»Nein, Sie sind mir doch böse!« sagte er mit einem Seufzer. »Wie kann ich Sie nur davon überzeugen, daß ich mich nur habe hinreißen lassen, daß ich mir nicht erlaubt haben würde, mich so zu vergessen? ... Nein, nun ist alles aus; ich werde nie mehr Ihren Gesang anhören ...«

»Versichern Sie das nicht erst; ich bedarf Ihrer Versicherungen nicht ...« sagte sie lebhaft. »Ich werde selbst nicht mehr für Sie singen!«

»Gut, ich werde schweigen«, sagte er. »Nur gehen sie, ich bitte Sie um Gotteswillen, nicht so von mir weg; sonst bleibt auf meinem Herzen ein solcher Stein liegen, daß ...«

Sie ging langsamer und begann seinen Worten mit gespannter Aufmerksamkeit zu lauschen.

»Wenn es wahr ist, daß Sie geweint haben würden, wenn Sie nicht gehört hätten, wie ich nach Ihrem Gesange: ›Ach!‹ sagte, so muß ich jetzt, wenn Sie so weggehen und nicht lächeln und mir nicht freundschaftlich die Hand reichen ... Haben Sie Mitleid, Olga Sergejewna! Ich werde krank werden; die Knie zittern mir; ich kann kaum stehen ...«

»Woher kommt denn das?« fragte sie und blickte ihn an.

»Ich weiß es selbst nicht«, erwiderte er. »Das Gefühl der Scham ist bei mir jetzt vergangen; ich schäme mich meines Wortes nicht ... ich glaube, es lag darin ...«

Es lief ihm wieder ein Zittern über das Herz; es war wieder etwas Neues darin vorhanden; ihr freundlicher, neugieriger Blick versengte ihn gleichsam wieder. Sie wandte sich überaus anmutig zu ihm hin und erwartete mit größter Unruhe seine Antwort.

»Was lag darin?« fragte sie ungeduldig.

»Nein, ich fürchte mich, es zu sagen: Sie werden mir wieder böse werden.«

»Reden Sie!« sagte sie in befehlendem Tone.

Er schwieg.

»Nun?«

»Ich möchte wieder weinen, wenn ich Sie anblicke … Sehen Sie, ich besitze keinen Ehrgeiz; ich schäme mich meines Herzens nicht …«

»Warum möchten Sie denn weinen?« fragte sie, und auf ihren Wangen erschienen wieder die beiden rosa Flecke.

»Ich glaube immer Ihre Stimme zu hören … ich fühle wieder …«

»Was fühlen Sie?« fragte sie, und die Tränen traten bei ihr wieder zurück; sie wartete mit gespannter Aufmerksamkeit. Sie waren bis zur Freitreppe des Landhauses gelangt, in welchem Olga wohnte.

»Ich fühle …« fuhr Oblomow eilig fort, hielt aber dann wieder inne.

Sie stieg langsam, wie mit Mühe, die Stufen hinan.

»Dieselbe Musik … dieselbe … Erregung … dasselbe … Gefühl … verzeihen Sie mir, verzeihen Sie mir; bei Gott, ich kann mit mir selbst nicht zurechtkommen …«

»Monsieur Oblomow«, begann sie in strengem Tone; aber dann wurde ihr Gesicht auf einmal von dem Strahle eines Lächelns erhellt; »ich zürne Ihnen nicht, ich verzeihe Ihnen«, fügte sie weich hinzu; »nur dürfen Sie in Zukunft …« Sie streckte ihm, ohne sich umzuwenden, nach rückwärts die Hand hin; er ergriff sie und küßte sie auf die innere Seite; sie drückte leise seine Lippen zusammen und schlüpfte schleunigst durch die Glastür. Er aber blieb wie angewurzelt stehen.

## VII.

Lange sah er ihr mit großen Augen und offenem Mund nach; lange ließ er seine Blicke über die Büsche hinschweifen …

Es gingen Fremde vorüber; ein Vogel flog vorbei. Eine des Weges kommende Bauerfrau fragte, ob er Beeren kaufen wolle – er stand wie ein Stock.

Er ging wieder langsam dieselbe Allee entlang, gelangte sachte bis zur Mitte derselben und stieß auf die Maiglöckchen, welche Olga hatte hinfallen lassen, und auf den Fliederzweig, den sie abgepflückt und ärgerlich weggeworfen hatte.

»Warum hat sie das getan? …« überlegte er und suchte in seinem Gedächtnisse nach …

»Ich Dummkopf, ich Dummkopf!« sagte er plötzlich laut, hob die Maiglöckchen und den Zweig auf und eilte beinah laufend die Allee entlang. »Ich habe sie um Verzeihung gebeten, und sie … ach, wirklich? … Welch ein Gedanke!«

Glücklich und strahlend, gleichsam »mit einem Mond auf der Stirn«, wie seine Kinderfrau einst zu sagen pflegte, kam er nach Hause, setzte sich in eine Sofaecke und schrieb schnell im Staube auf dem Tische mit großen Buchstaben: »Olga«.

»Ach, was für ein Staub!« sagte er, indem er von seinem Entzücken wieder zu sich kam. »Sachar! Sachar!« rief er lange; denn Sachar saß mit einigen Kutschern am Tore, das nach einer Seitengasse hinaus lag.

»So geh doch hin!« flüsterte diesem Anisja, ihn am Ärmel zupfend, ärgerlich zu. »Der Herr ruft dich schon lange.«

»Sieh mal, Sachar, was ist das?« sagte Ilja Iljitsch, aber sanft und freundlich; er war nicht imstande, jetzt auf jemand böse zu sein. »Du willst wohl auch hier dieselbe Unordnung einführen: Staub und Spinnweben? Nein, nimm's mir nicht übel, das erlaube ich nicht! Olga Sergejewna läßt mir sowieso schon keine Ruhe: ›Sie lieben den Schmutz!‹ sagt sie.«

»Ja, die hat gut reden; bei denen sind fünf Dienstboten«, erwiderte Sachar und wandte sich zur Tür.

»Wo willst du hin? Fege das hier gleich weg; man kann ja hier nicht sitzen und nicht den Arm auflegen … Das ist ja eine greuliche Wirtschaft; das ist Oblomowerei!«

Sachar warf den Mund auf und blickte den Herrn von der Seite an.

»Na ja!« dachte er. »Hat er sich noch so ein klägliches Wort ausgedacht! Aber ein bekanntes!«

»Nun, so fege doch aus; was stehst du noch?« sagte Oblomow.

»Wozu soll ich ausfegen? Ich habe heute schon ausgefegt!« antwortete Sachar eigensinnig.

»Aber wo kommt denn der Staub her, wenn du ausgefegt hast? Sieh nur, da! da! Das geht nicht! Fege gleich aus!«

»Ich habe ausgefegt«, wiederholte Sachar; »ich kann doch nicht zehnmal ausfegen! Der Staub aber kommt von der Straße … hier sind Felder; wir sind auf dem Lande: da ist viel Staub auf der Straße.«

»Hör‹ mal, Sachar Trofimowitsch«, sagte Anisja, die aus dem Nebenzimmer hereinblickte, »das ist unpraktisch, daß du zuerst den Fußboden und dann die Tische abfegst; da setzt sich ja der Staub wieder hin … Du solltest zuerst …«

»Wie kannst du herkommen und mir Anweisungen geben?« rief Sachar wütend mit seiner heiseren Stimme. »Geh dahin, wo du hingehörst!«

»Wo hat man das je gesehen, daß einer zuerst den Fußboden fegt und dann die Tische in Ordnung bringt? … Darum ist der Herr auch ärgerlich …«

»Nun halte den Mund!« schrie er und holte aus, als ob er sie mit dem Ellbogen vor die Brust stoßen wollte.

Sie lächelte und verschwand. Oblomow wies auch ihn mit einer Handbewegung hinaus. Er legte sich mit dem Kopfe auf ein gesticktes Kissen, hielt die Hand an das Herz und horchte, wie es klopfte.

»Das ist ja gesundheitsschädlich«, sagte er vor sich hin. »Was soll ich tun? Wenn ich den Arzt befrage, schickt er mich am Ende noch nach Abessinien!«

Solange Sachar und Anisja nicht miteinander verheiratet gewesen waren, hatte ein jeder von ihnen sein Department verwaltet und sich in das des andern nicht eingemischt, das heißt, Anisja besorgte die Markteinkäufe und die Küche und beteiligte sich an der Reinigung der Zimmer nur einmal im Jahre, wo sie die Fußböden scheuerte.

Aber nach der Hochzeit hatte sie zu den Zimmern des Herrn freieren Zutritt erhalten. Sie half Sachar, wodurch es in den Zimmern reiner wurde, und nahm überhaupt einige Obliegenheiten ihres Mannes auf sich, teils freiwillig, teils weil Sachar sie ihr in despotischer Weise auferlegte.

»Da, klopfe mal den Teppich aus!« fuhr er sie gebieterisch an, oder: »Du solltest mal nachsehen, was da in der Ecke herumliegt, und solltest das, was da nicht hingehört, in die Küche hinaustragen.«

So war er einen Monat lang glückselig: in den Zimmern war es sauber; der Herr brummte nicht, sagte keine »kläglichen Worte«, und er, Sachar, tat nichts. Aber diese Glückseligkeit nahm ein Ende, und zwar aus folgendem Grunde. Jedesmal, wenn Sachar mit Anisja zusammen in den Zimmern des Herrn herumzuwirtschaften begann, stellte sich alles, was Sachar tat, als Dummheit heraus. Keine seiner Handlungen war richtig und ordnungsgemäß. Fünfundfünzig Jahre lang war er auf Gottes Welt umhergegangen in der festen Überzeugung, daß alles, was er tat, gar nicht anders und besser getan werden könne.

Und jetzt bewies ihm Anisja auf einmal im Laufe von vierzehn Tagen, daß er nichts verstand, und überdies tat sie das mit einer so beleidigenden Freundlichkeit, so sanft, wie man nur mit Kindern oder vollständigen Dummköpfen verkehrt, und dabei lächelte sie noch, wenn sie ihn ansah.

»Weißt du, Sachar Trofimowitsch«, sagte sie freundlich, »das ist unpraktisch, daß du zuerst die Ofenklappe zumachst und dann die Luftscheibe öffnest; dadurch machst du die Zimmer wieder kalt.«

»Aber wie soll ich es denn deiner Meinung nach machen?« fragte er mit der Grobheit des Ehemannes. »Wann soll ich denn die Luftscheibe öffnen?«

»Wenn du einheizst; die schlechte Luft zieht hinaus, und dann wird es wieder warm«, antwortete sie sanft.

»Dummes Frauenzimmer!« sagte er. »Zwanzig Jahre lang habe ich es so gemacht, und nun werde ich es deinetwegen anders machen ...«

Auf ein und demselben Brette im Schranke hatte er den Tee, den Zucker, die Zitronen und das Silberzeug zusammen liegen und daneben die Stiefelwichse, die Bürsten und die Seife.

Eines Tages ging er dabei und sah auf einmal, daß die Seife auf dem Waschtisch lag, die Bürsten und die Wichse in der Küche auf dem Fensterbrette, und der Tee und der Zucker in einem besonderen Kommodenkasten.

»Warum bringst du mir alle meine Sachen nach deinem Belieben in Unordnung?« fragte er barsch. »Ich habe absichtlich alles in eine Ecke gelegt, damit ich es bei der Hand habe, und du hast das eine hierhin geworfen und das andere dahin!«

»Damit der Tee nicht nach Seife riecht«, antwortete sie freundlich.

Ein andermal zeigte sie ihm zwei oder drei Mottenlöcher in den Kleidern des Herrn und sagte ihm, die Kleider müßten unbedingt wöchentlich einmal ausgeschüttelt und ausgebürstet werden.

»Erlaube, ich werde sie mit dem Badebast ausklopfen«, schloß sie freundlich.

Er riß ihr den Badebast und den Frack, den sie schon genommen hatte, weg und tat beides an den früheren Platz.

Als er sich ferner einmal nach seiner Gewohnheit über den Herrn beklagte, weil dieser ihn unverdientermaßen wegen der Schaben gescholten habe, die er, Sachar, doch nicht erdacht habe, da räumte Anisja stillschweigend von den Regalen die dort seit undenklichen Zeiten umherliegenden Brotstücke und Brotkrümel weg, fegte und wusch die Schränke und das Geschirr aus – und die Schaben verschwanden fast vollständig.

Sachar verstand immer noch nicht recht, woran die Sache lag, und schrieb alles nur ihrem Eifer zu. Aber als er einmal ein Präsentierbrett mit Tassen und Gläsern trug, zwei Gläser zerbrach, nach seiner Gewohnheit zu schimpfen anfing und das ganze Präsentierbrett auf den Boden werfen wollte, da nahm sie ihm das Präsentierbrett aus den Händen, stellte andere Gläser darauf, tat noch die Zuckerdose und das Brot hinzu, arrangierte alles so, daß sich auch nicht eine Tasse rührte, und zeigte ihm dann, wie man das Präsentierbrett mit der einen Hand nehmen und mit der andern fest stützen müsse, und ging darauf, das Präsentierbrett nach rechts und links drehend, zweimal im Zimmer hin und her, ohne daß sich auf ihm auch nur ein einziges Löffelchen bewegt hätte. Da wurde es ihm auf einmal klar, daß Anisja klüger war als er! Er riß ihr das Präsentierbrett weg, wobei die Gläser hinfielen, und konnte ihr das seitdem nicht verzeihen.

»Nun weißt du, wie man es machen muß!« fügte sie noch ruhig hinzu.

Er blickte sie stumpf und hochmütig an; aber sie lächelte.

»Ach, du Bäuerin, du Soldatenweib, willst du dich hier als die Kluge aufspielen? Haben wir nicht in Oblomowka ein viel, viel größeres Hauswesen gehabt? Und alles stand unter meiner Verwaltung: da waren allein schon an Lakaien, die Burschen mitgezählt, fünfzehn Stück! Und solche Frauenzimmer wie du waren so viele da, daß man nicht einmal ihre Namen behalten konnte

Und da willst du hier … Ach, du …«

»Ich meine es ja nur gut«, fing sie an.

»Na, nun halte den Mund!« schrie er und machte seine drohende Gebärde mit dem Ellbogen nach ihrer Brust hin. »Mach', daß du aus den Zimmern des Herrn hinauskommst; scher' dich in die Küche … kümmere dich um deine Weiberarbeit!«

Sie lächelte und ging; er aber blickte ihr finster von der Seite her nach.

Sein Stolz war verletzt, und er behandelte seine Frau mürrisch. Wenn es aber vorkam, daß Ilja Iljitsch nach irgendeinem Gegenstande fragte und dieser entweder nicht zu finden war oder sich als zerbrochen herausstellte, und überhaupt, wenn im Hause etwas Ungehöriges stattgefunden hatte und sich über Sachars Haupte ein von »kläglichen Worten« begleitetes Gewitter zusammenzog, dann zwinkerte Sachar seiner Frau zu, nickte mit dem Kopfe nach dem Zimmer des Herrn hin, zeigte mit dem Daumen dorthin und flüsterte ihr gebieterisch zu: »Geh du zum Herrn und sieh, was er will!«

Anisja ging hinein, und das Gewitter löste sich immer in eine harmlose Aussprache auf. Und Sachar selbst machte seinem Herrn, sobald in dessen Rede »klägliche Worte« vorzukommen anfingen, den Vorschlag, doch Anisja hereinkommen zu lassen.

Auf diese Weise wäre in Oblomows Zimmern wieder alles verwahrlost worden, wenn nicht Anisja gewesen wäre: sie rechnete sich schon zu Oblomows Hause, teilte unbewußt mit ihrem Manne das unzerreißbare Band, das diesen mit Ilja Iljitschs Leben, Hause und Person verband, und ihr weibliches Auge und ihre sorgsame Hand wirkten munter in den vernachlässigten Räumen.

Sowie Sachar sich irgendwohin abgewandt hatte, wischte Anisja den Staub von den Tischen und Sofas ab, öffnete die Luftscheibe, brachte die Rouleaus in Ordnung, trug die mitten ins Zimmer hingeworfenen Stiefel oder ein Paar über einem guten Lehnsessel hängende Beinkleider an ihren Platz, musterte alle Kleider, sogar die Papiere, die Bleistifte, das Federmesser und die Federn auf dem Tische und ordnete alles, wie es sich gehört; sie schüttelte das zerdrückte Bett auf und legte die Kissen in Ordnung – und all das mit wenigen raschen Bewegungen; dann warf sie noch einen schnellen Blick auf das ganze Zimmer, rückte einen Stuhl zurecht, schob einen halbgeöffneten Kommodenkasten zu, zog die Serviette vom Tische und schlüpfte hurtig in die Küche, wenn sie Sachars knarrende Stiefel hörte.

Sie war ein lebhaftes, rühriges Weib von siebenundvierzig Jahren, mit einem sorglichen Lächeln, mit munter nach allen Seiten umherlaufenden Augen, mit kräftigem Halse und kräftiger Brust und roten, flink zugreifenden, nie ermüdenden Händen.

Sie hatte fast gar kein Gesicht: man bemerkte eigentlich nur die Nase; diese war zwar nicht groß, hatte sich aber sozusagen von dem Gesichte losgelöst oder war ungeschickt daran angebracht; zudem war ihr unterer Teil nach oben gewendet, so daß das Gesicht dahinter nicht wahrzunehmen war;

dieses war so schlaff und verblichen, daß man von der Nase schon längst einen klaren Begriff bekommen hatte, wenn man das Gesicht noch gar nicht bemerkt hatte.
Es gibt in der Welt viele solche Ehemänner wie Sachar. Manchmal hört ein Diplomat nachlässig den Rat seiner Frau an, zuckt darüber die Achseln – und schreibt im stillen so, wie sie es ihm geraten hat.
Manchmal antwortete ein Verwaltungsbeamter pfeifend mit einer Grimasse des Bedauerns auf das Geschwätz seiner Frau über eine wichtige Angelegenheit – und am andern Tage trägt er würdevoll dieses Geschwätz dem Minister vor. Diese Herren gehen mit ihren Frauen ebenso mürrisch um wie Sachar; oder sie verkehren mit ihnen nur so leichthin, erachten sie kaum eines Gespräches für würdig und halten sie, wenn auch nicht für dumme Bauernweiber, wie Sachar, so doch nur für Blumen, die dazu da sind, dem Manne nach den ernsten Geschäften des Lebens eine Zerstreuung zu gewähren …
Der Mittag brannte schon lange hell und heiß auf den Wegen des Parks. Alle Leute saßen im Schatten unter Leinwanddächern; nur die Kinderfrauen mit den Kindern gingen mutig gruppenweise umher oder saßen auf dem Rasen unter den Strahlen der Mittagssonne.
Oblomow lag immer noch auf dem Sofa; er dachte über das Gespräch nach, das er am Morgen mit Olga gehabt hatte, und faßte dessen Sinn bald so, bald so auf.
»Sie liebt mich; in ihr regt sich ein freundliches Gefühl für mich. Ist es möglich? Sie denkt in ihren Träumereien an mich; für mich hat sie so leidenschaftlich gesungen, und die Musik hat in uns beide den Keim zu wechselseitiger Zuneigung gelegt.«
Ein edler Stolz schwellte seine Brust; vor seinem geistigen Blicke strahlte das Leben auf mit seiner zauberhaften Ferne,

mit allerlei Farben und Strahlen, die noch vor kurzem nicht vorhanden gewesen waren. Er sah sich schon mit ihr im Auslande, auf den Schweizer Seen, in Italien; er wanderte mit ihr in den Ruinen Roms umher, fuhr mit ihr in einer Gondel, verlor sich dann mit ihr in der Volksmenge von Paris und London, und dann … dann war er mit ihr in seinem irdischen Paradiese – in Oblomowka.

Sie ist eine Göttin, mit diesem lieblichen Geplauder, mit diesem feinen, weißen Gesichtchen, mit dem schlanken, zarten Halse …

Die Bauern haben nie etwas Ähnliches gesehen; sie fallen vor diesem Engel nieder. Sie schreitet still mit ihm über den Rasen dahin, wandert mit ihm im Schatten des Birkenwäldchens umher; sie singt ihm etwas vor …

Und er empfindet im voraus dieses Leben, sein stilles Dahinfließen, seine lieblichen Strömungen, sein angenehmes Plätschern … Die erfüllten Wünsche und die Fülle des Glückes lassen ihn in ein süßes Sinnen versinken.

Plötzlich verfinsterte sich sein Gesicht.

»Nein, es ist nicht möglich!« sagte er laut, stand vom Sofa auf und ging im Zimmer hin und her. »Wie könnte sie mich lieben, mich lächerlichen Menschen, mit dem schläfrigen Blikke, mit den schlaffen Backen … Sie macht sich nur über mich lustig …«

Er blieb vor dem Spiegel stehen und betrachtete sich lange, zuerst ohne Wohlwollen; aber dann hellte sich sein Blick auf; er lächelte sogar.

»Ich glaube, ich sehe besser und frischer aus als zu der Zeit, wo ich in der Stadt lebte«, sagte er; »meine Augen sind nicht trübe … Da hatte sich ein Gerstenkorn gebildet, aber es ist wieder vergangen … Das kommt gewiß von der hiesigen Luft; ich gehe viel, trinke gar keinen Wein, liege nicht … Da brauche ich auch nicht nach Ägypten zu reisen.«

Es kam ein Diener von Marja Michailowna, Olgas Tante, mit einer Einladung zum Mittagessen.

»Ich werde kommen, ich werde kommen!« sagte Oblomow.

Der Diener wollte gehen.

»Warte! Hier ist etwas für dich!«

Er gab ihm Geld.

Ihm war fröhlich und leicht zumute. Die ganze Natur ist von Helligkeit erfüllt. Alle Menschen sind gut; alle genießen ihr Leben; allen steht die Glückseligkeit auf dem Gesichte geschrieben. Nur Sachar ist mürrisch und sieht seinen Herrn immer von der Seite an; aber dafür lächelt Anisja so gutmütig. »Ich will mir einen Hund anschaffen«, beschloß Oblomow, »oder einen Kater … lieber einen Kater: Kater sind freundlich und schnurren.«

Er lief zu Olga.

»Aber dennoch … daß Olga mich liebt!« dachte er unterwegs. »Dieses junge, frische Geschöpf! Vor ihrer Einbildungskraft hat sich jetzt gerade die poetischste Seite des Lebens aufgetan: sie muß eigentlich von schwarzlockigen, schlanken, hochgewachsenen, nachdenklichen Jünglingen träumen, mit verborgener Kraft, mit Kühnheit im Gesichte, mit einem stolzen Lächeln, mit diesem Funken in den Augen, der im Blicke untergeht und zittert und so leicht zum Herzen dringt, mit einer weichen, frischen Stimme, die wie eine metallene Saite klingt. Indes, es werden doch auch solche Männer geliebt, die keine Jünglinge sind, keine kühnen Gesichter haben, nicht geschickt Masurka tanzen, nicht hoch zu Rosse einhergaloppieren … Allerdings ist Olga kein Dutzendmädchen, dessen Herz sich vom Geklapper eines Säbels rühren läßt; aber dann ist eben etwas anderes nötig: zum Beispiel ein starker Verstand, dem das Weib sich unterwirft, vor dem es das Haupt neigt, und vor dem auch die Welt sich beugt … Oder es muß einer ein berühmter Künstler sein … Aber ich, was bin ich? Ich bin Oblomow, weiter nichts. Nehmen wir dagegen Stolz, das ist eine andere Sache. Stolz ist ein kluger Mensch; er ist eine Macht; er versteht es, sich und andere und das Schicksal zu leiten. Wohin er nur kommt, mit wem er nur in Beziehung tritt – ehe man sich dessen versieht, hat er die Oberhand gewonnen und spielt auf jedem wie auf einem Musikinstrumente Aber ich? Nicht einmal mit Sachar kann ich fertig werden … und ebensowenig mit mir selbst … ich bin Oblomow! … Stolz, o Gott; sie liebt ihn ja«, dachte er erschrocken; »sie hat es selbst gesagt; ›wie einen Freund‹, sagt sie; aber das ist eine Unwahrheit, vielleicht eine unbewußte … Es gibt keine Freundschaft zwischen einem Manne und einer Frau …«

Von Zweifeln überwältigt ging er immer langsamer und langsamer.

»Wie aber, wenn sie mit mir nur kokettiert? … Wenn sie nur …«

Er blieb vollständig stehen und war einen Augenblick lang wie versteinert.

»Wie? Wenn das ein hinterlistiges Komplott ist? … Wie bin ich denn nur auf den Gedanken gekommen, daß sie mich liebt? Gesagt hat sie es nicht; das ist nur eine teuflische Einflüsterung meiner Eitelkeit! Andrei! Ob sie ihn wirklich … nein, es ist nicht möglich: sie ist so … so … da sehe ich ja, wie sie ist!« sagte er plötzlich freudig, da er die ihm entgegenkommende Olga erblickte.

»Nein, sie ist nicht so eine; sie ist keine Betrügerin«, sagte er sich mit aller Bestimmtheit. »Die Betrügerinnen sehen einen nicht mit so freundlichem Blicke an … die kichern alle nur … Aber … gesagt hat sie es doch nicht, daß sie mich liebe!« dachte er plötzlich wieder ängstlich. »Das habe ich mir nur so zurechtegelegt … Aber woher kam dann der Ärger? … O Gott, in was für eine tiefe Stelle bin ich da im Wasser geraten!«

»Was haben Sie denn da?« fragte sie.
»Einen Zweig.«
»Was für einen Zweig?«
»Sie sehen ja: einen Fliederzweig.«
»Wo haben Sie den denn her? Hier wächst ja kein Flieder. Wo sind Sie denn gegangen?«
»Sie haben ihn vorhin abgebrochen und hingeworfen.«
»Warum haben Sie ihn aufgehoben?«
»Bloß so, ohne Grund; es gefällt mir, daß Sie ihn ärgerlich weggeworfen haben.«
»Mein Ärger gefällt Ihnen – das ist ja etwas ganz Neues! Warum denn?«
»Das sage ich nicht.«
»Sagen Sie es doch! Ich bitte Sie darum …«
»Um keinen Preis, um alle Schätze der Welt nicht!«
»Ich bitte Sie inständig.«
Er schüttelte verneinend den Kopf.
»Aber wenn ich singe?«
»Dann … vielleicht …«
»Also wirkt auf Sie nur die Musik?« sagte sie, die Augenbrauen zusammenziehend. »Ist das wahr?«
»Ja, die Musik, wenn Sie sie wiedergeben …«
»Nun, dann werde ich singen … *Casta diva, Casta di* …« stimmte sie Normas feierliche Anrufung an und hielt dann inne.
»Nun, dann reden Sie jetzt!« sagte sie.
Er kämpfte eine Weile mit sich.
»Nein, nein!« sagte er dann in noch entschiedenerem Tone als vorher. »Um keinen Preis … niemals! Wenn es nun nicht wahr ist? Wenn es mir nur so vorgekommen ist? … Niemals, niemals!«
»Was ist es denn? Wohl etwas Furchtbares?« sagte sie, indem sie nachdachte und einen forschenden Blick auf ihn richtete.

Dann überzog allmählich ein Schimmer von Verständnis ihr Gesicht; in jeden Zug desselben drang ein Strahl von Erkenntnis ein, und auf einmal leuchtete ihr ganzes Gesicht in vollem Verständnis auf. So tritt die Sonne manchmal aus einer Wolke heraus und beleuchtet nach und nach zuerst einen Strauch, dann einen zweiten, dann ein Dach und übergießt endlich auf einmal die ganze Landschaft mit ihrem Lichte. Olga wußte nun, was Oblomow dachte.

»Nein, nein, ich werde es nicht über die Lippen bringen ...« versicherte Oblomow. »Fragen Sie lieber nicht!«

»Ich frage Sie auch gar nicht«, antwortete sie in gleichmütigem Tone.

»Aber wie geht das zu? Noch soeben wollten Sie doch ...«

»Kommen Sie ins Haus«, sagte sie ernst, ohne auf ihn zu hören, »*ma tante* wartet.«

Sie ging voran, ließ ihn mit der Tante zusammen und begab sich geradewegs nach ihrem Zimmer.

## VIII.

Dieser ganze Tag war für Oblomow ein Tag fortwährender Enttäuschungen. Er verbrachte ihn mit Olgas Tante zusammen, einer sehr klugen, feinen Dame; diese war immer schön gekleidet: sie trug immer ein neues, ihr vorzüglich sitzendes seidenes Kleid und einen eleganten Spitzenkragen; auch die Haube war geschmackvoll gearbeitet und die Bänder in koketter Weise zu ihrem fast fünfzigjährigen, aber noch frischen Gesichte passend ausgesucht. An einem Kettchen hing eine goldene Lorgnette.

Ihre Stellungen und Bewegungen waren voll Würde; sie drapierte sich sehr geschickt in einen kostbaren Schal, stützte sich gelegentlich mit dem Ellbogen auf ein gesticktes Kissen und streckte sich majestätisch auf dem Sofa aus. Man sah sie nie mit einer Arbeit beschäftigt: sich zu bücken, zu nähen, sich mit geringen Dingen abzugeben, das paßte nicht zu ihrem Gesichte und zu ihrer würdevollen Figur. Auch ihre Befehle erteilte sie den Dienern und Dienerinnen in lässigem Tone, kurz und trocken.

Sie las manchmal, schrieb niemals, sprach aber gut, jedoch meist französisch. Indessen hatte sie sofort gemerkt, daß Oblomow das Französische nicht mit voller Freiheit beherrschte, und war daher gleich am zweiten Tage zum Russischen übergegangen.

Im Gespräche ließ sie sich weder auf phantastische Träumereien noch auf rechthaberische Debatten ein; sie schien in ihrem Kopfe eine strenge Grenzlinie gezogen zu haben, die ihr Verstand niemals überschritt. Aus allem war zu ersehen, daß das Gefühl und allerlei Arten von Zuneigung, die Liebe nicht ausgeschlossen, in ihrem Leben nur in gleicher Weise wie andere Elemente ihren Platz einnahmen oder eingenommen hatten, während man bei anderen Frauen gleich auf den ersten Blick sieht, daß die Liebe, wenn nicht tatsächlich, so doch in ihren Reden bei allen Lebensfragen mitspricht, und daß alles andere nur nebenbei einen Platz findet, soweit die Liebe ihm einen solchen übrig läßt.

Bei dieser Frau stand im Vordergrunde die Kunst zu leben, sich selbst zu regieren, das Denken mit dem Wollen und das Wollen mit dem Ausführen im Gleichgewichte zu halten. Es war unmöglich, sie unvorbereitet zu überrumpeln; sie glich einem achtsamen Feinde, dessen erwartungsvollen Blick man immer auf sich gerichtet findet, mag man sich auch noch so viel Mühe geben, ihn zu belauern.

Ihr Element war die vornehme Gesellschaft, und daher be-

fleißigte sie sich vor jedem Gedanken, vor jedem Worte und vor jeder Bewegung einer taktvollen Vorsicht.
Nie gewährte sie jemandem einen Einblick in die verborgenen Regungen ihres Herzens; niemandem vertraute sie die Geheimnisse ihrer Seele an; man sah nie bei ihr eine gute Freundin oder eine alte Frau, mit der sie bei einem Täßchen Kaffe geflüstert hätte. Nur mit dem Baron v. Langwagen war sie oft unter vier Augen zusammen, und abends saß er manchmal bis Mittemacht bei ihr, aber fast immer in Olgas Beisein; und dabei schwiegen sie meist; aber sie schwiegen in einer gewissen bedeutsamen, klugen Art, als wüßten sie etwas, was andere nicht wüßten; weiter taten sie nichts.
Sie schienen gern zusammen zu sein – das war der einzige Schluß, den man ziehen konnte, wenn man sie beide ansah; sie verkehrte mit ihm ebenso wie mit andern, wohlwollend und freundlich, aber ebenso gleichmäßig und ruhig.
Böse Zungen benutzten dies und wiesen auf eine alte Freundschaft und auf eine gemeinsame Reise ins Ausland hin; aber in den Beziehungen der Tante zu ihm war auch nicht ein Schatten irgendwelcher geheimen besonderen Zuneigung wahrnehmbar; wäre aber eine solche vorhanden gewesen, so hätte sie sich doch mit Notwendigkeit äußern müssen.
Zudem war er der Kurator des kleinen Gutes, welches Olga gehörte; dieses war bei einem Lieferungskontrakte verpfändet worden und immer noch mit Beschlag belegt.
Der Baron führte den Prozeß, das heißt, er veranlaßte einen Beamten, die nötigen Schriftsätze abzufassen, las sie durch seine Lorgnette, unterschrieb sie und schickte diesen selben Beamten mit ihnen zu den Gerichtsbehörden; er selbst aber sorgte mittels seiner Verbindungen in der vornehmen Welt dafür, daß der Prozeß einen befriedigenden Gang nahm. So war denn zu hoffen, daß er bald glücklich werde beendet

werden. Dieser Umstand brachte die bösen Gerüchte zum Schweigen, und man gewöhnte sich, den Baron bei seinem Verkehr im Hause wie einen Verwandten anzusehen.
Er war etwa fünfzig Jahre alt, aber noch sehr frisch, färbte sich nur den Schnurrbart und hinkte ein wenig auf dem einen Fuße. Er war von der feinsten Höflichkeit, rauchte nie in Damengesellschaft, schlug nie ein Bein über das andere und tadelte streng die jungen Männer, die es sich in Gesellschaft erlaubten, sich in den Lehnstuhl zurückzuwerfen und Knie und Stiefel bis zur Höhe der Nase zu heben. Auch, wenn er im Zimmer saß, hatte er die Handschuhe an; er zog sie nur aus, wenn er sich zu Tische setzte.
Gekleidet war er immer nach dem neuesten Geschmacke und trug im Knopfloch seines Frackes eine Menge Ordensbändchen. Er fuhr immer in einer Kutsche und schonte die Pferde außerordentlich: wenn er in den Wagen stieg, ging er vorher rings um ihn herum und besah das Geschirr und sogar die Hufe der Pferde; manchmal zog er sogar sein weißes Taschentuch heraus und rieb damit an der Schulter oder am Rücken der Pferde, um zu sehen, ob sie auch gut geputzt seien.
Einem Bekannten trat er mit einem freundlichen, höflichen Lächeln entgegen, einem Unbekannten zunächst kühl; aber wenn dieser ihm vorgestellt wurde, so trat an die Stelle des kühlen Wesens ebenfalls ein Lächeln, und der Vorgestellte konnte auf dieses Lächeln immer schon im voraus rechnen.
Er sprach über alle möglichen Themata: über die Tugend und über die Teuerung und über die Wissenschaften und über die Gesellschaft, immer mit gleicher Bedachtsamkeit; er drückte seine Meinung in klaren, präzisen Sätzen aus, als spräche er in schon fertigen Sentenzen, die zu einem Lehrbuche zusammengestellt und als Leitfaden für jedermann herausgegeben wären.

Olgas Verhältnis zur Tante war bisher von sehr einfacher; ruhiger Art gewesen; was Zärtlichkeit anlangt, so überschritt dasselbe nie die Grenzen der Mäßigkeit; niemals legte sich auch nur der Schatten einer Mißstimmung zwischen sie.
Dies kam teils von dem Charakter Marja Michailownas, der Tante Olgas, her, teils von dem vollständigen Mangel eines jeden Anlasses für beide, sich anders zu benehmen. Es kam der Tante nicht in den Sinn, von Olga etwas zu verlangen, was deren Wünschen entschieden widersprochen hätte; und der Nichte fiel es nicht im Traume ein, einen Wunsch der Tante unerfüllt, einen Rat derselben unbefolgt zu lassen.
Und wobei äußerten sich diese Wünsche? Bei der Wahl eines Kleides oder einer Frisur oder zum Beispiel bei der Frage, ob sie in das Französische Theater oder in die Oper fahren sollten.
Olga gehorchte, soweit die Tante einen Wunsch äußerte oder einen Rat aussprach, keineswegs darüber hinaus; die Tante aber äußerte ihre Wünsche und Ratschläge immer mit einer bis zur Trockenheit gehenden Mäßigung, nur soweit es ihre Rechte als Tante gestatteten, niemals in weiterem Umfange.
Dieses Verhältnis war so farblos, daß man nicht entscheiden konnte, ob es im Charakter der Tante lag, von Olga Gehorsam und eine besondere Zärtlichkeit zu beanspruchen, oder in Olgas Charakter, ihr Gehorsam und eine besondere Zärtlichkeit zu erweisen.
Aber schon beim ersten Mal, wenn man die beiden zusammen sah, konnte man erkennen, daß sie Tante und Nichte waren, nicht etwa Mutter und Tochter.
»Ich fahre nach dem Modemagazin; brauchst du etwas?« fragte die Tante wohl.
»Ja, *ma tante*, ich muß mein lila Kleid umändern lassen«, antwortete Olga, und sie fuhren zusammen hin. Oder Olga sagte: »Nein, *ma tante*, ich bin erst kürzlich dagewesen.«

Die Tante faßte sie mit zwei Fingern an beide Wangen und küßte sie auf die Stirn; Olga aber küßte der Tante die Hand. Dann fuhr die eine fort, und die andre blieb zu Hause.

»Wir mieten wieder dasselbe Landhaus?« sagte die Tante, weder als Fragesatz noch als Aussagesatz, sondern so, als ob sie es bei sich selbst überlege und sich nicht entscheiden könne.

»Ja, da ist es sehr hübsch«, sagte Olga.

Und das Landhaus wurde gemietet.

Wenn aber Olga sagte: »Ach, *ma tante*, sind Ihnen dieser Wald und dieser Sand denn wirklich nicht langweilig geworden? Wollen wir uns nicht lieber in einer andern Gegend umsehen?« dann erwiderte die Tante: »Schön, tun wir das!«

»Wollen wir ins Theater fahren, liebe Olga?« fragte die Tante; »es wird von diesem Stücke schon seit längerer Zeit viel Gerede gemacht.«

»Mit Vergnügen«, antwortete Olga, aber ohne besonderen Eifer, der Tante einen Gefallen zu tun, und ohne einen Ausdruck von Unterwürfigkeit.

Manchmal stritten sie sich auch ein bißchen.

»Ich bitte dich, *ma chère*, diese grünen Bänder stehen dir doch nicht«, sagte die Tante; »nimm doch die strohgelben.«

»Ach, *ma tante*, die strohgelben habe ich nun schon sechsmal angehabt; die werden einem schließlich doch über.«

»Na, dann nimm die penseefarbenen.«

»Diese hier gefallen Ihnen nicht?«

Die Tante betrachtete die Bänder genau und schüttelte langsam den Kopf.

»Tu, was du willst, *ma chère*; aber ich würde an deiner Stelle die penseefarbenen oder die strohgelben nehmen.«

»Nein, *ma tante*, ich nehme doch lieber diese«, erwiderte Olga sanft und nahm, was sie wollte.

Olga fragte die Tante um Rat, nicht wie eine Autorität, deren Ausspruch für sie Gesetz sein mußte, sondern so, wie sie jede andere ihr an Erfahrung überlegene Frau um Rat gefragt haben würde.

»*Ma tante*, Sie haben ja dieses Buch gelesen – ist etwas daran?« fragte sie.

»Ach, es ist ekelhaftes Zeug!« sagte die Tante und schob das Buch beiseite, ohne es jedoch zu verstecken und ohne irgendwelche Maßregeln zu ergreifen, damit Olga es nicht läse. Und dieser wäre es dann nie in den Sinn gekommen, es zu lesen. Wenn sie beide in Zweifel waren, so wurde die selbe Frage dem Baron v. Langwagen oder Stolz vorgelegt, wenn dieser da war, und das Buch wurde nach deren Ausspruche entweder gelesen oder nicht gelesen.

»*Ma chère* Olga!« sagte die Tante wohl: »Über diesen jungen Mann, der sich dir bei Sawadkis häufig nähert, ist mir gestern etwas erzählt worden, eine häßliche Geschichte.«

Weiter sagte sie nichts. Olga aber konnte dann tun, was sie wollte: mit ihm sprechen oder nicht.

Oblomows Erscheinen im Hause regte keinerlei Fragen an und rief keine besondere Beachtung hervor, weder bei der Tante, noch bei dem Baron, nicht einmal bei Stolz. Der letztere wollte seinen Freund in ein Haus einführen, wo alles etwas förmlich zuging, wo man nicht aufgefordert wurde nach Tische zu schlafen, ja, wo es nicht einmal für passend galt, ein Bein über das andere zu schlagen, wo man gut und sauber gekleidet sein und auf die Wahl passender Gesprächsthemata bedacht sein mußte, kurz, wo man nicht träumen, nicht in Schlaffheit versinken durfte, und wo immer ein lebhaftes Gespräch über aktuelle Gegenstände im Gange war. Ferner dachte Stolz, wenn er in Oblomows Dasein die Gesellschaft eines jungen, sympathischen, klugen, lebhaften und etwas spottlustigen Mädchens hineinbrächte, so würde das dasselbe sein, wie wenn man in ein dunkles Zimmer eine Lampe stellt, die in alle dunklen Ecken ein gleichmäßiges

Licht ergießt, die Temperatur um einige Grade erhöht und dem ganzen Zimmer einen heiteren Charakter verleiht.

Das war der ganze Effekt, den er anstrebte, als er seinen Freund mit Olga bekannt machte. Er sah nicht voraus, daß er damit ein Feuerwerk veranstaltete, und Olga und Oblomow ahnten das noch weniger.

Ilja Iljitsch saß mit der Tante etwa zwei Stunden lang zeremoniös zusammen, legte kein einziges Mal ein Bein über das andere und redete wohlanständig über alles Mögliche; er schob ihr sogar zweimal geschickt die Fußbank unter die Füße.

Der Baron kam, lächelte höflich und drückte ihm freundlich die Hand.

Oblomow benahm sich noch förmlicher, und alle drei waren miteinander so zufrieden, wie man es sich nur wünschen konnte.

Die Tante hatte Oblomows Gespräche mit Olga in den Zimmerecken und seine Spaziergänge mit ihr beachtet oder, richtiger gesagt, sie hatte sie gar nicht beachtet.

Spaziergänge mit einem jungen Manne, einem Stutzer – das wäre etwas anderes gewesen; sie würde auch dann nichts gesagt, sondern mit dem ihr eigenen Takte der Sache eine andere Gestalt gegeben haben: sie wäre selbst ein oder zweimal mit ihnen mitgegangen oder hätte irgendeinen Dritten mitgeschickt, und die Spaziergänge hätten von selbst aufgehört. Aber »mit Monsieur Oblomow« spazierenzugehen und mit ihm in einer Ecke des großen Saales oder auf dem Balkon zusammen zu sitzen … was war dabei? Er hatte schon das dreißigste Lebensjahr überschritten; es war nicht zu erwarten, daß er Torheiten mit ihr reden oder ihr Bücher einer gewissen Art geben werde … Daran konnte überhaupt niemand denken.

Zudem hatte die Tante gehört, wie Stolz am Tage vor seiner Abreise zu Olga gesagt hatte, sie solle nicht dulden, daß

Oblomow so vor sich hin dämmere; sie solle ihm das Schlafen verbieten, ihn quälen, ihn tyrannisieren, ihm allerlei Aufträge geben, kurz, ihn in Zucht halten. Auch sie, die Tante, hatte er gebeten, Oblomow nicht aus den Augen zu lassen, ihn möglichst oft einzuladen, ihn zu Spaziergängen und Spazierfahrten heranzuziehen und ihn auf jede Weise in Bewegung zu setzen, wenn er nicht ins Ausland fahre.

Olga ließ sich nicht blicken, während er bei der Tante saß, und die Zeit verging nur langsam. Oblomow fühlte, wie es ihn wieder bald heiß, bald kalt überlief. Jetzt ahnte er bereits die Ursache dieser Veränderung in Olgas Benehmen. Diese Veränderung war ihm noch schmerzlicher und peinlicher als die frühere.

Nach seiner ersten Übereilung hatte er nur Furcht und Scham empfunden; aber jetzt fühlte er sein Herz von einem unbehaglichen, erkältenden, traurigen Gefühle bedrückt, wie bei feuchtem, regnerischem Wetter. Er hatte ihr zu verstehen gegeben, daß er von ihrer Liebe zu ihm etwas erraten habe; aber vielleicht hatte er damit noch falsch geraten. Das war dann wirklich eine kaum wieder gut zu machende Beleidigung gewesen. Aber auch wenn er das Richtige getroffen hatte, wie ungeschickt hatte er sich benommen! Er war einfach ein Laffe gewesen.

Vielleicht hatte er das Gefühl verscheucht, das schüchtern an das junge, jungfräuliche Herz gepocht, sich behutsam und leicht wie ein Vögelchen auf einen Zweig gesetzt hatte: ein fremder Laut, ein Rascheln, und es fliegt davon.

Mit Zittern und Herzklopfen wartete er darauf, was Olga, wenn sie zu Tische herunterkomme, sagen werde, und wie sie es sagen und wie sie ihn ansehen werde …

Sie kam herunter, und er konnte sich bei ihrem Anblicke gar nicht genug wundern; er erkannte sie kaum wieder. Sie hatte ein anderes Gesicht, sogar eine andere Stimme.

Das jugendliche, naive, beinah kindliche Lächeln erschien kein einziges Mal auf ihren Lippen; kein einziges Mal sah sie ihn wie früher mit weit geöffneten Augen an, in denen entweder eine Frage oder Erstaunen oder eine gutmütige Neugier zum Ausdruck kam; jetzt war es, als hätte sie nach nichts zu fragen, nichts in Erfahrung zu bringen, sich über nichts zu wundern!

Ihr Blick folgte ihm nicht wie früher. Sie sah ihn an, wie wenn sie ihn schon längst kennte, ihn auswendig wüßte, ja, wie wenn er für sie ohne jede Bedeutung wäre, gerade so wie der Baron – kurz, es war, als hätte er sie ein Jahr lang nicht gesehen und sie wäre während dieses Jahres sehr viel reifer geworden.

Es war in ihrem Wesen nichts von Strenge, nichts von dem gestrigen Ärger; sie scherzte und lachte sogar und antwortete umständlich auf Fragen, auf die sie früher überhaupt nicht geantwortet hätte. Es war zu sehen, daß sie sich zwingen wollte zu tun, was die andern taten, und was sie selbst früher nicht getan hatte. Von der Freiheit und Ungeniertheit, mit der sie sich erlaubt hatte, alles auszusprechen, was ihr in den Sinn kam, war nichts mehr vorhanden. Wo war das alles auf einmal geblieben?

Nach Tische trat er zu ihr und fragte sie, ob sie nicht Lust hätte, spazierenzugehen. Ohne ihm zu antworten, wandte sie sich an die Tante mit der Frage:

»Wollen wir« (so!) »einen Spaziergang machen?«

»Höchstens einen kleinen«, erwiderte die Tante. »Laß mir meinen Sonnenschirm bringen.«

So gingen sie denn alle zusammen. Sie gingen langsam, blickten in die Ferne, nach Petersburg, wendeten, als sie zum Walde gelangt waren, um und kehrten auf den Balkon zurück.

»Sie sind wohl heute nicht zum Singen aufgelegt? Ich fürchte mich sogar, Sie darum zu bitten«, sagte Oblomow; er wartete darauf, ob dieses gezwungene Benehmen nicht ein Ende nehmen, ob sie nicht zu ihrer Heiterkeit zurückkehren, ob nicht wenigstens in einem Worte, in einem Lächeln und endlich im Gesange ein Strahl von Herzlichkeit, Naivität und Vertraulichkeit aufleuchten werde.

»Es ist zu heiß!« bemerkte die Tante.

»Das tut nichts; ich werde es versuchen«, sagte Olga und sang ein Lied.

Er hörte zu und traute seinen Ohren nicht.

Das war sie nicht: wo war der frühere leidenschaftliche Ton? Sie sang sehr rein, sehr korrekt und zugleich so … so … wie alle jungen Mädchen singen, wenn sie in Gesellschaft aufgefordert werden zu singen: ohne tiefere Empfindung. Sie hatte ihre Seele aus dem Gesange herausgenommen, und bei dem Zuhörer bewegte sich kein einziger Nerv.

War das Arglist, Verstellung, Zorn? Es ließ sich nicht erraten: sie machte ein freundliches Gesicht und redete bereitwillig; aber sie redete ebenso, wie sie sang, und wie alle redeten … Was hatte das zu bedeuten?

Oblomow nahm, ohne den Tee abzuwarten, seinen Hut und empfahl sich.

»Kommen Sie doch recht oft zu uns«, sagte die Tante. »An den Wochentagen sind wir immer allein, wenn es Ihnen da nicht langweilig ist; aber Sonntags ist immer irgend jemand bei uns, da werden Sie sich nicht langweilen.«

Der Baron stand höflich auf und machte ihm eine Verbeugung.

Olga nickte ihm wie einem guten Bekannten zu; während er zur Tür ging, wandte sie sich nach dem Fenster hin, blickte hindurch und hörte gleichmütig, wie Oblomows Schritte sich entfernten.

Diese zwei Stunden und die folgenden drei, vier Tage oder, um viel zu sagen, die folgende Woche, übten auf sie eine tiefe Wirkung aus und förderten sie gewaltig. Nur Frauen sind eines so schnellen Heranwachsens der Kräfte, einer so schnellen Entwicklung aller Seiten ihrer Seele fähig.

Sie hörte sozusagen einen Unterrichtskursus der Lebensklugheit, nicht täglich, sondern stündlich. Und jede, auch die kleinste zufällige Erfahrung, die wie ein Vogel an der Nase des Mannes vorbeifliegt, wird von einem Mädchen mit unglaublicher Geschwindigkeit aufgefangen; sie verfolgt den Flug dieses Vogels in die Ferne, und die krumme Linie, die dieser Flug beschreibt, prägt sich ihrem Gedächtnisse als ein unauslöschliches Wahrzeichen, als eine Weisung und als eine Lehre ein.

Da, wo für einen Mann ein Werstpfahl mit einer Aufschrift aufgestellt werden muß, genügt für sie ein vorübersäuselnder Windhauch, eine zitternde, mit dem Ohre kaum zu erfassende Erschütterung der Luft.

Woher, infolge welcher Ursachen lagert sich plötzlich ein ernster Gedanke auf der Stirn eines Mädchens, das noch in der vorigen Woche so sorglos war und ein so lächerlich naives Gesicht machte? Und was ist das für ein Gedanke? Was ist sein Inhalt? Es scheint in diesem Gedanken alles zu liegen, die ganze Logik, die ganze spekulative und empirische Philosophie des Mannes, ein ganzes Lebenssystem!

Der *cousin*, der sie noch vor kurzem als kleines Mädchen verlassen, inzwischen seinen Lehrkursus absolviert und die Epauletten bekommen hat, läuft, als er sie wiedersieht, fröhlich auf sie zu, in der Absicht, sie wie früher auf die Schulter zu klopfen, sie an den Händen zu fassen und sich mit ihr herumzudrehen, über die Stühle und Sofas wegzugaloppieren.... aber auf einmal, nachdem er ihr aufmerksam ins Gesicht geblickt hat, wird er befangen, geht verwirrt weg und kommt zu der Erkenntnis, daß er noch ein Junge ist und sie schon ein Weib!

Woher kommt das? Was hat sich zugetragen? Ein Drama? Ein wichtiges Ereignis? Ist etwa Neues passiert, das die ganze Stadt weiß?

Niemand weiß von etwas, weder *maman*, noch *mon oncle*, noch *ma tante*, noch die Kinderfrau, noch das Stubenmädchen. Und sie hat auch gar keine Zeit gehabt, um etwas zu erleben: sie hat zwei Masurkas und ein paar Kontretänze getanzt und dann ein bißchen Kopfweh gehabt und in der Nacht nicht geschlafen …

Aber dann ist alles wieder vergangen; nur in ihrem Gesichte ist etwas Neues hinzugekommen: sie hat einen andern Blick, lacht nicht mehr laut, steckt nicht eine ganze Birne mit einem Male in den Mund, erzählt nicht, »wie es bei uns in der Pension war« … Auch sie hat einen Lehrkursus beendet.

Oblomow erkannte am zweiten und dritten Tage, wie der *cousin*, Olga kaum wieder und blickte sie schüchtern an, während sie ihn in ganz natürlicher Art ansah, nur ohne die frühere Neugier, ohne besondere Freundlichkeit, sondern so, wie sie die andern ansah.

»Was ist nur mit ihr vorgegangen? Was denkt und fühlt sie jetzt?« Das waren die Fragen, mit denen er sich abquälte. »Weiß Gott, ich verstehe nichts davon!«

Und wie hätte er auch verstehen sollen, daß mit ihr das vorgegangen war, was mit einem Manne erst im Alter von fünfundzwanzig Jahren, mit Hilfe von fünfundzwanzig Professoren und Bibliotheken, nach längerem Umherirren durch die Welt, manchmal sogar erst nach dem Verluste des seelischen Duftes, der Denkfrische und der Haare vorgeht, das heißt, daß sie in das Reich der Erkenntnis eingetreten war. Dieser Eintritt war bei ihr sehr mühelos und leicht erfolgt.

»Nein, das ist mir zu peinlich, zu verdrießlich!« schloß er. »Ich werde nach der Wyborger Seite ziehen, mich beschäftigen, lesen, nach Oblomowka fahren … allein hinfahren!« fügte er dann in tiefer Niedergeschlagenheit hinzu: »Ohne sie! Lebe wohl, mein Paradies, mein lichtes, stilles Lebensideal!«

Er ging weder am vierten, noch am fünften Tage zu den Damen hin; er las nicht, er schrieb nicht; er wollte spazierengehen und ging auf die staubige Landstraße hinaus; wenn er dort seinen Weg fortsetzte, mußte er bergauf gehen.

»Was ist das für ein Unsinn, sich in der Hitze herumzuschleppen!« sagte er zu sich selbst, gähnte, ging nach Hause zurück, legte sich auf das Sofa und schlief fest ein, so wie er früher immer in der Gorochowaja-Straße im staubigen Zimmer hinter den heruntergelassenen Rouleaus geschlafen hatte.

Er träumte unklares, verworrenes Zeug. Als er aufwachte, stand vor ihm der gedeckte Tisch, darauf eine Botwinja* und Klopse. Sachar stand da und blickte verschlafen nach dem Fenster; im anstoßenden Zimmer klapperte Anisja mit Tellern.

Er aß zu Mittag und setzte sich ans Fenster. Es war langweilig und abgeschmackt, immer allein zu sein. Er wußte wieder nicht, wohin er wollte und was er wollte!

»Sehen Sie einmal, gnädiger Herr, die Nachbarsleute haben uns ein Kätzchen gebracht; wollen Sie es haben? Gestern fragten Sie doch nach einem«, sagte Anisja in der Absicht, ihn zu zerstreuen, und setzte ihm das Kätzchen auf die Knie.

Er streichelte das Kätzchen, aber auch das Kätzchen wurde ihm schnell langweilig!

»Sachar!« sagte er.

»Was befehlen Sie?« fragte Sachar in mattem Tone.

»Ich werde vielleicht wieder in die Stadt ziehen«, sagte Oblomow.

»Wohin denn da? Wir haben ja keine Wohnung.«

* Kalte Suppe aus verschiedenen Küchenkräutern, hauptsächlich aber aus Bratenblättern und Kwaß, eingeschnittenen Zwiebeln, Gurken und Fischen. Anm. d. Übers.

»Nach der Wyborger Seite.«
»Was hat denn das für Sinn, wenn wir von einem Landhause nach einem andern ziehen?« antwortete der. »Was kann Sie denn dahin locken? Wohl die Aussicht, Michei Andrejewitsch wiederzusehen?«
»Hier ist es ungemütlich.«
»Nun noch einmal umziehen? Herr Gott! Wir sind jetzt noch wie zerschlagen; und zwei Tassen und die Dielenbürste kann ich immer noch nicht finden; wenn sie Michei Andrejewitsch nicht mit dorthin gebracht hat, sind sie unversehens verlorengegangen.«
Oblomow schwieg. Sachar ging hinaus, kam aber sogleich wieder zurück und brachte den Koffer und die Reisetasche mit hereingeschleppt.
»Was sollen wir denn damit anfangen? Es wäre das Beste, die Dinger zu verkaufen, wie?« sagte er und versetzte dem Koffer einen Stoß mit dem Fuße.
»Was redest du? Hast du den Verstand verloren? Ich reise nächstens ins Ausland«, unterbrach ihn Oblomow zornig.
»Ins Ausland!« erwiderte Sachar lächelnd. »Was Sie nicht alles sagen! Nun gar ins Ausland!«
»Was kommt dir dabei so sonderbar vor? Ich reise ab, basta … Mein Paß ist auch schon fertig«, sagte Oblomow.
»Aber wer wird Ihnen da die Stiefel ausziehen?« bemerkte Sachar ironisch. »Wohl die Dienstmädchen? Sie werden ja da ohne mich ganz zugrunde gehen!«
Er lächelte wieder, so daß die beiden Hälften seines Backenbartes und die Augenbrauen sich nach den Seiten hin auseinanderzogen.
»Du redest immer Dummheiten! Trage das hinaus und geh!« antwortete Oblomow ärgerlich.
Am andern Tage war Oblomow eben erst zwischen neun und zehn Uhr aufgewacht, als Sachar, der den Tee herein-

brachte, zu ihm sagte, er sei auf dem Wege zum Bäcker dem Fräulein begegnet.
»Welchem Fräulein?« fragte Oblomow.
»Welchem Fräulein? Dem Fräulein Olga Sergejewna Iljinskaja.«
»Nun?« fragte Oblomow ungeduldig.
»Na, sie hat gesagt, ich sollte Sie von ihr grüßen, und hat gefragt, ob Sie gesund wären, und was Sie machten.«
»Und was hast du gesagt?«
»Ich habe gesagt, Sie wären gesund. ›Was soll ihm denn auch passieren?‹ habe ich gesagt«, antwortete Sachar.
»Warum fügst du denn deine dummen Bemerkungen hinzu?« schalt Oblomow. »›Was soll ihm denn auch passieren?‹ Woher weiß du, was mir passiert? Nun, was noch?«
»Sie hat gefragt, wo Sie gestern zu Mittag gegessen haben.«
»Nun? ...«
»Ich habe gesagt: ›Zu Hause. Und auch Abendbrot hat er zu Hause gegessen‹, habe ich gesagt. ›Ißt er denn auch Abendbrot?‹ hat das Fräulein gefragt. ›Er hat nur zwei junge Hühner gegessen‹, habe ich gesagt.«
»Dummkopf!« rief Oblomow energisch.
»Wieso bin ich ein Dummkopf? Ist das etwa nicht wahr?« versetzte Sachar. »Ich kann ja meinetwegen auch noch die Knochen vorzeigen ...«
»Nein, wirklich, so ein Dummkopf!« wiederholte Oblomow. »Nun, und was sagte sie darauf?«
»Sie hat gelächelt. ›Warum denn nur so wenig?‹ hat sie dann gesagt.«
»O dieser Dummkopf!« rief Oblomow noch einmal. »Du hättest ihr noch erzählen sollen, daß du mir das Hemd verkehrt anziehst.«
»Danach hat sie nicht gefragt; darum habe ich es nicht gesagt«, antwortete Sachar.

»Was hat sie denn noch gefragt?«
»Sie hat gefragt, was Sie diese Tage her getan hätten.«
»Nun, und was hast du darauf geantwortet?«
»Ich habe gesagt: ›Er tut nichts; er liegt immer still.‹«
»Ach! …« rief Oblomow höchst ärgerlich und hob die Fäuste zu den Schläfen in die Höhe. »Mach', daß du hinauskommst!« fügte er in drohendem Tone hinzu. »Wenn du dich noch einmal unterstehst, über mich solche Dummheiten zu erzählen, dann sollst du mal sehen, was ich mit dir anfange! Nein, was das für ein giftiger Mensch ist!«
»Soll ich denn etwa auf meine alten Tage noch lügen?« verteidigte sich Sachar.
»Mach', daß du hinauskommst!« wiederholte Ilja Iljitsch.
Aus den Scheltworten machte sich Sachar nichts, wenn der Herr nur nicht »klägliche Worte« gebrauchte.
»Ich habe gesagt, daß Sie nach der Wyborger Seite ziehen wollen«, schloß Sachar.
»Scher' dich hinaus!« schrie Oblomow gebieterisch.
Sachar ging hinaus und seufzte so laut, daß das ganze Vorzimmer davon ertönte; Oblomow aber machte sich daran, seinen Tee zu trinken.
Er trank nur wenig und aß von den vielen vor ihm liegenden Semmeln und Brezeln nur eine einzige Semmel, aus Furcht vor einer weiteren Indiskretion Sachars. Dann zündete er sich eine Zigarre an, setzte sich an den Tisch, schlug irgendein Buch auf, las eine Seite darin und wollte umblättern; aber es stellte sich heraus, daß das Buch nicht aufgeschnitten war.
Oblomow riß die Blätter mit dem Finger auseinander; infolgedessen bildeten sich an den Rändern der Blätter Zakken; das Buch gehörte aber nicht ihm, sondern Stolz, der bei seinen Sachen und namentlich bei seinen Büchern in einer so strengen, pedantischen Weise auf Ordnung hielt, daß man

darüber entsetzt sein konnte. Die Papiere, die Bleistifte und alle Kleinigkeiten mußten auf seinem Arbeitstische genau so liegenbleiben, wie er sie hingelegt hatte.

Oblomow hätte ein Papiermesser nehmen sollen; aber es war keines da. Er konnte sich allerdings auch ein Tischmesser geben lassen, zog es aber vor, das Buch auf seinen Platz zu legen und sich zum Sofa zu begeben. Kaum hatte er sich jedoch mit dem Arme auf das gestickte Kissen gestützt, um sich möglichst bequem hinzulegen, als Sachar wieder ins Zimmer trat.

»Ich wollte noch sagen: das Fräulein hat Sie bitten lassen, in diesen … wie heißt das Ding doch gleich … zu kommen … na! …« meldete er.

»Warum hast du mir das nicht vorhin gesagt, vor zwei Stunden?« fragte Oblomow hastig.

»Sie befahlen mir ja hinauszugehen und ließen mich nicht ausreden …« erwiderte Sachar.

»Du bist mein böser Genius, Sachar!« sagte Oblomow pathetisch.

»Na, wieder die alte Leier!« dachte Sachar, wandte dem Herrn seinen linken Backenbart zu und blickte nach der Wand; »ganz wie neulich … er hat wieder so ein Wort erfunden!«

»Wohin soll ich kommen?« fragte Oblomow.

»Na, in diesen, wie heißt es doch? In das Wäldchen doch wohl …«

»In den Park?« fragte Oblomow.

»In den Park, ganz richtig. Sie sagte: ›Wenn er Lust hat spazierenzugehen; ich werde dort sein …‹«

»Ich will mich anziehen.«

Oblomow lief durch den ganzen Park und blickte hinter alle Laubwände und in alle Lauben – Olga war nicht da. Er ging die Allee entlang, in der die Aussprache stattgefunden

hatte, und fand sie dort auf einer Bank, nicht weit von der Stelle, wo sie den Zweig abgebrochen und hingeworfen hatte.
»Ich glaubte schon, Sie würden gar nicht mehr kommen«, sagte sie freundlich zu ihm.
»Ich habe Sie lange im ganzen Park gesucht«, antwortete er.
»Ich wußte, daß Sie mich suchen würden, und habe mich absichtlich hierher gesetzt, in diese Allee; ich dachte, durch die würden Sie jedenfalls hindurchkommen.«
Er wollte schon fragen: »Warum dachten Sie das?« aber er sah sie an und fragte nicht.
Sie hatte ein anderes Gesicht, nicht das, welches sie damals gehabt, als sie hier spazierengingen, sondern das, welches er bei ihrem letzten Zusammensein an ihr gesehen hatte und über welches er in solche Unruhe geraten war. Auch ihre Freundlichkeit war so maßvoll, der ganze Ausdruck ihres Gesichtes so in sich gekehrt, so fest; er sah, daß sie nicht geneigt war, auf ein Spiel mit Vermutungen, Andeutungen und naiven Fragen einzugehen, und daß dieser Augenblick kindlicher Fröhlichkeit vorüber war.
Vieles, was nicht bis zu Ende ausgesprochen war, und was man unter andern Umständen mit einer listigen Frage hätte wiederaufnehmen können, war zwischen ihnen schon ohne Worte und ohne Aussprache Gott weiß wie erledigt; aber noch einmal darauf zurückzukommen war unmöglich.
»Warum haben Sie sich denn so lange nicht blicken lassen?« fragte sie.
Er schwieg. Er hätte ihr gern wieder auf einem Umwege zu verstehen gegeben, daß der geheimnisvolle Reiz ihrer gegenseitigen Beziehungen verschwunden sei, daß er sich peinlich berührt fühle durch diese Abgeschlossenheit, mit der sie sich wie mit einer Wolke umgeben habe, wie wenn sie sich in sich selbst zurückgezogen hätte, und daß er nicht wisse, wie er

sich verhalten, wie er sich ihr gegenüber benehmen solle. Aber er sagte sich, bei der geringsten Hindeutung darauf werde sie ihm einen Blick des Erstaunens zuwerfen; sie werde sich dann noch kälter gegen ihn benehmen, und der Funke von Teilnahme, den er gleich zu Anfang so unvorsichtigerweise beinahe ausgelöscht habe, werde vielleicht vollständig ersterben. Er mußte ihn sachte und behutsam wieder anfachen; aber wie das zu machen sei, das wußte er schlechterdings nicht.

Er hatte ein, wenn auch nur unklares, Verständnis dafür, daß sie gewachsen und beinah größer war als er, daß es nun keine Rückkehr zu kindlicher Vertraulichkeit mehr gab, daß sie den Rubikon vor sich hatten und das verlorene Glück sich schon auf dem anderen Ufer befand: sie mußten ihn überschreiten.

Aber wie? Wenn er nun der einzige war, der ihn überschritt? Sie erkannte klarer als er, was in ihm vorging, und daher war das Übergewicht auf ihrer Seite. Sie schaute offen in seine Seele hinein; sie sah, wie am Grunde seiner Seele ein Gefühl entstanden war, das nun üppig heranwuchs und nach außen drängte, sie sah, daß weibliche List, Schlauheit und Koketterie, Sonitschkas Waffen, bei ihm unnötig waren, weil kein Kampf bevorstand.

Sie sah sogar auch, daß trotz ihrer Jugend ihr bei dieser gegenseitigen Neigung die erste und wichtigste Rolle zufiel, daß von ihm nur eine tiefe Empfindung, eine leidenschaftliche, träge Fügsamkeit, eine feste Übereinstimmung mit ihrem eigenen Pulsschlage zu erwarten war, aber keine Regung des Willens, kein tatkräftiger Gedanke.

Sie hatte in einem Augenblicke ihre Macht über ihn abgewogen und gefiel sich in dieser Rolle eines Leitsternes; sie ergoß gleichsam über einen stehenden See einen Lichtstrahl, der sich in ihm widerspiegelte. Mit einem Gefühle des Triumphes war sie sich dessen bewußt, daß sie bei diesem Zweikampf in verschiedener Form ihre Überlegenheit bewiesen hatte.

Bei dieser Komödie oder Tragödie, je nach den Umständen, treten die beiden handelnden Personen fast immer in denselben Rollen auf: in der des Quälers oder der Quälerin und in der des Opfers.

Wie jede Frau in der Hauptrolle, das heißt in der Rolle der Quälerin, konnte sich auch Olga (allerdings in geringerem Maße als andere und unbewußt) nicht das Vergnügen versagen, mit ihm katzenhaft ein wenig zu spielen; manchmal brach bei ihr wie ein Blitz, wie eine überraschende Laune ein Schimmer von Gefühl hervor; dann jedoch schloß sie sich auf einmal wieder ab und zog sich in sich selbst zurück. Aber am meisten und häufigsten stieß sie ihn vorwärts, da sie wußte, daß er von selbst keinen Schritt machen, sondern regungslos da stehen bleiben werde, wo sie ihn stehen lasse.

»Haben Sie zu tun gehabt?« fragte sie, an einem Kanevasstreifen stickend.

»Ich würde sagen, ich hätte gern zu tun gehabt; aber dieser verdammte Sachar!« stöhnte er innerlich.

»Ja, ich habe etwas gelesen«, antwortete er lässig.

»Was denn? Einen Roman?« fragte sie und hob die Augen zu ihm auf, um zu sehen, mit was für einem Gesichte er lügen werde.

»Nein, ich lese fast gar keine Romane«, antwortete er sehr ruhig. »Ich habe die ›Geschichte der Entdeckungen und Erfindungen‹ gelesen.«

»Gott sei Dank, daß ich heute eine Seite in dem Buche flüchtig durchlaufen habe!« dachte er.

»Russisch?« fragte sie.

»Nein, englisch.«

»Ah, Sie lesen englisch?«

»Mit Mühe, aber ich bringe es fertig. Und Sie, sind Sie nicht irgendwo in der Stadt gewesen?« fragte er, hauptsächlich um dem Gespräche über die Bücher ein Ende zu machen.
»Nein, ich bin immer zu Hause gewesen. Ich arbeite immer hier, in dieser Allee.«
»Immer hier?«
»Ja, diese Allee gefällt mir sehr; ich bin Ihnen dankbar dafür, daß Sie sie mir gezeigt haben; es geht hier fast niemand …«
»Ich habe sie Ihnen nicht gezeigt«, unterbrach er sie. »Erinnern Sie sich, wir beide sind uns zufällig in ihr begegnet.«
»Ja, in der Tat.«
Sie schwiegen beide.
»Ist Ihr Gerstenkorn ganz vergangen?« fragte sie und sah ihn gerade in das rechte Auge.
Er errötete.
»Ja, jetzt ist es, Gott sei Dank, vergangen«, erwiderte er.
»Sie müssen das Auge, sobald es zu jucken anfängt, mit gewöhnlichem Branntwein benetzen«, fuhr sie fort; »dann bildet sich kein Gerstenkorn. Das hat mich meine Kinderfrau gelehrt.«
»Warum redet sie nur immer von Gerstenkörnern?« dachte Oblomow.
»Und essen Sie kein Abendbrot!« fügte sie in ernstem Tone hinzu.
»Sachar!« rief er innerlich; er war auf ihn wütend.
»Man braucht nur ordentlich zu Abend zu essen«, fuhr sie fort, ohne die Augen von ihrer Arbeit zu erheben, »und drei Tage lang still zu liegen, besonders auf dem Rücken, dann bildet sich unfehlbar ein Gerstenkorn.«
»Dummkopf!« rief Oblomow innerlich seinem Diener zu.
»Was arbeiten Sie denn da?« fragte er, um das Gesprächsthema zu wechseln.
»Einen Klingelzug«, antwortete sie, wickelte die Kanevasrol-

le auseinander und zeigte ihm das Muster. »Für den Baron. Ist es nicht hübsch?«

»Ja, sehr hübsch; das Muster ist allerliebst. Es ist ein Fliederzweig?«

»Ich glaube ... ja«, antwortete sie lässig. »Ich habe es aufs Geratewohl gewählt, wie es mir gerade in die Hände kam ...« Sie errötete ein wenig und wickelte den Streifen rasch wieder zusammen.

»Aber das ist langweilig, wenn es so weitergeht und man aus ihr nichts herausbekommen kann«, dachte er. »Ein anderer, Stolz zum Beispiel, würde etwas herausbekommen; aber ich verstehe mich nicht darauf.«

Er zog die Augenbrauen zusammen und blickte schläfrig um sich. Sie sah ihn an; dann legte sie die Arbeit in ihr Körbchen.

»Wir wollen bis zum Wäldchen gehen«, sagte sie, gab ihm das Körbchen zu tragen, spannte selbst den Sonnenschirm auf, brachte ihr Kleid in Ordnung und setzte sich in Bewegung.

»Warum sind Sie nicht heiter?« fragte sie.

»Ich weiß es nicht, Olga Sergejewna. Woher sollte ich auch heiter sein? Und wie sollte ich es anfangen?«

»Arbeiten Sie; seien Sie häufiger mit Menschen zusammen.«

»Arbeiten! Arbeiten kann man nur, wenn man ein Ziel hat. Aber was habe ich für ein Ziel? Ich habe keines.«

»Das Ziel ist: zu leben.«

»Wenn man nicht weiß, wozu man lebt, so lebt man irgendwie, einen Tag wie den andern; man freut sich, daß der Tag vergangen und die Nacht gekommen ist, und vergißt im Schlafe die langweilige Frage, warum man an diesem Tage gelebt hat, und warum man am folgenden leben wird.«

Sie hörte schweigend mit strengem Blicke zu; in den zusammengezogenen Brauen verbarg sich ein Ausdruck von Härte; in der Linie der Lippen kroch wie eine Schlange eine Empfindung, die halb Mißtrauen und halb Geringschätzung war …

»Warum man gelebt hat!« wiederholte sie seine Worte. »Kann etwa irgend jemandes Existenz unnütz sein?«

»O ja, die meinige zum Beispiel«, sagte er.

»Wissen Sie noch nicht, wo das Ziel Ihres Lebens liegt?« fragte sie stehenbleibend. »Das kann ich nicht glauben; Sie verleumden sich selbst; sonst verdienten Sie gar nicht zu leben …«

»Ich bin schon über die Stelle hinaus, wo das Lebensziel liegen soll, und habe nichts mehr vor mir.«

Er seufzte, aber sie lächelte.

»Nichts mehr?« wiederholte sie fragend, aber lebhaft, heiter, lachend, als ob sie ihm nicht glaubte und sähe, daß er doch noch etwas vor sich habe.

»Lachen Sie nur«, fuhr er fort; »aber es ist so!«

Sie ging sachte mit gesenktem Kopfe weiter.

»Wozu, für wen werde ich leben?« sagte er, neben ihr her gehend. »Wonach soll ich streben, worauf meine Gedanken und Absichten richten? Die Blume des Lebens ist abgefallen; nur die Dornen sind übriggeblieben.«

Sie gingen langsam; sie hörte zerstreut zu, brach im Vorbeigehen einen Fliederzweig ab und reichte ihn ihm, ohne ihn anzusehen.

»Was ist das?« fragte er befremdet.

»Sie sehen ja: ein Zweig.«

»Was für ein Zweig?« sagte er, sie mit großen Augen anblikkend.

»Ein Fliederzweig.«

»Das weiß ich … aber was hat er zu bedeuten?«

»Die Blume des Lebens und …«

Er blieb stehen, sie ebenfalls.

»Und? …« wiederholte er fragend.
»Meinen Ärger«, sagte sie, ihn mit einem nachdenklichen Blicke gerade ansehend, und ihr Lächeln sagte, daß sie wußte, was sie tat.
Die undurchdringliche Wolke, von der sie umgeben gewesen war, hatte sich verflüchtigt. Ihr Blick war beredt und verständlich. Es war, als ob sie absichtlich eine bestimmte Seite eines Buches aufschlüge und ihm erlaubte, eine bisher geheimgehaltene Stelle zu lesen.
»Also darf ich hoffen …« sagte er, plötzlich vor Freuden auffahrend.
»Alles! Aber …« Sie verstummte.
Er fühlte sich auf einmal wie neugeboren. Auch sie erkannte ihrerseits Oblomow gar nicht wieder: sein schläfriges, wie von einem Nebel umzogenes Gesicht hatte sich in einem Augenblicke verklärt; die Augen hatten sich geöffnet, die Backen eine rote Farbe gewonnen; die Denkkraft war in Bewegung gekommen; in den Augen leuchteten Wünsche und Wille. Sie las auch deutlich in diesem stummen Mienenspiele, daß Oblomow ein Lebensziel erlangt hatte.
»Das Leben, das Leben tut sich wieder vor mir auf«, sagte er wie fiebernd. »Das ist es, in Ihren Augen, in Ihrem Lächeln, in diesem Zweige, in *Casta diva* … alles ist hier …«
Sie schüttelte den Kopf
»Nein, nicht alles … nur die Hälfte.«
»Die beste Hälfte.«
»Vielleicht«, sagte sie.
»Wo ist denn die andre? Was kann es außerdem noch geben?«
»Suchen Sie!«
»Wozu?«
»Um die erste nicht zu verlieren«, erwiderte sie, reichte ihm die Hand, und sie gingen nach Hause.
Er warf bald voll Entzücken heimliche Blicke nach ihrem

Köpfchen, nach ihrer Gestalt, nach ihren Locken, bald preßte er den Zweig in der Hand zusammen.
»All das ist mein! Mein!« sagte er nachdenklich und vermochte kaum daran zu glauben.
»Sie werden nicht nach der Wyborger Seite ziehen?« fragte sie, als er nach Hause ging.
Er lachte und nannte nicht einmal Sachar in Gedanken einen Dummkopf

## IX.

Seitdem hörten die plötzlichen Veränderungen in Olgas Wesen auf. Sie war im Verkehr mit der Tante und in Gesellschaft von einer gleichmäßigen Ruhe; aber sie lebte und fühlte das Leben nur in Gemeinschaft mit Oblomow. Sie fragte niemanden mehr, was sie tun und wie sie sich verhalten müsse, und berief sich in Gedanken nicht mehr auf Sonitschkas Autorität.
In dem Maße, wie sich vor ihr die einzelnen Phasen des Lebens, das heißt des Gefühls, erschlossen, beobachtete sie scharfsichtig alle Erscheinungen, horchte aufmerksam auf die Stimme ihres Instinktes, kontrollierte dieselbe einigermaßen mit Hilfe des geringen Vorrats schon früher von ihr gemachter Beobachtungen, und schritt behutsam weiter, indem sie mit dem Fuße den Boden prüfte, auf den sie demnächst treten sollte.
Sie hatte niemanden, den sie hätte fragen können. Die Tante? Aber diese glitt über derartige Fragen so leicht und geschickt hinweg, daß es Olga nie gelang, ihre Antworten in die Form einer Lebensregel zu bringen, um sie ihrem Ge-

dächtnisse einzuprägen. Stolz war nicht da. Oblomow? Aber der war eine Art von Galatea, der gegenüber sie selbst die Rolle des Pygmalion übernehmen mußte.

Ihr Leben hatte in so stiller, für alle unmerklicher Weise einen Inhalt gewonnen, daß sie in ihrer neuen Sphäre lebte, ohne Aufmerksamkeit zu erregen, ohne sichtbare Gefühlsausbrüche und Beunruhigungen. Sie tat nach der Auffassung aller andern dasselbe wie früher; aber sie tat es in anderer Weise.

Sie fuhr auch jetzt in das Französische Theater; aber der Inhalt des Stückes bekam eine Beziehung zu ihrem eigenen Leben; sie las ein Buch, und in dem Buche fanden sich unfehlbare Zeilen mit Funken ihres eigenen Geistes; es schimmerte hier und da das Feuer ihrer eigenen Gefühle; da standen Worte aufgezeichnet, die sie selbst Tags zuvor gesprochen hatte, als hätte der Verfasser belauscht, wie jetzt ihr Herz klopfte.

Im Walde standen noch dieselben Bäume; aber in ihrem Rauschen lag jetzt ein besonderer Sinn: zwischen ihnen und ihr hatte sich ein lebendiges Einverständnis herausgebildet. Die Vögel zwitscherten und sangen nicht einfach, sondern redeten immer etwas miteinander; und so redete alles um sie herum, alles harmonierte mit ihrer Stimmung; wenn eine Blume aufblühte, so glaubte Olga deren Atmen zu hören.

Auch in ihren Träumen erschien ein neues Leben: sie bevölkerten sich mit Visionen und Schattengestalten, mit denen sie manchmal laut sprach ... diese erzählten ihr etwas, aber so undeutlich, daß sie es nicht verstand; sie gab sich Mühe, mit ihnen zu reden, sie zu fragen, und sprach ebenfalls nur Unverständliches. Aber Katja sagte ihr dann am Morgen, daß sie in der Nacht phantasiert habe.

Sie erinnerte sich an Stolzens Prophezeiungen: er hatte ihr oft gesagt, sie habe noch nicht angefangen zu leben, und es hatte sie manchmal gekränkt, daß er sie noch für ein kleines Mädchen halte, während sie doch schon zwanzig Jahre alt sei. Aber jetzt sah sie ein, daß er recht gehabt hatte, und daß sie erst jetzt angefangen hatte zu leben.

»Wenn alle Kräfte Ihres Organismus sich regen werden, dann wird sich auch das Leben um Sie herum regen, und Sie werden das sehen, wofür Ihnen jetzt die Augen noch verschlossen sind; Sie werden hören, was Sie jetzt noch nicht hören können; die Musik der Nerven wird erklingen; Sie werden den Gesang der Sphären hören, werden das Wachsen des Grases belauschen. Aber warten Sie; suchen Sie das nicht übereilt herbeizuführen; das kommt von selbst!« hatte er warnend gesagt.

Es war gekommen. »Da regen sich gewiß die Kräfte, der Organismus ist erwacht …« sagte sie mit seinen Worten, während sie mit gespannter Aufmerksamkeit auf das ihr bisher unbekannte Zittern achtete, mit scharfem, ängstlichem Blikke jede neue Erscheinung der erwachenden neuen Kraft anschaute.

Sie gab sich nicht müßigen Träumen hin, ließ sich nicht überwältigen von dem plötzlichen Rauschen der Blätter, von den nächtlichen Visionen, von dem geheimnisvollen Flüstern, wenn in der Nacht scheinbar sich jemand über ihr Ohr beugte und etwas Undeutliches, Unverständliches zu ihr sagte.

»Die Nerven!« wiederholte sie manchmal, unter Tränen lächelnd, indem sie nur mit Mühe ihre Angst bezwang und den Kampf der noch nicht gefestigten Nerven mit den erwachten Kräften aushielt. Sie stand vom Bette auf, trank ein Glas Wasser, öffnete das Fenster, wehte sich mit dem Taschentuche Luft ins Gesicht und kam wieder zu sich von den Träumen, die sie im Wachen und im Schlafen verfolgten.

Und nun Oblomow! Sobald er am Morgen erwachte, war

das Erste, was ihm seine Einbildungskraft vor Augen stellte, das Bild Olgas in Lebensgröße mit dem Fliederzweige in der Hand. Er schlief ein mit dem Gedanken an sie, und wenn er spazieren ging oder las, so war sie um ihn, immer um ihn. Er führte mit ihr in Gedanken bei Tage und bei Nacht endlose Gespräche. Der »Geschichte der Entdeckungen und Erfindungen« fügte er immer neue Entdeckungen in Olgas Äußerem oder in ihrem Charakter hinzu und erfand Gelegenheiten, ihr unversehens zu begegnen, ihr ein Buch zu schikken, ihr eine Überraschung zu bereiten.
Wenn er mit ihr zusammengewesen war, so setzte er das Gespräch zu Hause fort, und wenn dann Sachar hereinkam, so sagte er manchmal zu ihm in dem überaus sanften, weichen Tone, in dem er in Gedanken mit Olga sprach: »Du hast mir vorhin wieder ungeputzte Stiefel gegeben, du kahlköpfiger Teufel; nimm dich in acht; ich werde dich lehren, was deine Schuldigkeit ist …«
Aber seine Sorglosigkeit war seit dem Augenblicke verschwunden, wo sie ihm zum ersten Male etwas vorgesungen hatte. Er führte nicht mehr das frühere Leben, wo es ihm ganz gleich gewesen war, ob er auf dem Rücken lag und nach der Wand blickte, oder ob Alexejew bei ihm oder er selbst bei Iwan Gerasimowitsch saß, in jenen Tagen, wo er nichts erwartete, weder vom Tage noch von der Nacht.
Jetzt nahm jeder Tag und jede Nacht, jede Stunde des Morgens und des Abends ihre besondere Gestalt an und war entweder von regenbogenfarbenem Glanze erfüllt oder farblos und düster, je nachdem diese Stunde von Olgas Gegenwart ausgefüllt war oder ohne sie, also müde und langweilig, verfloß.
Das alles spiegelte sich in seinem Wesen wider; in seinem Kopfe steckte ein Netz täglich, ja in jeder Minute wechselnder Erwägungen, Vermutungen, Ahnungen und Qualen der

Ungewißheit, und all das infolge der Fragen: Ob er sie sehen werde oder nicht? Was sie sagen und tun werde? Wie sie ihn ansehen, was für einen Auftrag sie ihm geben, wonach sie ihn fragen und ob sie mit ihm zufrieden sein werde oder nicht? Alle diese Erwägungen waren die Hauptfragen seines Lebens geworden.

»Ach, könnte man doch lediglich diese Wärme der Liebe empfinden, ohne ihre Unruhe!« dachte er. »Nein, das Leben faßt einen an, man mag gehen, wohin man will; es verbrennt einen ordentlich! Wieviel neue Bewegung hat sich auf einmal in mein Leben hineingedrängt, wie viele Beschäftigungen! Die Liebe ist eine sehr schwere Schule des Lebens!«

Er hatte schon einige Bücher gelesen; Olga bat ihn, ihr den Inhalt zu erzählen, und hörte seinen Bericht mit unsäglicher Geduld an. Er hatte mehrere Briefe nach dem Gute geschrieben, den Dorfschulzen durch einen andern ersetzt und war durch Stolzens Vermittlung mit einem der Nachbarn in Beziehung getreten. Er wäre sogar nach dem Gute hingereist, wenn er es für möglich gehalten hätte, sich von Olga zu trennen.

Er aß kein Abendbrot mehr und wußte schon seit vierzehn Tagen nicht mehr, was es heißt, sich am Tage zum Schlafen hinzulegen.

Innerhalb zweier oder dreier Wochen hatten sie die ganze Umgegend von Petersburg besucht. Die Tante mit Olga, der Baron und er waren in den um die Stadt gelegenen Sommerfrischen zu den Konzerten an hohen Festtagen erschienen.

Es war davon die Rede, nach Finnland zu fahren, um den Imatrafall anzusehen.

Was Oblomow anbelangte, so würde er sich nie über die Grenzen des Parkes hinaus bewegt haben; aber Olga ersann bald dies, bald jenes, und wenn er auf die Aufforderung, irgendwohin zu fahren, mit der Antwort zauderte, wurde der Ausflug bestimmt unternommen. Und dann lächelte ihm Olga unaufhörlich zu. Auf fünf Werst Entfernung um die Sommerfrische herum gab es keinen Hügel, den er nicht schon mehrmals bestiegen gehabt hätte.

Dabei wuchs ihre gegenseitige Zuneigung immer mehr, entwickelte sich und bekundete sich nach ihren unabänderlichen Gesetzen. Olga blühte zugleich mit ihrem Gefühle auf. Ihre Augen gewannen noch mehr Glanz, ihre Bewegungen noch mehr Anmut; ihre Brust entwickelte sich üppig und wogte gleichmäßig.

»Du bist in der Sommerfrische schöner geworden, Olga«, sagte die Tante zu ihr; in dem Lächeln des Barons kam dasselbe Kompliment zum Ausdruck.

Olga legte errötend den Kopf an die Schulter der Tante; diese klopfte ihr freundlich auf die Wange.

»Olga, Olga!« rief eines Tages Oblomow vorsichtig, beinahe flüsternd am Fuße eines Berges; sie hatte ihm diesen Punkt bezeichnet, wo sie sich treffen wollten, um dann zusammen spazierenzugehen.

Keine Antwort. Er sah auf die Uhr.

»Olga Sergejewna!« rief er noch einmal laut. Alles blieb still.

Olga saß auf dem Berge, hörte das Rufen, schwieg und unterdrückte das Lachen. Sie wollte ihn dazu zwingen, auf den Berg hinaufzusteigen.

»Olga Sergejewna!« rief er, als er sich durch die Büsche bis zur halben Höhe des Berges hinaufgearbeitet hatte und nach oben blickte. Und zu sich selbst sagte er: »Sie hat mich doch auf halb sechs herbestellt.«

Da konnte sie das Lachen nicht länger zurückhalten.

»Olga, Olga! Ach, da sind Sie ja!« sagte er und stieg den Berg vollends hinauf.

»Ach, wie kann Ihnen das nur Spaß machen, sich auf dem

Berge zu verstecken!« Er setzte sich neben sie. »Um mich zu quälen, quälen Sie auch sich selbst.«

»Wo kommen Sie her? Direkt aus Ihrer Wohnung?« fragte sie.

»Nein, ich war zu Ihnen herangegangen; dort wurde mir gesagt, Sie seien schon weggegangen.«

»Was haben Sie heute getan?« fragte sie.

»Heute ...«

»... haben Sie sich mit Sachar herumgezankt. Wie?« setzte sie den von ihm begonnenen Satz fort.

Er lachte darüber als über etwas jetzt vollständig Unmögliches.

»Nein, ich habe die ›Revue‹ gelesen. Aber hören Sie, Olga ...«

Aber er sagte nichts; er saß neben ihr und versenkte sich in die Betrachtung ihres Profils, ihres Kopfes, der hin und her gehenden Bewegung der Hand, wenn sie die Nadel in den Kanevas hineinsteckte und wieder herauszog. Er richtete seinen Blick auf sie wie ein Brennglas und konnte ihn nicht von ihr abwenden.

Er selbst bewegte sich nicht; nur sein Blick ging hin und her, bald nach rechts, bald nach links, bald nach unten, je nachdem sich ihre Hand bewegte. Im Innern seines Körpers ging eine rege Arbeit vor: der Blutumlauf war beschleunigt, der Pulsschlag doppelt so kräftig, und in seinem Herzen war ein Wallen und Sieden – all das wirkte so stark, daß er langsam und schwer atmete, wie man vor der Hinrichtung und im Augenblicke der höchsten Wonne atmet.

Er war stumm und vermochte sich nicht einmal zu regen; nur seine vor Rührung feuchten Augen waren unabwendbar auf sie gerichtet.

Sie warf ihm mitunter einen tiefen Blick zu, las den leicht verständlichen Gedanken, der auf seinem Gesichte geschrieben stand, und dachte: »O Gott, wie er liebt! Wie voll zärtlicher Liebe er ist!« und sie empfand einen freudigen Stolz darüber, daß dieser Mensch, durch ihre Macht bezwungen, ihr zu Füßen lag!

Die Phase der symbolischen Andeutungen, des bedeutsamen Lächelns, der Fliederzweige war unwiederbringlich dahingegangen. Die Liebe war ernster, anspruchsvoller geworden und begann sich in eine Art von Pflicht zu verwandeln; es traten wechselseitige Rechte auf den Plan. Beide Seiten wurden immer offenherziger: die Mißverständnisse und Zweifel verschwanden und machten klareren, mehr positiven Fragen Platz.

Sie quälte ihn immer mit leisen Spöttereien über die im Müßiggange vergeudeten Jahre, fällte ein strenges Verdikt über ihn und tadelte seine Apathie noch ernster und energischer, als es Stolz getan hatte. Nachher ging sie in dem Maße, wie sie ihm näher trat, von den Spöttereien über sein mattes, träges Dasein dazu über, ihren Willen in despotischer Weise kundzugeben; sie erinnerte ihn kühn an das Ziel seines Lebens und an seine Pflichten und verlangte nachdrücklich von ihm Regsamkeit; sie reizte unaufhörlich seinen Geist dazu auf, sich nach außen zu betätigen, indem sie ihn bald in eine subtile, ihr geläufige Lebensfrage verwickelte, bald selbst mit einer Frage nach etwas, was ihr unklar und unverständlich war, zu ihm kam.

Und er quälte sich ab, zerbrach sich den Kopf und suchte sich herauszuwinden, um nicht in ihren Augen tief zu sinken, oder um ihr bei der Lösung irgendeines Knotens zu helfen, nötigenfalls auch ihn heldenhaft zu zerhauen.

Ihre ganze weibliche Taktik war von zärtlicher Zuneigung durchdrungen, und sein ganzes Bemühen, mit der Beweglichkeit ihres Geistes gleichen Schritt zu halten, atmete heiße Leidenschaft.

Aber sehr häufig lagerte er sich ermattet zu ihren Füßen, legte die Hand auf sein Herz und horchte, wie es pochte, ohne seinen regungslosen, bewundernden, entzückten Blick von ihr wegzuwenden.

»Wie er mich liebt!« sagte sie sich in solchen Augenblicken immer wieder und sah ihn liebevoll an. Wenn sie aber manchmal an Oblomows Seele die sich versteckenden Züge seines früheren Wesens bemerkte (und sie verstand es, tief in seine Seele hineinzuschauen), auch nur die geringste Müdigkeit, eine kaum wahrnehmbare Schläfrigkeit der Lebensweise, dann regnete es auf ihn Vorwürfe; und dazu gesellte sich bei ihr mitunter die Furcht, sich geirrt zu haben, und dann bittere Gefühl der Reue.

Manchmal schickte er sich eben an zu gähnen und öffnete den Mund – da erschreckte ihn ihr erstaunter Blick: er schloß sofort den Mund wieder, so daß die Zähne aufeinanderklappten. Sie war hinter der geringsten Spur von Schläfrigkeit, auch nur auf seinem Gesichte, her. Sie fragte ihn nicht nur danach, was er tue, sondern auch danach, was er tun werde.

Noch stärker als durch die Vorwürfe wurde er aufgerüttelt, wenn er bemerkte, daß infolge seiner Müdigkeit auch sie müde, lässig und kalt wurde. Dann entwickelte sich bei ihm eine fieberhafte Tätigkeit der Lebenskräfte, der Schatten verschwand wieder, und die gegenseitige Zuneigung sprudelte wieder wie eine starke, klare Quelle.

Aber alle diese Sorgen überschritten vorläufig nicht den magischen Kreis der Liebe; seine Tätigkeit war eine negative: er schlief nicht; er las; er dachte manchmal auch daran, an seinem Plane weiterzuschreiben; er ging und fuhr viel. Aber die fernere Richtung, der eigentliche Grundgedanke seines Lebens, die Arbeit – die blieb noch im Stadium der Vorsätze.

»Was für ein Leben und was für eine Tätigkeit verlangt Andrei nur noch?« sagte Oblomow, wenn er nach dem Mittagessen krampfhaft die Augen aufriß, um nicht einzuschlafen.

»Ist denn das kein Leben? Ist denn die Liebe kein Dienst? Das sollte er nur einmal probieren! Jeden Tag zehn Werst zu Fuß! Gestern habe ich in der Stadt übernachtet, in einem elenden Gasthause, in den Kleidern, nur die Stiefel hatte ich ausgezogen, und meinen Sachar hatte ich nicht da – alles infolge ihrer Aufträge!«

Am peinlichsten war es für ihn, wenn Olga ihm eine Frage aus einem Spezialgebiete vorlegte und von ihm wie von einem Professor eine voll befriedigende Antwort verlangte; das kam aber bei ihr häufig vor, keineswegs aus Pedanterie, sondern einfach, weil sie gern wissen wollte, wie sich die Sache verhalte. Sie vergaß dabei sogar oft ihre Absichten inbetreff Oblomows und ließ sich durch den fraglichen Gegenstand selbst hinreißen.

»Warum lehrt man uns das nicht?« sagte sie manchmal mißvergnügt und ärgerlich, wenn sie in freien Stunden mit regem Interesse ein Gespräch über einen Gegenstand mit anhörte, den man sich gewöhnt hat als für Frauen entbehrlich zu betrachten.

Eines Tages trat sie plötzlich mit Fragen über die Doppelsterne an ihn heran. Er beging die Unvorsichtigkeit, sich auf Herschel zu berufen, und wurde nun in die Stadt geschickt und mußte ein Buch durchlesen und ihr darauf berichten, bis sie befriedigt war.

Ein andermal ließ er, wiederum aus Unvorsichtigkeit, im Gespräche mit dem Baron ein paar Bemerkungen über die Schulen in der Malerei fallen – daraus erwuchs ihm wieder Arbeit für eine ganze Woche; er mußte lesen und Bericht erstatten; dann aber fuhren sie noch nach der Eremitage*, und dort mußte er durch die Gemälde selbst das Gelesene bele-

* Ein Museum, das neben anderen Kunstsammlungen eine berühmte Gemäldegalerie enthält. Anm. d. Übers.

gen. Wenn er dabei etwas aufs Geratewohl sagte, so merkte sie das sofort und setzte ihm nun erst recht zu.

Dann mußte er eine Woche lang nach den Bilderläden umherfahren und Stiche der besten Gemälde suchen.

Der arme Oblomow wiederholte bald früher Gelerntes, bald stürzte er in die Buchhandlungen, um neue Werke zu kaufen, und schlief manchmal die ganze Nacht nicht, suchte in den Büchern umher und las, um dann am Morgen wie zufällig eine am vorhergehenden Tage aufgeworfene Frage durch die Kenntnisse zu beantworten, die er angeblich aus dem Archiv seines Gedächtnisses hervorgeholt hatte.

Sie stellte diese Fragen nicht mit weiblicher Zerstreutheit, nicht weil eine augenblickliche Laune ihr den Wunsch eingegeben hätte, dies oder das zu erfahren, sondern energisch, mit Ungeduld, und wenn Oblomow schwieg, so bestrafte sie ihn durch einen langen, prüfenden Blick. Wie zitterte er unter diesem Blicke!

»Warum sagen Sie nichts? Warum schweigen Sie?« fragte sie. »Man könnte glauben, daß Sie sich langweilen.«

»Ach!« sagte er, wie wenn er aus einer Ohnmacht zu sich käme. »Weil ich Sie liebe!«

»Wirklich? Aber wenn ich nicht gefragt hätte, würde es gar nicht den Anschein gehabt haben«, sagte sie.

»Fühlen Sie denn wirklich nicht, was in mir vorgeht?« versetzte er. »Wissen Sie, es wird mir sogar schwer zu reden. Sehen Sie, hier (geben Sie, bitte, Ihre Hand her!) hindert mich etwas, als ob da etwas Schweres, eine Art Stein, läge, gerade wie es bei tiefem Leide der Fall ist. Es ist doch merkwürdig, daß sowohl im Leide als auch im Glücke im Organismus sich derselbe Prozeß vollzieht: es wird einem schwer, beinahe schmerzhaft zu atmen, und man möchte weinen! Wenn ich losweinte, würde mir, ebenso wie im Leide, von den Tränen leichter ums Herz werden …«

Sie blickte ihn schweigend an, als ob sie seine Worte auf ihre Richtigkeit prüfen, sie mit dem, was auf seinem Gesichte geschrieben stand, vergleichen wollte, und sie lächelte: die Prüfung hatte ein befriedigendes Resultat ergeben. Auf ihrem Gesichte lag ein Hauch von Glück ausgegossen, aber von einem friedlichen Glücke, das, wie es schien, durch nichts gestört werden konnte. Man sah ihr an, daß ihr nicht schwer ums Herz war, sondern daß in ihrem Innern alles schön war, so schön wie in der Natur an diesem stillen Morgen.

»Was ist nur mit mir?« fragte Oblomow zweifelnd, anscheinend sich selbst.

»Soll ich es Ihnen sagen?«

»Tun Sie das!«

»Sie … sind verliebt.«

»Ja, gewiß!« stimmte er ihr bei, zog ihre Hand von dem Kanevas weg, küßte sie aber nicht, sondern drückte nur ihre Finger fest an seine Lippen und beabsichtigte, wie es schien, sie lange so zu halten.

Sie versuchte, sie leise zurückzuziehen; aber er hielt sie fest.

»Nun, bitte, lassen Sie meine Hand los; es ist genug«, sagte sie.

»Und Sie?« fragte er. »Sie sind nicht verliebt?«

»Verliebt? Nein … das liegt nicht in meiner Art. Aber ich liebe Sie!« sagte sie und sah ihn lange an, als prüfe sie auch sich selbst, ob sie ihn wirklich liebe.

»Ich … lie … be!« erwiderte Oblomow. »Aber lieben kann man ja seine Mutter und seinen Vater und seine Kinderfrau und sogar sein Hündchen; alles das steckt in dem gemeinsamen Kollektivbegriff ›ich liebe‹ wie in einem alten …«

»Schlafrock?« sagte sie lachend. »*A propos*, wo ist denn Ihr Schlafrock?«

»Was für ein Schlafrock? Ich habe keinen gehabt.«

Sie sah ihn mit einem vorwurfsvollen Lächeln an.

»Da reden Sie nun von einem alten Schlafrock!« sagte er. »Ich warte, meine Seele erstirbt fast vor Ungeduld, zu hören, wie aus Ihrem Herzen ein Gefühl hervorbricht, und mit welchem Namen Sie diesen Drang bezeichnen; aber Sie ... Gott verzeihe es Ihnen, Olga! Ja, ich bin in Sie verliebt und sage, daß es ohne das keine richtige Liebe gibt: man ist weder in seinen Vater, noch in seine Mutter, noch in seine Kinderfrau verliebt; aber man liebt sie ...«

»Ich weiß nicht«, versetzte sie nachdenklich, wie wenn sie in ihr Inneres eindränge und zu erfassen suchte, was dort vorgehe. »Ich weiß nicht, ob ich in Sie verliebt bin; wenn es nicht der Fall ist, dann ist vielleicht der richtige Augenblick noch nicht gekommen; ich weiß nur das eine, daß ich so weder meinen Vater noch meine Mutter, noch meine Kinderfrau geliebt habe ...«

»Worin besteht denn der Unterschied? Fühlen Sie etwas Besonderes?« fragte er eindringlich.

»Möchten Sie das gern wissen?« fragte sie schelmisch.

»Ja, ja, ja! Haben Sie wirklich nicht das Bedürfnis, sich auszusprechen?«

»Aber warum möchten Sie das denn wissen?«

»Um jeden Augenblick davon zu leben: heute, die ganze Nacht über, morgen – bis zum nächsten Wiedersehen ... Ich lebe nur davon.«

»Da haben Sie es: Sie müssen den Vorrat Ihres zärtlichen Gefühles täglich erneuern! Darin besteht der Unterschied zwischen einem Verliebten und einem Liebenden. Ich ...«

»Nun, Sie? ...« fragte er, ungeduldig auf die Fortsetzung wartend.

»Ich liebe anders«, sagte sie; sie lehnte sich mit dem Rücken an die Bank zurück und ließ ihre Augen bei den vorüberziehenden Wolken umherschweifen. »Wenn Sie nicht da sind, fühle ich mich einsam; mich von Ihnen auf kurze Zeit zu trennen tut mir leid; trenne ich mich von Ihnen auf lange, so ist es mir ein Schmerz. Ich habe ein für allemal gesehen und erkannt, daß Sie mich lieben; und das glaube ich nun und bin glücklich, auch wenn Sie mir die Versicherung, daß Sie mich lieben, nie wiederholen. Mehr und besser zu lieben verstehe ich nicht.«

»Das klingt gerade so, wie Cordelia sprach!« dachte Oblomow und blickte Olga leidenschaftlich an …

»Wenn Sie sterben sollten«, fuhr sie stockend fort, »so werde ich lebenslänglich um Sie trauern und nie mehr im Leben lächeln. Sollten Sie eine andere liebgewinnen, so werde ich nicht murren und Ihnen nicht fluchen, sondern Ihnen im stillen Glück wünschen … Für mich ist diese Liebe ganz dasselbe wie … das Leben, und das Leben …«

Sie suchte nach einem Ausdruck.

»Was ist denn das Leben nach Ihrer Ansicht?« fragte Oblomow.

»Das Leben ist eine Pflicht, eine Schuldigkeit; folglich ist die Liebe ebenfalls eine Pflicht. Mir ist, als hätte Gott mir die Liebe geschickt«, schloß sie, die Augen zum Himmel erhebend, »und mir befohlen zu lieben.«

»Cordelia!« sagte Oblomow laut. »Und sie ist einundzwanzig Jahre alt! Also das ist Ihrer Ansicht nach die Liebe!« fügte er nachdenklich hinzu.

»Ja, und ich habe, glaube ich, Kraft genug, um mein ganzes Leben lang zu leben und zu lieben …«

»Wer hat ihr das nur eingegeben?« dachte Oblomow, sie beinah andächtig anblickend. »Nicht auf dem Wege der Erfahrung, nicht durch Foltern, Feuer und Rauch ist sie ja zu diesem klaren, einfachen Begriffe vom Leben und von der Liebe gelangt.«

»Aber gibt es lebhafte Freuden, gibt es Leidenschaften?« fragte er.

»Das weiß ich nicht«, antwortete sie. »Ich habe sie nicht an mir kennen gelernt und habe dafür kein Verständnis.«
»Oh, was habe ich jetzt für ein Verständnis dafür!«
»Vielleicht werde auch ich mit der Zeit sie an mir kennenlernen; vielleicht werde auch ich denselben heftigen Drang empfinden wie Sie und werde beim Zusammentreffen mit Ihnen Sie ebenso anblicken und gar nicht glauben können, daß Sie wirklich vor mir stehen … Aber das muß eine sehr komische Empfindung sein!« fügte sie fröhlich hinzu. »Was für Augen Sie manchmal machen: ich glaube, *ma tante* bemerkt es.«
»Worin besteht denn bei Ihnen das Glück der Liebe«, fragte er, »wenn bei Ihnen jene lebhaften Freuden fehlen, die ich empfinde? …«
»Worin es besteht? Sehen Sie, darin!« sagte sie und zeigte auf ihn und auf sich und auf die Einsamkeit, die sie beide umgab. »Ist das etwa kein Glück? Habe ich etwa jemals so gelebt? Früher hätte ich nicht eine Viertelstunde hier zwischen diesen Bäumen allein gesessen, ohne ein Buch, ohne Musik. Mit einem Manne (Andrei Iwanowitsch ausgenommen) zu reden war mir langweilig; ich wußte nicht, wovon ich reden sollte; ich dachte dabei immer, wie ich es wohl anfangen könnte, wieder allein zu sein … Aber jetzt … jetzt ist es sogar vergnüglich zu zweien zu schweigen!«
Sie ließ ihre Augen ringsumher schweifen, über die Bäume, über das Gras; dann richtete sie sie auf ihn, lächelte und reichte ihm die Hand.
»Wird es mir etwa kein Schmerz sein, wenn Sie fortgehen werden?« fügte sie hinzu. »Werde ich mich etwa nicht beeilen, mich recht bald schlafen zu legen, um einzuschlafen und mir der langweiligen Nacht nicht bewußt zu sein? Werde ich etwa morgen früh nicht zu Ihnen schicken? Werde ich etwa …«

Mit jedem »werde ich etwa« leuchtete Oblomows Gesicht heller auf und sein Gesicht wurde strahlender.
»Ja, ja«, erwiderte er, »ich warte ebenfalls auf den Morgen, und die Nacht ist mir langweilig, und ich werde morgen zu Ihnen schicken, nicht aus einem sachlichen Anlasse, sondern nur, um Ihren Namen noch einmal öfter auszusprechen und zu hören, wie er klingt, um von den Dienstboten irgendwelche Einzelheit über Sie zu erfahren und sie zu beneiden, daß sie Sie schon gesehen haben. Wir denken, warten, leben und hoffen in ein und derselben Weise. Verzeihen Sie mir meine Zweifel, Olga: ich bin jetzt überzeugt, daß Sie mich lieben, wie Sie weder Ihren Vater geliebt haben, noch Ihre Tante, noch ...«
»Noch ein Hündchen«, sagte sie und lachte.
»Glauben Sie mir«, fuhr sie dann fort, »so wie ich Ihnen glaube, und zweifeln Sie nicht; beunruhigen Sie dieses Glück nicht durch nichtige Zweifel, sonst fliegt es davon. Was ich einmal mein genannt habe, das gebe ich nicht wieder hin, wenn man es mir nicht wegnimmt. Ich weiß das, obwohl ich jung bin; aber ... wissen Sie«, sagte sie im Tone fester Überzeugung: »in dem Monat, seit ich Sie kenne, habe ich vieles durchdacht und durch eigene Erfahrung kennengelernt, wie wenn ich ein großes Buch ganz still für mich so nach und nach durchgelesen hätte ... Zweifeln Sie nicht ...«
»Ich kann mich von den Zweifeln nicht frei machen«, unterbrach er sie; »verlangen Sie das nicht! Jetzt, wo Sie bei mir sind, bin ich von allem überzeugt: Ihr Blick, Ihre Stimme, alles redet zu mir. Sie sehen mich an, als ob Sie sagen wollten: ›Ich bedarf keiner Worte; ich verstehe es, in Ihren Blicken zu lesen.‹ Aber wenn Sie nicht da sind, dann beginnen die Zweifel und Fragen ihr qualvolles Spiel mit mir zu treiben, und ich muß wieder zu Ihnen hinlaufen, Sie wieder ansehen; sonst glaube ich nicht. Wie geht das zu?«

»Aber ich glaube Ihnen doch; warum tue ich es denn?« fragte sie.

»Wie sollten Sie denn auch nicht glauben? Sie haben einen Wahnsinnigen vor sich, der von Leidenschaft ganz durchdrungen ist! Ich glaube, Sie sehen sich in meinen Augen wie in einem Spiegel. Überdies sind Sie zwanzig Jahre alt; betrachten Sie sich selbst: Muß nicht jeder Mann, der Ihnen begegnet, mit Notwendigkeit Ihnen den Tribut der Bewunderung bezahlen, wenn auch nur mit einem Blicke? Wer Sie aber kennt, Sie hört, Sie lange ansieht, Sie liebt – oh, da kann man schon den Verstand verlieren! Sie aber sind so gleichmäßig und ruhig; und wenn ein Tag, zwei Tage vergehen, ohne daß ich von Ihnen die Worte ›ich liebe Sie‹ höre, dann fängt hier die Unruhe an ...«

Er zeigte auf sein Herz.

»Ich liebe Sie, ich liebe Sie, ich liebe Sie – so, da haben Sie Vorrat für drei Tage!« sagte sie und stand von der Bank auf.

»Sie scherzen immer, aber wie ist mir zumute!« versetzte er mit einem Seufzer, während er mit ihr den Berg hinabstieg.

So spielte sich zwischen ihnen immer dasselbe musikalische Motiv in verschiedenen Variationen ab. Die Begegnungen, die Gespräche, alles war dasselbe Lied, dieselben Töne, dasselbe Licht, das hell brannte, wenn auch seine Strahlen sich in rote, grüne und gelbe brachen und in der sie umgebenden Luft zitterten. Jeder Tag und jede Stunde brachte neue Töne und Strahlen; Aber das Licht, welches brannte, war ein und dasselbe und es erklang immer die gleiche Melodie.

Sowohl er als auch sie lauschten diesen Tönen, erfaßten sie mit dem Ohre und beeilten sich, das, was ein jeder hörte, dem anderen vorzusingen; sie kamen dabei gar nicht auf den Gedanken, daß am nächsten Tage andere Töne erklingen und andere Strahlen erscheinen würden, und hatten am folgenden Tage schon vergessen, daß am vorhergehenden der Gesang anders geklungen hatte.

Sie kleidete ihre Herzensergüsse in die Farben, von denen ihre Phantasie im gegenwärtigen Augenblicke erhellt war, hielt diese Farben für naturgetreu und beeilte sich mit unschuldiger, unbewußter Koketterie vor den Augen ihres Freundes in diesem schönen Schmucke zu erscheinen.

Er glaubte an diese zauberhaften Töne und an das entzükkende Licht in noch höherem Grade und beeilte sich, in der ganzen Rüstung seiner Leidenschaft vor sie hinzutreten und ihr den ganzen Glanz und die ganze Macht des Feuers zu zeigen, von dem seine Seele verzehrt wurde.

Sie belogen weder sich selbst noch einander; sie gaben das wieder, was ihr Herz ihnen sagte; aber die Stimme des Herzens ging erst durch das Medium der Phantasie hindurch.

Im Grunde kam es Oblomow gar nicht darauf an, ob Olga in der Gestalt Cordelias erschien und diese Gestalt treu beibehielt, oder einen neuen Weg einschlug und sich in eine andre Gestalt verwandelte, wenn sie nur in denselben Farben und Strahlen erschien, in denen sie in seinem Herzen lebte, und wenn er sich nur dabei wohl fühlte.

Auch Olga fragte nicht, ob ihr leidenschaftlicher Freund ihr den Handschuh aufheben würde, wenn sie ihn einem Löwen in den Rachen würfe, und ob er sich für sie in einen Abgrund stürzen würde, wenn sie nur die Symptome dieser Leidenschaft sah, wenn er nur der idealen Vorstellung ähnlich blieb, die sie sich von einem Manne machte, und besonders von einem Manne, der durch sie zum Leben erwachte, wenn nur von ihrem strahlenden Blicke und von ihrem Lächeln in ihm das Feuer des Lebensmutes aufflammte und er nicht aufhörte, in ihr das Ziel seines Lebens zu sehen.

Und daher spiegelte sich in der vorüberhuschenden Gestalt Cordelias und in dem Feuer der Leidenschaft Oblomows nur ein einziger Augenblick, nur ein einziger kurzer Atemzug der Liebe, nur ein einziger Morgen derselben, nur ein einziges launisches Dessin wider. Am folgenden Tage aber, da leuchtete schon etwas anderes auf, das vielleicht ebenso schön, aber doch etwas anderes war …

## X.

Oblomow befand sich in dem Zustand eines Menschen, der im Sommer soeben mit den Augen den Untergang der Sonne verfolgt hat, nun ihren purpurnen Nachglanz genießt, den Blick von der Abendröte nicht losreißen kann, sich nicht dahin zurückwendet, von wo die Nacht herankommt, sondern nur an die morgige Wiederkehr der Wärme und des Lichtes denkt.

Er lag auf dem Rücken und genoß den letzten Nachklang des gestrigen Zusammenseins. »Ich liebe Sie, ich liebe Sie, ich liebe Sie!« diese Worte zitterten noch in seinen Ohren, schöner als jedes Lied, das Olga sang; die letzten Strahlen ihres tiefen Blickes ruhten noch auf ihm. Er suchte den Sinn, der in diesem Blicke gelegen hatte, zu erkennen, den Grad ihrer Liebe zu bestimmen und war schon nahe daran, einschlafend das Bewußtsein zu verlieren, als plötzlich …

Am andern Morgen stand Oblomow bleich und finster auf; sein Gesicht zeigte die Spuren einer schlaflosen Nacht; die ganze Stirn war voller Runzeln; in seinen Augen war kein Feuer und kein Wunsch. Aller Stolz, der heitere, mutige Blick, die maßvolle, selbstbewußte Schnelligkeit der Bewegungen eines tätigen Menschen – alles war dahin.

In matter Art trank er seinen Tee; er rührte kein Buch an

und setzte sich nicht an den Tisch, sondern zündete sich nachdenklich eine Zigarre an und setzte sich auf das Sofa. In früheren Zeiten würde er sich hingelegt haben; aber jetzt hatte er sich dessen entwöhnt und fühlte sich nicht einmal zu dem Kissen hingezogen; jedoch stützte er sich mit dem Ellbogen darauf, ein Symptom, das auf seine früheren Neigungen hindeutete.

Er machte ein finsteres Gesicht, seufzte manchmal, zuckte plötzlich mit den Schultern und schüttelte bekümmert den Kopf.

In ihm arbeitete etwas heftig; aber was da arbeitete, war nicht die Liebe. Olgas Bild stand ihm vor Augen; aber es schien in der Ferne zu schweben, im Nebel, ohne Strahlen, als ob es ihm fremd wäre; er sah es mit einem schmerzlichen Blicke an und seufzte.

»›Lebe, wie es Gott befiehlt, und nicht wie du willst‹, das ist eine weise Lebensregel; aber …« Und er versank in Gedanken.

»Ja, man kann nicht leben, wie man will; das ist klar«, sagte in seinem Innern eine mürrische, trotzige Stimme; »man gerät in ein Chaos von Widersprüchen hinein, die der menschliche Verstand, mag er auch noch so tief und noch so kühn sein, für sich allein nicht entwirren kann! Gestern hat man etwas gewünscht; heute erreicht man das so leidenschaftlich, bis zur Erschöpfung Gewünschte, und übermorgen errötet man darüber, daß man es gewünscht hat, und verflucht – das kommt dabei heraus, wenn man eigenwillig und dreist im Leben einherschreitet; das ist die Folge des selbstherrlichen ›ich will‹. Man muß vorsichtig tastend gehen, zu vielen Dingen die Augen schließen und nicht vom Glücke phantasieren, sich nicht erdreisten zu murren, weil es einem entschlüpft – das ist das Leben! Wer hat sich das ausgedacht, daß das Leben Glück und Genuß sei? Die Toren! ›Das Leben ist

Leben, eine Pflicht‹, sagte Olga, ›eine Schuldigkeit‹; aber eine Schuldigkeit pflegt nicht leicht zu sein. Tun wir also unsere Pflicht und Schuldigkeit …« Er seufzte.

»Ich werde mit Olga nicht mehr zusammenkommen … O Gott, du hast mir die Augen geöffnet und mir meine Pflicht gezeigt«, sagte er, gen Himmel blickend; »aber wo soll ich die Kraft hernehmen? Mich von ihr trennen! Jetzt ist es noch möglich, wenn auch nur mit Schmerz; dafür werde ich später mich nicht selbst verfluchen und mir Vorwürfe machen, warum ich mich nicht von ihr getrennt habe. Es wird gleich jemand von ihr kommen; sie wollte jemanden schicken … Sie erwartet das nicht …«

Was war die Ursache? Was für ein Wind hatte Oblomow plötzlich angeweht? Was für Wolken hatte dieser Wind herangetrieben? Und warum nahm Oblomow eine so traurige Last auf sich? Und doch hatte er ja wohl erst gestern einen Blick in Olgas Seele geworfen und dort eine lichte Welt und ein lichtes Schicksal gesehen und sein und ihr Horoskop gelesen. Was war denn geschehen?

Gewiß hatte er Abendbrot gegessen oder auf dem Rücken gelegen, und da hatte dann die poetische Stimmung so schrecklichen Gedanken den Platz geräumt.

Es begegnet einem im Sommer oft, daß man an einem stillen, wolkenlosen Abend bei sternenhellem Himmel einschläft und denkt, wie schön am nächsten Tage das Feld bei den lichten Farben des Morgens sein werde; wie vergnüglich es sein werde, in das tiefste Dickicht des Waldes einzudringen und sich da vor der Hitze zu verstecken! … Und auf einmal weckt einen das Trommeln des Regens, und der Himmel ist von grauen, traurigen Wolken bedeckt, und es ist kalt und feucht …

Oblomow hatte am Abend, wie das seine Gewohnheit war, dem Klopfen seines Herzens gelauscht; dann hatte er sein

Herz mit den Händen befühlt, um festzustellen, ob sich da eine verhärtete Stelle auch nicht vergrößert habe; zuletzt hatte er sich in eine Analyse seines Glückes vertieft, war plötzlich auf einen bitteren Tropfen gestoßen und hatte sich vergiftet.

Das Gift wirkte stark und schnell. Er durchlief in Gedanken sein ganzes Leben: zum hundertsten Male ergriff Reue und ein spätes Bedauern über das Vergangene sein Herz. Er stellte sich vor, was er jetzt sein würde, wenn er frisch und munter vorwärts geschritten wäre, um wie viel inhaltreicher und vielseitiger sein Leben sich gestaltet hätte, wenn er tätig gewesen wäre, und ging zu der Frage über, was er jetzt sei, und wie es nur möglich sei, daß Olga ihn liebgewonnen habe und liebe, und wofür.

»Ist das auch nicht ein Irrtum?« fuhr es ihm plötzlich durch den Kopf wie ein Blitz, und dieser Blitz traf ihn gerade ins Herz und zerschmetterte es. Er stöhnte auf »Ein Irrtum! ja … das ist es!« Dieser Gedanke drehte sich in seinem Gehirne herum.

»Ich liebe Sie, ich liebe Sie, ich liebe Sie!« tönte es auf einmal wieder in seinem Gedächtnisse, und sein Herz begann sich zu erwärmen, wurde aber dann plötzlich wieder kalt. »Und dieser dreimalige Ausruf Olgas: ›Ich liebe Sie‹ – was ist das gewesen? Ein Irrtum ihrer Augen, eine hinterlistige Einflüsterung ihres noch unbeschäftigten Herzens; nicht Liebe, sondern nur ein Vorgefühl der Liebe!«

»Diese Stimme wird einmal ertönen, aber so laut erschallen, in einem solchen Akkorde erklingen, daß alle umher zusammenfahren werden! Auch die Tante wird es erfahren und der Baron, und der laute Hall dieser Stimme wird weithin dringen! Jenes Gefühl wird nicht so still seinen Weg nehmen wie ein Bach, der sich im Grase verbirgt und kaum hörbar murmelt.«

»Sie liebt jetzt in derselben Weise, wie sie auf Kanevas stickt: sachte und langsam kommt das Muster zum Vorschein; noch langsamer rollt sie das Fertiggestellte auf, betrachtet es mit Vergnügen, legt es dann beiseite und vergißt es. Ja, das ist nur eine Vorbereitung zur Liebe, ein Versuch, und ich bin das Objekt, das ihr zuerst unter die Hände gekommen ist, ein zum Versuche halbwegs brauchbares Objekt, das ihr der Zufall zugeführt hat ...«

»Der Zufall hat uns ja zusammengeführt und uns einander näher gebracht. Sie hätte mich gar nicht beachtet: Stolz hat auf mich hingewiesen; er hat das junge empfängliche Herz mit seiner Sympathie für mich angesteckt; es wurde Mitleid mit meiner Lage in ihr rege und der ehrgeizige Wunsch, eine träge Seele aus der Schläfrigkeit aufzurütteln, um sie dann wieder zu verlassen.«

»So verhält sich das also!« sagte er voller Entsetzen, indem er sich vom Bette erhob und mit zitternder Hand das Licht anzündete. »Weiter ist nichts da, und weiter ist nie etwas dagewesen! Sie war bereit, die Liebe in sich aufzunehmen; ihr Herz wartete gespannt darauf, und da begegnete ich ihr unversehens und fiel durch einen Irrtum in ihre Hände ... Sobald ein andrer erscheint, wird sie sich voll Entsetzen von ihrem Irrtum ernüchtern! Wie wird sie dann mich anblicken, wie wird sie sich von mir abwenden ... das ist entsetzlich! Ich eigne mir fremdes Besitztum an! Ich bin ein Dieb! Was tue ich, was tue ich? Wie verblendet bin ich – o Gott!«

Er blickte in den Spiegel: er sah blaß und gelb aus, seine Augen waren trübe. Er erinnerte sich an jene glücklichen jungen Männer mit feuchtem, sinnendem, aber machtvollem, tiefem Blicke, wie ihn Olga selbst hatte, an die jungen Männer mit einem zitternden Funken in den Augen, mit einem Siegesbewußtsein im Lächeln, mit kühnem Gange und volltönender Stimme. Und er sagte sich, er werde es erleben,

daß einer von diesen auf den Plan trete und sie plötzlich aufflamme und ihn, Oblomow, anblicke und ... laut auflache!
Er sah noch einmal in den Spiegel. »Solche Menschen liebt man nicht!« sagte er.
Dann legte er sich hin und warf sich mit dem Gesichte auf das Kissen. »Lebe wohl, Olga; werde glücklich!« schloß er.
»Sachar!« rief er am Morgen.
»Wenn ein Diener von Iljinskis kommt und nach mir fragt, so sage, ich sei nicht zu Hause; ich sei gleich nach der Stadt gefahren.«
»Zu Befehl.«
»Aber ... nein, ich will lieber an sie schreiben«, sagte er zu sich selbst; »sonst wird es ihr befremdlich erscheinen, daß ich auf einmal verschwunden bin. Eine offene Darlegung ist unumgänglich notwendig.«
Er setzte sich an den Tisch und begann zu schreiben, schnell, eifrig, mit fieberhafter Hast, nicht so wie er Anfang Mai an den Hauswirt geschrieben hatte. Kein einziges Mal kam ein widerwärtiges zu nahes Zusammenstehen zweier »welcher« und zweier »daß« vor.
»Es wird Ihnen seltsam vorkommen, Olga Sergejewna«, schrieb er, »daß Sie statt eines persönlichen Besuches von mir diesen Brief erhalten, obgleich wir einander doch so oft sehen. Lesen Sie ihn bis zu Ende durch und Sie werden erkennen, daß ich nicht anders handeln kann. Ich hätte mit diesem Briefe beginnen sollen, dann hätten wir beide uns für die Zukunft viele Vorwürfe unseres Gewissen; erspart; aber auch jetzt ist es noch nicht zu spät. Wir haben einander so plötzlich und so schnell liebgewonnen, als ob wir auf einmal beide krank geworden wären, und das hat mich gehindert, früher zur Besinnung zu kommen. Zudem, wer möchte wohl, wenn er ganze Stunden lang Sie ansieht und Ihnen zuhört, freiwillig die schwere Pflicht auf sich nehmen, sich von

der Bezauberung zu ernüchtern? Wie könnte man in jedem Augenblick genug Vorsicht und Willenskraft aufbringen, um bei jedem Abhange stehenzubleiben und sich nicht die schiefe Ebene hinabziehen zu lassen? Tatsächlich habe ich gedacht: ›Weiter will ich mich nicht hinreißen lassen; hier will ich stehenbleiben; das hängt von mir ab;‹ aber ich habe mich trotzdem weiter hinreißen lassen, und jetzt beginnt ein Kampf, in dem ich Ihren Beistand fordere. Ich habe erst heute, in dieser Nacht, eingesehen, wie schnell meine Füße hinabgleiten; erst gestern ist es mir gelungen, tiefer in den Abgrund hineinzuschauen, in den ich falle, und ich habe den Entschluß gefaßt halt zu machen.
Ich spreche nur von mir – nicht aus Egoismus, sondern weil Sie, wenn ich auf dem Boden dieses Abgrundes liegen werde, immer noch wie ein reiner Engel hoch oben schweben werden und vielleicht kaum einen Blick in ihn werden hineinwerfen mögen. Hören Sie zu, ohne alle Umschweife sage ich es Ihnen geradeheraus und mit schlichten Worten: Sie lieben mich nicht und können mich nicht lieben. Hören Sie auf mich erfahrenen Menschen, und glauben Sie mir unbedingt! Mein Herz hat ja schon längst zu schlagen begonnen, allerdings falsch und zu unrechter Zeit; aber gerade das hat mich gelehrt, sein regelrechtes Schlagen von einem nur zufälligen zu unterscheiden. Ihnen ist es unmöglich, aber ich bin imstande und verpflichtet zu wissen, wo die Wahrheit und wo der Irrtum ist, und es ist meine Schuldigkeit, denjenigen, der das noch nicht hat erkennen können, zu warnen. So warne ich Sie denn: Sie sind fehlgegangen; schauen Sie um sich!
Solange die Liebe zwischen uns nur in der Gestalt einer leichtbeschwingten, lächelnden Vision erschien, solange sie nur in *Casta diva* erklang und nur im Dufte eines Fliederzweiges, in unausgesprochener Teilnahme, in schüchternen

Blicken zum Ausdruck kam, hielt ich sie nicht für etwas Wahres, sondern nahm sie für ein Spiel der Phantasie und für eine Einflüsterung der Eitelkeit. Aber die Zeit der mutwilligen Scherze ist vergangen; ich bin an der Liebe erkrankt, habe die Symptome der Leidenschaft an mir verspürt; Sie sind nachdenklich und ernst geworden; Sie haben mir Ihre Mußestunden gewidmet; Ihre Nerven haben sich gemeldet; Sie haben angefangen sich aufzuregen, und da, das heißt erst jetzt, habe ich einen Schreck bekommen und gefühlt, daß es meine Pflicht und Schuldigkeit ist, haltzumachen und zu sagen, wie es steht.

Ich habe Ihnen gesagt, daß ich Sie liebe, und Sie haben mir das Gleiche geantwortet – hören Sie wohl, was für eine Dissonanz darin erklingt? Hören Sie es nicht? Dann werden Sie es später hören, wenn ich schon im Abgrunde liegen werde. Sehen Sie mich an, denken Sie sich in mein Dasein hinein: Können Sie mich lieben, lieben Sie mich? ›Ich liebe Sie, ich liebe Sie, ich liebe Sie!‹ haben Sie gestern gesagt. ›Nein, nein, nein!‹ antwortete ich mit aller Bestimmtheit.

Sie lieben mich nicht; aber Sie lügen nicht (ich beeile mich, das hinzuzufügen), Sie wollen mich nicht betrügen; Sie können nicht ja sagen, wenn in Ihrem Innern eine Stimme nein sagt. Ich will Ihnen nur beweisen, daß Ihr jetziges ›Ich liebe Sie‹ keine jetzige Liebe ist, sondern eine zukünftige; das ist nur ein unbewußtes Bedürfnis zu lieben, das in Ermangelung wirklicher Nahrung und wirklichen Feuers in Gestalt eines falschen, nicht wärmenden Lichtes brennt und bei Frauen manchmal in Liebkosungen gegen ein Kind oder gegen eine andere Frau, oder sogar einfach in Tränen oder hysterischen Anfällen zum Ausdruck kommt. Ich hätte gleich von vornherein ernst zu Ihnen sagen sollen: ›Sie haben sich geirrt; vor Ihnen steht nicht der, den Sie erwartet, von dem Sie geträumt haben. Warten Sie, er wird sich schon

einstellen, und dann werden Sie zur Besinnung kommen: Sie werden sich über Ihren Irrtum ärgern und sich seiner schämen; mir aber wird dann dieser Ärger und dieses Gefühl der Beschämung ein tiefer Schmerz sein‹, das ist's, was ich Ihnen hätte sagen müssen, wenn mir die Natur einen scharfsichtigeren Verstand, einen kühneren Geist und endlich mehr Aufrichtigkeit verliehen hätte ... Ich habe es Ihnen auch gesagt; aber erinnern Sie sich, wie ich es Ihnen gesagt habe: mit Angst, Sie könnten es glauben und die Trennung könnte sich vollziehen. Ich sagte Ihnen im voraus alles, was nachher andere sagen könnten; aber ich tat es, um Sie vorzubereiten, damit Sie nachher nicht darauf hinhörten und es nicht glaubten; ich selbst aber trachtete danach, immer wieder mit Ihnen zusammenzukommen, und dachte: ›Später einmal wird der andre kommen; aber einstweilen bin ich glücklich.‹ Das ist so die Logik des Affekts und der Leidenschaft.
Jetzt denke ich darüber schon anders. Was wird geschehen, frage ich mich, wenn das Band, das mich mit ihr verknüpft, fester wird, wenn es für mich nicht mehr bloß ein Genuß, sondern eine Notwendigkeit ist, sie zu sehen, wenn die Liebe sich in meinem Herz festsaugt (es ist nicht bedeutungslos, daß ich am Herzen eine Verhärtung fühle)? Wie soll ich mich dann losreißen? Werde ich diesen Schmerz überleben? Es wird mir schlimm gehen, sehr schlimm. Schon jetzt kann ich nicht ohne Angst daran denken. Wenn Sie erfahrener und älter wären, so würde ich mein Glück preisen und Ihnen die Hand fürs Leben reichen. Aber so ...
Warum schreibe ich Ihnen? Warum bin ich nicht zu Ihnen gekommen und habe Ihnen offen gesagt, daß mein Verlangen, mit Ihnen zusammenzusein, täglich wächst, daß ich aber nicht mehr mit Ihnen zusammensein darf? Urteilen Sie selbst, ob ich wohl Mut genug haben würde, Ihnen das ins

Gesicht zu sagen! Manchmal möchte ich Ihnen wohl etwas Ähnliches sagen, sage dann aber etwas ganz anderes. Denn ich fürchte, es könnte sich vielleicht auf Ihrem Gesichte Traurigkeit malen (wenn es wahr ist, daß Sie sich mit mir nicht gelangweilt haben), oder Sie könnten in Verkennung meiner guten Absichten sich gekränkt fühlen: weder das eine noch das andere kann ich ertragen, und so sage ich denn wieder etwas anderes, und meine ehrlichen Absichten verflattern im Winde und enden mit einer Verabredung zu einer Zusammenkunft am nächsten Tage. Jetzt, wo Sie nicht bei mir sind, ist es eine ganz andere Sache: ich habe Ihre sanften Augen, Ihr gutes, hübsches Gesichtchen nicht vor mir; das Papier ist geduldig und schweigt, und ich schreibe ruhig (das ist gelogen): *wir werden uns nicht mehr wiedersehen* (das ist nicht gelogen).

Ein andrer würde hinzufügen: ›Ich schreibe das unter strömenden Tränen‹; aber ich lege es nicht darauf an, mir vor Ihnen ein Air zu geben, und drapiere mich nicht in meine Trauer; denn ich will den Schmerz nicht vergrößern, das Mitleid und den Kummer nicht noch mehr steigern. Hinter einer solchen Drapierung verbirgt sich gewöhnlich die Absicht, in dem Boden des Gefühls tiefer Wurzel zu schlagen; ich aber will sowohl bei Ihnen als auch bei mir den Keim des Gefühles vernichten. Und auch Tränen zu vergießen paßt nur entweder für Verführer, die durch Phrasen die unvorsichtige Eitelkeit der Frauen zu ködern suchen, oder für schmachtende Träumer. Ich sage das, indem ich von Ihnen Abschied nehme, so wie man von einem guten Freund Abschied nimmt, der eine weite Reise antritt. In drei Wochen, in einem Monat würde es schon zu spät, zu schwer sein: die Liebe macht unglaublich schnelle Fortschritte; sie ist eine Art von seelischer Brandkrankheit. Auch jetzt schon bin ich ein ganz anderer als früher; ich rechne nicht nach Stunden und Minuten und kümmere mich nicht um Sonnenaufgang und Sonnenuntergang, sondern ich rechne so: ich habe sie gesehen, habe sie nicht gesehen, werde sie sehen, werde sie nicht sehen; sie ist gekommen, ist nicht gekommen, wird kommen ... All das steht jungen Leuten wohl, die sowohl angenehme als auch unangenehme Aufregungen leicht ertragen; aber für mich paßt Ruhe, wenn auch eine langweilige, schläfrige Ruhe; die ist mir vertraut; mit Stürmen dagegen komme ich nicht zurecht.

Viele mögen sich über meine Handlung wundern: ›Warum läuft er davon?‹ werden sie sagen. Andere werden sich über mich lustig machen; meinetwegen, ich bin auch darauf gefaßt. Wenn ich mich schon dazu entschließe, Sie nicht mehr wiederzusehen, so bin ich auf alles gefaßt.

In meinem tiefen Kummer ist es mir ein kleiner Trost, daß diese kurze Episode unseres Lebens mir für alle Zeit eine reine, erquickende Erinnerung bleiben wird. Schon sie allein wird mich davor behüten, wieder in den früheren seelischen Schlaf zu versinken; Ihnen aber wird sie, ohne zu schaden, als Leitfaden in Ihrer künftigen normalen Liebe dienen. Leben Sie wohl, Sie Engel; fliegen Sie schnell fort, wie ein erschrockenes Vögelchen von einem Zweige fortfliegt, auf den es sich irrtümlich gesetzt hat; fliegen auch Sie ebenso leicht, munter und lustig wie ein solches Tierchen von dem Zweige fort, auf den Sie sich unversehens gesetzt haben!«

Oblomow hatte in lebhafter Erregung geschrieben; die Feder war nur so über die Seiten dahingeflogen. Seine Augen leuchteten, seine Backen brannten. Der Brief war etwas lang ausgefallen, wie alle Liebesbriefe: Liebhaber sind eben schrecklich redselig.

»Sonderbar! Es ist mir jetzt nicht mehr traurig ums Herz, ich fühle mich nicht mehr bedrückt!« dachte er. »Ich bin beinah glücklich ... Woher kommt das? Gewiß daher, weil ich die

Last von meiner Seele genommen und in den Brief gelegt habe.«
Er las den Brief noch einmal durch, faltete ihn zusammen und siegelte ihn zu.
»Sachar!« sagte er. »Wenn ein Diener kommt, so gib ihm diesen Brief für das gnädige Fräulein.«
»Zu Befehl«, antwortete Sachar.
Oblomow war tatsächlich beinah vergnügt. Er setzte sich auf das Sofa, legte die Beine darauf und fragte sogar, ob nichts zum Frühstück da sei. Er aß zwei Eier und zündete sich eine Zigarre an. Kopf und Herz, beide waren ihm voll; er lebte. Er stellte sich vor wie Olga den Brief erhalten, wie erstaunt sie sein und was für ein Gesicht sie beim Durchlesen machen werde. Was mochte dann kommen? …
Er genoß den Vorausblick auf diesen Tag und die Neuheit der Situation … Mit stark pochendem Herzen horchte er, ob an die Tür geklopft werde, ob ein Diener komme, ob Olga den Brief schon gelesen habe … Nein, im Vorzimmer blieb alles still.
»Was hat das zu bedeuten?« dachte er beunruhigt. »Es ist noch niemand dagewesen; wie geht das zu?«
Eine geheime Stimme flüsterte ihm sogleich zu: »Warum beunruhigst du dich? Das wolltest du ja gerade, daß nichts weiter geschehe und die Beziehungen abgebrochen seien!« Aber er erstickte diese Stimme.
Eine halbe Stunde darauf veranlaßte er durch wiederholtes Rufen Sachar vom Hofe hereinzukommen, wo er mit einem Kutscher saß.
»Ist niemand dagewesen?« fragte er. »Ist keiner gekommen?«
»Doch, es ist jemand gekommen«, antwortete Sachar.
»Was hast du denn gesagt?«
»Ich habe gesagt, Sie wären nicht zu Hause; Sie wären nach der Stadt gefahren.«

Oblomow starrte ihn mit weit geöffneten Augen an.
»Warum hast du denn das gesagt?« fragte er. »Was habe ich dir befohlen zu tun, wenn ein Diener kommt?«
»Es ist ja gar kein Diener gekommen, sondern das Stubenmädchen«, antwortete Sachar mit unerschütterlichem Gleichmute.
»Und hast du den Brief abgegeben?«
»Nein. Sie haben mir ja zuerst befohlen, ich sollte sagen, Sie wären nicht zu Hause, und dann, ich sollte den Brief abgeben. Wenn also ein Diener kommen wird, so werde ich ihn abgeben.«
»Nein, nein, du … du bist geradezu ein Mörder! Wo ist der Brief? Gib ihn her!« sagte Oblomow.
Sachar brachte den Brief, der schon erheblich beschmutzt war.
»Wasch dir doch die Hände; da sieh mal!« sagte Oblomow ärgerlich, auf einen Schmutzfleck hinzeigend.
»Meine Hände sind rein«, versetzte Sachar, zur Seite blikkend.
»Anisja, Anisja!« rief Oblomow.
Anisja streckte vom Vorzimmer aus den Oberkörper durch die Tür herein.
»Sieh nur, was Sachar anrichtet!« beschwerte er sich bei ihr. »Da hast du einen Brief; den gib dem Diener oder dem Stubenmädchen, wer gerade von Iljinskis kommt; sie sollen ihn dem gnädigen Fräulein bringen – hast du gehört?«
»Sehr wohl, Väterchen. Ich werde ihn schon abgeben!«
Aber kaum war sie wieder ins Vorzimmer gekommen, als Sachar ihr den Brief aus der Hand riß.
»Scher' dich weg, scher' dich weg!« schrie er. »Kümmere dich um deine Weiberarbeit!«
Bald darauf kam das Stubenmädchen wieder gelaufen. Sachar öffnete ihr die Tür, und Anisja wollte zu ihr herantreten; aber Sachar blickte sie wütend an.

»Was willst du hier?« fragte er sie mit seiner heiseren Stimme.
»Ich wollte bloß zuhören, wie du ...«
»Halt' den Mund!« schrie er sie an und holte mit dem Ellbogen gegen sie aus; »du hast nicht mitzureden!«
Sie lächelte und ging hinaus, beobachtete aber vom andern Zimmer aus durch die Türritze, ob Sachar auch tue, was der Herr befohlen hatte.
Ilja Iljitsch, der den Lärm gehört hatte, kam selbst herausgelaufen.
»Was willst du, Katja?« fragte er.
»Das gnädige Fräulein läßt fragen, wohin Sie gefahren sind. Aber Sie sind ja gar nicht weggefahren, Sie sind ja zu Hause! Ich werde hinlaufen und es ihr melden«, sagte sie und wollte davonlaufen.
»Ich bin zu Hause. Der da schwatzt immer Unsinn«, sagte Oblomow. »Da, gib dem gnädigen Fräulein den Brief!«
»Zu Befehl, ich werde ihn ihr geben.«
»Wo ist das gnädige Fräulein jetzt?«
»Sie ist ins Dorf gegangen und läßt sagen, wenn Sie mit dem Buche fertig wären, möchten Sie in den Park kommen, so zwischen eins und zwei.«
Sie ging weg.
»Nein, ich werde nicht hingehen ... wozu soll ich mein Gefühl ausreizen, wenn doch alles beendet sein muß? ...« dachte Oblomow, während er die Richtung nach dem Dorfe einschlug.
Er sah von weitem, wie Olga auf dem Berge hinging, und wie Katja sie einholte und ihr den Brief gab; er sah, wie Olga einen Augenblick stehenblieb, den Brief ansah, nachdachte, dann Katja zunickte und in eine Allee des Parks einbog.
Oblomow machte einen Umweg an dem Berge entlang, betrat dieselbe Allee von der andern Seite her, setzte sich, als er

bis zur Mitte derselben gelangt war, zwischen den Büschen auf das Gras und wartete.

»Sie wird hier vorbeikommen«, dachte er; »ich will nur unbemerkt sehen, wie sie sich benimmt, und mich dann für immer entfernen.«

Er wartete mit Herzklopfen darauf, ihre Schritte zu hören. Aber es blieb alles still. Die Natur war von tätigem Leben erfüllt; ringsherum war eine unsichtbare Kleinarbeit eifrig im Gange; aber es hatte den Anschein, als liege alles in feierlicher Ruhe.

Im Grase war jedoch alles in Bewegung und kroch und hastete. Da liefen Ameisen unruhig und geschäftig nach verschiedenen Richtungen, stießen zusammen, zerstreuten sich, hatten es eilig, gerade wie wenn man von oben auf einen Markt von Menschen hinabblickte: da sieht man auch dieselben Zusammenhäufungen, dasselbe Gedränge und Gewimmel des Volkes.

Hier summte eine Hummel um eine Blume herum und kroch in ihren Kelch hinein; dort saßen Fliegen in dichter Menge um einen Safttropfen, der aus einer kleinen Ritze in der Rinde eines Lindenbaumes herausgetreten war; da wiederholte ein Vogel irgendwo im Dickicht schon lange immer ein und denselben Ton; er rief vielleicht einen andern.

Hier drehten sich zwei Schmetterlinge in der Luft umeinander herum, wie im Walzer umherwirbelnd, und jagten um die Baumstämme. Das Gras duftete stark; aus ihm ertönte ein nie verstummendes Zirpen …

»Was ist das hier für ein Getreibe!« dachte Oblomow, während er diese emsige Tätigkeit betrachtete und auf die kleinen Geräusche der Natur horchte; »aber von außen ist alles so still und ruhig! …«

Schritte aber waren immer noch nicht zu hören. Endlich, da … »Ach!« seufzte Oblomow, der die Zweige leise aus-

einandergebogen hatte. »Sie ist es, sie ist es … Aber was ist das? Sie weint! O Gott!«
Olga kam langsam gegangen und wischte sich mit dem Taschentuche die Tränen ab; aber kaum hatte sie sie weggewischt, so erschienen auch schon neue. Sie schämte sich, verschluckte sie und wollte sie sogar vor den Bäumen verbergen; aber sie vermochte es nicht. Oblomow hatte Olga noch nie weinen sehen; er hatte nicht erwartet, daß sie das tun werde, und ihre Tränen verbrannten ihn gleichsam, aber so, daß ihm davon nicht heiß, sondern warm wurde.
Er trat schnell zu ihr heran.
»Olga, Olga!« sagte er zärtlich, indem er ihr folgte.
Sie fuhr zusammen, schaute um sich, sah ihn erstaunt an, wendete sich dann ab und ging weiter.
Er ging neben ihr her.
»Sie weinen?« sagte er.
Ihre Tränen flossen noch stärker. Sie konnte sie nicht mehr zurückhalten, drückte sich das Taschentuch vor das Gesicht, brach in Schluchzen aus und setzte sich auf die erste Bank, zu der sie kam.
»Was habe ich angerichtet!« flüsterte er erschrocken, ergriff ihre Hand und suchte sie von ihrem Gesichte wegzuziehen.
»Lassen Sie mich!« sagte sie. »Gehen Sie weg! Warum sind Sie hier? Ich weiß, daß ich nicht weinen sollte: worüber auch? Sie haben ganz recht: ja, es könnte sich allerlei zutragen.«
»Was muß ich tun, damit Sie nicht mehr weinen?« fragte er und sank vor ihr auf die Knie. »Sprechen Sie, befehlen Sie: ich bin zu allem bereit …«
»Sie haben mich zum Weinen gebracht; aber meine Tränen zu stillen steht nicht in Ihrer Macht … So stark sind Sie nicht! Lassen Sie mich!« sagte sie und fächelte sich mit dem Taschentuche das Gesicht.

Er sah sie an und stieß innerlich Verwünschungen gegen sich aus.

»Der unglückselige Brief!« sagte er reuevoll.

Sie öffnete ihr Arbeitskörbchen, nahm den Brief heraus und reichte ihn ihm.

»Da haben Sie ihn zurück«, sagte sie; »nehmen Sie ihn wieder mit sich fort, damit ich nicht so lange bei seinem Anblicke weinen muß.«

Er steckte ihn schweigend in die Tasche, setzte sich neben sie und ließ den Kopf hängen.

»Wenigstens werden Sie doch meine Absichten Gerechtigkeit widerfahren lassen, Olga?« sagte er leise. »Mein Brief ist ja ein Beweis, wie teuer mir Ihr Glück ist.«

»Jawohl, mein Glück ist Ihnen teuer!« erwiderte sie seufzend. »Nein, Ilja Iljitsch, Sie haben mir mein stilles Glück gewiß nicht gegönnt und sich beeilt, es zu zerstören.«

»Es zu zerstören! Also haben Sie meinen Brief nicht gelesen? Ich will Ihnen darauf wiederholen …«

»Ich habe ihn nicht bis zu Ende gelesen, weil meine Augen sich mit Tränen füllten; ich bin noch ein dummes Ding! Aber ich habe das übrige erraten: wiederholen Sie es nicht, damit ich nicht noch mehr weinen muß …«

Die Tränen fingen ihr wieder an zu tropfen.

»Entsage ich Ihnen denn nicht deshalb«, begann er, »weil ich voraussehe, daß Sie später einmal an der Seite eines andern Ihr Glück finden werden, und weil ich mich Ihrem Glücke zum Opfer bringe? … Tue ich das etwa kalten Blutes? Weint etwa bei mir nicht alles innerlich? Warum tue ich es denn?«

»Warum?« sprach sie ihm nach, indem sie plötzlich aufhörte zu weinen und sich zu ihm wandte. »Aus demselben Grunde, aus dem Sie sich jetzt im Gebüsch versteckt haben: um zu sehen, ob ich weinen werde und wie ich weinen werde, –

darum! Wenn Sie wirklich das wollten, was in dem Briefe steht, wenn Sie der Überzeugung wären, daß eine Trennung notwendig ist, dann wären Sie ins Ausland gereist, ohne mich noch einmal gesehen zu haben.«

»Welch ein Gedanke! ...« erwiderte er vorwurfsvoll, ohne jedoch zu Ende zu sprechen. Diese Vermutung frappierte ihn; denn es wurde ihm auf einmal klar, daß dies richtig war.

»Ja«, fuhr sie fort, »gestern wollten Sie von mir die Worte: ›Ich liebe Sie‹ hören; heute trugen Sie nach meinen Tränen Verlangen, und morgen werden Sie vielleicht zu sehen wünschen, wie ich sterbe.«

»Olga, wie können Sie mich nur so kränken! Glauben Sie denn nicht, daß ich jetzt mein halbes Leben dafür hingeben würde, um Ihr Lachen zu hören und Sie nicht weinen zu sehen ...«

»Ja, jetzt vielleicht, nachdem Sie schon gesehen haben, wie ein Weib um Sie weint ... Nein«, fügte sie hinzu, »Sie haben kein Herz. Sie wollten mich nicht zum Weinen bringen, sagen Sie; nun, wenn Sie das nicht wollten, so hätten Sie anders gehandelt ...«

»Habe ich das etwa gewußt?! ...« rief er in fragendem Tone aus und legte beide Handflächen an seine Brust.

»Wenn das Herz liebt, so hat es seinen eigenen Verstand«, erwiderte sie; »es weiß, was es will, und weiß voraus, was die Folge sein wird. Ich durfte gestern eigentlich nicht hierher kommen, weil wir plötzlich Besuch bekommen hatten; aber ich wußte, daß Sie sich grämen würden, wenn Sie vergeblich auf mich warteten, und daß Sie vielleicht schlecht schlafen würden: so kam ich denn her, weil ich nicht wollte, daß Sie sich grämten ... Aber Sie ... Sie freuen sich darüber, daß ich weine. Sehen Sie her, sehen Sie her, genießen Sie Ihr Vergnügen! ...«

Und sie brach wieder in Tränen aus.

»Ich habe trotzdem schlecht geschlafen, Olga; ich habe mich die ganze Nacht über gequält ...«

»Und es hat Ihnen leid getan, daß ich gut geschlafen und mich nicht gequält habe – nicht wahr?« unterbrach sie ihn. »Wenn ich jetzt nicht geweint hätte, würden Sie auch heute schlecht schlafen.«

»Was soll ich denn jetzt tun? Um Verzeihung bitten?« fragte er mit demütiger Zärtlichkeit.

»Kinder bitten um Verzeihung, oder wenn man im Gedränge jemanden auf den Fuß getreten hat; aber hier hilft keine Bitte um Verzeihung«, sagte sie und fächelte sich wieder mit ihrem Taschentuche Luft ins Gesicht.

»Aber, Olga, wenn ich recht habe, wenn meine Auffassung zutrifft und Ihre Liebe ein Irrtum ist? Wenn Sie einen andern liebgewinnen werden und dann bei meinem Anblick erröten werden? ...«

»Nun, was tut das?« fragte sie und sah ihn mit einem so ironischen, tiefen, durchdringenden Blicke an, daß er verlegen wurde.

»Sie will etwas aus mir herausholen!« dachte er. »Nimm dich zusammen, Ilja Iljitsch!«

»Was tut das!« wiederholte er mechanisch ihre Worte. »Wie meinen Sie das?« Er blickte sie beunruhigt an und konnte nicht erraten, was für ein Gedanke sich in ihrem Kopfe formulierte, und wie sie ihr »Was tut das?« rechtfertigen werde, da es doch augenscheinlich unmöglich war, die Folgen dieser Tat zu rechtfertigen, wenn sie ein Irrtum war.

Sie sah ihn selbstbewußt an, hatte sich, wie es schien, ihren Gedanken vollkommen zurechtgelegt und war von seiner Richtigkeit überzeugt.

»Sie fürchten«, erwiderte sie scharf, »auf den Boden eines Abgrundes zu fallen; es erschreckt Sie die Kränkung, die ich Ihnen später einmal dadurch zufügen werde, daß ich aufhöre,

Sie zu lieben. ›Es wird mir schlimm gehen‹, schreiben Sie …«
Er verstand immer noch nicht recht, worauf sie hinauswollte.
»Aber mir wird es ja dann gut gehen, wenn ich einen andern liebgewonnen habe; dann werde ich glücklich sein! Und Sie sagen, Sie sähen das voraus, daß ich später einmal glücklich sein werde, und seien bereit, mir alles zum Opfer zu bringen, sogar das Leben?«
Er blickte sie unverwandt an; seine weitgeöffneten Augen zwinkerten nur ab und zu.
»Sieh mal an, was da für logische Schlüsse herauskommen!« flüsterte er. »Ich muß gestehen, das hatte ich nicht erwartet …«
Sie musterte ihn spöttisch vom Kopf bis zu den Füßen.
»Und das Glück, das Ihnen beinahe den Verstand raubt?« fuhr sie fort. »Und diese Morgen und Abende, dieser Park und meine Worte: ›Ich liebe Sie‹ – all das ist nichts wert, ist nicht wert, daß man einen Preis dafür bezahle, ein Opfer bringe, einen Schmerz erleide?«
»Ach, könnte ich doch in die Erde sinken!« dachte er. Seine innere Qual wuchs in demselben Maße, in welchem Olgas Gedanke sich vor seinem geistigen Blicke immer mehr enthüllte.
»Aber wenn Sie nun«, begann sie im Tone einer erregten Frage, »dieser Liebe müde werden, wie Sie der Bücher, der Amtstätigkeit und des gesellschaftlichen Lebens müde geworden sind; wenn Sie mit der Zeit, auch ohne daß ich eine Rivalin bekomme und Sie von einer andern Liebe ergriffen werden, an meiner Seite einschlafen, wie Sie es bei sich zu Hause auf dem Sofa tun, und meine Stimme Sie nicht aufzuwecken vermag; wenn die Verhärtung an Ihrem Herzen vergeht; wenn, ich will gar nicht einmal sagen eine andere Frau, sondern Ihr Schlafrock Ihnen teurer werden wird als ich? …«

»Olga, das ist unmöglich!« unterbrach er sie unzufrieden und rückte von ihr weg.

»Warum soll das unmöglich sein?« fragte sie. »Sie sagen, ich sei in einem Irrtum befangen und würde später einen andern liebgewinnen; ich aber denke manchmal, daß Sie einfach aufhören werden mich zu lieben. Und was dann? Wie werde ich das, was ich jetzt tue, rechtfertigen? Sehen wir selbst ab von dem, was die Menschen und die Welt dazu sagen werden; aber was werde ich mir selbst sagen? … Auch mich läßt dieser Gedanke manchmal nicht schlafen; aber ich quäle Sie nicht mit Vermutungen über die Zukunft, weil ich an eine bessere Gestaltung der Dinge glaube. Das Gefühl des Glückes ist bei mir stärker als die Furcht. Ich schätze es für nichts Geringes, wenn Ihre Augen bei meinem Anblick aufleuchten, wenn Sie auf Hügel steigen, um mich zu suchen, wenn Sie Ihre Trägheit vergessen und um meinetwillen in der Hitze nach der Stadt eilen, um ein Bukett oder ein Buch zu holen, wenn ich sehe, daß ich Sie dazu bringe, zu lächeln oder das Leben zu lieben … Ich warte nur auf eines, ich suche nur eines: das Glück, und ich glaube, daß ich es gefunden habe. Wenn ich mich irre, wenn es wahr ist, daß ich über meinen Irrtum weinen werde, so fühle ich wenigstens jetzt«, (sie legte die Hand auf das Herz) »daß ich an ihm unschuldig bin; ich sage mir: das Schicksal hat es nicht gewollt; Gott hat es nicht gegeben. Aber ich fürchte mich nicht vor zukünftigen Tränen; ich werde nicht ohne ein Entgelt weinen; ich werde für meine Tränen etwas gekauft haben … Es ist mir ja so wohl … gewesen! …« fügte sie hinzu.

»Lassen Sie dieses Gefühl des Wohlseins wiederkehren!« flehte Oblomow.

»Aber Sie sehen in der Zukunft nur Düsteres; Ihnen ist am Glücke nichts gelegen … Das ist Undankbarkeit«, fuhr sie fort; »das ist nicht Liebe, sondern …«

»Egoismus«, ergänzte Oblomow; er wagte nicht Olga anzusehen, wagte nicht zu reden, wagte nicht um Verzeihung zu bitten.

»Sehen Sie«, sagte sie leise, »wohin Sie gehen wollten.«

Er sah sie an; ihre Augen waren trocken geworden. Sie blickte nachdenklich nach unten und zeichnete mit dem Sonnenschirm im Sande.

»Legen Sie sich wieder auf den Rücken«, fügte sie dann hinzu; »dann werden Sie sich nicht irren und in keinen Abgrund stürzen.«

»Ich habe mich vergiftet und Sie vergiftet, statt in einfacher, natürlicher Weise glücklich zu sein«, murmelte er reuevoll.

»Trinken Sie etwas Kwaß; dann werden Sie sich nicht vergiften«, stichelte sie.

»Olga, das ist nicht großmütig!« sagte er. »Nachdem ich mich selbst durch das Bewußtsein bestraft habe …«

»Ja, in Worten bestrafen Sie sich, stürzen sich in Abgründe, geben Ihr halbes Leben hin; aber dann kommt ein Zweifel, eine schlaflose Nacht: wie zärtlich werden Sie dann gegen sich selbst, wie vorsichtig und besorgt, wie weit sehen Sie in die Zukunft voraus! …«

»Welch eine Wahrheit! Und wie einfach sie ist!« dachte Oblomow; aber er schämte sich, es laut zu sagen. Warum hatte er sich diese Wahrheit nicht selbst klargemacht, sondern sie sich von einer Frau klarmachen lassen, die erst zu leben begann? Und wie schnell war sie zum Verständnis gelangt! Noch vor kurzem hatte sie den Eindruck eines Kindes gemacht.

»Wir haben nun über nichts mehr miteinander zu reden«, schloß sie und stand auf. »Leben Sie wohl, Ilja Iljitsch, und seien Sie … ruhig; darin besteht ja Ihr Glück.«

»Olga! Nein, um Gotteswillen, nein! Treiben Sie mich jetzt nicht von sich, wo alles wieder klar geworden ist …« sagte er, indem er ihre Hand ergriff.

»Was wollen Sie noch von mir? Sie zweifeln, ob meine Liebe zu Ihnen nicht ein Irrtum ist; ich kann Sie inbetreff dieses Zweifels nicht beruhigen; vielleicht ist sie wirklich ein Irrtum – ich weiß es nicht …«

Er ließ ihre Hand los. Wieder war der Dolch gegen ihn gezückt.

»Wie ist es denn möglich, daß Sie das nicht wissen? Fühlen Sie das denn nicht?« fragte er, und sein Gesicht drückte wieder einen Zweifel aus. »Vermuten Sie es etwa?«

»Ich vermute nichts; ich habe Ihnen gestern gesagt, was ich fühle; aber was nach einem Jahre sein wird, das weiß ich nicht. Gibt es etwa nach *einem* Glücke ein zweites und dann ein drittes ebensolches?« fragte sie, ihn mit großen Augen ansehend. »Sprechen Sie; Sie haben mehr Erfahrung als ich.«

Aber er mochte sie in diesem Gedanken nicht noch bestärken und schwieg, indem er mit der einen Hand eine junge Akazie schüttelte.

»Nein, man liebt nur einmal!« sagte er wie ein Schüler, der einen auswendig gelernten Satz hersagt.

»Sehen Sie wohl; das glaube ich auch«, fügte sie hinzu. »Wenn es sich aber anders verhält, so werde vielleicht auch ich aufhören, Sie zu lieben, und der begangene Irrtum wird mir vielleicht Schmerz bereiten, und Ihnen ebenfalls; vielleicht werden wir uns dann trennen! … Zwei-, dreimal lieben … nein, nein … Ich mag nicht glauben, daß das möglich ist!«

Er seufzte. Von diesem »Vielleicht« drehte sich ihm das Herz im Leibe herum, und er schlich nachdenklich hinter ihr her. Aber mit jedem Schritte wurde ihm leichter zumute; der »Irrtum«, den er sich in der Nacht ausgenommen hatte, gehörte nun einer so fernen Zukunft an … »So ist es ja nicht allein mit der Liebe; so ist es ja mit dem ganzen Leben …« ging es ihm auf einmal durch den Kopf; »und wenn man alles, was einem begegnet, als Irrtum von sich stößt, wann wird dann etwas kommen, was kein Irrtum wäre? Was habe ich nur getan? Als ob ich blind geworden wäre ...«

»Olga«, sagte er und berührte ihre Taille ganz sachte mit zwei Fingern (sie blieb stehen): »Sie sind klüger als ich.«

Sie schüttelte den Kopf.

»Nein, ich bin nur schlichter und kühner. Wovor fürchten Sie sich denn? Glauben Sie denn im Ernst, daß man aufhören kann zu lieben?« fragte sie mit stolzer Sicherheit.

»Jetzt fürchte auch ich mich nicht«, antwortete er mutig. »An Ihrer Seite ist mir kein Los schrecklich!«

»Diese Worte habe ich unlängst irgendwo gelesen ... ich glaube, bei Sue«, erwiderte sie in ironischem Tone, indem sie sich zu ihm wandte. »Nur sagte sie da eine Frau zu einem Manne ...«

Ihrem Begleiter stieg das Blut ins Gesicht.

»Olga! Lassen Sie alles wieder wie gestern sein!« flehte er. »Ich werde keine Irrtümer mehr befürchten.«

Sie schwieg.

»Nun, wenn Sie nicht sprechen wollen, so geben Sie mir irgendein Zeichen ... einen Fliederzweig ...«

»Der Flieder ist schon vorbei, verblüht!« antwortete sie. »Da, sehen Sie nur, was davon noch übrig ist: ganz verwelkt!«

»Er ist vorbei, verwelkt!« sprach er ihr nach, den Flieder betrachtend. »Aber auch der Brief ist vorbei!« sagte er plötzlich.

Sie schüttelte verneinend den Kopf. Er ging hinter ihr her und stellte im stillen Betrachtungen an über den Brief, über das gestrige Glück und über den verwelkten Flieder.

»Der Flieder ist wirklich verwelkt!« dachte er. »Wozu war nur der Brief? Warum habe ich die ganze Nacht nicht geschlafen und am Morgen geschrieben? Aber jetzt, wie ruhig mir jetzt wieder ums Herz geworden ist ...« (er gähnte) »... ich bin furchtbar schläfrig. Aber wenn der Brief nicht gewesen wäre, so würde auch von alledem nichts geschehen sein: sie hätte nicht geweint; alles wäre wie gestern; wir säßen hier still in der Allee, sähen einander an und sprächen von unserm Glükke. Und wie es heute wäre, so wäre es auch morgen ...« Er gähnte mit weit geöffnetem Munde.

Dann kam ihm plötzlich der Gedanken, was geschehen wäre, wenn dieser Brief seinen Zweck erreicht hätte, wenn sie seine Ansicht geteilt und, wie er, sich vor Irrtümern und zukünftigem Unglück gefürchtet hätte, wenn sie auf seine sogenannte Erfahrung und verständige Überlegung gehört und damit einverstanden gewesen wäre, daß sie sich trennten und einander vergäßen.

Um Gottes willen! Dann müßte er Abschied nehmen und nach der Stadt, in die neue Wohnung fahren! Und dann käme eine lange, lange Nacht, ein langweiliges Morgen, ein unerträgliches Übermorgen und eine Reihe immer blasserer Tage ...

Wie sollte er das aushalten? Das wäre der Tod! Und es wäre so gekommen! Er wäre krank geworden. Er hatte ja auch gar keine Trennung gewollt; er hätte sie nicht ertragen; er wäre hingegangen und hätte um eine Zusammenkunft gebeten. »Warum habe ich nur den Brief geschrieben?« fragte er sich.

»Olga Sergejewna!« sagte er.

»Was wünschen Sie?«

»Zu allen meinen Geständnissen muß ich noch eines hinzufügen ...«

»Nämlich?«

»Der Brief war ja ganz unnötig ...«

»Das ist nicht wahr; er war unumgänglich notwendig«, antwortete sie in festem Tone.

Sie drehte sich herum und lachte, als sie sah, was er für ein Gesicht machte, wie seine Schläfrigkeit plötzlich vergangen war, und wie er vor Erstaunen die Augen weit aufriß.

»Unumgänglich notwendig?« wiederholte er langsam und richtete einen erstaunten Blick auf ihren Rücken; aber da war nichts zu sehen als die beiden Troddeln ihrer Mantille.

»Was bedeuteten denn diese Tränen und diese Vorwürfe? Ist das wirklich nur ein listiges Manöver gewesen?« dachte er. Aber das lag nicht in Olgas Wesen; das wußte er genau.

An listigen Manövern finden nur mehr oder weniger beschränkte Frauen ihr Vergnügen. In Ermangelung eines geraden Verstandes bedienen sie sich des im kleinlichen Alltagslebens üblichen Mittels der List und betreiben ihre häusliche Politik wie das Spitzenklöppeln, ohne zu bemerken, wie um sie herum die Hauptlinien des Lebens sich gestalten, welche Richtung sie nehmen, und wo sie sich vereinigen.

Mit der List ist es dieselbe Sache wie mit Kleingeld. für das man nicht viel kaufen kann. Wie man für Kleingeld eine oder zwei Stunden leben kann, so kann man mittels der List hier etwas verbergen, dort einen Betrug begehen oder etwas verdrehen; aber um einen weiten Horizont zu überblicken, ein großes, wichtiges Unternehmen in die Wege zu leiten und durchzuführen, dazu reicht sie nicht aus.

Die List ist kurzsichtig; gut sieht sie nur das, was sie unmittelbar vor der Nase hat, aber nicht das, was weiter entfernt ist, und daher fällt sie oft selbst in die Falle, die sie anderen gestellt hat.

Olga war einfach klug: so zum Beispiel gleich die vorliegende Frage, mit weicher Leichtigkeit und Klarheit hatte sie die gelöst; und so hätte sie es auch mit jeder anderen gemacht! Sie erkannte sogleich die wahre Bedeutung eines Ereignisses und trat an dasselbe auf geradem Wege heran. Aber die List ist wie eine Maus: sie läuft rings umher und versteckt sich. Da hatte Olga einen ganz anderen Charakter.

»Was heißt denn das?« dachte Oblomow. »Was steckt da wieder Neues dahinter?« – Und laut fragte er. »Warum war denn der Brief unumgänglich notwendig?«

»Warum?« antwortete sie und drehte sich schnell mit heiterem Gesichte zu ihm herum, erfreut darüber, daß sie es verstand, ihn auf Schritt und Tritt in Verlegenheit zu setzen. Sie machte eine kleine Pause und begann dann: »Weil Sie die Nacht über nicht geschlafen und dann in meinem Interesse so lang geschrieben haben; ich bin ebenfalls eine Egoistin! Das ist Nummer eins …«

»Warum haben Sie mir denn soeben Vorwürfe gemacht, wenn Sie jetzt selbst mit mir einverstanden sind?« unterbrach Oblomow sie.

»Zur Strafe dafür, daß Sie die Quälerei ersonnen haben. Ich habe sie nicht ersonnen; ich habe mich ihrer nur zufällig bedient und freue mich darüber, daß sie jetzt vorbei ist. Sie aber haben sie mit Bedacht vorbereitet und sich im voraus darauf gefreut. Sie sind boshaft! Deswegen habe ich Ihnen Vorwürfe gemacht. Ferner regen sich in Ihrem Briefe Gedanken und Gefühle … Sie haben in dieser Nacht und an diesem Morgen nicht in Ihrer üblichen Weise gelebt, sondern so, wie Sie nach Ihres Freundes und meinem Wunsche leben sollen – das ist Nummer zwei. Endlich drittens …«

Sie trat so nahe an ihn heran, daß ihm das Blut zum Herzen und zum Kopfe strömte; er atmete schwer und aufgeregt. Aber sie blickte ihm gerade in die Augen.

»Drittens, weil in diesem Briefe wie in einem Spiegel Ihre zärtliche Liebe, Ihre behutsame Sorge um mich, Ihre Besorgnis um mein Glück, Ihr reines Gewissen sichtbar sind … alles, was mir Andrei Iwanowitsch an Ihnen gezeigt hat, und was ich liebgewonnen habe, und um deswillen ich Ihre Trägheit und Ihre Apathie vergesse … Sie haben da, ohne es zu wollen, Ihr eigenes Wesen offen hingestellt: Sie sind kein Egoist, Ilja Iljitsch; Sie haben gar nicht geschrieben, um eine Trennung herbeizuführen (die wünschten Sie gar nicht), sondern weil Sie fürchteten, mich zu betrügen ... in Ihrem Briefe sprach Ihre Rechtschaffenheit; sonst hätte er mich gekränkt, und ich hätte nicht geweint – vor Stolz geweint! Sehen Sie, ich weiß, warum ich Sie liebe, und befürchte keinen Irrtum: ich irre mich in Ihnen nicht ...«

Oblomow hatte die Empfindung, als glänze und leuchte sie, während sie das sagte. In ihren Augen strahlte der Triumph der Liebe, das Bewußtsein ihrer Macht; auf ihren Wangen erschienen die beiden rosa Flecke. Und er, er war die Ursache alles dessen! Durch die Regung seines redlichen Herzens hatte er in ihrer Seele dieses Feuer, dieses Flammenspiel, diesen Glanz entzündet.

»Olga, Sie sind die beste aller Frauen; Sie sind das großartigste Weib der Welt!« sagte er entzückt, und seiner selbst nicht mächtig breitete er die Arme aus und beugte sich zu ihr.

»Um Gotteswillen ... einen einzigen Kuß, als Pfand des unaussprechlichen Glückes«, flüsterte er wie im Fieber.

Sie trat sofort einen Schritt zurück; der triumphierende Glanz und die Röte verschwanden von ihrem Gesichte; ihre sanften Augen blitzten drohend.

»Niemals! Niemals! Kommen Sie mir nicht näher!« sagte sie erschrocken, beinahe entsetzt, streckte beide Hände und den Sonnenschirm zwischen sich und ihn vor und blieb wie angewurzelt und versteinert, ohne zu atmen, stehen, halb abgewendet, in drohender Haltung und mit drohendem Blicke.

Er wurde plötzlich wieder ruhig: vor ihm stand nicht die sanfte Olga, sondern die beleidigte Göttin des Stolzes und des Zornes, mit zusammengepreßten Lippen und funkelnden Augen.

»Verzeihen Sie mir! ...« murmelte er verwirrt und wie vernichtet.

Sie wandte sich langsam um und ging wieder weiter, schielte aber ängstlich über die Schulter zurück, was er wohl machen möge. Aber er machte nichts Besonderes: er ging langsam, wie ein Hund, den man scharf angefahren hat, und der nun den Schweif hängen läßt.

Sie wollte eigentlich ihren Schritt beschleunigen; aber als sie sein Gesicht sah, unterdrückte sie ein Lächeln und ging ruhiger; nur zuckte sie ab und zu zusammen. Ein rosa Fleck erschien bald auf der einen Wange, bald auf der andern.

Je weiter sie ging, um so mehr hellte sich ihr Gesicht auf; ihr Atem wurde langsamer und ruhiger, und sie ging wieder mit gleichmäßigen Schritten. Sie sah, wie heilig ihr »Niemals« für Oblomow war; der Zornesausbruch ebbte allmählich ab und machte dem Gefühle des Mitleids Platz. Sie ging immer langsamer und langsamer …

Sie hätte ihr zorniges Aufbrausen gern nachträglich gemildert und suchte nach einem Vorwande, um das Gespräch wieder zu beginnen.

»Ich habe alles verdorben! Das war ein wirklicher Irrtum! ›Niemals!‹ O Gott! Der Flieder ist verwelkt«, dachte er bei einem Blicke auf die schlaff herunterhängenden Dolden. »Das Gestern ist verwelkt; der Brief ist ebenfalls verwelkt; und dieser Augenblick, der schönste meines Lebens, wo zum ersten Male eine Frau wie eine Stimme vom Himmel mir gesagt hat, was an mir Gutes ist, auch der ist verwelkt! …«

Er blickte nach Olga hin – sie war stehengeblieben und wartete auf ihn; die Augen hielt sie niedergeschlagen.

»Geben Sie mir den Brief!« sagte sie leise.

»Er ist verwelkt!« sagte er traurig und reichte ihn ihr hin.

Sie trat wieder nahe an ihn heran und beugte den Kopf noch mehr hinab; ihre Lider waren ganz heruntergelassen … Sie zitterte beinahe. Als er ihr den Brief gegeben hatte, hob sie den Kopf nicht in die Höhe und ging nicht weg.

»Sie haben mich erschreckt«, sagte sie sanft.
»Verzeihen Sie mir, Olga!« murmelte er.
Sie schwieg.
»Dieses harte ›Niemals!‹ …« sagte er traurig und seufzte.
»Es wird verwelken!« flüsterte sie kaum hörbar und errötete.
Sie warf ihm einen verschämten, freundlichen Blick zu, nahm seine beiden Hände, drückte sie in den ihrigen fest zusammen und hielt sie dann an ihr Herz.
»Fühlen Sie nur, wie es klopft!« sagte sie. »Sie haben mich erschreckt! Lassen Sie mich gehen!«
Und ohne ihn anzusehen, wandte sie sich um und lief den Weg entlang, wobei sie ihr Kleid vorn ein wenig aufhob.
»Wo wollen Sie so schnell hin?« fragte er. »Ich bin müde und kann nicht mit Ihnen Schritt halten …«
»Lassen Sie mich nur allein! Ich laufe nach Hause, um zu singen, zu singen, zu singen! …« sagte sie mit flammendem Gesichte. »Mir ist die Brust zu eng; sie tut mir ordentlich weh!«
Er blieb auf seiner Stelle stehen und blickte ihr wie einem davonfliegenden Engel lange nach.
»Wird wirklich auch dieser Augenblick verwelken?« dachte er fast traurig und war sich selbst nicht bewußt, ob er ging oder auf demselben Flecke stillstand.
»Der Flieder ist vorbei«, dachte er wieder; »das Gestern ist vorbei, und die Nacht mit ihren Gespenstern und mit ihrem Alpdrücken ist ebenfalls vorbei … Ja! auch dieser Augenblick wird vergehen, wie der Flieder! Aber als die heutige Nacht verging, dämmerte schon der jetzige Morgen herauf …«
»Wie geht das zu?« sagte er laut in seiner Selbstvergessenheit. »Und wie ist es mit der Liebe … ist es mit ihr ebenso? Ich glaubte, sie hänge wie ein schwüler Mittag über den Liebenden und nichts bewege sich, nichts atme in ihrer Atmosphäre: und nun gibt es auch in der Liebe keine Ruhe, und sie bewegt sich immer irgendwohin vorwärts, vorwärts …

›wie das ganze Leben‹, sagt Stolz. Und noch ist der Josua nicht geboren, der zu ihr sagen könnte: ›Steh still und bewege dich nicht!‹ Was wird morgen sein?« fragte er sich unruhig und nachdenklich und ging träge nach Hause.
Als er an Olgas Fenstern vorbeikam, hörte er, wie sich ihre beengte Brust in Schuberts Tönen erleichterte und vor Glückseligkeit gleichsam schluchzte.
»O Gott! Wie schön ist es, auf der Welt zu leben!«

## XI.

Oblomow fand zu Hause einen Brief von Stolz vor; dieser Brief begann und schloß mit den Worten: »Jetzt oder nie!« Ferner enthielt er eine Menge Vorwürfe wegen seiner Unregsamkeit und außerdem eine Aufforderung, unter allen Umständen nach der Schweiz zu kommen, wohin Stolz demnächst zu reisen beabsichtigte, und zuletzt mit nach Italien zu gehen.
Wenn Oblomow sich dazu nicht entschließen könne, so riet er ihm, sich nach seinem Gute zu begeben, zu sehen, wie es mit seinen Angelegenheiten stehe, die Bauern aus ihrem Schlendrian aufzurütteln, seine Einnahmen zu kontrollieren und zu sichern und persönlich die nötigen Anordnungen für den Bau eines neuen Hauses zu treffen.
»Denk an unsere Abrede: jetzt oder nie!« schloß er.
»Jetzt, jetzt, jetzt!« rief Oblomow. »Andrei weiß nicht, welche Dichtung sich in meinem Leben abspielt. Was für eine Arbeit verlangt er denn noch außerdem von mir? Kann etwa irgendeine andere Beschäftigung mich jemals in so hohem Grade in Anspruch nehmen? Er sollte es nur einmal

probieren! Da liest man über die Franzosen und Engländer, sie täten weiter nichts als arbeiten, hätten immer ihre Geschäfte im Kopfe! Aber doch reisen sie in ganz Europa herum, manche sogar nach Asien und Afrika, bloß so zum Vergnügen, ohne jeden geschäftlichen Zweck, der eine, um ein Album vollzuzeichnen oder Altertümer auszugraben, ein andrer, um Löwen zu schießen oder Schlangen zu fangen. Oder sie sitzen auch bloß so in vornehmem Nichtstun zu Hause, frühstücken und dinieren mit ihren Freunden und mit Frauen – das sind ihre ganzen Geschäfte! Bin ich denn ein Zuchthäusler? Andrei weiß weiter nichts als: ›Arbeite, arbeite wie ein Pferd!‹ Wozu soll ich das tun? Ich bin satt und habe etwas anzuziehen. Aber Olga hat wieder gefragt, ob ich vorhätte nach Oblomowka zu fahren …«

Er machte sich daran, zu schreiben und zu überlegen, und fuhr sogar zu einem Baumeister hin. Bald lag bei ihm auf einem kleinen Tischchen ein Plan des Hauses und des Gartens ausgebreitet. Das Haus war für eine Familie eingerichtet, geräumig und mit zwei Balkonen versehen.

»Hier wohne ich, hier Olga, hier ist das Schlafzimmer, das Kinderzimmer …« dachte er lächelnd. »Aber die Bauern, die Bauern …« und das Lächeln verflog; er runzelte sorgenvoll die Stirn. »Der Nachbar hat mir geschrieben; er geht auf alle möglichen Einzelheiten ein, spricht vom Pflügen, von der Ernte … Wie langweilig das ist! Und dann macht er mir noch den Vorschlag, ob wir nicht auf gemeinsame Kosten eine Fahrstraße nach dem großen Marktflecken bauen wollen, mit einer Brücke über das Flüßchen; er verlangt dreitausend Rubel und möchte, daß ich eine Hypothek auf Oblomowka aufnehme … Aber woher soll ich wissen, ob das auch wirklich notwendig ist, und ob etwas Vernünftiges dabei herauskommt? Betrügt er mich auch nicht? … Allerdings, er ist ein redlicher Mensch: Stolz kennt ihn; aber er kann sich ja auch selbst irren, und dann habe ich mein Geld verloren! Dreitausend Rubel, so ein Haufe Geld! Wo soll ich die hernehmen? Nein, es ist schrecklich! Und dann schreibt er noch, ich möchte einige Bauern nach dem noch unangebauten Lande versetzen, und fordert so schnell wie möglich eine Antwort - alles so schnell wie möglich. Er will es übernehmen, alle Dokumente, die zur Aufnahme einer Hypothek auf das Gut erforderlich sind, an das Kuratorium einzusenden. Ich soll ihm eine Vollmacht hinschicken und vorher aufs Gericht gehen und sie beglaubigen lassen – nein, was er alles von mir verlangt! Aber ich weiß gar nicht, wo das Gericht ist, und wie man da die Tür aufmacht.«

Nach vierzehn Tagen hatte ihm Oblomow immer noch nicht geantwortet, obwohl ihn sogar Olga wiederholt gefragt hatte, ob er schon auf dem Gerichte gewesen sei. Kürzlich hatte auch Stolz je einen Brief an ihn und an sie geschrieben und darin gefragt, was er tue.

Jedoch konnte Olga die Tätigkeit ihres Freundes nur oberflächlich beobachten und nur auf dem ihr zugänglichen Gebiete: sie konnte feststellen, ob er heiter aussah, ob er gern überall hinfuhr, ob er sich zur festgesetzten Stunde im Wäldchen einstellte, und bis zu welchem Grade eine Stadtneuigkeit und ein allgemeines Gespräch ihn interessierte. Am eifrigsten paßte sie auf, ob er auch das Hauptziel seines Lebens nicht aus dem Auge ließ. Sie fragte ihn zwar auch nach der Gerichtsbehörde, aber nur um an Stolz etwas über die Geschäfte ihres Freundes berichten zu können.

Der Sommer war auf seiner Höhe; der Juli ging zu Ende; das Wetter war herrlich. Von Olga trennte sich Oblomow fast gar nicht. An heiteren Tagen war er mit ihr im Park; an heißen Mittagen verlor er sich mit ihr im Wäldchen zwischen den Fichten, saß zu ihren Füßen und las ihr vor; sie stickte schon einen zweiten Kanevasstreifen: für ihn. Auch im übertragenen Sinne war bei ihnen heißer Sommer: es stiegen manchmal Wolken auf und zogen wieder vorüber.

Wenn ihn schwere Träume ängstigten und Zweifel an sein Herz pochten, so hielt Olga wie ein Schutzengel Wache; sie blickte ihm mit ihren hellen Augen ins Gesicht, brachte in Erfahrung, was ihm auf dem Herzen lag – und alles wurde wieder still und ruhig, und das Gefühl floß wieder gleichmäßig dahin wie ein Fluß und spiegelte die neuen Wolkengebilde des Himmels wider.

Olgas Ansichten über das Leben, über die Liebe und über alles andere wurden noch klarer und bestimmter. Sie schaute noch zuversichtlicher als vorher um sich und ließ sich durch die Zukunft nicht bange machen; es entwickelten sich in ihr neue Seiten des Verstandes und neue Charakterzüge. Ihr Charakter zeigte bald eine poetische Mannigfaltigkeit und Tiefe, bald eine regelmäßige, klare Bedächtigkeit und Schlichtheit.

Sie besaß eine Energie, die nicht nur alle Unbilden des Schicksals, sondern sogar Oblomows Trägheit und Apathie überwand. Sobald sie sich etwas vorgenommen hatte, betrieb sie auch mit dem größten Eifer die Ausführung. Dann redete sie von nichts anderem. Und auch wenn sie nicht davon redete, sah man, daß sie immer nur dies eine im Kopfe hatte, daß sie es nicht vergessen, nicht davon abstehen, sich nicht beirren lassen, immer ihre Gedanken darauf richten und ihr Ziel erreichen werde.

Es war ihm unbegreiflich, wo sie diese Kraft und dieses Taktgefühl herhatte, zu wissen und zu verstehen, was sie tun mußte, und wie sie es tun mußte, was auch immer sich begeben mochte.

»Das kommt daher«, dachte er, »weil bei ihr die eine Augenbraue nie mit der andern in einer geraden Linie, sondern immer ein wenig höher liegt und über ihr sich so ein feines, kaum bemerkbares Fältchen bildet ... Dort, in diesem Fältchen, steckte ihre Energie.«

Mochte ihr Gesicht auch einen noch so ruhigen, heiteren Ausdruck aufweisen, diese Falte glättete sich dennoch nie, und die Braue hatte nie eine gleichmäßige Lage. Aber äußere Kraft, heftige Manieren und Neigungen besaß sie nicht. Ihre Ausdauer bei der Verfolgung ihrer Absichten und ihre Energie hatten nicht die Wirkung, sie auch nur einen Schritt über die dem echten Weibe gesetzte Grenze hinauszuführen. Sie wollte keine Salonlöwin sein, wollte nicht einen ungeschickten Verehrer mit scharfen Worten abtrumpfen, wollte nicht durch die Schnelligkeit ihres Verstandes die ganze Gesellschaft in Erstaunen versetzen, damit jemand aus einer Ekke: »Bravo, bravo!« riefe.

Sie war sogar nicht frei von der vielen Frauen eigenen Ängstlichkeit. Sie fing allerdings beim Anblick eines Mäuschens nicht an zu zittern und fiel nicht in Ohnmacht, wenn jemand einen Stuhl umstieß; aber sie fürchtete sich, sich von Hause allzu weit zu entfernen, kehrte um, wenn sie einen ihr verdächtig vorkommenden Bauer sah, und machte zur Nacht das Fenster zu, damit nicht Diebe einstiegen – alles nach Frauenart.

Ferner war sie dem Gefühle der Teilnahme und des Mitleides außerordentlich zugänglich! Es war nicht schwer, sie zu Tränen zu rühren; der Zugang zu ihrem Herzen war leicht. In der Liebe war sie überaus zärtlich; in allen ihren Beziehungen zu allen Menschen bewies sie die größte Milde und die freundlichste Aufmerksamkeit – kurz, sie war ein Weib! Manchmal glänzten in ihren Reden ironische Bemerkungen funkenartig auf; aber es lag darin doch ein solcher Schimmer von Anmut und sanfter, liebenswürdiger Klugheit, daß ein jeder sich mit Freuden zur Zielscheibe machen ließ!

Dagegen fürchtete sie sich nicht vor Zugwind und ging in

der Dämmerung leicht gekleidet im Freien – das focht sie nicht an! Sie war kerngesund, aß mit gutem Appetit, hatte ihre Lieblingsgerichte und wußte auch, wie sie zubereitet werden mußten.

All das wissen viele Frauen; aber viele wissen nicht, was sie in dem einen oder anderen Falle zu tun haben, und selbst wenn sie es wissen, so ist es doch nur etwas Entlehntes, Auswendiggelerntes, und sie wissen nicht, warum sie es so und nicht anders machen, und berufen sich immer gleich auf die Autorität einer Tante oder Kusine.

Viele Frauen wissen nicht einmal selbst, was sie wollen, und wenn sie auch einen Entschluß fassen, so tun sie es in so unsicherer Weise, als ob sie nicht recht wüßten, ob sie sollten oder nicht. Das kommt wohl daher, daß ihre Augenbrauen gleichmäßig liegen, eine bogenförmige Gestalt haben und mit den Fingern zurechtgezupft sind, und daß sie keine Falte auf der Stirn haben.

Zwischen Oblomow und Olga hatten sich geheime, für andere unsichtbare Beziehungen herausgebildet: jeder Blick, jedes unbedeutende Wort, das sie in Gegenwart anderer sprachen, hatte für sie beide seine besondere Bedeutung. Sie sahen in allem eine Hindeutung auf ihre Liebe.

Auch Olga wurde manchmal trotz ihres Selbstvertrauens dunkelrot, wenn bei Tische irgendwelche Liebesaffäre erzählt wurde, die mit der ihrigen Ähnlichkeit hatte; und da alle Liebesaffären einander sehr gleichen, so kam sie recht oft in die Lage zu erröten.

Und Oblomow nahm sich bei einer Anspielung auf diesen Gegenstand in seiner Verlegenheit beim Tee auf einmal einen solchen Haufen Zwiebacke, daß unfehlbar irgend jemand loslachte.

Sie wurden scharfsichtig und behutsam. Manchmal erzählte Olga der Tante nicht, daß sie sich mit Oblomow getroffen hatte; und er erklärte zu Hause, er wolle nach der Stadt fahren, ging aber in Wirklichkeit in den Park.

Aber wie klar auch Olgas Verstand war, und wie selbstbewußt sie auch alles um sich herum anblickte, und wie frisch und gesund sie auch war; so zeigten sich doch bei ihr gewisse neue krankhafte Symptome. Es bemächtigte sich ihrer zeitweilig eine Unruhe, über die sie sich Gedanken machte, und die sie sich nicht zu erklären wußte.

Manchmal, wenn sie an einem heißen Mittage, mit Oblomow untergefaßt, dahinging, lehnte sie sich träge auf seine Schulter, ging nur mechanisch in einer Art von Ermattung weiter und schwieg beharrlich. Ihre Munterkeit war dahin; der müde, der Lebhaftigkeit ermangelnde Blick wurde regungslos, richtete sich irgendwohin auf einen Punkt, und sie war zu träge, um ihn auf einen andern Gegenstand zu wenden.

Sie hatte ein Gefühl des Druckes; es beengte ihr etwas die Brust und machte ihr Unruhe. Sie nahm die Mantille und das Halstuch ab; aber auch das half nichts; alles bedrückte und beengte sie. Sie hätte sich am liebsten unter einen Baum gestreckt und so ganze Stunden lang gelegen.

Oblomow war ganz ratlos; er fächelte ihr mit einem Zweige das Gesicht; aber sie wies seine sorgliche Bemühung durch eine ungeduldige Geste ab und quälte sich weiter.

Dann seufzte sie auf einmal, blickte mit wieder klarer Besinnung um sich, sah ihn an, drückte ihm die Hand, lächelte, gewann ihre Heiterkeit und Selbstbeherrschung wieder und lachte sogar.

Besonders eines Abends verfiel sie in diesen beunruhigenden Zustand, in einen durch die Liebe verursachten Lunatismus, und erschien ihrem Freunde in einem neuen Lichte.

Es war schwül und heiß; vom Walde her hörte man das dumpfe Rauschen des warmen Windes; der Himmel hatte

sich mit schweren Wolken bedeckt. Es wurde immer dunkler und dunkler.
»Es wird Regen geben«, sagte der Baron und fuhr nach Hause.
Die Tante zog sich in ihr Zimmer zurück. Olga spielte lange, in tiefen Gedanken, Klavier; aber dann hörte sie auf. »Ich kann nicht; die Finger zittern mir; es ist mir, als sollte ich ersticken«, sagte sie zu Oblomow. »Wir wollen in den Garten gehen.«
Lange gingen sie schweigend Arm in Arm durch die Alleen. Olgas Hände waren feucht und weich. Sie traten in den Park.
Die Bäume und Büsche flossen in eine dunkle Masse zusammen; auf zwei Schritte konnte man nichts sehen; nur die mit Sand bedeckten Wege schlängelten sich wie weißliche Streifen hin.
Olga blickte starr in die Finsternis und schmiegte sich an Oblomow. Schweigend irrten sie umher.
»Ich fürchte mich!« sagte sie plötzlich zusammenfahrend, als sie, beinahe tastend, eine schmale Allee zwischen zwei schwarzen, undurchdringlichen Waldwänden entlanggingen.
»Wovor?« fragte er. »Fürchte dich nicht, Olga; ich bin bei dir.«
»Ich fürchte mich auch vor dir!« sagte sie flüsternd. »Aber es ist eine Art von angenehmer Furcht! Das Herz pocht mir heftig. Gib deine Hand her und fühle wie es schlägt.«
Aber da fuhr sie zusammen und blickte um sich.
»Siehst du wohl, siehst du wohl?« flüsterte sie, ihn mit beiden Händen fest an der Schulter fassend. »Siehst du nicht, huscht da nicht jemand im Dunkeln? ...«
Sie drückte sich enger an ihn heran.
»Es ist niemand da ...« sagte er; aber auch ihm lief ein kalter Schauer über den Rücken.

»Decke mir recht schnell die Augen mit etwas zu … recht fest!« sagte sie flüsternd. »… So, jetzt ist es vorbei … Das sind die Nerven«, fügte sie aufgeregt hinzu. »Da! Da ist es wieder! Sieh, wer ist das? Wir wollen uns irgendwo auf eine Bank setzen …«

Er suchte tastend eine Bank und war ihr behilflich sich darauf zu setzen.

»Wir wollen nach Hause gehen, Olga!« redete er ihr zu. »Du bist krank.«

Sie legte ihren Kopf auf seine Schulter.

»Nein, hier ist die Luft frischer«, sagte sie. »Ich habe Beklemmungen, da, am Herzen.«

Ihr heißer Atem streifte seine Backe.

Er berührte ihren Kopf mit der Hand – auch der Kopf glühte. Ihre Brust atmete schwer und suchte sich durch häufige Seufzer zu erleichtern.

»Wäre es nicht das Beste, wenn wir nach Hause gingen?« sagte Oblomow noch einmal beunruhigt. »Du solltest dich hinlegen …«

»Nein, nein, laß mich, rühre mich nicht an …« sagte sie matt! kaum wahrnehmbar. »Hier brennt es mir …« Sie zeigte auf ihre Brust.

»Nein, wirklich, laß uns nach Hause gehen …« drängte Oblomow.

»Nein, warte, es geht vorüber …«

Sie drückte ihm die Hand, blickte ihm von Zeit zu Zeit aus naher Entfernung in die Augen und schwieg lange. Dann begann sie zu weinen, anfangs leise, dann laut. Er wurde ganz fassungslos.

»Um Gotteswillen, Olga, komm schnell nach Hause!« bat er in größter Unruhe.

»Es hat nichts auf sich«, antwortete sie schluchzend. »Störe mich nicht darin; laß mich mich ausweinen … Die Hitze wird von den Tränen vergehen, es wird mir leichter zumute werden; das ist alles nur eine nervöse Aufregung ...«

Er hörte in der Dunkelheit, wie sie schwer atmete, und fühlte wie ihm ihre heißen Tränen auf die Hand tropften, und wie sie ihm krampfhaft die Hand drückte.

Er bewegte keinen Finger und hielt den Atem an. Ihr Kopf lag auf seiner Schulter; ihr Atem überströmte seine Backe mit heißem Hauche ... Er zuckte ebenfalls zusammen, wagte es aber nicht, mit den Lippen ihre Wange zu berühren.

Dann wurde sie immer stiller und stiller; ihr Atem ging gleichmäßiger ... Sie schwieg. Er dachte, sie sei vielleicht eingeschlafen, und fürchtete sich, eine Bewegung zu machen.

»Olga!« rief er flüsternd.

»Was?« antwortete sie ebenfalls flüsternd und seufzte laut. »Jetzt ... jetzt ist es vorüber ...« sagte sie matt. »Nun ist mir leichter; ich atme frei.«

»Wir wollen gehen«, sagte er.

»Ja, wir wollen gehen!« sprach sie ihm, wie widerwillig nach. »Du mein Lieber!« flüsterte sie dann zärtlich, indem sie ihm die Hand drückte, und ging, sich auf seine Schulter stützend, mit unsicheren Schritten nach Hause.

Im Saale sah er sie an: sie war schwach, aber sie lächelte in einer seltsamen, gleichsam unbewußten Art, wie im Traume.

Er ließ sie sich auf das Sofa setzen, fiel vor ihr auf die Knie und küßte ihr in tiefer Rührung mehrere Male die Hand.

Sie sah ihn, ihm ihre beiden Hände überlassend, immer noch mit demselben Lächeln an, und begleitete ihn dann mit den Augen bis zur Tür.

In der Tür wandte er sich um: sie sah ihm immer noch nach; auf ihrem Gesichte lag immer noch dieselbe Mattigkeit, dasselbe heiße Lächeln, als ob sie es nicht unterdrücken könne ...

In tiefen Gedanken ging er fort. Er hatte dieses Lächeln schon irgendwo gesehen; er erinnerte sich an ein Bild, auf dem eine Frau mit einem solchen Lächeln dargestellt war … aber nicht eine Cordelia …

Am andern Tage schickte er hin und ließ sich nach ihrem Befinden erkundigen. Es wurde ihm zurückgeantwortet, es gehe dem Fräulein Gott sei Dank gut; er möchte doch heute zum Mittagessen kommen; und am Abend hätten sie alle vor, fünf Werst weit wegzufahren, um ein Feuerwerk anzusehen.

Er glaubte es nicht und ging selbst hin. Olga war frisch wie eine Blume: ihre Augen glänzten munter, auf ihren Wangen zeigten sich die beiden rosa Flecke; ihre Stimme klang voll und kräftig! Aber sie wurde plötzlich verlegen und schrie fast auf, als Oblomow zu ihr trat, und sie wurde ganz rot, als er fragte, wie sie sich nach dem gestrigen Abende fühle.

»Es war eine kleine Nervenaffektion«, sagte sie eilig. »*Ma tante* sagt, ich müßte mich früher hinlegen. Ich habe das erst seit kurzem …«

Sie sprach nicht zu Ende und wandte sich ab, als bäte sie um Schonung. Aber warum sie eigentlich verlegen war, das wußte sie selbst nicht. Warum verursachte die Erinnerung an den gestrigen Abend und an diese Nervenaffektion ihr einen nagenden, brennenden Schmerz?

Sie schämte sich über etwas und ärgerte sich über etwas, halb über sich selbst, halb über Oblomow. In manchen Augenblicken aber schien es ihr, als sei Oblomow ihr noch lieber geworden, ihr noch näher getreten, als fühle sie sich zu ihm so stark hingezogen, daß sie weinen möchte, und als sei sie zu ihm seit dem gestrigen Abend in eine Art von geheimnisvoller Verwandtschaft getreten …

Lange Zeit schlief sie nicht ordentlich, lange Zeit ging sie des Morgens aufgeregt in der Allee hin und her, vom Hause nach dem Parke und wieder zurück, dachte und dachte und verlor sich in Vermutungen; bald machte sie ein finsteres Gesicht, bald wurde sie plötzlich dunkelrot, lächelte über etwas und konnte keinen Entschluß fassen. »Ach, Sonitschka!« dachte sie ärgerlich; »wie glücklich bist du! Du würdest sogleich zu einem Entschlusse kommen!«

Und Oblomow? Warum war er ihr gegenüber gestern stumm und regungslos gewesen, obwohl ihr Atem seine Backe mit Glut überströmte und ihre heißen Tränen ihm auf die Hand tropften und er sie beinah in seinen Armen nach Hause trug und das verräterische Pochen ihres Herzens hörte? … Was hätte ein andrer getan? Andre sehen so dreist aus …

Obgleich Oblomow seine Jugend in einem Kreise von jungen Leuten verlebt hatte, die alles wußten, alle Lebensfragen schon längst gelöst hatten, an nichts mehr glaubten und alles kalt und weise kritisierten, so war doch in seiner Seele ein warmer Glaube an Freundschaft, Liebe und Ehrenhaftigkeit lebendig geblieben, und so oft er sich auch in den Menschen geirrt hatte, hatte doch nur sein Herz dabei gelitten, aber das Fundament des Guten und der Glaube daran war kein einziges Mal erschüttert worden. Er hatte sich im stillen vor der Reinheit des Weibes gebeugt, ihre Macht und ihre Rechte anerkannt und ihr Opfer gebracht. Aber er hatte nicht Charakterfestigkeit genug besessen, um die Lehre von der Tugend und von der Achtung vor der Unschuld offen zu bekennen. Im stillen hatte er sich an ihrem Dufte berauscht; aber öffentlich hatte er sich manchmal zu dem Chore der Zyniker gestellt, die sogar vor dem Verdachte bangten, daß sie keusch seien oder vor der Keuschheit Achtung empfänden, und hatte zu ihren zügellosen Reden auch seinerseits leichtfertige Äußerungen hinzugefügt.

Er hatte es sich nie ordentlich klar gemacht, wieviel ein Wort der Tugend, der Wahrheit und der Reinheit wiegt, wenn es in den Strom der landläufigen Reden hineingeworfen wird, welche tiefe Wirkung es hervorbringen kann; er hatte nicht bedacht, daß ein solches Wort, wenn es mutig und laut, ohne falsche Schamröte, sondern mit Mannhaftigkeit ausgesprochen wird, nicht in dem häßlichen Geschrei der weltmännischen Satyrn untergeht, sondern wie eine Perle auf den tiefen Grund des gesellschaftlichen Lebens hinabsinkt und sich immer für dasselbe eine Muschel findet.

Viele stocken schamrot bei einem tugendhaften Worte, während sie ein leichtfertiges Wort kühn und laut aussprechen, ohne zu ahnen, daß auch dieses leider nicht wirkungslos verklingt, sondern eine lange Spur übler, manchmal gar nicht wieder gutzumachender Folgen hinter sich läßt.

Dagegen war Oblomow ehrenfest gewesen in seinem Handeln: er brauchte sich nicht vorzuwerfen, in kalter, herzloser Weise ohne Affekt und ohne inneren Kampf eine zynische Tat begangen zu haben; von solchen Flecken war sein Gewissen rein. Es hatte ihm widerstanden, die täglichen Gespräche mit anzuhören: wie der eine seine Pferde und seine Möbel und ein anderer seine Geliebte gewechselt habe, und welche Ausgaben durch diesen Wechsel entstanden seien … Mehr als einmal war es ihm ein tiefer Schmerz gewesen, zu sehen, daß ein Mann seine Ehre und Würde einbüßte; mehr als einmal hatte er über den schmählichen Fall einer ihm fremden Frau geweint; aber er hatte aus Furcht vor der weltmännischen Gesellschaft geschwiegen.

Das mußte man erraten; und Olga erriet es.

Die Männer lachen über solche Sonderlinge; aber die Frauen erkennen sie sofort; die reinen, keuschen Frauen lieben sie, aus Mitgefühl; die verderbten aber suchen sich ihnen zu nähern, um sich an ihnen zu erfrischen und sich von ihrer Verderbtheit zu erholen.

Der Sommer rückte weiter vor und verging. Die Morgen und die Abende wurden dunkel und feucht. Nicht nur der Flieder, sondern auch die Linden hatten abgeblüht; auch mit den Beeren war es vorbei. Oblomow und Olga sahen einander täglich.

Er holte das Leben ein, das heißt, er machte sich alles das wieder zu eigen, was er schon längst hatte beiseite liegen lassen; er wußte nun, warum der französische Gesandte aus Rom abgereist war, und warum die Engländer Schiffe mit Truppen nach dem Osten schickten; er interessierte sich dafür, wenn in Deutschland oder Frankreich eine neue Eisenbahn gebaut wurde. Aber die Anlegung einer Fahrstraße über Oblomowka nach dem großen Marktflecken zog er nicht in Erwägung, ließ sich auf dem Gericht keine Vollmacht beglaubigen und schickte seinem Freunde Stolz auf dessen Briefe keine Antwort.

Er machte sich nur das zu eigen, was innerhalb des Kreises der in Olgas Hause geführten täglichen Gespräche lag, und was in den dort gehaltenen Zeitungen stand; auch verfolgte er, dank dem energischen Drängen von seiten Olgas, ziemlich fleißig die Neuerscheinungen der ausländischen Literatur. Alles Übrige ging in der Sphäre der reinen Liebe unter. Trotz der zahlreichen wechselnden Nuancen in dieser rosigen Atmosphäre bildete den Hauptcharakter derselben doch die Wolkenlosigkeit des Himmels.

Freilich, wenn es manchmal vorkam, daß Olga sich über Oblomow und über ihre Liebe zu ihm Gedanken machte, wenn diese Liebe unausgefüllte Zeit und unausgefüllten Raum in ihrem Herzen übrigließ, wenn ihre Fragen nicht sämtlich in seinem Kopfe eine vollständige, stets schlagfertige Antwort fanden und sein Wille auf einen Anruf von seiten ihres Willens schwieg und er auf ihre Frische und Lebhaftigkeit nur mit einem regungslosen, leidenschaftlichen

Blicke antwortete: dann versank sie in eine bedrückende Melancholie; etwas Kaltes glitt wie eine Schlange in ihr Herz, versetzte sie aus ihren schönen Träumereien in die nüchterne Wirklichkeit, und die warme Märchenwelt der Liebe verwandelte sich dann in einen Herbsttag, an dem alle Gegenstände in grauer Farbe erscheinen.

Sie suchte zu erkennen, woher es komme, daß ihr Glück kein vollständiges sei und sie nicht vollkommen befriedige. Was mangelte ihr denn? Was wollte sie noch mehr? Das war ja ihr Schicksal und ihre Bestimmung, Oblomow zu lieben. Diese Liebe wurde gerechtfertigt durch seine Sanftheit, durch seinen reinen Glauben an das Gute, ganz besonders aber durch seine Zärtlichkeit, eine Zärtlichkeit, wie sie sie noch nie in den Augen eines Mannes gesehen hatte.

Was machte es aus, daß er nicht auf jeden ihrer Blicke mit einem verständnisvollen Blicke antwortete, daß seine Stimme manchmal nicht jenen Klang hatte, den sie schon früher einmal halb im Traum, halb wachend gehört hatte ... Das war Einbildung, Nerven; wozu auf die Nerven achten und grübeln?

Und schließlich, selbst wenn sie sich hätte von dieser Liebe freimachen wollen, wie sollte sie es anfangen? Es war nun einmal eine vollendete Tatsache: sie liebte ihn bereits, und die Liebe wie ein Kleid nach Belieben von sich zu werfen, das war unmöglich. »Man liebt nicht zweimal im Leben«, dachte sie; »das ist unmoralisch, sagt man ...«

So studierte sie die Liebe, prüfte sie sorgsam, begrüßte jede neue Phase derselben mit einer Träne oder mit einem Lächeln und dachte über sie nach. Dann zeigte sich auf ihrem Gesichte jener in sich gekehrte Ausdruck, unter welchem sich sowohl Tränen als auch ein Lächeln verbargen, und über welchen Oblomow sich so ängstigte.

Aber von diesen Gedanken und von diesem inneren Ringen machte sie Oblomow keine Andeutungen.
Oblomow studierte die Liebe nicht; er überließ sich jenem wonnigen Hindämmern, von dem er seinem Freunde Stolz einstmals laut etwas vorphantasiert hatte. Zeitweilig begann er an ein stets wolkenloses Leben zu glauben und träumte wieder von Oblomowka, wie es von gutmütigen, freundschaftlich gesinnten, sorglosen Menschen bevölkert sein werde, und wie er auf der Terrasse sitzen und, von der Fülle seines Glückes befriedigt, seinen Gedanken nachhängen werde. Auch jetzt überließ er sich manchmal diesen Gedanken und schlief sogar, heimlich vor Olga, ein paarmal im Walde ein, wenn er auf sie wartete und sie sich verspätete … da kam plötzlich und unerwartet eine Wolke herbeigeflogen.
Eines Tages kehrten sie beide von irgendwo langsam und schweigend zurück und wollten gerade die Landstraße überschreiten, als ihnen eine Staubwolke entgegenkam und in der Staubwolke eine schnell fahrende Kutsche. In der Kutsche aber saß Sonitschka mit ihrem Manne und noch ein Herr und noch eine Dame …
»Olga! Olga! Olga Sergejewna!« riefen einige von ihnen. Die Kutsche hielt. Alle diese Herren und Damen stiegen aus, umringten Olga, begannen sie zu begrüßen und zu küssen und redeten dann längere Zeit, ohne Oblomow zu beachten. Dann sahen ihn alle auf einmal an, der eine Herr durch seine Lorgnette.
»Wer ist das?« fragte Sonitschka leise.
»Ilja Iljitsch Oblomow!« stellte ihn Olga vor.
Alle gingen zusammen zu Fuß nach Hause. Oblomow war verstimmt; er blieb hinter der Gesellschaft zurück und wollte schon über einen niedrigen Flechtzaun steigen, um sich durch den Roggen nach Hause zu schleichen. Aber Olga hielt ihn durch einen Blick davon zurück.

Das wäre noch nicht schlimm gewesen; aber alle diese Herren und Damen blickten ihn so seltsam an; auch das würde vielleicht noch nicht schlimm gewesen sein. Früher hatten die Leute infolge seines schläfrigen, gelangweilten Blickes und seiner nachlässigen Kleidung ihn gar nicht anders anzusehen gepflegt.
Aber diesen selben seltsamen Blick übertrugen die Herren und Damen von ihm auch auf Olga. Von diesem befremdeten Blicke, den sie auf Olga richteten, verspürte er auf einmal ein Gefühl der Kälte am Herzen, einen so qualvollen, nagenden Schmerz, daß er es nicht aushielt, sondern nach Hause ging und den ganzen Abend über in sich gekehrt und düster war.
Auch am andern Tage konnten Olgas liebenswürdiges Geplauder und freundliche Ausgelassenheit ihn nicht aufheitern. Auf ihre beharrlichen Fragen mußte er sich mit Kopfschmerz herausreden und ließ sich geduldig für fünfundsiebzig Kopeken Eau de Cologne auf den Kopf gießen.
Und dann, wieder einen Tag später, als er mit Olga spät nach Hause zurückkehrte, da blickte die Tante sie beide und besonders ihn so überaus schlau an, ließ dann ihre großen, etwas geschlossenen Augenlider herabsinken, durch die die Augen quer hindurch zu blicken schienen, und hielt sich ein Weilchen ihr Riechfläschchen nachdenklich an die Nase.
Oblomow stand Qualen aus, aber er schwieg. Der Geliebten seine Zweifel anzuvertrauen, konnte er sich nicht entschließen; er fürchtete, sie zu beunruhigen und zu erschrecken, und, um die Wahrheit zu sagen, er fürchtete auch für sich selbst; er fürchtete, diesen stillen, wolkenlosen Frieden durch eine Frage von so strengem Ernste zu stören.
Die Frage war jetzt nicht mehr, ob sie ihn, Oblomow, durch einen Irrtum oder nicht durch einen Irrtum liebgewonnen habe, sondern ob nicht seine und ihre ganze Liebe, diese Zu-

sammenkünfte im Walde, unter vier Augen, manchmal spät abends, auf einem Irrtum beruhten.

»Ich habe sie zu küssen versucht«, dachte er voller Entsetzen, »und das ist nach dem Moralkodex ein Kriminalverbrechen, und zwar kein kleines, kein unbedeutendes! Vor ihm gibt es noch viele Vorstufen: einen Händedruck, ein Geständnis, einen Brief … Das haben wir alles durchgemacht. Aber«, dachte er weitet indem er den Kopf aufrichtete, »meine Absichten waren ehrenhaft; ich …«

Und plötzlich verschwand die Wolke; vor ihm tat sich hell und festtäglich Oblomowka auf, in strahlendem Sonnenschein, mit seinen grünen Hügeln und dem silbernen Flüßchen; und er ging mit Olga, den Arm um ihre Taille gelegt, in Gedanken vertieft, die lange Allee entlang, saß mit ihr in der Laube, auf der Terrasse …

Um sie herum neigten alle in tiefer Ehrfurcht den Kopf – kurz, alles war so, wie er es zu Stolz gesagt hatte.

»Ja, ja, aber damit hätten wir beginnen sollen!« dachte er wieder voll Angst. »Das dreimalige ›Ich liebe Sie‹ und der Fliederzweig und das Geständnis, all das muß das Unterpfand eines das ganze Leben hindurch dauernden Glückes sein und darf sich bei einer reinen Frau nicht wiederholen. Was bin ich denn? Wer bin ich?« fragte er sich, und es war ihm dabei, als schlüge ihn jemand mit einem Hammer auf den Kopf.

»Ich bin ein Verführer, ein Courmacher! Es fehlt nur noch, daß ich wie so ein häßlicher alter Seladon mit sinnlichen Augen und roter Nase eine einer Frau entwendete Rose ins Knopfloch stecke und einem Freunde etwas von meinem Siege ins Ohr flüstere, um … um … Ach, mein Gott, wohin ist es mit mir gekommen! Da ist der Abgrund! Auch Olga fliegt nicht hoch über ihm, sondern liegt auf seinem Grunde … womit hat sie das verdient, womit hat sie das verdient …«

Er wurde ganz schwach und matt und weinte wie ein Kind darüber, daß auf einmal die Regenbogenfarben seines Lebens verblaßt seien und Olga das Opfer sein werde. Seine ganze Liebe erschien ihm als ein Verbrechen, als ein Fleck auf dem Gewissen.

Dann beruhigte sich der aufgeregte Geist für eine kleine Weile, da Oblomow sich sagte, daß dies alles zu einem gesetzlichen Abschluß kommen werde; er werde Olga die Hand mit dem Ringe hinstrecken …

»Ja, ja«, sagte er vor Freude zitternd, »und ein Blick verschämter Einwilligung wird die Antwort sein … Sie wird kein Wort sagen; sie wird erröten, in tiefster Empfindung lächeln; dann wird ihr Blick sich mit Tränen füllen …«

Tränen und Lächeln, eine schweigend hingestreckte Hand, dann eine starke, lebhafte Freude, eine glückselige Hast in den Bewegungen, dann ein langes, langes Gespräch, ein Flüstern unter vier Augen, dieses vertrauliche Flüstern der Seelen, ein geheimnisvoller Vertrag, durch den zwei Leben zu einem einzigen verschmolzen werden!

Bei Kleinigkeiten, bei Gesprächen über gewöhnliche Dinge wird, niemandem als ihnen sichtbar, ihre gegenseitige Liebe durchschimmern. Und niemand wird es wagen, sie beide auch nur mit einem Blicke zu kränken …

Auf einmal wurde sein Gesicht sehr ernst und würdevoll.

»Ja!« sagte er zu sich selbst, »das ist sie, die Welt des wahren, edlen, dauernden Glückes! Bisher schämte ich mich, knabenhaft diese Blumen zu pflücken und den Duft der Liebe einzuatmen, Rendezvous zu verabreden, Spaziergänge bei Mondschein zu machen, das Klopfen eines jungfräulichen Herzens zu fühlen und ihre schüchternen Zukunftsträumereien kennenzulernen … O Gott!«

Er wurde rot bis über die Ohren.

»Noch heute abend soll Olga erfahren, welche strengen

Pflichten die Liebe auferlegt; heute wird das letzte Zusammensein unter vier Augen stattfinden, heute ...«

Er legte die Hand auf sein Herz; es klopfte stark, aber gleichmäßig, wie es bei ehrenhaften Menschen klopfen muß. Darauf geriet er wieder in Aufregung bei dem Gedanken, daß Olga zuerst traurig sein werde, wenn er ihr sage, daß sie einander nicht mehr allein sehen dürften. Dann würde er ihr schüchtern seine Absicht auseinandersetzen, vorher aber noch ihre Anschauungsweise in Erfahrung bringen und an ihrer Verlegenheit seine Freude haben; aber dann ...

Ferner malte er sich ihre verschämte Einwilligung aus, ihr Lächeln und ihre Tränen, die schweigend hingestreckte Hand, das lange geheime Flüstern und den ersten Kuß vor den Augen der ganzen Welt.

## XII.

Er lief hin, um Olga zu suchen. Bei ihr zu Hause wurde ihm gesagt, sie sei ausgegangen; er ging ins Dorf, aber sie war nicht dort. Da erblickte er sie in der Ferne: wie ein Engel gen Himmel fährt, so stieg sie den Berg hinan, so leicht stützte sie sich auf ihre Füße, so wiegte sich ihre Gestalt.

Er eilte ihr nach; aber sie berührte kaum das Gras und schien tatsächlich davonzufliegen. Als er bis zur halben Höhe des Berges gelangt war, fing er an, sie zu rufen.

Sie wartete auf ihn; so wie er ihr aber ein paar Schritte näher gekommen war, eilte sie jedesmal wieder vorwärts, brachte wieder eine größere Entfernung zwischen sich und ihn, blieb von neuem stehen und lachte.

Endlich machte er halt, da er überzeugt war, daß sie ihm nicht weglaufen werde. Und wirklich lief sie ein paar Schritte zu ihm herab, gab ihm die Hand und zog ihn lachend hinter sich her.

Sie gingen in das Wäldchen; er nahm den Hut ab, und sie wischte ihm mit ihrem Taschentuche den Schweiß von der Stirn und fächelte ihm mit dem Sonnenschirm Luft ins Gesicht.

Olga war besonders lebhaft, redelustig und mutwillig; oder sie ließ sich plötzlich durch einen Anfall von Zärtlichkeit hinreißen und versank dann auf einmal in Gedanken.

»Rate mal, was ich gestern getan habe«, sagte sie, als sie sich im Schatten hingesetzt hatten.

»Hast du gelesen?«

Sie schüttelte den Kopf.

»Geschrieben?«

»Nein.«

»Gesungen?«

»Nein. Ich habe mir Karten legen lassen!« sagte sie. »Die Wirtschafterin der Gräfin war gestern da; sie versteht aus den Karten zu weissagen, und da habe ich sie gebeten, mir Karten zu legen.«

»Nun, und?«

»Es war nichts Besonderes. Es kam eine Reise heraus, dann eine Menge Menschen, und überall ein blonder Herr, überall … Ich wurde ganz rot, als sie in Katjas Gegenwart auf einmal sagte, der Carreau-König denke an mich. Als sie sagen wollte, an wen ich dächte, da warf ich die Karten durcheinander und lief weg. Denkst du an mich?« fragte sie plötzlich.

»Ach!« sagte er. »Wenn ich nur weniger an dich denken könnte!«

»Und ich nun erst!« sagte sie nachdenklich. »Ich habe

schon ganz vergessen, wie man überhaupt anders leben kann. Als du in der vorigen Woche schmolltest und zwei Tage lang nicht kamst (weißt du wohl noch, du warst ärgerlich), da veränderte ich mich auf einmal und wurde schlecht. Ich schalt Katja wie du deinen Sachar; ich sah, daß sie im stillen weinte, hatte aber gar kein Mitleid mit ihr. Wenn *ma tante* mich nach etwas fragte, so gab ich ihr keine Antwort; ich hörte nicht, was sie sagte, tat nichts und wollte nirgends hin. Aber sowie du kamst, wurde ich im Handumdrehen eine ganz andere. Ich habe Katja mein lila Kleid geschenkt …«

»Das ist Liebe!« sagte er pathetisch.

»Was? Das lila Kleid?«

»Alles! Ich erkenne in deinen Worten mich selbst: auch für mich gibt es ohne dich keinen Tag und kein Leben; in der Nacht träume ich immer von blumigen Tälern. Wenn ich dich sehe, bin ich gut und arbeitsfreudig; wenn ich dich nicht sehe, langweile ich mich, bin träge und möchte mich hinlegen und an nichts denken … Liebe nur und schäme dich deiner Liebe nicht …«

Auf einmal verstummte er. »Was rede ich da? Ich bin ja in ganz anderer Absicht hergekommen!« dachte er, räusperte sich und zog die Augenbrauen zusammen.

»Aber wenn ich nun plötzlich sterbe?« fragte sie.

»Was für ein Gedanke!« erwiderte er nachlässig.

»Ja«, sagte sie, »ich werde mich erkälten; es wird sich ein Fieber herausbilden. Du kommst hierher – ich bin nicht da. Du gehst zu uns – es wird dir gesagt: ›Sie ist krank.‹ Am andern Tag dieselbe Geschichte; die Fensterläden an meinem Zimmer sind geschlossen; der Arzt schüttelt den Kopf; Katja kommt weinend auf den Zehen zu dir hinaus und flüstert dir zu: ›Sie ist krank; sie wird sterben …‹«

»Ach! …« sagte Oblomow plötzlich.

Sie lachte.
»Was wird dann aus dir werden?« fragte sie, ihm ins Gesicht sehend.
»Was aus mir werden wird? Ich werde wahnsinnig werden oder mich erschießen; du aber wirst auf einmal wieder gesund werden!«
»Nein, nein, höre auf!« sagte sie ängstlich. »Auf was für ein Thema sind wir da gekommen! Komm du nur nicht zu mir, wenn du tot bist; ich fürchte mich vor Gestorbenen …«
Er lachte, und sie ebenfalls.
»O, Gott, was sind wir für Kinder!« sagte sie, von diesem Geschwätze wieder zur Besinnung kommend.
Er räusperte sich wieder. »Höre mal … ich wollte sagen …«
»Was denn?« fragte sie, sich lebhaft zu ihm hinwendend.
Er schwieg ängstlich.
»Nun, so sprich doch!« bat sie und zupfte ihn leise am Ärmel.
»Es ist nichts weiter; ich dachte nur so …« sagte er verlegen.
»Nein, du hast etwas auf dem Herzen!« Er schwieg.
»Wenn es etwas Schreckliches ist, dann sage es lieber nicht!« bat sie. »Nein, sage es nur doch!« fügte sie dann schnell hinzu.
»Ach, es ist nichts Besonderes, nur dummes Zeug.«
»Nein, nein, du hast etwas; sprich!« setzte sie ihm zu, faßte ihn kräftig an beiden Rockaufschlägen vor der Brust und hielt ihn so nahe an sich, daß er das Gesicht bald rechts, bald links wenden mußte, um sie nicht zu küssen.
Er hätte das Gesicht nicht weggewendet; aber ihr strenges »Niemals« klang ihm immer noch in den Ohren.
»So rede doch!« drängte sie ihn beharrlich.
»Ich kann nicht; es ist auch nicht nötig …« erwiderte er, um loszukommen.
»Wie konntest du denn predigen, das Vertrauen sei die

Grundlage des beiderseitigen Glückes; es dürfe keine Falte im Herzen geben, in die das Auge des andern Liebenden nicht hineinsähe. Wessen Worte sind das?«

»Ich wollte nur sagen«, begann er langsam, »daß ich dich so liebe, dich so liebe, daß, wenn ...« Er zauderte.

»Nun?« fragte sie ungeduldig.

»Daß, wenn du jetzt einen andern liebgewännest und er besser imstande wäre dich glücklich zu machen, daß ich dann schweigend meinen Gram hinunterwürgen und jenem Platz machen würde.«

Sie ließ seinen Rock plötzlich aus den Händen.

»Warum?« fragte sie erstaunt. »Das verstehe ich nicht. Ich würde dich niemandem abtreten; ich will nicht, daß du mit einer andern glücklich wirst. Das ist etwas Verzwicktes; ich verstehe es nicht.«

Ihr Blick schweifte nachdenklich über die Baumgruppen hin. »Also du liebst mich nicht?« fragte sie dann.

»Im Gegenteil, ich liebe dich bis zur Selbstverleugnung, da ich ja bereit bin mich aufzuopfern.«

»Aber warum willst du das tun? Wer bittet dich darum?«

»Ich sage: falls du einen andern liebgewännest.«

»Einen andern! Hast du den Verstand verloren? Warum sollte ich das denn tun, da ich doch dich liebe? Wirst du etwa eine andre liebgewinnen?«

»Warum hörst du mich an? Ich rede Gott weiß was für Zeug zusammen, und du glaubst es! Ich wollte ja eigentlich etwas ganz anderes sagen ...«

»Was wolltest du denn sagen?«

»Ich wollte sagen, daß ich mich dir gegenüber vergehe, mich schon lange dir gegenüber vergehe ...«

»Wodurch? Wieso?« fragte sie. »Liebst du mich nicht? Hast du vielleicht nur gescherzt? Sprich schnell!«

»Nein, nein, das ist es alles nicht!« sagte er bekümmert. »Sieh mal …« begann er unentschlossen, »wir sehen uns … heimlich …«

»Heimlich? Wieso denn heimlich? Ich sage meiner Tante fast jedesmal, daß ich mit dir zusammen gewesen bin …«

»Wirklich jedesmal?« fragte er unruhig.

»Was ist denn dabei Schlechtes?«

»Ich habe einen Fehler begangen: ich hätte dir schon längst sagen müssen, daß das … nicht üblich ist …«

»Das hast du mir gesagt«, versetzte sie.

»Habe ich es dir gesagt? Ah! Ja, in der Tat, ich … habe es angedeutet. Somit habe ich also meine Pflicht erfüllt.«

Er schöpfte Mut und freute sich, daß Olga ihm die Last der Verantwortung so leicht abnahm.

»Nun, und was noch?« fragte sie.

»Ferner … weiter nichts«, antwortete er.

»Das ist nicht wahr«, versetzte Olga in entschiedenem Tone. »Du hast noch etwas; du hast nicht alles gesagt.«

»Ja, ich dachte«, begann er und versuchte dabei, seinen Worten einen nachlässigen Ton zu verleihen, »daß …«

Er hielt inne; sie wartete.

»Daß wir seltener zusammenkommen sollten …« Er sah sie schüchtern an.

Sie schwieg.

»Warum?« fragte sie dann nach kurzem Überlegen.

»An mir nagt eine Schlange: das ist das Gewissen … Wir bleiben so lange unter vier Augen; ich rege mich auf, das Herz klopft mir heftig, du bist ebenfalls unruhig … ich fürchte …« Er hatte nur mit Mühe soweit gesprochen.

»Was fürchtest du?«

»Du bist jung und kennst nicht alle Gefahren, Olga. Manchmal hat der Mensch keine Gewalt über sich; eine höllische Macht setzt sich in ihm fest; Finsternis senkt sich auf sein Herz herab, und in seinen Augen zucken Blitze. Die Klarheit des Geistes wird getrübt: die Achtung vor der Reinheit der Unschuld, all das wird wie von einem Wirbelwinde davongetragen; der Mensch weiß von sich selbst nicht mehr; die Leidenschaft haucht ihn an; er verliert die Selbstbeherrschung – und dann öffnet sich unter seinen Füßen ein Abgrund.«

Er fuhr ordentlich zusammen.

»Nun gut, mag er sich öffnen!« sagte sie und sah ihn mit großen Augen an.

Er schwieg; weiter hatte er entweder nichts zu sagen, oder es war weiter nichts notwendig.

Sie blickte ihn lange an, als ob die Falten auf seiner Stirn beschriebene Zeilen wären, die sie läse, rief sich selbst jedes seiner Worte, jeden seiner Blicke ins Gedächtnis, durchlief in Gedanken die ganze Entwicklungsgeschichte ihrer Liebe, gelangte zu dem dunklen Abend im Park und errötete plötzlich.

»Du redest lauter Unsinn!« sagte sie hastig, indem sie zur Seite blickte. »Ich habe keine Blitze in deinen Augen gesehen … du siehst mich meistens an, wie mich meine Kinderfrau Kusminitschna ansah!« fügte sie hinzu und lachte.

»Du scherzest, Olga; ich aber rede nicht im Scherz … und ich habe noch nicht alles gesagt.«

»Was willst du denn noch sagen?« fragte sie. »Was ist da für ein Abgrund?«

Er seufzte.

»Daß wir nicht unter vier Augen zusammensein dürfen …«

»Warum nicht?«

»Es schickt sich nicht.«

Sie dachte nach.

»Ja, man sagt, daß es sich nicht schickt«, sagte sie wie in Gedanken versunken. »Aber warum nicht?«

»Was wird man sagen, wenn man es erfährt, wenn es sich herumspricht …«

»Wer wird denn etwas sagen? Eine Mutter habe ich nicht; sie wäre die einzige, die mich fragen könnte, warum ich mit dir zusammenkomme, und sie wäre die einzige, vor der ich zur Antwort in Tränen ausbrechen und der ich sagen würde, daß ich nichts Schlechtes tue und du ebensowenig. Sie würde mir glauben. Wer könnte denn sonst noch Anstoß nehmen?« fragte sie.

»Die Tante«, antwortete Oblomow.

»Die Tante?«

Olga schüttelte traurig den Kopf.

»Die fragt mich nie. Wenn ich ganz und gar wegginge, würde sie nicht nach mir suchen und nicht nach mir fragen, und ich würde nicht mehr zu ihr kommen, um ihr zu sagen, wo ich gewesen sei, und was ich getan hätte. Wer noch?«

»Die andern, alle … Neulich sah Sonitschka dich und mich an und lächelte, und alle diese Herren und Damen, die mit ihr zusammen waren, ebenfalls.«

Er erzählte ihr von all der Unruhe, in der er sich seitdem befunden hatte.

»Solange sie nur mich ansah«, fügte er hinzu, »machte ich mir nichts daraus; aber als dieser selbe Blick auf dich fiel, da wurden mir die Hände und Füße kalt …«

»Nun, und …« fragte sie kühl.

»Nun, seitdem quäle ich mich Tag und Nacht und zerbreche mir den Kopf, wie man dem Gerede vorbeugen könnte; ich habe mir Sorge darum gemacht, im stillen, um dich nicht zu erschrecken … Ich wollte schon lange mit dir reden …«

»Das war eine unnötige Sorge!« erwiderte sie. »Ich wußte es auch ohne dich …«

»Wie hast du es erfahren?« fragte er erstaunt.

»Ganz einfach. Sonitschka hat mit mir gesprochen, mich auszuhorchen gesucht, Anspielungen gemacht und mich sogar belehrt, wie ich mich dir gegenüber benehmen solle …«

»Davon hast du mir kein Wort gesagt, Olga!« sagte er vorwurfsvoll.

»Du hast mir ebenfalls bis jetzt nichts von deiner Sorge gesagt!«

»Was hast du ihr geantwortet?« fragte er.

»Nichts! Was hätte ich darauf antworten sollen? Ich bin nur rot geworden.«

»O Gott! Ist es dahin gekommen: du wirst rot!« sagte er entsetzt. »Wie unvorsichtig wir sind! Was wird das für Folgen haben?«

Er sah sie fragend an.

»Ich weiß es nicht«, antwortete sie kurz.

Oblomow hatte, als er von seiner Sorge Olga Mitteilung machte, gedacht, er werde sich nun beruhigen, werde aus ihren Augen und aus ihrer klaren Rede Willenskraft schöpfen; nun aber, da er keine frische, entschiedene Antwort erhielt, wurde er mutlos.

Sein Gesicht zuckte unentschlossen; sein Blick irrte trübsinnig umher. In seinem Innern bildete sich schon ein leichtes Fieber aus. Er hatte Olga fast vergessen; vor seinem geistigen Blicke drängten sich Sonitschka mit ihrem Manne und deren Gäste; er hörte ihre Gespräche und ihr Lachen.

Statt wie gewöhnlich eine schnelle, geschickte Antwort zu geben, schwieg Olga, sah ihn kalt an und wiederholte nur noch kälter ihr »Ich weiß es nicht«. Er aber gab sich nicht die Mühe oder verstand es nicht, in den verborgenen Sinn dieses »Ich weiß es nicht« einzudringen.

Auch er schwieg: ohne fremde Hilfe gelangte bei ihm kein Gedanke und kein Vorsatz zur Reise, so daß er wie ein reifer Apfel von selbst heruntergefallen wäre; er mußte immer erst gepflückt werden.

Olga blickte ihn eine Weile an; dann legte sie ihre Mantille um, nahm ihr Tuch von dem Zweige, an den sie es gehängt

hatte, tat es um ihren Kopf und faßte ihren Sonnenschirm.
»Wo willst du hin? So früh!« fragte er, plötzlich zur Besinnung kommend.
»Nein, es ist schon spät. Du hast recht«, sagte sie nachdenklich und niedergeschlagen, »wir sind zu weit gegangen und in eine Sackgasse geraten: wir müssen uns so schnell wie möglich trennen und die Spuren des Geschehenen verwischen. Lebe wohl!« fügte sie in trockenem, bitterem Tone hinzu und schickte sich an, mit gesenktem Kopfe den Steig entlang zu gehen.
»Olga, ich bitte dich! Was redest du da! Das ist doch unmöglich, daß wir mit einander nicht mehr zusammenkommen sollten! Aber ich … Olga!«
Sie hörte nicht auf ihn und ging schneller; der Sand knirschte trocken unter ihren Schuhen.
»Olga Sergejewna!« rief er.
Sie hörte nicht und ging weiter.
»Um Gottes willen, kehre um!« rief er, vor Schluchzen kaum verständlich. »Auch einen Verbrecher muß man ja doch anhören … O Gott! Hat sie überhaupt ein Herz? … Da sieht man, wie die Frauen sind!«
Er setzte sich hin und bedeckte sich mit beiden Händen die Augen. Schritte waren nicht mehr zu hören.
»Sie ist fortgegangen!« sagte er beinah entsetzt und hob den Kopf in die Höhe.
Olga stand vor ihm.
Er ergriff sie froh bei der Hand.
»Du bist nicht fortgegangen, du wirst nicht fortgehen? …« sagte er. »Geh nicht fort: bedenke, daß, wenn du fortgehst, ich ein toter Mensch bin.«
»Aber wenn ich nicht fortgehe, bin ich eine Verbrecherin und du ein Verbrecher: bedenke du das, Ilja!«
»Ach, nein …«

»Du sagst: ›nein‹! Aber wenn Sonitschka und ihr Mann uns noch einmal zusammen finden, bin ich verloren.«
Er fuhr zusammen.
»Höre mich an!« begann er eilig und stockend; »ich habe noch nicht alles gesagt ...« Er hielt inne.
Das, was ihm zu Hause so einfach, natürlich und notwendig erschienen war, ihn so angelächelt hatte, sein Glück gewesen war, das wurde auf einmal eine Art von Abgrund. Er fand nicht den Mut, ihn zu überschreiten. Dazu bedurfte es eines entschlossenen, kühnen Schrittes.
»Es kommt jemand«, sagte Olga.
Auf einem Seitenwege wurden Schritte vernehmbar.
»Es wird doch nicht etwa gar Sonitschka sein?« fragte Oblomow; seine Augen waren vor Schreck regungslos.
Es gingen zwei Herren und eine Dame vorüber, sämtlich unbekannt. Dem armen Oblomow fiel ein Stein vom Herzen.
»Olga«, begann er hastig und faßte sie bei der Hand, »wir wollen von hier an eine Stelle gehen, wo niemand ist.« Und als sie dorthin gelangt waren, sagte er: »Hier wollen wir uns hinsetzen.«
Er veranlaßte sie, sich auf eine Bank zu setzen, und setzte sich selbst neben sie, auf den Rasen.
»Du bist heftig geworden und fortgegangen; aber ich hatte noch nicht alles gesagt, Olga«, sagte er.
»Ich werde wieder fortgehen und nicht mehr zurückkommen, wenn du dein Spiel mit mir treibst«, erwiderte sie. »Früher einmal gefielen dir meine Tränen; jetzt möchtest du mich vielleicht zu deinen Füßen sehen und mich auf diese Weise allmählich zu deiner Sklavin machen, deine Launen herauskehren, mir Moralpredigten halten, dann weinen, dich ängstigen, mich ängstigen und dann fragen: ›Was sollen wir tun?‹ Vergessen Sie nicht, Ilja Iljitsch«, fügte sie auf einmal stolz hinzu, indem sie sich von der Bank

erhob, »daß ich, seit ich Sie kennengelernt habe, sehr herangewachsen bin und weiß, wie das Spiel heißt, das Sie mit mir treiben … aber Tränen werden Sie bei mir nicht mehr zu sehen bekommen …«

»Ach, weiß Gott, ich treibe kein Spiel!« sagte er innig.

»Um so schlimmer für Sie«, versetzte sie trocken. »Auf alle Ihre Befürchtungen, Warnungen und Rätsel erwidre ich nur das eine: bis zu unserer heutigen Begegnung habe ich Sie geliebt und nicht gewußt, was ich zu tun habe; jetzt weiß ich es«, schloß sie in festem Tone, indem sie sich zum Fortgehen anschickte, »und werde Sie nicht um Rat fragen.«

»Auch ich weiß, was ich zu tun habe«, sagte er; er hielt sie an der Hand zurück, nötigte sie, wieder auf der Bank Platz zu nehmen, und schwieg einen Augenblick, um Mut zu fassen.

»Stelle dir das vor«, begann er: »mein Herz ist von einem einzigen Wunsche und mein Kopf von einem einzigen Gedanken erfüllt; aber der Wille und die Zunge gehorchen mir nicht; ich will reden, aber die Worte gehen mir nicht von der Zunge. Und dabei ist es so einfach, so … Hilf mir doch, Olga!«

»Ich weiß nicht, was Sie im Sinne haben …«

»Um Gotteswillen, sprich doch ohne dieses ›Sie‹: dein stolzer Blick tötet mich; jedes deiner Worte fällt mir wie ein Stück Eis aufs Herz …«

Sie lachte.

»Du bist nicht gescheit!« sagte sie, ihm die Hand auf den Kopf legend.

»So ist's recht; siehst du, nun bin ich wieder fähig zu denken und zu reden! Olga«, sagte er, indem er vor ihr auf die Knie fiel: »werde mein Weib!«

Sie schwieg und wandte sich von ihm nach der entgegengesetzten Seite hin ab.

»Olga, gib mir die Hand!« fuhr er fort.

Sie gab sie ihm nicht. Er nahm sie selbst und führte sie an seine Lippen. Sie entzog sie ihm nicht. Ihre Hand war warm, weich und ein wenig feucht. Er bemühte sich, ihr ins Gesicht zu sehen; aber sie wandte sich immer mehr ab.

»Was bedeutet dieses Stillschweigen?« fragte er beunruhigt und küßte ihre Hand.

»Das ist ein Zeichen der Einwilligung!« erwiderte sie leise, immer noch ohne ihn anzusehen.

»Was empfindest du jetzt? Was denkst du?« fragte er in Erinnerung an seine Träumerei von der verschämten Einwilligung und den Tränen.

»Dasselbe wie du«, antwortete sie, fuhr aber fort irgendwohin in den Wald zu blicken; nur das Wogen ihrer Brust verriet, daß sie sich nur mit Mühe beherrschte.

»Ob sie wohl Tränen in den Augen hat?« dachte Oblomow; aber sie schaute hartnäckig nach unten.

»Du bist gleichgültig und ruhig?« fragte er und bemühte sich, sie an der Hand zu sich heranzuziehen.

»Nicht gleichgültig, aber ruhig.«

»Warum denn?«

»Weil ich das seit langer Zeit vorhergesehen und mich an den Gedanken gewöhnt habe.«

»Schon seit langer Zeit?« fragte er erstaunt.

»Ja, von dem Augenblicke an, als ich dir den Fliederzweig gab … nannte ich dich in Gedanken …«

Sie sprach den Satz nicht zu Ende.

»Von jenem Augenblicke an!«

Er breitete die Arme weit aus und wollte Olga umschlingen.

»Der Abgrund tut sich auf, die Blitze zucken Vorsicht!« sagte sie schelmisch, entschlüpfte geschickt seiner Umarmung und wehrte seine Hände mit dem Sonnenschirme ab.

Er erinnerte sich an ihr strenges »Niemals« und mäßigte sich.
»Aber du hast es ja nie gesagt und es nicht einmal irgendwie merken lassen …« sagte er.
»Wir Frauen heiraten nicht selbst; man verheiratet uns, oder man heiratet uns.«
»Von jenem Augenblicke an … wirklich?« wiederholte er nachdenklich.
»Denkst du etwa, ich würde hier mit dir allein gewesen sein, abends mit dir in der Laube gesessen, dir zugehört und dir Vertrauen geschenkt haben, wenn ich dich nicht verstanden hätte?« sagte sie stolz.
»Also so verhält sich das …« begann er mit unverändertem Gesichtsausdruck und ließ ihre Hand los.
In ihm regte sich ein seltsamer Gedanke. Sie sah ihn mit ruhigem Stolze an und wartete mit der größten Sicherheit; aber er hätte in diesem Augenblicke nicht Stolz und Sicherheit gewünscht, sondern Tränen, Leidenschaft und berauschendes Glücksgefühl, wenigstens für einen Augenblick; nachher mochte dann das Leben immerhin in ungestörter Ruhe dahinfließen!
Und nun auf einmal keine von dem unerwarteten Glücke hervorgerufene stürmische Tränen und keine verschämte Einwilligung! Wie war das zu verstehen!
In seinem Herzen erwachte und regte sich die Schlange des Zweifels … Liebte sie ihn, oder wollte sie ihn nur heiraten?
»Es gibt noch einen andern Weg zum Glücke«, sagte er.
»Was denn für einen?« fragte sie.
»Manchmal wartet die Liebe nicht, geduldet sich nicht, berechnet nicht … die Frau steht dann in hellen Flammen; sie zittert und bebt, sie empfindet zugleich Qualen und solche Freuden, daß …«
»Ich weiß nicht, was das für ein Weg ist.
»Das ist ein Weg, auf dem die Frau alles opfert, ihre Ruhe,

ihren Ruf, die Achtung, in der sie steht, und ihre Belohnung in der Liebe findet … diese ersetzt ihr alles.«

»Müssen wir etwa diesen Weg gehen?«

»Nein.«

»Würdest du auf diesem Wege das Glück suchen wollen, auf Kosten meiner Ruhe und meines Rufes?«

»O nein, nein! Ich schwöre bei Gott, um keinen Preis!« rief er feurig.

»Warum hast du denn von ihm zu reden angefangen?«

»In der Tat, das weiß ich selbst nicht …«

»Aber ich weiß es: du möchtest gern erfahren, ob ich dir wohl meine Ruhe zum Opfer bringen und mit dir diesen Weg gehen würde; nicht wahr?«

»Ja, ich glaube, du hast es erraten … Nun, wie denkst du darüber?«

»Ich würde es nie tun, um keinen Preis!« antwortete sie mit fester Stimme.

Er dachte nach, dann seufzte er.

»Ja, das ist ein furchtbarer Weg, und eine Frau muß sehr viel Liebe besitzen, um auf ihm ihrem Manne zu folgen, um zugrunde zu gehen und doch zu lieben.«

Er sah ihr fragend ins Gesicht: es war ihr nichts anzusehen; nur die Falte über der Augenbraue bewegte sich; aber das Gesicht selbst war ruhig.

»Stelle dir einmal vor«, sagte er, »daß Sonitschka, die nicht soviel wert ist wie dein kleiner Finger, plötzlich bei einer Begegnung so täte, als kenne sie dich nicht!«

Olga lächelte, und ihr Blick blieb ebenso hell. Aber Oblomow ließ sich durch ein selbstsüchtiges Verlangen hinreißen; er wollte von dem Herzen Olgas Opfer erreichen und sich daran berauschen.

»Stelle dir vor, daß die Männer, die sich dir nähern, nicht in schüchterner Verehrung die Augen niederschlagen, sondern

dich mit einem dreisten, spöttischen Lächeln ansehen ...«
Er blickte nach ihr hin: sie schob emsig mit dem Sonnenschirme ein Steinchen auf dem Sande hin.
»Du trittst in einen Saal, und ein paar alte Damen mit Hauben kommen vor Entrüstung in unruhige Bewegung; eine von ihnen setzt sich von dir fort ... aber dein Stolz ist immer noch der gleiche, und du bist dir bewußt, daß du über ihnen stehst und besser bist als sie.«
»Zu welchem Zwecke stellst du mir diese schrecklichen Dinge vor Augen?« sagte sie ruhig. »Ich werde diesen Weg niemals gehen.«
»Niemals?« fragte Oblomow niedergeschlagen.
»Nein, niemals!« wiederholte sie.
»Ja«, sagte er nachdenklich, »deine Kraft würde nicht ausreichen, um der Schande in die Augen zu blicken. Vielleicht würdest du vor dem Tode nicht erschrecken: nicht die Hinrichtung ist furchtbar, sondern die Vorbereitungen zu ihr, die allstündlichen Qualen; du würdest das nicht ertragen und dahinschwinden, nicht wahr?«
Er blickte ihr fortwährend in die Augen, wie sie wohl darüber dachte.
Sie machte ein heiteres Gesicht: durch die schrecklichen Bilder hatte sie sich nicht in Verwirrung setzen lassen; um ihre Lippen spielte ein leises Lächeln.
»Ich will weder dahinschwinden noch sterben! Das ist alles nicht das Richtige«, sagte sie. »Man kann sich weigern, jenen Weg zu gehen, und kann doch noch stärker lieben ...«
»Warum würdest du dich dann weigern, jenen Weg zu gehen«, fragte er beharrlich und beinahe ärgerlich, »wenn du dich nicht vor ihm fürchtest? ...«
»Weil diejenigen, die diesen Weg gehen ... in der Folge immer ... sich voneinander trennen«, sagte sie. »Ich aber ... wie könnte ich mich von dir trennen! ...«

Sie hielt inne, legte ihm die eine Hand auf die Schulter und sah ihn lange an; dann warf sie auf einmal den Sonnenschirm beiseite, schlang schnell und leidenschaftlich die Arme um seinen Hals und küßte ihn. Darauf wurde sie über das ganze Gesicht dunkelrot, drückte das Gesicht an seine Brust und fügte leise hinzu:

»Niemals!«

Er stieß einen Freudenschrei aus und sank ihr zu Füßen auf den Rasen.

# DRITTER TEIL

# I.

Oblomow strahlte, als er nach Hause ging. Sein Blut war in Wallung, seine Augen glänzten. Es schien ihm, als ob sogar seine Haare brannten. In dieser Verfassung trat er in sein Zimmer – und auf einmal verschwand der strahlende Glanz, und seine Augen blieben mit unangenehmem Erstaunen regungslos auf einem Punkte haften: in seinem Lehnstuhl saß Tarantjew.

»Warum läßt du denn so lange auf dich warten? Wo treibst du dich herum?« fragte Tarantjew in strengem Tone, indem er ihm seine haarige Hand hinstreckte. »Auch dein alter Teufel hat das Gehorchen ganz verlernt: ich verlange etwas zu essen, bekomme aber nichts; ich verlange Schnaps, auch den hat er mir nicht gegeben.«

»Ich bin hier im Wäldchen spazierengegangen«, erwiderte Oblomow lässig; er konnte noch gar nicht recht zu sich kommen von dem Verdrusse, den ihm das Erscheinen seines Landsmannes, und noch dazu in einem solchen Augenblikke, bereitete.

Er hatte die düstere Sphäre, in der er so lange gelebt hatte, vergessen und sich ihrer beklemmenden Luft entwöhnt. Tarantjew zog ihn in einem Augenblicke gleichsam vom Himmel wieder in den Sumpf hinab. Peinlich berührt fragte sich Oblomow, warum Tarantjew wohl gekommen sei, und ob er lange zu bleiben beabsichtigte; eine besondere Qual war für ihn die Vermutung, der Gast werde am Ende gar zum Mittagessen dableiben, und es werde dann ihm selbst nicht möglich sein zu Iljinskis zu gehen. Wie er den Menschen loswerden könnte, selbst mit einigen Kosten, das war der einzige Gedanke, der ihn beschäftigte. Er wartete schweigend und mürrisch, was Tarantjew sagen werde.

»Warum nimmst du denn die Wohnung gar nicht in Augenschein, Landsmann?« fragte Tarantjew.
»Das ist jetzt nicht mehr erforderlich«, erwiderte Oblomow; er gab sich dabei Mühe, Tarantjew nicht anzusehen. »Ich … werde nicht hinziehen.«
»Wa-as? Du wirst nicht hinziehen?« versetzte Tarantjew in drohendem Tone. »Hast sie gemietet und wirst nun nicht hinziehen? Und der Kontrakt?«
»Was für ein Kontrakt?«
»Hast du das schon vergessen? Du hast einen Kontrakt auf ein Jahr unterschrieben. Gib achthundert Rubel und dann geh, wohin du willst. Vier Reflektanten haben sich die Wohnung angesehen und sie mieten wollen; alle sind sie abgewiesen worden. Der eine wollte sie gleich auf drei Jahre mieten.«
Oblomow erinnerte sich erst jetzt, daß Tarantjew ihm gerade am Tage des Umzuges nach dem Landhause ein Schriftstück gebracht und er es in der Eile, ohne es zu lesen, unterschrieben hatte.
»Ach, mein Gott, was habe ich da angerichtet!« dachte er. »Aber ich brauche gar keine Wohnung«, sagte er. »Ich fahre ins Ausland …«
»Ins Ausland!« unterbrach ihn Tarantjew. »Mit diesem Deutschen? Ist das eine Idee! Du wirst nicht hinfahren!«
»Warum soll ich nicht hinfahren? Einen Paß habe ich auch schon; ich werde ihn dir zeigen. Auch einen Koffer habe ich mir gekauft.«
»Du wirst nicht hinfahren!« wiederholte Tarantjew gleichmütig. »Aber weißt du, gib mir lieber das Geld für ein halbes Jahr im voraus.«
»Ich habe kein Geld.«
»Dann verschaffe dir welches, wo du willst. Der Bruder meiner Gevatterin, Iwan Matwjejewitsch, liebt keine Scherze. Er macht gleich eine Eingabe beim Gericht; da kommst du

nicht los. Ich habe aus meiner eigenen Tasche für dich ausgelegt; gib mir das Geld wieder.«
»Wo hattest du denn so viel Geld her?« fragte Oblomow.
»Was geht das dich an? Ich hatte eine alte Schuld zurückgezahlt bekommen. Gib mir das Geld! Dazu bin ich hergekommen.«
»Nun gut; ich werde in den nächsten Tagen hinkommen und die Wohnung einem andern übergeben; aber jetzt habe ich Eile ...«
Er begann sich den Rock zuzuknöpfen.
»Aber was willst du denn für eine Wohnung? Eine bessere als diese findest du in der ganzen Stadt nicht. Du hast sie ja gar nicht gesehen!« sagte Tarantjew.
»Ich will sie auch gar nicht sehen«, antwortete Oblomow. »Wozu soll ich dorthin ziehen? Sie liegt mir zu weit weg ...«
»Von wo denn?« fragte Tarantjew grob.
Aber Oblomow sagte nicht, von wo.
»Vom Zentrum«, fügte er dann hinzu.
»Von was für einem Zentrum? Wozu hast du das nötig? Zum Stilliegen?«
»Nein, ich werde jetzt nicht mehr stilliegen.«
»Wieso nicht?«
»Es paßt mir nicht. Ich ... werde heute ...« begann Oblomow.
»Was denn?« unterbrach ihn Tarantjew.
»Ich werde heute nicht zu Hause zu Mittag essen ...«
»Na, gib mir das Geld, und dann mag dich der Teufel holen!«
»Was für Geld?« fragte Oblomow ungeduldig. »Ich werde in den nächsten Tagen nach der Wohnung hinkommen und mit der Wirtin reden.«
»Ach was, mit der Wirtin? Mit meiner Gevatterin? Was versteht die davon? Ein Weib! Nein, rede du mal mit ihrem Bruder – da kannst du dich auf etwas gefaßt machen!«

»Nun gut, ich werde hinfahren und mit ihnen reden.«
»Ja, auf dich können sie lange warten! Gib mir das Geld und dann mach, daß du wegkommst!«
»Ich habe keines; ich muß mir erst welches borgen.«
»Na, dann bezahle mir jetzt wenigstens die Droschke«, setzte ihm Tarantjew zu; »drei Rubel.«
»Wo ist denn deine Droschke? Und wofür drei Rubel?«
»Ich habe sie wieder wegfahren lassen. Wie kannst du fragen: ›Wofür?‹ Er wollte mich so schon nicht fahren; ›durch den tiefen Sand?‹ sagte er. Und von hier zurück kostet es wieder drei Rubel – zusammen sechs Rubel!«
»Von hier geht eine Diligence für einen halben Rubel«, sagte Oblomow. »Na, da hast du!«
Er gab ihm vier Rubel. Tarantjew steckte sie in die Tasche.
»Also bist du mir noch zwei Rubel schuldig«, fügte er hinzu. »Und dann gib mir Geld zum Mittagessen.«
»Wieso zum Mittagessen?«
»Ich komme jetzt nicht mehr rechtzeitig nach der Stadt; ich muß unterwegs in einem Restaurant essen; hier ist alles teuer; sie nehmen einem wohl fünf Rubel ab.«
Oblomow zog schweigend einen Rubel heraus und warf ihn ihm zu. Vor Ungeduld setzte er sich nicht hin, damit Tarantjew eher fortginge; aber dieser ging nicht fort.
»Laß mir doch einen Imbiß geben«, sagte er.
»Du wolltest ja in einem Restaurant zu Mittag essen?« bemerkte Oblomow.
»Ja, zu Mittag! Aber jetzt ist es eben erst eins durch.«
Oblomow befahl Sachar, etwas zum Essen hereinzubringen.
»Es ist nichts da; wir haben nichts zurechtgemacht«, erwiderte Sachar trocken und blickte Tarantjew finster an.
»Aber wie ist das, Michei Andrejewitsch, wann werden Sie das Hemd und die Weste des gnädigen Herrn zurückbringen? …«

»Was für ein Hemd und was für eine Weste willst du denn noch?« versetzte Tarantjew. »Ich habe sie längst zurückgegeben.«

»Wann denn?« fragte Sachar.

»Habe ich sie dir etwa nicht in deine eigenen Hände gegeben, als ihr umzogt? Du hast die Sachen gewiß in ein Bündel gesteckt, und nun fragst du noch danach …«

Sachar war starr.

»Ach, du großer Gott! Was ist das für eine Schande, Ilja Iljitsch!« schrie er, sich zu Oblomow wendend.

»Immer die alte Leier!« erwiderte Tarantjew. »Du hast die Sachen gewiß vertrunken, und nun fragst du danach …«

»Nein, so lange ich lebe, habe ich noch nichts von dem Eigentum der Herrschaft vertrunken!« rief Sachar mit seiner heiseren Stimme. »Sie haben …«

»Hör auf, Sachar!« befahl Oblomow streng.

»Wie ist das? Haben Sie unsere Dielenbürste und zwei Tassen mit weggeschafft?« fragte Sachar wieder.

»Was für eine Dielenbürste?« schrie Tarantjew. »Ach, du alter Gauner! Gib mir lieber einen Imbiß!«

»Hören Sie wohl, Ilja Iljitsch, wie er schimpft?« sagte Sachar. »Es ist kein Imbiß da; es ist nicht einmal Brot im Hause, und Anisja ist weggegangen«, schloß er und ging hinaus.

»Wo ißt du denn zu Mittag?« fragte Tarantjew. »Das ist ja wirklich ein reines Wunder: Oblomow geht im Wäldchen spazieren und ißt nicht zu Hause Mittagbrot … Wann wirst du denn die Wohnung beziehen? Es ist ja schon Herbst. Komm doch hin und sieh sie dir an!«

»Gut, gut, in den nächsten Tagen …«

»Und vergiß nicht, das Geld mitzubringen!«

»Nein, nein, nein …« sagte Oblomow ungeduldig.

»Na, hast du in der Wohnung noch einen Wunsch? Es sind da schon die Fußböden und die Zimmerdecken, die Fenster und die Türen, alles für dich neu angestrichen worden, Bruder; es kostet über hundert Rubel.«

»Ja, ja, gut … Ach, das wollte ich dir noch sagen«, fügte Oblomow hinzu, dem das plötzlich einfiel; »bitte, geh doch nach dem Gericht; ich muß mir eine Vollmacht beglaubigen lassen …«

»Bin ich etwa dein Kommissionär geworden?« versetzte Tarantjew.

»Ich lege dir auch noch etwas zum Mittagessen zu«, sagte Oblomow.

»Auf dem Wege zerreiße ich mehr Stiefel, als du mir zulegst.«

»Nun, so fahre; ich werde es bezahlen.«

»Ich kann nicht aufs Gericht gehen«, sagte Tarantjew finster.

»Warum nicht?«

»Ich habe da Feinde; die sind auf mich wütend; sie haben sich verschworen, mich zugrunde zu richten.«

»Nun gut, dann werde ich selbst hinfahren«, sagte Oblomow und griff nach seiner Mütze.

»Weißt du, sobald du in die Wohnung eingezogen sein wirst, wird Iwan Matwjejewitsch all dergleichen für dich besorgen. Das ist ein prächtiger Mensch, Bruder, gar nicht zu vergleichen mit so einem deutschen Emporkömmling! Ein echter, russischer, im Dienst ergrauter Beamter; seit dreißig Jahren sitzt er auf demselben Stuhle und leitet das ganze Büro. Er hat auch ein hübsches Sümmchen Geld, nimmt sich aber nie eine Droschke; sein Frack ist nicht besser als der meinige; er selbst ist still und bescheiden und spricht so leise, daß man ihn kaum hört; aber in fremden Ländern treibt er sich nicht umher wie dieser dein …«

»Tarantjew!« rief Oblomow und schlug mit der Faust auf den Tisch. »Rede nicht über Dinge, die du nicht verstehst!«

Tarantjew riß bei dieser unerhörten Heftigkeit Oblomows

die Augen weit auf und vergaß sogar, sich deswegen beleidigt zu zeigen, weil er unter Stolz gestellt wurde.

»Nein, wie du aber heute bist, Bruder …« murmelte er, indem er nach seinem Hute griff. »Was hast du für eine Courage!«

Er strich seinen Hut mit dem Ärmel glatt; dann betrachtete er ihn und Oblomows Hut, der auf einer Etagere stand.

»Du trägst ja keinen Hut, du hast ja eine Mütze«, sagte er, indem er Oblomows Hut nahm und ausprobierte. »Gib ihn mir für den Sommer, Bruder …«

Oblomow nahm ihm, ohne ein Wort zu sagen, seinen Hut vom Kopfe und stellte ihn an seinen früheren Platz; dann kreuzte er die Arme vor der Brust und wartete darauf, daß Tarantjew fortgehe.

»Na, hol dich der Teufel!« sagte Tarantjew, sich ungeschickt durch die Tür hindurchschiebend. »Weißt du, Bruder, du bist heute so eigentümlich … hm … Na, rede nur mal mit Iwan Matwjejewitsch und versuche, mit der Zahlung im Rückstande zu bleiben!«

## II.

Er ging; Oblomow aber setzte sich in unangenehmer Gemütsstimmung auf den Lehnstuhl und bemühte sich lange, lange, die widerwärtige Empfindung loszuwerden. Endlich erinnerte er sich an den heutigen Morgen, und die häßliche Erscheinung Tarantjews flatterte ihm aus dem Kopfe; auf seinem Gesichte erschien wieder ein Lächeln.

Er stellte sich vor den Spiegel, verwandte viel Zeit darauf, seine Krawatte in Ordnung zu bringen, lächelte lange und

besah seine Backe, ob da keine Spur von Olgas heißem Kusse zurückgeblieben sei.
»Zwei ›Niemals‹«, sagte er in freudiger Aufregung. »Und was ist zwischen ihnen für ein Unterschied: das eine ist schon verwelkt, das andere aber ist so üppig aufgeblüht …«
Dann versank er immer tiefer in Gedanken. Er fühlte, daß der lichte, wolkenlose Feiertag der Liebe vergangen war, daß die Liebe tatsächlich eine Pflicht geworden war, daß sie sich mit dem ganzen Leben vermischte, in den Bestand der gewöhnlichen Lebensfunktionen eintrat und ihre bunten Regenbogenfarben allmählich verlor.
Vielleicht hatte an diesem Morgen ihr letzter rosiger Strahl geschimmert, und sie wird nun nicht mehr hell leuchten, sondern unsichtbar das Leben erwärmen; sie wird vom Leben verschlungen werden und in demselben eine zwar starke, aber verborgene Triebfeder sein. Und von nun an werden ihre Äußerungen einen so einfachen, gewöhnlichen Charakter tragen.
Die Dichtung geht zu Ende, und es beginnt die ernste Prosa: die Verhandlung vor Gericht, die Fahrt nach Oblomowka, der Hausbau, die Aufnahme der Hypothek beim Kuratorium, die Anlegung der Landstraße, die endlosen geschäftlichen Auseinandersetzungen mit den Bauern, die Verteilung der Arbeiten, die Ernte, das Dreschen, das Klappern der Rechenmaschine, das sorgenvolle Gesicht des Verwalters, die Adelswahlen, die Gerichtssitzungen.
Nur ab und zu, nur mitunter wird ihn ein heller Blick Olgas treffen, und dann muß er wieder zu den Arbeiten fahren, nach der Stadt fahren, dann kommt wieder der Verwalter, und wieder klappert die Rechenmaschine.
Es kommen Gäste; aber auch das ist keine Erholung: es wird davon gesprochen, wieviel Branntwein ein jeder in seiner Brennerei herstellt, wieviel Ellen Tuch er dem Fis-

kus liefert … Ist das ein Genuß? Ist es das, was er für sich erhofft hat? Ist es etwa das Leben? … Und doch leben die Leute so, als ob darin das ganze Leben bestände. Und Andrei findet an einem solchen Leben Gefallen!

Aber die Heirat, die Hochzeit – das war doch die Poesie des Lebens; das war eine Blume, deren Aufblühen nah bevorstand. Er stellte es sich vor, wie er Olga zum Altare führen werde: sie trägt auf dem Kopfe einen blühenden Orangenzweig mit einem langen Schleier. In der Menge läßt sich ein Geflüster der Bewunderung vernehmen. Verschämt, mit leise wogendem Busen, mit stolz und anmutig gesenktem Kopfe, reicht sie ihm die Hand und weiß nicht, wie sie alle anblicken soll. Bald leuchtet ein Lächeln auf ihrem Gesichte auf, bald werden Tränen sichtbar, bald versetzt irgendein Gedanke die Falte über der Augenbraue in Bewegung.

Zu Hause, wenn die Gäste weggefahren sind, wirft sie sich, noch in dem reichen Kleide, ihm an die Brust, so wie sie es heute getan hat …

»Nein, ich will zu Olga hinlaufen; ich kann nicht denken und fühlen, wenn ich allein bin«, sagte er sich. »Ich werde es allen Menschen erzählen, der ganzen Welt … nein, zuerst der Tante, dann dem Baron; ich werde es an Stolz schreiben – der wird sich mal wundern! Dann werde ich es Sachar sagen; er wird sich bis zur Erde verbeugen und vor Freude heulen; ich werde ihm fünfundzwanzig Rubel geben. Anisja wird hereinkommen; sie wird nach meiner Hand greifen, um sie zu küssen: ich werde ihr zehn Rubel geben; dann … werde ich es vor Freude der ganzen Welt zuschreien; ich werde so laut schreien, daß die ganze Welt sagen wird: ›Oblomow ist glücklich; Oblomow heiratet!‹ Jetzt will ich zu Olga laufen; dort erwartet mich ein langes Flüstern, ein geheimer Vertrag, auf Grund dessen zwei Leben in eines zusammenfließen! …«

Er lief zu Olga hin. Sie hörte lächelnd seine Phantasien an; aber als er aufsprang, um zur Tante zu laufen und es ihr mitzuteilen, da zogen sich ihre Brauen so zusammen, daß er es mit der Angst bekam.

»Zu niemand ein Wort!« sagte sie, legte den Finger an die Lippen und drohte ihm, er solle leiser sprechen, damit die Tante es nicht vom andern Zimmer aus höre. »Es ist noch nicht an der Zeit!«

»Wann wird es denn an der Zeit sein? Es ist doch zwischen uns alles abgeredet!« sagte er ungeduldig. »Was sollen wir denn jetzt machen? Womit sollen wir anfangen?« fragte er. »Wir können doch nicht dasitzen und die Hände in den Schoß legen. Es beginnt die Pflicht, das ernste Leben ...«

»Ja, das beginnt«, stimmte sie ihm zu und blickte ihn unverwandt an.

»Nun, und da wollte ich den ersten Schritt tun und zur Tante gehen ...«

»Das ist der letzte Schritt.«

»Welcher ist denn der erste?«

»Der erste ist: zum Gericht zu gehen; du mußtest ja wohl ein Dokument abfassen?«

»Ja ... ich will morgen ...«

»Warum denn nicht heute?«

»Heute ... heute ist doch so ein besonderer Tag, und da soll ich von dir fortgehn, Olga?«

»Nun gut, morgen. Und dann?«

»Dann will ich es der Tante sagen und an Stolz schreiben.«

»Nein, dann mußt du nach Oblomowka fahren ... Andrei Iwanowitsch hat ja geschrieben, was auf dem Gute getan werden muß: ich weiß nicht, was ihr da für Dinge vorhabt, es war ja wohl ein Bau?« fragte sie, ihm ins Gesicht sehend.

»Mein Gott!« erwiderte Oblomow, »wenn wir auf Stolz hören wollen, dann wird die Tante im Leben nicht an die Rei-

he kommen! Er sagt, ich solle mit dem Hausbau anfangen, dann eine Fahrstraße anlegen, eine Schule einrichten ... Mit alledem wird man im ganzen Leben nicht fertig. Wir wollen zusammen hinfahren, Olga, und dann ...«
»Aber wo sollen wir da bleiben? Gibt es denn da ein ordentliches Haus?«
»Nein; das alte ist sehr schlecht; ich glaube, die Freitreppe ist ganz wackelig geworden ...«
»Wo sollen wir denn da bleiben?« fragte sie.
»Wir müssen uns hier eine Wohnung suchen.«
»Zu diesem Zwecke mußt du ebenfalls nach der Stadt fahren«, bemerkte sie. »Das ist der zweite Schritt ...«
»Dann ...« begann er.
»Tue nur zuerst diese beiden Schritte; dann wollen wir weiter sehen.«
»Wie geht denn das zu?« dachte Oblomow traurig. »Kein langes Flüstern, kein geheimer Vertrag, auf Grund dessen zwei Leben in eins zusammenstießen! Alles nimmt einen ganz anderen Verlauf. Wie sonderbar Olga ist! Sie bleibt nicht auf einem Fleck stehen, denkt nicht wonnevoll über einen poetischen Augenblick nach, gerade als ob ihr solche Träumerei fremd wäre, als ob sie nicht das Bedürfnis hätte, sich in ihre Gedanken zu versenken! ›Fahre sogleich nach dem Gerichte, suche eine Wohnung!‹ verlangt sie, gerade wie Andrei! Es scheint, als hätten sich alle verschworen, mit dem Leben zu hasten!«
Am andern Tage begab er sich mit einem Bogen Stempelpapier in die Stadt. Zuerst wollte er nach dem Gericht; er fuhr nur ungern hin, gähnte und blickte nach rechts und links. Er wußte nicht recht, wo das Gericht war, und fuhr deshalb zu Iwan Gerasimowitsch, um sich zu erkundigen, in welcher Abteilung er sich die Beglaubigung beschaffen könne.
Dieser freute sich über Oblomows Besuch und wollte ihn

nicht ohne Frühstück fortlassen. Dann ließ er noch einen Freund holen, um diesen zu befragen, wie die Sache gemacht werden müsse, da er selbst sich schon längst von den Geschäften zurückgezogen hatte.
Das Frühstück und die Beratung endeten erst um drei Uhr; nach dem Gericht zu gehen, dazu war es schon zu spät; der nächste Tag aber war gerade ein Sonnabend, mithin waren da die Büros geschlossen. Die Sache mußte also bis zum Montag aufgeschoben werden.
Oblomow begab sich nach der Wyborger Seite, in seine neue Wohnung. Lange fuhr er in schmalen Gassen zwischen langen Zäunen dahin. Endlich fand er einen Schutzmann; dieser sagte, das betreffende Haus liege in einem andern Revier, nebenan; »hier, diese Straße entlang«, und er wies auf noch eine Straße hin, eine Straße ohne Häuser, mit Zäunen, mit Gras und mit im Schmutze eingetrockneten Geleisen.
Oblomow fuhr wieder eine Strecke und betrachtete die Brennesseln an den Zäunen und die über die Zäune hinüberblickenden Ebereschen. Endlich zeigte ihm der Schutzmann, der mitgefahren war, auf einem Hofe ein altes Häuschen und sagte: »Dieses ist es.«
»Haus der Witwe des Kollegiensekretärs Pschenizyn«, las Oblomow am Tore und befahl auf den Hof zu fahren.
Der Hof war von der Größe eines Zimmers, so daß der Wagen mit der Deichsel in eine Ecke stieß und eine Schar von Hühnern erschreckte, welche gackernd eilig, manche sogar fliegend, nach verschiedenen Seiten auseinanderstoben; ein großer schwarzer Hund begann mit wütendem Gebell nach rechts und links an seiner Kette zu reißen, um die Mäuler der Pferde zu erreichen.
Oblomow saß im Wagen ganz dicht bei den Fenstern und war in Verlegenheit, wie er aussteigen sollte. An den Fenstern, die mit Reseda, Tausendschönchen und Ringelblu-

men vollgestellt waren, erschienen Köpfe in eifriger Bewegung. Oblomow stieg mit Mühe aus dem Wagen aus; der Hund erhob ein noch ärgeres Gebell.
Er stieg die Freitreppe hinan und stieß mit einer runzeligen alten Frau zusammen; sie trug einen Sarafan, dessen Saum sie sich in den Gürtel gesteckt hatte.
»Zu wem wollen Sie?« fragte sie.
»Zu der Hauswirtin, Frau Pschenizyna.«
Die Alte ließ verwundert den Kopf hängen.
»Wollen Sie nicht mit Iwan Matwjejewitsch sprechen?« fragte sie. »Er ist aber nicht zu Hause; er ist noch nicht vom Büro gekommen.«
»Ich möchte die Wirtin sprechen«, erwiderte Oblomow.
Unterdessen hatte das lebhafte Treiben im Hause fortgedauert. Es schaute bald aus dem einen, bald aus dem andern Fenster ein Kopf heraus; hinter der Alten wurde die Tür ein wenig geöffnet und dann wieder zugemacht; von dort blickten mehrere Personen heraus.
Oblomow wandte sich um: auf dem Hofe sahen zwei Kinder, ein Knabe und ein Mädchen, neugierig nach ihm hin. Von irgendwoher erschien ein verschlafener Knecht in einem Schafpelz; mit der Hand die Augen gegen die Sonne schützend, beobachtete er träge Oblomow und den Wagen. Der Hund bellte immer noch heftig in einzelnen Absätzen, und sowie Oblomow sich bewegte oder ein Pferd mit dem Hufe stampfte, begann wieder das Springen an der Kette und ein ununterbrochenes Gebell.
Über einen Zaun rechts hinweg erblickte Oblomow einen endlosen Gemüsegarten mit Kohl; links über einen Zaun hinweg waren einige Bäume und eine grüne hölzerne Laube zu sehen.
»Sie wünschen Agafja Matwjejewna zu sprechen?« fragte die Alte. »Weshalb?«

»Sage der Hausfrau«, erwiderte Oblomow, »daß ich mit ihr sprechen möchte; ich habe hier eine Wohnung gemietet ...«

»Sie sind also der neue Mieter, ein Bekannter von Michei Andrejewitsch? Warten Sie einen Augenblick; ich werde es melden.«

Sie öffnete die Tür, und von der Tür stürzten einige Personen weg und rannten schleunigst in die Stuben. Er sah noch in der Geschwindigkeit eine Frauensperson mit nacktem Halse und nackten Armen, ohne Haube, mit weißer Haut, ziemlich völlig; sie lächelte, weil ein Fremder sie so gesehen hatte, und lief ebenfalls von der Tür fort.

»Bitte, kommen Sie ins Zimmer«, sagte die Alte, als sie zurückgekehrt war, und führte Oblomow durch ein kleines Vorzimmer in ein ziemlich geräumiges Zimmer und bat ihn zu warten. »Die Wirtin wird gleich kommen«, fügte sie hinzu.

»Aber der Hund bellt immer noch«, dachte Oblomow, während er sich im Zimmer umsah.

Plötzlich blieben seine Augen auf bekannten Gegenständen haften: das ganze Zimmer war mit seinen Sachen vollgestopft. Die Tische waren voll Staub, die Stühle in einem Haufen auf das Bett gepackt; Matratzen, Geschirr, Schränke, alles in Unordnung.

»Was ist das? Und nichts aufgestellt, nichts aufgeräumt?« sagte er. »Was für eine greuliche Wirtschaft!«

Auf einmal knarrte hinter ihm eine Tür, und in das Zimmer trat eben jene Frauensperson, die er mit nacktem Halse und nackten Armen gesehen hatte.

Sie mochte etwa dreißig Jahre alt sein. Sie hatte ein volles, sehr weißes Gesicht, das den Eindruck machte, als könne die Röte nicht durch die Wangen hindurchdringen. Augenbrauen waren bei ihr fast gar nicht vorhanden, sondern an ihrer Stelle zwei ein wenig hervorragende glänzende Streifen mit spärlichen, hellen Haaren. Die Augen waren grau und wie der ganze Gesichtsausdruck gutmütig, die Hände weiß, aber rauh mit stark hervortretenden blauen Aderknoten.

Das Kleid saß ihr eng anliegend; man sah, daß sie zu keinerlei künstlichen Mitteln ihre Ursache nahm und nicht einmal einen über das Notwendige hinausgehenden Unterrock anlegte, um den Umfang der Hüften zu vergrößern und die Taille dünner erscheinen zu lassen. Infolgedessen hätte sogar ihre verhüllte Büste, wenn kein Brusttuch darüber lag, einem Maler oder Bildhauer als Modell zu einer kräftigen, gesunden Brust dienen können, ohne daß dabei ihr Schamgefühl verletzt worden wäre. Ihr Kleid erschien im Vergleich mit dem eleganten Schal und der Staatshaube alt und abgetragen.

Sie hatte keinen Besuch erwartet und, als Oblomow sie zu sprechen wünschte, über ihr werktägliches Hauskleid ihren Sonntagsschal geworfen und den Kopf mit einer Haube bedeckt. Sie trat schüchtern herein, blieb dann stehen und sah Oblomow verlegen an.

Er stand auf und machte ihr eine Verbeugung.

»Habe ich das Vergnügen, Frau Pschenizyna zu sehen?« fragte er.

»Ja«, antwortete sie. »Vielleicht wünschen Sie mit dem Bruder zu reden?« fragte sie unsicher. »Er ist noch auf dem Büro; vor fünf Uhr kommt er nicht.«

»Nein, ich wollte mit Ihnen sprechen«, begann Oblomow, als sie sich auf das Sofa gesetzt hatte; sie hatte möglichst weit von ihm entfernt Platz genommen und betrachtete die Zipfel ihres Schals, der sie wie eine Pferdedecke bis zum Fußboden einhüllte. Auch die Arme verbarg sie unter dem Schal.

»Ich habe hier eine Wohnung gemietet; jetzt muß ich mir Umstände halber eine Wohnung in einem andern Stadtteil suchen; darum bin ich hergekommen, um die Sache mit Ihnen zu besprechen ...«

Sie hörte stumpfsinnig zu und dachte stumpfsinnig nach.

»Der Bruder ist jetzt nicht da«, sagte sie dann.

»Aber das Haus gehört ja doch Ihnen?« fragte Oblomow.

»Ja«, antwortete sie kurz.

»Da dachte ich, daß Sie selbst eine Entscheidung treffen könnten ...«

»Aber der Bruder ist nicht da; der verwaltet bei uns alles«, sagte sie eintönig; sie blickte dabei Oblomow zum ersten Male gerade an, schlug dann aber die Augen wieder auf ihren Schal nieder.

»Sie hat ein einfaches, aber angenehmes Gesicht«, sagte Oblomow bei sich nachsichtig; »sie ist gewiß eine gute Frau!« In diesem Augenblicke schob sich der Kopf eines Mädchens durch die Tür. Agafja Matwjejewna gab ihr drohend einen heimlichen Wink mit dem Kopfe, und sie verschwand wieder.

»Wo ist denn Ihr Bruder angestellt?«

»In der Kanzlei.«

»In welcher?

»Wo die Bauern eingetragen werden ... ich weiß nicht wie sie heißt.«

Sie lächelte gutmütig; aber in demselben Augenblicke nahm ihr Gesicht wieder seinen gewöhnlichen Ausdruck an.

»Sie wohnen hier nicht mit Ihrem Bruder allein zusammen?« fragte Oblomow.

»Nein, die beiden Kinder, die ich von meinem verstorbenen Manne habe, sind bei mir, ein achtjähriger Knabe und ein sechsjähriges Mädchen«, erwiderte die Wirtin ziemlich redselig, und ihr Gesicht wurde lebhafter. »Dann noch unsere Großmutter; die ist krank; sie kann kaum gehen und geht nur noch in die Kirche; früher ging sie mit Akulina auf den Markt; aber jetzt seit Nikola* hat sie damit aufgehört; die Füße sind ihr so geschwollen. Auch in der Kirche sitzt sie immer auf einer Stufe. Das sind auch alle. Manchmal kommt die Schwester meines verstorbenen Mannes zu uns auf Logierbesuch; und dann Michei Andrejewitsch.«

»Michei Andrejewitsch ist wohl häufig bei Ihnen?« fragte Oblomow.

»Manchmal einen Monat lang. Er ist mit dem Bruder befreundet; sie sind immer zusammen ...«

Sie verstummte, da sie ihren ganzen Gedanken- und Wortvorrat erschöpft hatte.

»Was für eine Stille hier bei Ihnen herrscht!« sagte Oblomow. »Wenn nicht der Hund bellte, könnte man denken, es sei keine lebende Seele hier.«

Sie lächelte zur Antwort.

»Gehen Sie oft aus?« fragte Oblomow.

»Im Sommer mitunter. So waren wir neulich, am Eliasfreitage, nach der Pulvermühle gegangen.«

»Ist da viel Verkehr?« fragte Oblomow. Der Schal war ein wenig auseinandergegangen, und er blickte auf die hohe Brust, die so stark war wie ein Sofakissen und nie in wogende Bewegung kam.

»Nein, dieses Jahr waren nicht viel Leute da; es hatte am Morgen geregnet, aber nachher klärte es sich auf. Sonst ist da viel Verkehr.«

»Wo gehen Sie denn sonst noch hin?«

»Wir gehen nur wenig aus. Der Bruder und Michei Andrejewitsch gehen zu den Fischern und kochen sich da eine Fischsuppe; aber wir sind immer zu Hause.«

»Wirklich immer zu Hause?«

* Das ist der 1. Mai. Anm. d. Übers.

»Bei Gott, es ist wahr. Im vorigen Jahre waren wir in Kolpino*, und hier gehen wir manchmal in das Wäldchen. Am 24. Juni hat der Bruder seinen Namenstag; da findet bei uns ein großes Mittagessen statt; alle Beamten der Kanzlei essen dann bei uns.«

»Machen Sie selbst Besuche?«

»Der Bruder ja; aber ich und die Kinder, wir essen nur am Ostersonntag und zu Weihnachten bei den Verwandten meines Mannes zu Mittag.«

Es war nun nichts mehr vorhanden, worüber sie hätten sprechen können.

»Sie haben da Blumen; lieben Sie die Blumen?« fragte er.

Sie lächelte.

»Nein«, sagte sie; »wir haben keine Zeit, uns mit Blumen abzugeben. Die Kinder und Akulina sind in den gräflichen Garten gegangen, und da hat ihnen der Gärtner welche gegeben; die Geranien aber und die Aloe sind schon lange hier; die stammen noch aus der Zeit, als mein Mann lebte.«

In diesem Augenblicke kam Akulina plötzlich ins Zimmer hereingestürzt; sie hielt in den Händen einen großen Hahn, der verzweifelt mit den Flügeln schlug und kreischte.

»Soll ich dem Krämer *diesen* Hahn geben, Agafja Matwjejewna?« fragte sie.

»Aber was tust du, was tust du! Geh hinaus!« sagte die Wirtin verlegen. »Du siehst doch, daß Besuch hier ist!«

»Ich wollte nur fragen«, erwiderte Akulina und faßte den Hahn an den Füßen, so daß ihm der Kopf nach unten hing. »Er bietet siebzig Kopeken.«

»Geh, geh in die Küche!« sagte Agafja Matwjejewna. »Den grauen, gesprenkelten, aber nicht diesen«, fügte sie hastig

* Vierundzwanzig Werst von Petersburg, auf dem Wege nach Moskau. Anm. d. Übers.

hinzu und genierte sich selbst, verbarg ihre Hände unter dem Schal und schlug die Augen nieder.

»Wirtschaftssorgen!« sagte Oblomow.

»Ja, wir haben viele Hühner: wir verkaufen Eier und junge Hühner. Die Leute hier in dieser Straße und die Sommerfrischler und die gräflichen Herrschaften kaufen immer bei uns«, antwortete sie und blickte Oblomow dabei viel dreister an.

Auch ihr Gesicht nahm einen geschäftlich interessierten Ausdruck an; sogar die Stumpfheit verschwand, als sie über einen ihr bekannten Gegenstand zu sprechen begann. Auf jede Frage aber, die nicht etwas Sachliches betraf, das ihr geläufig war, antwortete sie mit einem Lächeln und mit einem Schweigen.

»Das müßte hier zurechtgestellt werden«, bemerkte Oblomow, auf den wüsten Haufen seiner Sachen hinweisend.

»Wir wollen es schon machen; aber der Bruder hat es nicht erlaubt«, unterbrach sie ihn lebhaft und blickte ihn nun ganz dreist an. »›Gott weiß, was er da in den Tischen und Schränken liegen hat‹, hat er gesagt; ›nachher geht noch etwas verloren, und wir werden dafür haftbar gemacht …‹« Sie hielt inne und lächelte.

»Was für ein vorsichtiger Mann Ihr Bruder ist!« sagte Oblomow.

Sie lächelte wieder leise und nahm wieder ihren gewöhnlichen Ausdruck an.

Das Lächeln war für sie in der Hauptsache die übliche Form, um zu verbergen, daß sie nicht wußte, was sie in diesem oder jenem Falle sagen oder tun mußte.

»Ich kann nicht auf seine Rückkehr warten; das dauert mir zu lange«, sagte Oblomow. »Vielleicht bestellen Sie ihm, daß ich umständehalber die Wohnung nicht benötige und deshalb bitte, sie einem andern Mieter zu übergeben; ich meinerseits werde ebenfalls einen Stellvertreter suchen.« Sie hörte stumpfsinnig zu und zwinkerte gleichmäßig mit den Augen.

»Was den Kontrakt anlangt, so bitte ich, ihm freundlichst zu sagen …«

»Aber er ist jetzt nicht zu Hause«, wiederholte sie; »kommen Sie lieber morgen wieder her. Morgen ist Sonnabend; da geht er nicht aufs Büro …«

»Ich bin sehr stark beschäftigt und habe keine freie Minute«, entschuldigte sich Oblomow. »Bestellen Sie ihm nur freundlichst, da Sie ja die Anzahlung in Händen hätten und ich bemüht sein würde, einen Mieter zu finden, so …«

»Der Bruder ist nicht da«, sagte sie eintönig; »er kommt noch nicht …« Sie blickte auf die Straße. »Er muß hier vorbeikommen, an den Fenstern vorbei; wenn er kommt; kann man ihn sehen; aber er ist nicht da!«

»Na, dann werde ich jetzt gehen«, sagte Oblomow.

»Aber wenn der Bruder kommt, was soll ich ihm sagen, wann Sie einziehen werden?« fragte sie und stand vom Sofa auf.

»Bestellen Sie ihm, was ich Sie gebeten habe zu bestellen«, erwiderte Oblomow: »daß ich Umstände halber …«

»Sie sollten lieber morgen selbst noch einmal herkommen und mit ihm reden«, wiederholte sie.

»Morgen ist es mir unmöglich.«

»Nun, dann übermorgen, am Sonntag. Nach der Messe gibt es bei uns Schnaps und einen Imbiß. Auch Michei Andrejewitsch kommt.«

»Kommt wirklich auch Michei Andrejewitsch?« fragte Oblomow.

»Bei Gott, es ist wahr«, versicherte sie.

»Auch übermorgen kann ich nicht«, erklärte Oblomow ungeduldig.

»Nun, dann in der nächsten Woche ...« erwiderte sie. »Und wann werden Sie einziehen? Ich würde die Magd die Fußböden scheuern und Staub wischen lassen«, fragte sie.
»Ich werde nicht einziehen«, antwortete er.
»Wie? Aber wo sollen wir denn Ihre Sachen lassen?«
»Bestellen Sie nur Ihrem Bruder freundlichst«, begann Oblomow in einzelnen Absätzen zu sagen, indem er seine Augen gerade auf ihre Brust richtete, »daß ich Umstände halber ...«
»Er bleibt so lange fort; er ist noch immer nicht zu sehen«, sagte sie eintönig, indem sie nach dem Zaune blickte, der die Straße von dem Hofe trennte. »Ich kenne sogar seine Schritte; auf dem Holztrottoir ist es zu hören, wenn jemand kommt. Es gehen hier nur wenige Leute ...«
»Werden Sie ihm also bestellen, was ich Sie zu bestellen gebeten habe?« sagte Oblomow, indem er sich verbeugte und zum Gehen wandte.
»In einer halben Stunde wird er selbst da sein ...« sagte die Wirtin mit einer ihr sonst fremden Unruhe und versuchte gewissermaßen, Oblomow mit ihrer Stimme zurückzuhalten.
»Ich kann nicht länger warten«, erklärte er und öffnete die Tür.
Als der Hund ihn auf der Freitreppe erblickte, erhob er von neuem ein Gebell und begann wieder an der Kette zu reißen. Der Kutscher, der, auf den Ellbogen gestützt, geschlafen hatte, zupfte die Pferde zurück; die Hühner rannten wieder ängstlich nach allen Seiten auseinander; aus einem Fenster schauten mehrere Köpfe heraus.
»Ich werde also dem Bruder sagen, daß Sie dagewesen sind«, sagte die Wirtin beunruhigt, als Oblomow in den Wagen stieg.
»Ja, und sagen Sie ihm, daß ich Umstände halber die Wohnung, nicht für mich behalten kann und sie einem andern

übergeben werde, oder er möchte auch selbst … sich umsehen …«

»Um diese Zeit kommt er sonst immer …« sagte sie, ihm zerstreut zuhörend. »Ich werde ihm sagen, daß Sie wiederkommen wollen.«

»Ja, in den nächsten Tagen werde ich wieder mit herankommen«, versetzte Oblomow.

Unter dem wütenden Gebell des Hundes fuhr der Wagen aus dem Hofe hinaus und schaukelte dann auf den trockenen Schmutzhöckern der ungepflasterten Straße hin und her. Am Ende derselben wurde ein Mann von mittleren Jahren sichtbar; in einem abgetragenen Paletot, mit einem großen Paket Akten unter dem Arm, mit einem dicken Stocke und trotz des trockenen, heißen Wetters mit Gummischuhen. Er ging schnell, blickte nach rechts und links und trat so stark auf, als ob er das Holztrottoir durchtreten wollte. Oblomow schaute ihm nach und sah, wie er in das Tor der Frau Pschenizyna einbog.

»Da ist gewiß der Bruder gekommen!« dachte er. »Hol' ihn der Teufel! Da hätte ich noch eine Stunde lang reden können, und ich habe Hunger; und es ist heiß! Auch wartet Olga auf mich … Ein andermal!«

»Fahr schneller!« sagte er zu dem Kutscher.

»Aber ich muß mich ja nach einer andern Wohnung umsehen!« fiel ihm plötzlich ein, während er so rechts und links nach den Zäunen blickte. Ich muß wieder zurückfahren, nach der Morjkaja oder der Konjuschennaja-Straße* … Ein andermal!« beschloß er.

»Fahr schneller!«

* Feine Straßen im Zentrum. Anm. d. Übers.

## III.

Ende August trat Regenwetter ein, und auf denjenigen Landhäusern, die mit Öfen versehen waren, rauchten die Schornsteine; wo aber keine Öfen vorhanden waren, da gingen die Bewohner mit verbundenen Backen umher, und schließlich leerten sich die Landhäuser nach und nach.

Oblomow war diese Zeit her gar nicht nach der Stadt gekommen, und eines Morgens wurden die Möbel der Iljinskischen Damen an seinen Fenstern vorbeigetragen und vorbeigefahren. Es erschien ihm zwar jetzt nicht mehr als eine Heldentat, in eine andere Wohnung zu ziehen, irgendwo *en passant* zu Mittag zu essen und einen ganzen Tag über nicht auf dem Sofa zu liegen; aber er wußte nicht, wo er auch nur für die Nacht sein Haupt hinlegen sollte.

Ganz allein in dem Landhause zu bleiben, nachdem der Park und das Wäldchen öde geworden und die Läden an Olgas Fenstern geschlossen waren, das erschien ihm geradezu als ein Ding der Unmöglichkeit.

Er ging durch Olgas leere Zimmer, wanderte im Parke umher, stieg vom Berge hinab, und sein Herz zog sich vor Traurigkeit zusammen.

Er befahl Sachar und Anisja, nach der Wyborger Seite zu ziehen; denn er hatte sich entschlossen, dort solange zu bleiben, bis er eine neue Wohnung gefunden haben würde; er selbst aber fuhr in die Stadt, aß schnell in einem Restaurant zu Mittag und verbrachte den Abend bei Olga.

Aber die Herbstabende in der Stadt glichen nicht den langen, hellen Tagen und Abenden im Parke und im Wäldchen. Hier konnte er Olga nicht mehr dreimal am Tage sehen; hier kam Katja nicht mehr zu ihm gelaufen, und er schickte Sachar nicht mit einem Briefchen fünf Werst weit. Und dieses ganze sommerlich schöne Liebesepos geriet gewissermaßen ins Stocken, rückte langsamer fort, als ob es keinen rechten Inhalt mehr hätte.

Sie schwiegen manchmal eine halbe Stunde lang. Olga vertiefte sich in ihre Arbeit und zählte still mit der Nadel die kleinen Vierecke des Musters; er aber vertiefte sich in ein Chaos von Gedanken und lebte, dem gegenwärtigen Augenblicke weit vorauseilend, in der Zukunft.

Nur manchmal zuckte er, wenn er sie unverwandt ansah, leidenschaftlich zusammen, oder sie schaute ihn flüchtig an und lächelte, wenn sie einen Blick voll zärtlicher Ergebenheit und stummer Glückseligkeit in seinen Augen auffing.

Drei Tage hintereinander fuhr er in die Stadt zu Olga und aß bei ihnen zu Mittag unter dem Vorwande, es sei da bei ihm noch nichts eingerichtet; er werde im Laufe der Woche ausziehen und fühle sich daher in der neuen Wohnung nicht wie zu Hause.

Aber am vierten Tage war es ihm bereits peinlich, wieder hinzukommen, und nachdem er sich eine Weile in der Nähe des Iljinskischen Hauses umhergetrieben hatte, fuhr er mit einem Seufzer nach Hause.

Am fünften Tage speisten die Damen nicht zu Hause.

Am sechsten Tage sagte Olga zu ihm, er möchte nach einem bestimmten Ladengeschäft kommen; sie werde dort sein; dann aber könne er sie zu Fuß nach Hause begleiten, und der Wagen werde hinterher fahren.

All das war peinlich: es begegneten ihm und ihr Bekannte und grüßten; einige blieben auch stehen, um ein paar Worte zu reden.

»Ach, du mein Gott, welche Qual!« sagte er; die Angst und das Gefühl der Unbehaglichkeit trieben ihm den Schweiß aus allen Poren.

Auch die Tante blickte ihn mit ihren großen, matten Augen

an und roch nachdenklich an ihrem Riechfläschchen, als ob sie von Oblomows Anblick Kopfschmerzen bekommen habe. Und was hatte er für eine gewaltige Strecke zu fahren! Von der Wyborger Seite herein und abends wieder hinaus – das dauerte drei Stunden!

»Laß es uns der Tante sagen!« bat Oblomow dringend. »Dann kann ich vom Morgen an bei euch bleiben, und niemand wird darüber reden …«

»Bist du denn auf dem Gericht gewesen?« fragte Olga.

Oblomow hätte gern gesagt: »Ich bin dagewesen und habe alles erledigt«; aber er wußte, daß Olga ihn dann prüfend ansehen und ihm sogleich die Lüge vom Gesichte ablesen würde. Er seufzte zur Antwort.

»Ach, wenn du wüßtest, wie schwer das ist!« sagte er.

»Und hast du mit dem Bruder der Wirtin gesprochen? Hast du eine Wohnung gefunden?« fragte sie dann, ohne die Augen zu erheben.

»Er ist morgens nie zu Hause, und abends bin ich immer hier«, versetzte Oblomow, erfreut darüber, daß er eine ausreichende Entschuldigung hatte.

Jetzt war es Olga, die seufzte; aber sie sagte nichts.

»Morgen werde ich ganz bestimmt mit dem Bruder der Wirtin reden«, suchte Oblomow sie zu beruhigen. »Morgen ist Sonntag; da geht er nicht aufs Büro.«

»Ehe das nicht alles in Ordnung gebracht ist, können wir es der Tante nicht sagen«, erwiderte Olga nachdenklich; »und wir müssen auch seltener zusammenkommen …«

»Ja, ja … das ist wahr«, stimmte Oblomow ihr ängstlich bei.

»Iß bei uns immer Sonntags zu Mittag, an unserm *jour fixe*, und dann allenfalls noch als einziger Gast Mittwochs«, sagte sie. »Und außerdem können wir uns auch noch im Theater sehen; du wirst ja erfahren, wann wir hinfahren; dann komm doch auch hin.«

»Ja, das ist wahr«, sagte er, erfreut darüber, daß sie die Sorge für die Regelung ihrer Zusammenkünfte auf sich genommen hatte.

»Und wenn einmal ein schöner Tag ist«, schloß sie, »so fahre ich im Sommergarten spazieren, und du kannst ebenfalls dahinkommen. Das wird uns an den Park erinnern ... Ja, ja, der Park!« wiederholte sie mit tiefer Empfindung.

Er küßte ihr schweigend die Hand und verabschiedete sich von ihr bis Sonntag. Sie sah ihm traurig nach; dann setzte sie sich an das Klavier und vertiefte sich ganz in die Töne. Ihr Herz weinte über etwas, und auch die Töne weinten. Sie wollte singen – aber es war ihr nicht möglich!

Am andern Tage stand Oblomow auf und zog seinen einfachen, kurzen Rock an, den er in der Sommerfrische getragen hatte. Von dem Schlafrock hatte er schon längst Abschied genommen und Befehl gegeben, ihn im Schranke zu verwahren.

Sachar trat wie gewöhnlich mit dem schwankenden Präsentierbrett, auf dem er den Kaffee und die Brezeln trug, an den Tisch heran. Hinter Sachar schob sich wie gewöhnlich Anisja mit dem Oberkörper durch die Tür und paßte auf, ob Sachar das Geschirr auch bis zum Tische hinbrachte, und verschwand sogleich wieder geräuschlos, wenn Sachar das Präsentierbrett glücklich auf den Tisch gestellt hatte; oder aber sie sprang hurtig zu ihm heran, wenn ein Gegenstand von dem Brette herunterfiel, und bemühte sich, die übrigen zu retten. Im letzteren Falle schimpfte Sachar mörderlich, zuerst auf die Sachen und dann auf seine Frau und holte mit dem Ellbogen gegen ihre Brust aus.

»Was für ein vorzüglicher Kaffee das ist! Wer hat den gekocht?« fragte Oblomow.

»Die Wirtin selbst«, antwortete Sachar. »Schon seit sechs Tagen kocht sie ihn immer. Sie sagt: ›Ihr nehmt zuviel Zichorie daran und kocht den Kaffee nicht genug. Laßt es mich machen!«

»Ein vorzüglicher Kaffee!« sagte Oblomow noch einmal und goß sich eine zweite Tasse ein. »Bestelle ihr meinen Dank.«

»Da ist sie selbst«, versetzte Sachar und wies nach der halbgeöffneten Tür des Nebenzimmers. »Das ist bei denen hier eine Art Büfettzimmer: sie arbeitet da auch und hat da den Tee, den Zucker und den Kaffee liegen; auch das Geschirr steht da.«

Oblomow konnte nur den Rücken der Wirtin sehen, ihren Hinterkopf, einen Teil ihres weißen Halses und die nackten Arme.

»Warum fährt sie denn da mit den Armen so flink umher?« fragte Oblomow.

»Wer kann's wissen! Sie plättet wohl Spitzen.«

Oblomow verfolgte ihre Bewegungen: wie die Ellbogen sich hin und her drehten, wie der Rücken sich beugte und wieder aufrichtete.

Wenn sie sich nach vorn beugte, wurden unten ein reiner Unterrock, reine Strümpfe und die drallen, fleischigen Beine sichtbar.

»Eine Beamtenfrau; aber Ellbogen hat sie wie eine Gräfin, sogar mit Grübchen!« dachte Oblomow.

Am Mittag kam Sachar herein, um zu fragen, ob es ihm gefällig sei, die Pastete der Hausleute zu probieren; die Wirtin lasse es ihm anbieten.

»Heute ist Sonntag; da wird bei ihnen eine Pastete gebakken.«

»Na, das kann ich mir schon denken, das wird eine schöne Pastete sein!« sagte Oblomow geringschätzig. »Mit Zwiebeln und Mohrrüben …«

»Die Pastete ist nicht schlechter als unsere in Oblomowka«, bemerkte Sachar, »mit jungen Hühnern und frischen Pilzen.«

»Ach, das muß gut schmecken; bring mir etwas davon her! Wer bäckt denn bei ihnen? Diese schmutzige Frauensperson?«

»Die? Bewahre!« erwiderte Sachar verächtlich. »Wenn die Wirtin nicht dabei ist, versteht die nicht einmal den Teig in den Ofen zu schieben. Die Wirtin macht in der Küche alles selbst. Die Pastete hat sie mit Anisja zusammen gebacken.«

Nach fünf Minuten streckte sich aus dem Nebenzimmer zu Oblomow ein nackter, mit dem ihm bereits bekannten Schal nur sehr wenig bedeckter Arm herein, mit einem Teller, auf dem ein gewaltiges Stück Pastete einen heißen Dampf ausströmte.

»Ich danke ergebenst«, sagte Oblomow freundlich, indem er die Pastete hinnahm, und durch die Tür sehend, heftete er seine Blicke auf die hohe Brust und die nackten Schultern. Die Tür wurde eilig zugemacht.

»Ist Ihnen nicht ein Schnaps gefällig?« fragte eine Stimme.

»Ich trinke nicht; ich danke ergebenst«, antwortete Oblomow noch freundlicher; »was haben Sie denn für welchen?«

»Eigenen, im Hause hergestellten; wir setzen ihn selbst auf Johannisblättern an«, sagte die Stimme.

»Die Sorte habe ich noch nie getrunken; gestatten Sie mir, ihn zu probieren!«

Der nackte Arm streckte sich wieder mit einem Teller und einem Glase Schnaps herein. Oblomow trank es aus; es schmeckte ihm sehr gut.

»Ich bin Ihnen sehr dankbar«, sagte er und bemühte sich durch die Tür zu sehen; aber die Tür wurde zugeschlagen.

»Warum lassen Sie sich denn nicht blicken, damit ich Ihnen einen Guten Morgen wünschen kann?« rief Oblomow vorwurfsvoll.

Die Wirtin lachte hinter der Tür.

»Ich bin noch im Alltagskleide; ich bin immer in der Küche

gewesen. Ich werde mich gleich anziehen; der Bruder kommt bald von der Messe«, antwortete sie.

»Ach, da Sie gerade von Ihrem Bruder reden«, bemerkte Oblomow: »ich muß mit ihm sprechen. Bitten Sie ihn doch, zu mir hereinzukommen.«

»Schön, ich werde es ihm sagen, sobald er kommt.«

»Aber wer hustet denn da bei Ihnen? Wer hat denn einen so trockenen Husten?« fragte Oblomow.

»Das ist die Großmutter; die hustet bei uns schon im achten Jahre.«

Und die Tür wurde zugeschlagen.

»Was für eine einfache Frau das ist«, dachte Oblomow; »aber sie hat etwas Anziehendes … Und sie hält sich sauber!«

Bisher hatte er den »Bruder« der Wirtin noch nicht kennengelernt. Er hatte nur vom Bette aus gesehen (und auch das nur selten), wie frühmorgens ein Mensch mit einem großen Paket Akten unter dem Arm an dem Gitterzaune außen entlanghuschte und in einer Seitengasse verschwand, und wie dann um fünf Uhr derselbe Mensch bei seiner Rückkehr wieder mit demselben Pakete an den Fenstern vorbeihuschte und hinter der Haustür verschwand. Im Hause war von ihm nichts zu hören.

Jedoch war zu merken, daß da Leute wohnten, besonders morgens: in der Küche klopften die Messer; durchs Fenster hörte man, wie die Magd in einer Ecke etwas wusch, wie der Hausknecht Holz hackte oder auf einem zweirädrigen Gestell eine Tonne mit Wasser herbeibrachte; hinter der Wand weinten die Kinder, oder es ließ sich der hartnäckige trockne Husten der alten Frau vernehmen.

Oblomow hatte vier Zimmer, das heißt die ganze Flucht der »guten Stube«. Die Wirtin hauste mit ihrer Familie in zwei geringeren Zimmern, und der Bruder wohnte oben in der Giebelstube. Das Wohnzimmer und das Schlafzimmer Oblomows lagen mit den Fenstern nach dem Hofe hinaus, der Salon nach dem Gärtchen und der Saal nach dem großen Gemüsegarten mit Kohl und Kartoffeln.

Im Salon waren die Fenster mit verschlossenen Kattunvorhängen versehen. An den Wänden standen einfache Stühle von imitiertem Nußbaumholz, unter dem Spiegel ein L'hombretisch; auf den Fensterbrettern drängten sich Töpfe mit Geranien und Tausendschönchen; darüber hingen vier Käfige mit Zeisigen und Kanarienvögeln.

Der Bruder kam auf den Zehen herein und erwiderte Oblomows Gruß mit einer dreimaligen Verbeugung. Seine Dienstuniform war von unten bis oben zugeknöpft, so daß man nicht erkennen konnte, ob er weiße Wäsche trug oder nicht; die Krawatte war in einen einfachen Knoten gebunden und die Enden unten versteckt.

Er war ungefähr vierzig Jahre alt; über der Stirn trug er eine aufrechtstehende Tolle und an den Schläfen zwei Haarbüschel, die ohne Sorgfalt lose herabhingen und mit mittelgroßen Hundeohren Ähnlichkeit hatten. Seine grauen Augen richteten sich nicht sofort gerade auf einen Gegenstand, sondern sahen zuerst nur verstohlen hin und blieben erst beim zweiten Male auf ihm haften.

Seiner Hände schien er sich zu schämen und bemühte sich, sie beim Sprechen zu verstecken, entweder beide auf dem Rücken oder die eine an der Brust unter dem Rocke und die andere auf dem Rücken. Wenn er seinem Vorgesetzten ein Aktenstück übergab und etwas daran erklärte, so hielt er die eine Hand auf dem Rücken und zeigte mit dem Mittelfinger der andern Hand, den Nagel nach unten drehend, vorsichtig auf die betreffende Zeile oder auf das betreffende Wort und verbarg, nachdem er darauf hingezeigt hatte, die Hand sofort wieder hinten, vielleicht weil seine Finger dick und rot waren und ein wenig zitterten und er mit gutem Grunde

es für nicht ganz anständig hielt, sie oft zur Schau zu stellen.
»Sie haben befohlen, daß ich zu Ihnen kommen solle«, begann er, indem er Oblomow seinen doppelten Blick zuwarf.
»Ja, ich wollte mit Ihnen wegen der Wohnung sprechen. Bitte, setzen Sie sich!« antwortete Oblomow höflich.
Nach zweimaliger Aufforderung entschloß sich Iwan Matwjejewitsch, Platz zu nehmen, wobei er den Oberkörper nach vorn beugte und die Hände in die Ärmel zog.
»Umstände halber muß ich mir eine andere Wohnung suchen«, sagte Oblomow; »daher würde ich wünschen, diese einem andern Mieter zu übergeben.«
»Jetzt wird es sehr schwer sein, sie einem andern zu übergeben«, versetzte Iwan Matwjejewitsch, nachdem er in die Finger gehustet und sie dann schnell wieder in den Ärmel versteckt hatte. »Wenn Sie sich gegen Ende des Sommers herbemüht hätten; damals kamen viele her, um sich die Wohnung anzusehen.«
»Ich bin hier gewesen; aber Sie waren nicht zu Hause«, unterbrach ihn Oblomow.
»Die Schwester hat es mir gesagt«, versetzte der Beamte. »Aber beunruhigen Sie sich doch nicht wegen der Wohnung: Sie werden sich hier ja ganz behaglich fühlen. Vielleicht stört Sie das gefiederte Völkchen?«
»Was für ein gefiedertes Völkchen?«
»Die Hühner.«
Oblomow hörte zwar vom frühen Morgen an beständig vor seinen Fenstern das laute Glucksen der Henne und das Piepen der Küchlein, allein was kümmerte er sich darum? Ihm schwebte das Bild Olgas vor Augen, und er bemerkte kaum, was ihn umgab.
»Nein, die stören mich nicht«, erwiderte er; »ich glaubte, Sie meinten die Kanarienvögel; die fangen schon am Morgen an zu schmettern.«

»Wir werden sie hinaustragen«, versetzte Iwan Matwjejewitsch.
»Auch die stören mich nicht«, erwiderte Oblomow; »aber ich kann Umstände halber nicht wohnen bleiben.«
»Wie es Ihnen beliebt«, antwortete Iwan Matwjejewitsch. »Aber wenn Sie nun keinen andern Mieter finden, wie wird es dann mit dem Kontrakte werden? Werden Sie uns schadlos halten? Sie werden einen Verlust erleiden.«
»Wieviel werde ich Ihnen zu bezahlen haben?« fragte Oblomow.
»Ich werde Ihnen sogleich die Rechnung machen.«
Er brachte den Kontrakt und die Rechenmaschine.
»Also für die Wohnung achthundert Rubel; hundert Rubel haben wir als Anzahlung bekommen; es bleiben also noch siebenhundert Rubel«, sagte er.
»Verlangen Sie denn wirklich von mir die Miete für das ganze Jahr, wenn ich bei Ihnen nicht einmal zwei Wochen gewohnt habe?« unterbrach ihn Oblomow.
»Aber natürlich«, erwiderte Iwan Matwjejewitsch in sanftem, bescheidenem Tone. »Die Schwester würde sonst ungerechterweise einen Verlust erleiden. Sie ist eine arme Witwe; sie lebt nur von dem, was sie von dem Hause einnimmt; und dann hat sie höchstens noch einen kleinen Verdienst von den jungen Hühnern und den Eiern, zu Kleidern für die Kinderchen.«
»Aber ich bitte Sie, soviel kann ich doch unmöglich bezahlen«, sagte Oblomow. »Sagen Sie selbst: ich habe nicht zwei Wochen hier gewohnt. Was soll das denn vorstellen? Wofür?«
»Da! Hier steht es im Kontrakte«, erwiderte Iwan Matwjejewitsch, wies mit dem Mittelfinger auf zwei Zeilen und verbarg den Finger wieder im Ärmel. »Bitte, lesen Sie: ›Sollte ich, Oblomow, wünschen, vor der Zeit aus der Wohnung

auszuziehen, so bin ich verpflichtet, sie einer andern Person unter denselben Bedingungen zu übergeben oder andernfalls Sie, Frau Pschenizyna, durch die volle Zahlung für das ganze Jahr, bis zum ersten Juni künftigen Jahres, schadlos zu halten.‹« Oblomow las den Passus selbst durch.

»Aber wie denn?« sagte er. »Das ist doch ungerecht.«

»Das ist durchaus gesetzlich«, bemerkte Iwan Matwjejewitsch. »Sie haben es selbst unterschrieben: hier ist Ihre Unterschrift!«

Wieder erschien der Finger unter der Unterschrift und verschwand wieder.

»Wieviel macht es also?« fragte Oblomow.

»Siebenhundert Rubel«, antwortete Iwan Matwjejewitsch; er begann von neuem mit demselben Finger an der Rechenmaschine zu klappern und bog ihn jedesmal flink wieder in die Faust hinein; »und für den Pferdestall und die Remise hundertundfünfzig Rubel.«

Und er klapperte noch weiter.

»Ich bitte Sie, ich habe keine Pferde, ich halte mir keine: wozu brauche ich da einen Pferdestall und eine Remise?« erwiderte Oblomow mit Lebhaftigkeit.

»Das steht im Kontrakte«, bemerkte Iwan Matwjejewitsch und wies mit dem Finger auf eine Zeile. »Michei Andrejewitsch sagte, Sie würden sich Pferde halten.«

»Michei Andrejewitsch lügt!« sagte Oblomow ärgerlich. »Geben Sie mir den Kontrakt her!«

»Hier, nehmen Sie, bitte, diese Abschrift; der Kontrakt selbst gehört der Schwester«, erwiderte Iwan Matwjejewitsch sanft und nahm den Kontrakt in die Hand. »Außerdem für den Gemüsegarten und die Verpflegung aus ihm an Kohl, Rüben und anderem Gemüse, für eine Person gerechnet«, las Iwan Matwjejewitsch: »eine Pauschalsumme von zweihundertfünfzig Rubeln …«

Er wollte wieder mit der Rechenmaschine klappern.

»Was ist das für ein Gemüsegarten? Was für Kohl? Ich verstehe kein Wort von dem, was Sie reden!« versetzte Oblomow beinahe drohend.

»Da! Hier steht es im Kontrakt; Michei Andrejewitsch sagte, daß Sie die Wohnung unter dieser Bedingung nehmen wollen ...«

»Was soll denn das heißen, daß Sie ohne mein Wissen und ohne meinen Willen Anordnungen treffen über das, was ich essen soll? Ich will weder Kohl noch Rüben ...« sagte Oblomow und stand auf.

Auch Iwan Matwjejewitsch sprang von seinem Stuhl in die Höhe.

»Ich bitte Sie, wie können Sie sagen, daß es ohne Ihr Wissen und ohne Ihren Willen geschehen sei? Da steht ja Ihre Unterschrift!« entgegnete er.

Und wieder zitterte der dicke Finger über der Unterschrift, und das ganze Papier zitterte in seiner Hand.

»Wieviel rechnen Sie im ganzen heraus?« fragte Oblomow ungeduldig.

»Dann noch für das Anstreichen der Zimmerdecken und Türen, für Renovierung der Küchenfenster, für neue Türbeschläge: hundertvierundfünfzig Rubel achtundzwanzig Kopeken.«

»Wie? Auch das soll auf meine Rechnung kommen?« fragte Oblomow erstaunt. »So etwas wird doch immer auf Kosten des Wirtes gemacht. Wer zieht denn auch in eine nicht fertiggemachte Wohnung ein? ...«

»Da! hier steht es im Kontrakt, daß es auf Ihre Rechnung gemacht werden solle«, sagte Iwan Matwjejewitsch, indem er von weitem mit dem Finger auf dem Papier die Stelle zeigte, wo das stand. »Tausendzweihundertvierundfünfzig Rubel achtundzwanzig Kopeken im ganzen!« schloß er sanft und ver-

barg beide Hände mit dem Kontrakte hinter seinem Rücken.
»Aber wo soll ich eine solche Summe hernehmen? Ich habe kein Geld!« versetzte Oblomow, im Zimmer auf und ab gehend. »Ich habe Ihre Rüben und Ihren Kohl auch wohl sehr nötig!«
»Wie es Ihnen beliebt«, erwiderte Iwan Matwjejewitsch leise. »Aber beunruhigen Sie sich nicht: Sie werden sich hier sehr behaglich fühlen«, fügte er hinzu. »Und was das Geld anlangt, so wird die Schwester warten.«
»Es ist mir Umstände halber unmöglich, hier wohnen zu bleiben, unmöglich! Hören Sie wohl?«
»Ich höre. Wie es Ihnen beliebt«, antwortete Iwan Matwjejewitsch unterwürfig und trat einen Schritt zurück.
»Nun gut, ich werde es mir überlegen und mich bemühen, die Wohnung einem andern Mieter zu übergeben!« sagte Oblomow und nickte dem Beamten zu.
»Es wird schwer sein; indessen, wie es Ihnen beliebt!« schloß Iwan Matwjejewitsch und ging nach dreimaliger Verbeugung hinaus.
Oblomow zog seine Brieftasche heraus und zählte sein Geld: es waren im ganzen dreihundertundfünf Rubel. Er war starr.
»Wo ist denn das Geld geblieben?« fragte er sich erstaunt, ja beinahe entsetzt. »Zu Anfang des Sommers sind mir vom Gute zwölfhundert Rubel geschickt worden, und jetzt habe ich nur noch dreihundert!«
Er begann zu rechnen und sich die gemachten Ausgaben ins Gedächtnis zurückzurufen, konnte sich aber nur auf zweihundertfünfzig Rubel besinnen.
»Wo ist denn nur das Geld geblieben?« sagte er.
»Sachar, Sachar!«
»Was befehlen Sie?«
»Wo ist denn nur all unser Geld geblieben? Wir haben ja kein Geld mehr!« fragte er.

Sachar wühlte in seinen Taschen herum, zog einen halben Rubel und ein Zehnkopekenstück heraus und legte sie auf den Tisch.

»Da! Ich habe vergessen, es zurückzugeben; das ist von dem Umzuge übriggeblieben«, sagte er.

»Wozu legst du mir das Kleingeld hin? Sage mir, wo die achthundert Rubel geblieben sind!«

»Wie soll ich das wissen? Weiß ich etwa, wofür Sie das Geld ausgeben? Was Sie den Droschkenkutschern für die Fahrten bezahlen?«

»Ja, für die Fahrten ist viel draufgegangen«, erinnerte sich Oblomow und blickte Sachar an. »Erinnerst du dich nicht, wieviel wir in der Sommerfrische dem Droschkenkutscher bezahlt haben?«

»Wie soll ich mich daran erinnern?« erwiderte Sachar. »Einmal haben Sie mir befohlen, ihm dreißig Rubel zu bezahlen; daran erinnere ich mich noch.«

»Wenn du doch so etwas notieren könntest!« sagte Oblomow vorwurfsvoll. »Es ist doch recht übel, wenn einer nicht lesen und schreiben kann!«

»Ich habe, Gott sei Dank, auch ohne lesen und schreiben zu können, mein Leben nicht schlechter verbracht als andere Leute«, versetzte Sachar, zur Seite blickend.

»Stolz hat ganz recht, wenn er sagt, ich müsse eine Schule im Dorfe einrichten!« dachte Oblomow.

»Da bei Iljinskis war ein Diener, der lesen und schreiben konnte, wie die Leute sagen«, fuhr Sachar fort. »Der hat Silberzeug aus dem Büfett gestohlen.«

»Na, danke ergebenst für einen solchen Diener!« dachte Oblomow ängstlich. »In der Tat, diese Menschen, die ein bißchen was gelernt haben, sind immer so ein unmoralisches Volk: sie sitzen in den Schenken, kaufen sich Ziehharmonikas, trinken Tee … Nein, zur Einrichtung von Schulen ist es noch zu früh! …«

»Na, wofür ist denn sonst noch Geld ausgegeben worden?« fragte er.

»Wie soll ich das wissen? Diesem Michei Andrejewitsch haben Sie in der Sommerfrische Geld gegeben …«

»Richtig!« versetzte Oblomow und freute sich darüber, daß er an dieses Geld erinnert wurde. »Ja, also dreißig Rubel hat der Droschkenkutscher bekommen, und ich glaube, fünfundzwanzig habe ich Tarantjew gegeben. Weißt du noch andre Ausgaben?«

Er richtete einen nachdenklichen, fragenden Blick auf Sachar; dieser sah ihn mürrisch von der Seite an.

»Ob sich Anisja nicht erinnert?«

»Wie kann die Närrin sich erinnern? Was weiß so ein Frauenzimmer?« sagte Sachar verächtlich.

»Ich kann mich auf nichts weiter besinnen«, schloß Oblomow bekümmert. »Ob auch nicht Diebe dagewesen sind?«

»Wenn Diebe dagewesen wären, hätten sie alles genommen«, sagte Sachar und ging hinaus.

Oblomow setzte sich auf den Lehnstuhl und dachte nach. »Wo soll ich denn Geld hernehmen?« dachte er so angstvoll, daß ihm kalter Schweiß ausbrach. »Wann wird mir vom Gute welches geschickt werden, und wieviel?«

Er sah auf die Uhr: es war zwei, also Zeit, um zu Olga zu fahren. Heute war der festgesetzte Tag, an dem er dort zu Mittag essen sollte. Allmählich wurde seine Stimmung heiterer; er ließ sich eine Droschke holen und fuhr nach der Morskaja-Straße.

## IV.

Er sagte zu Olga, er habe mit dem Bruder der Wirtin Rücksprache genommen, und fügte eilig aus seinem eigenen Kopfe hinzu, es sei Hoffnung vorhanden, daß er noch in dieser Woche die Wohnung einem andern Mieter werde übergeben können.

Olga fuhr vor dem Mittagessen noch mit der Tante aus, um einen Besuch zu machen, und er wollte sich unterdes in der Nachbarschaft Wohnungen ansehen. Er ging in zwei Häuser; in dem einen fand er eine Wohnung von vier Zimmern für viertausend Rubel; in dem andern wurden ihm für fünf Zimmer sechstausend Rubel abgefordert.

»Entsetzlich, entsetzlich!« rief er aus und lief, sich die Ohren zuhaltend, von den erstaunten Hausverwaltern weg. Er wollte zu diesen Summen noch die mehr als tausend Rubel hinzuzählen, die er der Frau Pschenizyna zu zahlen hatte, kam aber vor Angst mit der Addition nicht zustande; er beschleunigte nur seinen Schritt und lief zu Olga.

Dort war Gesellschaft. Olga war munter und lebhaft; sie redete, sie sang und rief allgemeine Begeisterung hervor. Nur Oblomow hörte zerstreut zu; sie aber redete und sang nur für ihn, damit er nicht kopfhängerisch und mit niedergeschlagenen Augen dasäße, und damit auch in ihm alles unaufhörlich redete und sänge.

»Komm morgen ins Theater; wir haben eine Loge«, sagte sie.

»Am Abend, bei dem Schmutz und bei der weiten Entfernung!« dachte Oblomow; aber als er ihr in die Augen blickte, antwortete er auf ihr Lächeln mit einem Lächeln der Zustimmung.

»Abonniere auf einen Parkettplatz«, fügte sie hinzu. »In der nächsten Woche kommen Majewskis; *ma tante* hat sie zu uns in die Loge eingeladen.«

Sie blickte ihm in die Augen, um zu sehen, wie er sich freute.

»O Gott!« dachte er entsetzt. »Und ich habe nur dreihundert Rubel.«

»Weißt du, bitte den Baron darum; er ist dort mit allen bekannt und wird dir gleich morgen einen Platz beschaffen.«

Sie lächelte wieder, und er lächelte, als er sie ansah, und bat mit einem Lächeln den Baron; dieser übernahm es, ebenfalls mit einem Lächeln, ihm ein Billett zu besorgen.

»Jetzt mußt du noch im Parkett sitzen; aber nachher, wenn du die geschäftlichen Angelegenheiten erledigt haben wirst«, fügte Olga hinzu, »dann wirst du mit Fug und Recht einen Platz in unserer Loge einnehmen.«

Und sie lächelte von ganzem Herzen, so wie sie eben zu lächeln pflegte, wenn sie vollkommen glücklich war.

O wie glückselig wurde ihm auf einmal zumute, als Olga den Vorhang der verlockenden Ferne ein wenig lüftete, die hinter ihrem Lächeln wie hinter Blumen verborgen lag!

Oblomow vergaß sogar die Geldangelegenheit; erst als er am nächsten Morgen das an den Fenstern vorbeihuschende Aktenpaket des Bruders sah, fiel ihm die Vollmacht ein, und er bat Iwan Matwjejewitsch, sie auf dem Gericht beglaubigen zu lassen. Dieser las die Vollmacht durch, sagte, ein Punkt darin sei unklar ausgedrückt, und übernahm es, ihm eine klarere Fassung zu geben.

Das Dokument wurde noch einmal umgeschrieben, endlich beglaubigt und zur Post geschickt. Oblomow machte Olga davon triumphierend Mitteilung und beruhigte sich für lange Zeit.

Er freute sich, daß er vor dem Eintreffen der Antwort keine Wohnung zu suchen brauchte, und daß er das Geld allmählich abwohnte.

»Eigentlich könnte man auch hier wohnen«, dachte er; »es ist nur von allem so weit entfernt; aber im Hause herrscht bei ihnen eine strenge Ordnung, und die Wirtschaft ist bei ihnen vorzüglich im Gange.«

Die Wirtschaft war tatsächlich ausgezeichnet im Gange. Obgleich Oblomow seine eigene Küche hielt, hatte die Wirtin doch auch für diese ein wachsames Auge.

Ilja Iljitsch kam eines Tages in die Küche und fand dort Agafja Matwjejewna und Anisja, wie sie einander beinah umschlungen hielten.

Wenn es eine Sympathie der Seelen gibt, wenn verwandte Herzen einander schon von weitem wittern, so war das noch nie so augenfällig bewiesen worden wie durch die Sympathie zwischen Agafja Matwjejewna und Anisja. Gleich auf den ersten Blick, beim Anhören des ersten Wortes, beim Ansehen der ersten Bewegungen hatten sie einander begriffen und schätzen gelernt.

An Anisjas geschicktem Verfahren, wie sie, mit einer Ofenkrücke und einem Lappen bewaffnet, mit aufgestreiften Ärmeln in fünf Minuten die Küche in Ordnung brachte, in der ein halbes Jahr lang kein Feuer gebrannt hatte, wie sie mit einer Bürste im Umsehen den Staub von den Küchenbrettern, den Wänden und von dem Tische entfernte, wie sie, weit und kräftig mit dem Besen ausholend, den Fußboden und die Bänke abfegte, wie sie in einem Augenblicke die Asche aus dem Ofen herausscharrte: an alledem erkannte Agafja Matwjejewna mit Bewunderung, von welchem Schlage Anisja war, und was für eine große Hilfe diese ihr bei ihren wirtschaftlichen Verrichtungen sein konnte. Seitdem hatte sie ihr einen Platz in ihrem Herzen eingeräumt.

Und als Anisja ihrerseits nur einmal gesehen hatte, wie Agafja Matwjejewna in der Küche herrschte, wie sie mit ihren brauenlosen Falkenaugen jede ungeschickte Bewegung der schwerfälligen Akulina sah, wie sie ihr ihre Befehle zurief, dies aus dem Herde herauszunehmen, dies hineinzustellen, dies zu wärmen, dies zu salzen, wie sie auf dem Markte mit einem einzigen Blick und höchstens durch Berühren mit dem Finger ohne jeden Irrtum erkannte, wie viele Monate ein Huhn alt und ob der Fisch schon lange tot war, und wann die Petersilie oder der Salat von den Beeten gepflückt waren: da hob sie voll Staunen und respektvoller Furcht die Augen zu ihr in die Höhe und sagte sich, daß sie, Anisja, ihren Beruf verfehlt habe, daß das richtige Feld für ihre Tätigkeit nicht Oblomows Küche sei, wo ihre Flinkheit und die nimmer müde, nervöse Fieberhaftigkeit ihrer Bewegungen nur darauf gerichtet sei, irgend etwas, was Sachar hinfallen ließ, einen Teller oder ein Glas, noch im Fallen zu erhaschen, und wo ihre Erfahrung und die Feinheit ihrer Überlegungen durch den finsteren Neid und den groben Hochmut ihres Mannes unterdrückt wurden. Die beiden Frauen hatten füreinander Verständnis und wurden unzertrennlich.

Wenn Oblomow nicht zu Hause Mittagbrot aß, hielt sich Anisja in der Küche der Wirtin auf und stürzte aus Liebe zur Sache von einer Ecke in die andre, stellte die Töpfe ans Feuer und nahm sie ab, öffnete fast in ein und demselben Augenblicke den Schrank, nahm das Erforderliche heraus und schlug ihn wieder zu, ehe Akulina überhaupt begriffen hatte, um was es sich handelte. Anisjas Belohnung dafür bestand in einem Mittagessen, in sechs Tassen Kaffee am Morgen und ebensovielen am Abend und in einem langen, offenherzigen Gespräche mit der Wirtin selbst, das mitunter in vertraulichem Flüstertone geführt wurde.

Wenn Oblomow zu Hause Mittagbrot aß, so half die Wirtin Anisja, das heißt, sie zeigte ihr mit einem Worte oder mit dem Finger, ob es Zeit oder noch zu früh sei, den Braten herauszunehmen, ob zu der Sauce etwas Rotwein oder Sah-

ne hinzugetan werden und daß der Fisch anders gekocht werden müsse, und zwar so und so.
Und, o Gott, was für Kenntnisse tauschten sie miteinander auf wirtschaftlichem Gebiete aus, nicht nur im Ressort der kulinarischen Angelegenheiten, sondern auch in dem der Leinwand, des Zwirns, des Nähens, des Waschens der Wäsche, der Anfertigung von Kleidern, der Reinigung von Blonden, Spitzen und Handschuhen, des Entfernens von Flecken aus verschiedenen Stoffen, sowie des Gebrauches verschiedener als Hausmittel dienender Mixturen und Kräuter – kurz auf dem Gebiete all der Kenntnisse, die der beobachtende Verstand und eine jahrhundertelange Erfahrung in einer gewissen Lebenssphäre zusammengetragen haben!
Ilja Iljitsch stand des Morgens um neun Uhr auf, sah manchmal, wie das Aktenpaket unter dem Arme des zum Dienst gehenden Bruders hinter dem Gitter des Zaunes vorbeihuschte, und machte sich daran, seinen Kaffe zu trinken. Der Kaffe war immer gleich vorzüglich, die Sahne dick, die Semmeln kuchenartig und knusprig.
Dann zündete er sich eine Zigarre an und hörte aufmerksam zu, wie die Henne laut gluckste, wie die Küchlein piepten, und wie die Kanarienvögel und die Zeisige sangen. Er hatte sie nicht hinausschaffen lassen; »sie erinnern mich an das Gut, an Oblomowka«, sagte er.
Dann setzte er sich, um die in der Sommerfrische angefangenen Bücher zu Ende zu lesen; manchmal legte er sich auch mit einem Buche bequem auf das Sofa und las so. Es herrschte eine ideale Stille; höchstens ging ein Soldat auf der Straße vorbei oder ein Häufchen Bauern mit Beilen im Gürtel. Nur ganz selten verirrte sich ein Hausierer in diese abgelegene Gegend, blieb vor dem Gitterzaune stehen und schrie eine halbe Stunde lang: »Äpfel, Astrachaner Melonen!« so daß man ihm schließlich etwas wider den eigenen Willen abkaufte.

Manchmal kam Mascha, das Töchterchen der Wirtin, zu ihm, um ihm von ihrer Mama zu bestellen, es seien Pfifferlinge oder Reizker zu kaufen; ob sie für ihn einen Krug voll nehmen solle; oder er rief ihren Sohn Wanja zu sich herein, fragte ihn, was er gelernt habe, ließ ihn etwas vorlesen oder schreiben und sah zu, ob er gut schrieb und las.

Wenn die Kinder die Tür nicht hinter sich zumachten, sah er den nackten Hals und die unaufhörlich in flinker Bewegung befindlichen Arme und den Rücken der Wirtin.

Sie war immer bei der Arbeit, immer plättete sie etwas oder stieß etwas im Mörser oder rieb etwas auf dem Reibeisen, und sie genierte sich nicht mehr und warf den Schal nicht um, wenn sie bemerkte, daß er sie durch die halbgeöffnete Tür sah; sie lächelte nur und stieß, rieb und plättete auf dem großen Tische eifrig weiter.

Er trat manchmal mit einem Buche zur Tür, sah seine Wirtin an und redete mit ihr ein paar Worte.

»Sie sind immer bei der Arbeit!« sagte er einmal zu ihr.

Sie lächelte und machte sich von neuem eifrig daran, den Griff der Kaffeemühle zu drehen, und ihr Ellbogen beschrieb so hurtig seine Kreise, daß es Oblomow vor den Augen flimmerte.

»Sie werden ja müde werden«, fuhr er fort.

»Nein, ich bin es gewohnt«, antwortete sie, mit der Mühle rasselnd.

»Aber wenn Sie nun keine Arbeit haben, was machen Sie dann?«

»Wie meinen Sie das: keine Arbeit? Arbeit ist immer da«, sagte sie. »Am Vormittag muß ich das Mittagessen kochen, nach dem Mittagessen nähen und zum Abend das Abendbrot besorgen.«

»Essen Sie denn Abendbrot?«

»Wie könnte man denn ohne Abendbrot leben? Freilich essen wir Abendbrot. Nur vor den Festtagen gehen wir zum Abendgottesdienst.«

»Das ist gut«, lobte Oblomow. »In welche Kirche gehen Sie denn?«

»In die Kirche Zu Christi Geburt; das ist unsere Pfarrkirche.«

»Aber lesen Sie etwas?«

Sie sah ihn mit einem stumpfen Blicke an und schwieg.

»Haben Sie Bücher?« fragte er.

»Der Bruder hat welche; aber er liest nicht darin. Zeitungen bekommen wir aus einem Restaurant; da liest der Bruder manchmal etwas daraus vor … Aber mein kleiner Wanja hat viele Bücher.«

»Ruhen Sie sich denn niemals aus?«

»Nein, wirklich nicht, weiß Gott!«

»Sie gehen auch nicht ins Theater?«

»Der Bruder ist zu Ostern einmal dagewesen.«

»Und Sie?«

»Wann habe ich dazu Zeit? Wie sollte es mit dem Abendbrot werden?« fragte sie, indem sie von der Seite nach ihm hinsah.

»Die Köchin kann es doch auch ohne sie besorgen …«

»Akulina?« erwiderte sie erstaunt. »Wie wäre das möglich? Die kann ohne mich nichts tun. Sie würde mit dem Abendbrot bis zum andern Tage nicht fertig werden. Ich habe auch alle Schlüssel.«

Stillschweigen. Oblomow betrachtete mit Vergnügen ihre vollen, runden Arme.

»Was Sie für schöne Arme haben«, sagte er plötzlich. »Man könnte sie ohne weiteres malen.«

Sie lächelte und genierte sich ein wenig.

»Es ist gar zu unbequem, mit Ärmeln zu arbeiten«, entschuldigte sie sich. »Heutzutage sind ja solche Kleider Mode, bei denen man sich die ganzen Ärmel fortwährend beschmutzen würde.«

Sie verstummte. Oblomow schwieg ebenfalls.

»Ich will nur erst den Kaffee zu Ende mahlen«, flüsterte die Wirtin vor sich hin. »Dann will ich Zucker schlagen. Daß ich nur nicht vergesse, Zimt holen zu lassen.«

»Sie sollten sich wieder verheiraten«, sagte Oblomow. »Sie sind eine vortreffliche Hausfrau.«

Sie lächelte und schüttete den Kaffee in ein großes Glasgefäß.

»Wirklich«, fügte Oblomow hinzu.

»Wer wird mich mit den Kindern nehmen?« antwortete sie und begann etwas im Kopfe zu berechnen.

»Zwanzig Stück …« sagte sie nachdenklich. »Wird sie die wirklich alle gebrauchen? …« Und nachdem sie das Glasgefäß in den Schrank gestellt hatte, lief sie in die Küche. Oblomow aber ging in sein Zimmer und begann in seinem Buche zu lesen.

»Was für eine frische, gesunde Frauensperson das ist, und wie wirtschaftlich! Sie sollte sich wirklich verheiraten …« sagte er zu sich selbst und versank in Gedanken an … Olga.

Bei gutem Wetter setzte Oblomow die Mütze auf und ging in der Umgegend umher; aber bald geriet er in argen Schmutz, bald in unangenehme Kollision mit Hunden, und kehrte dann nach Hause zurück.

Zu Hause aber war schon der Tisch gedeckt, und es wurde ihm das schmackhafte Essen sauber serviert. Manchmal streckte sich durch die Tür ein nackter Arm mit einem Teller, und er wurde gebeten, die Pastete der Wirtin zu probieren.

»Still und gut ist es in dieser Gegend, nur langweilig!« sagte Oblomow, während er nach der Oper fuhr.

Als er einmal erst spät aus dem Theater zurückkam, mußte er nebst dem Droschkenkutscher fast eine Stunde lang am Tore klopfen; der Hund, der wütend an der Kette sprang, hatte von seinem Gebell schon seine Stimme verloren. Oblomow, der ganz durchgefroren und sehr aufgebracht war, erklärte, er werde gleich am nächsten Tage ausziehen. Aber es verging dieser nächste Tag und der darauf folgende und eine ganze Woche – und er zog immer noch nicht aus. Es war ihm sehr langweilig, daß er an den nicht festgesetzten Tagen Olga nicht sehen, ihre Stimme nicht hören, in ihren Augen nicht die immer gleiche, unwandelbare Freundlichkeit, Liebe und Glückseligkeit lesen konnte.

Dafür lebte er an den festgesetzten Tagen wie im Sommer, konnte sich gar nicht satt hören an ihrem Gesange oder blickte ihr in die Augen; waren aber andre zugegen, so genügte ihm ein einziger Blick von ihr, der allen übrigen gleichgültig, ihm aber tief und bedeutungsvoll erschien.

In dem Maße aber, wie der Winter heranrückte, wurden ihre Zusammenkünfte unter vier Augen seltener. Zu Iljinskis kamen nun häufig Gäste, und es gelang Oblomow oft ganze Tage lang nicht, mit ihr auch nur zwei Worte zu sprechen. Sie wechselten nur Blicke miteinander. Olgas Blicke drückten manchmal Müdigkeit und Ungeduld aus.

Sie blickte alle Gäste mit zusammengezogenen Augenbrauen an. Oblomow langweilte sich sogar ein paarmal und wollte eines Tages nach dem Mittagessen seinen Hut nehmen.

»Wo wollen Sie denn hin?« fragte Olga, die schnell zu ihm trat, erstaunt und griff nach seinem Hute.

»Erlauben Sie, daß ich nach Hause zurückkehre …«

»Wozu?« fragte sie. Eine ihrer Brauen lag höher als die andre. »Was wollen Sie denn da tun?«

»Ich bin so …« sagte er und konnte vor Schläfrigkeit kaum die Augen aufreißen.

»Das wird Ihnen niemand erlauben. Sie wollen sich doch nicht etwa schlafen legen?« fragte sie und blickte ihm in strenger Miene abwechselnd in das eine und dann in das andre Auge.

»Aber ich bitte Sie!« erwiderte Oblomow lebhaft. »Bei Tage schlafen! Ich langweile mich einfach.«
Und er überließ ihr seinen Hut.
»Heute fahren wir ins Theater«, sagte sie.
»Aber ich darf nicht mit dir zusammen in der Loge sitzen«, fügte er seufzend hinzu.
»Nun, was tut das? Ist es denn nichts, daß wir einander sehen, daß du uns im Zwischenakte besuchst und am Schlusse zu mir kommst und mich an deinem Arme zum Wagen geleitest? Haben Sie die Güte, ins Theater zu fahren!« fügte sie in befehlendem Tone hinzu. »Was ist das für eine neue Mode!«
Es war nichts dagegen zu machen; er fuhr ins Theater, gähnte, als ob er die ganze Bühne verschlingen wollte, kratzte sich den Nacken und schlug fortwährend ein Bein über das andre.
»Ach, wenn die Wartezeit doch recht bald zu Ende wäre und ich neben ihr sitzen könnte und mich nicht so weit herzuschleppen brauchte!« dachte er. »Aber nach einem solchen Sommer sie jetzt nur ab und zu einmal verstohlen zu sehen und die Rolle eines verliebten Knaben zu spielen, das ist langweillg … Die Wahrheit zu sagen, ich würde heute nicht ins Theater gefahren sein, wenn ich schon verheiratet wäre; diese Oper höre ich schon zum sechsten Mal …«
Im Zwischenakte ging er zu Olga in die Loge und konnte sich kaum zwischen zwei Stutzern zu ihr durchdrängen. Nach fünf Minuten schlüpfte er wieder hinaus und blieb am Eingange zum Parkett im Gedränge stehen. Der Akt begann, und alle begaben sich eilig auf ihre Plätze. Die Stutzer aus Olgas Loge waren ebenfalls da, sahen aber Oblomow nicht.
»Was war das soeben für ein Herr in der Loge bei Iljinskis?« fragte der eine den andern.
»Es ist ein gewisser Oblomow«, antwortete der andre lässig.
»Was für ein Oblomow?«

»Er ist Gutsbesitzer, ein Freund von Stolz.«

»Ah!« sagte der andre bedeutsam. »Ein Freund von Stolz. Was hat er denn da zu suchen?«

*»Dieu sait!«* antwortete der andre, und alle gingen nach ihren Plätzen auseinander. Aber Oblomow hatte infolge dieses unbedeutenden Gespräches alle Fassung verloren.

»Was für ein Herr? … Ein gewisser Oblomow … was hat er da zu suchen … *Dieu sait*« – all dies pochte ihm im Kopfe. »Ein gewisser!« dachte er. »Was ich da zu suchen habe? Welche Frage! Ich liebe Olga; ich bin ihr … Aber da wird nun schon in der vornehmen Gesellschaft die Frage aufgeworfen, was ich da zu suchen habe. Sie sind darauf aufmerksam geworden … Ach, du mein Gott! Gewiß, da muß etwas geschehen …«

Er sah nicht mehr, was auf der Bühne geschah, was für Ritter und Damen dort auftraten; aus dem Orchester ertönte rauschende Musik; aber er hörte sie nicht. Er sah sich nach allen Seiten um und zählte, wieviel Bekannte im Theater seien: hier, da, überall saßen welche; alle fragten: »Was ist das für ein Herr, der zu Olga in die Loge geht?« – »Ein gewisser Oblomow!« sagten alle.

»Ja, ich bin ›ein gewisser‹!« dachte er schüchtern und niedergeschlagen. »Man kennt mich, weil ich ein Freund von Stolz bin. Warum bin ich bei Olga? ›*Dieu sait!* …‹ Da, da, diese Stutzer sehen nach mir her und dann nach Olgas Loge!«

Er blickte nach der Loge: Olgas Opernglas war auf ihn gerichtet.

»Ach, du mein Gott!« dachte er. »Und sie wendet kein Auge von mir! Was hat sie denn an mir so Besonderes gefunden? Ich bin wohl eine Rarität! Da! ich glaube, jetzt will sie auf die Bühne hin … ich glaube, die Stutzer sehen nach mir her und lachen … O Gott, o Gott!«

In seiner Aufregung, kratzte er sich wieder wütend den

Nacken und legte die Beine bald so, bald so übereinander. Sie lud die Stutzer ein, nach dem Theater bei ihr und der Tante Tee zu trinken, versprach, die Kavatine zu wiederholen, und forderte auch Oblomow auf hinzukommen.

»Nein«, dachte er, »ich werde heute nicht hinfahren. Ich muß die Sache schnell zur Entscheidung bringen, und dann … Wie geht das zu? Mein Bevollmächtigter schickt mir vom Lande keine Antwort? … Ich wäre längst weggefahren und hätte mich vor der Abreise in aller Form mit Olga verlobt … Ach, sie sieht immer nach mir her! Es ist wahrhaftig ein Unglück!«

Er wartete das Ende der Oper nicht ab und fuhr nach Hause. Allmählich verwischte sich dieser Eindruck wieder, und er sah wieder, zitternd vor Glückseligkeit, Olga an, wenn sie beide allein waren, hörte, die Tränen des Entzückens unterdrückend, zu, wenn sie in Gegenwart aller sang, und legte sich, nach Hause zurückgekehrt, ohne Olgas Wissen auf das Sofa, aber nicht um zu schlafen, nicht um wie ein toter Klotz dazuliegen, sondern um sich in Träumereien von ihr zu ergehen, von seinem Glücke zu phantasieren und einen ahnenden Blick in sein künftiges friedliches häusliches Leben zu werfen, in dem Olga strahlen und alles um sie herum von ihrem Lichte erglänzen würde. Bei diesem Blicke in die Zukunft sah er manchmal unwillkürlich, manchmal auch absichtlich nach der halbgeöffneten Tür und nach den sich flink bewegenden Armen der Wirtin.

Eines Tages herrschte in der Natur und im Hause eine ideale Stille: kein Wagen rasselte, keine Tür wurde zugeschlagen; im Vorzimmer tickte das Pendel der Uhr gleichmäßig, und die Kanarienvögel sangen; aber das störte die Stille nicht, sondern verlieh ihr nur einen gewissen Anflug von Leben.

Ilja Iljitsch lag nachlässig auf dem Sofa und spielte mit dem Pantoffel: er ließ ihn auf den Fußboden fallen, hob ihn mit dem Fuße in die Luft, drehte ihn dort hin und her; der Pantoffel fiel hin, und er nahm ihn wieder mit dem Fuße vom Fußboden auf ... Da kam Sachar herein und blieb an der Tür stehen.

»Was willst du?« fragte Oblomow lässig.

Sachar schwieg und sah ihn beinah gerade, nicht von der Seite, an.

»Nun?« fragte Oblomow, ihn verwundert anblickend. »Die Pastete ist wohl fertig?«

»Haben Sie eine Wohnung gefunden?« fragte Sachar seinerseits.

»Nein, noch nicht. Wieso?«

»Ich habe noch nicht alles eingeräumt: das Geschirr, die Kleider, die Koffer, das liegt alles noch in der Kammer in einem Haufen. Soll ich es einräumen, ja?«

»Warte noch damit«, antwortete Oblomow zerstreut. »Ich erwarte noch eine Antwort von meinem Gutsnachbar.«

»Also wird die Hochzeit nach Weihnachten sein?« fügte Sachar hinzu.

»Was für eine Hochzeit?« fragte Oblomow, indem er plötzlich aufstand.

»Na, natürlich die Ihrige!« antwortete Sachar in bestimmtem Tone, als ob es sich um eine längst entschiedene Sache handele. »Sie heiraten doch?«

»Ich hei-ra-te! Wen denn?« fragte Oblomow entsetzt und starrte Sachar mit weitgeöffneten Augen erstaunt an.

»Das Iljinskische Fräu-« Sachar hatte das Wort noch nicht zu Ende gesprochen, als Oblomow schon ganz nahe vor ihm stand.

»Was redest du da, du Unglücklicher? Wer hat dir diesen Gedanken eingegeben?« rief Oblomow pathetisch mit gedämpfter Stimme und rückte seinem Diener noch mehr auf den Leib.

»Wieso soll ich ein Unglücklicher sein? Das bin ich Gott sei Dank nicht!« versetzte Sachar und wich dabei zur Tür zurück. »Wer mir das gesagt hat? Die Iljinskischen Leute haben es schon im Sommer gesagt.«

»Sssst! ...« zischte ihm Oblomow zu, hob den Finger in die Höhe und drohte ihm. »Kein Wort weiter!«

»Habe ich mir das etwa ausgedacht?« sagte Sachar.

»Kein Wort!« wiederholte Oblomow, indem er ihn drohend ansah und auf die Tür wies. Sachar ging hinaus und seufzte so laut, daß es durch alle Zimmer zu hören war.

Oblomow konnte sich gar nicht fassen; er stand immer noch in derselben Haltung da und blickte voll Entsetzen nach der Stelle hin, wo Sachar gestanden hatte; dann legte er in heller Verzweiflung die Hände an den Kopf und setzte sich auf den Lehnstuhl.

»Die Dienstboten wissen es!« dieser Gedanke bohrte in seinem Kopfe herum. »In den Gesindestuben und in den Küchen wird darüber geredet! Dahin ist es also gekommen! Er hat sich erdreistet zu fragen, wann die Hochzeit sein werde. Und die Tante argwöhnt noch nichts, oder wenn sie etwas argwöhnt, so vielleicht etwas anderes, Böses ... O weh, o weh, o weh, was mag sie denken! Und ich? Und Olga?«

»Ich Unglücklicher, was habe ich angerichtet?« sagte er und warf sich auf das Sofa, mit dem Gesicht auf das Kissen. »Die Hochzeit! Dieser poetische Augenblick im Leben der Liebenden, der Gipfel der Glückseligkeit – von dem reden die Lakaien und Kutscher schon jetzt, zu einer Zeit, wo noch nichts entschieden ist, wo ich noch keine Antwort von meinem Gutsnachbar habe, wo meine Brieftasche leer ist, wo ich noch keine Wohnung gefunden habe ...«

Er begann den poetischen Augenblick zu zergliedern, der auf einmal seine schönen Farben verloren hatte, sowie Sachar angefangen hatte von ihm zu sprechen. Oblomow betrachtete nun die Kehrseite der Medaille; er wälzte sich qualvoll von einer Seite auf die andre, legte sich auf den Rücken, sprang plötzlich auf, machte drei Schritte durch das Zimmer und legte sich wieder hin.

»Na, das wird nicht gut werden!« dachte Sachar ängstlich im Vorzimmer. »Mußte mich auch der Böse plagen, davon anzufangen!«

»Woher wissen sie es nur?« fragte sich Oblomow. »Olga hat geschwiegen; ich habe nicht einmal gewagt laut daran zu denken; aber im Vorzimmer haben sie die ganze Frage schon entschieden! Das kommt von den Zusammenkünften unter vier Augen, von der Poesie der Morgen- und Abendröte, von den leidenschaftlichen Blicken und dem bezaubernden Gesange! Ach, diese Poesie der Liebe: sie nimmt nie ein gutes Ende! Man muß zuerst vor den Traualtar treten und dann in der rosigen Atmosphäre schwimmen … Mein Gott, mein Gott! Ich müßte zur Tante hinlaufen, Olga bei der Hand fassen und sagen: ›Hier ist meine Braut!‹ aber es ist nichts in Bereitschaft: ich habe keine Antwort von meinem Gutsnachbarn, kein Geld, keine Wohnung! Nein, ich muß zuerst meinem Sachar diesen Gedanken aus dem Kopfe heraustreiben, die Gerüchte wie eine Flamme ersticken, damit sie sich nicht noch weiter ausbreiten, damit sich nicht Feuer und Rauch entwickeln … Hochzeit! Was ist eine Hochzeit? …«

Er wollte schon lächeln in Erinnerung an seine frühere ideale Vorstellung von einer Hochzeit, an den langen Schleier, den blühenden Orangenzweig, das Geflüster der Menge … Aber die Farben waren nicht mehr dieselben: dort in der Menge befand sich der grobe, unsaubere Sachar, die ganze Dienerschaft der Iljinskischen Damen, eine Reihe von Kutschen, fremde, kalte, neugierige Gesichter. Und auch was ihm noch weiter vorschwebte, war alles so langweilig und schrecklich …

»Ich muß meinem Sachar diesen Gedanken aus dem Kopfe heraustreiben, damit er ihn für eine Torheit hält«, sagte er sich, während er sich bald krampfhaft aufregte, bald qualvoll nachdachte. Nach einer Stunde rief er Sachar.

Sachar tat, als höre er nicht, und wollte sich leise nach der Küche davonmachen. Er hatte schon die Tür aufgemacht, ohne daß sie geknarrt hätte; aber er traf, als er sich seitwärts hindurchschieben wollte, nicht in die offene Hälfte hinein, sondern stieß mit der Schulter so stark gegen den andern Flügel, daß sich beide Flügel mit lautem Geräusche auseinandertaten.

»Sachar!« rief Oblomow gebieterisch.

»Was steht zu Ihren Diensten?« antwortete Sachar vom Vorzimmer aus.

»Komm hierher!« sagte Ilja Iljitsch.

»Soll ich etwas bringen? Dann, bitte, sagen Sie es, und ich werde es bringen!« antwortete er.

»Komm hierher!« sagte Oblomow langsam und energisch.

»Ach, wenn ich doch tot wäre!« sagte Sachar heiser, während er langsam ins Zimmer kam.

»Nun, was steht zu Ihren Diensten?« fragte er, indem er an der Tür kleben blieb.

»Komm näher, hierher!« sagte Oblomow in feierlichem, geheimnisvollem Tone und zeigte ihm den Fleck, wo er sich hinstellen sollte, und zwar so nahe, daß Sachar seinem Herrn beinah auf die Knie zu sitzen gekommen wäre.

»Wozu soll ich denn dahin kommen? Da ist es eng; ich kann auch von hier aus hören«, war Sachars Ausrede, und er blieb hartnäckig an der Tür stehen.

»Komm näher, sage ich!« rief Oblomow drohend.

Sachar tat einen Schritt vorwärts und stand dann starr wie eine Bildsäule da, blickte durch das Fenster nach den umherlaufenden Hühnern und zeigte dem Herrn seinen einer

Bürste gleichenden Backenbart. Ilja Iljitsch hatte sich im Laufe einer einzigen Stunde im Gesichte ganz verändert; er schien magerer geworden zu sein, und seine Augen liefen unruhig umher.

»Na, nun werde ich's kriegen!« dachte Sachar, dessen Miene immer finsterer wurde.

»Wie konntest du deinem Herrn eine so unpassende Frage vorlegen?« sagte Oblomow.

»Da haben wir's; nun geht's los!« dachte Sachar und zwinkerte in bänglicher Erwartung der »kläglichen Worte« heftig mit den Augen.

»Ich frage dich: wie hast du dir eine solche Torheit in den Kopf setzen können?« wiederholte Oblomow.

Sachar schwieg.

»Hörst du nicht, Sachar? Warum hast du dir erlaubt, so etwas nicht nur zu denken, sondern auch auszusprechen?«

»Erlauben Sie, Ilja Iljitsch, ich will lieber Anisja rufen ...« antwortete Sachar und wollte zur Tür gehen.

»Ich will mit dir reden und nicht mit Anisja«, erwiderte Oblomow. »Warum hast du dir eine solche Torheit ausgedacht?«

»Ich habe es mir nicht ausgedacht«, versetzte Sachar; »die Iljinskischen Leute haben es erzählt.«

»Aber wer hat es denen erzählt?«

»Woher soll ich das wissen? Katja hat es zu Semjon gesagt, Semjon zu Nikita, Nikita zu Wasilisa, Wasilisa zu Anisja und Anisja zu mir«, sagte Sachar.

»Herr Gott, Herr Gott! Alle!« rief Oblomow ganz entsetzt. »Das ist alles Unsinn, Torheit, Lüge, Verleumdung – hörst du wohl?« rief Oblomow und schlug mit der Faust auf den Tisch. »Das ist ein Ding der Unmöglichkeit!«

»Warum soll denn das unmöglich sein?« unterbrach ihn Sachar gleichmütig. »Das ist doch eine ganz gewöhnliche Sache, eine Hochzeit! Sie sind nicht der einzige, der heiratet; das tun alle Menschen!«

»Alle Menschen!« versetzte Oblomow. »Ja, das ist deine Force, mich mit anderen Leuten, mit allen Menschen auf eine Stufe zu stellen! Das ist ein Ding der Unmöglichkeit. Es ist nichts davon wahr und ist nichts davon wahr gewesen! Eine Hochzeit ist eine ganz gewöhnliche Sache: nun höre einer an! Was ist denn das, eine Hochzeit?«

Sachar wollte Oblomow anblicken; aber da er sah, daß dessen Augen mit grimmigem Ausdruck auf ihn gerichtet waren, so wandte er seinen Blick sogleich wieder nach rechts in die Ecke.

»Höre zu, ich werde dir erklären, was das ist. ›Hochzeit, Hochzeit‹, sagen müßige Menschen, allerlei Weiber und Kinder, die Leute in den Gesindestuben, in den Kaufläden und auf den Märkten. Der Mensch wird nun nicht mehr Ilja Iljitsch oder Peter Petrowitsch genannt, sondern ›der Bräutigam‹. Noch gestern wollte ihn niemand ansehen; aber morgen starren ihn alle an wie einen entlarvten Gauner. Weder im Theater noch auf der Straße läßt man ihn unbehelligt passieren. ›Da, da ist der Bräutigam!‹ flüstern alle. Und alle Menschen, die im Laufe des Tages mit ihm in Berührung kommen, bemühen sich, ein möglichst dummes Gesicht zu machen, so wie du jetzt!« (Sachar blickte schnell wieder weg auf den Hof), »und etwas recht Törichtes zu sagen«, fuhr Oblomow fort. »Siehst du, so ist der Anfang beschaffen. Und nun muß man tagtäglich, wie wenn man dazu verurteilt wäre, am Vormittag zur Braut hinfahren, immer mit gelben Handschuhen, und muß immer pikfein gekleidet sein und darf nie gelangweilt aussehen und darf nicht ordentlich essen und trinken, wie es sich gehört, sondern immer nur so ein bißchen, als ob man vom Winde und von Bukettduft lebte! Das dauert drei bis vier Monate! Siehst du es nun wohl ein? Wie könnte ich das aushalten?«

Oblomow hielt inne und beobachtete, ob diese Schilderung der Unbequemlichkeiten einer Heirat auf Sachar wohl Eindruck machte.

»Nun darf ich wohl gehen?« fragte Sachar und wandte sich zur Tür.

»Nein, bleib! Du verstehst dich so gut darauf, falsche Gerüchte zu verbreiten; nun sollst du auch erfahren, warum sie falsch sind.«

»Was soll ich denn erfahren?« sagte Sachar, nach den Zimmerwänden blickend.

»Du hast vergessen, wieviel Lauferei und Plackerei sowohl der Bräutigam als auch die Braut haben; und wen habe ich zu solchen Besorgungen? Wirst du etwa zu den Schneidern und zu den Schuhmachern und zum Möbelhändler laufen? Ich kann mich doch nicht zerreißen und allein nach allen Seiten laufen? Alle Leute in der Stadt werden es erfahren. ›Oblomow heiratet; haben Sie es schon gehört?‹ – ›Wirklich? Wen denn? Was ist das für eine? Wann ist die Hochzeit?‹« sagte Oblomow mit verschiedenen Stimmen. »Das wird das einzige Gesprächsthema sein! Ich aber werde dabei ganz herunterkommen und schon allein davon bettlägerig werden. Und du hast das ausgesonnen: Hochzeit!«

Er sah wieder Sachar an.

»Soll ich nicht Anisja rufen?« fragte Sachar.

»Was soll dabei Anisja? Du hast die unbedachte Vermutung mir gegenüber ausgesprochen, nicht Anisja.«

»Na, wofür bestraft mich heute Gott der Herr?« flüsterte Sachar und seufzte so stark, daß sich sogar seine Schultern in die Höhe hoben.

»Und was macht das für Ausgaben?« fuhr Oblomow fort. »Und wo habe ich das Geld dazu? Hast du gesehen, wieviel Geld ich habe?« fragte Oblomow in beinahe drohendem Tone. »Und wo soll ich eine Wohnung herbekommen? Hier muß ich tausend Rubel bezahlen und dann eine andre für dreitausend Rubel mieten; und wieviel kostet nicht die Einrichtung! Und dann ein Wagen, ein Koch, der Lebensunterhalt! Wo soll ich das hernehmen?«

»Wie heiraten denn andere Leute mit dreihundert Seelen?« erwiderte Sachar, bereute es aber sofort, da sein Herr beinah vom Lehnstuhl aufgesprungen wäre und auf ihm nur so in die Höhe hüpfte.

»Kommst du mir wieder mit deinen ›anderen Leuten‹? Nimm dich in acht!« sagte er, ihm mit dem Finger drohend. »Andre Leute wohnen in zwei, höchstens drei Zimmern; die müssen auch als Eßzimmer und als Salon dienen; manche schlafen auch in denselben Räumen; die Kinder daneben; ein einziges Dienstmädchen muß die ganze Wirtschaft besorgen. Die gnädige Frau geht selbst auf den Markt! Aber wird Olga Sergejewna auf den Markt gehen?«

»Auf den Markt kann auch ich gehen«, bemerkte Sachar.

»Weißt du, wieviel Einnahme wir von Oblomowka haben?« fragte Oblomow. »Hörst du, was der Dorfschulze, schreibt? Zweitausend Rubel weniger Einnahme! Und ferner muß ich eine Fahrstraße bauen und Schulen einrichten und nach Oblomowka fahren; dort aber kann man nicht wohnen, denn es ist noch kein Haus da … Wie kann da von Hochzeit die Rede sein? Was hast du dir da ausgedacht?«

Oblomow hielt inne. Er selbst hatte über diese furchtbare, trostlose Aussicht einen Schreck bekommen. Die Rosen, die Orangenblüten, der Glanz des Festes, das bewundernde Flüstern der Menge, alles verblaßte plötzlich.

Sein Gesicht sah ganz entstellt aus; er war in Gedanken versunken. Dann kam er allmählich wieder zu sich, sah um sich und erblickte Sachar.

»Was willst du?« fragte er ihn unwirsch.

»Sie haben mir ja befohlen, hier zu stehen«, antwortete Sachar.

»Geh!« sagte Oblomow ungeduldig und wies ihn mit der Hand fort. Sachar ging schnell zur Tür.

»Nein, bleib!« hielt ihn Oblomow auf einmal wieder zurück.

»Bald heißt es ›Geh!‹ bald ›Bleib!‹« brummte Sachar, die Tür mit der Hand angefaßt haltend.

»Wie konntest du es wagen, über mich solche unbegründeten Gerüchte zu verbreiten?« fragte Oblomow flüsternd in starker Aufregung.

»Wann habe ich denn solche Gerüchte verbreitet, Ilja Iljitsch? Nicht da, sondern die Iljinskischen Leute haben erzählt, der Herr hätte dem Fräulein einen Antrag …«

»Sssst …« machte Oblomow und drohte ihm mit der Hand. »Kein Wort, niemals! Hörst du wohl?«

»Ich höre«, antwortete Sachar schüchtern.

»Wirst du diese Torheiten auch nicht weiterverbreiten?«

»Nein, ich werde es nicht tun«, antwortete Sachar leise. Er hatte nicht die Hälfte von dem, was Oblomow gesagt hatte, verstanden und wußte nur, daß es »klägliche Worte« waren.

»Paß mal auf: sowie du hörst, daß die Leute darüber zu reden anfangen und dich fragen, dann sage: das ist Unsinn; es ist nie geschehen und ist ganz unmöglich!« fügte Oblomow flüsternd hinzu.

»Zu Befehl«, flüsterte Sachar kaum hörbar.

Oblomow blickte rings um sich und drohte ihm mit dem Finger. Sachar zwinkerte mit seinen erschrockenen Augen und wollte auf den Fußspitzen zur Tür gehen.

»Wer hat zuerst davon geredet?« fragte Oblomow, ihn einholend.

»Katja hat es zu Semjon gesagt, Semjon zu Nikita«, flüsterte Sachar, »Nikita zu Wasilisa …«

»Und du hast es zu allen weitergeplaudert! Ich will dich lehren!« zischte Oblomow drohend. »Eine Verleumdung über deinen eigenen Herrn in Umlauf zu bringen! Ah!«

»Was quälen Sie mich mit kläglichen Worten?« sagte Sachar. »Ich werde Anisja rufen. Die weiß alles ...«

»Was weiß sie? Sprich, sprich auf der Stelle!«

Sachar machte sofort, daß er aus der Tür kam, und trat mit ungewöhnlicher Schnelligkeit in die Küche.

»Laß mal die Pfanne und geh zum Herrn!« sagte er zu Anisja und wies mit dem Daumen nach der Tür. Anisja übergab die Pfanne der Magd Akulina, zog ihren Kleidersaum aus dem Gürtel heraus, schlug sich mit den Handflächen auf die Hüften, wischte sich mit dem Zeigefinger die Nase und ging zum Herrn. In fünf Minuten hatte sie diesen beruhigt. Sie sagte ihm, niemand habe von der Hochzeit auch nur ein Wort gesprochen; das könne sie ohne Sünde beschwören und sogar das Heiligenbild von der Wand nehmen; sie höre davon zum ersten Male; die Leute hätten vielmehr etwas ganz anderes gesagt, nämlich daß der Baron dem Fräulein einen Antrag gemacht habe ...

»Wie? Der Baron?« fragte Ilja Iljitsch, plötzlich aufspringend; nicht nur das Herz, sondern auch die Hände und Füße wurden ihm auf einmal kalt wie Eis.

»Auch das ist Unsinn!« beeilte sich Anisja zu sagen, da sie sah, daß sie vom Regen in die Traufe gekommen war. »Das hat nur Katja zu Semjon gesagt, Semjon zu Marfa; Marfa hat alles falsch an Nikita wiedererzählt, und Nikita hat gesagt: ›Es wäre gut, wenn euer Herr Ilja Iljitsch dem Fräulein einen Antrag machte ...‹«

»Was für ein Dummkopf dieser Nikita ist!« bemerkte Oblomow.

»Das ist richtig, daß er ein Dummkopf ist«, stimmte ihm Anisja bei; »auch wenn er hinten auf der Kutsche steht, sieht er aus, als ob er schliefe. Und Wasilisa hat es auch nicht geglaubt«, fuhr sie in flinker Redeweise fort; »die hat mir noch zu Mariä Himmelfahrt* gesagt (und zu Wasilisa hat es die Kinderfrau selbst gesagt), das Fräulein denke gar nicht daran, sich zu verheiraten. ›Und euer Herr‹, sagte sie, ›hätte ja auch schon längst eine Braut für sich gefunden, wenn er überhaupt heiraten wollte.‹ Und sie hätte erst kürzlich mit Samoila darüber gesprochen, und der hätte sogar darüber gelacht und gesagt, eine Hochzeit sei da ganz ausgeschlossen. Und es sehe auch gar nicht nach Hochzeit aus, sondern eher nach einem Leichenbegräbnis; die Tante habe immer Kopfschmerzen, und das Fräulein weine und schweige; es werde auch im Hause keine Aussteuer hergestellt; das Fräulein hätte eine Unmenge zerrissener Strümpfe; aber sie träfen keine Anstalten, sie zu stopfen; und in der vorigen Woche hätten sie sogar das Silberzeug nach dem Pfandhause gebracht ...«

»Sie haben das Silberzeug nach dem Pfandhause gebracht? Auch die haben also kein Geld!« dachte Oblomow, ließ seine Augen erschrocken an den Wänden umhergehen und richtete sie dann auf Anisjas Nase, weil er sie in ihrem Gesichte auf nichts anderes richten konnte. Sie hatte auch das alles gewissermaßen nicht mit dem Munde, sondern mit der Nase geredet.

»Hüte dich also davor, solch sinnloses Zeug zu schwatzen!« sagte Oblomow und drohte ihr mit dem Finger.

»Wie werde ich denn so etwas schwatzen! Ich denke es nicht einmal in Gedanken, geschweige denn daß ich darüber schwatzen sollte!« schnatterte Anisja, so daß es klang, als ob sie Leuchtspäne spaltete. »Und es liegt ja auch gar nichts vor; ich höre heute zum ersten Male davon, das kann ich bei Gott dem Herrn beschwören, ich will gleich in die Erde sinken! Ich bin ganz erstaunt gewesen, als der gnädige Herr das zu

* Am 15. August. Anm. d. Übers.

mir sagte; ich bekam einen gewaltigen Schreck und fing sogar am ganzen Leibe an zu zittern! Wie sollte das überhaupt möglich sein? Wie könnte es da zu einer Hochzeit kommen? Niemandem ist so etwas auch nur im Traum eingefallen. Ich rede mit keinem Menschen; ich sitze immer in der Küche. Mit den Iljinskischen Leuten bin ich seit einem Monat nicht zusammengekommen; ich habe ganz vergessen, wie sie heißen. Und hier, mit wem könnte ich wohl hier schwatzen? Mit der Wirtin rede ich nur über Wirtschaftssachen; mit der Großmutter kann man nicht reden; die hustet immer und ist auch schwerhörig; Akulina ist eine ganz dumme Person und der Hausknecht ein Trunkenbold; es bleiben nur noch die Kinderchen; aber was kann man mit denen reden? Ich habe auch schon ganz vergessen, wie das Fräulein aussah …«

»Genug, genug!« sagte Oblomow und winkte ihr ungeduldig mit der Hand, daß sie gehen solle.

»Wie kann man nur etwas sagen, was gar nicht wahr ist?« sprach Anisja weiter, während sie hinausging. »Wenn aber Nikita doch so etwas gesagt hat, nun, für Dummköpfe ist eben kein Gesetz geschrieben. Mir selbst kommt so etwas überhaupt nicht in den Sinn: den ganzen lieben Tag lang hat man seine Plackerei; da hat man zu solchen Dingen keine Lust. Gott weiß, wie es damit steht. Da hängt das Heiligenbild an der Wand …« Und nach diesen Worten verschwand die redende Nase hinter der Tür; aber das Reden hörte man noch eine Weile durch die Tür hindurch.

»Da haben wir's! Auch Anisja sagt, daß es unmöglich ist!« flüsterte Oblomow, indem er die Hände faltete.

»O Glück, Glück!« sagte er dann bitter. »Wie vergänglich, wie unzuverlässig bist du! Der Schleier, der Kranz, die Liebe, die Liebe! Aber wo soll man das Geld hernehmen? Wovon soll man leben? Auch dich muß man kaufen, Liebe, du reines, rechtmäßiges Gut!«

Von diesem Augenblicke an war es mit Oblomows Zukunftsträumereien und mit seiner Ruhe aus. Er schlief schlecht, aß wenig und blickte alles zerstreut und ingrimmig an.
Er hatte Sachar einen Schreck einjagen wollen und hatte selbst einen größeren Schreck bekommen als dieser; er war in die praktische Seite der Frage in betreff der Hochzeit eingedrungen und hatte gesehen, daß dies allerdings ein poetischer, aber zugleich auch ein praktischer, offizieller Schritt zur realen, ernsthaften Wirklichkeit und zu einer Reihe von strengen Pflichten war.
Wie ganz anders hatte er sich das Gespräch mit Sachar vorgestellt! Er erinnerte sich, wie feierlich er diesem von der Hochzeit hatte Mitteilung machen wollen; wie Sachar vor Freude aufgeheult und sich ihm zu Füßen geworfen haben würde, und wie er ihm fünfundzwanzig und Anisja zehn Rubel hatte geben wollen …
An alles erinnerte er sich, an das damalige Zittern vor Glückseligkeit und an Olgas Hand und an ihren leidenschaftlichen Kuß … und er erstarrte: »Verwelkt, vorbei!« sagte eine Stimme in seinem Innern.
»Was soll nun werden?« fragte er sich.

## V.

Oblomow wußte nicht, mit was für Augen er vor Olga erscheinen solle, und was sie und was er sagen werde, und beschloß daher, am Mittwoch nicht zu ihr hinzufahren, sondern das Wiedersehen bis Sonntag zu verschieben; dann werde viel Besuch da sein, und sie würden nicht dazu kommen, miteinander unter vier Augen zu reden.

Von dem dummen Geschwätz der Leute wollte er ihr nichts sagen, um sie nicht durch etwas Übles aufzuregen, an dem doch nichts zu bessern war. Aber es ihr zu verschweigen, das hatte auch seine Schwierigkeit; er verstand nicht, sich vor ihr zu verstellen; er wußte im voraus, daß sie unfehlbar aus ihm alles herausholen werde, was er in den tiefsten Tiefen seiner Seele verbergen wollte.

Nachdem er bei diesem Entschlusse stehengeblieben war wurde er ein wenig ruhiger und schrieb an seinen Gutsnachbarn, seinen Bevollmächtigten, einen zweiten Brief, in welchem er ihn dringend bat, ihm baldigst eine möglichst befriedigende Antwort zu schicken.

Darauf dachte er darüber nach, wie er diesen langen, unerträglichen übermorgigen Tag verbringen sollte, der so schön durch das Zusammensein mit Olga, durch das unsichtbare Gespräch ihrer Seelen und durch Olgas Gesang hätte ausgefüllt sein können. Aber da hatte nun Sachar auf den unglücklichen Einfall kommen müssen, ihn zu so ungelegener Zeit aufzuregen!

Er nahm sich vor, zu Iwan Gerasimowitsch zu fahren und bei diesem zu Mittag zu essen, um von diesem unerträglichen Tage möglichst wenig gewahr zu werden. Dann aber würde er bis zum Sonntag Zeit genug haben, um sich vorzubereiten, und vielleicht würde bis dahin auch eine Antwort von dem Gutsnachbarn einlaufen.

Am andern Morgen weckte ihn das wütende Gebell des Hundes, der an seiner Kette hin und her sprang. Es war jemand auf den Hof gekommen und fragte nach jemandem. Der Hausknecht rief Sachar; Sachar brachte Oblomow einen Stadtbrief.

»Von dem Iljinskischen Fräulein«, sagte Sachar.

»Woher weißt du das?« fragte Oblomow ärgerlich. »Dummes Zeug!«

»In der Sommerfrische kamen immer solche Briefe von ihr«, beharrte Sachar auf seiner Ansicht.

»Ob sie auch nicht etwa krank ist? Was bedeutet das?« dachte Oblomow, während er den Brief erbrach.

»Ich mag nicht bis Mittwoch warten«, schrieb Olga; »ich langweile mich so, wenn ich längere Zeit nicht mit Ihnen zusammen bin, und erwarte Sie daher morgen bestimmt um drei Uhr im Sommergarten.«

Weiter enthielt der Brief nichts.

Wieder stieg vom Grunde seiner Seele eine Unruhe herauf; wieder begann er sich hin und her zu wälzen vor Aufregung, wie er mit Olga reden und was für ein Gesicht er ihr gegenüber machen solle.

»Ich verstehe das nicht, ich kann es nicht …« sagte er. »Ja, wenn ich Stolz fragen könnte!«

Aber er beruhigte sich, da er sich sagte, sie werde wahrscheinlich mit der Tante oder einer andern Dame kommen, zum Beispiel mit Marja Semjonowna, die ihr von Herzen zugetan war und sie gar nicht genug bewundern konnte. Er hoffte, bei Anwesenheit einer Begleiterin seine Verwirrung einigermaßen verbergen zu können, und bereitete sich darauf vor, gesprächig und liebenswürdig zu sein.

»Und gerade zur Zeit des Mittagessens: wie konnte sie nur gerade diese Zeit aussuchen!« dachte er, als er sich einigermaßen träge nach dem Sommergarten begab.

Kaum hatte er die lange Allee betreten, als er sah, wie ein verschleiertes weibliches Wesen von einer Bank aufstand und ihm entgegenkam.

Er glaubte in keiner Weise, daß es Olga sei: sollte sie so ganz allein da sein? Unmöglich! Er sagte sich, daß sie sich dazu nicht würde entschlossen haben und auch keinen Vorwand gehabt haben würde, von Hause wegzugehen.

Aber … der Gang hatte mit dem ihrigen Ähnlichkeit: die

Füße glitten so leicht und schnell dahin, als ob sie nicht ausschritten, sondern vorwärtsschwebten; ganz wie Olga hielt auch diese Dame den Hals und den Kopf ein wenig vorgebeugt, als ob sie mit den Augen immer etwas vor ihren Füßen suche.

Ein andrer hätte aus dem Hute und dem Kleide seine Schlüsse gezogen; aber Oblomow konnte, wenn er mit Olga den ganzen Vormittag über zusammengewesen war, nachher niemals sagen, was für ein Kleid und was für einen Hut sie getragen hatte.

In dem Garten war fast kein Mensch; ein älterer Her schritt hurtig dahin: offenbar machte er sich aus Gesundheitsrücksichten Bewegung. Auch zwei Frauen, keine Damen, waren da, sowie eine Kinderfrau mit zwei durchfrorenen, im Gesichte ganz blau gewordenen Kindern.

Die Blätter waren abgefallen, man konnte überall durch das Geäst hindurchsehen; auf den Bäumen krächzten die Krähen mißtönig. Jedoch war es helles Wetter und ein schöner Tag, und wenn man sich ordentlich eingewickelt hatte, war es einem auch warm.

Die verschleierte Dame kam immer näher.

»Sie ist es!« sagte Oblomow und blieb, seinen Augen nicht trauend, erschrocken stehen.

»Wie, du bist es? Wie kommt das?« fragte er, indem er sie bei der Hand ergriff.

»Wie freue ich mich, daß du gekommen bist«, sagte sie, ohne auf seine Frage zu antworten. »Ich dachte schon, du würdest nicht kommen, und fing an, mich zu fürchten!«

»Wie bist du hergekommen, wie geht das zu«, fragte er ganz fassungslos.

»Laß das; darauf kommt es ja nicht an; was sind das für Fragen! Das ist langweilig! Ich wollte dich sehen und bin hergekommen – das ist die ganze Sache.«

Sie drückte ihm kräftig die Hand und blickte ihn heiter und sorglos an; sie genoß so offen und unverhohlen den dem Schicksal gestohlenen Augenblick, daß er sie sogar beneidete, weil er ihre vergnügte Stimmung nicht teilte. Trotz aller seiner Sorgen vergaß er jedoch wider seinen Willen für einen Augenblick sich selbst und alles, als er ihr Gesicht befreit von jener in sich gekehrten Denktätigkeit sah, die sonst ihre Augenbrauen verzog und in der Falte über der Stirn zu lagern schien; jetzt erschien Olga ohne diese wundersame Gereiftheit in den Gesichtszügen, die ihn oft in Verwirrung gesetzt hatte.

In diesem Augenblicke lag auf ihrem Gesichte der Hauch eines wahrhaft kindlichen Vertrauens zum Schicksal, zum Glücke und zu ihm … Sie war allerliebst.

»Ach, wie ich mich freue, wie ich mich freue!« sagte sie, indem sie ihn lächelnd ansah. »Ich dachte, ich würde dich heute nicht sehen. Es überkam mich gestern auf einmal eine solche Traurigkeit, ich weiß nicht wovon, und da schrieb ich an dich. Freust du dich auch?«

Sie sah ihm ins Gesicht.

»Warum bist du heute so finster? Du schweigst? Du freust dich nicht? Ich dachte, du würdest vor Freude ganz närrisch werden, aber du schläfst geradezu. Wachen Sie auf, mein Herr, Olga ist bei Ihnen!«

Sie stieß ihn vorwurfsvoll leise von sich.

»Ist dir nicht wohl? Was hast du?« fragte sie beharrlich.

»Nein, ich bin gesund und glücklich«, beeilte er sich zu sagen, damit sie ihm nicht schließlich seine Geheimnisse aus der Seele herausholte. »Ich beunruhige mich nur darüber, daß du so allein …«

»Das ist doch meine Sorge«, erwiderte sie ungeduldig. »Wäre es etwa besser, wenn ich mit *ma tante* hergekommen wäre?«

»Ja, das wäre besser Olga …«

»Wenn ich das gewußt hätte, würde ich sie gebeten haben«, unterbrach ihn Olga gekränkt und ließ seine Hand aus der ihrigen. »Ich glaubte, es gäbe für dich kein größeres Glück als mit mir zusammen zu sein.«

»Es gibt auch kein größeres für mich und kann für mich kein größeres geben!« versetzte Oblomow. »Aber wie bist du nur so allein …«

»Es hat keinen Zweck, darüber lange zu reden; laß uns lieber von etwas anderem sprechen«, sagte sie sorglos. »Hör' mal … Ach, ich wollte etwas sagen, und nun habe ich es vergessen …«

»Du wolltest wohl sagen, wie du so allein hierher gekommen bist?« sagte er, sich unruhig nach allen Seiten umblickend.

»Ach nein! Du kommst immer wieder auf dasselbe zurück; ich wundre mich, daß du dessen nicht überdrüssig wirst … Na, ganz egal; es wird mir nachher schon noch einfallen. Ach, wie schön es hier ist; die Blätter sind alle abgefallen, *feuilles d'automne* – erinnerst du dich an Victor Hugo? Und da die Sonne, die Newa … Wir wollen an die Newa gehen und Kahn fahren …«

»Was redest du da? Ich bitte dich! Es ist eine solche Kälte, und ich habe nur einen wattierten Mantel an …«

»Ich habe ebenfalls nur ein wattiertes Kleid an. Was schadet das? Komm, komm!«

Sie lief und zog ihn mit sich. Er sträubte sich und brummte. Indes, er mußte sich mit ihr in einen Kahn setzen und fahren.

»Wie hast du so ganz allein hierher kommen können?« fragte Oblomow wieder beunruhigt.

»Soll ich dir sagen, wie?« neckte sie ihn schelmisch, als sie bis zur Mitte des Flusses gelangt waren. »Jetzt kann ich es sagen; von hier kannst du dich nicht davonmachen; aber dort wärest du weggelaufen …«

»Nun, was ist es denn?« fragte er ängstlich.

»Kommst du morgen zu uns?« fragte sie statt der Antwort.
»Ach, mein Gott«, dachte Oblomow. »Gerade als ob sie in meinen Gedanken gelesen hätte, daß ich nicht kommen wollte.«
»Ja, ich werde kommen«, antwortete er laut.
»Schon am Vormittag, für den ganzen Tag?«
Er zauderte mit der Antwort.
»Nun, dann sage ich es nicht«, sagte sie.
»Ich werde für den ganzen Tag kommen.«
»Also, siehst du …« begann sie in ernstem Tone, »ich habe dich deshalb heute hierher bestellt, um dir zu sagen …«
»Was?« fragte er erschrocken.
»Daß du … morgen zu uns kommen möchtest …«
»Ach, du mein Gott!« unterbrach er sie ungeduldig. »Aber wie bist du hierher gekommen?«
»Hierher?« wiederholte sie zerstreut. »Wie ich hierher gekommen bin? Nun, ganz einfach, ich bin eben hergekommen … Warte mal … warum sollen wir darüber reden?«
Sie schöpfte mit der hohlen Hand Wasser und spritzte es ihm ins Gesicht.
Er runzelte die Stirn und fuhr zusammen; aber sie lachte.
»Wie kalt das Wasser ist; die Hand ist mit ganz eisig geworden! O Gott, wie lustig es ist, wie schön!« fuhr sie fort, indem sie sich nach allen Seiten umsah. »Wir wollen morgen wieder fahren; aber dann will ich direkt von unserm Hause aus kommen …«
»Bist du denn jetzt nicht direkt gekommen? Von wo kommst du denn?« fragte er hastig.
»Aus einem Geschäfte«, antwortete sie.
»Aus was für einem Geschäfte?«
»Eine wunderliche Frage! Ich habe ja schon im Garten gesagt, aus was für einem Geschäfte ich komme …«
»Nein, das hast du nicht gesagt«, erwiderte er ungeduldig.

»Ich habe es nicht gesagt? Wie seltsam! Ich habe es ganz vergessen! Ich bin von Hause mit einem Diener weggegangen, zu einem Goldschmied …«

»Nun?«

»Nun also … Was ist das für eine Kirche?« fragte sie plötzlich den Bootsmann und zeigte in die Ferne.

»Welche? Die da?« fragte der Bootsmann.

»Das Smolny-Kloster!« sagte Oblomow ungeduldig. »Nun also, du bist in das Geschäft gegangen, und da?«

»Da … da sind herrliche Sachen … Ach, was für ein wunderschönes Armband ich da gesehen habe!«

»Von einem Armbande ist nicht die Rede!« unterbrach Oblomow sie. »Was denn weiter?«

»Nun, weiter nichts«, fügte sie zerstreut hinzu und betrachtete eifrig die Gegend ringsumher.

»Wo ist denn der Diener?« fragte Oblomow beharrlich.

»Er ist nach Hause gegangen«, antwortete sie leichthin und blickte nach den Gebäuden auf dem gegenüberliegenden Ufer.

»Und was hast du getan?« fragte er.

»Wie schön es dort ist! Können wir nicht dahin fahren?« fragte sie, mit dem Sonnenschirm nach der gegenüberliegenden Seite zeigend. »Du wohnst ja da!«

»Ja.«

»In welcher Straße? Zeige sie mir!«

»Was ist denn mit dem Diener geworden?« fragte Oblomow.

»Ach«, antwortete sie lässig, »ich habe ihn nach Hause geschickt, um ein Armband zu holen. Er ist nach Hause gegangen und ich hierher.«

»Wie hast du das nur tun können?« sagte Oblomow und sah sie mit weit aufgerissenen Augen an.

Er machte ein erschrockenes Gesicht. Auch sie machte absichtlich ein ebensolches.

»Sprich ernsthaft, Olga; hör' auf zu scherzen!«
»Ich scherze auch gar nicht; es ist wirklich so!« sagte sie in aller Ruhe. »*Ma tante* hatte mich gebeten, ein Armband zur Reparatur nach dem Geschäft zu tragen, und ich habe es absichtlich zu Hause vergessen. Du hättest so etwas sicherlich nicht ausgedacht!« fügte sie stolz hinzu, als ob sie eine Großtat ausgeführt hätte.
»Aber wenn nun der Diener zurückkehrt?« fragte er.
»Ich habe in dem Geschäft angeordnet, es solle ihm gesagt werden, er möge auf mich warten; ich sei in ein anderes Geschäft gegangen; aber statt dessen bin ich hierher gekommen …«
»Aber wenn nun Marja Michailowna fragt, in welches andre Geschäft du gegangen bist? …«
»Dann sage ich: ›Ich bin bei der Schneiderin gewesen.‹«
»Aber wenn sie nun die Schneiderin fragt?«
»Aber wenn nun auf einmal die Newa vollständig ins Meer abläuft, oder wenn der Kahn umschlägt, oder wenn die Morskaja-Straße mitsamt unserm Hause einstürzt, oder wenn du auf einmal aufhörst, mich zu lieben …« sagte sie und spritzte ihm wieder Wasser ins Gesicht.
»Der Diener wird inzwischen gewiß schon zurückgekehrt sein und warten …« sagte er, indem er sich das Gesicht abwischte. »He, Bootsmann, zum Ufer!«
»Nicht doch, nicht doch!« befahl sie dem Bootsmann.
»Zum Ufer! Der Diener ist schon zurückgekehrt«, wiederholte Oblomow.
»Laß ihn doch! Wir wollen noch länger fahren!«
Aber Oblomow bestand auf seinem Willen und bemühte sich, mit ihr eilig durch den Garten zu gehen; sie dagegen ging langsam und stützte sich auf seinen Arm.
»Warum eilst du so?« sagte sie. »Warte doch; ich möchte noch länger mit dir zusammen sein.«

Sie ging noch langsamer, schmiegte sich an seine Schulter und blickte ihm aus der Nähe ins Gesicht; er dagegen redete zur ihr schwerfällig und langweilig von den ihnen obliegenden Pflichten. Sie hörte zerstreut zu, mit einem matten Lächeln; sie hielt den Kopf gesenkt und blickte nach unten, oder sie blickte ihm wieder aus der Nähe ins Gesicht und dachte an anderes.

»Höre, Olga«, begann er endlich in feierlichem Tone, »auf die Gefahr hin, dich ärgerlich zu machen und mir von dir Vorwürfe zuzuziehen, muß ich dir doch mit aller Entschiedenheit sagen, daß wir zu weit gegangen sind. Es ist meine Pflicht und Schuldigkeit, dir das zu sagen.«

»Was zu sagen?« fragte sie ungeduldig.

»Daß wir sehr übel daran tun, heimlich miteinander zusammenzukommen.«

»Das hast du mir schon in der Sommerfrische gesagt«, versetzte sie in Gedanken versunken.

»Ja, aber damals ließ ich mich hinreißen: ich stieß mit der einen Hand von mir, was ich mit der andern festhielt. Du warst vertrauensvoll; ich aber habe dich gewissermaßen getäuscht. Damals war dieses Gefühl noch neu ...«

»Jetzt aber ist es nichts Neues mehr, und du fängst an, dich zu langweilen ...«

»Ach nein, Olga! Du bist ungerecht. Es war neu, sage ich, und daher hatten wir nicht die Zeit und nicht die Möglichkeit, vernünftig zu urteilen. Mich quält mein Gewissen: du bist jung und kennst die Welt und die Menschen wenig, und überdies bist du so rein und von einer so heiligen Liebe erfüllt, daß es dir gar nicht in den Sinn kommt, welchem strengen Tadel wir beide uns für das, was wir tun, aussetzen, und am allermeisten ich.«

»Was tun wir denn?« fragte sie stehenbleibend.

»Welche Frage! Du betrügst die Tante, gehst heimlich von

Hause weg und kommst mit einem Manne zusammen … Versuche mal, das am Sonntag in Gegenwart eurer Gäste zu sagen …«

»Warum sollte ich es denn nicht sagen?« erwiderte sie ruhig. »Vielleicht werde ich es tun …«

»Und du wirst sehn«, fuhr er fort, »daß deiner Tante schlimm wird, die Damen davonstürzen, die Männer aber dich schlau und dreist ansehen …«

Sie dachte nach.

»Aber wir sind doch Braut und Bräutigam«, entgegnete sie.

»Ja, ja, liebe Olga«, sagte er, indem er ihr beide Hände drückte, »aber um so achtsamer, um so vorsichtiger müssen wir bei jedem Schritte sein. Ich will dich mit Stolz an meinem Arme durch diese selbe Allee vor aller Augen führen, aber nicht heimlich; die Blicke aller sollen sich voll Ehrerbietung vor dir senken und sich nicht dreist und schlau auf dich richten, und in niemandes Kopf soll der freche Verdacht entstehen, du stolzes Mädchen seist imstande gewesen, deine Schamhaftigkeit und deine Erziehung blindlings zu vergessen, dich hinreißen zu lassen und deine Pflicht zu verletzten …«

»Ich habe weder meine Schamhaftigkeit, noch meine Erziehung, noch meine Pflicht vergessen«, antwortete sie stolz und entzog ihm ihren Arm.

»Das weiß ich, das weiß ich, du mein unschuldiger Engel; aber das sage nicht ich, das werden die Menschen, die Welt sagen, und sie werden dir das niemals verzeihen. Um Gotteswillen, verstehe doch, was ich will; ich möchte, daß du auch in den Augen der Welt so rein und tadellos seiest, wie du es wirklich bist …«

Sie ging in tiefem Nachdenken.

»Verstehe doch, wozu ich dir das sage: du wirst unglücklich werden, und auf mir allein wird die Verantwortung dafür lasten. Die Leute werden sagen, ich hätte dich verleitet, dir den Abgrund absichtlich verheimlicht. Du bist rein und ruhig beim Zusammensein mit mir; aber wen wirst du davon überzeugen? Wer wird es dir glauben?«

»Das ist wahr«, sagte sie zusammenfahrend. »Höre mal«, fügte sie in entschlossenem Tone hinzu, »wir wollen meiner Tante alles sagen; sie soll uns morgen ihren Segen geben ...«

Oblomow wurde blaß.

»Was hast du?« fragte sie.

»Warte, Olga; wozu sollen wir die Sache so beeilen? ...« erwiderte er hastig; die Lippen zitterten ihm.

»Hast du selbst mich nicht vor zwei Wochen zur Eile angetrieben?« fragte sie, ihn trocken und aufmerksam anblickend.

»Ich dachte damals nicht an die nötigen Vorbereitungen; deren sind aber gar viele!« sagte er seufzend. »Laß uns nur erst den Brief von meinem Gutsnachbarn abwarten.«

»Wozu sollen wir denn den Brief abwarten? Kann denn die eine oder die andre Antwort deinen Vorsatz ändern?« fragte sie und blickte ihn dabei noch aufmerksamer an.

»Welch ein Gedanke! Nein; aber all das ist notwendig für unsere weiteren Dispositionen; wir werden doch der Tante sagen müssen, wann die Hochzeit sein soll. Mit ihr werden wir nicht von Liebe reden, sondern von Dingen, auf die ich jetzt überhaupt noch nicht vorbereitet bin.«

»Davon wollen wir mit ihr dann reden, wenn du den Brief erhalten haben wirst; in der Zwischenzeit aber werden alle wissen, daß wir Braut und Bräutigam sind, und wir werden täglich zusammenkommen. Ich langweile mich«, fügte sie hinzu; »diese langen Tage werden mir zur Pein; alle Leute haben es schon gemerkt, setzen mir zu und machen schlaue Anspielungen auf dich ... All das ist mir zuwider geworden!«

»Sie machen Anspielungen auf mich?« brachte Oblomow nur mühsam heraus.

»Ja; daran ist Sonitschka schuld.«

»Siehst du wohl, siehst du wohl? Du wolltest mich damals nicht hören und wurdest ärgerlich!«

»Warum sagst du: ›Siehst du wohl?‹ Ich sehe nichts; ich sehe nur, daß du feige bist ... Ich fürchte mich vor diesen Anspielungen nicht.«

»Ich bin nicht feige, sondern vorsichtig ... Aber um Gotteswillen, laß uns von hier weggehen, Olga: sieh nur; da kommt eine Kutsche gefahren. Ob auch nicht Bekannte darin sitzen? Ach! Der Schweiß dringt mir aus allen Poren ... Komm, komm ...« sagte er ängstlich und steckte auch sie mit seiner Furcht an.

»Ja, komm schnell!« sagte auch sie hastig und flüsternd.

Und sie durchmaßen fast laufend die Allee bis zum Ende des Gartens, ohne ein Wort zu sprechen; Oblomow sah sich unruhig nach allen Seiten um, und sie bog den Kopf ganz hinab und verhüllte sich mit dem Schleier.

»Also morgen!« sagte sie, als sie zu dem Geschäfte gelangt waren, in dem der Diener wartete.

»Nein, lieber übermorgen ... oder nein, am Freitag oder Sonnabend«, antwortete er.

»Warum denn?«

»Ja ... siehst du, Olga ... ich denke immer, ob nicht inzwischen der Brief ankommt.«

»Nun, meinetwegen. Aber morgen komm so, zum Mittagessen; hörst du?«

»Ja, ja, schön, schön!« antwortete er eilig, und sie ging in das Geschäft hinein.

»Ach mein Gott; ist es dahin gekommen! Was für ein Stein ist plötzlich auf mich herabgestürzt! Was soll ich nun tun? Sonitschka! Sachar! Die Stutzer ...«

## VI.

Er merkte es gar nicht, daß das Mittagessen, das ihm Sachar auftrug, vollständig kalt geworden war, merkte es gar nicht, wie er nachher ins Bett gekommen war und in einen festen, totenähnlichen Schlaf versank.

Am andern Tage fuhr er bei dem Gedanken zusammen, daß er zu Olga fahren solle: wie war das überhaupt möglich? Er stellte sich lebhaft vor; wie ihn alle bedeutsam anblicken würden.

Der Portier empfing ihn auch ohnehin schon immer mit besonderer Freundlichkeit; Semjon stürzte Hals über Kopf davon, wenn er um ein Glas Wasser bat; Katja und die Kinderfrau begleiteten ihn mit einem freundschaftlichen Lächeln hinaus.

»Der Bräutigam, der Bräutigam!« war allen auf dem Gesichte geschrieben; und er hatte die Tante noch nicht um ihre Einwilligung gebeten, besaß keinen Groschen Geld und wußte nicht, wann er welches bekommen werde, wußte nicht einmal, wie hoch sich die Einnahmen von dem Gute in diesem Jahre belaufen würden; auf dem Gute war kein Haus vorhanden – ein schöner Bräutigam!

Er beschloß, bis zum Empfang positiver Nachrichten von seinem Gutsnachbar mit Olga nur Sonntags in Gegenwart von Zeugen zusammenzukommen. Als es daher Tag geworden war, dachte er gar nicht daran, sich am Morgen zu dem Besuche bei Olga zurechtzumachen.

Er rasierte sich nicht, kleidete sich nicht an, blätterte träge in den französischen Zeitungen, die er in der vorhergehenden Woche von Iljinskis mitgenommen hatte, sah nicht fortwährend nach der Uhr und machte kein finsteres Gesicht, daß sich der Zeiger so lange Zeit nicht vorwärts bewegte.

Sachar und Anisja glaubten, er werde wie gewöhnlich außer dem Hause Mittagbrot essen, und fragten ihn nicht, was gekocht werden solle.

Er schalt sie und erklärte, er habe keineswegs jeden Mittwoch bei Iljinskis Mittagbrot gegessen; das sei eine »Verleumdung«; er habe bei Iwan Gerasimowitsch gegessen, und in Zukunft werde er, höchstens den Sonntag, und auch nicht jeden, ausgenommen, immer zu Hause essen.

Anisja lief Hals über Kopf auf den Markt, um Gekröse für Oblomows Lieblingssuppe zu holen.

Die Kinder der Wirtin kamen zu ihm: er sah Wanjas Additions- und Subtraktionsexempel durch und fand darin zwei Fehler; auch linierte er Maschas Heft und schrieb ihr einige große A vor. Dann hörte er zu, wie die Kanarienvögel schmetterten; und sah durch die halbgeöffnete Tür, wie sich die Arme der Wirtin hurtig bewegten.

Bald nach ein Uhr fragte die Wirtin durch die Tür, ob er einen kleinen Imbiß möge; sie hätten Quarkkuchen gebacken. Es wurde ihm eine Portion davon, sowie ein Glas Johannisbeerschnaps gebracht.

Ilja Iljitschs Aufregung legte sich allmählich, und es überkam ihn nur eine stumpfe Melancholie, in der er bis zum Mittagessen verblieb.

Nach dem Mittagessen hatte er auf dem Sofa liegend, von Müdigkeit überwältigt, soeben angefangen einzunicken, da öffnete sich die Tür, die in die Wohnung der Wirtin führte, und es erschien von dort Agafja Matwjejewna mit zwei Pyramiden von Strümpfen auf beiden Armen.

Sie legte sie auf zwei Stühle, Oblomow aber sprang auf und bot ihr selbst einen dritten Stuhl an; aber sie setzte sich nicht hin; das lag nicht in ihrer Gewohnheit: sie war immer auf den Beinen, immer in Tätigkeit und Bewegung.

»Da habe ich heute Ihre Strümpfe durchgesehen«, sagte sie.

»Es sind fünfundfünfzig Paar, aber fast alle schon schlecht ...«

»Was sind Sie für eine gute Frau!« sagte Oblomow, indem er an sie herantrat und sie scherzend leise an die Ellbogen faßte.

Sie lächelte.

»Warum machen Sie sich damit soviel Mühe? Ich muß mich wirklich schämen.«

»Das hat nichts zu sagen; das Wirtschaften ist eben mein Beruf. Sie haben niemand, der Ihre Wäsche durchsieht, und mir macht das Spaß«, fuhr sie fort. »Diese zwanzig Paar taugen gar nichts mehr; es lohnt nicht, sie noch zu stopfen.«

»Das ist ja auch nicht nötig; bitte, werfen Sie sie alle weg! Wozu wollen Sie sich mit diesem Zeug abmühen. Ich kann mir ja neue kaufen ...«

»Warum sollen sie denn weggeworfen werden? Diese hier kann man alle noch anstricken.« Sie fing die Strümpfe flink zu zählen an.

»Aber setzen Sie sich doch, bitte; warum stehen Sie?« sagte er auffordernd.

»Nein, danke bestens; ich habe keine Zeit, mich hinzusetzen«, antwortete sie, den Stuhl nochmals ablehnend. »Heute ist bei uns Wäsche; da muß ich alles zurechtmachen.«

»Sie sind ein wahres Muster von Wirtschaftlichkeit!« sagte er und heftete dabei seine Augen auf ihren Hals und auf ihre Brust.

Sie lächelte.

»Also, wie ist das?« fragte sie. »Soll ich die Strümpfe anstrikken? Dann werde ich Baumwolle und Zwirn bestellen. Diese Sachen bringt uns immer eine alte Frau vom Lande; sie hier zu kaufen ist unpraktisch; was man hier bekommt, ist alles mürbes Zeug.«

»Wenn Sie so gut sein wollen, so erweisen Sie mir, bitte, diese Gefälligkeit«, sagte Oblomow; »aber ich schäme mich wirklich, daß Sie sich damit soviel Arbeit machen.«

»Das tut nichts; was haben wir denn sonst zu tun? Diese hier werde ich selbst anstricken; die da werde ich der Großmutter geben; morgen kommt meine Schwägerin auf Logierbesuch: da haben wir abends nichts weiter zu tun und werden die Strümpfe anstricken. Meine Mascha fängt auch schon an zu stricken; aber sie zieht die Nadeln immer heraus: sie sind zu groß für ihre Hände.«

»Wird auch Mascha wirklich schon angelernt?« fragte Oblomow.

»Bei Gott, es ist die Wahrheit.«

»Ich weiß nicht, wie ich Ihnen danken soll«, sagte Oblomow, der sie mit demselben Vergnügen ansah, mit dem er am Vormittag den heißen Quarkkuchen angesehen hatte.

»Sehr, sehr dankbar bin ich Ihnen und werde nicht in Ihrer und namentlich nicht in Maschas Schuld bleiben: ich werde ihr seidne Kleider kaufen und sie wie eine Puppe anputzen.«

»Was reden Sie? Nicht Anlaß zur Dankbarkeit. Und was soll sie mit seidenen Kleidern? Nicht einmal Kattunkleider kann man ihr genug anschaffen; es ist, als ob ihr alles auf dem Leibe verbrennt, besonders die Schuhe: kaum hat man ein Paar auf dem Markte gekauft, dann ist es auch schon entzwei.«

Sie stand auf und nahm die Strümpfe.

»Wohin wollen Sie denn so eilig?« sagte er. »Setzen Sie sich doch ein Weilchen hin; ich habe nichts zu tun.«

»Ein andermal, an einem Festtage; und erweisen Sie uns die Ehre, zu uns zu kommen und ein Täßchen Kaffee bei uns zu trinken! Aber jetzt ist Wäsche; ich muß hingehen und nachsehen, ob Akulina schon angefangen hat …«

»Na, es tut mir leid, aber ich wage nicht, Sie zurückzuhalten«, sagte Oblomow und blickte von hinten nach ihrem Rücken und nach ihren Armen.

»Ich habe auch Ihren Schlafrock aus der Kammer geholt«, fuhr sie fort; »den kann man noch ausbessern und waschen:

es ist ein ganz vorzüglicher Stoff! Er kann noch lange dienen.«

»Das wäre unnötige Mühe! Ich trage ihn nicht mehr; ich habe ihn mir abgewöhnt; ich brauche ihn nicht mehr.«

»Na, ganz egal, wir wollen ihn doch auswaschen: vielleicht ziehen Sie ihn doch noch einmal an zur Hochzeit!« fügte sie hinzu, lachte und schlug die Tür zu.

Ihm verging plötzlich alle Müdigkeit; er horchte hoch auf und öffnete weit die Augen.

»Auch sie weiß es, alle wissen es!« sagte er und ließ sich auf den Stuhl niedersinken, den er ihr zurechtgeschoben hatte. »O Sachar, Sachar!«

Wieder strömte ein Platzregen von »kläglichen Worten« auf Sachars Haupt hernieder; wieder redete Anisja mit der Nase los: sie höre zum erstenmal von der Wirtin etwas von einer Hochzeit; in den Gesprächen mit ihr sei davon mit keinem Worte die Rede gewesen; und es finde ja auch gar keine Hochzeit statt; und ob das überhaupt möglich sei. Das habe gewiß der Feind des Menschengeschlechtes ersonnen; sie wolle gleich in die Erde versinken, und auch die Wirtin sei bereit, das Heiligenbild von der Wand zu nehmen und zu beschwören, daß sie von dem Iljinskischen Fräulein gar nichts gehört habe; sie habe vielmehr irgendwelche andre Braut gemeint …

Und noch viel dergleichen redete Anisja, so daß Ilja Iljitsch ihr mit der Hand winkte hinauszugehen. Sachar bat für den folgenden Tag um die Erlaubnis, nach ihrem alten Hause in der Gorochowaja-Straße zu gehen und dort einen Besuch zu machen; aber Oblomow kanzelte ihn so ab, daß er ganz bedrückt aus dem Zimmer schlich.

»Da wissen sie noch nichts davon, und darum möchtest du da die Verleumdung ausbreiten. Bleib zu Hause!« fügte Oblomow drohend hinzu.

Der Mittwoch verging. Am Donnerstag erhielt Oblomow wieder einen Stadtbrief von Olga, in dem sie fragte, wie es zugehe, was sich begeben habe, daß er nicht gekommen sei. Sie schrieb, sie hätte den ganzen Abend geweint und in der Nacht fast gar nicht geschlafen.

»Sie weint, sie schläft nicht, der Engel!« rief Oblomow aus. »O Gott, warum liebt sie mich? Warum liebe ich sie? Warum sind wir einander begegnet? An alledem ist Andrei schuld: er hat uns die Liebe eingeimpft wie die Pocken, uns allen beiden. Und was ist das für ein Leben? Immer Aufregung und Unruhe! Wann wird endlich die Zeit des friedlichen Glückes und der Ruhe kommen?«

Er legte sich laut seufzend nieder, stand wieder auf, ging sogar auf die Straße und malte sich immer eine Lebensweise, eine Existenz aus, die sowohl von einem Inhalte erfüllt wäre, als auch still dahinflösse, Tag für Tag, tropfenweise, in stummer Betrachtung der Natur und stillen, unmerklich dahinschleichenden Ereignissen eines friedlichen, geschäftigen Familienlebens. Er mochte sich das Leben nicht als einen breiten, rauschend dahinströmenden Fluß mit schäumenden Wogen vorstellen, wie das Stolz tat.

»Das ist eine Krankheit«, sagte Oblomow, »ein Fieber, eine hastige Fahrt mit Stromschnellen, Dammbrüchen und Überschwemmungen.«

Er schrieb Olga, er habe sich im Sommergarten ein bißchen erkältet, habe heißen Kräutertee trinken und ein paar Tage zu Hause bleiben müssen; aber jetzt sei alles vorüber, und er hoffe, sie am Sonntag wiederzusehen.

Sie schrieb ihm eine Antwort, lobte ihn, daß er sich in acht genommen hätte, riet ihm, auch noch am Sonntag zu Hause zu bleiben, wenn es nötig sein würde, und fügte hinzu, sie wolle sich lieber eine Woche langweilen, damit er sich nur recht schonen könne.

Diese Antwort hatte Nikita gebracht, eben derjenige, der nach Anisjas Angabe die Hauptschuld an dem Geschwätz trug. Er brachte vom Fräulein auch neue Bücher; Olga ließ Oblomow bitten, er möchte die Bücher durchlesen und ihr beim nächsten Zusammentreffen sagen, ob es der Mühe wert sei, daß sie sie ebenfalls lese.

Sie verlangte eine Rückäußerung über sein Befinden. Oblomow schrieb ihr eine Antwort, übergab sie eigenhändig Nikita, begleitete ihn vom Vorzimmer direkt auf den Hof hinaus und verfolgte ihn mit den Augen bis zum Pförtchen, damit er sich nicht beikommen lasse, nach der Küche heranzugehen und dort die »Verleumdung« zu wiederholen, und damit Sachar ihn nicht auf die Straße hinausbegleiten könne.

Er freute sich über Olgas Vorschlag, daß er sich recht in acht nehmen und auch am Sonntag noch nicht hinkommen solle, und hatte ihr geschrieben, er müsse zum Zwecke vollständiger Wiederherstellung wirklich noch mehrere Tage zu Hause bleiben.

Am Sonntag war er bei seiner Wirtin zu Besuch, trank Kaffee, aß eine heiße Pastete und schickte vor dem Mittagessen Sachar nach der andern Seite der Newa, um Gefrorenes und Konfekt für die Kinder zu holen.

Auf dem Rückwege wurde Sachar nur unter Schwierigkeiten im Kahne über den Fluß gesetzt; die Schiffbrücken waren schon abgefahren, und die Newa begann zuzufrieren. Es war für Oblomow gar nicht daran zu denken, daß er auch nur am Mittwoch werde zu Olga fahren können.

Allerdings wäre es ihm möglich gewesen, unverzüglich nach der anderen Seite hinüberzueilen, sich dort für einige Tage bei Iwan Gerasimowitsch einzuquartieren und jeden Tag bei Olga zu sein und sogar dort zu Mittag zu essen.

Er hätte dann einen triftigen Grund gehabt: der Eisgang der

Newa habe ihn auf jener Seite überrascht, und er habe nicht zurückkehren können.

Dieser Gedanke war Oblomows erste Regung, und er nahm schnell die Beine vom Sofa und setzte sie auf den Fußboden; aber nach kurzer Überlegung legte er sich mit sorgenvollem Gesichte und mit einem Seufzer langsam wieder auf seinen Platz.

»Nein, mögen erst die Gerüchte verstummen«, dachte er, »mögen erst die fremden Leute, die in Olgas Hause verkehren, mich ein wenig vergessen und mich erst dann wieder täglich dort sehen, wenn wir öffentlich als Bräutigam und Braut proklamiert sein werden.«

»Es ist langweilig zu warten; aber es läßt sich nichts dagegen tun«, fügte er mit einem Seufzer hinzu und machte sich an die Bücher heran, die ihm Olga geschickt hatte.

Er las ungefähr fünfzehn Seiten. Dann kam Mascha, um ihn aufzufordern, ob er nicht mit an die Newa gehen wolle; die ganze Familie wolle hingehen, um zu sehen, wie der Fluß zum Stehen komme. Er ging mit und kam zum Tee zurück.

So vergingen die Tage. Ilja Iljitsch langweilte sich, las, ging auf der Straße umher und blickte zu Hause durch die Tür zu der Wirtin hinein, um aus Langerweile ein paar Worte mit ihr zu wechseln. Er mahlte ihr sogar einmal drei Pfund Kaffee mit solchem Eifer, daß ihm die Stirn von Schweiß feucht wurde.

Er versuchte es, ihr ein Buch zum Lesen zu geben. Langsam die Lippen bewegend, las sie still für sich den Titel und gab ihm dann das Buch zurück mit der Bemerkung, wenn erst die Christwoche käme, dann werde sie es sich von ihm wieder ausbitten und es sich von Wanja vorlesen lassen; dann könne auch die Großmutter zuhören; jetzt aber habe sie keine Zeit.

Unterdessen waren über die Newa Brettersteige gelegt worden, und eines Tages verkündeten das Herumspringen des Hundes an der Kette und sein wütendes Gebell die nochmalige Ankunft Nikitas mit einem Briefchen, mit einer Erkundigung nach Oblomows Befinden und mit einem Buche. Oblomow fürchtete, auch er werde über die Bretter nach jener Seite hinübergehen müssen, ließ sich vor Nikita nicht blicken und schrieb als Antwort, es hätte sich bei ihm eine kleine Geschwulst in der Kehle gebildet; er wage noch nicht auszugehen; ein grausames Schicksal beraube ihn noch für einige Tage des Glückes, seine innig geliebte Olga wiederzusehen.

Er schärfte seinem Sachar streng ein, er solle sich nicht unterstehen, mit Nikita zu schwatzen, begleitete diesen letzteren wieder mit den Augen bis zum Pförtchen und drohte Anisja mit dem Finger, als sie ihre Nase aus der Küche heraussteckte und sich bei Nikita nach etwas erkundigen wollte.

## VII.

Es verging eine Woche. Wenn Oblomow am Morgen aufgestanden war, erkundigte er sich vor allen Dingen danach, ob die Wege über die Newa in Ordnung gebracht seien.

»Nein, noch nicht«, wurde ihm geantwortet, und dann verbrachte er den Tag friedlich, horchte auf das Ticken des Pendels, das Rasseln der Kaffeemühle und den Gesang der Kanarienvögel.

Die Küchlein piepten nicht mehr: sie waren schon längst ausgewachsene Hühner geworden und versteckten sich in den Hühnerställen. Die Bücher, die ihm Olga geschickt hat-

te, hatte er noch nicht durchgelesen; wie er eines derselben auf Seite hundertundfünf mit dem Einbande nach oben hingelegt hatte, so lag es schon seit einigen Tagen da.
Dafür beschäftigte er sich häufiger mit den Kindern der Wirtin. Wanja war ein Knabe von guter Fassungskraft: nach dreimaligem Vorsprechen hatte er die Hauptstädte von Europa im Kopfe, und Ilja Iljitsch hatte ihm versprochen, sobald er nach der andern Seite hinüberkommen werde, ihm einen kleinen Globus zu schenken. Die kleine Mascha aber hatte ihm drei Taschentücher gesäumt, allerdings nur schlecht; aber dafür war es so komisch anzusehen, wie sie sich mit den kleinen Händchen abmühte, und immer kam sie gelaufen, um ihm jeden fertig gesäumten Zoll zu zeigen.
Mit der Wirtin unterhielt er sich fortwährend, sobald er nur durch die halb geöffnete Tür ihre Arme erblickte. Er hatte schon gelernt, an der Bewegung der Arme zu erkennen, was die Wirtin tat, ob sie siebte, mahlte oder plättete.
Er versuchte sogar mit der Großmutter zu reden; aber sie vermochte schlechterdings nicht, ein Gespräch zu Ende zu führen: sie hielt mitten in einem Worte inne, stützte sich mit der Faust gegen die Wand, krümmte sich zusammen, und dann ging das Husten los, als ob sie irgendeine schwere Arbeit verrichtete; darauf ächzte und stöhnte sie – womit denn das ganze Gespräch zu Ende war.
Nur den Bruder bekam er gar nicht zu sehen, oder er sah nur, wie das große Paket an den Fenstern vorbeihuschte; von ihm selbst aber war im Hause gar nichts zu merken. Sogar als Oblomow einmal zufällig in das Zimmer trat, wo sie, in einen dichten Haufen zusammengedrängt, ihr Mittagbrot verzehrten, wischte sich der Bruder eilig mit den Fingern die Lippen ab und verschwand nach seiner Giebelstube.
Eines Tages, als Oblomow sorglos am Morgen aufgewacht war und sich an seinen Kaffee gemacht hatte, meldete ihm

plötzlich Sachar, daß die Übergänge in Ordnung gebracht seien. Oblomows Herz begann heftig zu pochen.

»Und morgen ist Sonntag«, sagte er; »da muß ich zu Olga fahren, den ganzen Tag hindurch die bedeutsamen, neugierigen Blicke fremder Leute ertragen und ferner ihr mitteilen, wann ich mit der Tante zu sprechen beabsichtige.«

Und doch befand er sich immer noch auf demselben Punkte, und es war ihm unmöglich vorwärts zu kommen.

Er stellte es sich lebhaft vor, wie er als Bräutigam werde proklamiert werden, wie am zweiten und dritten Tage allerlei Damen und Herren sich einfinden würden, wie er auf einmal werde ein Gegenstand der Neugier werden, wie die Tante ein offizielles Diner geben und man auf seine Gesundheit trinken werde. Dann … dann würde er, wie es das Recht und die Pflicht eines Bräutigams war, der Braut ein Geschenk machen …

»Ein Geschenk!« sagte er entsetzt zu sich selbst und lachte bitter auf.

Ein Geschenk! Und er hatte nur zweihundert Rubel in der Tasche! Wenn ihm auch Geld geschickt wurde, so geschah das doch erst zu Weihnachten, vielleicht aber auch erst später, wenn das Getreide verkauft war; wann es aber verkauft werden würde, und wieviel vorhanden sei, und wie groß der Erlös sein werde, über all das mußte ihn der Brief aufklären; aber der Brief kam nicht. Was sollte er tun? Nun konnte er der Ruhe, deren er sich in den letzten zwei Wochen erfreut hatte, Lebewohl sagen!

Inmitten dieser Sorgen trat ihm Olgas schönes Gesicht vor die Seele, ihre dichten, gleichsam redenden Brauen und diese klugen, grau-blauen Augen und das ganze Köpfchen und ihre Haarflechte, die sie eigenartig tief auf den Nacken hinabhängen ließ, so daß dieselbe zu der Vornehmheit ihrer ganzen Gestalt, von dem Kopfe angefangen bis zu den

Schultern und dem Rumpfe, mit beitrug und sie vollkommen machte.
Aber kaum begann er vor Liebe zu beben, als ihm auch sogleich wie ein Stein der bedrückende Gedanke aufs Herz fiel, wie er sich verhalten, was er tun, wie er an die Hochzeitsfrage herantreten, wo er Geld hernehmen und wovon er nachher leben solle …
»Ich will noch warten«, dachte er; »vielleicht kommt morgen oder übermorgen der Brief.« Und er machte sich daran, auszurechnen, wann sein Brief bei dem Nachbarn angelangt sein müsse, wie lange dieser wohl mit dem Schreiben gesäumt haben möge, und wieviel Zeit die Antwort brauche, um zu ihm zu gelangen.
»In drei, höchstens vier Tagen muß die Amtwort kommen; ich werde mit dem Besuch bei Olga noch warten«, beschloß er, um so mehr, da er annahm, sie werde kaum wissen, daß die Übergänge in Ordnung gekommen seien.
»Katja, sind die Übergänge über die Newa in Ordnung gebracht?« fragte an demselben Morgen Olga, sowie sie aufgewacht war, ihr Stubenmädchen.
Und diese Frage hatte sie vorher täglich wiederholt. Davon hatte Oblomow keine Ahnung.
»Ich weiß es nicht, gnädiges Fräulein; ich habe heute bisher weder den Kutscher noch den Hausknecht gesehen, und Nikita weiß es nicht.«
»Du weißt nie das, was ich gern wissen möchte!« sagte die im Bette liegende Olga unzufrieden und betrachtete das Kettchen an ihrem Halse.
»Ich werde mich sogleich erkundigen, gnädiges Fräulein. Ich wagte nicht fortzugehen; ich dachte, Sie würden bald aufwachen; sonst wäre ich schon längst hinuntergelaufen.« Und Katja verschwand aus dem Zimmer.
Olga aber zog den Tischkasten auf und holte Oblomows

letzten Brief hervor. »Er ist krank, der Arme!« dachte sie besorgt; »er ist dort allein und langweilt sich … Ach, mein Gott, wird nicht bald …« Sie beendete den Satz nicht, da Katja, ganz rot im Gesichte, ins Zimmer gestürzt kam.

»Sie sind in Ordnung gebracht, heute Nacht sind sie in Ordnung gebracht!« rief sie freudig, fing ihr Fräulein, das schnell aus dem Bette sprang, in ihren Armen auf, zog ihr die Bluse an und rückte ihr die winzigen Pantöffelchen zurecht. Olga öffnete flink den Tischkasten, nahm etwas heraus und steckte es Katja in die Hand; Katja aber küßte ihr die Hand. Alles dies, der Sprung aus dem Bette, das Hineinstecken der Münze in Katjas Hand und der Kuß, den diese auf die Hand des Fräuleins drückte, geschah in einem einzigen Augenblicke. »Ach, morgen ist Sonntag: wie gut sich das trifft! Er wird herkommen!« dachte Olga, zog sich flink an, trank schnell Tee und fuhr mit der Tante nach einem Laden.

»Lassen Sie uns morgen nach dem Smolny-Kloster zur Messe fahren, *ma tante*«, bat sie.

Die Tante kniff ein wenig die Augen zusammen, dachte ein Weilchen nach und sagte dann:

»Meinetwegen; aber es ist sehr weit, *ma chère*! Was ist das jetzt im Winter für ein wunderlicher Einfall von dir!«

Aber Olga war auf diesen Gedanken nur deswegen gekommen, weil Oblomow ihr diese Kirche vom Flusse aus gezeigt hatte; so war denn bei ihr der Wunsch rege geworden, dort zu beten … für ihn, daß er gesund werden, daß er sie lieben, daß er mit ihr glücklich werden möge, daß … dieser Zustand der Unklarheit und Ungewißheit recht bald ein Ende nehmen möge … Arme Olga!

Auch der Sonntag kam heran. Olga wußte das ganze Mittagessen geschickt nach Oblomows Geschmack einzurichten.

Sie zog ein weißes Kleid an, verbarg unter den Spitzen das

Armband, das er ihr geschenkt hatte, und frisierte sich so, wie er es liebte. Sie hatte tags zuvor das Klavier stimmen lassen und versuchte nun am Morgen, *Casta diva* zu singen. Und ihre Stimme klang so voll, wie es seit der Sommerfrische nicht der Fall gewesen war. Dann begann sie zu warten. Der Baron fand sie in diesem Zustande des Wartens und sagte, sie sei wieder so schön geworden wie im Sommer; nur sei sie ein wenig abgemagert.

»Das Fehlen der Landluft und die wenn auch nur geringe Unordnung in der Lebensweise haben auf Sie merklich eingewirkt«, sagte er. »Sie brauchen die Luft der Felder und das Leben auf dem Lande, liebe Olga Sergejewna.«

Er küßte ihr mehrmals die Hand, so daß sein gefärbter Schnurrbart sogar einen kleinen Fleck auf ihren Fingern zurückließ.

»Ja, das Landleben«, antwortete sie nachdenklich; aber die Antwort galt nicht ihm, sondern irgendwem und war so in die Luft hinein gesprochen.

»Da wir gerade auf das Landleben zu sprechen gekommen sind«, fügte er hinzu: »im nächsten Monat wird Ihr Prozeß beendet werden, und im April können Sie nach Ihrem Gute reise. Es ist nicht groß; aber die Lage ist wundervoll! Sie werden zufrieden sein. Was für ein Haus da ist! Und was für ein Garten! Da ist auf einem Berge ein Pavillon: den werden Sie besonders liebgewinnen. Die Aussicht auf den Fluß … Sie erinnern sich wohl nicht; Sie waren fünf Jahre alt, als Ihr Papa von dort wegzog und Sie mit fortnahm.«

»Ach, wie froh ich sein werde!« sagte sie und versank in Gedanken.

»Jetzt ist es schon entschieden«, dachte sie: »wir ziehen dorthin; aber er soll es nicht eher erfahren, als bis …«

»Im nächsten Monat, Baron?« fragte sie lebhaft. »Ist das sicher?«

»Ebenso sicher wie dies, daß Sie immer schön sind und heute ganz besonders«, sagte er und ging zur Tante.

Olga blieb an ihrem Platze und träumte von dem nahen Glücke; aber sie beschloß, von dieser Neuigkeit und ihren Zukunftsplänen zu Oblomow nichts zu sagen.

Sie wollte es bis zu Ende verfolgen, wie in seinem trägen Geiste die Liebe einen Umschwung herbeiführe, wie diese drückende Last definitiv von seinen Schultern abfalle, wie er seinen Widerstand gegen das nahe Glück aufgebe, eine günstige Antwort von seinem Gutsnachbar erhalte und mit strahlendem Gesichte zu ihr gelaufen, zu ihr gestürzt komme und ihr diese Antwort zu Füßen lege, und wie sie dann beide um die Wette zur Tante hinstürzen würden, und dann …

Dann wollte sie ihm auf einmal sagen, daß auch sie ein Gut habe, einen Garten, einen Pavillon, eine Aussicht auf einen Fluß und ein zum Beziehen vollständig fertiges Haus, und daß sie zuerst dorthin ziehen müßten und dann nach Oblomowka.

»Nein, ich wünsche nicht, daß er eine günstige Antwort bekommt«, dachte sie; »er wird stolz werden und sich nicht einmal darüber freuen, daß ich ein Gut und ein Haus und einen Garten habe … Nein, mag er lieber kommen verstimmt durch die unangenehme Nachricht, daß auf dem Gute Unordnung herrsche und seine persönliche Anwesenheit notwendig sei. Er wird Hals über Kopf nach Oblomowka fahren, in Eile alle nötigen Anordnungen treffen, vieles vergessen oder nicht verstehen, alles nur so notdürftig zurechtbringen, dann schnell zurückkehren und auf einmal erfahren, daß er gar nicht hätte dorthin zu eilen brauchen, daß ein Haus und ein Garten und ein Pavillon mit Aussicht vorhanden sind, daß wir auch ohne sein Oblomowka einen Wohnsitz haben … Ja, ja, ich werde es ihm unter keinen Umständen sagen, sondern bis zu Ende damit zurückhalten; mag er hinfahren, mag er sich rühren und lebendig werden – alles für mich, um unseres künftigen Glükkes willen! Oder nein: wozu soll ich ihn nach dem Gute schicken und mich von ihm trennen? Nein, wenn er im Reiseanzug blaß und traurig zu mir kommen wird, um für einen Monat Abschied zu nehmen, dann werde ich ihm plötzlich sagen, daß er vor dem Sommer nicht hinzufahren braucht und wir dann zusammen hinfahren werden …«

So phantasierte sie, lief zu dem Baron und bat ihn in geschickter Weise, er möchte vorläufig von dieser Neuigkeit niemandem Mitteilung machen, absolut niemandem. Unter diesem »niemand« verstand sie einzig und allein Oblomow.

»Gewiß, gewiß, wozu sollte ich es denn auch tun?« stimmte er ihr bei. »Ich werde höchstens Herrn Oblomow sagen, wenn die Rede darauf kommen sollte …«

Olga beherrschte sich und sagte in gleichgültigem Tone:

»Nein, sagen Sie es auch dem nicht.«

»Ihr Wille ist, wie Sie wissen, für mich ein Gesetz …« erwiderte der Baron liebenswürdig.

Sie ermangelte nicht einer gewissen Schlauheit. Wenn sie großes Verlangen trug, in Gegenwart anderer Oblomow anzusehen, so sah sie zuerst abwechselnd drei andere Personen an und dann erst ihn.

Wie viele Kombinationen stellte sie nicht an, und alle Oblomows wegen! Wie oft glühten nicht die beiden Flecken auf ihren Wangen auf! Wie oft schlug sie nicht bald die eine, bald die andre Taste an, um festzustellen, ob das Klavier auch nicht zu hoch gestimmt sei; wie oft legte sie nicht die Noten von einer Stelle auf die andre! Und nun kam er nicht! Was hatte das zu bedeuten?

Es wurde drei Uhr, vier Uhr – er war immer noch nicht da! Um halb fünf Uhr begann ihr schönes, blühendes Aussehen zu vergehen; sie wurde merklich matter und setzte sich mit blassem Gesichte zu Tische.

Aber auf die übrigen machte sein Fehlen keinen Eindruck; niemand bemerkte es auch nur; alle aßen die Gerichte, die für ihn bereitet waren, und unterhielten sich vergnügt und gleichmütig.

Auch nach dem Mittagessen und am Abend kam er nicht und kam er nicht. Bis zehn Uhr regte sie sich bald hoffend, bald fürchtend auf; um zehn Uhr zog sie sich auf ihr Zimmer zurück.

Zuerst schüttete sie in Gedanken auf sein Haupt den ganzen Ingrimm aus, der sich in ihrem Herzen angesammelt hatte; es gab in ihrem Sprachvorrat keinen scharfen ironischen Ausdruck, kein zorniges Scheltwort, mit dem sie ihn nicht in Gedanken belegt hätte.

Dann plötzlich hatte sie die Empfindung, als ob ihr ganzer Leib von Feuer und gleich darauf von Eis angefüllt wäre.

»Er ist krank; er ist allein; er kann nicht einmal schreiben …« schoß es ihr durch den Kopf.

Diese Überzeugung bemächtigte sich ihrer vollständig und raubte ihr in der ganzen Nacht den Schlaf. Sie lag nur zwei Stunden lang in einem fieberhaften Halbschlaf und phantasierte; aber dann, am Morgen, stand sie auf und war zwar blaß, aber ruhig und entschlossen.

Am Montag Vormittag blickte die Wirtin zu Oblomow in sein Wohnzimmer herein und sagte:

»Ein Mädchen fragt nach Ihnen.«

»Nach mir? Das ist nicht möglich!« antwortete Oblomow. »Wo ist sie?«

»Hier. Sie hat sich versehen und ist in unsere Wohnung hereingekommen. Soll ich sie eintreten lassen?«

Oblomow wußte noch nicht, wozu er sich entschließen sollte, als Katja vor ihm stand. Die Wirtin ging hinaus.

»Katja!« sagte Oblomow erstaunt. »Wie kommst du hierher? Was willst du?«

»Das gnädige Fräulein ist hier«, antwortete sie flüsternd. »Sie hat mir befohlen zu fragen …«

Oblomow verfärbte sich.

»Olga Sergejewna!« flüsterte er erschrocken. »Es ist nicht wahr, Katja; du machst nur Scherz! Quäle mich nicht!«

»Bei Gott, es ist wahr. Sie ist in einem Mietswagen gekommen, hat bei einem Teeladen halten lassen und wartet dort; sie will hierher kommen. Sie hat mich vorausgeschickt, damit ich Ihnen sage, Sie möchten Sachar irgendwohin wegschicken. In einer halben Stunde wird sie hier sein.«

»Ich will lieber selbst hingehen. Es ist doch unmöglich, daß sie hierher kommt!« sagte Oblomow.

»Sie werden nicht mehr rechtzeitig hinkommen; sie kann, ehe Sie sich dessen versehen, hier eintreten; sie glaubt, Sie seien krank. Adieu; ich will wieder hinlaufen; sie ist allein und wartet auf mich …«

Sie ging weg.

Oblomow band sich mit ungewöhnlicher Schnelligkeit die Krawatte um, zog sich die Weste und die Stiefel an und rief Sachar.

»Sachar, du batest mich neulich um Urlaub zu einem Besuche auf jener Seite, in der Gorochowaja-Straße; nun gut, dann geh jetzt hin!« sagte Oblomow in fieberhafter Aufregung.

»Nein, ich gehe nicht hin«, antwortete Sachar in festem Tone.

»Doch, geh nur hin!« drang Oblomow beharrlich in ihn.

»Wie werde ich am Wochentag einen Besuch machen? Ich gehe nicht hin!« erwiderte Sachar hartnäckig.

»Geh doch, amüsiere dich, sei nicht eigensinnig, wenn dein Herr dir eine Freundlichkeit erweist und dich beurlaubt geh zu deinen Freunden!«

»Hol sie dieser und jener, diese Freunde!«

»Hast du denn kein Verlangen, sie einmal wiederzusehen?«
»Das sind solche Schurken, daß ich sie manchmal gar nicht sehen mag.«
»Geh doch hin, geh doch hin!« setzte ihm Oblomow beharrlich zu; das Blut stieg ihm schon in den Kopf.
»Nein, heute werde ich den ganzen Tag über zu Hause bleiben; aber am Sonntag kann ich ja meinetwegen hingehen!« weigerte sich Sachar gleichmütig.
»Nein, jetzt, sofort!« suchte der aufgeregte Oblomow ihn zur Eile anzutreiben. »Du mußt ...«
»Aber wozu soll ich denn so einen weiten Weg machen, der sich gar nicht lohnt?« versetzte Sachar.
»Na, dann geh ein paar Stunden spazieren! Sieh bloß, was du für ein verschlafenes Gesicht hast; geh in die frische Luft!«
»Mein Gesicht ist mir egal; das sieht so aus, wie es bei unsereinem gewöhnlich aussieht!« antwortete Sachar und blickte träge nach dem Fenster hin.
»Ach du mein Gott, sie wird gleich kommen!« dachte Oblomow und wischte sich den Schweiß von der Stirn.
»Na, tu mir den Gefallen, geh, mach einen Spaziergang; ich bitte dich darum! Da! da hast du zwanzig Kopeken: trink mit einem Freunde Bier!«
»Ich will lieber vor der Haustür bleiben; wohin soll ich in der Kälte gehen? Oder meinetwegen werde ich mich am Hoftor hinsetzen; das kann ich ja tun ...«
»Nein, du sollst weiter vom Tore weggehn«, sagte Oblomow lebhaft. »Geh in eine andre Straße, dorthin, nach links, zum Park nach jener Seite!«
»Was ist das für eine wunderbare Geschichte?« dachte Sachar. »Er treibt mich fort zum Spazierengehen; so etwas ist noch nicht dagewesen.«
»Ich will lieber am Sonntag gehen, Ilja Iljitsch ...«
»Wirst du nun machen, daß du fortkommst!« sagte Oblo-

mow und ging, die Zähne zusammenbeißend, auf Sachar los.

Sachar verschwand; Oblomow aber rief Anisja herein.

»Geh auf den Markt«, sagte er zu ihr, »und kaufe da zum Mittagessen ein …«

»Zum Mittagessen ist schon alles eingekauft; es wird bald fertig sein …« antwortete die Nase.

»Schweig still und gehorche!« schrie Oblomow, so daß Anisja es mit der Angst bekam.

»Kaufe … na, Spargel …« schloß er, nachdem er sich einen Augenblick besonnen hatte; er wußte nicht, wonach er sie schicken sollte.

»Aber jetzt gibt es doch keinen Spargel, Väterchen! Wo soll man den hier auftreiben? …«

»Marsch!« schrie er sie an, und sie lief davon. »Laufe auf dem Hinwege, so schnell wie du nur kannst«, rief er ihr nach, »und sieh dich nicht um; auf dem Rückwege aber geh möglichst langsam; vor zwei Stunden darfst du dich hier nicht wieder blicken lassen.«

»Was ist das für eine wunderbare Geschichte!« sagte Sachar zu Anisja, als er mit ihr vor dem Tore zusammentraf. »Er hat mich zum Spazierengehen fortgejagt und mir zwanzig Kopeken gegeben. Wohin soll ich nur spazierengehen?«

»So machen das die Herren«, bemerkte die pfiffige Anisja. »Geh doch zu Artemi, dem gräflichen Kutscher, und traktiere ihn mit Tee; er traktiert dich ja auch immer. Und ich werde auf den Markt laufen.«

»Was ist das für eine wunderbare Geschichte, Artemi?« sagte Sachar auch zu diesem: »Der Herr hat mich zum Spazierengehen fortgejagt und mir Geld zu Bier gegeben …«

»Vielleicht will er sich selbst betrinken«, vermutete Artemi scharfsinnig, »und da hat er dir Geld gegeben, damit du ihn nicht beneidest. Na, dann wollen wir gehen!«

Er zwinkerte ihm zu und machte mit dem Kopfe eine Bewegung nach einer gewissen Straße zu.

»Na, dann wollen wir gehen!« wiederholte Sachar und machte ebenfalls mit dem Kopfe eine Bewegung nach jener Straße zu.

»Eine wunderbare Geschichte: er hat mich zum Spazierengehen fortgejagt!« sagte er mit einem Lächeln heiser vor sich hin.

Sie gingen davon; Anisja aber lief bis zur ersten Straßenkreuzung, kauerte sich da hinter einen Flechtzaun in einen Graben und wartete, was geschehen werde.

Oblomow horchte und wartete: da faßte jemand den Ring am Pförtchen an, und in demselben Augenblicke erscholl das wütende Gebell des Hundes, der an der Kette umhersprang.

»Der verfluchte Hund!« sagte Oblomow zähneknirschend, ergriff seine Mütze, stürzte zum Pförtchen hin, öffnete es und führte Olga, sie fast in seinen Armen tragend, zur Haustür. Sie war allein. Katja wartete auf sie im Wagen, nicht weit vom Tore.

»Du bist gesund? Du liegst nicht im Bett? Was ist mit dir?« fragte sie eilig, als sie in das Wohnzimmer getreten waren; sie nahm weder den Mantel noch den Hut ab und musterte ihn vom Kopf bis zu den Füßen.

»Es geht mir jetzt besser; das Halsleiden ist vergangen: wenigstens fast ganz«, sagte er, indem er seinen Hals berührte und ein wenig hustete.

»Warum bist du denn gestern nicht bei uns gewesen?« fragte sie und sah ihn mit einem so forschenden Blicke an, daß er kein Wort herausbringen konnte.

»Wie hast du dich nur zu einem solchen Schritte entschließen können, Olga?« begann er dann entsetzt. »Weißt du auch, was du tust? ...«

»Davon nachher!« unterbrach sie ihn ungeduldig. »Ich frage dich: was bedeutet das, daß du dich nicht sehen läßt?«
Er schwieg.
»Hast du ein Gerstenkorn bekommen?« fragte sie.
Er schwieg.
»Du bist nicht krank gewesen, hast keine Halsschmerzen gehabt«, sagte sie und zog die Augenbrauen zusammen.
»Nein«, antwortete Oblomow im Tone eines Schulknaben.
»Du hast mich getäuscht!« Sie sah ihn erstaunt an. »Warum?«
»Ich werde dir alles erklären, Olga«, suchte er sich zu rechtfertigen. »Ein wichtiger Grund hat mich veranlaßt, zwei Wochen lang nicht zu euch zu kommen ... ich fürchtete ...«
»Was fürchtetest du?« fragte sie, indem sie sich hinsetzte und Hut und Mantel ablegte.
Er nahm ihr beide Stücke ab und legte sie auf das Sofa.
»Die Rederei, das Geschwätz ...«
»Aber du hast nicht gefürchtet, daß ich die Nacht nicht schlafen, mir Gott weiß was für Gedanken machen und beinah bettlägerig werden würde?« sagte sie und ließ einen prüfenden Blick über ihn hingleiten.
»Du weißt nicht, Olga, was hier bei mir vorgeht«, sagte er, auf sein Herz und auf seinen Kopf weisend. »Ich bin in der größten Unruhe, wie im Feuer. Du weißt nicht, was geschehen ist?«
»Was ist denn noch geschehen?« fragte sie kühl.
»Wie weit das Gerücht von dir und mir sich verbreitet hat! Ich wollte dich nicht beunruhigen und scheute mich daher, mich bei dir zu zeigen.«
Er erzählte ihr alles, was er von Sachar und von Anisja gehört hatte, erwähnte auch das Gespräch der beiden Stutzer und schloß mit der Bemerkung, daß er seitdem nicht schlafe, in jedem Blicke eine Frage oder einen Vorwurf oder eine schlaue Anspielung auf ihre Zusammenkünfte sehe.

»Aber wir haben doch beschlossen, noch in dieser Woche meiner Tante Mitteilung davon zu machen«, erwiderte sie; »dann müssen doch alle diese Redereien verstummen.«

»Ja, aber ich wollte mit der Tante nicht vor Ende dieser Woche, vor Empfang des Briefes reden. Ich weiß, sie wird mich nicht nach meiner Liebe fragen, sondern nach dem Gute, und wird auf Einzelheiten eingehen, und davon kann ich ihr nichts erklären, bevor ich nicht den Brief von meinem Bevollmächtigten erhalten habe.«

Sie seufzte.

»Wenn ich dich nicht kennte«, sagte sie nachdenklich, »so könnte ich Gott weiß was glauben. Du hast gefürchtet, mich durch das Gerede von Bedienten zu beunruhigen, hast aber nicht gefürchtet, mir durch dein Ausbleiben Unruhe zu bereiten! Ich verstehe dich nicht mehr.«

»Ich dachte, ihr Geschwätz würde dich aufregen. Katja, Marja, Semjon und dieser Dummkopf Nikita reden Gott weiß was …«

»Ich weiß längst, was sie reden«, sagte sie gleichmütig.

»Wie? Du weißt es?«

»Ja. Katja und die Kinderfrau haben es mir schon längst mitgeteilt, mich nach dir befragt, mir gratuliert …«

»Haben Sie dir wirklich gratuliert?« fragte er entsetzt. »Und was hast du dabei getan?«

»Nichts; ich habe mich bedankt; der Kinderfrau habe ich ein Tuch geschenkt, und sie hat mir versprochen, zu Fuß zum Sergijew-Kloster zu gehen. Und was Katja anlangt, so habe ich es übernommen, mich dafür zu verwenden, daß sie Erlaubnis bekommt, einen Konditor zu heiraten, mit dem sie eine Liebschaft hat …«

Er sah sie mit erschrockenen und erstaunten Augen an.

»Du hast alle Tage bei uns verkehrt; da ist es sehr natürlich, daß die Dienstboten darüber reden«, fügte sie hinzu; »die sind die ersten, die davon zu sprechen anfangen. Mit Sonitschka ist es dieselbe Sache gewesen; warum versetzt dich denn das in solche Angst?«

»Also daher rühren diese Gerüchte?« sagte er gedehnt.

»Sind sie etwa unbegründet? Es ist doch die Wahrheit!«

»Die Wahrheit!« wiederholte Oblomow weder fragend noch verneinend. »Ja«, fügte er dann hinzu, »du hast in der Tat recht; aber ich will nicht, daß die Leute etwas von unseren Zusammenkünften wissen, und daher fürchte ich ...«

»Du fürchtest dich, du zitterst wie ein Knabe ... Ich verstehe dich nicht! Stiehlst du mich denn?«

Es war ihm unbehaglich zumute; sie blickte ihn aufmerksam an.

»Höre einmal«, sagte sie, »hier steckt irgendeine Unwahrheit dahinter, irgend etwas, was nicht in der Ordnung ist ... Komm hierher und sage mir alles, was du auf dem Herzen hast. Es ist ja denkbar, daß du es einen oder zwei Tage lang, meinetwegen auch eine Woche lang unterließest, zu mir zu kommen; aber dann hättest du doch an mich schreiben, mich vorher benachrichtigen sollen. Du weißt, ich bin kein Kind mehr und lasse mich nicht so leicht durch irgendwelchen Unsinn aus der Fassung bringen. Was bedeutet das alles?«

Er dachte eine Weile nach; dann küßte er die Hand und seufzte.

»Weißt du, Olga«, sagte er »ich glaube, die Sache ist die: diese ganze Zeit her war meine Phantasie so erfüllt von diesen Befürchtungen für dich, mein Geist so von Sorgen zerquält, und das Herz tat mir so weh von Hoffnungen und Erwartungen, die sich bald verwirklichten, bald dahinschwanden, daß mein ganzer Organismus erschüttert ist; er ist von einer Erstarrung befallen und bedarf, wenigstens für einige Zeit, der Ruhe ...«

»Aber warum ist denn der meinige von keiner Erstarrung befallen, und warum suche ich die Ruhe nur an deiner Seite?«

»Du hast junge, starke Kräfte, und du liebst in einer klaren, ruhigen Art; ich dagegen … aber du weißt ja, wie ich dich liebe!« sagte er, indem er sich auf den Fußboden hinabgleiten ließ und ihre Hände küßte.

»Nein, ich weiß das bis jetzt nur wenig; du bist so seltsam, daß ich mich in allerlei Vermutungen verliere; mein Verstand versagt, und meine Hoffnung erlischt … bald werden wir einander nicht mehr verstehen; dann wird es schlimm sein.«

Sie schwiegen beide eine Weile.

»Was hast du denn in diesen Tagen getan?« fragte sie und ließ ihre Augen zum erstenmal im Zimmer umherschweifen. »Es ist hier bei dir nicht schön: was für niedrige Zimmer! Und die kleinen Fenster, die alten Tapeten! … Wo sind denn deine andern Zimmer?«

Er beeilte sich, ihr die Wohnung zu zeigen, um die Frage, was er in diesen Tagen getan habe, in Vergessenheit zu bringen. Dann setzte sie sich auf das Sofa; er nahm wieder seinen Platz auf dem Teppich zu ihren Füßen ein.

»Was hast du denn in diesen zwei Wochen getan?« nahm sie das Verhör wieder auf.

»Ich habe gelesen, geschrieben, an dich gedacht.«

»Hast du meine Bücher durchgelesen? Was ist an ihnen daran? Ich werde sie wieder mitnehmen.«

Sie nahm ein Buch vom Tische und warf einen Blick auf die aufgeschlagene Seite: sie war verstaubt.

»Du hast nicht gelesen!« sagte sie.

»Nein«, antwortete er.

Sie betrachtete die verdrückten Sofakissen, die Unordnung, die verstaubten Fenster, den Schreibtisch, blätterte in einigen mit Staub bedeckten Papieren, drehte die Feder in dem trokkenen Tintenfaß herum und blickte ihn erstaunt an.

»Was hast du denn getan?« fragte sie nochmal. »Du hast nicht gelesen und nicht geschrieben?«

»Ich hatte zu wenig Zeit«, begann er stockend. »Wenn ich am Morgen aufgestanden bin, werden die Zimmer aufgeräumt; das stört mich; dann beginnen die Erörterungen in betreff des Mittagessens; darauf kommen die Kinder der Wirtin und bitten mich, ihnen ihre Aufgaben nachzusehen; und dann kommt das Mittagessen. Nach dem Mittagessen ... wann soll ich da lesen?«

»Du hast nach dem Mittagessen geschlafen«, sagte sie mit einer solchen Bestimmtheit, daß er nach kurzem Zaudern leise antwortete:

»Ja, ich habe geschlafen ...«

»Warum denn?«

»Um die Zeit nicht gewahr zu werden: du warst nicht bei mir, Olga, und ohne dich ist mir das Leben langweilig und unerträglich ...«

Er hielt inne; sie aber blickte ihn streng an.

»Ilja«, sagte sie ernst, »denkst du noch daran, wie du im Parke sagtest, daß in dir ein neues Leben aufgeflammt sei, wie du beteuertest, ich sei das Ziel deines Lebens, dein Ideal, und wie du mich bei der Hand nahmst und sagtest, daß sie nun die deine sei? Und denkst du noch daran, wie ich meine Einwilligung gab?«

»Kann man das denn überhaupt vergessen? Hat das denn nicht eine Umwälzung in meinem ganzen Leben hervorgebracht? Siehst du nicht, wie glücklich ich bin?«

»Nein, das sehe ich nicht; du hast mich getäuscht«, sagte sie kalt. »Du bist wieder in den Schlendrian hereingeraten ...«

»Dich getäuscht! Es ist eine Sünde, daß du das sagst! Ich schwöre bei Gott, ich würde mich sofort für dich in einen Abgrund stürzen! ...«

»Ja, wenn der Abgrund jetzt in diesem Augenblicke hier vor

deinen Füßen wäre«, unterbrach sie ihn. »Aber wenn die Sache drei Tage hinausgeschoben würde, dann würdest du es dir überlegen und es mit der Furcht bekommen, besonders wenn Sachar oder Anisja darüber zu schwatzen anfingen … Das ist keine Liebe.«

»Du zweifelst an meiner Liebe?« rief er leidenschaftlich aus. »Glaubst du, daß ich aus Besorgnis um mich und nicht um dich zögere? Meine Absicht ist ja doch, deinen Namen wie mit einer Mauer zu schützen und wie eine Mutter darüber zu wachen, daß kein Gerücht dich anzutasten wage … Ach, Olga! Verlange Beweise! Ich wiederhole es dir: wenn du mit einem andern glücklicher werden könntest, so würde ich ihm ohne Murren meine Rechte abtreten; und wenn es notwendig wäre, daß ich für dich stürbe, so würde ich mit Freuden den Tod erleiden!« schloß er unter Tränen.

»Das ist ganz unnötig; das verlangt kein Mensch von dir! Was hätte ich von deinem Tode? Tue das, was notwendig ist! Das ist so ein Kniff hinterlistiger Menschen, unnötige oder unmögliche Opfer anzubieten, um diejenigen Opfer, die notwendig sind, nicht bringen zu müssen. Du bist nicht hinterlistig, das weiß ich; aber …«

»Du weißt nicht, wie sehr diese Sorgen und Qualen meine Gesundheit geschädigt haben!« fuhr er fort. »Seit ich dich kenne, habe ich keinen andern Gedanken … Ja, auch jetzt wiederhole ich es: du bist das Ziel meines Lebens, du allein. Ich werde sofort sterben oder den Verstand verlieren, wenn du mich verläßt! Ich atme, sehe, denke und fühle jetzt nur durch dich. Warum wunderst du dich darüber, daß ich an den Tagen, an denen ich dich nicht sehe, schläfrig werde und zusammensinke? Es ist mir dann alles widerwärtig, alles langweilig; ich bin eine Maschine: ich gehe und tue etwas und werde nicht gewahr, was ich tue. Du bist das Feuer und die

Kraft dieser Maschine«, sagte er, indem er vor ihr niederkniete und sich gerade richtete.

Seine Augen leuchteten wie ehemals im Park. Stolz und Willenskraft glänzten wieder in ihnen.

»Ich bin bereit, sofort zu gehen, wohin du befiehlst, und zu tun, was du willst. Ich fühle, daß ich lebe, wenn du mich anblickst, zu mir redest, singst …«

Olga hörte diesen leidenschaftlichen Erguß mit ernster, nachdenklicher Miene an.

»Höre, Ilja«, sagte sie, »ich glaube an deine Liebe und an meine Macht über dich. Warum erschreckst du mich denn durch deine Unentschlossenheit und rufst bei mir Zweifel hervor? Du sagst, ich sei das Ziel deines Lebens; aber du gehst gar zu schüchtern und langsam auf diese Ziel zu; und doch hast du noch weit zu gehen; denn du mußt höher stehen als ich. Ich erwarte das von dir! Ich habe gesehen, in welcher Weise glückliche Menschen lieben«, fügte sie mit einem Seufzer hinzu: »bei denen ist alles pulsierendes Leben, und ihre Ruhe ist der deinigen unähnlich; sie lassen den Kopf nicht hängen; ihre Augen sind offen; sie schlafen kaum, sie wirken und schaffen! Aber du … nein, es sieht gar nicht so aus, als ob die Liebe, als ob ich das Ziel deines Lebens wäre …«

Sie wiegte zweifelnd den Kopf hin und her.

»Du, du! …« sagte er, ihr wieder die Hände küssend und in Aufregung zu ihren Füßen liegend. »Du allein bist das Ziel meines Lebens. O Gott, welches Glück!« sagte er wie im Fieberdelirium. »Und du glaubst, ich könnte deine Erwartungen täuschen, nach einem solchen Erwachen wieder einschlafen und mich nicht zum Helden entwickeln? Ihr, du und Andrei, werdet sehen«, fuhr er mit begeisterten Augen um sich schauend, fort, »zu welcher Höhe die Liebe einer solchen Frau wie du einen Menschen zu erheben vermag! Sieh mich an, sieh mich an: bin ich nicht aufgestanden, lebe ich nicht in diesem Augenblicke? Laß uns von hier fortgehen! Fort! Fort! Ich kann keine Minute länger hierbleiben; ich ersticke! Wie garstig ist es hier!« sagte er, mit aufrichtigem Widerwillen rings umherschauend. »Laß mich heute von diesem Gefühle leben … Ach, wenn doch dieses selbe Feuer, das jetzt in mir brennt, auch morgen und immer in mir brennen möchte! Aber wenn du nicht da bist, dann erlösche ich und sinke zusammen! Jetzt bin ich wieder aufgelebt, auferstanden. Mir scheint, ich … Olga, Olga! – Du bist das Schönste, was es auf der Welt gibt; du bist das vortrefflichste Weib, du … du …«

Er drückte sein Gesicht auf ihre Hand und erstarrte in dieser Haltung. Die Worte lösten sich nicht mehr von seiner Zunge. Er preßte seine Hand aufs Herz, um seine Aufregung zu unterdrücken, richtete aus seinen feuchten Augen einen leidenschaftlichen Blick auf Olga und verblieb so, ohne sich zu bewegen.

»Er ist voll zärtlicher Liebe!« sagte Olga bei sich, aber mit einem Seufzer, nicht so, wie sie es ehemals im Park gesagt hatte, und versank in tiefes Nachdenken.

»Es ist Zeit, daß ich aufbreche!« sagte sie, wieder zu sich kommend, in freundlichem Tone.

Er wurde plötzlich wieder nüchtern.

»Du bist hier, o Gott! Bei mir?« sagte er, und der begeisterte Blick ging in ein ängstliches Umherschauen nach allen Seiten über; die glühende Rede stockte ihm im Munde.

Er ergriff eilig Olgas Hut und Mantel und wollte ihr in seiner Verwirrung den Mantel über den Kopf ziehen.

Sie lachte.

»Ängstige dich nicht meinetwegen«, suchte sie ihn zu beruhigen; »*ma tante* ist auf den ganzen Tag weggefahren; zu Hause weiß nur die Kinderfrau, daß ich nicht da bin, und dann Katja. Begleite mich hinaus!«

Sie reichte ihm die Hand, schritt ohne zu zittern, ruhig, im stolzen Bewußtsein ihrer Unschuld über den Hof, unter dem wütenden Gebell des an seiner Kette hin und her springenden Hundes, setzte sich in den Wagen und fuhr davon.
Aus den Fenstern der Wohnung der Wirtin schauten mehrere Köpfe heraus; hinter dem Flechtzaun hob sich aus dem Graben Anisjas Kopf hervor.
Als der Wagen in eine andre Straße eingebogen war, ging Anisja wieder nach Hause und berichtete, sie sei den ganzen Markt abgelaufen, aber es sei kein Spargel dagewesen. Sachar kehrte nach drei Stunden zurück und schlief dann volle vierundzwanzig Stunden.
Oblomow ging lange im Zimmer auf und ab, ohne die Beine unter sich zu fühlen und ohne seine eigenen Schritte zu hören: er ging, wie wenn er eine Viertelelle vom Fußboden entfernt wäre.
Sobald nicht mehr zu hören war, wie die Räder des Wagens, der sein Leben und sein Glück fortführte, auf dem Schnee knirschten, verging seine Unruhe; sein Kopf und sein Rükken richteten sich gerade, der begeisterte Schimmer kehrte auf sein Gesicht zurück, und seine Augen wurden feucht vor Glückseligkeit und Rührung. Durch seinen ganzen Körper flutete eine Art von Wärme, Frische und Unternehmungslust. Und wieder, wie ehemals, regte sich bei ihm das Verlangen, überallhin zu fahren, irgendwohin in die Ferne: sowohl dorthin, zu Stolz, mit Olga zusammen, als auch aufs Gut, nach den Feldern und Wäldern. Er wollte sich ganz allein in sein Zimmer zurückziehen und sich in die Arbeit vertiefen, und persönlich nach dem Rybinski-Anlegeplatz fahren, und eine Fahrstraße anlegen, und wenn von einem neu erschienenen Buche allgemein gesprochen würde, es lesen, und in die Oper fahren, gleich heute …
Ja, heute war sie bei ihm gewesen, nun wollte er zu ihr hin-

fahren und dann in die Oper. Wie vollständig der Tag ausgefüllt war! Wie leicht es sich in diesem Leben atmete, in Olgas Sphäre, in den Strahlen ihres jungfräulichen Glanzes, ihrer munteren Kraft, ihres jugendlichen, aber feinen und tiefen, gesunden Verstandes! Oblomow ging, als ob er flöge; es war ihm, als trüge ihn jemand durch das Zimmer!

»Vorwärts, vorwärts!« hatte Olga gesagt. Ja, immer höher hinauf, dahin, bis zu jener Grenzlinie, wo die Macht der Zärtlichkeit und der Anmut ihre Rechte verliert, und wo das Reich des Mannes beginnt!

Welch einen klaren Blick sie für das Leben hat! Wie sie aus diesem schwer verständlichen Buche ihren Weg herausliest und instinktiv auch seinen eigenen Weg errät! Ihr Leben und sein Leben müssen wie zwei Flüsse zusammenfließen; er wird ihr Führer, ihr Leiter sein!

Sie sieht seine Kraft, seine Fähigkeiten; sie weiß, wieviel er vermag, und erwartet in aller Ergebenheit seine Herrschaft. Diese wundervolle Olga! Dieses durch nichts aus der Fassung zu bringende, mutige, schlichte, aber entschlossene Weib, das einfach und natürlich ist wie das Leben selbst!

»In der Tat, wie garstig es hier ist!« sagte er, um sich blickend. »Und dieser Engel ist in den Sumpf herniedergestiegen und hat ihn durch seine Anwesenheit geheiligt!«

Er blickte liebevoll auf den Stuhl, auf dem sie gesessen hatte, und seine Augen leuchteten auf einmal auf: auf dem Fußboden neben dem Stuhle sah er einen winzigen Handschuh liegen.

»Ein Unterpfand! Ihre Hand: das ist ein Vorzeichen! Oh! ...« stöhnte er leidenschaftlich und drückte den Handschuh an seine Lippen.

Die Wirtin blickte durch die Tür herein und forderte ihn auf, sich Leinwand anzusehen; es sei welche gebracht worden und werde zum Kaufe angeboten; ob er nicht welche nehmen wolle. Aber er dankte ihr trocken, dachte gar nicht daran, ihre Arme anzusehen, und entschuldigte sich, er sei sehr beschäftigt. Dann vertiefte er sich in Erinnerungen an den Sommer, rief sich alle Einzelheiten ins Gedächtnis zurück, erinnerte sich an jeden Baum, an jeden Strauch, an jede Bank, an jedes gesprochene Wort, und fand das alles noch reizender, als es zu der Zeit gewesen war, wo er es genossen hatte.

Er konnte sich schlechterdings nicht mehr beherrschen, er sang, begann ein freundliches Gespräch mit Anisja, scherzte darüber, daß sie keine Kinder habe, und versprach, Pate zu stehen, sobald sie eines bekommen würde. Mit Mascha verübte er einen solchen Lärm, daß die Wirtin hereinschaute und Mascha hinausholte, in ihre eigene Wohnung, damit sie den Mieter nicht bei seiner »Beschäftigung« störe.

Durch den weiteren Verlauf des Tages wurde Oblomows Tollheit noch gesteigert. Olga war heiter, sie sang, und dann wurde noch in der Oper gesungen; darauf trank er bei ihnen Tee, und nach dem Tee entspann sich ein so freundschaftliches, herzliches Gespräch zwischen ihm, der Tante, dem Baron und Olga, daß Oblomow sich völlig als Mitglied dieser kleinen Familie fühlte. Lange genug hatte er einsam gelebt; jetzt hatte er ein eigenes Heim; er brachte sein Leben in eine feste Bahn; Licht und Wärme umgab in – wie schön lebte es sich darin!

In der Nacht schlief er nur wenig: er las in den Büchern, die ihm Olga geschickt hatte, und brachte anderthalb Bände hinter sich.

»Morgen muß der Brief von meinem Gutsnachbar kommen«, dachte er, und das Herz begann ihm stärker zu schlagen. »Endlich muß er doch kommen!«

## VIII.

Als Sachar am andern Tage das Zimmer aufräumte, fand er auf dem Schreibtische einen kleinen Handschuh, betrachtete ihn lange, lächelte und reichte ihn dann Oblomow.

»Gewiß hat ihn das Iljinskische Fräulein verloren«, sagte er.

»Du Teufel!« fuhr ihn Ilja Iljitsch an und riß ihm den Handschuh aus den Händen. »Du redest sinnlos! Wie kann ihn das Iljinskische Fräulein verloren haben? Die Näherin aus dem Ladengeschäft ist hergekommen, damit ich die Hemden anprobieren möchte. Wie kannst du es wagen, dir so etwas auszudenken!«

»Wieso bin ich ein Teufel? Was denke ich mir aus? Da in der Wohnung der Wirtin, da reden sie schon davon …«

»Wovon reden sie?« fragte Oblomow.

»Sie sagen, daß das Iljinskische Fräulein mit ihrem Stubenmädchen dagewesen ist …«

»O Gott!« rief Oblomow ganz entsetzt. »Aber woher kennen sie denn das Iljinskische Fräulein? Da mußt doch du oder Anisja geschwatzt haben …«

Auf einmal schob Anisja ihren Oberkörper durch die nach dem Vorzimmer führende Tür.

»Schämst du dich denn nicht, Sachar Trofimowitsch, solchen Unsinn zu plappern? Hören Sie nicht auf ihn, Väterchen«, sagte sie. »Niemand hat das gesagt, niemand weiß das; das kann ich bei Jesus Christus …«

»Schweig still!« schrie Sachar ihr mit seiner heisern Stimme zu und holte mit dem Ellbogen gegen ihre Brust aus. »Du mußt doch deine Nase überall da hineinstecken, wo du nicht gefragt wirst!«

Anisja verschwand. Oblomow drohte seinem Diener mit

beiden Fäusten; dann öffnete er schnell die Tür zu der Wohnung der Wirtin.

Agafja Matwjejewna saß auf dem Fußboden und musterte allerlei Kram in einem alten Kasten; um sie herum lagen Haufen von Lappen, von Watte, von alten Kleidern, Knöpfen und Pelzflicken.

»Hören Sie«, begann Oblomow in freundlichem Tone, aber in starker Aufregung, »meine Dienstboten schwatzen allerlei dummes Zeug; ich bitte Sie dringend, glauben Sie ihnen nicht!«

»Ich habe nichts gehört«, erwiderte die Wirtin. »Was schwatzen sie denn?«

»In betreff des gestrigen Besuches«, fuhr Oblomow fort. »Sie sagen, es wäre irgendein Fräulein zu mir gekommen ...«

»Was geht uns das an, wer zu den Mietern kommt?« versetzte die Wirtin.

»Nein, bitte, glauben Sie es nicht; es ist die reine Verleumdung! Es ist kein Fräulein dagewesen; es ist ganz einfach eine Näherin gekommen, die für mich Hemden näht. Sie kam, damit ich sie anprobieren möchte ...«

»Wo haben Sie sich denn Hemden bestellt? Wer näht sie Ihnen?« fragte die Wirtin lebhaft.

»Im Französischen Magazin ...«

»Zeigen Sie mir die Hemden doch, wenn sie geliefert werden. Ich kenne zwei junge Mädchen, die nähen und steppen so gut, daß es keine Französin besser machen kann. Ich habe ihre Arbeit selbst gesehen; sie haben sie hergebracht, um sie mir zu zeigen; sie nähen für den Grafen Melinski. Niemand näht so gut. Dagegen kommen Ihre Hemden, die Sie da anhaben, nicht auf ...«

»Schön, schön, ich werde daran denken. Glauben Sie nur um Gotteswillen nicht, daß ein Fräulein hier gewesen wäre ...«

»Was geht uns das an, wer zu unserem Mieter kommt? Selbst wenn es ein Fräulein ist …«

»Nein, nein!« widersprach Oblomow. »Ich bitte Sie, das Fraulein, von dem Sachar schwatzt, ist von riesiger Statur, und hat eine Baßstimme; aber diese, die Näherin, Sie haben wohl selbst gehört, mit was für einer hellen Stimme sie spricht: sie hat eine wundervolle Stimme. Bitte, glauben Sie nicht …«

»Was geht uns das an?« sagte die Wirtin, als er im Begriff war wegzugehen. »Vergessen Sie also nicht, wenn Sie in die Lage kommen, Hemden nähen zu lassen, es mir zu sagen; die jungen Mädchen, die ich kenne, steppen ganz vorzüglich … sie heißen Lisaweta Nikolajewna und Marja Nikolajewna.«

»Gut, gut, ich werde es nicht vergessen; glauben Sie nur, bitte, nicht …«

Er ging hinaus, zog sich dann an und fuhr zu Olga.

Als er am Abend nach Hause zurückkehrte, fand er auf seinem Tische einen Brief von seinem Gutsnachbar, seinem Bevollmächtigten. Er stürzte zur Lampe hin, las ihn durch – und die Arme sanken ihm am Leibe herab.

»Ich bitte Sie ergebenst, die Vollmacht auf einen andern zu übertragen«, schrieb der Nachbar; »bei mir hat sich die Arbeit dermaßen angehäuft, daß ich (ich sage das auf mein Gewissen) nicht imstande bin, Ihr Gut so, wie es sich gehört, zu beaufsichtigen. Das Beste wäre, wenn Sie selbst herkämen, und noch besser, wenn Sie auf dem Gute Ihren dauernden Wohnsitz nähmen. Das Gut ist schön, aber arg vernachlässigt. Vor allen Dingen müssen die Fronleistungen und der Pachtzins genauer festgesetzt werden; ohne Anwesenheit des Besitzers ist das nicht möglich: die Bauern sind übermütig geworden und gehorchen dem neuen Dorfschulzen nicht; der alte aber ist ein Gauner, auf den man aufpassen muß. Die Höhe der Einnahme läßt sich nicht vorherbestimmen. Bei der jetzt herrschenden Unordnung werden Sie kaum mehr als dreitausend Rubel erhalten, und auch das nur, wenn Sie persönlich anwesend sind. Ich rechne dabei die Einnahme vom Getreide; von den Zinsbauern ist wenig zu hoffen: die muß man fest im Zaum halten und die Rückstände eintreiben – zu alledem sind etwa drei Monate erforderlich. Das Getreide ist gut geraten und steht hoch im Preise, und im März oder April werden Sie Geld bekommen, wenn Sie den Verkauf selbst beaufsichtigen. Jetzt aber ist kein Groschen bares Geld vorhanden. Was die Fahrstraße über Werchlowo und die Brücke anlangt, so habe ich, da ich von Ihnen lange Zeit keine Antwort erhielt, bereits beschlossen, mit Odonzow und Bjelowodow zusammen die Straße von mir aus über Nelki zu bauen, so daß Oblomowka weit seitwärts liegen bleibt. Zum Schlusse wiederhole ich die Bitte, daß Sie so bald wie möglich herkommen möchten: in drei Monaten werden Sie feststellen können, was für das folgende Jahr zu hoffen ist. Dabei fällt mir ein: es finden jetzt die Wahlen statt; hätten Sie nicht Lust, sich zum Kreisrichter wählen zu lassen? Beeilen Sie sich! Ihr Haus ist sehr schlecht« (dies war in einem Postskriptum hinzugefügt). »Ich habe der Viehmagd, dem Kutscher und zwei alten Mägden befohlen, von dort in ein Bauernhaus zu ziehen; denn es wäre gefährlich, länger darin zu bleiben.«

Dem Briefe war ein Zettel beigelegt mit Angaben darüber, wieviel Getreide gemäht und ausgedroschen war, wie viele Scheffel im Speicher aufgeschüttet und wie viele davon zum Verkaufe bestimmt waren, und mit mehr dergleichen wirtschaftlichen Einzelheiten.

»Kein Groschen Geld, drei Monate, selbst hinfahren, die Angelegenheiten der Bauern ordnen, die Einnahmen feststellen, als gewählter Beamter fungieren«, alle diese Schrecknisse umringten Oblomow wie Gespenster. Er befand sich gleichsam bei Nacht in einem Walde, wo man hinter jedem

Busche und Baume einen Räuber, einen Geist oder ein wildes Tier zu sehen glaubt.

»Aber es wäre eine Schande: ich werde mich nicht unterkriegen lassen!« nahm er sich vor und bemühte sich, sich mit diesen Gespenstern bekannt zu machen, so wie auch ein Feigling sich anstrengt, durch die zusammengekniffenen Lider die Gespenster anzusehen, aber dabei nur eine Kälte am Herzen und eine Schwäche in den Armen und Beinen fühlt.

Worauf hatte Oblomow eigentlich gehofft? Er hatte gemeint, in dem Briefe werde gesagt sein, wieviel Einnahme in einer bestimmten Zahl ausgedrückt, er erhalten werde (und selbstverständlich hatte er auf eine recht hohe Summe gerechnet, etwa auf sechs-, siebentausend Rubel); daß das Haus noch gut sei, so daß man nötigenfalls darin wohnen könne, bis das neue fertig gebaut sei; endlich daß der Bevollmächtigte ihm drei-, viertausend Rubel schicke – kurz, er hatte erwartet, daß auch dieser Brief voll Heiterkeit, Lebenslust und Liebe sein werde, wie die Briefchen, die er von Olga empfangen hatte.

Er ging jetzt nicht mehr eine Viertelelle über dem Fußboden im Zimmer hin und her, scherzte nicht mit Anisja, schwelgte nicht in Hoffnungen auf Glück; diese Hoffnungen mußte er für drei Monate verschieben. Nein: in drei Monaten würde er erst die geschäftlichen Angelegenheiten geordnet und sein Gut kennengelernt haben; aber die Hochzeit …

»An die Hochzeit ist vor einem Jahre gar nicht zu denken«, sagte er ängstlich; »ja, ja, in einem Jahre, nicht früher!« Er mußte doch auch erst noch seinen Reformplan fertigstellen, mußte mit dem Baumeister alles festsetzen; dann erst … dann erst … Er seufzte.

»Geld borgen!« schoß es ihm durch den Kopf; aber er wies diesen Gedanken von sich.

»Unmöglich! Wenn ich nun am Termin nicht zahlen kann?

wenn die Geschäfte schlecht gehen, dann wird der Wechsel protestiert, und der bisher reine und unantastbare Namen Oblomow ...« Um Gotteswillen nicht! Dann konnte er nur seiner Ruhe und seinem Stolze Lebewohl sagen ... nein, nein! Andere Leute borgen sich ja allerdings Geld; aber dann hasten sie sich ab und arbeiten, ohne sich Schlaf zu gönnen; es ist, als hätten sie einen bösen Dämon in sich aufgenommen. Ja, Schulden, die sind ein böser Dämon, ein Teufel, den man durch nichts vertreiben kann als durch Geld!

Es gibt forsche Kerle, die ihr ganzes Leben lang auf fremde Kosten leben, von rechts und links her nehmen und erraffen und sich darüber keine Sorgen machen! Wie sie es fertigbringen, ruhig zu schlafen und zu Mittag zu essen, das ist unbegreiflich! Schulden machen! Die Folge davon ist entweder endlose Arbeit wie im Zuchthause oder Ehrlosigkeit. Eine Hypothek auf das Gut aufnehmen? Waren das nicht ebensolche Schulden, nur von unerbittlicher, unaufschiebbarer Art? Da muß man jedes Jahr die Zinsen bezahlen, und es bleibt womöglich nicht genug zum Lebensunterhalt übrig.

Noch um ein Jahr war das Glück hinausgerückt! Oblomow stöhnte schmerzlich auf und warf sich schon auf das Bett; aber auf einmal kam er wieder zur Besinnung und stand auf. Was hatte Olga gesagt? Sie hatte seine Mannhaftigkeit angerufen und auf seine Kraft vertraut. Sie erwartete, daß er vorwärts schreiten, zu einer herrlichen Höhe gelangen, ihr dann die Hand hinstrecken und sie führen, ihr den Weg weisen werde! Ja, ja! Aber wie sollte er das anfangen?

Lange, lange dachte er nach; dann schlug er sich plötzlich vor die Stirn und ging in die Wohnung der Wirtin.

»Ist Ihr Bruder zu Hause?« fragte er die Wirtin.

»Ja, aber er hat sich schlafen gelegt.«

»Dann bitten Sie ihn, morgen zu mir zu kommen«, sagte Oblomow; »ich muß mit ihm sprechen.«

## IX.

Der Bruder kam wieder in derselben Weise ins Zimmer, setzte sich ebenso vorsichtig auf einen Stuhl, zog die Hände in die Ärmel und wartete, was Ilja Iljitsch sagen werde.

»Ich habe einen sehr unangenehmen Brief von meinem Gutsnachbar erhalten, als Antwort auf die ihm übersandte Vollmacht – erinnern Sie sich?« sagte Oblomow. »Hier, seien Sie so freundlich, ihn durchzulesen.«

Iwan Matwjejewitsch nahm den Brief und ließ seine geübten Augen über die Zeilen laufen; der Brief zitterte leise in seinen Fingern. Nachdem er ihn durchgelesen hatte, legte er ihn auf den Tisch und versteckte seine Hände hinter seinem Rücken.

»Wie denken Sie darüber? Was ist jetzt zu tun?« fragte Oblomow.

»Ihr Nachbar rät Ihnen hinzufahren«, antwortete Iwan Matwjejewitsch. »Nun, zwölfhundert Werst, davor braucht man sich nicht zu fürchten. In einer Woche werden die Wege gut fahrbar sein; dann könnten Sie hinreisen.«

»Ich habe mich des Reisens ganz entwöhnt; infolgedessen, und noch dazu im Winter, würde es mir, offen gestanden, schwer fallen, und ich möchte es nicht gern tun … Zudem ist es auf dem Lande, wenn man allein da ist, sehr langweilig.«

»Haben Sie viele Zinsbauern?« fragte Iwan Matwjejewitsch.

»Ja … ich weiß es nicht; ich bin lange nicht auf dem Gute gewesen.«

»Das müßte man wissen; wie soll man sonst vorgehen? Man kann keine Erhebungen darüber anstellen, wieviel Einnahmen Sie erhalten müssen.«

»Ja, das müßte man«, wiederholte Oblomow. »Und der

Nachbar schreibt das ebenfalls; aber nun ist es doch schon Winter geworden.«

»Wie hoch haben Sie den Pachtzins denn festgesetzt?«

»Den Pachtzins? Ich glaube … gestatten Sie, ich hatte irgendwo ein Verzeichnis; Stolz hatte es mir damals noch aufgestellt; aber es wird schwer zu finden sein; Sachar wird es wohl irgendwohin verkramt haben. Ich werde es Ihnen später zeigen … ich glaube, es waren dreißig Rubel für die Familie.«

»Was sind denn Ihre Bauern für Leute? Wie leben sie?« fragte Iwan Matwjejewitsch. »Sind sie reich oder heruntergekommen und arm? Wie steht es mit den Fronleistungen?«

»Hören Sie«, sagte Oblomow, indem er an ihn herantrat und ihn vertraulich an beide Brustaufschläge der Uniform faßte. Iwan Matwjejewitsch stand hurtig auf; aber Oblomow veranlaßte ihn, sich wieder hinzusetzen.

»Hören Sie«, wiederholte er stockend, beinah flüsternd: »ich weiß nicht, wie es mit den Fronleistungen steht, wie die Landarbeit beschaffen ist, was ein armer und ein reicher Bauer bedeutet; ich weiß nicht, wieviel ein Scheffel Roggen oder Hafer ist, was er kostet, in welchem Monat dies und das gesät und geerntet, wie und wann es verkauft wird; ich weiß nicht, ob ich reich oder arm bin, ob ich in einem Jahre wohlhabend oder ein Bettler sein werde – ich weiß nichts!« schloß er niedergeschlagen, ließ die Aufschläge der Uniform los und trat von Iwan Matwjejewitsch zurück. »Also reden Sie, und raten Sie mir wie einem Kinde …«

»Gewiß, Bescheid muß man wissen; sonst kann man keine Berechnungen anstellen«, erwiderte Iwan Matwjejewitsch mit respektvollem Lächeln, stand auf und legte die eine Hand auf den Rücken, während er die andere vorn auf der Brust unter den Rock steckte. »Ein Gutsbesitzer muß sein Gut kennen und es zu behandeln wissen …« sagte er in lehrhaftem Tone.

»Ich kenne es aber nicht. Belehren Sie mich, wenn Sie dazu imstande sind.«

»Ich selbst habe mich mit diesem Gegenstande nicht beschäftigt; ich müßte erst Sachkundige um Rat fragen. Aber sehen Sie: man schreibt in dem Briefe«, fuhr Iwan Matwjejewitsch fort und zeigte mit dem Mittelfinger, den Nagel nach unten haltend, auf die betreffende Seite des Briefes, »Sie möchten sich zu einem Amte wählen lassen: das wäre ja herrlich! Sie würden dort wohnen, beim Kreisgerichte angestellt sein und sich gleichzeitig auch mit der Wirtschaft vertraut machen.«

»Ich weiß nicht, was ein Kreisgericht ist, was man dort tut, wie man dort amtiert!« versetzte Oblomow wieder nachdrücklich, aber nur halblaut, indem er ganz nahe an Iwan Matwjejewitsch herantrat.

»Daran werden Sie sich gewöhnen. Sie sind ja hier in einem Department angestellt gewesen: die Arbeit ist überall dieselbe; nur in den Formen besteht ein geringer Unterschied. Überall gibt es Vorschriften, Berichte, Protokolle. Wenn ein guter Sekretär da ist, was haben Sie dann für Sorgen? Sie brauchen nur zu unterschreiben. Wenn Sie wissen, wie in den Departments gearbeitet wird ...«

»Ich weiß nicht, wie in den Departments gearbeitet wird«, sagte Oblomow eintönig.

Iwan Matwjejewitsch warf ihm seinen doppelten Blick zu und schwieg.

»Sie haben gewiß immer Bücher gelesen?« bemerkte er mit demselben respektvollen Lächeln.

»Bücher!« erwiderte Oblomow und hielt dann inne.

Er hatte nicht den Mut und hielt es auch nicht für nötig, sich vor diesem Beamten bis auf den Grund seiner Seele zu entblößen. Im stillen sagte er sich: »Ich habe auch nur wenige Bücher gelesen«; aber diese Worte kamen nicht über seine

Lippen, und der Gedanke gelangte nur durch einen traurigen Seufzer zum Ausdruck.

»Sie werden sich aber doch mit irgend etwas beschäftigt haben«, bemerkte Iwan Matwjejewitsch bescheiden, als ob er in Oblomows Seele die Antwort in betreff der Bücher gelesen hätte. »Es ist doch nicht möglich, daß …«

»Es ist möglich, Iwan Matwjejewitsch; hier haben Sie einen lebenden Beweis vor Augen: mich! Wer bin ich? Was bin ich? Fragen Sie mal meinen Sachar, und er wird Ihnen sagen: ›Ein gnädiger Herr!‹ Ja, ich bin ein gnädiger Herr und verstehe nichts zu tun! Tun Sie das Nötige, wenn Sie es verstehen, und helfen Sie mir, wenn Sie können; nehmen Sie für Ihre Mühe, soviel Sie wollen – das ist die Wissenschaft wert!«

Er begann im Zimmer auf und ab zu gehen; Iwan Matwjejewitsch aber blieb auf demselben Fleck stehen und machte jedesmal mit dem ganzen Körper eine kleine Wendung nach der Ecke zu, wohin Oblomow ging. Sie schwiegen beide eine Zeitlang.

»Wo haben Sie Ihre Bildung genossen?« fragte Oblomow, indem er wieder vor ihm stehenblieb.

»Zunächst auf dem Gymnasium; aber mein Vater nahm mich aus der sechsten Klasse heraus und bestimmte mich zum Verwaltungsbeamten. Mit meinem Wissen ist es also nicht weit her: Lesen, Schreiben, Grammatik, Rechnen, weiter bin ich nicht gekommen. Ich habe mich so einigermaßen in das Amt eingelebt und schlage mich so leidlich durch. Mit Ihnen ist das eine andre Sache: Sie haben die wirklichen Wissenschaften studiert …«

»Ja«, erwiderte Oblomow seufzend, »es ist wahr, ich habe Mathematik und Nationalökonomie und Rechtswissenschaft studiert; aber in eine praktische Tätigkeit habe ich mich nicht hineingefunden. Sehen Sie, trotz meiner Mathematik weiß ich nicht, ob ich eine große Einnahme habe. Ich bin aufs Gut gekommen und habe mich umgehört und umgesehen, wie es in unserm Hause und auf dem Gute und um uns herum zuging: meine Rechtswissenschaft paßte da gar nicht hin. Ich fuhr hierher, in der Hoffnung, mittels der Nationalökonomie irgendwie Karriere zu machen. Aber man sagte mir, die Wissenschaften würden mir erst in späterer Zeit, etwa in meinem Alter, von Nutzen sein; vorher müsse ich die amtliche Stufenleiter hinansteigen, und zu diesem Zwecke sei nur eine Wissenschaft nötig: das Aktenschreiben. Da habe ich mich nun in diese Tätigkeit nicht hineinfinden können, sondern bin einfach ein gnädiger Herr geworden. Sie aber haben sich hineingefunden: nun, dann sagen Sie mir, wie ich mir aus der Not helfen kann.«

»Möglich ist es schon; warum nicht?« antwortete Iwan Matwjejewitsch endlich. Oblomow blieb ihm gegenüber stehen und wartete, was er weiter sagen werde.

»Man kann mit diesem ganzen Geschäfte einen sachkundigen Mann beauftragen und die Vollmacht auf ihn übertragen lassen«, fügte Iwan Matwjejewitsch hinzu.

»Aber wo soll man einen solchen Mann hernehmen?« fragte Oblomow.

»Ich habe einen Kollegen, Isai Fomitsch Saterty; er stottert ein wenig, ist aber ein kenntnisreicher und praktisch tüchtiger Mensch. Er hat drei Jahre lang ein großes Gut verwaltet; aber der Gutsbesitzer hat ihn entlassen, eben aus diesem Grunde, weil er stottert. Da ist er denn bei uns eingetreten.«

»Und kann man sich auf ihn verlassen?«

»Er ist eine grundehrliche Seele; machen Sie sich darüber keine Sorgen! Er würde sein eigenes Geld ausgeben, nur um seinen Auftraggeber zufriedenzustellen. Er ist bei uns schon zwölf Jahre amtlich tätig.«

»Wie wird er denn hinfahren können, wenn er im Amte ist?«

»Das geht schon; er nimmt einen viermonatigen Urlaub.

Wenn Sie sich dazu entschließen mögen, werde ich ihn herbringen. Er wird ja natürlich nicht umsonst hinfahren …«

»Selbstverständlich nicht«, stimmte ihm Oblomow bei.

»Erstatten Sie ihm die Reisekosten, und geben Sie ihm soviel Diäten, wie nötig sind, und dann nach Beendigung der Arbeit eine Gratifikation, nach Übereinkunft. Dann wird er hinfahren; warum auch nicht?«

»Ich bin Ihnen sehr dankbar; Sie befreien mich von großer Mühe und Sorge«, sagte Oblomow, indem er ihm die Hand hinstreckte. »Wie heißt er? …«

»Isai Fomitsch Saterty«, wiederholte Iwan Matwjejewitsch, wischte sich eilig die Hand am Aufschlage des andern Ärmels ab, faßte auf einen Augenblick Oblomows Hand und versteckte dann die seinige sogleich im Ärmel. »Ich werde morgen mit ihm sprechen und ihn herbringen.«

»Kommen Sie doch zum Mittagessen; dabei können wir dann alles miteinander abreden. Ich bin Ihnen sehr, sehr dankbar!« sagte Oblomow, während er Iwan Matwjejewitsch zur Tür begleitete.

## X.

Am Abend desselben Tages saßen in einem zweistöckigen Hause, das mit der einen Seite nach derjenigen Straße herauslag, in welcher Oblomow wohnte, und mit der andern nach dem Kai, in einem Zimmer des oberen Stockwerks Iwan Matwjejewitsch und Tarantjew.

Es war dies ein sogenanntes »Etablissement«; vor der Tür standen immer zwei oder drei leere Droschken, deren Kutscher in dem untern Stockwerk saßen und ihren Tee aus den

Untertassen tranken. Das obere Stockwerk war für die »Herren« der Wyborger Seite bestimmt.
Vor Iwan Matwjejewitsch und Tarantjew stand Tee und eine Flasche Rum.
»Echter Jamaika«, sagte Iwan Matwjejewitsch, indem er sich mit zitternder Hand Rum in sein Glas goß. »Unterschätze nicht, womit ich dich traktiere, Gevatter!«
»Gestehe nur, daß du auch allen Grund hast, mich zu traktieren«, erwiderte Tarantjew. »Euer Haus wäre verfault, ehe du ohne mich einen solchen Mieter gefunden hättest.«
»Das ist wahr, das ist wahr«, unterbrach ihn Iwan Matwjejewitsch. »Aber wenn unser Geschäft zustande kommt und Saterty nach dem Gute fährt, dann will ich dem Abschluß zu Ehren auch etwas springen lassen!«
»Du bist geizig, Gevatter; mit dir muß man handeln«, sagte Tarantjew. »Nur fünfzig Rubel für einen solchen Mieter!«
»Ich fürchte, daß er wieder auszieht«, bemerkte Iwan Matwjejewitsch.
»Ach, was redest du! Und bist doch so ein feiner Kopf! Wo soll er denn hinziehen? Den kannst du jetzt nicht einmal mit Gewalt fortjagen.«
»Und die Hochzeit? Es heißt, er wird heiraten.«
Tarantjew lachte laut auf.
»Der und heiraten! Wollen wir wetten, daß er nicht heiratet?« erwiderte er. »Der kann ja nicht einmal einschlafen, ohne daß Sachar ihm hilft; und der sollte heiraten! Bisher habe ich ihm immer Wohltaten erwiesen; ohne mich wäre er entweder Hungers gestorben oder ins Gefängnis gekommen, Brüderchen! Wenn der Polizeiinspektor kam oder Hauswirt nach etwas fragte, dann wußte er sich gar nicht zu helfen – immer mußte ich hilfreich einspringen! Er versteht ja gar nichts ...«
»Nein, absolut nichts. ›Ich weiß nicht‹, sagte er, ›was im Kreisgericht getan wird‹; ebensowenig weiß er mit seinem

früheren Department Bescheid, von welcher Beschaffenheit seine Bauern sind, das weiß er nicht. Was ist das für ein Kopf. Es kam mir ordentlich das Lachen an …«

»Und der Kontrakt, der Kontrakt, den wir abgeschlossen haben?« brüstete sich Tarantjew. »Schriftstücke abzufassen, das verstehst du meisterlich, Bruder Iwan Matwjejewitsch, wahrhaft meisterlich! Du erinnerst mich an meinen seligen Vater! Ich besaß darin früher ebenfalls Geschicklichkeit; aber ich bin aus der Übung gekommen, weiß Gott, aus der Übung gekommen. Wenn ich mich hinsetze, um zu schreiben, fangen mir gleich die Augen an zu tränen. Er hat den Kontrakt gar nicht durchgelesen, sondern ohne weiteres unterschrieben. Und doch standen die Gemüsegärten und die Pferdeställe und die Remisen darin.«

»Ja, Gevatter, solange in Rußland die Dummköpfe nicht aussterben, die ihre Unterschrift unter ein Schriftstück setzen, ohne es gelesen zu haben, wird unsereiner zu leben haben. Sonst könnte man sich noch so sehr abquälen, es würde einem doch schlecht gehen! Wenn man alte Leute reden hört, so muß es früher anders gewesen sein. Ich bin nun fünfundzwanzig Jahre im Amt; aber habe ich etwa ein nennenswertes Kapital zusammengebracht? Ich kann ja in stiller Zurückgezogenheit auf der Wyborger Seite leben, habe mein Auskommen, sogar etwas mehr als ich brauche; ich beklage mich nicht! Aber die schönen Zeiten, wo ein Mann wie ich sich eine Wohnung in der Liteinaja-Straße mieten, sich Teppiche kaufen, ein reiches Mädchen heiraten und seine Kinder in die vornehme Gesellschaft einführen konnte, die schönen Zeiten sind vorüber! Jetzt haben die Leute an meiner Visage etwas auszusetzen, und meine Finger sind ihnen zu rot, und das Schnapstrinken machen sie einem zum Vorwurf … Aber wie sollte man keinen Schnaps trinken? Versuch das mal! Sie sagen, ich sähe schlechter aus als ein Bedienter. Heutzutage trägt selbst ein Bedienter bessere Stiefel und wechselt täglich das Hemd. Es ist jetzt eine ganz andre Erziehung – alles fischen einem die Milchbärte weg; sie tun sich wichtig, lesen allerlei Bücher und sprechen französisch …«

»Aber von der Arbeit verstehen sie nichts«, fügte Tarantjew hinzu.

»Doch, Bruder; sie verstehen etwas davon: die Arbeit ist heutzutage von andrer Art als früher; ein jeder will sie vereinfachen; alles verderben sie uns. ›so darf man die Schriftstücke nicht abfassen; das ist überflüssige Schreiberei, Zeitvergeudung; das kann man schneller erledigen …‹ Sie verderben uns alles!«

»Aber wenigstens ist der Kontrakt unterschrieben; den haben sie nicht verdorben!« sagte Tarantjew.

»Das schon; an dem ist allerdings nicht zu rütteln. Trinken wir, Gevatter! Na, wenn er nun Saterty nach Oblomowka schickt, dann wird der das Gut ein bißchen aussaugen; nachher mögen es dann die Erben kriegen …«

»Mögen sie!« bemerkte Tarantjew. »Aber was sind das für Erben: ganz weitläufige Vettern, bei denen von Verwandtschaft kaum noch die Rede sein kann.«

»Ich fürchte mich nur vor der Heirat!« sagte Iwan Matwjejewitsch.

»Fürchte dich nicht, sage ich dir. Denk an mein Wort!«

»Meinst du wirklich?« erwiderte Iwan Matwjejewitsch vergnügt. »Weißt du, er glotzt ja meine Schwester an …« fügte er flüsternd hinzu.

»Was du sagst!« rief Tarantjew erstaunt.

»Schweig nur still! Es ist bei Gott so …«

»Na, Bruder«, sagte Tarantjew, der nur mit Mühe von seiner Verwunderung wieder zu sich kam, »das hätte ich mir nicht träumen lassen! Na, und wie stellt sie sich dazu?«

»Wie sie sich dazu stellt? Du kennst sie ja – da kannst du es dir denken!«

Er schlug mit der Faust auf den Tisch.

»Versteht sie denn, ihren Vorteil wahrzunehmen? Sie ist eine Kuh, die richtige Kuh: mag man sie schlagen oder umarmen, immer lächelt sie, wie ein Pferd den Hafer anlächelt. Eine andre würde … hui! Aber ich werde die Augen offen halten – verstehst du, wonach das riecht?«

## XI.

Vier Monate! Noch vier Monate des Zwanges, der heimlichen Zusammenkünfte, der argwöhnisch lächelnden Gesichter!« dachte Oblomow, als er die Treppe zu Iljinskis hinaufstieg. »O Gott, wann wird das enden? Und Olga wird mich zur Eile antreiben: nach ihrem Willen soll ich alles heute oder morgen tun. Sie ist so energisch und unbeugsam! Es ist schwer, sie von etwas zu überzeugen …«

Oblomow gelangte zu Olgas Zimmer, fast ohne einem Menschen zu begegnen. Olga saß in ihrem kleinen, vor dem Schlafzimmer gelegenen Salon und war in die Lektüre eines Buches vertieft.

Er stand plötzlich vor ihr, so daß sie zusammenfuhr; dann streckte sie ihm freundlich lächelnd die Hand hin; aber ihre Augen schienen noch in dem Buche weiter zu lesen. Sie sah zerstreut aus.

»Du bist allein?« fragte er sie.

»Ja, *ma tante* ist nach Zarskoje Selo gefahren; sie hatte mich aufgefordert mitzukommen. Wir werden bei Tisch beinah allein sein: es kommt nur Marja Semjonowna; sonst hätte ich dich nicht empfangen können. Heute kannst du dich der Tante nicht eröffnen. Wie langweilig das alles ist! Dafür kannst du es morgen tun ...« fügte sie hinzu und lächelte.

»Aber was hättest du gesagt, wenn ich heute nach Zarskoje Selo gefahren wäre?« fragte sie scherzend.

Er schwieg.

»Hast du Sorgen?« fuhr sie fort.

»Ich habe einen Brief von meinem Gutsnachbar bekommen«, sagte er eintönig.

»Wo ist er? Hast du ihn bei dir?«

Er gab ihr den Brief.

»Ich kann das nicht entziffern«, sagte sie, nachdem sie das Blatt angesehen hatte.

Er nahm den Brief wieder zurück und las ihn ihr vor. Sie dachte nach.

»Was wirst du jetzt tun?« fragte sie nach einem kurzen Stillschweigen.

»Ich habe mich heute mit dem Bruder meiner Wirtin beraten«, antwortete Oblomow; »er empfiehlt mir als Bevollmächtigten einen gewissen Isai Fomitsch Saterty. Ich werde ihn beauftragen, diese ganze Sache in Ordnung zu bringen ...«

»Einen fremden, unbekannten Menschen!« versetzte Olga erstaunt. »Der soll den Pachtzins einziehen, die Angelegenheiten der Bauern ordnen, den Verkauf des Getreides beaufsichtigen ...«

»Er sagt, das sei eine grundehrliche Seele, und er sei schon zwölf Jahre sein Kollege ... Er stottere nur ein wenig.«

»Und dieser Bruder deiner Wirtin, was ist der selbst für ein Mensch? Kennst du ihn?«

»Nein, aber er scheint ein solider, praktischer Mensch zu sein; zudem wohne ich bei ihm im Hause; da würde er sich doch schämen, mich zu betrügen!«

Olga schwieg und saß mit niedergeschlagenen Augen da.
»Sonst müßte ich ja selbst fahren«, sagte Oblomow. »Das würde mir, offen gestanden, nicht zusagen. Ich bin gar nicht mehr gewöhnt, auf den Landstraßen zu reisen, besonders im Winter … Im Winter bin ich sogar niemals gereist.«
Sie blickte immer noch nach unten und bewegte die Spitze ihres Schuhes.
»Und selbst wenn ich hinfahre«, fuhr Oblomow fort, »so wird dabei entschieden nichts herauskommen; ich werde nichts Rechtes erreichen; die Bauern werden mich betrügen; der Dorfschulze wird sagen, was er will, und ich werde ihm glauben müssen; an Geld wird er mir geben, soviel ihm beliebt. Ach, leider ist Andrei nicht hier; der würde alles in Ordnung bringen!« fügte er betrübt hinzu.
Olga lächelte; das heißt, es lächelten an ihr nur die Lippen, aber nicht das Herz: ihr Herz war voll Traurigkeit. Sie begann durchs Fenster zu blicken, kniff das eine Auge ein wenig zusammen und verfolgte jeden vorbeifahrenden Wagen.
»Dieser mein künftiger Bevollmächtigter aber hat ein großes Gut verwaltet«, fuhr er fort, »und der Gutsbesitzer hat ihn nur deshalb entlassen, weil er stottert. Ich werde ihm Vollmacht geben und ihm die Baupläne einhändigen: er wird den Ankauf von Materialien zum Bau des Hauses vornehmen, den Pachtzins einziehen, das Getreide verkaufen, mir Geld bringen, und dann … Wie freue ich mich, liebe Olga«, sagte er, indem er ihr die Hand küßte, »daß ich dich nicht zu verlassen brauche! Ich hätte die Trennung nicht ertragen; ohne dich auf dem Gute zu sein, so ganz allein … das ist entsetzlich! Nur müssen wir jetzt sehr vorsichtig sein.«
Sie blickte ihn mit großen Augen an und wartete.
»Ja«, begann er langsam, beinah stotternd, zu reden; »wir dürfen uns nur selten sehen; gestern ist wieder bei uns darüber geredet worden, sogar in der Wohnung der Wirtin …

aber das will ich nicht … Sowie alle Geschäfte erledigt sein werden, wird der Bevollmächtigte den Bau anordnen und Geld bringen … das alles wird etwa in einem Jahre beendet sein … dann wird es keine Trennung mehr geben; wir werden der Tante alles sagen, und … und …«

Er blickte Olga an: sie war bewußtlos. Ihr Kopf hatte sich zur Seite geneigt; zwischen den bläulich gewordenen Lippen waren die Zähne sichtbar. Er hatte in dem Überschwang seiner Freude und seiner Zukunftspläne nicht bemerkt, daß Olga bei den Worten: »Wenn die Geschäfte erledigt sein werden, wird der Bevollmächtigte den Bau anordnen«, blaß geworden war und den Schluß seiner Rede nicht gehört hatte.

»Olga! … O Gott, ihr ist nicht wohl!« sagte er und zog die Klingel.

»Dem Fräulein ist nicht wohl«, sagte er zu der herbeilaufenden Katja. »Schnell, Wasser! … Ein Riechfläschchen …«

»Herr Gott! Den ganzen Morgen war sie so vergnügt … Was ist ihr nur?« flüsterte Katja, die von dem Tische der Tante das Riechfläschchen brachte und eilig ein glas Wasser holte.

Olga kam wieder zu sich, stand mit Katjas und Oblomows Hilfe vom Lehnstuhl auf und ging schwankend in ihr Schlafzimmer.

»Es wird vorübergehen«, sagte sie mit schwacher Stimme. »Das sind die Nerven; ich habe in der Nacht schlecht geschlafen. Katja, mach die Tür zu; und Sie bitte ich, auf mich zu warten; sowie ich mich erholt haben werde, komme ich wieder herein.«

Oblomow blieb allein; er legte das Ohr an die Tür, sah durch das Schlüsselloch; aber es war nichts zu hören und zu sehen. Nach einer halben Stunde ging er durch den Korridor nach der Mädchenstube und fragte Katja, wie es dem Fräulein gehe.

»Ganz leidlich«, antwortete Katja. »Sie hatte sich hingelegt und mich hinausgeschickt; nachher bin ich wieder hineingegangen: da saß sie auf dem Lehnstuhl.«
Oblomow ging wieder in den Salon und horchte wieder an der Tür; aber es war nichts zu hören.
Er klopfte ganz leise mit dem Finger an; aber es kam keine Antwort.
Er setzte sich hin und versank in Gedanken. Vieles überlegte er in diesen anderthalb Stunden; vieles änderte sich in seinen Anschauungen; viele neue Entschlüsse faßte er. Der, bei dem er schließlich stehen blieb, war folgender: er wollte selbst mit dem Bevollmächtigten nach dem Gute fahren, vorher aber die Einwilligung der Tante zu der Heirat erbitten, sich mit Olga in aller Form verloben, Iwan Gerasimowitsch mit dem Suchen einer Wohnung beauftragen und sich sogar Geld borgen ... nur soviel, wie zur Hochzeit nötig sei.
Diese Schuld wird er von dem Erlös für das Getreide zurückzahlen können. Warum war er nur so kleinmütig gewesen? Ach, wie kann alles in einem Augenblicke sein Aussehen ändern! Und dort, auf dem Gute, wird er mit dem Bevollmächtigten zusammen den Pachtzins einziehen; und zuletzt wird er auch noch an Stolz schreiben: der wird ihm Geld geben und dann herkommen und ihm Oblomowka prächtig in Ordnung bringen; er wird nach allen Seiten Fahrstraßen anlegen, Brücken bauen und Schulen einrichten ... Und dann wird er dort mit Olga zusammen leben! ... O Gott, dann wird es ja da sein, das Glück! Wie war es nur zugegangen, daß ihm das alles nicht vorher eingefallen war!
Auf einmal wurde ihm so leicht und fröhlich ums Herz; er fing an von einer Ecke in die andre zu gehen, schnippte sogar leise mit den Fingern, schrie beinahe vor Freude auf, trat an Olgas Tür heran und rief sie leise mit fröhlicher Stimme:
»Olga, Olga! Ich möchte Ihnen etwas sagen!« sagte er, die

Lippen an die Tür haltend. »Etwas, was Sie in keiner Weise erwarten …«

Er nahm sich sogar vor, heute nicht von ihr wegzugehen, sondern auf die Tante zu warten. »Gleich heute wollen wir es ihr mitteilen, und ich werde als Bräutigam von hier wegfahren.«

Die Tür öffnete sich leise, und Olga erschien: er sah sie an und verlor auf einmal wieder allen Mut; seine Freude war wie ins Wasser gefallen: Olga machte den Eindruck, als sei sie etwas gealtert. Sie war blaß; aber ihre Augen glänzten; in den fest geschlossenen Lippen, in jedem Zuge ihres Gesichtes barg sich innerliches, intensives Leben, das nur durch eine gewaltsam erzwungene Ruhe und Starrheit wie in Eis geschmiedet war.

In ihrem Blicke las er einen Entschluß; aber was für einen, das wußte er noch nicht; indes pochte ihm das Herz so stark, wie es noch nie gepocht hatte. Ein solcher Augenblick war in seinem Leben noch nicht vorgekommen.

»Höre, Olga, sieh mich nicht so an! Ich fürchte mich davor!« sagte er. »Ich habe es mir anders überlegt: die Sache muß ganz anders eingerichtet werden …« fuhr er dann fort, indem er allmählich die Stimme senkte, stockte und sich bemühte, in den Sinn dieses ihm neuen Ausdrucks ihrer Augen, ihrer Lippen und ihrer gleichsam redenden Brauen einzudringen. »Ich habe mich entschlossen, selbst nach dem Gute zu fahren mit dem Bevollmächtigten zusammen … um dort …« Die letzten Worte sprach er kaum hörbar.

Sie schwieg und sah ihn starr an, als ob sie ein Gespenst wäre. Eine trübe Ahnung sagte ihm, was für einen Urteilsspruch ihn erwarte, und er griff nach seinem Hute; aber er zögerte zu fragen: er fürchtete sich davor, die verhängnisvolle und vielleicht unwiderrufliche Entscheidung zu hören. Endlich überwand er sich.

»Habe ich dich richtig verstanden?« fragte er sie mit veränderter Stimme.

Sie neigte langsam und sanft den Kopf zum Zeichen der Bejahung. Obgleich er ihren Gedanken schon vorher erraten hatte, wurde er doch blaß. Er blieb noch immer vor ihr stehen.

Sie war etwas matt, erschien aber so ruhig und regungslos wie eine steinerne Bildsäule. Das war jene unnatürliche Ruhe, die sich einstellt, wenn ein fester Vorsatz oder ein tief verletztes Gefühl dem Menschen plötzlich die Kraft verleiht, sich zu beherrschen, allerdings nur für den Augenblick. Sie glich einem Verwundeten, der die Wunde mit der Hand zusammendrückt, um noch etwas Notwendiges zu sagen und dann zu sterben.

»Du wirst mich nicht hassen?« fragte er.

»Wofür?« sagte sie mit schwacher Stimme.

»Für alles, was ich dir angetan habe ...«

»Was hast du mir angetan?«

»Ich habe dich geliebt; das ist eine Beleidigung!«

Sie lächelte mitleidig.

»Dafür«, fuhr er mit gesenktem Kopfe fort, »daß du dich geirrt hast Vielleicht wirst du mir verzeihen, wenn du dich daran erinnerst, daß ich dich gewarnt und dir vorhergesagt habe, du werdest dich schämen und es bereuen ...«

»Ich bereue es nicht. Es ist mir nur ein Schmerz, ein so tiefer Schmerz ...« sagte sie und hielt inne, um Atem zu schöpfen.

»Um so schlimmer für mich«, antwortete Oblomow; »indes, ich verdiene es. Aber du, wodurch hast du solche Qual verdient?«

»Durch meinen Stolz«, versetzte sie; »ich bin gestraft; ich habe zu sehr auf meine Kraft vertraut – das ist der Punkt, in dem ich mich geirrt habe, nicht der, von dem du es fürchtetest. Ich habe nicht von erster Jugend und Schönheit geträumt; aber ich dachte, ich würde dich beleben, du könntest noch für mich leben – aber du warst schon längst gestorben. Ich habe diesen Irrtum nicht vorhergesehen; ich habe immer wieder gewartet und gehofft und da sehe ich nun, wie es steht! ...« fügte sie mühsam mit einem Seufzer hinzu. Sie schwieg; dann setzte sie sich hin.

»Ich kann nicht stehen; die Beine zittern mir. Ein Stein wäre von dem, was ich getan habe, lebendig geworden«, fuhr sie mit matter Stimme fort. »Jetzt tue ich nichts mehr, keinen Schritt; ich gehe nicht einmal mehr in den Sommergarten; es ist alles nutzlos: du bist gestorben! Bist du derselben Ansicht wie ich, Ilja?« fügte sie dann nach einer kurzen Pause hinzu. »Wirst du mir nie den Vorwurf machen, ich hätte mich aus Stolz oder aus einer Laune von dir getrennt?«

Er schüttelte verneinend den Kopf.

»Bist du davon überzeugt, daß uns nichts übrig geblieben ist, keine Hoffnung?«

»Ja«, sagte er, »du hast recht Aber vielleicht«, fügte er dann unsicher hinzu, »werde ich in einem Jahre ...« Er hatte nicht den Mut, seinem Glücke den Todesstoß zu versetzen.

»Glaubst du wirklich, daß du in einem Jahre deine Angelegenheiten und dein Leben geordnet haben wirst?« fragte sie. »Denke einmal nach!«

Er seufzte, versank in Gedanken und kämpfte mit sich selbst. Sie las diesen Kampf auf seinem Gesichte.

»Höre«, sagte sie, »ich habe soeben das Bild meiner Mutter lange angeschaut und, wie ich glaube, in ihren Augen Rat und Kraft gefunden. Wenn du jetzt als ehrlicher Mensch ... Vergiß nicht, Ilja: wir sind keine Kinder und scherzen nicht; es handelt sich um das ganze Leben! Frage in strengem Ernste dein eigenes Gewissen und dann sage (ich werde dir glauben, ich kenne dich): wird deine Kraft für das ganze Leben ausreichen? Wirst du für mich das sein, was ich brauche? Du kennst mich und verstehst also, was ich sagen will. Wenn du mutig und nach reiflicher Überlegung ja sagst, dann nehme ich meinen Entschluß zurück: hier ist meine Hand, und ich will mit dir gehen, wohin du willst, ins Ausland, aufs Gut, ja sogar nach der Wyborger Seite!«

Er schwieg.

»Wenn du wüßtest, wie ich dich liebe ...«

»Ich erwarte nicht Liebesversicherungen, sondern eine kurze Antwort«, unterbrach sie ihn beinahe trocken.

»Quäle mich nicht, Olga!« flehte er traurig.

»Nun, Ilja, habe ich recht oder nicht?«

»Ja«, sagte er vernehmlich und entschlossen, »du hast recht!«

»Dann ist es Zeit, daß wir uns trennen«, entschied sie, »ehe jemand dich hier trifft und sieht, in welcher Verfassung ich mich befinde!«

Er ging immer noch nicht.

»Und wenn du mich auch heiratest, was dann?« fragte sie.

Er schwieg.

»Du würdest mit jedem Tage in immer tieferen Schlaf versinken, nicht wahr? Und ich? Du weißt, wie ich beschaffen bin. Ich werde nicht vorzeitig altern, werde nie des Lebens müde werden. Aber wenn wir miteinander verheiratet wären, würden wir von einem Tage zum andern gleichmäßig dahinleben, auf Weihnachten warten, tanzen und an nichts denken; wir würden uns schlafen legen und Gott danken, daß der Tag so schnell vorübergegangen sei, und am Morgen mit dem Wunsche erwachen, daß auch der neue Tag dem vorhergehenden ähnlich sein möge ... das würde unsere Zukunft sein – ja? Ist das etwa ein Leben? Ich würde dahinsiechen und sterben ... ohne meine Schuld, Ilja. Würdest du dann glücklich sein?«

Er ließ seine Blicke voll Pein an der Zimmerdecke umherwandern, wollte seinen Platz verlassen, davoneilen; aber die Beine gehorchten ihm nicht. Er wollte etwas sagen; aber in seinem Munde war alles trocken, die Zunge bewegte sich nicht, die Stimme kam nicht aus der Brust heraus. Er streckte ihr die Hand hin.

»Also …« begann er mit gebrochener Stimme; aber er sprach nicht zu Ende, sondern sagte nur mir seinem Blicke: »Lebe wohl!«

Auch sie wollte etwas sagen, sagte aber nichts; sie streckte ihm die Hand hin, aber die Hand sank, ehe sie die seinige berührt hatte, hinab; sie wollte ebenfalls sagen: »Lebe wohl!« aber die Stimme versagte ihr in der Mitte des Wortes und nahm einen falschen Ton an; ihr Gesicht verzog sich krampfhaft; sie legte die Hand und den Kopf auf seine Schulter und brach in Schluchzen aus. Es war, als hätte ihr jemand die Waffe aus den Händen gerissen. Das kluge Mädchen war verschwunden; es war nur ein gegen das Leid wehrloses Weib da.

»Lebe wohl, lebe wohl …« entrang es sich ihr mitten in dem Schluchzen.

Er schwieg und sah entsetzt ihre Tränen, ohne daß er den Versuch gewagt hätte, ihnen Einhalt zu tun. Er fühlte weder mit ihr noch mit sich selbst Mitleid; und doch war auch er selbst bemitleidenswert. Sie ließ sich auf ihren Lehnstuhl sinken, drückte den Kopf in das Taschentuch, stützte sich auf den Tisch und weinte bitterlich. Ihre Tränen strömten nicht wie eine heiße Flut, die infolge eines plötzlichen, vorübergehenden Schmerzes hervorbricht, wie damals im Park, sondern sie flossen untröstlich wie kalte Bäche, wie ein Herbstregen, der erbarmungslos die Fluren durchnäßt.

»Olga«, sagte er endlich, »warum quälst du dich selbst? Du liebst mich; du wirst die Trennung nicht ertragen! Nimm mich, wie ich bin; liebe das, was an mir Gutes ist!«

Sie schüttelte verneinend den Kopf, ohne ihn aufzuheben.
»Nein … nein …« sagte sie dann mit Anstrengung. »Mache dir um mich und mein Leid keine Sorgen! Ich kenne mich: ich werde mich ausweinen und dann mit dem Weinen aufhören. Jetzt aber störe mich nicht im Weinen … geh fort … Ach, nein, warte noch! … Gott straft mich schwer! … Es tut mir weh, ach, so weh … hier, am Herzen …«
Das Schluchzen erneuerte sich.
»Aber wenn nun der Schmerz nicht vorübergeht und deine Gesundheit dadurch erschüttert wird?« sagte er. »Solche Tränen sind giftig. Olga, mein Engel, weine nicht … vergiß alles …«
»Nein, laß mich weinen! Ich weine nicht um die Zukunft, sondern um die Vergangenheit …« brachte sie mit Mühe heraus: »sie ist ›verwelkt, vorbei‹ … Nicht ich weine, sondern die Erinnerungen weinen! … Der Sommer … der Park … erinnerst du dich? Ich denke mit Schmerz an unsere Allee, an den Flieder … Das alles ist mir ans Herz gewachsen, es tut mir weh, es loszureißen! …«
Sie schüttelte voller Verzweiflung den Kopf und wiederholte schluchzend:
»Oh, wie weh, wie weh!«
»Wenn du aber stirbst?« sagte er plötzlich entsetzt. »Bedenke, Olga …«
»Nein«, unterbrach sie ihn, indem sie den Kopf in die Höhe hob und sich bemühte, ihn durch ihre Tränen hindurch anzusehen. »Ich habe erst vor kurzem erkannt, daß ich an dir das liebte, wovon ich wünschte, daß es an dir wäre, das, was mir Stolz gezeigt hatte, was er und ich uns ausgedacht hatten. Ich liebte den zukünftigen Oblomow! Du bist sanft und ehrenhaft, Ilja; du bist voll zärtlicher Liebe … wie ein Täuberich; du steckst den Kopf unter den Flügel – und wünscht weiter nichts mehr; du bist bereit, das ganze Leben lang un-

ter dem Dache zu girren … ich aber bin von andrer Art; mir genügt das nicht; ich brauche noch etwas; aber was, das weiß ich nicht! Kannst du mich belehren, kannst du mir sagen, was das ist, das mir fehlt, mir das alles geben, damit ich … Aber Zärtlichkeit … wo gäbe es die nicht!«

Oblomow knickten die Beine zusammen; er setzte sich auf einen Lehnstuhl und trocknete sich mit dem Taschentuche die Hände und die Stirn.

Olgas Worte waren grausam gewesen; sie hatten Oblomow tief verletzt: sie hatten ihn gewissermaßen innerlich verbrannt und äußerlich kalt angeweht. Zur Antwort lächelte er nur kläglich, schmerzlich, schamhaft, wie ein Bettler, dem man seine Blöße zum Vorwurf macht. Er saß mit diesem kraftlosen Lächeln da, schwach von der Erregung und von dem Gefühle der erlittenen Kränkung; sein erloschener Blick sagte deutlich: »Ja, ich bin ein armseliger, kläglicher Mensch, ein Bettler … schlagt mich nur, schlagt mich nur!«

Olga wurde plötzlich gewahr, wieviel Gift ihre Worte enthalten hatten; sie stürzte eilig zu ihm hin.

»Verzeih mir, mein Freund!« sagte sie zärtlich, beinah weinend. »Ich weiß nicht, was ich rede; ich bin wie von Sinnen! Vergiß alles; wir wollen sein wie früher; mag alles bleiben, wie es war …«

»Nein!« sagte er, indem er plötzlich aufstand und durch eine entschiedene Gebärde ihren Gefühlsausbruch abwehrte. »Es wird nicht so bleiben! Beunruhige dich nicht darüber, daß du die Wahrheit gesagt hast: ich verdiene es«, fügte er traurig hinzu.

»Ich bin eine Schwärmerin, eine Phantastin«, erwiderte sie. »Ich habe einen unglückseligen Charakter. Warum sind andere Frauen, warum ist Sonitschka so glücklich? …«

Sie brach in Tränen aus.

»Geh!« sagte sie, das feuchte Tuch mit den Händen mißhandelnd. »Ich kann es nicht ertragen; die Vergangenheit ist mir noch teuer …«
Sie verbarg wieder das Gesicht in dem Tuche und bemühte sich, ihr Schluchzen zu unterdrücken.
»Warum ist alles zugrunde gegangen?« fragte sie plötzlich, den Kopf in die Höhe hebend. »Wer hat dich mit einem Fluche belegt, Ilja? Was hast du getan? Du bist gut, verständig, liebevoll, edel … und gehst zugrunde! Was ist an deinem Verderben schuld? Dieses Übel hat keinen Namen …«
»Doch; es hat einen Namen«, erwiderte er kaum hörbar.
Sie sah ihn fragend mit tränenerfüllten Augen an.
»Oblomowerei!« flüsterte er. Dann ergriff er ihre Hand und wollte sie küssen; aber er konnte es nicht; er drückte sie nur fest an seine Lippen, und seine heißen Tränen tropften ihr auf die Finger. Ohne den Kopf aufzuheben und ohne ihr sein Gesicht zu zeigen, wandte er sich um und ging hinaus.

## XII.

Gott weiß, wo er den ganzen Tag über umherirrte, und was er während dieser Zeit tat; aber nach Hause kehrte er erst spät in der Nacht zurück. Die Wirtin war die erste, die das Klopfen am Tore und das Gebell des Hundes hörte; sie weckte dann Anisja und Sachar und sagte ihnen, daß ihr Herr zurückgekommen sei.
Ilja Iljitsch bemerkte es fast gar nicht, wie Sachar ihn auskleidete, ihm die Stiefel auszog und ihm den – Schlafrock umlegte!
»Was ist das?« fragte er nur, den Schlafrock ansehend.

»Die Wirtin hat ihn heute gebracht: sie hat den Schlafrock ausgewaschen und ausgebessert«, antwortete Sachar.
Oblomow blieb in der Haltung, wie er sich hingesetzt hatte, im Lehnstuhl sitzen.
Alles um ihn herum versank in Schlaf und Finsternis. Er saß, auf den Arm gestützt, da, bemerkte die Finsternis nicht und hörte nicht, wie die Uhr schlug. Sein Verstand ging in einem Chaos formloser, unklarer Gedanken unter; sie zogen dahin wie die Wolken am Himmel, ohne Ziel und ohne Zusammenhang; er hielt keinen von ihnen fest.
Sein Herz war wie zerschlagen: einstweilen war alles Leben darin verstummt. Die Rückkehr zum Leben, zur Ordnung, zu regelmäßigem Funktionieren der Lebenskräfte vollzog sich nur langsam.
Die Erschütterung war eine sehr heftige gewesen, und Oblomow fühlte weder seinen Körper, noch empfand er Müdigkeit oder irgendwelches Bedürfnis. Er wäre imstande gewesen, einen ganzen Tag lang wie ein Stein dazuliegen oder einen ganzen Tag lang zu gehen, zu fahren, sich zu bewegen, alles wie eine Maschine.
Entweder erwirbt der Mensch unter Mühe und Schmerz allmählich die Fähigkeit, sich dem Schicksal zu fügen, worauf dann der Organismus langsam und stufenweise in alle seine Tätigkeiten wieder eintritt, oder das Leid zerbricht den Menschen, und er steht nicht wieder auf – das hängt davon ab, von welcher Art das Leid, und auch, von welcher Art der Mensch ist.
Oblomow hatte kein Bewußtsein davon, wo er saß, nicht einmal davon, daß er saß: er sah mechanisch, ohne es zu bemerken, wie der Morgen herandämmerte; er hörte verständnislos, wie sich der trockene Husten der alten Frau vernehmen ließ, wie der Hausknecht anfing auf dem Hofe Holz zu hacken, wie im Hause das Pochen und Lärmen begann;

er sah achtlos, wie die Wirtin und Anisja auf den Markt gingen, wie das Paket am Zaune entlang huschte.
Weder die Hähne, noch das Gebell des Hundes, noch das Knarren des Tores, nichts konnte ihn aus seiner Erstarrung erwecken. Die Tassen klapperten, der Samowar zischte.
Endlich, nach neun Uhr, öffnete Sachar mittels des Präsentierbrettes die Tür zum Wohnzimmer, schlug wie gewöhnlich nach hinten mit dem Fuße aus, um sie wieder zuzumachen, und schlug wie gewöhnlich fehl, hielt aber doch das Präsentierbrett fest: er hatte durch die lange Praxis eine gewisse Geschicklichkeit erworben und wußte zudem, daß hinter ihm Anisja durch die Tür sah und, sowie er etwas fallen ließe, sogleich herbeispringen und ihn beschämen würde.
Das Kinn gegen das Präsentierbrett drückend und dieses fest umarmend, war er glücklich bis dicht an das Bett gelangt und schickte sich eben an, das Geschirr auf den Tisch neben dem Bette zu stellen und den Herrn zu wecken – da blickte er hin und sah, daß das Bett nicht zerdrückt war und der Herr nicht darin lag.
Er fuhr zusammen und die Tasse flog auf den Fußboden; ihr folgte die Zuckerdose. Er versuchte, die Gegenstände in der Luft aufzufangen, und schaukelte dabei mit dem Präsentierbrett: da fielen auch noch andere Stücke hinunter. Er behielt nur ein Löffelchen auf dem Brette.
»Was ist denn da für ein Unglück passiert?« sagte er, während er zusah, wie Anisja die Zuckerstücke, die Scherben der Tasse und das Gebäck aufsammelte. »Wo ist denn der Herr?«
Aber der Herr saß auf dem Lehnstuhl und sah im Gesichte ganz entstellt aus. Sachar starrte ihn mit offenem Munde an.
»Warum haben Sie denn die ganze Nacht auf dem Lehnstuhl gesessen und sich nicht hingelegt, Ilja Iljitsch?« fragte er.
Oblomow drehte langsam den Kopf nach ihm hin und be-

trachtete zerstreut seinen Diener und den verschütteten Kaffee und den auf dem Teppich umherliegenden Zucker.

»Aber du, warum hast du die Tasse zerbrochen?« sagte er und trat dann ans Fenster.

Es schneite mit großen Flocken, und der Schnee bildete auf der Erde eine dichte Decke.

»Schnee, Schnee, Schnee!« sagte er gedankenlos, während er nach dem Schnee hinsah, der in dicker Schicht auf dem Straßenzaun, sowie auf der Einfriedigung und den Beeten des Gemüsegartens lag. »Alles ist zugeschüttet!« flüsterte er verzweifelt, legte sich auf das Bett und versank in einen bleiernen Schlaf, der nichts Erquickendes hatte. Es war schon zwölf durch, als ihn das Knarren der nach der Wohnung der Wirtin führenden Tür weckte; durch die Tür schob sich ein nackter Arm mit einem Teller herein; auf dem Teller dampfte eine Pastete.

»Heute ist Sonntag«, sagte eine Stimme freundlich; »da haben wir Pasteten gebacken; ist es Ihnen nicht gefällig, sie zu probieren?«

Aber er antwortete nicht: er lag im Fieber.

# VIERTER TEIL

## I.

Seit Ilja Iljitschs Krankheit war ein Jahr vergangen. Viele Veränderungen hatte dieses Jahr an verschiedenen Stellen des Erdballs hervorgerufen: hier war ein Land in Aufruhr geraten, dort hatte sich ein andres beruhigt; hier war ein leuchtendes Gestirn der Welt untergegangen, dort hatte ein anderes zu strahlen begonnen; hier hatte die Welt ein neues Geheimnis des Daseins erkannt, und dort waren Häuser und ganze Geschlechter in den Staub gesunken. Wo das alte Leben zusammengestürzt war, da drängte sich wie junges Grün neues Leben hindurch …

Auf der Wyborger Seite im Hause der Witwe Pschenizyna waren zwar die Tage und Nächte friedlich dahingeflossen, ohne in das einförmige Leben plötzlich stürmische Veränderungen hineinzutragen, und die vier Jahreszeiten hatten ihre Funktionen genau so wiederholt wie im vorhergehenden Jahre; aber doch war auch hier das Leben nicht stehen geblieben; es hatte sich in seinen Erscheinungsformen verändert; aber diese Veränderungen hatten sich so langsam und allmählich vollzogen, wie die geologischen Umwandelungen unseres Planeten: hier zerfällt sachte ein Berg; dort führt das Meer ganze Jahrhunderte lang Schlamm heran, oder es tritt vom Ufer zurück, so daß ein Zuwachs an Erdboden entsteht.

Ilja Iljitsch war wieder gesund geworden. Der Bevollmächtigte Saterty hatte sich auf das Gut begeben und das für das Getreide eingenommene Geld vollzählig übersandt; aus dieser Summe waren ihm die Reisekosten, die Diäten und eine Gratifikation für seine Mühe gezahlt und er so befriedigt worden.

Was den Pachtzins anlangte, so hatte Saterty geschrieben, es sei unmöglich, dieses Geld einzutreiben; die Bauern seien zum Teil ganz heruntergekommen, zum Teil nach verschiedenen Orten davongegangen, und man wisse nicht, wo sie sich befänden; er stelle eifrige Nachforschungen nach ihnen an.

Über die Fahrstraße und die Brücken schrieb er, das habe noch Zeit; die Bauern führen lieber mühsam über den Berg und durch die Schlucht nach dem Marktflecken, als daß sie bei dem Bau der neuen Fahrstraße und der Brücken arbeiteten.

Kurz, Ilja Iljitsch war von den empfangenen Nachrichten und dem empfangenen Gelde befriedigt, sah keine zwingende Notwendigkeit selbst hinzufahren, und fühlte sich in dieser Hinsicht bis zum nächsten Jahre beruhigt.

Der Bevollmächtigte traf auch Anordnungen in betreff des Hausbaues. Nachdem er in Gemeinschaft mit dem Gouvernements-Baumeister die Quantität der erforderlichen Materialien festgesetzt hatte, erteilte er dem Dorfschulzen den Befehl, zu Beginn des Frühlings das Holz anzufahren, und ließ einen Schuppen für die Ziegelsteine bauen, so daß Oblomow weiter nichts zu tun brauchte, als im Frühling hinzureisen und den Bau mit Gottes Hilfe in seiner Gegenwart beginnen zu lassen. Es war in Aussicht genommen, zu dieser Zeit den Pachtzins einzutreiben, und außerdem war die Aufnahme einer Hypothek auf das Gut ins Auge gefaßt worden; mithin war dann zur Bestreitung der Ausgaben Geld vorhanden.

Nach der Krankheit war Ilja Iljitsch lange Zeit düster; er überließ sich ganze Stunden lang einem krankhaften Vorsichhinbrüten, antwortete manchmal nicht auf Sachars Fragen und bemerkte es nicht, wenn dieser Geschirr auf den Fußboden fallen ließ und den Staub nicht vom Tische abwischte. Und wenn die Wirtin an Festtagen mit einer Pastete bei ihm erschien, traf sie ihn nicht selten weinend an.

Dann trat an die Stelle des lebhaften Schmerzes allmählich eine stumme Gleichgültigkeit. Ilja Iljitsch sah stundenlang zu, wie es schneite, und wie der Schnee auf dem Hofe und der Straße große Wehen bildete, wie er das Brennholz, die Hühnerställe, die Hundehütte, das Gärtchen, die Gemüsebeete bedeckte, wie aus den Zaunpfählen Pyramiden wurden, und wie alles erstarb und sich in ein Leichentuch hüllte.

Lange konnte er zuhören, wie die Kaffeemühle rasselte, wie der Hund an der Kette hin und her sprang und bellte, wie Sachar die Stiefel putzte, und wie das Pendel gleichmäßig tickte.

Wie früher kam manchmal die Wirtin zu ihm herein mit der Frage, ob er nicht dies oder das kaufen oder eines ihrer Gerichte probieren wolle; auch die Kinder der Wirtin kamen hereingelaufen. Er redete mit der ersteren gleichmütig-freundlich, stellte den letzteren Aufgaben, hörte zu, wie sie lasen, und lächelte matt und gezwungen zu ihrem kindlichen Geplauder.

Aber der Berg sank allmählich zusammen, das Meer trat vom Ufer zurück oder stieg an ihm in die Höhe, und Oblomow kehrte nach und nach wieder zu seiner früheren gewöhnlichen Lebensweise zurück.

Der Winter verging müde und langweilig. Aber Oblomow wartete wieder auf den Frühling und malte sich seine beabsichtigte Reise nach dem Gute aus.

Im März wurden Lerchen gebacken; im April wurden bei ihm die Doppelfenster herausgenommen, und man teilte ihm mit, daß die Newa aufgegangen sei und der Frühling anbreche.

Er wanderte im Garten umher. Dann fing man auf dem Gemüsefelde zu pflanzen an; es kamen verschiedene Feiertage. Der erste Mai, der Semik, Pfingsten: alle wurden durch Kränze und Birkenzweige hervorgehoben, auch trank man im Wäldchen Tee.

Zu Anfang des Sommers begann man im Hause von zwei großen bevorstehenden Festtagen zu sprechen: von dem Johannistage, dem Namenstage des Bruders, und von dem Eliastage, dem Namenstage Oblomows*: das waren zwei wichtige bevorstehende Ereignisse. Und so oft die Wirtin auf dem Markte eine recht schöne Kalbskeule kaufte oder zu sehen bekam oder ihr eine Pastete besonders gut geriet, pflegte sie zu sagen: »Ach, wenn ich doch am Johannis- oder am Eliastage eine solche Kalbskeule bekäme oder eine solche Pastete zustande brächte!«

Man begann von dem Eliasfreitage und von dem alljährlich an diesem Tage unternommenen Spaziergange nach der Pulvermühle und von dem Feste auf dem Smolensker Kirchhofe in Kolpino zu sprechen.

Vor den Fenstern ließ sich von neuem das laute Glucksen der Henne und das Piepen einer neuen Generation von Küchlein vernehmen; es kam die Zeit der mit jungen Hühnern und frischen Pilzen gefüllten Pasteten und der frischen Salzgurken; bald erschien auch das Beerenobst.

»Das Gekröse ist jetzt nicht mehr gut«, sagte die Wirtin zu Oblomow; »gestern verlangten sie für ein kleines siebzig Kopeken. Dagegen gibt es frischen Lachs; man kann, wenn man will, jeden Tag Botwinja machen.«

Die wirtschaftliche Abteilung im Hause der Frau Pschenizyna stand auf einer sehr hohen Entwicklungsstufe, nicht nur weil Agafja Matwjejewna eine ideale Hausfrau war und dies ihren Beruf ausmachte, sondern auch deshalb, weil Iwan Matwjejewitsch Muchojarow in gastronomischer Hinsicht

* D. i. der 24. Juni bezw. der 20. Juli. Johannes-Iwan, Elias-Ilja. Anm. d. Übers.

ein großer Epikureer war. In seiner Kleidung und Wäsche war er mehr als nachlässig: seine Anzüge trug er viele Jahre lang und gab für die Anschaffung eines neuen nur mit Widerstreben und Ärger Geld aus; er hängte seine Kleider nicht sorgsam auf, sondern warf sie in einem Haufen in die Ecke. Die Wäsche wechselte er wie ein gewöhnlicher Arbeiter nur Sonnabends; aber was Essen und Trinken anlangte, so kargte er nicht mit dem Gelde.

Er ließ sich dabei zum Teil von einem Axiom leiten, das er selbst sich seit seinem Eintritt in den Staatsdienst zurechtgemacht hatte: »Was man im Bauche hat, sehen die Leute nicht und können daher auch keine Dummheiten darüber reden; eine schwere Uhrkette dagegen, ein neuer Frack, glänzende Stiefel, all dergleichen ruft überflüssiges Gerede hervor.«

Infolgedessen erschien bei Pschenizyns Kalbfleisch von bester Qualität, bernsteinfarbener Stör, vorzügliche Schneehühner. Er ging manchmal selbst auf dem Markte oder in den Delikatessenläden umher und beschnüffelte alles wie ein Hühnerhund; unter dem Rockschoße brachte er die beste Poularde, die er finden konnte, nach Hause, und ließ sich vier Rubel für eine Pute nicht leid sein.

Wein nahm er von der »Börse«, verwahrte ihn selbst und holte ihn selbst hervor; aber auf dem Tische bekam von Getränken nie jemand etwas anderes zu sehen als eine Karaffe mit Schnaps, der auf Johannisbeerblättern angesetzt war; der Wein aber wurde in der Giebelstube getrunken.

Wenn er mit Tarantjew zu den Fischern ging, so steckte in seinem Paletot immer eine Flasche feiner Madeira, und wenn sie im »Etablissement« Tee tranken, so brachte er seinen eigenen Rum mit.

Das allmähliche Sinken oder Steigen des Meeresbodens und das Zerfallen des Berges vollzog sich an allem und unter andrem auch an Anisja: die gegenseitige Zuneigung Anisjas und der Wirtin verwandelte sich in eine unzerreißbare Verbindung, in eine einzige Existenz.

Da Oblomow sah, wie sehr sich die Wirtin für seine Angelegenheiten interessierte, machte er ihr einmal in Form eines Scherzes den Vorschlag, alle Sorgen um seine Beköstigung auf sich zu nehmen und ihn so von all diesen Verdrießlichkeiten und Scherereien zu befreien.

Ein Ausdruck von Freude breitete sich über ihr Gesicht aus; sie lächelte sogar mit Bewußtsein. Wie erweiterte sich dadurch der Kreis ihrer Tätigkeit: statt einer Wirtschaft bekam sie nun zwei Wirtschaften, oder vielmehr eine gewaltig große! Außerdem gewann sie dadurch Anisja als offizielle Helferin.

Die Wirtin besprach die Sache mit dem Bruder, und am andern Tage wurde aus Oblomows Küche alles in die Küche der Frau Pschenizyna hinübergeschafft; sein Silberzeug und sein Geschirr wanderte in ihr Büfett; Akulina aber wurde aus einer Köchin zu einer Hühner- und Gemüsemagd degradiert.

Alles wurde nun auf einen großen Fuß gebracht; der Einkauf von Zucker, Tee und allen sonstigen Lebensmitteln, das Einsalzen der Gurken, das Einlegen von Äpfeln und Kirschen, das Einkochen von Obst, alles nahm großartige Dimensionen an. Agafja Matwjejewna wuchs bedeutend, und Anisja bewegte ihre Arme wie ein Adlerweibchen die Flügel; das Leben brauste und strömte wie ein Fluß.

Oblomow aß mit der Familie um drei Uhr zu Mittag; nur der Bruder aß besonders, später, meist in der Küche, weil er erst sehr spät aus dem Bureau kam.

Tee und Kaffee wurden Oblomow von der Wirtin selbst gebracht und nicht von Sachar.

Der letztere wischte, wenn er wollte, Staub, und wenn er es nicht wollte, so kam Anisja wie ein Wirbelwind ins Zimmer hereingeflogen; zum Teil mit der Schürze, zum Teil mit der bloßen Hand, ja beinah mit der Nase blies und wedelte und wischte sie in einem Augenblicke alles ab, räumte auf und verschwand wieder; oder es blickte auch die Wirtin selbst, wenn Oblomow in den Garten gegangen war, in sein Zimmer hinein, wiegte, wenn sie Unordnung fand, den Kopf tadelnd hin und her, brummte etwas vor sich hin, schüttelte die Kissen auf, so daß sie wie ein Berg dalagen, musterte zugleich die Überzüge, flüsterte wieder vor sich hin, daß sie gewechselt werden müßten, und zog sie ab, wischte die Fenster, schaute hinter die Sofalehne und ging wieder hinaus.

Das allmähliche Sinken des Meeresbodens, das Zerfallen des Berges, die Anhäufung von Schlamm mit einer Beigabe von leichten vulkanischen Ausbrüchen, alles dieses vollzog sich am allermeisten in Agafja Matwjejewnas Schicksal, und niemand bemerkte das, am wenigsten sie selbst. Es machte sich nur durch die bedeutenden, unerwarteten und endlosen Folgen wahrnehmbar.

Woher kam es, daß sie seit einiger Zeit sich so leicht aufregte? Woher kam folgendes: wenn früher der Braten anbrannte oder der Fisch in der Fischsuppe zu sehr gekocht war oder kein Grünzeug an die Suppe getan war, so erteilte sie Akulina zwar in strengem Tone, aber doch mit Ruhe und Würde einen Verweis und vergaß die Sache wieder; wenn aber jetzt etwas Ähnliches vorkam, sprang sie vom Tische auf, lief in die Küche, überschüttete Akulina mit einer ganzen Flut der bittersten Vorwürfe und schmollte nachher sogar eine Weile mit ihr; am nächsten Tage aber paßte sie selbst auf, ob auch Grünzeug hinzugetan sei und der Fisch nicht zerkochte.

Man wird vielleicht sagen, sie habe sich geschämt, auf wirtschaftlichem Gebiete, also auf demjenigen, auf welches sich ihre Tätigkeit und ihr Ehrgeiz konzentrierten, in den Augen eines Fremden als nachlässig, zu erscheinen!

Gut! Aber warum fielen ihr früher meist um acht Uhr abends die Augen zu, und warum legte sie sich um neun, nachdem sie die Kinder zu Bett gebracht und revidiert hatte, ob auch das Feuer in der Küche ausgelöscht, die Schornsteine geschlossen und alles aufgeräumt sei, selbst schlafen, worauf dann kein Kanonenschuß sie vor sechs Uhr hätte wecken können?

Jetzt aber, wenn Oblomow ins Theater gefahren war oder sehr lange bei Iwan Gerasimowitsch saß und spät abends noch nicht zurück war, konnte sie nicht schlafen; sie wälzte sich von einer Seite auf die andre, bekreuzte sich, seufzte, schloß die Augen – aber der Schlaf kam nicht, schlechterdings nicht!

Sowie auf der Straße etwas polterte, hob sie den Kopf in die Höhe; manchmal sprang sie sogar aus dem Bette, öffnete die Luftscheibe und horchte, ob er da sei.

Wenn an das Tor geklopft wurde, warf sie einen Unterrock über, lief in die Küche, weckte Sachar und Anisja auf und schickte sie hin, um das Tor zu öffnen.

Man wird vielleicht sagen, darin habe sich die gewissenhafte Hauswirtin dokumentiert, die nicht gewollt habe, daß in ihrem Hause Unordnung herrschte, daß der Mieter bei Nacht auf der Straße warte, bis der betrunkene Hausknecht höre und öffne, und man wird vielleicht sagen, das andauernde Klopfen habe die Kinder aufwecken können …

Gut! Aber warum ließ sie, als Oblomow krank geworden war, niemanden zu ihm ins Zimmer, belegte es mit Filzdekken und Teppichen, verhängte die Fenster und geriet in Zorn (sie, eine so gutmütige, sanfte Frau!), wenn Wanja oder Mascha aufschrien oder laut lachten?

Warum saß sie nachts, ohne sich auf Sachar und Anisja zu verlassen, bis zur Frühmesse an seinem Bette, verwandte kein Auge von ihm, warf dann einen Mantel um, schrieb mit großen, ungeschickten Buchstaben auf einen Zettel: »Ilja«, lief in die Kirche, reichte den Zettel in das Allerheiligste hinein, damit für seine Gesundheit gebetet werde, ging dann in eine Ecke, fiel auf die Knie und lag dort lange, mit dem Kopfe den Fußboden berührend, ging dann eilig auf den Markt, kehrte ängstlich nach Hause zurück, blickte in die Tür hinein und fragte Anisja flüsternd: »Nun?«

Man wird sagen, daß das nichts weiter war als Mitleid und Teilnahme, diese hauptsächlichsten Triebfedern im Wesen eines Weibes.

Gut! Aber als Oblomow während seiner Rekonvaleszenz den ganzen Winter über düster war, kaum mit ihr redete, nicht zu ihr ins Zimmer hereinblickte, sich für das, was sie tat, nicht interessierte, nicht mit ihr scherzte und lachte, warum magerte sie da ab und zeigte eine solche Gleichgültigkeit und Unlust allem gegenüber? Sie mahlte Kaffee und war sich gar nicht dessen bewußt, was sie tat; oder sie warf eine solche Menge Zichorie hinein, daß der Kaffee nicht zu trinken war, und merkte es nicht, gerade als ob sie keine Zunge hätte. Wenn Anisja den Fisch nicht gar gekocht hatte und der Bruder darüber brummte und vom Tische wegging, schien sie, wie wenn sie von Stein wäre, es gar nicht zu hören.

Früher hatte niemand sie nachdenklich gesehen, und das hatte auch gar nicht zu ihrem Wesen gepaßt: sie war immer umhergegangen, in Bewegung gewesen, hatte für alles einen scharfen Blick gehabt und alles gesehen; aber jetzt schien sie manchmal mit dem Mörser auf den Knien plötzlich einzuschlafen, sie bewegte sich nicht; und dann auf einmal begann sie so mit der Mörserkeule zu stampfen, daß sogar der Hund losbellte, in der Meinung, es klopfe jemand an das Tor.

Aber sobald Oblomow wieder auflebte, sobald sich auf seinem Gesichte wieder ein gutmütiges Lächeln zeigte, sobald er wieder anfing, sie wie früher freundlich anzusehen, zu ihr durch die Tür zu blicken und zu scherzen, da nahm sie wieder an Körperfülle zu, und ihre Wirtschaft nahm wieder ihren lebhaften, munteren, lustigen Gang, aber mit einem kleinen, charakteristischen Unterschiede. Früher hatte Agafja Matwjejewna sich den ganzen Tag über bewegt wie eine gut konstruierte Maschine, akkurat und gleichmäßig; ihre Schritte hatten etwas Ruhiges, Gleitendes gehabt; sie hatte weder besonders leise noch besonders laut gesprochen; sie hatte Kaffee gemahlen, Zucker geschlagen, etwas durchgesiebt und sich an ihre Näharbeit gesetzt; die Nadel war gleichmäßig vorgerückt wie ein Uhrzeiger; dann war sie ohne Hast aufgestanden, auf dem halben Wege nach der Küche stehengeblieben, hatte den Schrank aufgemacht, etwas herausgeholt und mitgenommen – alles wie eine Maschine.

Aber jetzt, wo Ilja Iljitsch ein Mitglied ihrer Familie geworden war, stieß sie anders im Mörser und siebte anders. Ihre Spitzen hatte sie beinah vergessen. Sie setzte sich ruhig hin und fing an zu nähen: auf einmal rief Oblomow Sachar zu, er solle den Kaffee hereinbringen. Da erschien sie denn in drei Sätzen in der Küche und beaufsichtigte alles so scharf, als ob sie auf etwas zielte; sie nahm einen Löffel und ließ gegen das Licht drei Löffel voll Kaffee herablaufen, um zu sehen, ob der Kaffee auch genug gekocht und sich abgeklärt habe, ob er nicht mit Bodensatz aufgetragen werde, und revidierte, ob auch die Sahne eine Fetthaut habe.

Wenn eines seiner Lieblingsgerichte gekocht wurde, beaufsichtigte sie die Kasserolle, nahm den Deckel ab, roch hinein, kostete, nahm dann die Kasserolle selbst in die Hand und hielt sie über dem Feuer. Wenn sie für ihn Mandeln rieb oder etwas im Mörser stieß, so rieb und stieß sie mit solchem Eifer, daß sie in Schweiß geriet.

Ihre ganze Wirtschaft, das Stoßen im Mörser, das Plätten, das Sieben und so weiter, das alles gewann eine neue, lebendige

Bedeutung: es zielte auf Ilja Iljitschs Ruhe und Bequemlichkeit ab. Früher hatte sie in dieser Tätigkeit eine Pflicht gesehen; jetzt war sie ihr zu einem Genusse geworden. Das Leben begann für sie in ihrer Art einen Inhalt zu haben, einen vollen, mannigfaltigen Inhalt. Aber sie wußte nicht, was mit ihr vorging, und fragte sich nie, sondern begab sich unter dieses wonnige Joch bedingungslos, ohne Widerstand und ohne Begeisterung, ohne Zittern, ohne Leidenschaft, ohne trübe Ahnungen und Qualen, ohne daß ihre Nerven zu spielen und zu musizieren angefangen hätten.

Sie war gleichsam zu einem andern Glauben übergegangen und hatte angefangen ihn zu bekennen, ohne darüber nachzudenken, was das für ein Glaube sei, aus was für Dogmen er bestehe, sondern in blindem Gehorsam gegen seine Gesetze.

Das war ganz von selbst über sie gekommen, und sie war wie unter eine Wolke geraten, ohne daß sie zurückgewichen oder vorwärts gelaufen wäre; sie hatte Oblomow einfach liebgewonnen, als ob sie sich erkältet und sich ein unheilbares Fieber zugezogen hätte.

Sie selbst ahnte nicht einmal etwas; wenn es ihr jemand gesagt hätte, so wäre es für sie etwas ganz Neues gewesen; sie hätte gelächelt und sich geschämt.

Sie hatte die Pflichten inbezug auf Oblomow stillschweigend übernommen, kannte die Physiognomie eines jeden seiner Hemden auswendig, zählte die durchgescheuerten Fersen an seinen Strümpfen, wußte, mit welchem Beine er aus dem Bette aufstand, merkte es, wenn sich ein Gerstenkorn an seinem Auge bilden wollte, achtete darauf, welches Gericht und wieviel davon er aß, ob er vergnügt oder verstimmt war, ob er viel oder wenig schlief, als ob sie das ihr ganzes Leben lang getan hätte, und fragte sich nicht, warum sie es tue, was Oblomow für sie sei, und warum sie sich so abmühe.

Wenn man sie gefragt hätte, ob sie ihn liebe, so würde sie wieder gelächelt und bejahend geantwortet haben; aber sie würde dieselbe Antwort auch schon damals gegeben haben, als Oblomow erst eine Woche lang bei ihr gewohnt hatte.

Um welcher Eigenschaften willen oder aus welchem Grunde hatte sie gerade ihn liebgewonnen? Warum hatte sie ohne zu lieben geheiratet und ohne zu lieben bis zu ihrem dreißigsten Jahre gelebt, und warum war es nun jetzt plötzlich über sie gekommen?

Obgleich man sagt, die Liebe sei ein launenhaftes, unberechenbares Gefühl und entstehe wie eine Krankheit, so hat doch auch sie, wie alles, ihre Gesetze und ihre Ursachen. Und wenn diese Gesetze bis jetzt nur wenig erforscht sind, so kommt dies daher, daß einem von der Liebe infizierten Menschen nicht danach zumute ist, mit dem Auge eines Gelehrten zu verfolgen, wie sich die Empfindung in die Seele einschleicht, wie sie die Sinne gleichsam in die Fesseln des Schlafes schlägt, wie zuerst die Augen erblinden, von welchem Augenblicke an der Puls und nach ihm das Herz stärker zu schlagen anfängt, wie vom gestrigen Tage an plötzlich eine Ergebenheit bis zum Grabe, ein Verlangen, sich selbst aufzuopfern, in die Erscheinung tritt, wie das eigene Ich allmählich verschwindet und in »ihn« oder in »sie« übergeht, wie der Verstand ungewöhnlich stumpf oder ungewöhnlich scharfsichtig wird, wie der Wille in dem Willen des anderen Teiles aufgeht, wie der Kopf sich senkt, die Knie zittern, die Tränen hervorquellen, ein Fieber ausbricht …

Agafja Matwjejewna hatte bisher nur wenige solche Menschen wie Oblomow gesehen, und wenn sie welche gesehen hatte, so doch nur von weitem. Sie hatten ihr vielleicht gefallen, aber sie lebten in einer Sphäre, welche verschieden war von derjenigen, in der sie selbst lebte, und sie hatte keine Gelegenheit gehabt, ihnen näherzutreten.

Ilja Iljitsch hatte einen andern Gang als ihr verstorbener Mann, der Kollegiensekretär Pschenizyn, der immer in kurzem Geschäftstrabe gelaufen war; er schrieb nicht unaufhörlich Akten, zitterte nicht vor Furcht, daß er zu spät zum Dienst kommen werde, sah nicht einen jeden so an, als wolle er ihn bitten, ihn zu satteln und auf ihm zu reiten, sondern blickte alle so mutig und frei an, als ob er von einem jeden verlange, daß er ihm gehorche.

Sein Gesicht war nicht grob und rötlich, sondern weiß und zart; seine Hände glichen nicht denen des Bruders; sie zitterten nicht und waren nicht rot, sondern weiß und klein. Wenn er sich hinsetzte, die Beine übereinanderschlug und den Kopf in die Hand stützte, so tat er das alles in einer so freien, ruhigen, schönen Art; er sprach so, wie weder ihr Bruder noch Tarantjew sprachen noch ihr Mann gesprochen hatte; vieles verstand sie nicht einmal; aber sie fühlte, daß es etwas Kluges, Schönes, Außerordentliches war; und auch das, was sie verstand, sprach er in anderer Weise als andere Leute.

Er trug feine Wäsche, wechselte sie täglich, wusch sich mit parfümierter Seife, reinigte sich die Nägel: er war am ganzen Leibe so sauber und schön. Er brauchte nichts zu tun und tat auch nichts; alles verrichteten für ihn andere Leute: er hatte seinen Sachar und noch dreihundert Sachars …

Er war ein »gnädiger Herr«, er strahlte und glänzte! Außerdem war er so gutherzig! Was hatte er für einen weichen Gang, für weiche Bewegungen; wenn er einem die Hand berührte, so war es wie Samt; aber wenn früher ihr Mann sie mit der Hand angefaßt hatte, so war das immer so gewesen, als schlüge er sie! Und ebenso weich blickte und redete er auch, mit solcher Herzensgüte …

Sie dachte nichts von alledem und war sich alles dessen nicht bewußt; aber wenn irgendein andrer auf den Einfall gekommen wäre, den Eindruck zu beobachten und zu schildern, den Oblomows Erscheinen in ihrem Leben auf ihre Seele gemacht hatte, so hätte er ihn so und nicht anders schildern müssen.

Ilja Iljitsch verstand, welche Bedeutung er in diesem Haushalte gewonnen hatte, vom Bruder angefangen bis zum Kettenhunde, der seit seinem Einzuge dreimal soviel Knochen bekam; er aber wußte nicht, wie tiefe Wurzeln seine Persönlichkeit im Herzen der Wirtin geschlagen und welchen unerwarteten Sieg er über dieses Herz davongetragen hatte. In ihrer geschäftigen Sorge für seine Beköstigung, für seine Wäsche und für seine Zimmer sah er nur eine Betätigung ihres hauptsächlichen Charakterzuges, den er schon bei seinem ersten Besuche bemerkt hatte, als Akulina plötzlich den zappelnden Hahn ins Zimmer gebracht und die Wirtin, trotz ihrer Verlegenheit über den deplacierten Eifer der Köchin, ihr doch noch schnell gesagt hatte, sie solle dem Krämer nicht diesen, sondern den grauen Hahn geben.

Der Wirtin selbst kam es gar nicht in den Sinn, etwa mit Oblomow zu kokettieren oder ihm irgendwelche Andeutungen über das, was in ihrem Innern vorging, zu machen; sie war sich vielmehr, wie schon gesagt, dieses Vorganges gar nicht bewußt und verstand ihn nicht; ja sie hatte sogar vergessen, daß vor einiger Zeit noch nichts davon in ihrem Innern vorhanden gewesen war, und ihre Liebe äußerte sich nur in einer grenzenlosen Ergebenheit bis zum Grabe.

Oblomows Augen waren blind für das wahre Wesen der Beziehungen der Wirtin zu ihm, und er fuhr fort, ihr Benehmen nur als eine Äußerung ihres gesamten Charakters aufzufassen. Und daher blieb das so normale, natürliche, selbstlose Gefühl der Frau Pschenizyna ein Geheimnis für Oblomow, für ihre Umgebung und für sie selbst.

Dieses Gefühl war tatsächlich selbstlos; denn wenn sie in der Kirche eine Kerze aufstellte und für Oblomows Gesundheit beten ließ, so tat sie das lediglich, damit er gesund werden möchte, und er erfuhr nie etwas davon. Sie saß die Nacht über am Kopfende seines Bettes und ging bei Tagesgrauen weg, und nachher wurde darüber nicht gesprochen.

Sein Verhältnis zu ihr war viel einfacher: in Agafja Matwjejewna, in ihren sich stets bewegenden Armen, in ihren sorglich auf allem ruhenden Augen, in ihrem festen Umhergehen vom Schranke in die Küche, von der Küche in die Speisekammer, von da in den Keller, in ihrer lückenlosen Kenntnis alles dessen, was im Hause und in der Wirtschaft angenehm und nützlich war, in alledem verkörperte sich für ihn das Ideal jener wie der Ozean unübersehbaren und durch nichts zu störenden Ruhe des Lebens, deren Bild sich unter dem väterlichen Dache in seiner Kindheit unauslöschlich seiner Seele eingeprägt hatte.

Ebenso wie dort sein Vater, der Großvater, die Kinder, die Enkel und die Gäste in träger Ruhe dagesessen oder dagelegen hatten, in dem Bewußtsein, daß es im Hause Augen gab, die stets um sie herumwanderten und für alles sorgten, und unermüdliche Hände, die für sie nähten, ihnen zu essen und trinken gaben, ihnen die Kleider und Schuhe anzogen und sie schlafen legten, beim Sterben aber ihnen die Augen zudrückten, so sah auch hier Oblomow, wenn er ohne sich zu rühren auf dem Sofa saß, daß sich etwas Lebendiges, Flinkes zu seinem Nutzen bewegte, und er wußte, daß, mochte auch am nächsten Tage die Sonne nicht aufgehen, Wirbelwinde den Himmel verdunkeln, ein Sturm vom einen Ende der Welt zum andern dahinbrausen, die Suppe und der Braten dennoch bei ihm auf dem Tische erscheinen würden, und seine Wäsche rein und frisch sein würde, und die Spinnweben von der Wand würden abgenommen werden und er nicht erfahren würde, wie das geschehe, und sich nicht die Mühe geben würde zu überlegen, worauf er Appetit habe, sondern dies schon von jemand würde erraten und das betreffende Gericht ihm zum Zulangen gebracht werden, nicht mit Trägheit und Grobheit, nicht von Sachars schmutzigen Händen, sondern mit einem munteren, sanften Blick, mit einem Lächeln tiefer Ergebenheit, von reinen, weißen Händen und nackten Armen.

Er freundete sich von Tage zu Tage mehr mit der Wirtin an: von Liebe aber kam ihm nichts in den Sinn, das heißt von jener Liebe, die er kürzlich durchgemacht hatte wie Pocken, Masern oder ein Fieber, und an die er nicht denken konnte ohne zusammenzufahren.

Er näherte sich seiner Wirtin, wie wenn er an ein Feuer heranrückte, das einen immer mehr erwärmt, je näher man kommt, das man aber nicht lieben kann.

Nach dem Mittagessen blieb er gern in ihrem Zimmer, rauchte dort eine Pfeife und sah zu, wie sie das Silberzeug und das Geschirr in das Büfett einräumte, wie sie die Tassen herausnahm und den Kaffee eingoß, wie sie eine bestimmte Tasse mit besonderer Sorgfalt auswusch und abtrocknete, sie zu allererst vollgoß, ihm hinreichte und ihn ansah, ob er auch zufrieden sei.

Er heftete seine Augen gern auf ihren vollen Hals und ihre runden Arme, wenn sich die Tür zu ihrem Zimmer öffnete, und wenn sie sich lange Zeit nicht geöffnet hatte, so stieß er sie selbst sachte mit dem Fuße auf und scherzte mit ihr und spielte mit den Kindern.

Aber er langweilte sich nicht, wenn der Vormittag verging, ohne daß er sie gesehen hätte; und nach dem Mittagessen ging er, statt bei ihr zu bleiben, häufig weg, um ein paar Stunden zu schlafen; aber er wußte, daß, sowie er aufwachen würde, sein Tee bereit sein würde, ja sogar im Augenblicke des Aufwachens selbst.

Und was die Hauptsache war, all das vollzog sich in Ruhe:

er hatte weder eine Geschwulst am Herzen, noch empfand er jemals Unruhe und Aufregung darüber, ob er die Wirtin sehen werde oder nicht, was sie denke, was er zu ihr sagen und wie er auf ihre Frage Antworten solle, wie sie ihn anblicken werde – nichts dergleichen, gar nichts.

Bekümmernis, schlaflose Nächte, wonnige und bittere Tränen, nichts von der Art hatte er durchzumachen. Er saß da und rauchte und sah zu, wie sie nähte; manchmal sagte er etwas, oder er sagte auch nichts, und dabei fühlte er sich so ruhig; er hatte keine Wünsche, es verlangte ihn nirgendhin, als ob er alles, was er nur wünschen könnte, schon da hatte.

Agafja Matwjejewna trieb ihn nicht an und stellte keine Forderungen an ihn. Und in ihm entwickelten sich keine ehrgeizigen Wünsche und Bestrebungen, kein Verlangen nach Großtaten, und er peinigte sich nicht mit dem Gedanken, daß die Zeit vergehe, daß seine Kräfte dahinschwänden, daß er nichts getan habe, weder Gutes noch Böses, daß er müßig sei und nicht lebe, sondern nur vegetiere.

Es hatte ihn gleichsam eine unsichtbare Hand wie ein kostbares Gewächs aus der Sonnenglut in den Schatten verpflanzt, geschützt vor Regen, und hegte und pflegte ihn nun dort.

»Wie flink Ihre Nadel immer an der Nase vorbeigeht, Agafja Matwjejewna!« sagte Oblomow. »Sie fahren so schnell damit von unten hinauf, daß ich wirklich fürchte, Sie könnten sich einmal die Nase an den Rock annähen.«

Sie lächelte.

»Ich will nur noch diese Naht zu Ende bringen«, sagte sie wie vor sich hin, »dann wollen wir Abendbrot essen.«

»Was gibt es denn zum Abendbrot?« fragte er.

»Sauerkohl mit Lachs«, antwortete sie. »Geräucherter Stör ist nirgends zu haben; ich bin schon in allen Läden herumgelaufen, und auch der Bruder hat sich erkundigt; aber es gibt keinen. Vielleicht bekomme ich aber frischen Stör; ein Kaufmann in der Karetraja-Straße hat sich welchen bestellt und mir versprochen, mir ein Stück abzuschneiden. Dann Kalbfleisch mit Pfannengrütze …«

»Das ist ja wunderschön! Wie liebenswürdig von Ihnen, Agafja Matwjejewna, an meine Lieblingsgerichte zu denken! Wenn nur Anisja es nicht vergißt!«

»Wozu bin ich denn da? Hören Sie wohl, wie es zischt?« erwiderte sie, indem sie die Tür zur Küche ein wenig öffnete. »Es brät schon.«

Dann hörte sie auf zu nähen, biß den Faden ab, wickelte ihre Arbeit zusammen und trug sie in die Schlafstube.

So rückte er näher an sie heran wie an ein wärmendes Feuer, und einmal kam er ihr besonders nah; beinah wäre eine Feuersbrunst entstanden, wenigstens erfolgte ein leichtes Aufflammen.

Er ging in seinem Zimmer auf und ab und sah, als er sich zur Tür der Wirtin hinwandte, daß ihre Armee sich mit ungewöhnlicher Hurtigkeit bewegten.

»Sie sind aber auch unaufhörlich beschäftigt!« sagte er, zu ihr hereintretend. »Was machen Sie denn da?«

»Ich stoße Zimt«, antwortete sie, indem sie in den Mörser wie in einen Abgrund hineinblickte und unbarmherzig mit der Mörserkeule zustieß.

»Aber wenn ich Sie nun festhalte?« fragte er, faßte sie bei den Ellbogen und ließ sie nicht weiterstoßen.

»Lassen Sie mich los! Ich muß noch Zucker stoßen und Wein zum Pudding herausgeben.«

Er hielt sie immer noch an den Ellbogen fest, und sein Gesicht war dicht an ihrem Nacken.

»Sagen Sie mal, ei, wenn ich mich nun in Sie … verliebte?«

Sie lächelte.

»Würden Sie mich wiederlieben?« fragte er weiter.

»Warum sollte ich Sie nicht lieben? Gott hat uns befohlen, alle Menschen zu lieben.«

»Aber wenn ich Ihnen nun einen Kuß gebe?« flüsterte er, sich zu ihrer Backe hinbiegend, so daß sein warmer Atem ihre Backe streifte.

»Jetzt ist nicht die Osterwoche«, erwiderte sie lächelnd.

»Na, geben Sie mir doch einen Kuß!«

»Wenn Gott gibt, daß wir bis Ostern leben, dann können wir uns ja küssen«, sagte sie, weder verwundert, noch verlegen, noch schüchtern; sie stand gerade aufgerichtet und regungslos da, wie ein Pferd, dem man das Kummet umlegt. Er küßte sie leicht auf den Hals.

»Passen Sie auf, ich werde noch den Zimt verschütten; dann haben Sie nichts auf den Pudding zu streuen«, bemerkte sie.

»Das schadet nichts!« antwortete er.

»Haben Sie denn da auf dem Schlafrock schon wieder einen Fleck?« fragte sie bedauernd und nahm den Schoß des Schlafrocks in die Hand. »Es scheint Öl zu sein.« Sie roch an dem Flecke. »Wie sind Sie nur zu dem gekommen? Es wird doch nicht von dem Lämpchen vor dem Heiligenbilde ein Tropfen heruntergefallen sein?«

»Ich weiß nicht, wo ich mir den Fleck geholt habe.«

»Sie haben wohl an eine Tür gestreift?« Diese Vermutung fiel ihr plötzlich ein. »Gestern sind die Angeln geschmiert worden, sie knarrten immer so. Ziehen Sie den Rock schnell aus und geben Sie ihn mir; ich will den Fleck auswaschen; morgen wird nichts mehr davon zu sehen sein.«

»Wie gut Sie sind, Agafja Matwjejewna!« sagte Oblomow, während er den Schlafrock lässig von den Schultern warf. »Wissen Sie was: wir wollen auf das Gut fahren und dort wohnen; da ist erst eine Wirtschaft! Was gibt es da nicht alles: Pilze und Beeren und Eingemachtes und einen Geflügelhof und einen Viehhof …«

»Ach nein, wozu sollen wir das tun?« versetzte sie seufzend. »Hier sind wir geboren, hier haben wir unser ganzes Leben verbracht, hier müssen wir auch sterben.«
Er sah sie mit einer leichten Erregung an; aber die Augen fingen ihm nicht an zu glänzen und füllten sich nicht mit Tränen; er fühlte keinen Drang nach Höherem, nach großen Taten. Es verlangte ihn nur danach, sich auf das Sofa zu setzen und die Augen unverwandt auf ihre Arme zu richten.

## II.

Am Johannistage fand eine großartige Festlichkeit statt. Iwan Matwjejewitsch ging am vorhergehenden Tage nicht aufs Bureau, sondern fuhr wie ein Besessener in der Stadt umher und kam jedesmal mit einem gefüllten Sacke oder mit einem gefüllten Korbe nach Hause.
Agafja Matwjejewna lebte drei Tage lang nur von Kaffee, und nur für Ilja Iljitsch wurden drei Gerichte zubereitet; die übrigen Hausgenossen aßen irgendwie und irgendwas.
Anisja legte sich am vorhergehenden Tage überhaupt nicht schlafen. Nur Sachar schlief für seine Frau und für sich selbst und blickte auf all diese Vorbereitungen geringschätzig, ja beinahe mit Verachtung.
»Bei uns in Oblomowka wurden für jeden Freitag solche Vorbereitungen veranstaltet«, sagte er zu den beiden Köchen, die aus der gräflichen Küche engagiert waren. »Manchmal gab es fünf verschiedene Arten Kuchen, und Saucen so viele, daß sie gar nicht zu zählen waren! Den ganzen Tag über schmausten die Herrschaften und dann noch den folgenden Tag. Und wir Diener hatten an dem, was übrig blieb, fünf

Tage lang zu essen. Und kaum hatten wir das auf, dann kamen auch schon neue Gäste, und es ging wieder von vorn los. Hier aber kommt es nur einmal im Jahre vor!«

Beim Mittagessen präsentierte er die Gerichte immer zuerst seinem Herrn und ging um keinen Preis darauf ein, sie vorher einem Herrn mit einem großen Orden am Halse zu präsentieren.

»Unser Herr ist von altem Adel«, sagte er stolz; »aber diese hier, was sind das für Gäste!«

Dem am Ende der Tafel sitzenden Tarantjew präsentierte er die Schüsseln überhaupt nicht, oder er legte ihm selbst soviel auf den Teller, als ihm gut dünkte.

Sämtliche Kollegen Iwan Matwjejewitschs waren erschienen, etwa dreißig Personen.

Eine riesenhafte Forelle, farcierte junge Hühner, Wachteln, Gefrorenes und ausgezeichneter Wein, all dies verherrlichte in würdiger Weise den Namenstag.

Beim Schlusse der Mahlzeit umarmten die Gäste einander, erhoben den Geschmack des Wirtes bis zum Himmel und setzten sich dann zum Kartenspiel hin. Muchojarow verbeugte sich, dankte ihnen und sagte, er habe für das Glück, so werte Gäste zu bewirten, sich ein Drittel seines Gehaltes nicht leid sein lassen.

Gegen Morgen gingen oder fuhren die Gäste in etwas bedenklicher Verfassung weg, und wieder verstummte alles im Hause bis zum Eliastage. An diesem Tage war von Fremden bei Oblomow niemand zu Gaste als Iwan Gerasimowitsch und Alexejew, jener schweigsame, dienstfertige Mensch, welcher am Anfang unserer Erzählung Ilja Iljitsch zur Feier des ersten Mai eingeladen hatte. Oblomow wollte dem Bruder der Wirtin nichts nachgeben, sondern bemühte sich vielmehr, durch eine in dieser geringen Behausung unbekannte Feinheit und Eleganz der Bewirtung zu glänzen.

Statt der fetten Fischpasteten erschienen mit Luft gefüllte Pastetchen; vor der Suppe wurden Austern gereicht; dann folgten junge getrüffelte Hühner in Papilloten, Filet, feinstes Gemüse, englische Suppe.

In der Mitte des Tisches prangte eine riesige Ananas, und rings herum lagen Pfirsiche, Kirschen und Aprikosen. In Vasen standen frische Blumen.

Kaum hatte man sich an die Suppe gemacht, und kaum hatte Tarantjew angefangen, auf die Pastetchen und auf den Koch zu schimpfen wegen seines dummen Einfalls, nichts in sie hineinzutun, als sich das wütende Gebell des an der Kette umherspringenden Hundes vernehmen ließ.

Eine Kutsche kam auf den Hof gefahren, und es fragte jemand nach Oblomow. Alle saßen mit offenem Munde da.

»Einer meiner Bekannten vom vorigen Jahre wird sich an meinen Namenstag erinnert haben«, sagte Oblomow. »Ich bin nicht zu Hause; sage, ich sei nicht zu Hause!« rief er Sachar flüsternd zu.

Das Mittagessen fand im Garten, in der Laube, statt. Sachar stürzte fort, um den Besucher abzuweisen, und stieß auf dem Gartensteige mit Stolz zusammen.

»Andrei Iwanowitsch!« rief er erfreut mit seiner heiseren Stimme.

»Andrei!« rief ihn Oblomow laut entgegen und eilte auf ihn zu, um ihn zu umarmen.

»Da komme ich ja gerade zur rechten Zeit, gerade zum Mittagessen!« sagte Stolz. »Gib mir etwas zu essen; ich habe Hunger. Mit Not und Mühe habe ich dich aufgefunden!«

»Komm, komm, setz' dich!« sagte Oblomow geschäftig und ließ ihn neben sich Platz nehmen.

Bei Stolzens Erscheinen stieg als erster Tarantjew flink über den Flechtzaun und ging in den Gemüsegarten; nach ihm verschwand Iwan Matwjejewitsch hinter die Laube und begab sich heimlich in seine Giebelstube. Auch die Wirtin erhob sich von ihrem Platze.

»Ich störe«, sagte Stolz aufspringend.

»Wo wollen Sie denn hin? Warum denn? Iwan Matwjejewitsch! Michei Andrejewitsch!« rief Oblomow.

Die Wirtin brachte er dazu, sich wieder auf ihren Platz zu setzen; aber Iwan Matwjejewitsch und Tarantjew vermochte er nicht zurückzurufen.

»Wo kommst du her? Wie geht es dir? Bist du auf lange hier?« überschüttete er Stolz mit Fragen.

Stolz war auf zwei Wochen gekommen, in Geschäften, und wollte sich dann aufs Land begeben, dann nach Kiew und Gott weiß wohin sonst noch. Er sprach bei Tische nur wenig, aß aber tüchtig; man sah, daß er tatsächlich Hunger hatte. Die übrigen aßen erst recht schweigend.

Nach dem Essen ließ Oblomow, als alles vom Tische abgeräumt war, Champagner und Selterwasser in die Laube bringen, und blieb dort mit Stolz allein.

Sie schwiegen eine Weile. Stolz blickte ihn lange unverwandt an.

»Nun, Ilja?« sagte er endlich, aber in so ernstem, fragendem Tone, daß Oblomow die Augen niederschlug und schwieg.

»Also ›nie‹?«

»Was meinst du mit ›nie‹?« fragte Oblomow, als verstände er nicht.

»Hast du das schon vergessen: ›jetzt oder nie‹?«

»Ich bin jetzt nicht mehr ein solcher Mensch wie ich damals war, Andrei«, antwortete Oblomow endlich. »Meine Angelegenheiten sind Gott sei Dank in Ordnung; ich liege nicht müßig herum; mein Plan ist beinah fertig; ich halte mir zwei Journale; die Bücher, die du mir hiergelassen hast, habe ich fast alle gelesen ...«

»Warum bist du denn nicht ins Ausland gekommen?« fragte Stolz.

»Ins Ausland zu reisen, daran hinderte mich ...«

Er stockte.

»Olga?« fragte Stolz, ihn bedeutsam anblickend.

Oblomow wurde dunkelrot.

»Wie, du hast schon gehört ... Wo ist sie jetzt?« fragte er schnell, indem er Stolz anblickte.

Stolz fuhr ohne zu antworten fort, ihn anzusehen, und schaute tief in seine Seele hinein.

»Ich habe gehört, sie sei mit der Tante ins Ausland gefahren«, sagte Oblomow, »bald nachdem ...«

»Bald nachdem sie ihren Irrtum erkannt hatte«, beendete Stolz den Satz.

»Weißt du etwa ...« begann Oblomow, der nicht wußte, wo er vor Verlegenheit bleiben sollte.

»Ich weiß alles«, erwiderte Stolz. »Sogar von dem Fliederzweige weiß ich. Schämst du dich nicht, Ilja, tut es dir nicht leid? Fühlst du keine Reue, kein Bedauern?«

»Sprich nicht davon, erwähne es nicht!« unterbrach ihn Oblomow eilig. »Ich habe so schon ein Fieber durchgemacht, als ich sah, welch eine Kluft zwischen ihr und mir liegt, als ich mich davon überzeugte, daß ich ihrer nicht wert bin ... Ach, Andrei! wenn du mich liebst, so quäle mich nicht, erinnere mich nicht mehr an sie; ich hatte ihr schon längst ihren Irrtum nachgewiesen; aber sie hatte mir nicht glauben wollen ... wirklich, ich bin nicht übermäßig schuldig ...«

»Ich beschuldige dich nicht, Ilja«, erwiderte Stolz, in weichem freundschaftlichem Tone. »Ich habe deinen Brief gelesen. Am meisten bin ich schuld, in zweiter Linie sie, erst in dritter Linie du, und das nur in geringem Maße.«

»Was macht sie jetzt?« fragte Oblomow schüchtern.

»Was sie macht? Sie ist traurig, weint untröstlich und verflucht dich …«

Schrecken, Mitleid, Entsetzen, Reue prägten sich bei jedem Worte auf Oblomows Gesichte aus.

»Was sagst du da, Andrei!« rief er, sich von seinem Platze erhebend. »Komm, um Gotteswillen, wir wollen hin, sofort, diesen Augenblick: ich will sie zu ihren Füßen um Verzeihung bitten …«

»Setz' dich ruhig hin!« unterbrach ihn Stolz lachend. »Sie ist fröhlich, sogar glücklich. Sie hat mir aufgetragen, dich zu grüßen. und wollte an dich schreiben; aber ich habe ihr das ausgeredet und gesagt, das würde dich aufregen.«

»Nun, Gott sei Dank!« rief Oblomow beinah mit Tränen. »Wie freue ich mich, Andrei; laß dich küssen, und dann wollen wir auf ihre Gesundheit trinken!«

Sie tranken jeder ein Glas Champagner.

»Wo ist sie denn jetzt?«

»Jetzt ist sie in der Schweiz. Zum Herbst wird sie mit der Tante nach ihrem eigenen Gute fahren. Ich bin zu diesem Zwecke jetzt hier: es ist noch eine abschließende Bemühung beim Appellationsgerichte erforderlich. Der Baron hat den Prozeß nicht bis zu Ende geführt; er kam auf den Einfall, sich um Olgas Hand zu bewerben …«

»Wirklich? Das ist also wahr?« fragte Oblomow. »Nun, und sie?«

»Sie hat ihn selbstverständlich abgewiesen; er fühlte sich gekränkt und reiste weg; da muß ich jetzt den Prozeß zu Ende bringen! In der nächsten Woche wird alles zum Abschluß gelangen. Nun, und wie geht es dir? Warum hast du dich in diese abgelegene Gegend verkrochen?«

»Hier ist es ruhig und still, Andrei; niemand stört mich …«

»Worin?«

»In der Arbeit …«

»Ich bitte dich, hier ist es ebenso wie in Oblomowka, nur garstiger«, sagte Stolz, indem er um sich blickte. »Laß uns zusammen auf dein Gut fahren, Ilja.«

»Auf das Gut … schön, meinetwegen; da beginnt jetzt bald der Bau. Nur nicht so schnell, Andrei; laß mich die Sache erst überlegen …«

»Wieder überlegen! Ich kenne deine Überlegungen: du wirst ebenso überlegen, wie du seinerzeit überlegtest, ob du ins Ausland fahren solltest. Laß uns in der nächsten Woche hinfahren.«

»Wie kann ich denn das so plötzlich, schon in der nächsten Woche?« sträubte sich Oblomow. »Du bist einmal im Gange; aber ich muß doch erst die nötigen Vorbereitungen treffen … Ich habe hier meine ganze Wirtschaft; die kann ich doch nicht so ohne weiteres stehen und liegen lassen. Und ich habe nichts für die Reise.«

»Dazu ist auch nichts nötig. Na, was brauchst du denn?«

Oblomow schwieg.

»Mit meiner Gesundheit ist es übel bestellt, Andrei«, sagte er. »Ich leide an Atemnot. Die Gerstenkörner haben sich wieder eingestellt, bald an dem einen, bald an dem andern Auge, und meine Füße haben angefangen zu schwellen. Manchmal, wenn ich in der Nacht eingeschlafen bin, ist es mir plötzlich so, als schlüge mich jemand auf den Kopf oder auf den Rücken, so daß ich aufspringe …«

»Hör' mal Ilja, ich sage dir in allem Ernst: du mußt deine Lebensweise ändern; sonst ziehst du dir die Wassersucht oder einen Schlagfluß zu. Mit den Hoffnungen auf die Zukunft ist es schon zu Ende: wenn Olga, dieser Engel, nicht imstande gewesen ist, dich auf ihren Flügeln aus deinem Sumpfe herauszutragen, so werde auch ich nichts ausrichten können. Aber dir einen kleinen Wirkungskreis suchen, dein Gut einrichten, dich mit den Bauern abgeben, dich mit ihren

Angelegenheiten beschäftigen, bauen, pflanzen – all das mußt und kannst du tun ... Ich werde nicht ablassen, dich dazu anzutreiben. Jetzt erfülle ich damit nicht nur meinen eigenen Wunsch, sondern den Willen Olgas. Sie will (hörst du wohl?), daß du nicht ganz stirbst, dich nicht lebendig begräbst, und ich habe versprochen, dich aus dem Grabe herauszuholen ...«

»Sie hat mich noch nicht vergessen! Bin ich das denn wert?« rief Oblomow mit tiefer Empfindung.

»Nein, sie hat dich nicht vergessen und wird dich, wie es scheint, nie vergessen; das liegt nicht in ihrem Wesen. Du wirst sie noch auf ihrem Gute besuchen müssen.«

»Nur nicht jetzt, um Gotteswillen, nicht jetzt, Andrei! Laß mich das Vergangene vergessen. Ach, hier ist noch ...«

Er zeigte auf sein Herz.

»Was ist da noch? Doch nicht Liebe?« fragte Stolz.

»Nein, Scham und Gram!« antwortete Oblomow mit einem Seufzer.

»Nun gut! Laß uns zu dir hinfahren: du mußt ja bauen lassen; jetzt ist Sommer, die kostbare Zeit geht vorüber ...«

»Nein, ich habe einen Bevollmächtigten. Er ist auch jetzt auf dem Gute, und ich kann später hinfahren, wenn ich es mir werde überlegt und mich fertig gemacht haben.«

Er begann Stolz gegenüber damit zu prahlen, wie vortrefflich er, ohne sich vom Fleck zu rühren, seine Angelegenheiten in Ordnung gebracht habe, wie der Bevollmächtigte Nachforschungen nach den flüchtigen Bauern anstelle, das Getreide vorteilhaft verkaufe, wie er ihm fünfzehnhundert Rubel geschickt habe und in diesem Jahre wahrscheinlich den Pachtzins einziehen und ihm schicken werde.

Stolz schlug bei dieser Mitteilung die Hände über dem Kopfe zusammen.

»Du bist schmählich bestohlen worden!« sagte er. »Von dreihundert Seelen fünfzehnhundert Rubel! Wer ist dein Bevollmächtigter? Was ist das für ein Mensch?«

»Mehr als fünfzehnhundert«, verbesserte Oblomow. »Er hat aus dem Erlös für das Getreide auch noch die Gratifikation für seine Bemühung erhalten ...«

»Wieviel denn?«

»Ich habe die Zahl wirklich nicht im Kopfe; aber ich werde es dir zeigen; ich habe irgendwo die Rechnung darüber.«

»Na, Ilja, du bist tatsächlich gestorben, zugrunde gegangen!« schloß er. »Zieh dich an und komm zu mir!«

Oblomow wollte Einwendungen machen; aber Stolz nahm ihn fast mit Gewalt mit sich in seine Wohnung, faßte eine Vollmacht auf seinen eigenen Namen ab, ließ sie von Oblomow unterschreiben und erklärte ihm, er nehme Oblomowka solange in Pacht, bis Oblomow selbst nach dem Gute gekommen sein werde und sich in die Wirtschaft werde hineingefunden haben.

»Du wirst dreimal soviel bekommen«, sagte er; »nur werde ich nicht lange dein Pächter sein können; ich habe mit meinen eigenen Angelegenheiten zu tun. Komm jetzt mit aufs Land oder folge mir recht bald nach! Ich werde auf Olgas Gute sein; das liegt dreihundert Werst von dem deinigen entfernt; ich will aber auch zu dem deinigen heranfahren, den Bevollmächtigten wegjagen, das Nötige anordnen; und dann kommst du selbst hin! Ich werde dir keine Ruhe lassen.«

Oblomow seufzte.

»Ach, das Leben!« sagte er.

»Was ist denn mit dem Leben?«

»Es faßt einen an; man hat keine Ruhe! Ich möchte mich am liebsten hinlegen und einschlafen ... für immer ...«

»Das heißt, du möchtest das Licht auslöschen und im Dunkeln bleiben! Ein schönes Leben! Ach, Ilja, du solltest wenigstens ein bißchen philosophieren, wirklich! Das Leben huscht vorbei wie ein Augenblick, und du möchtest dich hinlegen und einschlafen! Laß es vielmehr ein beständiges Brennen und Leuchten sein! Ach, wenn man doch zweihundert, dreihundert Jahre leben könnte!« schloß er. »Wie viele Sachen könnte man dann erledigen!«

»Du bist eben von andrer Art, Andrei«, erwiderte Oblomow; »du hast Flügel; du lebst nicht, du fliegst; du besitzt Begabung und Ehrgeiz; du bist nicht dick, siehst du; dich belästigen keine Gerstenkörner; dir juckt nicht der Nacken. Du bist sozusagen anders organisiert …«

»Ach, rede doch so etwas nicht! Der Mensch ist so geschaffen, daß er sich selbst organisieren und sogar seine Natur umändern kann; aber du hast dir einen Bauch stehen lassen und denkst nun, die Natur habe dich mit dieser Last heimgesucht! Du hast Flügel gehabt; aber du hast sie abgeworfen.«

»Wo sind sie jetzt, die Flügel?« sagte Oblomow traurig. »Ich verstehe mich auf nichts …«

»Das heißt, du willst dich auf nichts verstehen«, unterbrach ihn Stolz. »Es gibt keinen Menschen, der sich nicht auf irgend etwas verstände; nein, wahrhaftig nicht!«

»Doch; ich, ich verstehe mich auf nichts!« sagte Oblomow.

»Wenn man dich so hört, so sollte man glauben, du verständest nicht einmal, eine Eingabe an eine Behörde oder einen Brief an den Hauswirt zu schreiben; aber an Olga hast du doch einen Brief geschrieben? Und du hast darin keine Konfusion mit ›welcher‹ und ›daß‹ gemacht? Und da hattest du auf einmal auch elegantes Briefpapier und Tinte aus dem Englischen Magazin und schriebst eine flotte Hand; wie?«

Oblomow errötete.

»Als es notwendig war, da hattest du auf einmal gleich Gedanken und Redewendungen, die man ohne weiteres in einem Romane drucken lassen könnte. Wenn dich aber keine Not drängt, dann verstehst du dich auf nichts, und du hast eine Schwäche in den Händen! Du hast die Geistesfrische schon in deiner Kindheit, in Oblomowka, verloren, zwischen den Tanten und den Kinderfrauen und den Kinderwärtern. Das hat mit der Unfähigkeit angefangen, die Strümpfe anzuziehen, und mit der Unfähigkeit zu leben geendet.«

»All das ist vielleicht wahr, Andrei; aber da ist nichts zu machen; es läßt sich nicht ändern!« sagte Ilja mit einem Seufzer fester Entschlossenheit.

»Warum soll es sich nicht ändern lassen?« erwiderte Stolz ärgerlich. »Was sind das für Torheiten! Höre auf mich und tu, was ich sage, dann wirst du es ändern!«

Aber Stolz fuhr allein aufs Land, während Oblomow zurückblieb und versprach, im Herbste hinzukommen.

»Was soll ich zu Olga sagen?« fragte Stolz seinen Freund vor der Abreise.

Oblomow ließ den Kopf hängen und schwieg traurig; dann seufzte er.

»Erinnere sie nicht an mich!« sagte er endlich verlegen. »Sage Ihr, du hättest mich nicht gesehen und nichts von mir gehört ...«

»Das wird sie nicht glauben«, erwiderte Stolz.

»Nun, dann sage ihr, ich sei zugrunde gegangen, gestorben, verschollen ...«

»Dann wird sie weinen und sich lange Zeit nicht trösten lassen; wozu sollen wir sie traurig machen?«

Oblomow dachte gerührt nach; seine Augen waren feucht.

»Nun gut«, schloß Stolz; »ich werde sie belügen und ihr sagen, du lebtest von der Erinnerung an sie und suchtest nach einem ernsten, festen Ziele. Aber das merke dir: das Ziel des Lebens besteht in dem Leben selbst und in der Arbeit, nicht in einem Weibe; in dieser Hinsicht seid ihr beide in einem Irrtume befangen gewesen. Wie zufrieden sie sein wird!«

Sie nahmen voneinander Abschied.

## III.

Tarantjew und Iwan Matwjejewitsch kamen am Tage nach dem Eliastage wieder abends in dem »Etablissement« zusammen.

»Tee!« bestellte Iwan Matwjejewitsch mürrisch; und als der Kellner Tee und Rum brachte, schob er ihm ärgerlich die Flasche zurück. »Das ist nicht Rum, sondern Gewürzwasser!« sagte er, nahm aus der Tasche seines Überziehers seine eigene Flasche heraus, entkorkte sie und ließ den Kellner daran riechen.

»Bleib mir künftig mit deiner Flasche vom Leibe!« bemerkte er.

»Nun, Gevatter, es steht schlecht!« sagte er, als der Kellner sich entfernt hatte.

»Ja, den hat der Teufel herbeigeführt!« erwiderte Tarantjew ingrimmig. »Was dieser Deutsche für ein Gauner ist! Er hat die Vollmacht annulliert und das Gut gepachtet! So etwas ist uns noch nicht vorgekommen! Er wird dabei schon sein Schäfchen scheren.«

»Wenn er Sachkenntnisse besitzt, so fürchte ich, daß dabei etwas ans Licht kommt, Gevatter. Wenn er erfährt, daß der Pachtzins eingetrieben ist und wir es sind, die ihn erhalten haben, so strengt er am Ende einen Prozeß an …«

»Am Ende gar einen Prozeß! Aber was bist du feige geworden, Gevatter! Es ist nicht das erste Mal, daß Saterty seine Pfote nach dem Gelde eines Gutsbesitzers ausstreckt; er versteht es, dergleichen zu verheimlichen. Er gibt den Bauern keine Quittungen und nimmt ihnen das Geld unter vier Augen ab. Der Deutsche wird wütend werden und ein großes Geschrei erheben; weiter wird er aber nichts tun können. Und du fürchtest dich gleich vor einem Prozesse!«

»Ja, meinst du?« erwiderte Muchojarow, wieder heiterer werdend. »Na, dann wollen wir trinken.«
Er goß sich und Tarantjew Rum in den Tee.
»Siehst du, manchmal scheint es einem, als sei das Leben auf der Welt gar nicht zu ertragen; aber wenn man dann trinkt, erträgt man es doch!« tröstete er sich.
»Weißt du, was du inzwischen tun mußt, Gevatter?« fuhr Tarantjew fort. »Stelle irgendwelche Rechnungen auf, ganz nach deinem Belieben, über Brennholz, über Kohl, na, worüber du willst – zum Glück hat ja Oblomow jetzt seine Wirtschaft deiner Schwester übergeben –, und stelle die Summe in Ausgabe. Und wenn Saterty zurückkommt, werden wir sagen, er habe so und soviel Geld vom Pachtzins mitgebracht, und es sei für jene Ausgaben draufgegangen.«
»Aber wenn er die Rechnungen nimmt und sie nachher dem Deutschen zeigt, dann wird der sie nachprüfen und womöglich ...«
»Pah! Oblomow wird sie irgendwohin stecken, wo sie der Teufel selbst nicht wiederfinden kann. Bis der Deutsche einmal wiederkommt, hat er es längst vergessen ...«
»Meinst du wirklich? Na, laß uns trinken, Gevatter«, sagte Iwan Matwjejewitsch und goß Rum in besondere Gläser ein. »Es ist schade, den schönen Stoff mit Tee zu verdünnen. Rieche einmal: drei Rubel hat er gekostet. Wollen wir uns nicht Seljanka* bestellen?«
»Das können wir tun.«
»Heda!«
»Nein, so ein Gauner! ›Gib mir das Gut in Pacht!‹ sagt er«, begann Tarantjew wieder ingrimmig. »Uns beiden, dir und mir, die wir Russen sind, würde so etwas nicht in den Sinn

* Ein mehr oder weniger dünnes Gericht aus verschiedenartigstem Fleisch mit Kohl, Zwiebeln und Gurken. Anm. d. Übers.

kommen! Diese Einrichtung riecht nach Deutschtum. Da in Deutschland haben sie überall solche Pachtungen. Warte nur, er wird ihn noch mit Aktien hereinlegen.«

»Was sind das eigentlich: Aktien? Ich bin daraus immer noch nicht recht klug geworden«, fragte Iwan Matwjejewitsch.

»Das ist eine deutsche Erfindung!« sagte Tarantjew boshaft. »Da kommt zum Beispiel so ein Gauner auf den Einfall, unverbrennbare Häuser herzustellen, und unternimmt es, eine solche Stadt zu bauen; dazu braucht er Geld. Er bietet also Papiere zum Kauf an, sagen wir zu fünfhundert Rubeln das Stück, und viele Dummköpfe kaufen welche und verkaufen sie untereinander weiter. Wenn verlautet, daß das Unternehmen gut geht, so steigen die Papiere; wenn schlecht, so ist alles futsch. Du behältst dann die Papiere, bekommst aber kein Geld. ›Wo ist die Stadt?‹ fragst du. ›Sie ist abgebrannt‹, wird dir geantwortet, oder: ›sie ist nicht fertiggebaut‹; der Erfinder aber ist mit deinem Gelde durchgegangen. So steht es mit den Aktien! Der Deutsche wird ihm schon welche anschmieren! Ich wundere mich nur, daß er es bis jetzt noch nicht getan hat. Ich habe es immer verhindert und meinem Landsmanne Wohltaten erwiesen!«

»Ja, dieses Kapitel ist nun zu Ende; die Sache ist nun zum Abschluß gelangt; jetzt werden wir keinen Pachtzins mehr aus Oblomowka bekommen ...« sagte Muchojarow, der schon ein bißchen betrunken war.

»Na, hol ihn der Teufel, Gevatter! Du hast ja soviel Geld, daß du es nicht einmal mit einer Schaufel umschippen kannst!« erwiderte Tarantjew, ebenfalls schon etwas benebelt. »Dein Amt ist eine nie versiegende Quelle; schöpfe nur unermüdlich aus ihr! Trinken wir!«

»Mit dieser Quelle ist es nicht weit her, Gevatter! Mein ganzes Leben lang nehme ich immer nur Posten im Betrage von einem, höchstens von drei Rubeln ein ...«

»Aber diese Einnahmen hast du doch schon zwanzig Jahre lang, Gevatter; versündige dich nicht!«
»Schon zwanzig Jahre lang?« versetzte Iwan Matwjejewitsch mit unsicherer Zunge. »Du vergißt, daß ich erst seit zehn Jahren Sekretär bin. Vorher aber rutschten immer nur Zehn- und Zwanzigkopekenstücke in meine Tasche, und manchmal kam es auch vor, daß ich (man schämt sich, es zu sagen) sogar Kupfergeld annahm. Was ist das für ein Leben! Ach, Gevatter! Was gibt es doch für glückliche Menschen auf der Welt! Für ein einziges Wort, das so einer einem andern ins Ohr flüstert, oder für eine Zeile, die er diktiert, oder dafür, daß er einfach seinen Namen auf ein Aktenstück schreibt, hat er auf einmal in der Tasche ein dick geschwollenes Paket Banknoten, groß wie ein Kissen, so daß man sich gleich darauf schlafen legen könnte. Ja, so müßte man auch arbeiten können«, schwärmte er, immer stärker in die Trunkenheit hineingeratend. »Die Bittsteller bekommen so einen kaum von Angesicht zu sehen und wagen nicht, sich ihm zu nähern. Er steigt in den Wagen und ruft: ›Zum Klub!‹ Und dort, im Klub, drücken ihm Herren mit Ordenssternen die Hand, und wenn er Karten spielt, so spielt er nicht, wie unsereiner, den Point zu fünf Kopeken, und dinieren tut so einer, dinieren, ach! Von Seljanka auch nur sprechen zu hören schämt er sich: er runzelt die Stirn und spuckt aus. Ausgerechnet im Winter läßt er sich junge Hühner braten und im April Erdbeeren servieren! Seine Frau trägt zu Hause die schönsten Spitzen; die kleinen Kinder sind schön frisiert und geputzt, die größeren haben eine Gouvernante. Ach, Gevatter! Es gibt ein Paradies; aber wir werden wegen unserer Sünden nicht hineingelassen. Trinken wir! Da kommt auch unsere Seljanka!«
»Klage nicht, Gevatter, versündige dich nicht: du hast ein Kapital, ein schönes Kapital …« sagte der betrunkene Ta-

rantjew, dessen Augen ganz mit Blut unterlaufen waren. »Fünfunddreißigtausend Rubel, das ist keine Kleinigkeit!«

»Sprich leiser, leiser, Gevatter!« unterbrach ihn Iwan Matwjejewitsch. »Was will das sagen, fünfunddreißigtausend! Wann werde ich es auf fünfzigtausend bringen? Und auch mit fünfzigtausend kommt man noch nicht ins Paradies. Wenn man sich verheiratet, muß man sehr sparsam leben, jeden Rubel dreimal umdrehen, und an Jamaikarum ist dann schon gar nicht zu denken – was ist das für ein Leben!«

»Dafür lebt man ruhig, Gevatter; der eine gibt einem einen Rubel und der andre zwei – ehe man sich's versieht, hat man am Tage so an sieben Rubel eingesteckt. Und man zieht sich dadurch keine Anklagen und keine Händel zu, macht sich keine Flecke, wirbelt keinen Staub auf. Aber wenn man manchmal seinen Namen unter eine große Sache schreibt, kann man es nachher sein Leben lang ausbaden. Nein, Bruder, versündige dich nicht, Gevatter!«

Iwan Matwjejewitsch hörte nicht zu und dachte schon lange über etwas nach.

»Hör' mal«, begann er plötzlich; er riß die Augen weit auf und freute sich über etwas so, daß seine Trunkenheit fast verging. »Aber nein, ich bin doch ängstlich, ich werde es dir nicht sagen, werde einen solchen Vogel nicht aus meinem Kopfe hinauslassen. Da ist mir ein Schatz zugeflogen … Trinken wir, Gevatter; laß uns schneller trinken!«

»Ich werde nicht trinken, ehe du es mir nicht sagst«, erwiderte Tarantjew und schob das Glas von sich.

»Es ist eine wichtige Sache, Gevatter«, flüsterte Muchojarow und blickte dabei nach der Tür.

»Nun? …« fragte Tarantjew ungeduldig.

»Da habe ich einen schönen Fund gemacht. Na, weißt du was, Gevatter, das ist dasselbe, wie wenn einer seinen Namen unter eine große Sache schreibt; wahrhaftig, ganz dasselbe!«

»Aber was ist es denn? Wirst du es nun sagen?«
»Was wir dabei für Profit machen werden! Was für Profit!«
»Nun?« drängte Tarantjew.
»Warte, laß mich noch nachdenken. Ja, da läßt sich nichts anfechten; das ist gesetzlich. Meinetwegen, Gevatter, ich werde es dir sagen, und zwar deshalb, weil ich dich dabei nötig habe; ohne dich ist die Sache mißlich. Sonst würde ich es dir, weiß Gott, nicht sagen; die Sache ist nicht von der Art, daß ein Fremder sie wissen dürfte.«
»Bin ich denn für dich ein Fremder, Gevatter? Ich glaube, ich habe dir noch zu wiederholten Malen Dienste geleistet, habe als Zeuge fungiert und dir Abschriften … erinnerst du dich wohl noch? Du Kanaille, du!«
»Gevatter, Gevatter! Halte deine Zunge im Zaum! Du schreist alles so laut heraus!«
»Wer soll es denn hier hören? Bin ich etwa nicht bei Sinnen?« erwiderte Tarantjew ärgerlich. »Warum quälst du mich so lange? Sprich doch!«
»Nun, so höre: Ilja Iljitsch ist feige und besitzt keine Gesetzeskenntnis: damals bei dem Kontrakte hatte er ganz den Kopf verloren; und als ihm die Vollmacht geschickt war, wußte er gar nicht, was er anfangen sollte; er erinnerte sich nicht einmal, wieviel Pachtzins er zu bekommen hatte, und sagte selbst: ›Ich weiß nichts …‹«
»Nun?« fragte Tarantjew ungeduldig.
»Da hat er sich nun angewöhnt, sehr oft zur Schwester zu gehen. Neulich hat er bis nach Mittemacht bei ihr gesessen; er stieß dann mit mir im Vorzimmer zusammen und tat, als sähe er mich nicht. Also da wollen wir noch eine Weile aufpassen, was daraus wird, und dann … Nimm du ihn beiseite und sage ihm, daß es unehrenhaft sei, Schande über das Haus zu bringen; sie sei eine Witwe; sage ihm, die Sache sei schon ruchbar geworden; es sei ihr jetzt die Möglichkeit ge-

nommen, sich wieder zu verheiraten; es habe sich jemand um sie beworben, ein reicher Kaufmann; aber jetzt, wo er gehört habe, daß er, Oblomow, abends immer bei ihr sitze, sei er zurückgetreten.«

»Nun gut, er wird einen Schreck bekommen, sich auf das Bett werfen und sich wie ein Eber herumwälzen und seufzen – weiter aber auch nichts«, versetzte Tarantjew. »Was haben wir davon für Vorteil? Was springt für uns dabei heraus?«

»Was bist du für ein Mensch! Dann mußt du ihm sagen, ich wolle ihn verklagen; er sei heimlich beobachtet worden; es seien Zeugen vorhanden ...«

»Nun und?«

»Na, wenn er dann sehr erschrickt, so sage ihm, es wäre eine gütliche Einigung möglich; er solle ein kleines Kapital opfern.«

»Wo hat er denn Geld?« fragte Tarantjew. »Versprechen wird er in der Angst vielleicht zehntausend Rubel ...«

»Gib mir dann nur einen Wink, und ich werde einen Schuldschein anfertigen ... auf den Namen der Schwester: ›Ich, Oblomow, habe von der Witwe Soundso zehntausend Rubel entliehen und verpflichte mich, sie dann und dann zurückzuzahlen‹ und so weiter ...«

»Was hat denn das für einen Sinn, Gevatter? Ich verstehe das nicht: das Geld bekommt doch dann deine Schwester und ihre Kinder. Wo bleibt da unser Profit?«

»Aber die Schwester wird mir einen Schuldschein über dieselbe Summe geben; ich werde ihn ihr zum Unterschreiben geben.«

»Wenn sie ihn nun aber nicht unterschreibt, sich widersetzt?«

»Die Schwester?«

Und Iwan Matwjejewitsch brach in ein dünnes Gelächter aus.

»Sie wird unterschreiben, Gevatter, wie sie ihr eigenes Todesurteil unterschreiben würde; sie wird unterschreiben, ohne zu fragen was es ist, und nur lächeln; ›Agafja Pschenizyna‹ wird sie an der Seite krumm und schief hinschreiben, und wird niemals erfahren was sie unterschrieben hat. Siehst du: ich und du, wir bleiben dabei ganz beiseite; die Schwester wird einen Anspruch an den Kollegiensekretär Oblomow haben und ich einen solchen an die Kollegiensekretärin Pschenizyna. Dann mag der Deutsche wütend werden – es ist alles gesetzlich!« sagte er und hob seine zitternden Hände in die Höhe. »Trinken wir, Gevatter!«

»Es ist alles gesetzlich!« rief Tarantjew entzückt. »Trinken wir!«

»Und wenn alles gut vonstatten geht, können wir es nach ein paar Jahren wiederholen; es ist alles gesetzlich!«

»Alles gesetzlich!« rief Tarantjew mit beifälligem Kopfnikken. »Wiederholen wir es!«

»Wiederholen wir es!«

Sie tranken.

»Wenn sich dein Landsmann nur nicht sträubt und die Sache zunächst dem Deutschen schreibt«, bemerkte Muchojarow ängstlich. »Dann wird es schlinim, Bruder! Einen Prozeß können wir gegen ihn nicht anstrengen; sie ist eine Witwe und kein Mädchen!«

»Er wird es ihm schreiben! Das wird er schon tun! Aber erst nach zwei Jahren wird er es ihm schreiben!« sagte Tarantjew. »Wenn er sich aber sträuben sollte, werde ich schimpfen ...«

»Nein, nein, Gott behüte! Damit würdest du alles verderben, Gevatter: er würde sagen, er sei gezwungen worden, und würde am Ende gar noch etwas von Schlägen erwähnen; dann würde es ein Kriminalprozeß. Nein, das taugt nichts! Aber so geht es: zuerst mußt du mit ihm essen und trinken; er liebt den Johannisbeerschnaps. Sobald er im Kopfe nicht mehr recht klar ist, gibst du mir einen Wink, und ich komme mit dem Schuldschein herein. Er wird die Summe gar nicht ansehen, sondern unterschreiben, wie damals den Kontrakt, und nachher, wenn die Sache erst notariell bezeugt ist, können wir ihn gerichtlich belangen! Ein solcher Herr wird sich schämen zu bekennen, daß er im Zustande der Trunkenheit unterschrieben habe. Es ist alles gesetzlich!«

»Es ist alles gesetzlich!« wiederholte Tarantjew.

»Dann mögen Oblomowka die Erben kriegen!«

»Mögen sie! Trinken wir, Gevatter!«

»Auf die Gesundheit der Dummköpfe!« sagte Iwan Matwjejewitsch.

Sie tranken.

## IV.

Wir müssen uns jetzt etwas zurückversetzen, in die Zeit, ehe Stolz an Oblomows Namenstage zu diesem kam, und an einen andern Ort, fern von der Wyborger Seite. Es werden uns dort Personen begegnen, die dem Leser bekannt sind, Personen, über welche Stolz seinem Freunde nicht alles, was er wußte, mitgeteilt hatte, entweder infolge gewisser besonderer Erwägungen, oder vielleicht weil Oblomow ihn nicht über alles, was diese Personen betraf, ausfragte, wahrscheinlich ebenfalls infolge besonderer Erwägungen.

Eines Tages promenierte Stolz in Paris auf dem Boulevard und ließ seine Augen zerstreut über die Passanten und die Ladenschilder hinlaufen, ohne sie auf irgendeinen Gegenstand zu heften. Er hatte seit langer Zeit keine Briefe aus Rußland erhalten, weder aus Kiew, noch aus Odessa, noch aus Petersburg. Er langweilte sich, hatte soeben drei Briefe auf die Post getragen und war nun auf dem Wege nach Hause.

Auf einmal blieben seine Augen regungslos und erstaunt auf etwas haften, nahmen aber dann wieder ihren gewöhnlichen Ausdruck an. Zwei Damen bogen vom Boulevard ab und traten in einen Laden ein.

»Nein, es ist nicht möglich«, dachte er. »Welch ein Gedanke! Ich würde es doch wissen! Sie sind es nicht!«

Indes trat er doch an das Fenster des betreffenden Ladens heran und betrachtete die Damen durch die Scheibe; aber er konnte ihre Gesichter nicht sehen; sie standen mit dem Rücken nach dem Fenster zu.

Stolz ging in den Laden hinein und fragte nach einer Ware und dem Preise. Eine der Damen wandte sich um, nach dem Lichte zu, und er erkannte Olga Iljinskaja – und erkannte sie auch wieder nicht! Er wollte zu ihr hinstürzen, blieb aber stehen und begann sie unverwandt anzusehen.

O Gott! Welch eine Veränderung! Sie war es, und sie war es nicht! Es waren ihre Gesichtszüge; aber sie war blaß; die Augen schienen etwas eingesunken zu sein, und auf den Lippen lag kein kindliches Lächeln mehr, nicht mehr der frühere Ausdruck naiver Sorglosigkeit. Über den Augenbrauen schwebte ein halb ernster, halb trauriger Gedanke; die Augen sagten vieles, was sie früher nicht gewußt und nicht gesagt hatten. Ihr Blick war nicht wie früher offen, hell und ruhig; auf ihrem ganzen Gesichte lag eine Wolke, die entweder geradezu Gram und Kummer zum Ausdruck brachte oder wenigstens diese Empfindungen verschleierte.

Er trat zu ihr hin. Ihre Augenbrauen zogen sich ein wenig zusammen; sie blickte ihn einen Augenblick lang erstaunt an; dann erkannte sie ihn: die Brauen zogen sich wieder auseinander und nahmen eine symmetrische Stellung ein; die Augen leuchteten in einem stillen Lichte, in einer nicht ungestümen, aber tiefen Freude auf. Jeder Bruder wäre glücklich gewesen, wenn sich eine geliebte Schwester so über ihn gefreut hätte.

»Mein Gott! Sie sind es?« sagte sie in einem zu Herzen gehenden Tone inniger Freude.

Die Tante wandte sich schnell um, und alle drei begannen zugleich zu sprechen. Er machte den Damen Vorwürfe, daß sie nicht an ihn geschrieben hätten; aber sie rechtfertigten sich: sie seien erst vor zwei Tagen angekommen und hätten ihn überall gesucht. In einer Wohnung sei ihnen gesagt worden, er wäre nach Lyon gereist, und sie hätten nun nicht gewußt, was sie tun sollten.

»Aber wie sind Sie überhaupt auf den Einfall gekommen, ins Ausland zu reisen? Und mir haben Sie kein Wort darüber mitgeteilt!« sagte er vorwurfsvoll.

»Wir haben uns so schnell dazu entschlossen, daß wir Ihnen nicht erst darüber schreiben wollten«, sagte die Tante. »Olga wollte Ihnen eine Überraschung bereiten.«

Er sah Olga an: ihr Gesicht bestätigte die Worte der Tante nicht. Er blickte sie noch aufmerksamer an; aber sie war undurchdringlich und seiner Beobachtung nicht zugänglich.

»Was ist nur mit ihr?« dachte Stolz. »Ich habe früher immer auf den ersten Blick erraten, was in ihr vorging; aber jetzt ... welche Veränderung!«

»Wie Sie sich entwickelt haben, Olga Sergejewna; Sie sind gewachsen und reifer geworden«, sagte er laut. »Ich erkenne Sie gar nicht wieder! Und doch ist es nur ein Jahr, daß wir uns nicht gesehen haben. Was haben Sie gemacht? Wie ist es Ihnen ergangen? Erzählen Sie, erzählen Sie!«

»Ach ... es ist nichts Besonderes zu erzählen«, antwortete sie und besah dabei einen Kleiderstoff.

»Wie steht es denn mit Ihrem Gesange?« fragte Stolz, der fortfuhr, diese ihm neue Olga zu studieren, und sich bemühte, ihr ihm unbekanntes Mienenspiel zu verstehen; aber dieses Mienenspiel erschien blitzartig und verschwand wieder.

»Ich habe lange nicht gesungen, seit zwei Monaten nicht«, erwiderte sie in lässigem Tone.

»Und was macht Oblomow?« fragte er plötzlich. »Lebt er noch? Er schreibt gar nicht.«

Hier hätte Olga vielleicht unwillkürlich ihr Geheimnis verraten, wenn ihr nicht die Tante zu Hilfe gekommen wäre.

»Denken Sie sich nur«, sagte sie, während sie aus dem Laden hinausgingen, »alle Tage ist er bei uns gewesen, und dann blieb er auf einmal fort. Als wir uns zu unserer Reise ins Ausland rüsteten, schickte ich zu ihm; es wurde mir aber geantwortet, er sei krank und könne niemanden empfangen. So haben wir uns denn nicht mehr gesehen.«

»Und auch Sie wissen nichts von ihm?« erkundigte Stolz sich besorgt bei Olga.

Olga sah unverwandt durch die Lorgnette nach einem vorüberfahrenden Wagen.

»Er ist tatsächlich krank«, antwortete sie und betrachtete mit erheuchelter Aufmerksamkeit die vorüberfahrende Equipage.

»Sehen Sie mal, *ma tante*, ich glaube, da fuhren eben unsere Reisegefährten vorbei.«

»Nein, erstatten Sie mir Bericht über meinen Ilja!« sagte Stolz, beharrlich bei demselben Gegenstande verbleibend. »Was haben Sie mit ihm angefangen? Warum haben Sie ihn nicht mitgebracht?«

*»Mais ma tante vient de dire«*, erwiderte sie.

»Er ist furchtbar träge«, bemerkte die Tante, »und so menschenscheu, daß er immer gleich fortging, wenn drei oder vier Menschen bei uns zu Besuch waren. Stellen Sie sich das vor: er hat ein Abonnement in der Oper genommen und nicht die Hälfte der Abonnementsvorstellungen gehört.«

»Er hat Rubini* nicht gehört«, fügte Olga hinzu.

Stolz schüttelte den Kopf und seufzte.

»Wie geht es nur zu, daß Sie sich zu einer solchen Reise entschlossen haben? Beabsichtigen Sie lange von Hause fortzubleiben? Wie ist Ihnen nur plötzlich dieser Einfall gekommen?« fragte Stolz.

»Wir haben es um ihretwillen getan, auf den Rat des Arztes«, sagte die Tante, auf Olga weisend. »Petersburg fing an, recht ungünstig auf sie zu wirken; wir wollen den Winter über fortbleiben, haben uns aber noch nicht entschieden, wo wir ihn verleben wollen, ob in Nizza oder in der Schweiz.«

»Ja, Sie haben sich sehr verändert«, sagte Stolz nachdenklich; er sog sich mit seinen Blicken ordentlich an Olga fest, studierte jedes Äderchen ihres Gesichtes und sah ihr in die Augen.

Die Iljinskischen Damen blieben ein halbes Jahr in Paris; Stolz war ihr täglicher und einziger Gesellschafter und Führer.

Olga begann sich merklich wieder zu erholen: von der Melancholie ging sie zu ruhigem Gleichmut über, wenigstens äußerlich.

Was in ihrem Innern vorging, das mochte Gott wissen; aber sie wurde für Stolz allmählich wieder die frühere Freundin, wiewohl ihr früheres lautes, kindliches, silberhelles Lachen aufgehört hatte und sie nur still lächelte, wenn Stolz sich Mühe gab, sie zum Lachen zu bringen. Manchmal schien sie sich selbst darüber zu ärgern, daß sie nicht ordentlich lachen konnte.

Er sah sofort, daß es nicht mehr möglich war, sie zum Lachen zu bringen. Oft hörte sie eine komische Darstellung

* Berühmter Tenor, 1785–1854; in Petersburg sang er im Jahre 1844. Anm. d. Übers.

mit stillem Blick ohne zu lächeln an; ihre Augenbrauen lagen unsymmetrisch, die eine höher als die andre, und auf ihrer Stirn zeigte sich die bekannte Falte. So sah sie ihn längere Zeit schweigend an, als ob sie ihm seine Leichtfertigkeit zum Vorwurf mache oder ungeduldig sei; oder sie stellte auch plötzlich, statt auf seinen Scherz zu antworten, eine Frage tieferen Inhalts und begleitete sie mir einem so nachdrücklichen Blicke, daß er sich seiner geringwertigen, leeren Reden schämte.

Manchmal war ihr eine solche innerliche Ermüdung von dem täglichen öden Gelaufe und Gerede der Menschen anzumerken, daß Stolz plötzlich in eine andere Sphäre übergehen mußte, in die er sich im Gespräche mit Frauen nur selten und ungern begab. Wieviel Gedankenarbeit und Geistesgewandtheit war einzig und allein zu dem Zwecke erforderlich, damit Olgas tiefer, fragender Blick klar und ruhig werde, nicht durstig bleibe, nicht etwas irgendwo in weiter Ferne an ihm vorbei suche!

Wie regte er sich darüber auf, wenn bei einer nachlässigen Erklärung ihr Blick trocken und finster wurde, die Brauen sich zusammenzogen und der Schatten einer schweigsamen, aber tiefen Unzufriedenheit sich über ihr Gesicht breitete. Und er mußte zwei, drei Tage lang die feinsten Springfedern seines Geistes, sogar List und Feuer und seine ganze Kunst des Umganges mit Frauen zur Anwendung bringen, um (und auch das nur mit Mühe) allmählich aus Olgas Herzen die Morgenröte der Klarheit auf ihr Gesicht und den sanften Ausdruck der Versöhnlichkeit in ihren Blick und in ihr Lächeln zurückzubringen.

Manchmal, wenn er am Abend eines Tages nach Hause zurückkehrte, fühlte er sich ganz erschöpft von diesem Kampfe und war glücklich, wenn er aus ihm als Sieger hervorgegangen war.

»Wie sie herangereift ist, o Gott! wie dieses Mädchen sich entwickelt hat! Wer ist nur ihr Lehrer gewesen? Wo hat sie Unterricht in der Lebenskunst erhalten? Bei dem Baron? Bei dem ist alles so glatt; aus seinen stutzerhaften Phrasen kann man nichts schöpfen Doch nicht bei Ilja? ...«

Er konnte Olga nicht begreifen, eilte am nächsten Tage wieder zu ihr und suchte vorsichtig und ängstlich auf ihrem Gesichte zu lesen, wobei er oft Schwierigkeiten fand und nur mit Hilfe seines ganzen Verstandes und seiner ganzen Lebenskenntnis alle die Fragen, Zweifel und Forderungen, die in Olgas Gesichtszügen auftauchten, zu besiegen vermochte.

Er drang mit der Leuchte der Erfahrung in der Hand in das Labyrinth ihres Geistes und Charakters ein und entdeckte und erforschte täglich immer neue Züge und Tatsachen, ohne jedoch auf den tiefsten Grund hinabsehen zu können, und beobachtete nur mit Erstaunen und Unruhe, wie ihr Geist fortwährend sein tägliches Brot verlangte, und wie ihre Seele nicht verstummte, sondern immer um Unterricht in der Lebenserfahrung bat.

Mit Stolzens ganzer Tätigkeit und ganzem Leben verwuchs täglich noch eine andre Tätigkeit und ein andres Leben. Wenn er Olga mit Blumen, Büchern, Noten und Albums versorgt hatte, beruhigte er sich in der Voraussetzung, daß er die freie Zeit seiner Freundin für lange Zeit ausgefüllt habe, und ging zu seiner Arbeit, oder er fuhr weg, um ein Bergwerk, ein Mustergut zu besichtigen, oder er begab sich in einen Gesellschaftszirkel, um mit neuen oder bedeutenden Persönlichkeiten bekannt zu werden und in Verkehr zu treten; dann kehrte er ermüdet zu Olga zurück, um neben ihrem Flügel zu sitzen und sich bei dem Klange ihrer Stimme zu erholen. Aber plötzlich gewahrte er auf ihrem Gesichte eine Menge von Fragen, die schon auf ihn warteten, und in ihrem Blicke ein beharrliches Verlangen nach Aufklärung.

Und ohne es selbst zu merken und zu wollen, kam er allmählich dazu, ihr auseinanderzusetzen, was er besichtigt habe, und warum.
Manchmal drückte sie den Wunsch aus, dasjenige selbst zu sehen und kennenzulernen, was er gesehen und kennengelernt hatte. Und er wiederholte seine Arbeit: er fuhr mit ihr hin, um ein Gebäude, eine Örtlichkeit, eine Maschine zu besichtigen und von den Mauern und Steinen das ehemals dort Geschehene abzulesen. Allmählich und unvermerkt gewöhnte er sich daran, in ihrer Gegenwart laut zu denken und zu fühlen, und erkannte eines Tages, als er sich selbst streng kontrollierte, plötzlich, daß er angefangen hatte nicht allein, sondern zu zweien zu leben, und daß er dieses Leben seit dem Tage führte, an welchem Olga angekommen war.
Fast unbewußt musterte er, wie vor sich selbst, laut in ihrer Gegenwart den von ihm erworbenen Wissensschatz und war über sich und über sie erstaunt; dann prüfte er sorgfältig, ob auch nicht in ihrem Blicke eine Frage zurückgeblieben sei, ob auf ihrem Gesichte der Glanz der Befriedigung liege, und ob ihr Blick ihm wie einem Sieger das Geleite gebe.
Wenn das zutraf, so ging er stolz und vor Erregung bebend nach Hause und bereitete sich in der Nacht lange heimlich auf den nächsten Tag vor. Die langweiligsten, notwendigen Beschäftigungen erschienen ihm nicht als trocken, sondern eben nur als notwendig; er und Olga drangen tiefer in das kunstvolle Gewebe des Lebens ein; die Gedanken, Beobachtungen und Erscheinungen wurden nicht stillschweigend und lässig in dem Archiv des Gedächtnisses deponiert, sondern verliehen einem jeden Tage eine leuchtende Farbe.
Welch eine warme Röte überzog Olgas blasses Gesicht, wenn er, ohne ihren fragenden, dürstenden Blick abzuwarten, sich beeilte, voll Feuer und Energie neuen Vorrat, neues Material vor ihr auszuschütten!

Und er selbst, wie vollkommen glücklich war er, wenn ihr Geist mit geschäftigem Eifer und lieblicher Demut in seinem Blicke, in jedem seiner Worte den Sinn zu erfassen suchte, und sie beide einander scharf beobachteten: er sie, ob auch nicht eine Frage in ihren Augen zurückgeblieben sei, sie ihn, ob auch nicht etwas unausgesprochen geblieben sei, ob er auch nicht vergessen oder (was das Schlimmste wäre, und was Gott verhüten möge!) aus Geringschätzung unterlassen habe, ihr eine nebelhafte, für sie unverständliche Partie klar zu machen, ihr seine Anschauung darzulegen.
Je wichtiger und verwickelter eine Frage war, je sorgsamer er sie ihr auseinandersetzte, um so länger und fester ruhte ihr dankbarer Blick auf ihm und um so wärmer, tiefer und herzlicher wurde er.
»Dieses Kind, die Olga!« dachte er erstaunt. »Sie wächst über mich hinaus!«
Er dachte über Olga in einer Weise nach, wie er noch nie und über nichts nachgedacht hatte.
Im Frühjahr reisten sie alle nach der Schweiz. Stolz war schon in Paris zu der Erkenntnis gelangt, daß er von nun an ohne Olga nicht leben könne. Nachdem er über diese Frage ins klare gekommen war, machte er sich auch an die Lösung der Frage, ob Olga ohne ihn leben könne. Aber diese Frage zu beantworten wurde ihm nicht so leicht.
Er ging dabei langsam, vorsichtig und behutsam zu Werke, schritt bald tastend, bald kühn vorwärts und meinte manchmal, jetzt, jetzt sei er am Ziele; jetzt werde er ein unzweifelhaftes Symptom erhaschen, einen Blick, ein Wort, eine Äußerung der Sehnsucht oder der Freude; es fehle nur noch eine geringe Kleinigkeit, eine kaum wahrnehmbare Bewegung der Brauen Olgas, ein Seufzer aus ihrem Munde, und morgen werde der Schleier des Geheimnisses fallen: es werde klar werden, daß sie ihn liebe!

Auf ihrem Gesichte las er ein geradezu kindlich zu nennendes Vertrauen zu ihm; sie blickte ihn manchmal in einer Weise an, wie sie sonst niemanden anblickte; höchstens auf ihre Mutter würde sie einen solchen Blick gerichtet haben, wenn sie eine Mutter gehabt hätte.

Daß er so häufig zu ihr kam und ihr seine freie Zeit, ja ganze Tage widmete, hielt sie nicht für eine Gefälligkeit, für eine schmeichelnde Bekundung seiner Zuneigung, für Liebenswürdigkeit seines Herzens, sondern einfach für eine Pflicht, als ob er ihr Bruder, ihr Vater oder gar ihr Mann wäre: und das war viel, das war alles. Und sie selbst war ihm gegenüber bei jedem Worte, bei jedem Schritte von einer Ungezwungenheit und Aufrichtigkeit, als ob er für sie eine unbestreitbare, schwer wiegende Autorität besäße.

Er wußte auch, daß er diese Autorität besaß: sie bestätigte das jeden Augenblick und sagte, er sei der einzige Mensch, dem sie glaube, und sie könne sich im Leben nur auf ihn und auf weiter niemand in der ganzen Welt blindlings verlassen. Er war allerdings stolz darauf; aber darauf konnte auch irgendein bejahrter, kluger und erfahrener Onkel stolz sein, sogar der Baron, wenn er ein heller Kopf und ein charaktervoller Mensch gewesen wäre.

Aber ob das die Autorität war, wie sie von der Liebe verliehen wird, das war die Frage. Steckte in dieser Autorität auch nur ein wenig von der bezaubernden Täuschung der Liebe, von jener schmeichelhaften Verblendung, bei der das Weib bereit ist, sich arg zu irren und in diesem Irrtume glücklich zu sein? …

Nein, sie fügte sich ihm mit so vollem Bewußtsein. Allerdings leuchteten ihre Augen, wenn er eine Idee entwickelte oder seine Seele vor ihr aufdeckte; sie übergoß ihn mit den Strahlen ihres Blickes; aber es war stets zu sehen, wofür sie das tat; manchmal gab sie auch selbst die Ursache an. Aber wenn bei der Liebe der eine sich die Achtung des andern erwirbt, so zollt dieser sie ihm blindlings, ohne klare Gründe; und gerade in dieser Blindheit und diesem Mangel an klaren Gründen liegt das Glück. Wenn Olga sich gekränkt fühlte, so war sofort zu sehen, wodurch sie gekränkt war.

Niemals überraschte er sie bei einem plötzlichen Erröten, bei einem freudigen Erschrecken, bei einem schmachtenden oder feurig zitternden Blicke, und wenn ja etwas Ähnliches vorkam und es ihm schien, daß sich ihr Gesicht schmerzlich verzog, als er ihr sagte, er werde in den nächsten Tagen nach Italien reisen, so folgte die Enttäuschung schnell. Denn kaum begann sein Herz infolge dieses wertvollen, seltenen Symptoms starr zu werden und sich mit Blut zu füllen, als auf einmal wieder gleichsam ein Flor alles verhüllte: sie fügte naiv und offenherzig hinzu: »Wie schade, daß ich nicht mit Ihnen dorthin reisen kann; ich hätte so große Lust dazu! Aber Sie werden mir alles erzählen und es mir so anschaulich schildern, daß es so gut sein wird, als wäre ich selbst dagewesen.«

Und durch diesen offenen, vor niemand verheimlichten Wunsch und durch dieses gewöhnliche, höfliche Lob seiner Kunst zu erzählen war der Zauber zerstört. Soeben hatte er die kleinsten Züge gesammelt, soeben war es ihm gelungen, das feinste Spitzengewebe herzustellen, es fehlte zur Vollendung nur noch eine Masche … jetzt … im nächsten Augenblick … Und plötzlich wurde sie wieder ruhig, gleichmäßig, einfach, manchmal sogar kühl. Sie saß da, beschäftigte sich mit ihrer Handarbeit, hörte ihm schweigend zu, hob ab und zu den Kopf in die Höhe und richtete auf ihn so neugierige, fragende, von rein sachlichem Interesse erfüllte Blikke, daß er zu wiederholten Malen ärgerlich das Buch hinwarf oder irgendeine Auseinandersetzung abbrach, aufsprang und zur Tür ging. Er wandte sich um: sie sah ihm erstaunt nach;

er schämte sich, kehrte zurück und erfand eine Entschuldigung.

Sie hörte sie harmlos an und glaubte sie. Nicht einmal ein Zweifel, ein schelmisches Lächeln war an ihr zu sehen.

»Liebt sie, oder liebt sie nicht?« diese Frage ging ihm immer im Kopfe herum.

Wenn sie liebte, warum war sie dann so vorsichtig und verschlossen? Wenn sie nicht liebte, warum war sie so freundlich und fügsam? Er wollte auf eine Woche von Paris nach London fahren und kam erst am Tage der Abreise, um ihr davon Mitteilung zu machen; vorher hatte er nichts davon gesagt.

Wenn sie plötzlich erschrocken wäre, sich im Gesichte verändert hätte, dann wäre alles entschieden gewesen; das Geheimnis wäre gelüftet gewesen, und er wäre glücklich geworden! Aber sie drückte ihm kräftig die Hand und wurde traurig: er war in Verzweiflung. »Ich werde mich schrecklich langweilen«, sagte sie. »Ich möchte gleich losweinen; ich fühle mich jetzt wie verwaist. *Ma tante!* Hören Sie nur: Andrei Iwanowitsch verreist!« fügte sie in weinerlichem Tone hinzu.

Sie hatte ihn sehr gekränkt.

»Sogar an die Tante hat sie sich gewandt!« dachte er. »Das fehlte mir noch! Ich sehe, daß es ihr leid tut, daß sie mir vielleicht geneigt ist; aber diese Zuneigung kann man, wie eine Ware auf dem Markte, in so und so langer Zeit für so und soviel Aufmerksamkeit und Gefälligkeit kaufen … Ich werde nicht wieder zurückkehren«, dachte er ingrimmig. »Nein, diese Olga ist nicht mehr das kleine Mädchen, das mir einst auf jeden Wink gehorchte. Was hat sie nur?«

Und er versank in tiefes Nachdenken.

Was hatte sie nur? Ihm war die Kleinigkeit unbekannt, daß sie schon einmal geliebt hatte, daß sie schon, soweit sie dazu imstande war, jene Periode durchgemacht hatte, wo ein junges Mädchen sich nicht zu beherrschen versteht, plötzlich errötet und den Schmerz im Herzen, die fieberhaften Symptome der Liebe und den ersten heißen Affekt nur schlecht verbirgt.

Hätte er dies gewußt, so würde er, wenn auch nicht das Geheimnis, ob sie ihn liebe oder nicht, so doch wenigstens soviel erkannt haben, warum es so schwierig war zu erraten, was mit ihr vorging.

In der Schweiz waren sie an allen Punkten, die von den Reisenden besucht zu werden pflegen. Aber am häufigsten und mit besonderer Vorliebe hielten sie sich an wenig besuchten stillen Orten auf. Sie (oder wenigstens Stolz) waren so mit ihren eigenen Angelegenheiten beschäftigt, daß sie vom Reisen ermüdet wurden und dieses für sie in die zweite Linie zurückrückte.

Er stieg mit ihr auf den Bergen umher, betrachtete die Schluchten und Wasserfälle, und in jedem Rahmen war sie für ihn der Hauptgegenstand. Er ging mit ihr auf schmalen Bergpfaden, während die Tante unten im Wagen saß; er beobachtete heimlich mit scharfem Auge, wie sie nach Ersteigung eines Berges stehen blieb, Atem schöpfte, und was für ein Blick sie auf ihn richtete; denn unfehlbar sah sie immer zuerst ihn an; das wußte er schon bestimmt im voraus.

Das wäre ja nun schön gewesen; es wurde ihm dabei warm und leicht ums Herz; aber dann ließ sie plötzlich ihre Blicke über die Landschaft schweifen, stand da, ohne sich zu rühren, vergaß sich und alles in einem beschaulichen Dämmerzustande – und er existierte für sie nicht mehr.

Sowie er sich bewegte, sich in Erinnerung brachte und ein Wort sprach, schrak sie zusammen und schrie manchmal auf: es war klar, daß sie vergessen hatte, ob er bei ihr oder in weiter Ferne sei, ja ob er überhaupt auf der Welt sei.

Dafür sprach sie nachher zu Hause, am Fenster, auf dem Balkon mit ihm allein, sprach mit ihm lange und holte lange aus ihrer Seele die empfangenen Eindrücke hervor, bis sie sich ganz ausgesprochen hatte; sie sprach lebhaft, mit Begeisterung, hielt mitunter inne, suchte nach einem Worte, fing einen Ausdruck, mit dem er ihr einhalf, von seinem Munde auf, und in ihrem Blicke erglänzte ein Strahl von Dankbarkeit für die Hilfe. Oder sie setzte sich, blaß vor Müdigkeit, in einen großen Lehnstuhl, und nur ihre verlangenden, nicht ermüdeten Augen sagten ihm, daß sie ihn hören wolle.
Sie hörte zu, ohne sich zu rühren, ließ sich aber kein Wort entgehen und beachtete jede Nuance. Wenn er aufhörte zu reden, hörte sie noch weiter zu; ihre Augen fragten noch, und er fuhr auf diese stumme Aufforderung hin fort, sich mit neuer Kraft und Lebhaftigkeit auszusprechen.
Das wäre ja nun schön gewesen; es wurde ihm warm und leicht um das stark pochende Herz; er sagte sich, sie finde darin ihr Leben und verlange nichts weiter; hier sei ihre Welt, in der sich ihr Interesse konzentriere. Aber dann stand sie plötzlich ermüdet auf, und dieselben soeben noch fragenden Augen baten ihn wegzugehen, oder sie hatte Hunger bekommen und aß mit solchem Appetit …
All das wäre sehr schön gewesen: er war kein Phantast; er wollte keine stürmische Leidenschaft, wie auch Oblomow eine solche nicht gewünscht hatte, nur aus anderen Gründen. Aber er hätte doch gewünscht, daß das Gefühl erst dann in ruhigem Bette dahinflösse, nachdem es zuerst an der Quelle heiß aufgewallt wäre, so daß man daraus schöpfen und sich berauschen könnte und dann das ganze Leben hindurch wüßte, woher diese Quelle des Glückes entspringe.
»Liebt sie, oder liebt sie nicht?« fragte er sich in qualvoller Erregung, die ihm beinah blutigen Schweiß auf die Stirn treten ließ und ihm fast die Tränen in die Augen trieb.

Diese Frage wurde für ihn immer mehr eine brennende; sie umfing ihn wie eine Flamme und hemmte alle seine Absichten; es war die Hauptfrage, die einzige Frage nicht mehr seiner Liebe, sondern seines Lebens. Er hatte jetzt für nichts anderes Raum in der Seele.

Es schien, als ob in diesem halben Jahr alle die Qualen und Foltern der Liebe, denen er bei seinen Begegnungen mit Frauen früher so geschickt entgangen war, sich mit einem Mal zusammengefunden hätten und ihn zur Vergeltung peinigten. Er fühlte, daß auch sein gesunder Organismus nicht standhalten werde, wenn diese Anspannung des Geistes, des Willens und der Nerven noch monatelang fortdauere. Er begriff (was ihm bis dahin fremd gewesen war), wie die Kräfte bei diesen den Augen verborgenen Kämpfen der Seele mit der Leidenschaft aufgerieben werden, und wie das Herz von unheilbaren Wunden zerfleischt wird, die zwar nicht bluten, aber dem Leidenden ein Stöhnen abzwingen, und wie sogar das Leben dahinschwindet.

Er hatte das stolze Vertrauen auf seine Kraft bis zu einem gewissen Grade verloren; er scherzte nicht mehr leichtfertig, wenn er Erzählungen hörte, wie manche Leute aus allerlei Ursachen, unter anderm auch aus Liebe, den Verstand verloren hätten und dahingesiecht seien. Es wurde ihm bange.

»Nein, ich werde der Sache ein Ende machen«, sagte er sich; »ich werde wie früher in ihre Seele hineinblicken, und morgen werde ich entweder glücklich sein oder wegreisen!«

»Ich habe keine Kraft mehr!« fuhr er, sich im Spiegel betrachtend, fort. »Ich sehe ganz entstellt aus ... Es ist genug! ...«

Er ging gerade auf sein Ziel los, das heißt, er ging zu Olga.

Wie stand es aber mit Olga? Bemerkte sie seinen Zustand nicht, oder war sie dagegen gefühllos?

Bemerken mußte sie ihn mit Notwendigkeit: auch Frauen, die nicht ein so feines Empfinden besitzen wie sie, verstehen es, freundschaftliche Ergebenheit und Dienstfertigkeit von der zarten Äußerung eines andern Gefühls zu unterscheiden. Koketterie konnte niemand bei ihr für möglich halten, der eine richtige Vorstellung von ihrer wahren, ungeheuchelten, ihr von Natur eigenen Moralität hatte. Sie war über diese gewöhnliche Schwäche erhaben.

Es blieb nur die Annahme, daß sie ohne alle praktischen Absichten an dieser ununterbrochenen, von Geist und Leidenschaft erfüllten Verehrung von seiten eines solchen Mannes wie Stolz Gefallen fand. Und allerdings fand sie daran Gefallen: diese Verehrung diente dazu, ihr verletztes Selbstgefühl wieder aufzurichten, und stellte sie allmählich wieder auf jenes Piedestal, von dem sie herabgefallen war; allmählich wurde ihr Stolz wieder rege.

Aber wie dachte sie denn darüber, zu welchem Ende diese Verehrung schließlich kommen solle? Diese Verehrung konnte sich doch nicht immer in einem ewigen Kampfe der Wißbegier Stolzens mit ihrem hartnäckigen Schweigen äußern. Ahnte Olga wenigstens, daß dieser ganze Kampf des Liebenden nicht vergeblich sein werde, daß Stolz eine Sache glücklich durchführen werde, in der er soviel Willen und Charakterstärke hineingesteckt hatte? Sollte er dieses leuchtende Feuer vergebens aufgewandt haben? Oder sollte in den Strahlen dieses leuchtenden Feuers das Bild Oblomows und jener Liebe untergehen?

Sie verstand das nicht, war sich dessen nicht klar bewußt, kämpfte verzweifelt mit diesen Fragen und mit sich selbst und wußte nicht, wie sie aus diesem Chaos herauskommen könne.

Wie sollte sie sich verhalten? In dieser unentschiedenen Lage zu verharren war nicht möglich; irgendeinmal mußte es von diesem stummen Spiele und Kampfe der in der Brust verschlossenen Gefühle zu Worte kommen – welche Aus-

kunft sollte sie dann über das vergangene Gefühl geben? Wie sollte sie es nennen, und wie sollte sie dasjenige Gefühl nennen, das sie jetzt Stolz gegenüber empfand?
Wenn das Liebe war, was sie jetzt Stolz gegenüber empfand, was war dann eigentlich jene Liebe gewesen? Koketterie, Wankelmut oder noch etwas Schlimmeres? Es wurde ihr glühend heiß bei diesen Gedanken, und die Röte der Scham stieg ihr ins Gesicht. Eine solche Anschuldigung konnte sie nicht gegen sich selbst erheben.
Wenn jenes Gefühl aber eine ernste, reine Liebe gewesen war, was war dann ihr Verhalten Stolz gegenüber? War das ein Spiel, ein Betrug, eine schlaue Spekulation, um ihn zum Heiraten zu verleiten und dadurch den Wankelmut ihres Benehmens zu verdecken? Es überlief sie kalt bei dem bloßen Gedanken, und Blässe überzog ihre Wangen.
Aber wenn es kein Spiel, kein Betrug, keine Spekulation war – was war es dann? etwa wieder Liebe?
Bei dieser Annahme wurde sie ganz fassungslos: eine zweite Liebe sieben, acht Monate nach der ersten? Wer würde ihr das glauben? Wie würde sie davon auch nur ein Wort fallen lassen können, ohne bei dem Hörer Erstaunen oder vielleicht sogar Verachtung hervorzurufen? Sie wagte daran gar nicht zu denken; sie hatte kein Recht dazu!
Sie suchte in ihrer Erfahrung umher: dort fand sie keine Beispiele für eine zweite Liebe. Sie erinnerte sich an die Autorität altjüngferlicher Tanten, verschiedener kluger Mädchen, ja auch einiger Schriftsteller, die als »Denker auf dem Gebiete der Liebe« galten – von allen Seiten hörte sie das unerbittliche Verdikt: »Das Weib liebt nur ein einziges Mal wahrhaft.« Auch Oblomow hatte sein Urteil in diesem Sinne abgegeben. Sie erinnerte sich an Sonitschka, wie diese sich wohl über eine zweite Liebe äußern würde; aber von Leuten, die aus Rußland kamen, hörte sie, daß ihre Freundin bereits zu

einer dritten Liebe übergegangen sei … Nein, nein, sie liebte Stolz nicht (dies war das Resultat, zu dem sie gelangte); das war auch gar nicht möglich! Sie hatte Oblomow geliebt, und diese Liebe war gestorben; die Blume des Lebens war verwelkt für immer! Sie empfand für Stolz nur Freundschaft, eine Freundschaft, die sich auf seine vortrefflichen Eigenschaften und dann auf seine Freundschaft für sie, auf seine Gefälligkeit und auf sein Zutrauen zu ihr gründete.

So wies sie den Gedanken einer Liebe zu ihrem alten Freunde als etwas ganz Unmögliches von sich.

Dies war der Grund, weswegen Stolz auf ihrem Gesichte und in ihren Worten weder ein positives Zeichen von Gleichgültigkeit gewahren konnte, noch auch einen momentanen Blick oder auch nur einen Funken eines Gefühles, das auch nur um Haaresbreite über die Grenze einer warmen, herzlichen, aber gewöhnlichen Freundschaft hinausgegangen wäre.

Um alledem mit einem Male ein Ende zu machen, blieb ihr nur eines übrig: nachdem sie die Symptome einer entstehenden Liebe bei Stolz bemerkt hatte, ihr keine Nahrung und keine Gelegenheit zur Weiterentwicklung zu geben und so bald wie möglich wegzureisen. Aber sie hatte schon zu viel Zeit verloren: die Liebe war schon vor langer Zeit entstanden. Zudem konnte sie nicht umhin vorherzusehen, daß das Gefühl bei ihm den Charakter einer Leidenschaft annehmen werde; er war eben kein Oblomow: ihm konnte man durch eine Abreise nicht entfliehen.

Physisch wäre dies allerdings möglich gewesen; aber in geistiger Hinsicht war es ihr unmöglich wegzufahren. Anfangs hatte sie nur von den früheren Rechten der Freundschaft Gebrauch gemacht und in Stolz, wie ehemals, bald einen munteren, witzigen, spöttischen Gesellschafter gefunden, bald einen zuverlässigen, tiefen Beobachter der Erscheinun-

gen des Lebens, alles dessen, was ihnen widerfuhr oder an ihnen vorbeizog und ihr Interesse erregte.
Aber je häufiger sie miteinander zusammenkamen, um so mehr näherten sie sich geistig einer dem andern, und um so bedeutsamer wurde die Rolle, die er in Olgas Leben spielte: aus einem bloßen Beobachter wurde er für sie unmerklich ein Interpret der Erscheinungen des Lebens und ein Führer auf dem Lebenswege. Er wurde unsichtbarerweise ihr Verstand und ihr Gewissen, und es entstanden neue Rechte und neue geheime Bande, die Olgas ganzes Leben umstrickten, alles außer einem einzigen geheimen Winkelchen, das sie sorgsam vor seinem Späherblicke und vor seinem Urteile verbarg.
Sie ließ sich diese geistige Bevormundung ihres Verstandes und ihres Herzens gefallen und sah, daß auch sie ihrerseits Einfluß auf ihn gewonnen hatte. Sie hatten Rechte miteinander ausgetauscht; sie hatte diesen Austausch stillschweigend geschehen lassen, als ob sie ihn gar nicht bemerkte.
Wie konnte sie jetzt das alles rückgängig machen? … Und überdies steckte darin soviel … soviel geistige Anregung … soviel Vergnügen … soviel Mannigfaltigkeit … soviel Leben … Was sollte sie tun, wenn das alles auf einmal in Wegfall käme? Und als ihr der Gedanke zu fliehen kam, war es dazu schon zu spät; sie war dazu nicht mehr imstande.
Jeder Tag, den sie ohne ihn verbracht hatte, jeder Gedanke, den sie ihm nicht anvertraut und nicht mit ihm geteilt hatte, war für sie farblos und bedeutungslos.
»O Gott! Wenn ich seine Schwester sein könnte!« dachte sie. »Welches Glück, ein lebenslängliches Recht auf einen solchen Mann zu haben, nicht nur auf seinen Verstand, sondern auch auf sein Herz, das Zusammensein mit ihm in gesetzlich erlaubter, offener Weise zu genießen, ohne daß ich es mit schweren Opfern und Kränkungen erkaufen müßte, und

ohne daß ich ihm die klägliche Vergangenheit anzuvertrauen brauchte. Aber jetzt, was bin ich jetzt? Wenn er wegreist, habe ich nicht nur kein Recht, ihn zurückzuhalten, sondern ich muß die Trennung sogar wünschen. Und wenn ich versuchen wollte, ihn zurückzuhalten, was könnte ich ihm sagen, mit welchem Rechte könnte ich verlangen, ihn jeden Augenblick zu sehen und zu hören? Weil ich mich langweilen, mich nach ihm sehnen würde, weil er mich belehrt, mich erheitert, weil er mir nützlich und angenehm ist. Gewiß, das ist ein Grund, aber kein Recht. Und was gebe ich ihm als Gegenleistung? Das Recht, mich selbstlos mit liebevoller Bewunderung anzusehen, ohne daß er es wagen dürfte an Gegenseitigkeit auch nur zu denken, während doch so viele andere Frauen sich glücklich schätzen würden ...«

Sie quälte sich mit Überlegungen, wie sie aus dieser Lage herauskommen könne, und sah kein Ziel und kein Ende. Sie fürchtete von der Zukunft nur, daß er sich enttäuscht fühlen und sich für immer von ihr trennen werde. Manchmal ging ihr der Gedanke durch den Kopf, ihm alles zu entdecken, um mit einem Schlage ihren und seinen Kampf zu beenden; aber sobald sie ernstlicher daran dachte, fehlte ihr der Mut. Sie schämte sich, und das Herz tat ihr weh.

Das Seltsamste war, daß sie, seit sie von Stolz unzertrennlich geworden war, und er sich ihres Lebens bemächtigt hatte, ihre Vergangenheit nicht mehr achtete und sogar angefangen hatte, sich ihrer zu schämen. Hätte zum Beispiel der Baron oder sonst jemand davon erfahren, so würde sie allerdings verlegen geworden sein und sich unbehaglich gefühlt haben; aber sie hätte nicht solche Pein ausgestanden, wie sie sie jetzt bei dem Gedanken ausstand, daß Stolz davon erfahren könnte.

Sie stellte sich mit Entsetzen vor, was sich auf seinem Gesichte malen, wie er sie anblicken, was er sagen, was er dann denken werde. Sie werde ihm auf einmal so geringwertig, so schwach und so klein erscheinen. Nein, nein, um keinen Preis!

Sie begann sich zu beobachten und entdeckte mit Schrekken, daß sie sich nicht nur ihres früheren Liebesverhältnisses, sondern auch des Helden dieses Liebesverhältnisses schämte. Und voll schmerzlicher Reue schalt sie sich, weil sie für die tiefe Ergebenheit ihres früheren Freundes so undankbar sei. Vielleicht hätte sie sich auch an dieses Gefühl der Scham gewöhnt und es ertragen gelernt (woran gewöhnt sich der Mensch nicht!), wenn ihre Freundschaft für Stolz frei von allen selbstischen Absichten und Wünschen gewesen wäre. Aber wenn sie auch jedes listige, schmeichelnde Geflüster ihres Herzens unterdrückte, so hatte sie doch die Träumereien ihrer Phantasie nicht in der Gewalt: oft stand gegen ihren Willen das erleuchtete Bild dieser zweiten Liebe vor ihrem geistigen Blicke; zu immer mehr verführerischer Gestalt wuchs der Traum von einem reichen Glücke heran, von einem Glücke nicht an Oblomows Seite, nicht in trägem Dämmerzustande, sondern auf dem weiten Arbeitsfelde eines vielseitigen Lebens, mit all seiner Tiefe, mit all seinen Reizen und Leiden – das Bild des Glückes an Stolzens Seite …

Dann vergoß sie heiße Tränen über ihre Vergangenheit, konnte sie aber damit nicht wegwaschen. Sie ernüchterte sich von ihrem Glückstraume und rettete sich mit noch größerer Vorsicht hinter die undurchdringliche Mauer des Schweigens und jenes freundschaftlichen Gleichmutes, der für Stolz eine solche Pein war. Dann aber vergaß sie sich wieder, ließ sich in aller Selbstlosigkeit durch die Gegenwart des Freundes hinreißen und war bezaubernd, liebenswürdig und zutraulich, bis der unerlaubte Traum von einem Glücke, auf das sie jedes Recht verloren hatte, sie daran erinnerte, daß die Zukunft für sie verloren war, daß die rosigen Träume schon hinter ihr lagen und die Blüte des Lebens abgefallen war.

Wahrscheinlich wäre es ihr mit den Jahren gelungen, sich mit ihrer Lage auszusöhnen und sich der Hoffnung auf die Zukunft zu entwöhnen, wie das alle alten Jungfern tun; sie wäre dann entweder in kalte Apathie versunken oder hätte angefangen, sich mit guten Werken zu beschäftigen; aber plötzlich nahm ihr unerlaubter Traum eine drohendere Gestalt an, als sie aus einigen Worten, welche Stolz entfahren waren, klar erkannt hatte, daß sie an ihm einen Freund verloren und einen leidenschaftlichen Anbeter gewonnen hatte. Die Freundschaft war in der Liebe untergegangen.

Sie war an jenem Morgen, an dem sie dies entdeckt hatte, blaß, ging den ganzen Tag nicht aus, war sehr aufgeregt, kämpfte mit sich selbst, dachte darüber nach, was sie jetzt tun müsse, welche Pflicht ihr obliege – aber sie konnte darüber nicht ins klare kommen. Sie verwünschte nur sich selbst, warum sie nicht gleich am Anfang ihr Schamgefühl besiegt und ihrem Freunde Stolz die Vergangenheit enthüllt habe; jetzt müsse sie auch noch ihr Entsetzen besiegen.

Es kamen bei ihr auch Anfälle von Entschlossenheit vor, wo es ihr in der Brust weh tat und die Tränen gewaltsam hervorkommen wollten, wo es sie trieb, zu ihm hinzustürzen und ihm nicht mit bloßen Worten, sondern unter Schluchzen, Krämpfen und Ohnmachtsanfällen von ihrer Liebe zu erzählen, damit er auch ihre Buße sähe.

Sie hatte gehört, wie andere in ähnlichen Fällen handelten. Sonitschka zum Beispiel hatte ihrem Bräutigam von dem Kornett gesagt, sie habe ihn nur zum besten gehalten; er sei noch ein unreifer Junge; sie habe ihn absichtlich in der Kälte warten lassen, bis sie herausgekommen sei, um in den Wagen zu steigen, und so weiter.

Sonitschka würde kein Bedenken getragen haben, auch von Oblomow zu sagen, sie habe mit ihm nur ihren Scherz getrieben, um sich zu amüsieren; er sei so komisch; ob man denn »einen solchen Mehlsack« lieben könne; das könne doch niemand glauben. Indes hätte ein solches Benehmen wohl Sonitschkas Mann gelten lassen und auch viele andere, aber nicht Stolz.

Olga hätte der Sache auch ein schönes Mäntelchen umhängen und sagen können, sie habe Oblomow nur aus dem Abgrunde herausziehen wollen und deshalb sozusagen zu dem Mittel einer freundschaftlichen Koketterie gegriffen, um einen Menschen, dessen Lebenslicht im Erlöschen gewesen sei, neu zu beleben und sich dann wieder von ihm abzuwenden. Aber das wäre schon gar zu gesucht und gekünstelt und jedenfalls unwahr gewesen … Nein, es gab keine Rettung!

»O Gott, in was für einem Sumpfe stecke ich!« dachte Olga in bitterer Pein. »Soll ich es ihm enthüllen? … Ach nein, mag er es erst recht spät oder niemals erfahren! Aber wenn ich es ihm nicht enthülle, so ist das ganz dasselbe wie eine Unterschlagung. Das hat Ähnlichkeit mit Betrug, mit Gunstbuhlerei. O Gott, hilf mir!« Aber es wurde ihr keine Hilfe zuteil.

Wie sehr sie sich auch über Stolzens Anwesenheit freute, so hätte sie doch manchmal lieber gewünscht, nicht mehr mit ihm zusammenzutreffen, nur wie ein kaum wahrnehmbarer Schatten durch sein Leben hindurchzugehen und sein klares, verständiges Dasein nicht durch eine unrechtmäßige Leidenschaft zu verdüstern.

Sie würde sich (so dachte sie) noch eine Weile über ihre unglückliche Liebe grämen, über das Vergangene weinen und die Erinnerung daran in ihrer Seele begraben; dann aber … dann würde sie vielleicht eine »anständige Partie« finden, wie es deren viele gäbe, und eine gute, verständige, sorgsame Frau und Mutter werden; das Vergangene aber würde sie für eine mädchenhafte Träumerei halten, und sie würde nicht sowohl leben als das Leben erdulden. Das sei ja die Art, wie es alle machten!

Aber hier handelte es sich nicht um sie allein; hier war noch ein andrer beteiligt, und dieser andre setzte auf sie seine besten und größten Lebenshoffnungen.

»Warum habe ich geliebt?« fragte sie sich in selbstquälerischem Grame und erinnerte sich an den Morgen im Parke, als Oblomow sich von ihr trennen wollte und sie die Vorstellung hatte, das Buch ihres Lebens würde sich für immer schließen, wenn er diese Absicht ausführe. Sie hatte damals die Frage der Liebe und des Lebens mit solcher Kühnheit und Leichtigkeit gelöst, und alles war ihr so klar erschienen – und nun hatte sich alles zu einem unlösbaren Knoten zusammengewirrt.

Sie war sich so klug vorgekommen und hatte gemeint, man brauche nur die Dinge einfach anzusehen und geradeaus zu gehen; dann werde das Leben sich gehorsam wie ein Teppich zu ihren Füßen hinbreiten – und da war es nun ganz anders gekommen! … Sie konnte nicht einmal einem andern die Schuld zuwälzen; sie allein war die Verbrecherin! …

Olga ahnte nicht, warum Stolz gekommen war; sie erhob sich sorglos vom Sofa, legte das Buch hin und ging ihm entgegen.

»Störe ich Sie auch nicht?« fragte er und setzte sich in ihrem Zimmer an ein Fenster, das nach dem See hinausging. »Sie lasen?«

»Nein, ich hatte schon aufgehört zu lesen: es wird schon zu dunkel. Ich habe Sie erwartet!« antwortete sie in weichem, freundschaftlichem, zutraulichem Tone.

»Um so besser; ich muß mit Ihnen reden«, sagte er ernst und rückte ihr einen andern Lehnstuhl ans Fenster.

Sie fuhr zusammen und blieb stumm an demselben Fleck stehen. Dann ließ sie sich mechanisch in den Lehnstuhl sinken und saß mit gesenktem Kopfe, und ohne die Augen zu erheben, in einem qualvollen Zustande da. Sie wäre in diesem Augenblicke am liebsten hundert Werst weit von diesem Orte weggewesen.

Da leuchtete wie ein Blitz in ihrem Gedächtnisse die Vergangenheit auf. »Das Gericht ist gekommen! Man darf mit dem Leben nicht spielen wie mit Puppen!« glaubte sie eine fremde Stimme ihr zurufen zu hören. »Treib keinen Scherz mit dem Leben; sonst wirst du dafür büßen!«

Sie schwiegen mehrere Minuten. Er sammelte augenscheinlich seine Gedanken. Olga betrachtete ängstlich sein abgemagertes Gesicht, die zusammengezogenen Augenbrauen, die aufeinandergepreßten Lippen mit dem Ausdrucke fester Entschlossenheit.

»Das ist die Nemesis …« dachte sie und zuckte innerlich zusammen. Beide bereiteten sich gleichsam zu einem Zweikampfe vor.

»Sie erraten gewiß, Olga Sergejewna, wovon ich sprechen will?« sagte er, indem er sie fragend ansah.

Er saß an einem Fensterpfeiler, der sein Gesicht beschattete, während das Licht vom Fenster gerade auf sie fiel, so daß er lesen konnte, was in ihrem Geiste vorging.

»Wie kann ich das wissen?« antwortete sie leise.

Diesem gefährlichen Gegner gegenüber bewies sie weder die Willenskraft und Charakterfestigkeit noch den Scharfsinn und die Selbstbeherrschung, mit denen sie Oblomow stets entgegengetreten war.

Sie sah ein, daß, wenn sie sich bisher vor Stolzens scharfem Blicke hatte verbergen und den Krieg glücklich führen können, sie dies ganz und gar nicht, wie im Kampfe mit Oblomow, ihrer Kraft, sondern nur Stolzens hartnäckigem

Schweigen und seinem verschlossenen Benehmen verdankte. Aber im offenen Felde war das Übergewicht nicht auf ihrer Seite, und darum wollte sie durch die Frage: »Wie kann ich das wissen?« nur einen Zollbreit Raum und eine Minute Zeit gewinnen, damit der Feind seine Absicht deutlicher enthülle.

»Sie wissen es nicht?« sagte er schlicht. »Nun gut, dann werde ich es sagen …«

»Ach nein!« entfuhr es ihr plötzlich.

Sie ergriff ihn bei der Hand und sah ihn an, als ob sie um Schonung bäte.

»Sehen Sie wohl; also hatte ich doch erraten, daß Sie es wissen!« sagte er. »Warum sagten Sie dann Nein?« fügte er dann traurig hinzu.

Sie schwieg.

»Wenn Sie vorhergesehen haben, daß ich mich einmal aussprechen würde, so haben Sie gewiß auch gewußt, was Sie mir antworten wollen?« fragte er.

»Ich habe es vorhergesehen und mich gequält!« sagte sie, indem sie sich gegen die Lehne des Sessels zurücksinken ließ, sich vom Lichte wegwendete und im stillen die Dämmerung anrief, ihr doch recht schnell zu Hilfe zu kommen, damit er nicht den Kampf der Verwirrung und des Kummers auf ihrem Gesicht lese.

»Sie haben sich gequält! Das ist ein furchtbares Wort«, sagte er beinah flüsternd. »Das ist Dantes: ›Laß die Hoffnung für immer fahren!‹ Dann habe ich nichts mehr zu sagen, damit ist alles erledigt! Aber ich danke Ihnen auch dafür«, fügte er mit einem tiefen Seufzer hinzu; »ich bin wenigstens aus dem Chaos und aus dem Dunkel herausgekommen und weiß nun, was ich zu tun habe. Da gibt es nur eine Rettung: so schnell wie möglich zu fliehen!«

Er stand auf.

»Nein, um Gotteswillen, nein!« rief sie erschrocken und flehend, indem sie zu ihm hinstürzte und ihn wieder bei der Hand ergriff. »Haben Sie Mitleid mit mir; was soll aus mir werden?«

Er setzte sich wieder hin und sie ebenfalls.

»Aber ich liebe Sie, Olga Sergejewna!« sagte er beinah rauh. »Sie haben gesehen, was in diesem halben Jahre aus mir geworden ist! Was wollen Sie denn? Einen vollständigen Triumph? Daß ich ganz dahinschwinde oder den Verstand verliere? Das möchte ich denn doch nicht!«

Ihre Miene veränderte sich.

»Reisen Sie weg!« sagte sie mit einem würdigen Ausdruck des unterdrückten Schmerzes über die erlittene Kränkung und zugleich einer tiefen Traurigkeit, die zu verbergen, sie nicht imstande war.

»Verzeihen Sie mir«, bat er; »ich habe mich vergangen! Da haben wir uns nun schon gezankt, ehe wir noch wissen, wie die Sache liegt. Ich weiß, daß Sie das nicht wollen können; aber Sie sind auch nicht imstande, sich in meine Lage zu versetzen, und darum ist Ihnen meine Absicht zu fliehen befremdlich. Der Mensch wird manchmal unbewußterweise zum Egoisten.«

Sie veränderte ihre Körperhaltung auf dem Lehnstuhl, als ob sie unbequem säße, sagte aber nichts.

»Nun, gesetzt, ich bleibe hier: was wird dabei herauskommen?« fuhr er fort. »Sie werden mir natürlich Ihre Freundschaft anbieten; aber die gehört mir ja ohnehin. Wenn ich jetzt wegfahre, wird sie mir auch nach einem Jahre, nach zwei Jahren immer noch gehören. Die Freundschaft ist eine schöne Sache, Olga Sergejewna, wenn sie in der Liebe zwischen einem jungen Manne und einem jungen Weibe oder in der Erinnerung an eine frühere Liebe zwischen alten Leuten besteht. Aber Gott behüte uns davor, daß sie von der einen Seite Freundschaft und von der andern Seite Liebe sei. Ich weiß, daß Ihnen der Umgang mit mir nicht langweilig ist; aber was meinen Sie, wie mir dabei zumute sein wird?«

»Ja, wenn es so ist, dann reisen Sie weg, und Gott sei mit Ihnen!« flüsterte sie kaum vernehmbar.

»Hierbleiben!« überlegte er laut; »auf des Messers Schneide gehen – eine schöne Freundschaft!«

»Aber ist mir denn leichter ums Herz?« erwiderte sie unerwartet.

»Woher könnte Ihnen denn schwer ums Herz sein?« fragte er lebhaft. »Sie ... Sie lieben ja nicht ...«

»Ich weiß es nicht, bei Gott, ich weiß es nicht! Aber wenn Sie ... wenn mein jetziges Leben sich ändert, was wird dann aus mir werden?« fügte sie traurig, beinah wie im Selbstgespräche, hinzu.

»Wie soll ich das verstehen? Erklären Sie es mir, um Gotteswillen!« sagte er, indem er seinen Sessel näher an sie heranrückte. Er war überrascht durch ihre Worte und durch den aus dem Herzen kommenden, unverstellten Ton, in dem sie gesprochen waren.

Er bemühte sich, ihre Gesichtszüge zu erkennen. Sie schwieg. In ihrer Brust war der glühende Wunsch rege, ihn zu beruhigen, das Wort: »Ich habe mich gequält« zurückzunehmen oder es anders auszulegen, als er es aufgefaßt hatte; aber wie sie es auslegen sollte, das wußte sie selbst nicht; sie fühlte nur undeutlich, daß sie beide unter dem Drucke eines verhängnisvollen Mißverständnisses standen, sich in einer falschen Lage befanden, daß ihnen infolgedessen beiden peinlich zumute war, und daß nur er oder, mit seiner Hilfe, sie imstande war, sowohl die Vergangenheit als auch die Gegenwart zur Klarheit und Ordnung zu bringen. Aber zu diesem Zwecke mußte sie die Kluft überschreiten, ihm enthüllen, was mit ihr vorgegangen war: wie sehr wünschte sie das, aber wie sehr fürchtete sie sich vor seinem Urteile!

»Ich verstehe selbst nichts; ich befinde mich noch mehr als Sie im Chaos und im Dunkel!« sagte sie.

»Hören Sie, haben Sie Vertrauen zu mir?« fragte er, indem er ihre Hand ergriff.

»Ein grenzenloses Vertrauen, wie zu einer Mutter; das wissen Sie«, antwortete sie mit schwacher Stimme.

»Dann erzählen Sie nur, was mit Ihnen in der Zeit, wo wir uns nicht gesehen haben, vorgegangen ist. Sie sind mir jetzt undurchdringlich, während ich früher alle Ihre Gedanken auf Ihrem Gesichte las. Es scheint, daß dies für uns das einzige Mittel ist, um einander zu verstehen. Sind Sie einverstanden?«

»Ach ja … das ist notwendig … wir müssen auf irgendeine Weise ein Ende machen …« sagte sie bekümmert im Hinblick auf das unvermeidliche Geständnis. – »Die Nemesis! Die Nemesis!« dachte sie und ließ den Kopf auf die Brust sinken.

Sie blickte zu Boden und schwieg. Ihn aber befiel infolge dieser einfachen Worte und noch mehr infolge ihres Stillschweigens ein großer Schreck.

»Sie leidet Qualen! O Gott! Was ist mit ihr vorgegangen?« dachte er; er fühlte, wie ihm die Stirn kalt wurde und ihm die Hände und Füße zitterten. Er stellte sich etwas ganz Furchtbares vor. Sie schwieg immer noch und kämpfte offenbar mit sich selbst.

»Also … Olga Sergejewna …« trieb er sie zur Eile an.

Sie schwieg und machte nur wieder eine nervöse Bewegung, die in der Dunkelheit nicht zu sehen war; es war nur zu hören, wie ihr seidenes Kleid raschelte.

»Ich nehme meinen Mut zusammen«, sagte sie endlich. »Wenn Sie wüßten, wie schwer es mir wird!« fügte sie dann hinzu und wandte sich zur Seite, bemüht, in dem Kampfe obzusiegen.

Am liebsten wäre es ihr gewesen, wenn Stolz alles nicht aus ihrem Munde, sondern durch irgendein Wunder erfahren hätte. Zum Glücke war es dunkler geworden, und ihr Gesicht war schon im Schatten. Nur die Stimme konnte sie verraten; aber die Worte wollten ihr nicht von der Zunge, als ob sie in Verlegenheit wäre, in welchem Tone sie anfangen solle.

»O Gott, wie schwer muß meine Schuld sein, wenn ich mich so schäme und das Herz mir so weh tut!« dachte sie mit innerer Pein.

Und dabei hatte sie vor nicht allzu langer Zeit mit solcher Zuversicht ihr eigenes und ein fremdes Schicksal gelenkt und war so klug und so stark gewesen! Und nun war die Reihe an ihr, wie ein kleines Mädchen zu zittern! Die Scham wegen der Vergangenheit, die Verletzung ihres Ehrgefühles in der Gegenwart und die falsche Situation, in der sie sich befand, das alles peinigte sie ... Es war nicht zu ertragen!

»Ich werde Ihnen helfen ... Sie ... haben geliebt? ...« brachte Stolz mit Mühe heraus, so weh taten ihm seine eigenen Worte.

Sie bejahte durch Stillschweigen. Ihn befiel wieder ein gewaltiger Schreck.

»Wen denn? Ist das ein Geheimnis?« fragte er. Er bemühte sich, mit fester Stimme zu sprechen, fühlte aber selbst, daß ihm die Lippen zitterten.

Olgas Qualen aber wurden noch heftiger. Sie hätte am liebsten einen andern Namen genannt und eine andre Geschichte ersonnen. Einen Augenblick lang schwankte sie; aber es war nichts zu machen: wie ein Mensch, der im Moment der größten Gefahr sich von einem steilen Ufer hinabwirft oder sich in die Flammen stürzt, so sagte sie plötzlich: »Oblomow.«

Er war starr. Das Stillschweigen dauerte einige Minuten.

»Oblomow?« wiederholte er erstaunt. »Das ist nicht wahr!« fügte er dann, die Stimme senkend, in bestimmtem Tone hinzu.

»Es ist wahr!« antwortete sie ruhig.

»Oblomow!« wiederholte er noch einmal. »Es ist nicht möglich!« fügte er im Tone fester Überzeugung hinzu. »Da liegt irgend etwas vor: Sie haben sich oder Oblomow oder schließlich die Liebe nicht verstanden.«

Sie schwieg.

»Das ist nicht Liebe; das ist etwas anderes, sage ich!« wiederholte er hartnäckig.

»Ja, ich habe mit ihm kokettiert, ihn an der Nase herumgeführt, ihn unglücklich gemacht … und nun mache ich mich Ihrer Meinung nach an Sie heran!« sagte sie mit erzwungener Ruhe; aber es war ihrer Stimme anzuhören, daß sie sich gekränkt fühlte und nahe daran war, in Tränen auszubrechen.

»Liebe Olga Sergejewna! Seien Sie nicht böse, reden Sie nicht so: das ist nicht Ihr Ton. Sie wissen, daß ich nichts derartiges denke. Aber es will mir nicht in den Kopf gehen, und ich begreife nicht, wie Oblomow …«

»Er ist doch Ihrer Freundschaft würdig; Sie schätzen ihn außerordentlich hoch: warum soll er da nicht der Liebe würdig sein?« verteidigte sie ihn.

»Ich weiß, daß die Liebe minder anspruchsvoll ist als die Freundschaft«, erwiderte er; »sie ist sogar häufig blind; man liebt nicht um der Verdienste willen – das ist immer so. Aber für die Liebe ist etwas notwendig (es sind manchmal nur Kleinigkeiten), was man nicht definieren noch benennen kann, und was mein unvergleichlicher aber ungewandter Ilja nicht besitzt. Das ist der Grund, weshalb ich erstaunt bin. Hören Sie«, fuhr er lebhaft fort, »wir werden auf diese Wei-

se nie zu Ende kommen und einander nie verstehen. Schämen Sie sich der Einzelheiten nicht, schonen Sie sich eine halbe Stunde lang nicht, erzählen Sie mir alles; und dann werde ich Ihnen sagen, von welcher Art das Vergangene war, und vielleicht sogar, was nun in Zukunft geschehen wird ... Es scheint mir immer noch, daß die Sache ... sich anders verhält ... Ach, wenn es doch wahr wäre!« fügte er in hoffnungsvoller Erregung hinzu. »Wenn es doch Oblomow wäre und kein andrer! Oblomow! Das würde ja bedeuten, daß Sie nicht der Vergangenheit, nicht einer Liebe gehören, sondern frei sind ... Erzählen Sie, erzählen Sie schnell!« schloß er in ruhigem, beinah fröhlichem Tone.
»Ja, mit Gottes Hilfe will ich es tun!« antwortete sie vertrauensvoll; sie freute sich, daß ihr ein Teil ihrer Ketten abgenommen war. »So ganz allein verliere ich den Verstand. Wenn Sie wüßten, wie elend mir zumute ist! Ich weiß nicht, ob ich mich schuldig gemacht habe oder nicht, ob ich mich der Vergangenheit schämen oder sie beklagen soll, ob ich auf die Zukunft hoffen darf oder verzweifeln muß ... Sie haben von Ihren Qualen gesprochen; aber Sie ahnten nicht die meinigen. Hören Sie mich bis zu Ende an, aber nur nicht mit dem Verstande: ich fürchte mich vor Ihrem Verstande. Hören Sie lieber mit dem Herzen; vielleicht wird Ihr Herz in Erwägung ziehen, daß ich keine Mutter habe, daß ich wie in einem Walde mich nicht zurechtfand ...« fügte sie leise mit gesenkter Stimme hinzu. »Nein«, verbesserte sie sich dann eilig, »schonen Sie mich nicht! Wenn das Liebe war, so ... reisen Sie fort« (sie hielt einen Augenblick inne), »und kommen Sie später wieder, wenn bei Ihnen wieder nur die Freundschaft sprechen wird. Wenn es aber Leichtfertigkeit und Koketterie war, so bestrafen Sie mich dadurch, daß Sie weit wegfliehen und mich vergessen. So hören Sie denn!«
Er drückte ihr zur Antwort kräftig beide Hände.

Nun begann Olgas Beichte, eine lange, eingehende Beichte. All das, was so lange an ihr genagt hatte, worüber sie errötet, worüber sie früher gerührt und glücklich gewesen war; um dann auf einmal in den Sumpf des Grames und der Zweifel zu versinken, das alles übertrug sie mit peinlicher Genauigkeit, Wort für Wort aus ihrem Geiste in einen fremden Geist. Sie erzählte von den Spaziergängen, vom Parke, von ihren Hoffnungen, von Oblomows Aufleben und Fall, von dem Fliederzweige, sogar von dem Kusse. Mit Stillschweigen überging sie nur den schwülen Abend im Sommergarten, wahrscheinlich, weil sie selbst noch nicht darüber im klaren war, was für einen Anfall sie damals gehabt hatte.

Am Anfang war nur ihr verlegenes Flüstern zu hören; aber je länger sie redete, um so deutlicher und freier wurde ihre Stimme; von dem Flüstern ging sie zu halblautem Sprechen über und erhob sich dann zu vollen Brusttönen. Sie schloß ruhig, als ob sie etwas von einem andern Erlebtes erzählte. Vor ihren eigenen Augen sank ein Schleier hernieder; und die Vergangenheit tat sich vor ihr auf, in welche unverwandt hineinzublicken sie sich bis zu diesem Augenblicke gefürchtet hatte. Für vieles gingen ihr die Augen auf, und sie hätte ihr Gegenüber dreist angesehen, wenn es nicht dunkel gewesen wäre.

Sie war zu Ende und erwartete das Urteil. Aber Grabesstille war die Antwort.

Was hatte er nur? Es war kein Wort, keine Bewegung, nicht einmal ein Atemzug zu hören, wie wenn niemand bei ihr wäre.

Diese Stummheit ließ in ihr wieder neue Zweifel entstehen. Das Schweigen dauerte fort. Was bedeutete dieses Schweigen? Welcher Urteilsspruch stand ihr von seiten des scharfsichtigsten, freundlichsten Richters, den es in der ganzen Welt gab, bevor? Von allen übrigen war zu erwarten, daß sie

sie erbarmungslos verurteilen würden; nur er allein konnte ihr Anwalt sein; ihn würde sie dazu erwählen ... er würde alles verstehen, abwägen und besser als sie selbst zu ihrem Vorteil geltend machen! Aber er schwieg: war ihre Sache wirklich verloren? ...

Es wurde ihr wieder bange

Die Tür öffnete sich, und zwei Kerzen, die das Stubenmädchen hereinbrachte, erhellten mit ihrem Lichte die Ecke, in der die beiden saßen.

Sie warf ihm einen schüchternen, aber gespannten, fragenden Blick zu. Er hatte die Arme über der Brust gekreuzt, sah sie mit sanften, hellen Augen an und weidete sich an ihrer Verlegenheit.

Ihre Angst verging, das Herz wurde ihr warm. Beruhigt seufzte sie auf und wäre beinah in Tränen ausgebrochen. Sie gewann augenblicklich die Nachsicht mit sich selbst und das Vertrauen zu ihm zurück. Sie war glücklich wie ein Kind, das Verzeihung erlangt hat und beruhigt und geliebkost worden ist.

»Ist das alles?« fragte er leise.

»Ja, alles!« antwortete sie.

»Und sein Brief?«

Sie nahm den Brief aus ihrem Portefeuille heraus und reichte ihn ihm hin. Er trat an eine Kerze heran, las ihn durch und legte ihn auf den Tisch. Seine Augen aber wandten sich wieder mit ebenjenem Ausdruck zu ihr, den sie schon lange nicht mehr an ihm gesehen hätte.

Vor ihr stand ihr früherer selbstbewußter, ein wenig spöttischer und grenzenlos gutherziger, sie verwöhnender Freund. Auf seinem Gesichte war keine Spur von Leid oder Zweifel sichtbar. Er ergriff ihre beiden Hände, küßte erst die eine, dann die andre, und überließ sich dann einem tiefen Nachdenken. Auch sie verstummte und beobachtete unverwandt jede Bewegung, die die Gedanken auf seinem Gesichte hervorriefen.

Auf einmal stand er auf.

»O Gott, wenn ich gewußt hätte, daß es sich um Oblomow handelt, hätte ich mich dann wohl so gequält?« sagte er und sah sie so freundlich und zutraulich an, als ob sie nicht diese schreckliche Vergangenheit hätte. Es wurde ihr so fröhlich, so festtäglich zumute. Es war ihr so leicht ums Herz. Es wurde ihr klar, daß er der einzige war, vor dem sie sich geschämt hatte; er aber verurteilte sie nicht und floh nicht! Was kümmerte sie das Urteil der ganzen Welt!

Er hatte die Herrschaft über sich wieder zurückgewonnen und war fröhlich; aber das genügte ihr noch nicht. Sie sah, daß sie freigesprochen war; sie wollte jedoch als Angeklagte den Urteilsspruch kennen lernen. Aber Stolz griff nach seinem Hute.

»Wo wollen Sie hin?« fragte sie.

»Sie sind aufgeregt; erholen Sie sich!« sagte er. »Morgen sprechen wir weiter darüber.«

»Sie wollen, daß ich die ganze Nacht nicht schlafen soll?« unterbrach sie ihn, indem sie ihn bei der Hand zurückhielt und ihn veranlaßte, sich auf einen Stuhl zu setzen. »Sie wollen weggehen, ohne mir gesagt zu haben, was das war, was ich jetzt bin, und was ich sein werde? Haben Sie Mitleid mit mir, Andrei Iwanowitsch; wer wird es mir denn sonst sagen? Wer wird mich bestrafen, wenn ich es verdiene, oder … wer wird mir verzeihen? …« fügte sie hinzu und sah ihn mit einem Blicke so zärtlicher Freundschaft an, daß er den Hut hinwarf und sich beinah selbst vor ihr auf die Knie geworfen hätte.

»Sie mein Engel (erlauben Sie mir, Sie so zu nennen)«, sagte er, »quälen Sie sich nicht unnötigerweise. Weder Sie zu richten noch Sie zu begnadigen ist erforderlich. Ich habe zu Ihrer Erzählung nicht einmal etwas hinzuzufügen. Was können

Sie denn noch für Zweifel hegen? Sie wollen wissen, was das war, wie es zu nennen ist? Sie wissen es längst … Wo ist Oblomows Brief?« Er nahm diesen Brief vom Tische.

»Hören Sie zu!« sagte er und las: »Ich will Ihnen nur beweisen, daß Ihr jetziges ›Ich liebe Sie‹ keine jetzige Liebe ist, sondern eine zukünftige; das ist nur ein unbewußtes Bedürfnis zu lieben, das in Ermangelung wirklicher Nahrung und wirklichen Feuers in Gestalt eines falschen, nicht wärmenden Lichtes brennt und bei Frauen manchmal in Liebkosungen gegen ein Kind oder gegen eine andere Frau oder sogar einfach in Tränen oder hysterischen Anfällen zum Ausdruck kommt … Sie haben sich geirrt; vor Ihnen steht nicht der, den Sie erwartet, von dem Sie geträumt haben. Warten Sie, er wird sich schon einstellen, und dann werden Sie zur Besinnung kommen; Sie werden sich über Ihren Irrtum ärgern und sich seiner schämen …«

»Sehen Sie, wie wahr das ist!« sagte er. »Sie haben sich Ihres Irrtums geschämt und sich über ihn geärgert. Hierzu ist nichts hinzuzufügen. Er hat recht gehabt; aber Sie haben ihm nicht geglaubt, und darin besteht Ihre ganze Schuld. Sie beide hätten sich gleich damals voneinander trennen sollen; aber ihm hatte es Ihre Schönheit angetan, und Sie rührte seine taubenhafte Zärtlichkeit!« fügte er ein wenig spöttisch hinzu.

»Ich habe ihm nicht geglaubt; ich meinte, das Herz irre sich nicht.«

»Doch, es irrt sich, und manchmal in der verderblichsten Weise! Aber bei Ihnen beiden war die Sache noch gar nicht bis ans Herz gelangt«, fügte er hinzu. »Was da vorlag, war Phantasie und Selbstgefühl auf der einen Seite, Schwäche auf der andern … Und Sie fürchteten, es werde kein andrer Festtag mehr in Ihrem Leben kommen; dieser blasse Strahl werde Ihr Leben erhellen, und dann werde eine ewige Nacht folgen …«

»Und die Tränen?« erwiderte sie. »Kam es mir etwa nicht vom Herzen, wenn ich weinte? Ich habe nicht gelogen; ich bin aufrichtig gewesen …«

»Mein Gott, worüber weinen Frauen nicht! Sie sagen ja selbst, Sie hätten sich um den Fliederzweig und um die Lieblingsbank gegrämt. Nehmen Sie noch das getäuschte Selbstgefühl, das Mißlingen der Rolle als Retterin und ein wenig Gewohnheit hinzu – wie viele Gründe sind das zum Weinen!«

»Und unsere Zusammenkünfte, unsere Spaziergänge, waren auch die ein Irrtum? Sie erinnern sich, daß ich … bei ihm gewesen bin …« schloß sie verlegen, und es schien, als wolle sie selbst ihre ersten Worte durch noch stärkere übertönen. Sie gab sich Mühe, sich selbst anzuklagen, nur damit er sie um so wärmer verteidigen möchte, und damit sie in seinen Augen immer mehr gerechtfertigt dastände.

»Aus Ihrer Erzählung geht hervor, daß Sie beide bei den letzten Zusammenkünften nicht mehr wußten, wovon Sie sprechen sollten. Ihrer sogenannten Liebe fehlte es auch an einem Inhalte; sie konnte sich nicht weiter entwickeln. Sie hatten sich schon vor der äußerlichen Trennung innerlich voneinander getrennt und waren nicht der Liebe treu gewesen, sondern einem Trugbilde derselben, das Sie sich selbst ersonnen hatten – das ist das ganze Geheimnis.«

»Und der Kuß?« flüsterte sie so leise, daß er es nicht hörte, sondern nur erriet.

»Oh, das ist allerdings wichtig«, erwiderte er in komisch strengem Tone. »Zur Strafe dafür müßte man Ihnen beim Mittagessen ein Gericht entziehen.« Er sah sie mit immer größerer Freundlichkeit und Liebe an.

»Ein Scherz ist keine Rechtfertigung eines solchen ›Irrtums‹!« versetzte sie ernst, gekränkt durch seine Gleichgültigkeit und durch seinen lässigen Ton. »Es würde mir leichter ums Herz sein, wenn Sie mich durch ein strenges Wort bestraft und mein Verhalten mit seinem richtigen Namen belegt hätten.«

»Ich hätte auch nicht gescherzt, wenn es sich nicht um Ilja, sondern um einen andern handelte«, rechtfertigte er sich. »Dann hätte der Irrtum mit einem Unglück enden können. Aber ich kenne Oblomow ...«

»Ein anderer, niemals!« unterbrach sie ihn errötend. »Ich habe ihn besser kennengelernt als Sie ...«

»Nun sehen Sie!« stimmte er ihr zu.

»Aber wenn er sich geändert hätte, aufgelebt wäre, auf mich gehört hätte und ... hätte ich ihn etwa auch dann nicht geliebt? Wäre etwa auch dann alles nur Unwahrhaftigkeit und Irrtum gewesen?« sagte sie, um die Sache von allen Seiten zu betrachten, damit auch nicht der geringste Fleck, nicht die geringste Dunkelheit zurückbliebe.

»Das heißt, wenn an seiner Stelle ein andrer Mensch gewesen wäre«, unterbrach Stolz sie. »Es ist nicht daran zu zweifeln, daß Ihr beiderseitiges Verhältnis sich dann zur Liebe fortgebildet, sich gefestigt hätte, und dann ... Aber das wäre eine andere Liebesgeschichte und ein andrer Held; das geht uns nichts an.«

Sie seufzte auf, als ob ihr die letzte Last vom Herzen gefallen wäre. Beide schwiegen.

»Ach, welch ein Glück ist es, wieder zu genesen«, sagte sie langsam, als ob sie wieder auflebte, und richtete auf ihn einen Blick voll so tiefer Dankbarkeit und so heißer, nie dagewesener Freundschaft, daß er in diesem Blicke den Funken zu sehen glaubte, auf den er fast ein Jahr lang vergeblich gewartet hatte. Ein freudiges Zittern lief ihm durch den ganzen Körper.

»Nein, ich bin es, der wieder genest«, erwiderte er und wurde nachdenklich. »Ach, wenn ich nur hätte wissen können, daß der Held dieses Liebesverhältnisses Ilja war! Wieviel Zeit

habe ich verloren, wieviel Herzblut geopfert! Wofür? Wozu?« sagte er beinah ärgerlich.
Aber auf einmal schien er diesen Arger zu überwinden und kam von dem schmerzlichen Sinnen wieder zu sich. Seine Stirn glättete sich, seine Augen wurden heiter.
»Aber das war wie es scheint, unvermeidlich. Und im Gegensatze dazu: wie ruhig bin ich jetzt und … wie glücklich!« fügte er voll Entzücken hinzu.
»Es ist wie ein Traum, als wäre nichts geschehen!« sagte sie nachdenklich und kaum hörbar, erstaunt über ihre plötzliche Wiedergeburt. »Sie haben mich nicht nur von der Scham und der Reue, sondern auch von der Trübsal und dem Schmerze befreit, von allem … Wie haben Sie das nur zu Wege gebracht?« fragte sie leise. »Und all das wird vergehen, dieser … Irrtum?«
»Es ist sogar schon vergangen, glaube ich!« antwortete er und blickte sie zum erstenmal mit den Augen der Leidenschaft an, ohne dies zu verbergen. »Das heißt, alles, was war.«
»Und das, was … sein wird … wird das kein Irrtum, sondern … Wahrheit sein?« fragte sie stockend.
»Das steht hier geschrieben«, versetzte er, indem er wieder den Brief zur Hand nahm: »›Vor Ihnen steht nicht der, den Sie erwartet, von dem Sie geträumt haben; er wird sich schon einstellen, und dann werden Sie zur Besinnung kommen …‹ Und Sie werden ihn lieben, füge ich hinzu, so lieben, daß nicht etwa nur ein Jahr, sondern das ganze Leben für diese Liebe zu kurz sein wird; nur weiß ich nicht, wen«, schloß er und sog sich förmlich mit den Augen an ihr fest.
Sie schlug die Augen nieder und preßte die Lippen zusammen; aber durch die Lider drangen Strahlen nach außen, und die Lippen versuchten vergebens ein Lächeln zurückzuhalten. Sie sah ihn an und lachte so herzlich auf, daß ihr sogar die Tränen in die Augen kamen.

»Ich habe Ihnen gesagt, was mit Ihnen vorgegangen ist, und sogar was mit Ihnen vorgehen wird, Olga Sergejewna«, schloß er. »Sie geben mir aber keine Antwort auf meine Frage, die Sie mich nicht beenden ließen.«
»Aber was kann ich sagen?« erwiderte sie verlegen. »Hätte ich denn, auch wenn ich es könnte, ein Recht, das zu sagen, was Sie so sehr wünschen, und was Sie so sehr verdienen?« fügte sie flüsternd hinzu und sah ihn verschämt an.
In diesem Blicke glaubte er wieder einen Funken einer noch nie dagewesenen Freundschaft zu sehen und zuckte wieder vor Glückseligkeit zusammen.
»Übereilen Sie sich nicht«, erwiderte er; »sagen Sie erst dann, was ich verdiene, wenn Ihre Herzenstrauer und Ihre Anstandstrauer zu Ende sein wird. Mir hat auch dieses Jahr schon etwas gesagt. Jetzt aber beantworten Sie nur die Frage: soll ich wegreisen oder hierbleiben?«
»Hören Sie mal: Sie kokettieren mit mir!« sagte sie fröhlich.
»O nein!« versetzte er ernst. »Das ist nicht die Frage von vorhin; jetzt hat sie einen andern Sinn bekommen: wenn ich bleibe, in welcher rechtlichen Stellung bleibe ich dann?«
Sie wurde plötzlich verlegen.
»Sie sehen, daß ich nicht kokettiere!« fuhr er lachend fort, zufrieden, daß er sie gefangen hatte. »Wir müssen ja nach dem heutigen Gespräche miteinander anders verkehren; wir sind beide nicht mehr dieselben, die wir gestern waren.«
»Ich weiß nicht«, flüsterte sie noch verlegener.
»Gestatten Sie mir, Ihnen einen Rat zu geben?«
»Sprechen Sie … ich werde ihn blindlings befolgen!« antwortete sie mit einer beinah leidenschaftlichen Unterordnung.
»Heiraten Sie mich einstweilen, bis der erwartete Er kommt!«
»Ich wage es noch nicht …« flüsterte sie, das Gesicht mit den Händen bedeckend, aufgeregt, aber glücklich,

»Warum wagen Sie es denn nicht?« fragte er ebenfalls flüsternd und zog ihren Kopf zu sich heran.
»Und diese Vergangenheit?« flüsterte sie wieder, indem sie ihm wie einer Mutter den Kopf an die Brust legte.
Er nahm ihr leise die Hände vom Gesichte, küßte sie auf den Kopf, freute sich lange liebevoll über ihre Verlegenheit und blickte mit Entzücken auf die hervorquellenden und von den Augen wieder eingesogenen Tränen.
»Sie wird verwelken wie Ihr Flieder!« schloß er. »Sie haben Unterricht genommen; jetzt ist die Zeit gekommen, das Gelernte zu benutzen. Das Leben beginnt: überlassen Sie mir die Sorge für Ihre Zukunft und machen Sie sich darüber keine Gedanken – ich bürge für alles. Wir wollen zur Tante gehen.«
Erst spät machte sich Stolz auf den Heimweg.
»Ich habe gefunden, was mir bestimmt war«, dachte er, während er mit verliebten Augen die Bäume, den Himmel, den See und sogar den vom Wasser aufsteigenden Nebel betrachtete. »Endlich habe ich es erreicht! Wie viele Jahre lang habe ich gedürstet, mich geduldet, meine Seelenkräfte gespart! Wie lange Zeit habe ich gewartet – nun ist alles belohnt: da ist es, das höchste Glück des Menschen!«
Das neue Glück ließ ihn jetzt alles Frühere vergessen: das Kontor und das Wägelchen seines Vaters, die waschledernen Handschuhe, die schmierigen Rechnungen – das ganze geschäftliche Leben. In seinem Gedächtnisse tauchte nur das wohlriechende Zimmer seiner Mutter auf, die Variationen von Herz, die fürstliche Galerie, blaue Augen und braunes gepudertes Haar – und all dies wurde übertönt von einer zärtlichen Stimme, der Stimme Olgas: er hörte im Geiste ihren Gesang …
»Olga, mein Weib!« flüsterte er, leidenschaftlich zusammenfahrend. »Ich habe alles gefunden, brauch nichts mehr zu suchen, nach keinem andern Ziele zu streben!«

Ganz benommen von seinem Glücke und in Gedanken versunken ging er nach Hause, ohne auf den Weg und die Straßen zu achten ...

Olga folgte ihm lange mit den Augen; dann öffnete sie das Fenster und atmete einige Minuten lang die nächtliche Kühle ein; ihre Aufregung legte sich allmählich und ihre Brust atmete gleichmäßig.

Sie richtete ihre Augen auf den See und in die Ferne und dachte so still und tief nach, wie wenn sie im Einschlafen begriffen wäre. Sie wollte das, woran sie dachte und was sie empfand, festhalten, vermochte es aber nicht. Die Gedanken zogen so gleichmäßig dahin wie Wellen; das Blut strömte leicht und glatt durch ihre Adern. Sie fühlte sich glücklich, ohne daß sie hätte angeben können, wo der Anfang und wo die Grenze dieses Glücks war, und worin es bestand. Sie dachte, weshalb es ihr nur so still und friedlich und unendlich wohl und ruhig ums Herz sei, während doch ...

»Ich bin seine Braut«, flüsterte sie.

»Ich bin Braut«, denkt mit stolzem Beben ein Mädchen, das endlich den Augenblick gekommen sieht, der ihr ganzes Leben erhellt, und sie wächst höher hinan und schaut von der Höhe auf den dunklen Pfad hinab, auf dem sie noch tags zuvor allein und unbeachtet wandelte.

Warum bebte denn Olga nicht? Auch sie war einsam und unbeachtet ihren Weg gewandelt, auch ihr war an einer Wegekreuzung Er begegnet, hatte ihr die Hand gereicht und sie fortgeführt, nicht in den Glanz blendender Strahlen, sondern gleichsam zu dem weiten Wasserspiegel eines Flusses, zu ausgedehnten Feldern und freundlich lächelnden Hügeln. Kein Glanz zwang sie, die Augen zuzudrücken; ihr Herz pochte nicht heftiger; ihre Phantasie flammte nicht auf. Mit stiller Freude ließ sie ihre Phantasie auf der großen Wasserfläche des Lebens, auf seinen weiten Feldern und grünen

Hügeln ruhen. Es lief ihr kein Zittern über die Schultern; nur als sie ihren Blick von den Feldern und Hügeln auf den Mann lenkte, der ihr die Hand gereicht hatte, da fühlte sie, daß ihr eine Träne langsam über die Wange floß …

Sie saß noch immer da, als ob sie schliefe; so still war der Traum ihres Glückes; sie rührte sich nicht, sie atmete kaum. Alles um sich her vergessend, richtete sie ihren geistigen Blick auf eine Art von stiller, blauer Nacht, die von einem sanften Schimmer, von Wärme und Duft erfüllt war. Der Traum des Glückes breitete seine weiten Flügel aus und schwamm langsam wie eine Wolke über ihrem Haupte am Himmel hin …

In diesem Traume sah sie sich nicht für zwei Stunden in Tüll und Spitzen eingehüllt und dann für das ganze Leben mit geringer Alltagskleidung angetan. Sie träumte nicht von einem Festmahle mit vielen Lichtern und fröhlichem Stimmengewirr; sie träumte von ihrem Glücke, aber von einem so schlichten, schmucklosen Glücke, daß sie noch einmal, ohne ein Beben des Stolzes und nur mit tiefer Rührung, flüsterte: »Ich bin seine Braut!«

## V.

O Gott, wie trübe und jämmerlich sah es in Oblomows Wohnung anderthalb Jahre nach jenem Namenstage aus, an welchem Stolz unerwartet zu ihm zum Mittagessen gekommen war. Auch Ilja Iljitsch selbst war aufgedunsen, und in seinen Augen hatte sich die Langeweile heimisch gemacht und schaute wie eine Krankheit von dort hervor.

Er pflegte lange im Zimmer auf und ab zu gehen; dann legte er sich hin und blickte nach der Zimmerdecke; er nahm ein Buch von der Etagere, überflog ein paar Zeilen mit den Augen, gähnte und begann mit den Fingern auf dem Tische zu trommeln.

Sachar war noch plumper und unsauberer geworden; seine Ellbogen wiesen Flicken auf; er sah so armselig und hungrig aus, als ob er schlecht äße, wenig schliefe und für drei arbeitete.

Der Schlafrock, welchen Oblomow anhatte, war abgetragen, und wie sorgsam auch die Löcher an ihm zugenäht waren, so ging er doch überall entzwei, und die Nähte waren geplatzt: es wäre schon längst ein neuer nötig gewesen. Die Bettdecke war ebenfalls abgenutzt und stellenweise geflickt; die Fenstervorhänge waren längst verschossen und sahen, obwohl sie gewaschen waren, doch wie alte Lappen aus.

Sachar brachte ein altes Tischtuch herein und deckte es neben Oblomow über die Hälfte des Tisches; dann brachte er vorsichtig, sich auf die Zunge beißend, ein Gedeck mit einer Flasche Branntwein, legte Brot hin und ging wieder hinaus.

Die Tür zur Wohnung der Wirtin öffnete sich, und Agafja Matwjejewna kam herein; sie brachte hurtig eine zischende Pfanne mit Rührei.

Auch sie hatte sich sehr verändert, und nicht zu ihrem Vorteil. Sie war abgemagert. Die runden, weißen, weder errötenden noch erbleichenden Wangen waren nicht mehr da, die spärlichen Augenbrauen glänzten nicht mehr; ihre Augen waren eingesunken.

Sie trug ein altes Kattunkleid; ihre Arme waren von der Arbeit, vom Feuer oder vom Wasser, oder von dem einen und dem andern, dunkel und rauh geworden.

Akulina war nicht mehr im Hause. Anisja war in der Küche und im Gemüsegarten tätig, versorgte die Hühner, scheuerte die Stuben und wusch die Wäsche; aber sie wurde nicht mit allem allein fertig, und Agafja Matwjejewna mußte notgedrungen in der Küche mitarbeiten. Sie hatte jetzt wenig im Mörser zu stoßen, zu sieben und zu reiben; denn es wurde nur ein geringes Quantum Kaffee, Zimt und Mandeln verbraucht, und was Spitzen anlangt, so hatte sie schon längst vergessen, daran auch nur zu denken. Häufiger mußte sie jetzt Zwiebeln schneiden und Meerrettich und ähnliche scharfe Sachen reiben. Auf ihrem Gesichte lag ein Ausdruck von tiefer Niedergeschlagenheit.

Aber nicht um ihretwillen, nicht um ihres Kaffees willen seufzte sie; sie grämte sich nicht darüber, daß sie nicht mehr die Möglichkeit hatte, in größerem Stil tätig zu sein und zu wirtschaften, Zimt zu stoßen, Vanille an die Sauce zu tun oder dicke Sahne aufzukochen, sondern darüber, daß Ilja Iljitsch jetzt schon im zweiten Jahre nichts von alledem zu essen bekam, daß der Kaffee für ihn nicht mehr pudweise aus dem besten Geschäfte entnommen, sondern immer in kleinen Mengen zu zehn Kopeken im Kramladen gekauft wurde, daß die Sahne nicht mehr von einer Finnin gebracht, sondern aus demselben Kramladen geholt wurde, daß sie dem gnädigen Herrn statt eines saftigen Koteletts zum Frühstück nur ein Rührei brachte, das mit hartem Schinken zurechtgemacht war, der im Kramladen schon wer weiß wie lange gelegen hatte.

Woher kam denn das? Das kam daher, daß schon seit länger als einem Jahre, die Einkünfte aus Oblomowka, die Stolz regelmäßig schickte, zur Befriedigung der Forderungen verwendet wurden, die auf dem Schuldschein beruhten, welchen Oblomow der Wirtin gegeben hatte.

Die »gesetzliche« Sache des Bruders war über alles Erwarten gut gelungen. Bei der ersten Anspielung Tarantjews auf die skandalöse Angelegenheit wurde Ilja Iljitsch dunkelrot und verlegen; dann kamen sie auf einen gütlichen Vergleich zu sprechen; dann tranken sie alle drei zusammen, und Oblomow unterschrieb einen Schuldschein, der nach vier Jahren fällig sein sollte; einen Monat darauf aber unterschrieb Agafja Matwjejewna einen ebensolchen auf den Namen ihres Bruders lautenden Schuldschein, ohne zu ahnen, was sie da unterschrieb und warum. Der Bruder sagte ihr, das sei ein auf das Haus bezügliches notwendiges Schriftstück und befahl ihr, es zu unterschreiben: »Diesen Schuldschein habe ich« (Stand, Vor- und Familienname) »eigenhändig unterschrieben.«

Sie wurde nur darüber verlegen, daß sie so viel schreiben sollte und bat den Bruder, lieber den kleinen Wanja schreiben zu lassen; der schreibe so hübsch, und sie würde am Ende noch etwas verderben. Aber der Bruder hatte hartnäckig auf seinem Verlangen bestanden, und sie hatte krumm und schief mit plumpen Buchstaben unterschrieben. Weiter war davon nie mehr die Rede gewesen.

Oblomow hatte sich, als er den Schuldschein unterschrieb, zum Teil mit dem Gedanken getröstet, daß dieses Geld den vaterlosen Kindern zugute kommen werde; und als ihm dann am andern Tage der Kopf wieder hell geworden war, hatte er sich voll Scham an diese Sache erinnert, sich bemüht, sie zu vergessen, Begegnungen mit dem Bruder vermieden und, wenn Tarantjew davon zu sprechen anfing, gedroht, er werde unverzüglich aus der Wohnung ausziehen und nach dem Gute fahren.

Als er dann Geld vom Gute empfing, kam der Bruder zu ihm und sagte, es werde für ihn (Ilja Iljitsch) zweckmäßig sein, wenn er sogleich begänne, die Schuld aus den Einkünften zurückzuzahlen; dann werde in drei Jahren die Forderung gedeckt sein. Wenn dagegen der Fälligkeitstermin herankomme und der Schuldschein protestiert werde, so müsse das Gut subhastiert werden, da Oblomow soviel bares Geld nicht habe und voraussichtlich nie haben werde.

Oblomow merkte, in welchen Schraubstock er geraten war, da alles, was Stolz schickte, zur Bezahlung der Schuld draufging und ihm nur ganz wenig Geld zum Lebensunterhalte übrigblieb.

Der Bruder beeilte sich, damit ihm nicht irgendein Hindernis in die Quere käme, die freiwillige Vereinbarung mit seinem Schuldner im Laufe von zwei Jahren vollständig durchzuführen, und infolgedessen geriet Oblomow plötzlich in eine schwierige Lage.

Anfangs war es ihm nicht sehr fühlbar, dank seiner Gewohnheit, nicht zu wissen, wieviel Geld er in der Tasche hatte; aber Iwan Matwjejewitsch kam auf den Einfall, sich um die Tochter eines Mehlhändlers zu bewerben, mietete sich eine eigene Wohnung, und Agafja Matwjejewnas schwunghafte Wirtschaft kam plötzlich zum Stillstande: der Stör, das weiße, zarte Kalbfleisch und die Puten erschienen nun in einer andern Küche, in Muchojarows neuer Wohnung.

Dort brannten abends viele Kerzen, und es versammelten sich die künftigen Verwandten des Bruders, seine Kollegen und Tarantjew; der ganze Wohlstand befand sich nun dort.

Agafja Matwjejewna und Anisja blieben auf einmal mit offenem Munde und müßig herabhängenden Armen bei leeren Kasserollen und Töpfen zurück.

Agafja Matwjejewna erfuhr zum ersten Male, daß sie nur ein Haus, einen Gemüsegarten und Hühner besaß, und daß weder Zimt noch Vanille in ihrem Gemüsegarten wuchsen; sie sah, daß auf den Märkten die Verkäufer allmählich aufhörten, sich lächelnd vor ihr zu verbeugen, und daß diese Verbeugungen und dieses Lächeln nun der neuen, dicken, geputzten Köchin ihres Bruders zuteil wurden.

Oblomow lieferte der Wirtin alles Geld ab, das ihm der Bruder zum Lebensunterhalte beließ, und sie mahlte drei, vier Monate lang gedankenlos wie früher den Kaffee pudweise, stieß Zimt, briet Kalbfleisch und Puten und machte das so bis zum letzten Tage, an dem sie die letzten siebzig Kopeken ausgegeben hatte und nun zu ihm kam, um ihm zu sagen, daß sie kein Geld mehr habe.

Er drehte sich bei dieser Nachricht dreimal auf dem Sofa herum; dann blickte er in seinen Tischkasten hinein: es war kein Geld darin. Er suchte sich zu erinnern, wo er es gelassen habe, vermochte sich aber nicht zu besinnen. Er fuhr mit der Hand über den Tisch, ob nicht Kupfergeld darauf liege; er fragte Sachar: dieser hatte nicht einmal davon geträumt. Sie ging zum Bruder und sagte ihm naiv, es sei kein Geld im Hause.

»Aber wofür habt ihr, du und der vornehme Herr, denn die tausend Rubel ausgegeben, die ich ihm zum Leben gegeben habe?« fragte er. »Wo soll ich denn das Geld hernehmen? Du weißt, daß ich mich verheiraten werde: zwei Familien kann ich nicht unterhalten; du und der gnädige Herr müßt euch nach der Decke strecken.«

»Warum machen Sie mir den Herrn zum Vorwurf, Bruder?« erwiderte sie. »Was tut er Ihnen zuleide? Er rührt niemanden an, sondern lebt still für sich. Nicht ich habe ihn in die Wohnung gelockt, sondern Sie und Michei Andrejewitsch.«

Er gab ihr zehn Rubel und sagte, mehr habe er nicht. Nachdem er aber nachher die Sache mit dem Gevatter im »Etablissement« überlegt hatte, kam er zu der Ansicht, es gehe doch nicht an, die Schwester und Oblomow so im Stich zu lassen; die Sache könne am Ende diesem Stolz zu Ohren kommen, der werde sie überfallen, eine Untersuchung anstellen und ihnen womöglich einen Strich durch die Rechnung machen, so daß sie trotz der »Gesetzlichkeit« der Sache nicht Zeit hätten, die ganze Schuld einzutreiben; er sei ein Deutscher, folglich ein geriebener Patron!

Er traf die Einrichtung, ihnen fünfzig Rubel monatlich zu geben, und nahm sich vor, sich für dieses Geld aus Oblomows Einkünften im dritten Jahre schadlos zu halten; aber dabei erklärte er seiner Schwester, indem er sich sogar verschwor, weiter werde er auch nicht einen Groschen geben; und er rechnete ihr vor, was für einen Tisch sie führen und wie sie die Ausgaben vermindern müßten; er bestimmte sogar, welche Gerichte sie an jedem Tage kochen solle, rechnete aus, wieviel sie für junge Hühner und für Kohl einnehmen könne, und kam zu dem Resultat, daß sie mit alledem recht wohl leben könnten.

Zum erstenmal in ihrem Leben dachte Agafja Matwjejewna nicht über die Wirtschaft, sondern über etwas anderes nach; zum erstenmal weinte sie aus einem andern Grunde als aus Ärger über Akulina, weil sie Geschirr zerschlagen hatte, oder weil der Bruder über den nicht gargekochten Fisch schimpfte; zum erstenmal stand ihr eine drohende Not vor Augen; aber von dieser Not sah sie nicht sich, sondern Ilja Iljitsch bedroht.

»Wie soll dieser gnädige Herr«, dachte sie, »auf einmal statt des Spargels Rüben mit Butter essen, statt der Schneehühner Hammelfleisch, statt der Forellen aus Gatschina und des bernsteinfarbenen Störs Salzzander, vielleicht sogar Sülze aus dem Kramladen?«

Entsetzlich! Sie dachte diesen Gedanken nicht bis zu Ende, sondern zog sich eilig an, nahm eine Droschke und fuhr zu den Verwandten ihres verstorbenen Mannes, nicht zu einem österlichen oder weihnachtlichen Familiendiner, sondern früh morgens, mit Sorgen im Kopfe, um ihnen etwas Ungewöhnliches zu sagen, sie zu fragen, was sie tun solle, und von ihnen Geld zu leihen.

»Die haben viel Geld«, dachte sie; »wenn sie hören, daß es für Ilja Iljitsch ist, werden sie mir sogleich etwas geben.«
Wäre es für sie selbst zu Kaffee oder Tee gewesen oder für die Kinder zu Kleidern oder Schuhen oder anderen ähnlichen Gegenstandes eines Gelüstes – sie würde keinen Ton gesagt haben; so aber befand sie sich in ärgster Notlage und brauchte unumgänglich Geld, um für Ilja Iljitsch Spargel und Schneehühner zu kaufen; auch aß er so gern die kleinen französischen Erbsen …
Aber dort war man erstaunt; man gab ihr kein Geld, sondern sagte ihr, wenn Ilja Iljitsch irgendwelche Wertsachen habe, von Gold oder allenfalls auch von Silber, es könnten selbst Pelzsachen sein, so könne er die versetzen; es gebe Wohltäter, die den dritten Teil der erbetenen Summe bis zu der Zeit vergeben würden, wo er wieder Geld vom Gute bekomme.
Diese praktische Anweisung würde zu anderer Zeit über den Kopf der genialen Hausfrau hinweggeflogen sein, ohne ihn zu berühren, und man würde sie ihr auf keine Weise haben verständlich machen können; aber jetzt begriff sie sie mit dem Verstande des Herzens, legte sich alles zurecht – und versetzte ihre Perlen, die sie einst als Aussteuer bekommen hatte.
Ilja Iljitsch nahm am andern Tage ahnungslos einen Imbiß vom vorzüglichen Lachs zu sich, wozu er Johannisbeerschnaps trank, und aß sein geliebtes Gekröse und ein frisches Schneehuhn. Agafja Matwjejewna und die Kinder aßen mit den Dienstboten Kohlsuppe und Grütze, und nur um Ilja Iljitsch Gesellschaft zu leisten, trank die Wirtin zwei Tassen Kaffee.
Bald nach den Perlen holte sie aus einem geheimen Kasten ihre Halskette hervor; dann kam das Silberzeug, dann der Pelzmantel an die Reihe …
Es kam der Termin heran, an welchem Geld von dem Gu-

te übersandt wurde; Oblomow händigte es ihr vollzählig ein. Sie löste die Perlen aus, bezahlte die Zinsen für die Halskette, das Silber und den Pelz, kochte ihm wieder Spargel, briet ihm Schneehühner und trank nur um des Aussehens willen mit ihm Kaffee. Die Perlen kamen wieder an ihren Platz.

Von einer Woche zur andern, von einem Tage zum andern strengte sie sich über ihre Kräfte an, quälte sich ab und schlug sich kümmerlich durch; sie verkaufte ihren Schal, desgleichen ihr bestes Kleid und ging nun immer in dem kattunenen Alltagskleide, mit nackten Armen, und schlug Sonntags ein altes, abgetragenes Tuch um den Hals.

Dies war der Grund, weshalb sie so abgemagert war, weshalb ihre Augen eingesunken waren, und weshalb sie ihrem Mieter das Frühstück selbst brachte.

Sie fand sogar Mut genug, ein heiteres Gesicht zu machen, wenn Oblomow ihr mitteilte, daß am folgenden Tage Tarantjew oder Alexejew oder Iwan Gerasimowitsch zum Mittagessen kommen würden. Es kam dann ein schmackhaftes, sauber serviertes Essen auf den Tisch. Sie machte dem Gastgeber keine Schande. Aber wie viele Aufregungen, Laufereien, Bitten in den Kramläden, und dann wie viele schlaflose Nächte, ja Tränen kosteten ihr diese Sorgen!

Wie tief war sie auf einmal in die Widerwärtigkeiten des Lebens hineingeraten, und wie gut lernte sie nun nach seinen glücklichen auch seine unglücklichen Tage kennen! Aber sie liebte dieses Leben trotz aller Bitterkeit ihrer Tränen und Sorgen und würde es nicht mit dem früheren stillen Dasein vertauscht haben, als sie Oblomow noch nicht kannte und würdevoll mitten unter gefüllten prasselnden und zischenden Kasserollen, Pfannen und Töpfen herrschte und der Magd Akulina und dem Hausknechte ihre Befehle gab.

Sie fuhr entsetzt zusammen, wenn ihr einmal der Gedanke an den Tod kam, obwohl der Tod mit einem Male ihren nie versiegenden Tränen, ihrer täglichen Lauferei und ihrer nächtlichen Schlaflosigkeit ein Ende gemacht hätte.
Ilja Iljitsch frühstückte, hörte zu, wie Mascha Französisch las, saß ein Weilchen bei Agafja Matwjejewna in deren Zimmer, sah zu, wie sie Wanjas Jacke ausbesserte, die sie dabei wohl zehnmal bald auf die eine, bald auf die andre Seite drehte, und wie sie gleichzeitig fortwährend in die Küche lief, um zuzusehen, wie das Hammelfleisch zum Mittagessen briet, und ob es nicht Zeit sei, die Fischsuppe zu kochen.
»Warum quälen Sie sich immer so ab? Im Ernst!« sagte Oblomow. »Lassen Sie das doch!«
»Wer wird dann die Arbeit machen, wenn ich es nicht tue?« erwiderte sie. »Ich will hier nur noch zwei Flicken aufsetzen, und dann werde ich die Fischsuppe kochen. Was für ein unartiger Junge dieser Wanja ist! In der vorigen Woche habe ich ihm seine Jacke vollständig ausgebessert, und nun ist sie schon wieder zerrissen! Was lachst du?« wandte sie sich an Wanja, der in Hemd und Hosen mit nur einem Hosenträger am Tische saß. »Warte nur, ich werde dir deine Jacke bis morgen früh nicht ausbessern, dann kannst du nicht vors Tor laufen. Gewiß haben die andern Jungen sie dir zerrissen; du hast dich geprügelt: gestehe es nur!«
»Nein, Mamachen, sie ist von selbst zerrissen«, antwortete Wanja.
»So so, von selbst! Du solltest lieber zu Hause sitzen und deine Aufgaben lernen, statt dich auf den Straßen herumzutreiben! Wenn Ilja Iljitsch wieder sagen wird, daß du schlecht Französisch lernst, werde ich dir auch noch die Stiefel wegnehmen; dann wirst du notgedrungen beim Buche sitzen, ob du nun willst oder nicht!«
»Ich mag nicht Französisch lernen.«

»Warum denn nicht?« fragte Oblomow.

»Im Französischen gibt es so viele häßliche Wörter …« Agafja Matwjejewna wurde rot, Oblomow lachte. Offenbar war auch früher schon bei ihnen von den »häßlichen Wörtern« die Rede gewesen.

»Schweig still, unartiger Junge!« sagte sie. »Wisch dir lieber die Nase; merkst du das nicht?«

Wanja schnob, wischte sich aber nicht die Nase.

»Warten Sie nur«, mischte sich Oblomow hinein, »wenn ich das Geld von dem Gute bekomme, werde ich ihm zwei Anzüge machen lassen, eine blaue Jacke und für das nächste Jahr eine Uniform; da tritt er ins Gymnasium ein.«

»Na, er kann noch mit dem alten Anzuge gehen«, versetzte Agafja Matwjejewna, »und das Geld brauchen wir für die Wirtschaft. Ich werde Ihnen Fleisch einpökeln und Kompott einkochen … Ich muß gehen und nachsehen, ob Anisja auch die Sahne gebracht hat …« Sie stand auf.

»Was gibt es denn heute?« fragte Oblomow.

»Fischsuppe von Kaulbars, Hammelbraten und Quarkpasteten.«

Oblomow schwieg.

Auf einmal fuhr eine Kutsche vor; es wurde an das Pförtchen geklopft, und es erscholl das Gebell des an der Kette umherspringenden Hundes.

Oblomow ging in sein Zimmer, weil er dachte, es käme jemand zur Wirtin: der Fleischer, der Gemüsehändler oder eine andre derartige Persönlichkeit. Bei einem solchen Besuche folgten gewöhnlich diese einzelnen Momente aufeinander: Bitten um Geld, abschlägige Antwort von seiten der Wirtin, dann Drohungen von seiten des Lieferanten, dann Bitten um Geduld von seiten der Wirtin, dann Schimpfen, Zuschlagen der Stubentür und des Pförtchens und wütendes Umherspringen und Bellen des Hundes – alles zusammen eine unerquickliche Szene. Aber es war eine Kutsche vorgefahren – was hatte das zu bedeuten? Fleischer und Gemüsehändler kamen nicht in Kutschen.

Auf einmal kam die Wirtin ganz erschrocken zu ihm hereingelaufen. »Sie bekommen Besuch!« sagte sie.

»Wer ist es denn? Tarantjew oder Alexejew?«

»Nein, nein, der Herr, der am Eliastage zum Mittagessen kam.«

»Stolz?« sagte Oblomow aufgeregt und blickte um sich, wohin er verschwinden könnte. »O Gott, was wird er sagen, wenn er sieht … Sagen Sie, ich sei weggefahren!« fügte er eilig hinzu und ging in das Zimmer der Wirtin.

Anisja hatte gerade noch Zeit, dem Besucher entgegenzugehen. Stolz wunderte sich, daß Oblomow nicht zu Hause war, glaubte ihr aber.

»Nun, dann bestelle, daß ich in zwei Stunden wiederkommen und mit ihm zu Mittag essen werde!« sagte er und ging in den nahegelegenen öffentlichen Garten.

»Er wird bei uns zu Mittag essen!« bestellte Anisja voll Entsetzen.

»Er wird bei uns zu Mittag essen!« wiederholte Agafja Matwjejewna, zu Oblomow kommend, ängstlich.

»Da müssen wir ein anderes Mittagessen herrichten«, entschied er nach kurzem Stillschweigen.

Sie richtete auf ihn einen Blick voll Entsetzen. Sie hatte nur noch einen halben Rubel, und bis zum Ersten, wo der Bruder ihr wieder Geld gab, war es noch zehn Tage hin. Geborgt bekam sie von niemand mehr etwas.

»Dazu ist keine Zeit mehr, Ilja Iljitsch«, bemerkte sie schüchtern. »Mag er essen, was da ist …«

»Das ißt er nicht, Agafja Matwjejewna. Fischsuppe mag er nicht; er ißt sie nicht einmal, wenn sie von Sterlet gekocht ist; und Hammelfleisch nimmt er ebenfalls nicht in den Mund.«

»Ich könnte im Wurstgeschäft Zunge nehmen«, sagte sie plötzlich wie infolge einer höheren Eingebung. »Das ist hier in der Nähe.«

»Das ist gut, das geht; und lassen Sie irgendein Gemüse holen, etwa frische Bohnen ...«

»Bohnen kosten achtzig Kopeken das Pfund!« diese Worte bewegten sich in ihrer Kehle, kamen aber nicht auf die Zunge.

»Schön, das werde ich tun ...« sagte sie, nahm sich aber vor, die Bohnen durch Kohl zu ersetzen.

»Lassen Sie ein Pfund Schweizerkäse holen«, befahl er, ohne eine Ahnung von Agafja Matwjejewnas Geldnot zu haben; »weiter nichts! Ich werde um Entschuldigung bitten und sagen, wir hätten ihn nicht erwartet ... Ja, und wenn es möglich ist eine Bouillon.« Sie wollte hinausgehen.

»Und wie ist es mit Wein?« fiel ihm noch plötzlich ein.

Sie antwortete mit einem neuen Blicke des Entsetzens.

»Es muß Lafitte geholt werden«, schloß er kaltblütig.

## VI.

Nach zwei Stunden kam Stolz wieder.

»Was ist mit dir? Wie du dich veränderst hast! Du siehst aufgedunsen und blaß aus! Bist du gesund?« fragte Stolz.

»Mit meiner Gesundheit steht es schlecht, Andrei«, erwiderte Oblomow, während er ihn umarmte. »Das linke Bein wird mir immer ganz taub.«

»Wie garstig es hier bei dir aussieht!« sagte Stolz, um sich schauend. »Warum rangierst du diesen Schlafrock nicht aus? Sieh nur, er ist ganz voll Flicken.«

»Ich habe mich an ihn gewöhnt, Andrei; es würde mir leid tun, mich von ihm zu trennen.«
»Und die Bettdecke, und die Vorhänge …« fuhr Stolz fort, »hast du dich an die auch gewöhnt? Würde es dir leid tun, diese Lumpen durch etwas anderes zu ersetzen? Ich bitte dich, kannst du denn wirklich auf diesem Bette schlafen? Was ist denn eigentlich mit dir?«
Stolz sah Oblomow prüfend an und dann wieder die Vorhänge und das Bett.
»Nichts weiter«, antwortete Oblomow verlegen; »du weißt, ich war nie besonders peinlich mit meinem Zimmer … Laß uns lieber zu Mittag essen. He, Sachar! Decke schnell den Tisch! Nun, was führt dich her? Bist du auf lange her? Woher kommst du?«
»Was meinst du, was mich herführt, und woher ich komme?« fragte Stolz. »Zu dir dringen ja hier keine Nachrichten aus der lebendigen Welt.«
Oblomow sah ihn neugierig an und wartete, was er sagen werde.
»Was macht Olga?« fragte er.
»Ach, du hast sie nicht vergessen! Ich dachte, du würdest sie vergessen«, sagte Stolz.
»Nein, Andrei, kann man sie denn vergessen? Das wäre ja gerade soviel, als ob ich vergäße, daß ich einmal gelebt habe und im Paradiese gewesen bin … Aber jetzt, du siehst ja! …« Er seufzte. »Wo ist sie denn aber?«
»Auf ihrem Gute; sie führt dort die Wirtschaft.«
»Mit der Tante?« fragte Oblomow.
»Ja, und mit ihrem Manne.«
»Sie ist verheiratet?« rief Oblomow mit weit aufgerissenen Augen.
»Warum erschrickst du denn? Das ist wohl eine Wirkung der Erinnerungen? …« fügte Stolz leise, beinah zärtlich hinzu.

»Ach nein, was redest du da!« verteidigte sich Oblomow, der wieder zu sich kam. »Ich bin nicht erschrocken, sondern nur erstaunt; ich weiß nicht, warum mich das so ergriffen hat. Schon lange? Ist sie glücklich? Sag' es mir um Gotteswillen! Ich fühle, daß du mir eine große Last abgenommen hast! Du hast mir zwar versichert, daß sie mir verziehen habe; aber weißt du … ich war trotzdem nicht beruhigt! Es nagte immer etwas an mir … Lieber Andrei, wie dankbar bin ich dir!«
Er freute sich so herzlich, sprang so auf seinem Sofa in die Höhe und wurde so lebhaft, daß Stolz ihn mit Vergnügen anblickte und sogar gerührt war.
»Wie gut du bist, Ilja!« sagte er. »Dein Herz war ihrer wert! Ich werde ihr alles berichten.«
»Nein, nein, sage ihr nichts!« unterbrach ihn Oblomow. »Sie wird mich für gefühllos halten, weil ich von ihrer Verheiratung mit Freude gehört habe.«
»Aber ist denn die Freude nicht auch ein Gefühl, noch dazu wenn sie so selbstlos ist? Du freust dich doch nur über ihr Glück.«
»Das ist wahr, das ist wahr!« unterbrach ihn Oblomow. »Gott weiß, was ich für Unsinn schwatze … Aber wer … wer ist denn dieser Glückliche? Danach habe ich noch gar nicht gefragt.«
»Wer es ist?« erwiderte Stolz. »Wie schlecht du zu raten verstehst, Ilja!«
Oblomow heftete plötzlich einen regungslosen Blick auf seinen Freund; seine Gesichtszüge erstarrten für einen Augenblick, und die Röte verschwand von seinem Gesichte.
»Doch nicht du?« fragte er dann.
»Du bist wieder erschrocken! Warum denn?« sagte Stolz lachend.
»Scherze nicht, Andrei! Sage die Wahrheit!« bat Oblomow erregt.

»Bei Gott, ich scherze nicht. Ich bin schon über ein Jahr mit Olga verheiratet.«

Allmählich verschwand der Ausdruck des Schreckens von Oblomows Gesichte und machte einem friedlichen Sinnen Platz; er hob die Augen noch nicht in die Höhe; aber nach einer Minute prägte sich in seiner nachdenklichen Miene schon eine stille, tiefe Freude aus, und als er dann langsam Stolz anblickte, lag in seinem Blicke schon eine innige Rührung, und die Augen standen ihm voll Tränen.

»Lieber Andrei!« sagte Oblomow, ihn umarmend. »Liebe Olga ... Sergejewna!« fügte er, den Ausdruck seines Entzükkens mäßigend hinzu. »Euch hat Gott selbst gesegnet! O Gott, wie glücklich bin ich! Sage ihr doch ...«

»Ich werde ihr sagen, daß ich keinen zweiten Oblomow kenne!« unterbrach ihn der tief gerührte Stolz.

»Nein, sage ihr, daß das Schicksal mich mit ihr zusammengeführt hat, damit ich sie auf den richtigen Weg führen möchte, und daß ich dieses Zusammentreffen segne und sie selbst segne auf ihrem neuen Wege! Ach, aber wenn ein andrer ...« fügte er entsetzt hinzu; »aber jetzt«, schloß er fröhlich, »erröte ich nicht über meine Rolle und bereue nichts; es ist mir ein Stein vom Herzen gefallen; dort ist nun alles hell und klar, und ich bin glücklich. O Gott, ich danke dir!«

Er sprang wieder ordentlich auf dem Sofa in die Höhe vor Erregung: bald weinte, bald lachte er.

»Sachar, Champagner zum Mittagessen!« rief er, ohne daran zu denken, daß er keinen Groschen Geld hatte.

»Ich werde Olga alles erzählen, alles!« sagte Stolz. »Es hat seinen guten Grund, daß sie dich nicht vergessen kann. Ja, du warst ihrer wert; dein Herz ist tief wie ein Brunnen!«

Sachars Kopf schob sich aus dem Vorzimmer herein.

»Bitte, kommen Sie hierher!« sagte er, seinem Herrn zuzwinkernd.

»Was ist da?« fragte Oblomow ungeduldig. »Mach, daß du wegkommst!«

»Geben Sie mir, bitte, Geld!« flüsterte Sachar.

Oblomow verstummte auf einmal.

»Na, dann ist es nicht nötig!« flüsterte er ihm durch die Tür zu. »Sage, du hättest es vergessen, oder es wäre keine Zeit mehr gewesen! Geh! … Nein, komm hierher!« sagte er laut. »Weißt du eine Neuigkeit, Sachar? Gratuliere: Andrei Iwanowitsch hat sich verheiratet!«

»Ach, Väterchen, daß Gott uns eine solche Freude hat erleben lassen! Ich gratuliere, Väterchen Andrei Iwanowitsch; Gott lasse Sie viele, viele Jahre leben und sich eines reichen Kindersegens erfreuen! Ach Gott, ist das eine Freude!«

Sachar brachte das mit heiserer Stimme lächelnd und unter vielen Verbeugungen heraus. Stolz holte eine Banknote hervor und gab sie ihm.

»Da hast du etwas für dich; kaufe dir einen Rock dafür«, sagte er. »Sieh bloß, du siehst wie ein Bettler aus.«

»Wer ist denn Ihre Frau geworden, Väterchen?« fragte Sachar und haschte nach Stolzens Hand.

»Olga Sergejewna … erinnerst du dich?« sagte Oblomow.

»Das Iljinskische Fräulein, o Gott! Was für ein prächtiges Fräulein! Sie haben mich alten Hund damals verdientermaßen gescholten, Ilja Iljitsch! Ich habe mich versündigt und vergangen: ich habe immer solche Gerüchte über Sie in Umlauf gesetzt. Ich habe es damals auch den Iljinskischen Leuten erzählt und nicht Nikita! So kam denn die Verleumdung zustande. Ach du mein Gott, ach du großer Gott! …« sagte er immerzu, während er ins Vorzimmer ging.

»Olga ladet dich ein, zu ihr auf das Gut zu kommen und da zu logieren; deine Liebe ist ja erkaltet, so daß keine Gefahr mehr besteht: du wirst nicht eifersüchtig werden. Komm mit!«

Oblomow seufzte.
»Nein, Andrei«, antwortete er; »ich fürchte mich weder vor Liebe noch vor Eifersucht; aber ich werde trotzdem nicht zu euch kommen.«
»Wovor fürchtest du dich denn?«
»Ich fürchte mich vor dem Neide. Euer Glück würde für mich ein Spiegel sein, in dem ich immer mein trauriges, erstorbenes Leben sehen würde; ändern aber werde ich mein Leben nicht mehr, das kann ich nicht.«
»Rede nicht so, lieber Ilja! Du wirst unwillkürlich ebenso leben wie alle um dich herum. Du wirst rechnen, wirtschaften, lesen, Musik hören. Wie sich jetzt Olgas Stimme herausgebildet hat! Denkst du noch an *Casta diva*?«
Oblomow winkte ihm mit der Hand ab, er möchte ihn nicht daran erinnern.
»Laß uns zusammen hinfahren!« bat Stolz beharrlich. »Das ist ihr Wille; sie wird nicht davon abstehen. Und wenn ich müde werden sollte zu bitten, sie wird es nicht werden. In ihr steckt ein solches Feuer und ein solches Leben, daß sie selbst mich manchmal schilt. Die Vergangenheit wird in deiner Seele wieder lebendig werden; du wirst dich an den Park, an den Fliederzweig erinnern und wirst Beweglichkeit gewinnen …«
»Nein, Andrei, nein, erinnere mich nicht daran; rühre das nicht in mir auf!« unterbrach ihn Oblomow in ernstem Tone. »Das ist für mich ein Schmerz und keine Tröstung. Erinnerungen sind entweder höchste Poesie, wenn sie Erinnerungen an ein lebendiges Glück sind, oder brennender Schmerz, wenn sie getrocknete Wunden berühren … Laß uns von etwas anderem reden. Ja, ich habe dir noch gar nicht gedankt für die viele Mühe und Arbeit, die du dir mit meinen Angelegenheiten und mit dem Gute gemacht hast. Mein Freund! Ich kann es nicht, ich bin dazu nicht imstan-

de; suche dir den Dank in deinem eigenen Herzen, in deinem Glücke – in Olga Sergejewna; ich aber ich … kann es nicht! Verzeih, daß ich selbst dich bis jetzt nicht von der Mühe und Arbeit befreit habe. Aber nun wird es ja bald Frühling werden, und dann komme ich bestimmt nach Oblomowka …«

»Und weißt du auch, was in Oblomowka vorgeht? Du wirst es nicht wiedererkennen!« sagte Stolz. »Ich habe es dir nicht geschrieben, weil du auf meine Briefe ja doch nicht antwortest. Die Brücke ist gebaut, das Haus im vorigen Sommer unter Dach gebracht. Nur die innere Einrichtung besorge du selbst, nach deinem Geschmacke; die übernehme ich nicht. Die Wirtschaft führt ein neuer Verwalter, einer von meinen Leuten. Du hast in den Rechenschaftsberichten die Ausgaben gesehen …«

Oblomow schwieg.

»Du hast die Berichte nicht gelesen?« fragte Stolz, ihn ansehend. »Wo sind sie?«

»Warte, nach Tische werde ich sie schon finden; ich muß Sachar fragen …«

»Ach, Ilja, Ilja, es ist halb zum Lachen und halb zum Weinen.«

»Nach Tische werden wir sie schon finden. Laß uns jetzt essen!«

Stolz runzelte die Stirn, als er sich an den Tisch setzte. Er erinnerte sich an den Eliastag: an die Austern, die Ananas, die Schnepfen; jetzt aber sah er ein grobes Tischtuch; die Menagefläschchen für Essig und Öl hatten keine Glasstöpsel, sondern waren mit Papier zugestopft; auf jedem Teller lag eine große Scheibe Schwarzbrot; die Griffe an den Gabeln waren zerbrochen. Oblomow bekam eine Fischsuppe; ihm selbst wurde eine Suppe mir Grütze und ein gekochtes junges Hähnchen vorgesetzt; dann folgte harte Zunge und nachher

Hammelfleisch. Es wurde Rotwein gebracht. Stolz goß sich ein halbes Glas ein, kostete, stellte das Glas auf den Tisch und trank dann nicht mehr davon. Ilja Iljitsch trank zwei Gläser Johannisbeerschnaps schnell hintereinander und machte sich eifrig an das Hammelfleisch.

»Der Wein taugt nichts!« sagte Stolz.

»Entschuldige, die Leute hatten in der Eile keine Zeit, nach jener Seite hinüberzugehen«, erwiderte Oblomow. »Willst du nicht Johannisbeerschnaps? Er ist vorzüglich, Andrei; koste ihn mal!« Er goß noch ein Glas voll ein und trank es aus. Stolz blickte ihn erstaunt an, schwieg aber.

»Agafja Matwjejewna setzt ihn selbst an: sie ist eine prächtige Frau!« sagte Oblomow, der schon ein bißchen betrunken wurde.

»Offen gestanden, ich weiß nicht, wie ich auf dem Gute ohne sie leben soll; eine solche Wirtschafterin findet man nicht wieder.«

Stolz zog beim Zuhören die Augenbrauen ein wenig zusammen.

»Was meinst du wohl, wer das alles zubereitet? Anisja? Nein!« fuhr Oblomow fort. »Anisja versorgt die Hühner und jätet im Gemüsegarten und scheuert die Fußböden; aber dies alles macht Agafja Matwjejewna.«

Stolz aß weder von dem Hammelfleisch noch von den Quarkpasteten; er hatte die Gabel hingelegt und sah zu, mit welchem Appetit Oblomow das alles speiste.

»Jetzt wirst du an mir nicht mehr ein verkehrt angezogenes Hemd bemerken«, redete Oblomow weiter, während er mit Appetit einen Knochen benagte; »sie beaufsichtigt alles und sieht alles, ich habe keinen einzigen ungestopften Strumpf – und alles macht sie selbst. Und wie kocht sie Kaffee! Ich werde dir nach Tische welchen vorsetzen.«

Stolz hörte mit sorgenvollem Gesichte schweigend zu.

»Jetzt ist ihr Bruder weggezogen; er will sich verheiraten; da ist die Wirtschaft nicht mehr so groß wie früher, weißt du. Aber ehemals hatte sie immer alle Hände voll zu tun! Vom Morgen bis zum Abend flog sie nur so: auf den Markt und nach dem Kaufhause ... Weißt du, ich werde dir was sagen«, schloß Oblomow, der seine Zunge nicht mehr recht in der Gewalt hatte, »wenn du mir zwei-, dreitausend Rubel gäbest, dann würde ich dich nicht mit Zunge und Hammelfleisch bewirten; dann würde ich dir einen ganzen Stör vorsetzen und Forellen und Filet bester Qualität. Und Agafja Matwjejewna würde ohne Koch alles wundervoll zubereiten – ja!«
Er trank noch ein Glas Schnaps.
»So trink doch, Andrei, wirklich, trinke! Es ist ein vorzüglicher Schnaps! Olga Sergejewna kann dir solchen nicht fabrizieren!« sagte er mit unsicherer Zunge. »Sie singt *Casta diva*; aber Schnaps zu fabrizieren, das versteht sie nicht so! Auch solche Pasteten mit jungen Hühnern und Pilzen kann sie nicht machen! So wurden sie nur ehemals in Oblomowka gebacken, und nun hier! Und was noch gut ist, das ist, daß es nicht ein Koch macht: der richtet eine Pastete mit Gott weiß was für Händen zu; aber Agafja Matwjejewna ist die Reinlichkeit selbst!«
Stolz hörte mit gespannter Aufmerksamkeit zu.
»Und sie hatte früher so weiße Hände«, fuhr Oblomow, von dem Branntwein schon stark benommen, fort, »die wohl geküßt zu werden verdienen! Jetzt sind sie rauh geworden, weil sie alles selbst tut! Sie hat mir selbst die Hemden gestärkt!« sagte Oblomow gefühlvoll, beinah mit Tränen. »Bei Gott, es ist so; ich habe es mit eigenen Augen gesehen. Für manchen verheirateten Mann sorgt seine Frau nicht so eifrig – bei Gott! Ein prächtiges Weib ist sie, diese Agafja Matwjejewna! Ach, Andrei: zieh doch mit Olga Sergejewna hierher, miete hier ein Landhaus für euch; dann könnten wir hier ein schö-

nes Leben führen! Wir würden im Wäldchen Tee trinken; am Elias-Freitage würden wir nach der Pulvermühle gehen; ein Wägelchen mit Lebensmitteln und einem Samowar würde hinter uns herfahren. Dort würden wir uns auf dem Grase, auf einem Teppich lagern! Agafja Matwjejewna würde auch Olga Sergejewna im Wirtschaften unterweisen; wahrhaftig, das würde sie tun. Jetzt haben sich unsere Verhältnisse, wie du siehst, schlecht gestaltet; aber wenn wir drei-, viertausend Rubel Einnahme hätten, dann würde ich dich mit solchen Puten bewirten ...«

»Du bekommst doch von mir fünftausend!« sagte Stolz plötzlich. »Wo läßt du denn das Geld?«

»Und meine Schulden?« entfuhr es Oblomow unversehens.

Stolz sprang von seinem Platze in die Höhe.

»Deine Schulden?« fragte er. »Was sind das für Schulden?« Und er sah ihn an, wie ein strenger Lehrer ein Kind anblickt, das etwas verheimlichen möchte.

Oblomow verstummte plötzlich. Stolz setzte sich zu ihm auf das Sofa.

»Wem bist du Geld schuldig?« fragte er.

Oblomows Trunkenheit verflog ein wenig, und er kam zur Besinnung.

»Niemandem; ich habe Unsinn geredet«, versetzte er.

»Nein, aber jetzt lügst du, und zwar ungeschickt. Was hast du nur? Was ist mit dir, Ilja? Ah, also das haben das Hammelfleisch und der saure Wein zu bedeuten! Du hast kein Geld! Wo läßt du es denn?«

»Ich bin wirklich Geld schuldig ... ein wenig, der Wirtin für die Beköstigung ...« sagte Oblomow.

»Für das Hammelfleisch und die Zunge! Ilja sage, was mit dir vorgeht! Was ist das für eine Geschichte: der Bruder ist weggezogen, die Wirtschaft geht schlecht ... Da ist etwas nicht geheuer. Wieviel bist du schuldig?«

»Zehntausend Rubel, auf einen Schuldschein ...« flüsterte Oblomow. Stolz sprang auf und setzte sich wieder hin.

»Zehntausend Rubel? Der Wirtin? Für die Beköstigung?« wiederholte er entsetzt.

»Ja, es ist viel draufgegangen; ich habe auf sehr großem Fuße gelebt ... Du erinnerst dich wohl an die Ananas und die Pfirsiche ... da bin ich in Schulden geraten ...« murmelte Oblomow. »Aber wozu wollen wir davon reden?«

Stolz gab ihm keine Antwort. Er kombinierte: »Der Bruder ist weggezogen, die Wirtschaft geht schlecht – und es ist tatsächlich so: alles sieht kahl, ärmlich und schmutzig aus! Was ist die Wirtin denn für eine Frau? Oblomow lobt sie: sie sorgt für ihn; er spricht von ihr mit Wärme ...«

Plötzlich veränderte sich Stolzens Gesichtsausdruck! er hatte die Wahrheit erfaßt. Es war ihm, als ob ihn ein kalter Hauch anwehte.

»Ilja!« fragte er: »Diese Frau ... was ist sie dir? ...«

Aber Oblomow hatte den Kopf auf den Tisch gelegt und war eingeschlafen.

»Sie plündert ihn aus, nimmt ihm alles weg ... das ist ein alltäglicher Vorgang; aber ich habe bisher davon keine Ahnung gehabt!« dachte er.

Stolz stand auf und öffnete schnell die Tür zur Wirtin, so daß diese bei seinem Anblick den Löffel, mit dem sie den Kaffee umrührte, erschrocken aus der Hand fallen ließ. »Ich möchte gern ein paar Worte mit Ihnen reden«, sagte er höflich.

»Bitte, treten Sie in die gute Stube ein; ich komme sogleich«, antwortete sie schüchtern.

Nachdem sie sich ein Tuch um den Hals geworfen hatte, folgte sie ihm in die gute Stube und setzte sich ganz auf den Rand des Sofas. Einen Schal, den sie hätte umlegen können, hatte sie nicht mehr, und so bemühte sie sich denn, ihre Arme unter dem Tuche zu verbergen.

»Ilja Iljitsch hat Ihnen einen Schuldschein gegeben?« fragte er.

»Nein«, antwortete sie mit einem stumpfen Blicke des Erstaunens, »er hat mir keinen Schein gegeben.«

»Wie? Er hat Ihnen keinen gegeben?«

»Ich habe keinen Schein gesehen!« wiederholte sie mit demselben stumpfen Erstaunen …

»Einen Schuldschein!« sagte Stolz noch einmal.

Sie dachte ein wenig nach.

»Sie sollten lieber mit dem Bruder reden«, erwiderte sie dann. »Aber ich habe keinen Schein gesehen.«

»Was ist sie, dumm oder verschmitzt?« dachte Stolz.

»Aber er ist Ihnen Geld schuldig?« fragte er.

Sie sah ihn stumpfsinnig an; aber dann bekam ihr Gesicht auf einmal Leben und drückte sogar eine gewisse Unruhe aus. Sie erinnerte sich an die versetzten Perlen, das Silberzeug, den Mantel und stellte sich vor, daß Stolz auf diese Schuld hindeute; nur konnte sie schlechterdings nicht begreifen, wie er davon etwas erfahren hatte; denn sie hatte von diesem Geheimnisse weder Oblomow gegenüber ein Wort fallen lassen, noch selbst Anisja gegenüber, der sie über jede Kopeke Rechnung abzulegen pflegte.

»Wieviel ist er Ihnen schuldig?« fragte Stolz beunruhigt.

»Er ist mir nichts schuldig! Nicht eine Kopeke!«

»Sie will es mir verbergen; sie schämt sich, die geldgierige Kreatur, die Wucherin!« dachte er. »Aber ich werde es schon herausbringen.«

»Aber die zehntausend Rubel?« sagte er.

»Was für zehntausend Rubel?« fragte sie verwundert und beunruhigt.

»Ist Ihnen Ilja Iljitsch zehntausend Rubel auf einem Schuldschein schuldig, ja oder nein?« fragte er.

»Er ist mir nichts schuldig. Er war dem Fleischer in der Fastenzeit zwölf und einen halben Rubel schuldig; aber das hat er schon in der vorvorigen Woche beglichen; auch das Geld für die Sahne hat er der Milchfrau bezahlt. Er ist nichts schuldig.«

»Haben Sie nicht ein von ihm ausgestelltes Schriftstück in Händen?«

Sie sah ihn stumpfsinnig an. »Sie sollten lieber mit dem Bruder sprechen«, antwortete sie. »Er wohnt auf der andern Seite der Straße, im Hause des Herrn Samykalow; sehen Sie: dort; es ist ein Weinkeller im Hause.«

»Nein, erlauben Sie, daß ich mit Ihnen rede«, erwiderte er in entschiedenem Tone. »Ilja Iljitsch betrachtet sich als Ihren Schuldner, nicht als den Ihres Bruders …«

»Er ist mir nichts schuldig«, antwortete sie; »und wenn ich das Silberzeug, die Perlen und den Pelzmantel versetzt habe, so habe ich das für mich getan. Ich habe für Mascha und mich Schuhzeug gekauft und für Wanja Leinwand zu Hemden und habe in den Gemüseläden bezahlt. Aber für Ilja Iljitsch ist nicht eine Kopeke verausgabt.«

Er sah sie an, hörte zu und drang in den Sinn ihrer Worte ein. Er war, wie es schien, der einzige, der nah daran war, Agafja Matwjejewnas Geheimnis zu erraten, und der geringschätzige, beinah verächtliche Blick, den er während des Gespräches auf sie gerichtet hatte, ging nun unwillkürlich in einen neugierigen, ja teilnahmsvollen über.

Er erkannte, wenn auch nur halb und halb und nur undeutlich, daß sie mit dem Versetzen der Perlen und des Silberzeuges heimlich Opfer gebracht hatte, und konnte nur darüber nicht ins klare kommen, ob sie diese Opfer aus reiner Ergebenheit gebracht hatte oder in der Hoffnung auf irgendwelche künftigen Vorteile.

Er wußte nicht, ob er um Iljas willen darüber betrübt sein oder sich freuen sollte. Es war an den Tag gekommen, daß er ihr nichts schuldete, daß diese Schuld ein Gaunerstückchen ihres Bruders war; aber demgegenüber war auch noch vieles andere an den Tag gekommen … Was bedeutete dieses Versetzen des Silbers und der Perlen?

»Sie haben also keine Ansprüche an Ilja Iljitsch?« fragte er.

»Haben Sie doch die Güte, lieber mit dem Bruder zu sprechen«, antwortete sie eintönig; »jetzt muß er zu Hause sein.«

»Ilja Iljitsch ist Ihnen nichts schuldig, sagen Sie?«

»Nicht eine Kopeke, weiß Gott, es ist wahr!« schwor sie, indem sie dabei nach dem Heiligenbilde blickte und sich bekreuzte.

»Sie werden das vor Zeugen bestätigen?«

»Vor allen Menschen, sogar in der Beichte! Und daß ich das Silberzeug und die Perlen versetzt habe, das habe ich zu meinen eigenen Ausgaben …«

»Sehr schön!« unterbracht sie Stolz. »Morgen werde ich mit zwei Bekannten von mir wieder zu Ihnen kommen, und Sie werden sich nicht weigern, in ihrer Gegenwart dasselbe auszusagen?«

»Sie sollten lieber mit dem Bruder sprechen«, wiederholte sie. »Ich bin nicht ordentlich angezogen … ich bin immer in der Küche; es ist unangenehm, wenn mich Fremde sehen: sie werden sich darüber aufhalten.«

»Nicht doch, nicht doch; mit Ihrem Bruder aber werde ich gleich morgen reden, sowie Sie ein Schriftstück werden unterschrieben haben …«

»Ich bin gar nicht mehr gewohnt zu schreiben.«

»Sie brauchen dabei nur ganz wenig zu schreiben, nur zwei Zeilen.«

»Bitte, erlassen Sie mir das; lassen Sie lieber meinen kleinen Wanja das schreiben; er schreibt recht sauber …«

»Nein, weigern Sie sich nicht«, erwiderte Stolz, auf seiner Forderung beharrend. »Wenn Sie das Schriftstück nicht unterschreiben, so bedeutet das, daß Ilja Iljitsch Ihnen zehntausend Rubel schuldig ist.«

»Nein, er ist mir nichts schuldig, nicht eine Kopeke«, wiederholte sie; »bei Gott!«

»Dann müssen Sie das Schriftstück unterschreiben. Leben Sie wohl, auf Wiedersehen morgen!«

»Sie sollten morgen lieber zum Bruder gehen …« sagte sie, während sie ihm das Geleite gab. »Sehen Sie dort, an der Ekke, auf der andern Seite der Straße.«

»Nein, und ich bitte Sie, Ihrem Bruder bis zu meinem Wiederkommen nichts zu sagen; sonst wird es Ilja Iljitsch sehr unangenehm sein …«

»Dann werde ich ihm nichts sagen«, erwiderte sie gehorsam.

## VII.

Am andern Tage erhielt Stolz von Agafja Matwjejewna eine Bescheinigung, daß sie keinerlei pekuniäre Ansprüche an Oblomow habe. Mit dieser Bescheinigung erschien Stolz plötzlich bei dem Bruder.

Das war für Iwan Matwjejewitsch geradezu ein Blitz aus heitrem Himmel. Er holte das Schriftstück hervor und wies mit dem zitternden Mittelfinger der rechten Hand, den Nagel nach unten haltend, auf Oblomows Unterschrift und auf die notarielle Bestätigung.

»Es ist gesetzlich«, sagte er; »ich bin dabei unbeteiligt; ich nehme nur das Interesse meiner Schwester wahr; was für Geld aber Ilja Iljitsch erhalten hat, das ist mir unbekannt.«

»Damit ist Ihre Angelegenheit noch nicht erledigt«, sagte Stolz beim Wegfahren in drohendem Tone zu ihm.

»Es ist alles gesetzlich, und ich bin dabei unbeteiligt!« rechtfertigte sich Iwan Matwjejewitsch und versteckte die Hände in den Armen.

Kaum war er am andern Tage auf das Bureau gekommen, da erschien ein Amtsdiener vom General: er solle sofort zu diesem kommen.

»Zum General!« wiederholten alle Beamten des Bureaus erschrocken. »Warum? Was ist los? Verlangt er vielleicht ein Aktenstück? Welches nur? Schnell, schnell! Wir müssen die Akten heften und Verzeichnisse anfertigen! Was mag nur los sein!«

Am Abend kam Iwan Matwjejewitsch höchst erregt in das »Etablissement«. Tarantjew wartete dort schon längst auf ihn.

»Nun, was gibt's, Gevatter?« fragte er ungeduldig.

»Was gibt's?« erwiderte Iwan Matwjejewitsch eintönig. »Was meinst du, daß es gibt?«

»Hast du einen Rüffel bekommen, ja?«

»Einen Rüffel bekommen?« sprach ihm Iwan Matwjejewitsch ingrimmig nach. »Es wäre mir lieber gewesen, wenn ich Prügel bekommen hätte! Aber du bist auch der Rechte!« sagte er vorwurfsvoll. »Hast mir nicht gesagt, was dieser Deutsche für einer ist!«

»Ich habe dir ja gesagt, daß er ein geriebener Patron ist!«

»Was will das heißen: ein geriebener Patron! Mit solchen habe ich schon öfter zu tun gehabt! Aber warum hast du mir nicht gesagt, daß er solche Macht hat? Er duzt sich mit dem General, so wie ich mich mit dir duze. Wie würde ich mich denn mit so einem eingelassen haben, wenn ich das gewußt hätte!«

»Aber es ist ja doch alles gesetzlich!« entgegnete Tarantjew.

»Alles gesetzlich!« sprach Muchojarow ihm wieder nach. »Sage das mal dort: die Zunge bleibt einem am Gaumen kleben. Weißt du, was der General mich gefragt hat?«

»Nun?« fragte Tarantjew neugierig.

»Ist es wahr, daß Sie mit Beihilfe eines nichtswürdigen Menschen den Gutsbesitzer Oblomow betrunken gemacht und gezwungen haben, einen Schuldschein auf den Namen Ihrer Schwester zu unterschreiben?«

»So hat er gesagt: ›mit Beihilfe eines nichtswürdigen Menschen‹?« fragte Tarantjew.

»Ja, so hat er gesagt …«

»Wer ist denn dieser nichtswürdige Mensch?« fragte Tarantjew wieder.

Der Gevatter sah ihn an.

»Weißt du das wirklich nicht?« sagte er giftig. »Wer sonst als du?«

»Wie geht denn das zu, daß ich in die Sache verwickelt worden bin?«

»Dafür bedanke dich bei dem Deutschen und bei deinem Landsmanne. Der Deutsche hat alles ausgeschnüffelt und durch Fragen herausgebracht …«

»Du hättest auf einen andern hinweisen sollen, Gevatter, und von mir sagen, ich sei nicht dabei gewesen!«

»Sieh mal an! Was bist du für ein Heiliger!« erwiderte der Gevatter.

»Was hast du denn geantwortet, als der General sagte: ›Ist es wahr, daß Sie mit Beihilfe eines nichtswürdigen Menschen …?‹ Da hättest du ihm etwas vorlügen sollen.«

»Etwas vorlügen? Na ja, lüg ihm mal etwas vor! Was er für grimmige Augen machte! Ich nahm mich zusammen, soviel ich nur irgend konnte, und wollte sagen: ›Das ist nicht wahr; es ist eine Verleumdung, Exzellenz; ich kenne überhaupt gar keinen Oblomow; das ist alles Tarantjew gewesen! …‹ aber die Worte wollten mir nicht von der Zunge; ich fiel ihm nur zu Füßen.«

»Was werden sie denn nun machen? Wollen sie einen Prozeß

anstrengen?« fragte Tarantjew mit dumpfer Stimme. »Ich bin ja dabei unbeteiligt; aber du, Gevatter …«

»Unbeteiligt? Du unbeteiligt? Nein, Gevatter; wenn einer den Kopf in die Schlinge stecken soll, dann bist du der erste dazu: wer hat Oblomow überredet zu trinken? Wer hat ihm sein Benehmen vorgehalten und ihn bedroht?«

»Du hast mir Anweisung dazu gegeben«, versetzte Tarantjew.

»Bist du denn etwa minderjährig? Ich weiß von nichts, von gar nichts.«

»Das ist gewissenlos von dir, Gevatter! Wieviel Geld hast du durch meine Beihilfe eingeheimst, und ich habe nur dreihundert Rubel bekommen …«

»Was? Soll ich etwa alles auf meine Kappe nehmen? Seh mal einer den Schlauberger an! Nein, ich weiß von nichts«, sagte er. »Die Schwester hat mich gebeten, weil sie als Frau von Geschäftssachen nichts versteht, den Schuldschein beim Notar beglaubigen zu lassen – das ist alles. Du und Saterty sind Zeugen gewesen; ihr seid also auch verantwortlich.«

»Du solltest deine Schwester gehörig vornehmen: wie hat sie sich unterstehen können, gegen ihren Bruder aufzutreten?« sagte Tarantjew.

»Die Schwester ist dumm; mit der ist nichts anzufangen.«

»Wie benimmt sie sich denn jetzt?«

»Wie sie sich benimmt? Sie weint und wiederholt immer nur, Ilja Iljitsch sei ihr nichts schuldig, schlechterdings nichts, und sie habe ihm kein Geld gegeben.«

»Du hast doch aber einen von ihr ausgestellten Schuldschein«, sagte Tarantjew; »also verlierst du dein Geld nicht …«

Muchojarow zog den von seiner Schwester ausgestellten Schuldschein aus der Tasche, zerriß ihn in Stücke und reichte sie Tarantjew hin.

»Da, ich schenke ihn dir; willst du ihn nicht?« sagte er dabei.

»Was soll ich der Schwester abnehmen? Etwa das Haus mit

dem Gemüsegarten? Dafür bekomme ich nicht einmal tausend Rubel; das Haus ist ganz baufällig. Und bin ich denn ein Unchrist? Soll ich sie mit den kleinen Kindern an den Bettelstab bringen?«

»Also wird eine Untersuchung eingeleitet werden?« fragte Tarantjew ängstlich. »Da müssen wir sehen, Gevatter, daß wir möglichst leidlich davonkommen: hilf uns aus der Patsche, Bruder!«

»Was für eine Untersuchung? Es wird keine Untersuchung stattfinden! Der General drohte zuerst, mich aus der Stadt auszuweisen; aber der Deutsche legte sich ins Mittel: er möchte seinem Freunde Oblomow die Schande ersparen.«

»Was du sagst, Gevatter! Da fällt mir ein Stein vom Herzen! Trinken wir!« sagte Tarantjew.

»Trinken? Auf wessen Kosten? Auf deine doch wohl?«

»Natürlich auf deine! Du hast heute doch gewiß wieder so ein sieben Rubel eingesteckt!«

»Jawohl! Mit den Einnahmen ist es vorbei; ich habe dir noch nicht alles mitgeteilt, was der General gesagt hat.«

»Was denn noch?« fragte Tarantjew, der es auf einmal wieder mit der Angst bekam.

»Er hat mir befohlen, meinen Abschied einzureichen.«

»Was sagst du da, Gevatter?« rief Tarantjew, ihn mit weit aufgerissenen Augen anstarrend. »Na«, schloß er wütend, »nun werde ich aber meinen Landsmann einmal ausschimpfen, was Zeug und Leder hält!«

»Wenn du nur gut daran tust!«

»Nein, rede, was du willst, aber jetzt werde ich ihn gehörig ausschimpfen!« sagte Tarantjew. »Übrigens, du hast recht; ich will lieber noch damit warten; da ist mir etwas eingefallen; hör' mal zu, Gevatter!«

»Was hast du denn noch?« fragte Iwan Matwjejewitsch, in Gedanken versunken.

»Es läßt sich da ein gutes Geschäft machen. Schade nur, daß du aus der Wohnung ausgezogen bist …«
»Wieso?«
»Wieso!« erwiderte dieser, indem er Iwan Matwjejewitsch anblickte. »Um Oblomow und deine Schwester zu beobachten, was sie da für Pasteten backen, und um Zeugen zu haben! Dann wird auch der Deutsche nichts tun können. Du aber bist jetzt dein eigner Herr, und wenn du eine Untersuchung einleitest, so ist das ganz gesetzlich! Dann wird sicherlich auch der Deutsche Angst bekommen und sich auf einen gütlichen Vergleich einlassen.«
»Ja, das kann man wirklich tun!« antwortete Muchojarow nachdenklich. »Du hast kluge Einfälle; nur zur Ausführung taugst du nicht, und Saterty ebensowenig. Ja, ich werde die beiden schon kriegen, warte nur!« sagte er, lebhafter werdend. »Ich werde es Ihnen besorgen! Ich werde meine Köchin zu meiner Schwester in die Küche schicken; die wird sich mit Anisja anfreunden, alles auskundschaften, und dann … Trinken wir, Gevatter!«
»Trinken wir!« wiederholte Tarantjew. »Dann aber werde ich meinen Landsmann ordentlich ausschimpfen!« –
Stolz versuchte, Oblomow gleich mitzunehmen; aber dieser bat ihn, er möchte ihn nur noch einen Monat dalassen, und bat so inständig, daß Stolz es ihm nicht abschlagen konnte. Oblomow sagte, er brauche diesen Monat, um alle Rechnungen abzuschließen, die Wohnung zu vermieten und in Petersburg alles so zu ordnen, daß er nicht wieder dorthin zurückzukehren brauche. Ferner müsse er alles für die Einrichtung des Gutshauses Erforderliche kaufen, und endlich wolle er sich eine Wirtschafterin in Agafja Matwjejewnas Art suchen; ja er verzweifle noch nicht daran, daß sie sich werde überreden lassen, das Haus zu verkaufen und nach dem Gute überzusiedeln, wo sie ein ihrer

würdiges Arbeitsfeld, eine große, vielseitige Wirtschaft, finden werde.

»Da wir gerade von der Wirtschaft sprechen«, unterbrach ihn Stolz: »ich wollte dich fragen, Ilja, in welchem Verhältnisse du zu ihr stehst ...«

Oblomow errötete plötzlich.

»Was willst du damit sagen?« fragte er hastig.

»Du weißt sehr gut, was ich damit sagen will«, erwiderte Stolz, »sonst hättest du keinen Anlaß rot zu werden. Höre, Ilja, wenn hier eine Warnung etwas nützen kann, so bitte ich dich als dein wahrer Freund inständig: sei vorsichtig ...«

»In welcher Hinsicht? Ich bitte dich!« verteidigte sich Oblomow verlegen.

»Du hast von ihr mit solcher Wärme geredet, daß ich wirklich zu glauben anfange, daß du sie ...«

»Liebst; nicht wahr, das willst du sagen? Ich bitte dich!« unterbrach ihn Oblomow mit gekünsteltem Lachen.

»Um so schlimmer, wenn dabei nichts Seelisches mitspricht, und wenn das nur ...«

»Andrei! Hast du mich etwa als einen unsittlichen Menschen kennengelernt?«

»Warum bist du denn rot geworden?«

»Weil du so etwas überhaupt hast für möglich halten können.«

Stolz wiegte zweifelnd den Kopf hin und her.

»Sei auf deiner Hut, Ilja; falle nicht in eine Grube! Eine Frau aus niederem Stande, eine unsaubere Existenz, eine erstickende Atmosphäre von Stumpfsinn und Unbildung – pfui! ...«

Oblomow schwieg.

»Nun, dann lebe wohl!« schloß Stolz. »Ich werde also zu Olga sagen, daß wir dich im Sommer wiedersehen werden, wenn nicht bei uns, so in Oblomowka. Vergiß nicht: sie wird von ihrem Verlangen nicht ablassen!«

»Ich werde bestimmt kommen, ganz bestimmt«, versicherte

Oblomow. »Du kannst sogar hinzufügen, ich würde, wenn sie es erlaubt, den Winter bei euch verleben.«

»Damit würdest du uns eine große Freude machen!«

Stolz fuhr noch an demselben Tage ab; am Abend aber erschien Tarantjew bei Oblomow. Er hatte doch nicht länger damit warten können, ihn wegen des Gevatters gehörig auszuschimpfen. Er bedachte dabei nur nicht, daß Oblomow im Verkehr mit den Iljinskischen Damen sich solcher Erscheinungen, wie er, entwöhnt hatte, und daß an die Stelle der früheren Apathie und Nachsicht gegen Grobheit und Frechheit nun ein entschiedener Widerwille getreten war. Dieser würde sich schon längst geäußert haben und hatte sich zum Teil auch wirklich bereits geäußert, als Oblomow noch in der Sommerfrische wohnte; aber Tarantjew hatte ihn seitdem seltener besucht, und es waren zudem meist andere zugegen gewesen, so daß es zu Zusammenstößen zwischen ihnen nicht gekommen war.

»Guten Tag, Landsmann!« sagte Tarantjew ingrimmig, ohne ihm die Hand hinzustrecken.

»Guten Tag!« antwortete Oblomow kühl und blickte dabei nach dem Fenster.

»Nun? Hast du deinem Wohltäter das Geleit gegeben?«

»Ja. Wieso?«

»Ein netter Wohltäter!« fuhr Tarantjew giftig fort.

»Wie ist's? Gefällt er dir nicht?«

»Ich würde ihn am liebsten aufhängen!« erwiderte Tarantjew; seine Stimme klang vor Haß ganz heiser.

»Nun sieh mal an!«

»Und dich an denselben Galgen!«

»Wofür denn?«

»Man muß in Geschäftssachen ehrenhaft verfahren: wenn man Geld schuldet, muß man es bezahlen und sich nicht davon drücken. Was hast du jetzt angerichtet?«

»Hör' mal, Michei Andrejewitsch, laß mich mit deinem Geschwätz in Ruh'. Ich habe dich aus Trägheit und Sorglosigkeit früher lange angehört; ich dachte, du hättest wenigstens eine Spur von Gewissen; aber das ist nicht der Fall. Du wolltest mich im Bunde mit diesem Gauner betrügen; wer von euch beiden schlechter ist, weiß ich nicht; aber ihr seid mir alle beide zuwider. Mein Freund hat mir aus dieser dummen Geschichte herausgeholfen ...«

»Ein netter Freund!« sagte Tarantjew. »Ich habe gehört, daß er dir auch deine Braut abspenstig gemacht hat; das ist mal ein Wohltäter, das muß man sagen! Na, Landsmann, du bist ein Dummkopf ...«

»Bitte, laß diese Zärtlichkeiten!« unterbrach ihn Oblomow.

»Nein, das werde ich nicht tun! Du willst mich nicht kennen, du Undankbarer! Ich habe dir hier eine Wohnung besorgt und eine prächtige Wirtin für dich gefunden. Ruhe und jede Bequemlichkeit, das alles habe ich dir verschafft, ich habe dich mit Wohltaten überhäuft; aber nun wendest du sogar die Schnauze ab, wenn ich zu dir komme. Du hast ja einen Wohltäter gefunden: einen Deutschen! Er hat dein Gut gepachtet; na, warte nur: er wird dich ausplündern, er wird dir noch Aktien dafür geben. Er wird dich noch an den Bettelstab bringen; denk an das, was ich dir gesagt habe! Du bist ein Dummkopf, sage ich dir, und nicht bloß ein Dummkopf, sondern überdies auch noch ein undankbares Vieh!«

»Tarantjew!« rief Oblomow drohend.

»Warum schreist du so? Ich selbst werde es ausschreien, so daß es die ganze Welt hört, daß du ein Dummkopf und ein Vieh bist!« schrie Tarantjew. »Ich und Iwan Matwjejewitsch, wir haben dich gepflegt und behütet; wie Leibeigene haben wir dir gedient; auf den Zehen sind wir um deinetwillen gegangen; alle möglichen Gefälligkeiten haben wir dir erwiesen; aber du hast ihn bei seinem Vorgesetzten verleumdet:

jetzt hat er seine Stelle verloren und hat nichts zu beißen und zu brechen! Das ist gemein, das ist schändlich! Du mußt ihm jetzt die Hälfte deines Vermögens geben; stelle einen Wechsel auf seinen Namen aus: du bist jetzt nicht betrunken, du hast deinen Verstand; stelle den Wechsel aus, sage ich dir; ich gehe ohne ihn nicht weg ...«

»Warum schreien Sie denn so, Michei Andrejewitsch?« sagten die Wirtin und Anisja, die durch die Tür hereinblickten. »Zwei Vorübergehende sind schon stehen geblieben und hören zu, was das für ein Geschrei ist ...«

»Ich will noch weiter schreien«, brüllte Tarantjew; »mag sich dieser Tölpel Schande zuziehen! Mag dich dieser deutsche Gauner betrügen, um so mehr als er sich jetzt mit deiner Geliebten heimlich arrangiert hat ...«

Im Zimmer erscholl eine laute Ohrfeige. Sowie Tarantjew von Oblomow auf die Backe geschlagen war, verstummte er augenblicklich, ließ sich auf einen Stuhl sinken und sah sich erstaunt mit verstörten Augen rings um.

»Was heißt das? Was heißt das – he? Was heißt das?« sagte er blaß und keuchend, indem er sich an die Backe faßte. »Eine Beschimpfung? Das sollst du mir büßen! Sogleich werde ich eine Eingabe an den Generalgouverneur machen; ihr habt es gesehen?«

»Wir haben nichts gesehen!« sagten die beiden Frauen wie aus einem Munde.

»Ach! Hier ist eine Verschwörung, hier ist eine Räuberhöhle! Eine Bande von Gaunern! Hier wird man ausgeplündert und totgeschlagen ...«

»Hinaus, du Schurke!« schrie Oblomow, der ganz blaß geworden war und vor Wut zitterte. »Geh sofort hinaus und setze deinen Fuß nicht wieder über diese Schwelle, oder ich schlage dich tot wie einen Hund!«

Er suchte mit den Augen nach einem Stocke.

»Räuber! Mörder! Hilfe!« schrie Tarantjew.
»Sachar! Wirf diesen Nichtswürdigen hinaus, und er soll sich nicht unterstehen, sich jemals hier wieder sehen zu lassen!« schrie Oblomow.
»Bitte, da ist Gott, und da ist die Tür!« sagte Sachar, auf das Heiligenbild und auf die Tür weisend.
»Ich bin nicht zu dir gekommen, sondern zu meiner Gevatterin«, brüllte Tarantjew.
»Was reden Sie da! Ich brauche Sie nicht, Michei Andrejewitsch«, sagte Agafja Matwjejewna; »Sie sind immer zum Bruder gekommen, aber nicht zu mir! Sie sind mir widerwärtiger als ein bittrer Rettich. Sie trinken und essen hier, und dann schimpfen Sie noch.«
»Ach! Also so steht's, Gevatterin! Nun gut, der Bruder wird Sie schon zur Räson bringen! Und du sollst mir für die Beschimpfung büßen! Wo ist mein Hut? Hol' euch der Teufel! Räuber, Mörder!« schrie er, als er über den Hof ging. »Du sollst mir für die Beschimpfung büßen!«
Der Hund sprang an der Kette hin und her und bellte gewaltig.
Nach diesem Vorfall sahen Tarantjew und Oblomow einander nicht mehr.

## VIII.

Stolz kam mehrere Jahre lang nicht nach Petersburg. Er inspizierte nur einmal für kurze Zeit Olgas Gut und Oblomowka. Ilja Iljitsch erhielt von ihm einen Brief, in welchem Andrei ihm zuredete, selbst nach dem Gute zu fahren und das nun in Ordnung gebrachte Gut in seine eigene Verwaltung zu übernehmen; er selbst aber fuhr mit Olga Sergejewna nach der Südküste der Krim, aus zwei Gründen: wegen seiner Geschäfte in Odessa und mit Rücksicht auf die Gesundheit seiner Frau, die nach den Entbindungen leidend war.

Sie ließen sich in einem stillen Winkelchen an der Meeresküste nieder. Ihr Haus war bescheiden und klein. Wie die äußere Architektur und die ganze Ausschmückung den Stempel der Anschauungsweise und des persönlichen Geschmackes der Bewohner trug, ebenso hatte auch die innere Einrichtung den gleichen eigenartigen Stil. Eine große Menge von allerlei Sachen hatten sie selbst mitgebracht; eine Menge von Ballen, Koffern und Fuhren wurden ihnen aus Rußland und aus dem Auslande nachgeschickt.

Ein Liebhaber des Komforts würde beim Anblicke dieser äußerlich betrachtet buntscheckigen Menge von Möbeln, von alten Gemälden, von Statuen mit abgebrochenen Armen und Beinen, von zum Teil schlechten, aber durch eine Erinnerung teuren Stichen und von Nippsachen vielleicht die Achseln gezuckt haben. Allenfalls hätten die Augen eines Kenners manchmal begehrlich aufgeleuchtet bei einem Blicke auf ein oder das andre Gemälde, auf ein vor Alter gelb gewordenes Buch, auf altes Porzellan oder Steine und Münzen.

Aber inmitten dieser aus verschiedenen Zeitaltern stammenden Möbel, dieser Gemälde, inmitten der Kleinigkeiten, die für keinen andern Menschen einen Wert hatten, aber für sie beide durch eine glückliche Stunde, durch einen denkwürdigen Augenblick bedeutsam waren, in dieser Flut von Büchern und Noten spürte man den Hauch eines warmen Lebens, etwas, was den Verstand und das ästhetische Gefühl anregte; überall gab sich unermüdliche Denktätigkeit zu erkennen oder leuchtete die Schönheit menschlicher Werke, wie ringsumher die ewige Schönheit der Natur leuchtete.

Hier hatte auch das hohe Schreibpult seinen Platz gefunden, das einst Andreis Vater gehört hatte, sowie die waschledernen Handschuhe; in einer Ecke hing auch der Mantel von Wachstuch neben einem Schranke mit Mineralien, Muscheln, ausgestopften Vögeln, Proben verschiedener Tonarten, Waren und so weiter. In der Mitte von alledem prangte auf dem Ehrenplatze, mit goldenen Verzierungen und eingelegter Arbeit geschmückt, ein Erardscher Flügel.

Ein Netz von Weinreben, Efeu und Myrten bedeckte das Cottage von unten bis oben. Von der Galerie sah man das Meer, von der anderen Seite die nach der Stadt führende Landstraße.

Dort hielt Olga Ausschau nach Andrei, wenn er in Geschäften von zu Hause weggefahren war; sobald sie ihn dann erblickte, stieg sie nach unten hinab, lief durch den prachtvollen Blumengarten und die lange Pappelallee und warf sich ihrem Manne an die Brust, immer mit Wangen, die vor Freude glühten, mit strahlendem Blicke, immer mit der gleichen heißen, glückseligen Ungeduld, obwohl sie schon länger als zwei Jahre verheiratet waren.

Stolz besaß über Liebe und Ehe eine Anschauung, die vielleicht seltsam und übertrieben war, die er sich aber jedenfalls selbständig gebildet hatte. Auch hier ging er auf einem freien und, wie es ihm schien, natürlichen Wege dahin; aber welch eine mühevolle Schule der Beobachtung, der Geduld und der Anstrengung hatte er durchgemacht, bis er diese »natürlichen Schritte« zu machen gelernt hatte!

Von seinem Vater hatte er eine ernste Auffassung aller Dinge im Leben, sogar der Kleinigkeiten, übernommen; vielleicht hätte er von ihm auch die pedantische Strenge übernommen, mit der die Deutschen bei ihren Ansichten und bei jedem Schritte im Leben, darunter auch bei der Ehe, zu Werke gehen.

Das Leben des alten Stolz hatte für alle und jeden offen dagelegen wie eine Zahlentabelle auf einer Schiefertafel, und es war kein verborgener Sinn darin zu finden gewesen. Aber die Mutter mit ihren Liedern und ihrem sanften Geflüster, dann die fürstliche Familie mit ihren verschiedenartigen Charakteren, des weiteren die Universität, die Bücher und die Gesellschaft, alles dies hatte den Sohn von dem geraden Gleise abgelenkt, in dem sich der Vater bewegt hatte; und aus der farblosen Tabelle war, indem das russische Leben seine unsichtbaren Muster hineinzeichnete, ein hellfarbiges, großzügiges Bild geworden.

Andrei legte seinen Gefühlen nicht pedantische Fesseln an und ließ sogar, indem er sich nur bemühte, nicht »den Boden unter den Füßen zu verlieren«, seinen nachdenklichen Träumereien eine berechtigte Freiheit; allerdings konnte er, wenn er sich von ihnen wieder ernüchtert hatte, infolge seiner deutlichen Natur oder aus irgendwelchem andern Grunde sich nicht enthalten, daraus seine Folgerungen zu ziehen, und gewann so immer daraus eine Lehre für das Leben.

Er war frisch an Körper, weil er frisch an Geist war. Als Knabe war er wild und mutwillig gewesen; aber wenn er nicht umhertollte, so hatte er sich unter der Aufsicht des Vaters mit ernster Arbeit beschäftigt. Er hatte keine Zeit gehabt, sich Träumereien zu überlassen. Seine Phantasie hatte sich nicht fehlerhaft entwickelt, sein Herz war nicht verdorben worden; über die Reinheit und Jungfräulichkeit beider hatte die Mutter sorgsam gewacht.

Als Jüngling schonte er instinktiv die Frische seiner Kräfte und machte dann schon frühzeitig die Entdeckung, daß diese Frische Mut und Frohsinn erzeugt und jene Mannhaftigkeit heranbildet, durch welche die Seele gehärtet sein muß, um nicht vor dem Leben, wie auch immer dieses beschaffen sein mag, zu verzagen und es nicht als ein schweres Joch und

Kreuz, sondern nur als eine Pflicht zu betrachten, und den Kampf mit ihm würdig zu bestehen.
Viele sorgliche Überlegungen widmete er auch dem Herzen und dessen verwickelten Gesetzen. Indem er bewußt und unbewußt die Wirkung der Schönheit auf die Einbildungskraft, dann den Übergang dieses Eindrucks in ein Gefühl, dann die Symptome, den Verlauf und den Ausgang dieses Gefühls beobachtete und, stetig um sich schauend, im Leben weiterkam, gelangte er zu der Überzeugung, daß die Liebe mit der Kraft eines archimedischen Hebels die Welt bewege und daß in ihr ebensoviel allgemeingültige, unbestreitbare Wahrheit und ebensoviel Gutes liege wie in dem Mangel an Verständnis für sie und in ihrem Mißbrauche Unwahres und Häßliches. Wo aber war das Gute, wo das Böse? Wo war die Grenze zwischen ihnen?
Bei der Frage: wo ist das Unwahre? zogen vor seiner Phantasie die bunten Masken der Gegenwart und der Vergangenheit vorüber. Lächelnd und bald errötend, bald die Brauen zusammenziehend blickte er auf die endlose Reihe der Helden und Heldinnen der Liebe: auf die Don Quichottes mit den stählernen Handschuhen, auf die Damen, an die sie dachten, mit der fünfzigjährigen beiderseitigen Treue bei der Trennung, auf die Schäfer mit den rot und weißen Gesichtern und den einfältigen, vorstehenden Augen und auf ihre Chloes mit den Lämmern.
Es erschienen vor seinem geistigen Auge die gepuderten Marquisen, in Spitzen, mit klug glitzernden Augen und einem sittenlosen Lächeln; dann die Werther, die sich erschossen oder aufhängten; ferner die verblühten alten Jungfern mit ihren ewigen Liebestränen und dem Kloster, und die schnurrbärtigen Gesichter neuerer Helden mit einem wilden Feuer in den Augen, naive und selbstbewußte Don Juans, und die Verständigen, die vor dem Verdachte zu

lieben zittern und im geheimen ihre Haushälterinnen anbeten ... alle, alle!
Bei der Frage: wo liegt denn die Wahrheit? suchte er in der Nähe und in der Ferne, in der Phantasie und mit den Augen nach Beispielen eines natürlichen, ehrenhaften, aber tiefen und unzerreißlichen Liebesverhältnisses mit einer Frau, fand aber solche Beispiele nicht; wenn er eines gefunden zu haben glaubte, so war es nur Schein, und dann folgte die Enttäuschung, und er versank in trübe Grübeleien und verzweifelte sogar.
»Offenbar ist uns Menschen dieses Gut nicht in seiner ganzen Fülle vergönnt«, dachte er; »oder diejenigen Herzen, die von dem Lichte einer solchen Liebe erhellt sind, üben eine scheue Zurückhaltung; sie sind schüchtern, verstecken sich, mögen nicht mit den nüchternen Klugen streiten; vielleicht haben sie Mitleid mit ihnen und verzeihen es ihnen um ihres eigenen Glückes willen, daß jene die Blume in den Schmutz treten aus Mangel an Boden, wo sie tiefe Wurzeln schlagen und zu einem Baume heranwachsen könnte, der ihrem ganzen Leben Schatten spenden würde.«
Er blickte auf die Ehen und die Männer und sah in ihren Beziehungen zu den Frauen immer eine Sphinx mit ihrem Rätsel; die Lösung dieses Rätsels schien nicht gefunden und nicht ausgesprochen zu sein. Und dabei dachten diese Männer nicht über solche verwickelten Fragen nach, sondern wanderten auf dem Wege der Ehe mit so gleichmäßigem, selbstbewußtem Gange dahin, als ob sie keine Fragen zu beantworten, keine Rätsellösungen zu suchen hätten.
»Haben Sie nicht am Ende recht? Vielleicht ist tatsächlich weiter nichts erforderlich«, dachte er, sich selbst mißtrauend, wenn er sah, wie manche das Stadium der Liebe schnell durchmaßen, als sei sie nur das Abc, eine Vorstufe der Ehe oder gleichsam eine Form der Höflichkeit, eine Verbeu-

gung, die man beim Eintritt in eine Gesellschaft macht, – und wie sie dann schnell zur Sache zu kommen suchten! Sie warfen ungeduldig den Frühling des Lebens von sich, und manche sahen dann sogar das ganze Leben hindurch ihre Frauen scheel an, wie wenn sie sich darüber ärgerten, daß sie einmal dumm genug gewesen waren, sie zu lieben.
Manchen Männern verblieb die Liebe lange Zeit, einigen bis zum Greisenalter; aber es verblieb ihnen auch immer ein satyrhaftes Lächeln …
Die meisten endlich schritten zur Ehe in der Art, wie man ein Gut kauft; sie genossen die materiellen Vorteile der Ehe: die Frau brachte eine bessere Ordnung in den Haushalt, sie war die Wirtschafterin, die Mutter, die Erzieherin der Kinder; zu der Liebe aber stellten sie sich ebenso wie ein praktischer Gutsbesitzer zu der Lage des erworbenen Gutes, das heißt, er gewöhnt sich alsbald daran und beachtet sie dann nie wieder.
»Wie geht das zu?« fragte sich Stolz. »Ist das ein angeborenes Unvermögen infolge eines Naturgesetzes oder ein Mangel der Vorbildung und Erziehung? Wo findet sich denn diese Seelenharmonie, die niemals ihren natürlichen Reiz verliert, die keine Narrentracht anlegt, und die zwar ihre äußere Erscheinung verändert, aber nicht erlischt? Welches ist die natürliche Farbe dieses überall ausgegossenen, alles erfüllenden Gutes, dieses Saftes des Lebens?«
Er blickte prophetisch in die Ferne, und dort erschien ihm wie in einem Nebel die Idealgestalt des Gefühls und damit zugleich auch die des Weibes, das die leuchtende Farbe dieses Gefühls trug, eine so natürliche, lichte, reine Idealgestalt.
»Eine phantastische Träumerei!« sagte er lächelnd, als er sich von dieser müßigen Aufregung ernüchterte. Aber die Umrisse dieser Träumerei blieben wider seinen Willen in seinem Gedächtnisse haften.

Anfangs sah er bei seinen Träumereien in dieser Idealgestalt seine zukünftige Frau im allgemeinen; als er aber dann in der herangewachsenen und herangereiften Olga nicht nur die Pracht aufblühender Schönheit, sondern auch eine zum Leben bereite und nach dem Verständnisse des Lebens und dem Kampfe mit dem Leben dürstende Kraft sah (lauter Momente seiner Träumerei): da erstand in seiner Seele die ehemalige, fast schon vergessene Idealgestalt der Liebe von neuem; er begann unter dieser Idealgestalt von Olga zu träumen und glaubte in der Ferne vorauszusehen, daß in der Harmonie ihrer Seelen sich das Wahre und Echte ohne Narrentracht und ohne Mißbrauch verwirklichen könne.
Ohne die Frage der Liebe und Ehe als ein Spiel zu behandeln und ohne irgendwelche anderen Spekulationen auf Geld, Konnexionen und Ämter damit zu verknüpfen, dachte Stolz darüber nach, wie seine äußere, bisher unermüdliche Tätigkeit sich mit dem innerlichen Leben, dem Familienleben, vertragen, und wie er aus einem Nomaden und Agenten sich in einen seßhaften Ehemann verwandeln werde. Wenn er von dieser äußeren Hast und Beweglichkeit zur Ruhe komme, wodurch werde dann sein Leben in seinem häuslichen Dasein ausgefüllt sein? Die Kinder zu erziehen und zu bilden und ihrem Leben die Richtung zu geben, das war ja gewiß keine leichte, unbedeutende Aufgabe; aber das lag noch in der Ferne; was würde er bis dahin tun?
Diese Fragen beunruhigten ihn lange und oft, und das Junggesellenleben hatte für ihn nichts Bedrückendes; es fiel ihm nicht ein, sowie sein Herz, die Nähe der Schönheit spürend, stärker zu schlagen begann, sich die Fesseln der Ehe anzulegen. Daher hatte er sogar Olga in ihren jüngeren Jahren einigermaßen vernachlässigt; er hatte sich über sie nur wie über ein liebes, zu großen Hoffnungen berechtigendes Kind gefreut; im Scherz und beiläufig hatte er in ihren begierigen,

empfänglichen Geist einen neuen, kühnen Gedanken, eine treffende Bemerkung über das Leben hineingeworfen und so, ohne es zu denken und zu ahnen, in ihrer Seele ein lebendiges Verständnis für die Erscheinungen des Lebens und eine richtige Auffassung befördert, dann aber sowohl Olga als auch seinen lässigen Unterricht wieder vergessen.

Wenn er aber mitunter sah, daß bei ihr nicht ganz gewöhnliche Äußerungen des Verstandes und der Anschauung zu Tage tragen, daß an ihr nichts Unwahres war, daß sie nicht nach allgemeiner Verehrung trachtete, daß ihre Gefühle in natürlicher, freier Weise kamen und gingen, daß an ihr nichts Fremdes, sondern lauter Eigenes war, und daß dieses Eigene sich durch eine solche Kühnheit, Frische und Festigkeit auszeichnete, dann war er erstaunt, wo sie das herhatte, und erkannte seine flüchtigen Belehrungen und Bemerkungen nicht wieder.

Wenn er damals seine Aufmerksamkeit auf sie gerichtet hätte, so würde er erkannt haben, daß sie ihren Weg fast allein ging, durch die oberflächliche Aufsicht der Tante von Extremen behütet, daß aber auf ihr nicht, in Form einer zahlreichen Vormundschaft, die Autorität von sieben Kinderfrauen, Großmüttern und Tanten lastete, mit den Traditionen des Geschlechtes, der Familie, des Standes, der veralteten Sitten, Gebräuche und Grundsätze; daß sie nicht zwangsweise auf einer ausgefahrenen Landstraße geführt wurde, sondern selbst einen neuen Weg verfolgte, auf dem sie sich durch ihren eigenen Verstand, durch ihre eigene Anschauung und durch ihr eigenes Gefühl ihr Geleise anlegen mußte.

Die Natur hatte sie in keiner dieser Hinsichten stiefmütterlich behandelt; die Tante herrschte nicht despotisch über ihren Willen und Verstand, und Olga erriet und begriff vieles von selbst, betrachtete vorsichtig das Leben, hörte auf dieses und jenes … unter anderm auch auf die Reden und Ratschläge ihres Freundes …

Er beachtete das alles nicht und erwartete nur von ihr vieles für die Zukunft, aber erst in weiter Ferne, ohne daß er sie sich jemals zur Lebensgefährtin ausersehen hätte.

Sie aber ließ sich aus Selbstgefühl und Schüchternheit lange Zeit nicht erraten, und erst nach dem qualvollen Kampfe im Auslande erkannte er mit Erstaunen, zu welch einem Ideal von Schlichtheit, Kraft und Natürlichkeit dieses vielversprechende und von ihm vergessene Kind sich entwickelt hatte. Dort erschloß sich allmählich vor seinem Blicke die ganze Tiefe ihrer Seele, die er ausfüllen sollte und niemals ganz ausfüllen konnte.

Anfangs hatte er lange Zeit mit der Lebhaftigkeit ihrer Natur zu kämpfen; er mußte ihren fieberhaften jugendlichen Drang hemmen, ihr gewaltiges Streben auf einen bestimmten Umfang beschränken, ihr Leben zu einem ruhigen Dahinströmen bringen. Aber das konnte er immer nur für kurze Zeit erreichen: kaum machte er vertrauensvoll die Augen zu, so war auch die Aufregung wieder da, das Leben sprudelte wieder wie eine Quelle, der unruhige Verstand und das erregte Herz stellten neue Fragen; dann mußte er die gereizte Einbildungskraft beruhigen, den Ehrgeiz bald beschwichtigen, bald anregen. Wenn sie über eine Erscheinung zu grübeln begann, so beeilte er sich, ihr den Schlüssel einzuhändigen.

Der Glaube an Zufälle und der Nebel der Halluzination verschwanden aus ihrem Leben. Hell und frei erschloß sich vor ihrem Blicke die Ferne, und sie sah in ihr wie in einem durchsichtigen Gewässer jedes Steinchen, jede Grube und dann den reinen Grund.

»Ich bin glücklich!« flüsterte sie, indem sie mit einem Blicke der Dankbarkeit ihr vergangenes Leben umfaßte, und die

Zukunft befragend, erinnerte sie sich an ihren Mädchentraum vom Glück, den sie einmal in der Schweiz geträumt hatte, an jene gedankenvolle, blaue Nacht, und sie sah, daß dieser Traum wie ein Schatten durch ihr Leben schwebte.
»Womit habe ich es verdient, daß mir das zuteil geworden ist?« dachte sie demütig. Sie versank in solche Gedanken und fürchtete mitunter sogar, dieses Glück könne aufhören.
Die Jahre gingen dahin; aber die beiden wurden des Lebens nicht müde. Es war eine Stille eingetreten, der heftige Drang hatte sich gelegt; die Krümmungen des Lebens waren verständlich geworden; sie wurden mit Geduld und Mut ertragen; das Leben aber war bei ihnen beiden in Bewegung geblieben.
Olga hatte sich schon zu einem ernsten Verständnis des Lebens herangebildet; zwei Existenzen, die ihrige und die Andreis, waren zu einem einzigen Strome zusammengeflossen; wilde Leidenschaften fanden bei ihnen beiden keinen Spielraum; alles war bei ihnen Harmonie und Stille.
Es hätte scheinen können, daß sie in dieser wohlverdienten Ruhe und Seligkeit hätten einschlafen müssen, wie denn oft Menschen in stiller Zurückgezogenheit sich ihrer Seligkeit überlassen, dreimal täglich zusammenkommen, bei dem gewohnten Gespräche gähnen, in einen stumpfen Halbschlaf versinken und sich vom Morgen bis zum Abend mit dem Bewußtsein quälen, daß schon alles durchdacht, durchgesprochen und erledigt ist, daß nichts mehr zu sagen und zu tun übrigbleibt, und daß »das Leben auf der Welt nun einmal so ist«.
Äußerlich betrachtet ging es bei ihnen ganz so zu wie bei anderen Leuten. Sie standen zwar nicht mit der Morgenröte, aber doch früh auf; sie aßen gern lange beim Tee; manchmal schwiegen sie sogar wie in einer Art von Trägheit. Dann trennten sie sich und gingen ein jeder in sein Zimmer, oder

sie arbeiteten auch zusammen. Nach dem Mittagessen fuhren sie auf die Felder, trieben Musik … wie alle Leute, und wie sich Oblomow das träumerisch ausgemalt hatte …

Aber von dessen Hindämmern und Niedergeschlagenheit war bei ihnen keine Spur vorhanden; sie verbrachten die Tage ohne Langeweile und ohne Apathie; ihre Blicke und Worte hatten nichts Müdes; ihre Gespräche nahmen kein Ende und waren oft recht leidenschaftlich.

Ihre hellen Stimmen erklangen in den Zimmern und tönten oft bis in den Garten; oder sie entwarfen voreinander gleichsam eine Skizze ihrer Träumerei und teilten einander leise die für die Sprache unfaßbare erste Regung eines Gedankens, sein Keimen und Heranwachsen, das kaum hörbare Flüstern der Seele mit …

Ihr Schweigen war manchmal ein nachdenkliches Glück, jene einzige Art des Glücks, von der Oblomow zu träumen gepflegt hatte, oder eine geistige Arbeit jedes einzelnen von ihnen an der unerschöpflichen Fülle von Fragen, die einer dem andern aufgab …

Oft versanken sie in schweigende Bewunderung der ewig neuen, strahlenden Schönheit der Natur. Ihren feinfühligen Seelen wurde diese Schönheit nie etwas Alltägliches: die Erde, der Himmel, das Meer, alles erweckte ihr Gefühl, und sie saßen schweigend nebeneinander, blickten mit denselben Augen und mit derselben Seele auf diese herrlichen Werke der Schöpfung hin und verstanden einander ohne Worte.

Sie blieben nicht gleichgültig, wenn der Morgen kam; sie brachten es nicht fertig, stumpfsinnig in das Dunkel der warmen, sternenhellen Nacht des Südens zu versinken. Die stete Bewegung der Denktätigkeit, die stete Angeregtheit der Seele und das Bedürfnis zu zweien zu denken, zu fühlen und zu reden, das alles hielt sie lange wach! …

Aber was war der Gegenstand dieser leidenschaftlichen Streitigkeiten, der leisen Gespräche, der Lektüre und der Unterhaltung auf weiten Spaziergängen?

Geradezu alles. Stolz hatte schon im Auslande sich dessen entwöhnt, allein zu lesen und allein zu arbeiten; hier, wo er nur mit Olga zusammen war, dachte er auch zu zweien. Es war ihm nur mühsam möglich, mit der ermüdenden Eile ihres Denkens und Wollens Schritt zu halten.

Die Frage, was er im Eheleben tun werde, war schon erledigt; sie hatte sich von selbst gelöst. Er mußte Olga sogar in seine geschäftlichen Arbeiten einweihen; denn in einem Leben ohne Bewegung erstickte sie, wie wenn sie keine Luft hätte.

Kein Bau, kein Geschäft, das ihr Gut oder das Gut Oblomows betraf, keine Operation der Handelsgesellschaft, nichts wurde vorgenommen ohne ihr Wissen und ohne ihre Anteilnahme. Kein Brief wurde abgeschickt, ohne daß sie ihn gelesen hätte; kein Gedanke und noch weniger seine Ausführung ging unbeachtet an ihr vorbei; sie wußte alles, und alles interessierte sie, weil es ihren Mann interessierte.

Anfangs tat er dies, weil es unmöglich war, ihr etwas zu verheimlichen; wenn er einen Brief schrieb oder mit einem Bevollmächtigten, einem Unternehmer eine Unterredung hatte, so geschah das in ihrer Gegenwart, vor ihren Augen; dann setzte er es gewohnheitsmäßig fort, und schließlich wurde es auch für ihn zur Notwendigkeit.

Ihre Bemerkungen, ihre Ratschläge, ihre Billigung oder Mißbilligung wurden für ihn zu einem unumgänglichen Prüfsteine; er sah, daß sie ebenso gut begriff wie er und nicht schlechter als er kombinierte und urteilte. Sachar ärgerte sich über diese Fähigkeit seiner Frau, und das tun viele; aber Stolz war darüber glücklich!

Und die Lektüre, das Lernen, das war eine stete Ernährung der Denkkraft, die sich dadurch immer mehr und mehr entwickelte! Olga vertrug es nicht, daß ihr irgendein Buch oder ein Artikel in einem Journale nicht gezeigt wurde, und wurde ernstlich böse oder fühlte sich gekränkt, wenn ihr Mann nicht für nötig hielt, ihr etwas zu zeigen, was nach seiner Meinung zu ernsthaft oder langweilig oder für sie unverständlich war; sie nannte das Pedanterie, Abgeschmacktheit, Rückständigkeit und schalt ihn »eine alte deutsche Perücke«. Aus diesem Anlaß kam es manchmal zwischen ihnen zu lebhaften, gereizten Szenen.

Sie wurde zornig, und er lachte; sie wurde noch zorniger und gab sich erst dann zufrieden, wenn er zu scherzen aufhörte und mit ihr seine Gedanken, seine Kenntnisse oder seine Lektüre teilte. Schließlich kam es dahin, daß alles, was er wissen oder lesen mußte und wollte, auch für sie ein Bedürfnis war.

Er drängte ihr keine gelehrte Technik auf, um dann mit der dümmsten Prahlerei, die es gibt, auf seine »gelehrte Frau« stolz zu sein. Wenn ihr im Gespräche ein einziges Wort oder auch nur eine Andeutung auf einen solchen Anspruch entschlüpft wäre, so würde er noch mehr errötet sein, als wenn sie auf eine im Gebiete der Wissenschaft gewöhnliche, einer Frau aber auf Grund der modernen Frauenbildung noch unzugängliche Frage mit einem stumpfen Blicke der Unwissenheit geantwortet hätte. Was er, und in noch höherem Grade sie, wollte, war nur dies, daß alles nicht sowohl ihrem Wissen als ihrem Verständnis zugänglich sein sollte.

Er schrieb ihr keine Zahlen und Tabellen hin; aber er sprach über alles Mögliche und las ihr vieles vor, ohne in pedantischer Weise irgendeiner nationalökonomischen Theorie oder irgendwelchen sozialen und philosophischen Fragen aus dem Wege zu gehen; er sprach mit Begeisterung und Leidenschaft; er entwarf gleichsam vor ihren Augen ein endloses, lebendiges Bild des Wissens: später entfielen zwar die

Einzelheiten ihrem Gedächtnisse; aber niemals verwischte sich in ihrem empfänglichen Geiste die Zeichnung selbst, niemals verschwanden die Farben, und niemals erlosch das Feuer, mit dem er den für sie geschaffenen Kosmos erhellt hatte.

Er zitterte vor Stolz und Glück, wenn er bemerkte, wie dann ein Funke dieses Feuers in ihren Augen leuchtete, wie ein Widerhall des ihr mitgeteilten Gedankens in ihrer Rede vernehmbar wurde, wie dieser Gedanke in ihr Bewußtsein und Verständnis Eingang gefunden hatte, in ihrem Geiste umgestaltet war und nun aus ihren Worten herausschaute, nicht in trockener, strenger Form, sondern mit dem Schimmer weiblicher Anmut, und besonders wenn irgendein befruchtender Tropfen aus allem, was er gesagt, vorgelesen und veranschaulicht hatte, wie eine Perle auf den hellen Grund ihres Lebens hinabgesunken war.

Als Denker und als Künstler webte er ihr ein vernünftiges Dasein, und noch nie in seinem Leben, weder in der Studienzeit, noch in jenen schweren Tagen, als er mit dem Leben rang, sich aus dessen Umschlingungen zu befreien suchte, sich in den Prüfungen der Mannhaftigkeit abhärtete und so erstarkte, noch nie war er so vollständig in Anspruch genommen gewesen wie jetzt, wo er diese nimmer ruhende vulkanische Geistesarbeit seiner Lebensgefährtin beaufsichtigte und förderte.

»Wie glücklich ich bin!« sagte Stolz im stillen; er träumte in seiner Weise und versetze sich in die Zukunft, wo diese ersten Jahre der Ehe, gleichsam verlängerte Flitterwochen, vorbei sein würden.

In der Ferne lächelte ihn wieder eine neue Idealgestalt an: er sah Olga nicht als Egoistin, nicht als leidenschaftlich liebende Gattin, nicht als Mutter und Kinderwärterin, die dann in einem farblosen Leben dahinwelkt, von dem niemand Nutzen hat, sondern als etwas anderes, Hohes, beinah noch nie Dagewesenes …

Er träumte von einer Mutter, die das geistige und gesellschaftliche Leben einer ganzen glücklichen Generation schüfe und daran Teil nähme.

Ängstlich überlegte er, ob ihr Wille und ihre Kräfte auch ausreichen würden und half ihr eilig, möglichst schnell das Leben zu bezwingen und einen Vorrat von Mut für den Kampf mit dem Leben zu erwerben, – gerade jetzt, solange sie beide noch jung und stark waren, solange das Leben sie schonte oder die Schläge, die es ihnen versetzte, nicht allzu schwer erschienen, und solange das Leid in der Liebe unterging.

Es kamen für sie beide auch düstere Tage; aber diese dauerten nicht lange. Fehlschläge in der geschäftlichen Tätigkeit, der Verlust einer beträchtlichen Geldsumme, all das berührte sie kaum. Das kostete sie vermehrte Arbeit und viel Umherreisen, wurde aber dann bald vergessen.

Der Tod der Tante rief bei Olga Tränen aufrichtigen Schmerzes hervor und lag wie ein Schatten ein halbes Jahr lang auf ihrem Leben.

Der stärkste Kummer und eine stete Sorge wurde durch die Krankheiten der Kinder hervorgerufen; aber kaum war die Gefahr vorüber, so kehrte auch das Gefühl des Glücks zurück. Was ihn am meisten beunruhigte, war Olgas Gesundheitszustand. Ihre Wiederherstellung nach den Entbindungen dauerte lange, und obwohl sie wieder genas, hörte er dennoch nicht auf, sich darüber zu ängstigen: er kannte kein größeres Leid.

»Wie glücklich bin ich!« sagte auch Olga im stillen, voll Freude auf ihr Leben hinblickend, und versank in Augenblicken eines solchen Bewußtseins manchmal in tiefes Sinnen … besonders nach einiger Zeit, als ihre Ehe schon drei oder vier Jahre gedauert hatte.

Der Mensch ist ein sonderbares Geschöpf! Je vollständiger ihr Glück war, um so nachdenklicher und sogar ängstlicher wurde sie. Sie begann streng auf sich zu achten und bemerkte, daß diese Stille des Lebens, ihr geistiges Verweilen bei den Augenblicken des Glückes sie in Verwirrung versetzte. Sie schüttelte diese Nachdenklichkeit gewaltsam von sich ab, beschleunigte ihren Schritt auf der Lebensbahn, trachtete fieberhaft nach Lärm, Bewegung und Sorge, bat ihren Mann, sie mit in die Stadt zu nehmen, und versuchte, sich in dem gesellschaftlichen Treiben, unter den Menschen umzusehen; aber das dauerte nicht lange.
Das gesellschaftliche Treiben berührte sie nur oberflächlich, und sie eilte wieder in ihr stilles Heim zurück, um irgendeine peinliche, ungewohnte Empfindung von der Seele loszuwerden. Sie widmete sich von neuem den kleinen Sorgen des häuslichen Lebens, kam ganze Tage lang nicht aus dem Kinderzimmer heraus und erfüllte ihre Mutterpflicht in der Wartung ihrer Kinder; oder sie versenkte sich auch mit Andrei in Lektüre und Gespräche »über ernste, langweilige Gegenstände«, oder sie lasen zusammen Dichter und redeten von einer Reise nach Italien.
Sie fürchtete in einen Zustand zu versinken, der mit der Apathie Oblomows Ähnlichkeit habe. Aber wie sehr sie sich auch bemühte, von ihrer Seele diese Augenblicke einer periodischen Erstarrung, eines seelischen Schlafes abzuschütteln, so beschlich sie doch immer wieder zuerst ein Traum von Glück, eine blaue Nacht umgab sie und schlug sie in die Bande eines Dämmerzustandes; dann aber kam wieder ein nachdenkliches Verweilen, gleichsam eine Erholung vom Leben, und darauf … Verwirrung, Angst, Selbstquälerei und eine Art von dumpfer Traurigkeit, und undeutliche, nebelhafte Fragen wurden in ihrem Kopfe laut.
Olga lauschte achtsam; sie prüfte sich selbst, konnte aber

nichts ergründen; sie vermochte nicht herauszubekommen, was ihre Seele mitunter begehrte und suchte, und doch begehrte und suchte sie etwas; sie schien sogar (furchtbar zu sagen!) sich zu grämen, als ob ihr das glückselige Leben nicht genügte, als ob sie seiner müde würde und Neues, noch nicht Dagewesenes begehrte und ihren Blick auf eine ferne Zukunft richtete …

»Was ist das?« dachte sie voll Entsetzen. »Kann und darf ich denn noch etwas wünschen? Wohin soll ich denn noch vorwärtsstreben? Es ist kein Raum da; es führt kein Weg weiter … Wirklich nicht? Habe ich den Kreis des Lebens wirklich schon vollendet? War das alles … alles? …« sagte ihre Seele und ließ manches noch unausgesprochen und Olga blickte unruhig um sich, ob auch nicht jemand gelauscht und dieses Flüstern ihrer Seele gehört habe … Sie fragte mit den Augen den Himmel, das Meer; den Wald … aber sie bekam nirgends eine Antwort: da war nur Ferne, Tiefe, Dunkelheit.

Die Natur sagte ihr immer ein und dasselbe; sie sah in ihr den ununterbrochenen, aber einförmigen Strom des Lebens, ohne Anfang und ohne Ende.

Sie wußte, wen sie über diese Unruhe befragen konnte, und bei wem sie eine Antwort finden würde; aber wie würde diese Antwort lauten? Wie, wenn dies das Murren eines unfruchtbaren Geistes oder, was noch schlimmer wäre, der Durst eines nicht für die Liebe geschaffenen, unweiblichen Herzens war? O Gott! Sie, sein Abgott, war vielleicht ein Wesen ohne Herz, mit einem trockenen, durch nichts zufriedenzustellenden Verstande! Wie würde sie bei ihm verlieren, wenn ihm diese neuen, bei ihr noch nicht dagewesenen, aber ihm gewiß verständlichen Leiden offenbar würden!

Sie verbarg sich vor ihm oder schützte Krankheit vor, wenn

ihre Augen gegen ihren Willen ihre samtene Weichheit verloren und ihr Blick etwas Trockenes und Heißes bekam, wenn auf ihrem Gesichte eine schwere Wolke lagerte und sie trotz aller Anstrengungen nicht imstande war, sich zum Lächeln und Reden zu zwingen, sondern die wichtigsten Neuigkeiten der Tagesgeschichte, die interessantesten Erklärungen eines neuen Fortschrittes in der Wissenschaft, die Mitteilung einer neuen Schöpfung auf dem Gebiete der Kunst gleichgültig anhörte.

Sie wollte jedoch nicht weinen; es war dies kein plötzliches Erzittern wie zu jener Zeit, als ihre Nerven sich rührten und ihre jungfräulichen Kräfte erwachten und sich bekundeten. Nein, dies war etwas anderes!

»Was ist es denn?« fragte sie sich voll Verzweiflung, wenn sie an einem schönen, stillen Abend oder an der Wiege des jüngsten Kindes oder sogar während der Liebkosungen und Reden ihres Mannes auf einmal melancholisch und gegen alles gleichgültig wurde ...

Sie wurde plötzlich wie von Stein und verstummte; dann machte sie sich mit erheuchelter Lebhaftigkeit etwas zu schaffen, um ihr sonderbares Leiden zu verbergen, oder sie schützte Migräne vor und legte sich schlafen.

Aber es war ihr nicht leicht, dem scharfen Blicke ihres Mannes etwas zu verbergen; sie wußte das und bereitete sich innerlich mit ebensolcher Unruhe auf eine Aussprache vor, wenn eine solche kommen werde, wie sie sich einstmals auf die Berichte über die Vergangenheit vorbereitet hatte. Die Aussprache kam.

Sie gingen eines Abends in der Pappelallee spazieren. Sie hing beinah an seiner Schulter und schwieg vollständig. Sie quälte sich mit einem ihrer unbegreiflichen Anfälle und gab, ihr Mann mochte zu reden anfangen, wovon er wollte, immer nur kurze Antworten.

»Die Kinderfrau sagt, daß Olinka in der Nacht gehustet hat. Wollen wir nicht morgen den Arzt kommen lassen?« fragte er.

»Ich habe ihr etwas Warmes zu trinken gegeben und werde sie morgen nicht spazierengehen lassen; und dann wollen wir sehen!« antwortete sie eintönig.

Sie gingen schweigend bis zum Ende der Allee.

»Warum hast du denn nicht auf den Brief deiner Freundin Sonitschka geantwortet?« fragte er. »Ich habe immer darauf gewartet, daß du mir deinen Brief geben würdest, und wäre deswegen beinahe zu spät auf die Post gekommen. Das ist schon ihr dritter Brief, den du unbeantwortet läßt.«

»Ja, ich möchte sie so bald wie möglich vergessen ...« sagte sie und verstummte wieder.

»Ich habe Bitschurin von dir gegrüßt«, begann Andrei von neuem. »Er ist ja in dich verliebt; da wird ihn das vielleicht ein bißchen darüber trösten, daß sein Weizen nicht zum Termin an Ort und Stelle gewesen ist.«

Sie lächelte trocken.

»Ja, du hast es mir gesagt«, antwortete sie in gleichgültigem Tone.

»Was ist dir? Bist du schläfrig?« fragte er.

Das Herz begann ihr heftig zu pochen, wie das auch sonst schon bei Fragen geschehen war, die ihrem Geheimnis näher kamen.

»Nein, noch nicht«, erwiderte sie mit gekünstelter Munterkeit. »Wieso?«

»Bist du unwohl?« fragte er wieder.

»Nein. Warum vermutest du das?«

»Nun, dann langweilst du dich!«

Sie drückte ihm kräftig mit beiden Händen die Schulter.

»Nein, nein!« leugnete sie in einem Tone, der unbefangen klingen sollte, aus dem man aber doch wirklich eine gewissen Langeweile heraushören konnte.

Er führte sie aus der Allee hinaus und drehte sie mit dem Gesichte gegen das Mondlicht.
»Sieh mich an!« sagte er und schaute ihr prüfend in die Augen.
»Man könnte glauben, du seist … unglücklich! So seltsame Augen hast du heute, und heute nicht zum ersten Male … Was ist dir, Olga?«
Er faßte sie um die Taille und führte sie wieder in die Allee.
»Weißt du was: ich … habe Hunger!« sagte sie mit einem Versuch zu lachen.
»Lüge nicht, lüge nicht! Das kann ich nicht leiden!« versetzte er mit erheuchelter Strenge.
»Unglücklich!« sprach sie ihm vorwurfsvoll nach, indem sie ihn in der Allee anhielt. »Ja, unglücklich bin ich vielleicht dadurch … daß ich gar zu glücklich bin!« fügte sie in so zärtlichem, weichem Tone hinzu, daß er sie küßte.
Sie wurde dreister. Durch die wenn auch nur leicht hingeworfene, scherzhafte Vermutung, sie könne unglücklich sein, fühlte sie sich unerwartet zur Offenherzigkeit herausgefordert.
»Ich langweile mich nicht und kann mich nicht langweilen; das weißt du und glaubst gewiß selbst nicht, daß an deinen Worten etwas Wahres sei; ich bin nicht krank, aber … mir ist manchmal … so traurig zumute … Da hast du's, du unerträglicher Mensch, wenn man dir nun einmal nichts verbergen kann! Ja, mir ist traurig zumute, und ich weiß nicht, weshalb!«
Sie legte ihren Kopf auf seine Schulter.
»Da haben wir es also! Weshalb denn nun?« fragte er sie leise, indem er sich zu ihr hinabbeugte.
»Ich weiß es nicht«, wiederholte sie.
»Aber es muß doch eine Ursache vorhanden sein, wenn nicht in mir und nicht in deiner sonstigen Umgebung, so in

dir selbst. Manchmal ist solche Traurigkeit nichts anderes als der Vorbote einer Krankheit … Fühlst du dich gesund?«

»Ja«, versetzte sie ernst, »vielleicht ist es etwas derartiges, obgleich ich nichts spüre. Du siehst, wie ich esse, spazierengehe, schlafe und arbeite. Auf einmal überkommt mich etwas, eine Art Hypochondrie … es scheint mir dann, als ob das Leben … als ob nicht alles in ihm enthalten wäre … Aber nein, höre nicht auf das, was ich sage; es ist lauter dummes Zeug …«

»Sprich weiter, sprich weiter!« verlangte er lebhaft. »Also es ist nicht alles im Leben enthalten; was wolltest du noch sagen?«

»Manchmal fürchte ich gewissermaßen«, fuhr sie fort, »das könnte sich ändern, ein Ende nehmen … ich weiß selbst nicht! Oder ich quäle mich mit den dummen Gedanken: was wird denn noch kommen? … Was ist denn dieses Glück … das ganze Leben …« sagte sie immer leiser und leiser, sich dieser Frage schämend, »alle diese Freuden und Leiden … die Natur …« flüsterte sie; »es zieht mich immer noch irgendwohin; nichts vermag mich zu befriedigen … O Gott, ich schäme mich ordentlich dieser Dummheiten … es ist Phantasterei … Achte nicht darauf, kümmere dich nicht darum …« fügte sie in flehendem Tone hinzu, indem sie ihn liebkoste. »Diese Traurigkeit wird bald vorübergehen, und es wird mir wieder leicht und fröhlich ums Herz werden, wie es schon jetzt wieder der Fall ist!«

Sie schmiegte sich schüchtern und zärtlich an ihn, schämte sich tatsächlich und bat gleichsam um Verzeihung für ihre »Dummheiten«.

Ihr Mann befragte sie noch lange, und noch lange teilte sie ihm, wie eine Kranke dem Arzte, die Symptome ihrer Traurigkeit mit, trug ihm alle die Fragen vor, die sie dumpf gequält hatten, schilderte ihm ihre seelische Verwirrung und dann – wie diese Einbildung jetzt verschwunden sei. Alles, alles sagte sie, was sie beobachtet hatte, und worauf sie sich besinnen konnte.

Stolz ging wieder schweigend die Allee entlang. Den Kopf auf die Brust gesenkt, vertiefte er sich mit seiner ganzen Denkkraft voll unruhigen Erstaunens in das unklare Bekenntnis seiner Frau.

Sie blickte ihm in die Augen, konnte aber nichts sehen; und als sie zum dritten Male an das Ende der Allee gelangt waren, ließ sie ihn nicht wieder umkehren, sondern führte ihn nun ihrerseits ins Mondlicht hinaus und sah ihm fragend in die Augen.

»Was hast du?« fragte sie schüchtern. »Du lachst über meine Dummheiten, ja? Sie ist sehr dumm, diese Traurigkeit, nicht wahr?«

Er schwieg.

»Warum schweigst du denn?« fragte sie ungeduldig.

»Du hast lange geschwiegen, obwohl du sicherlich wußtest, daß ich dich längst beobachtete; so laß denn auch mich ein Weilchen schweigen und nachdenken. Du hast mir ein nicht leicht zu lösendes Rätsel aufgegeben …«

»Da wirst du nun nachdenken, und ich werde mich mit der Sorge abquälen, zu welchem Resultate du so ganz allein für dich kommen wirst. Ich habe nicht gut daran getan, es dir zu sagen!« fügte sie hinzu. »Sprich lieber etwas …«

»Was soll ich dir denn sagen?« erwiderte er nachdenklich. »Möglicherweise ist das bei dir die Folge einer Nervenaffektion; dann kann ich nicht, sondern nur der Arzt genauer sagen, was dir fehlt. Wir müssen ihn morgen holen lassen … Wenn es aber das nicht ist …« fing er an und überließ sich dann seinen Gedanken.

»Was meinst du damit: ›Wenn es aber das nicht ist‹? Sprich!« drängte sie ungeduldig.

Er ging immer noch nachdenkend.
»Nun? Nun?« sagte sie, indem sie ihn an der Hand schüttelte.
»Vielleicht ist das ein Übermaß von Phantasie; du bist zu lebhaft … vielleicht aber bist du zu jener Lebensperiode herangereift …« schloß er halblaut, beinah nur zu sich selbst sprechend.
»Bitte, sprich laut, Andrei! Ich kann es nicht ausstehen, wenn du vor dich hin murmelst!« beklagte sie sich. »Ich habe ihm Dummheiten erzählt, und er läßt nun den Kopf hängen und flüstert etwas vor sich hin! Ich fürchte mich sogar mit dir hier in der Dunkelheit zusammen …«
»Ich weiß noch nicht, was ich sagen soll … es überkommt dich eine Traurigkeit, irgendwelche Fragen beunruhigen dich: wie soll man daraus ein klares Bild gewinnen? Wir wollen ein andermal wieder darüber reden und ins klare zu kommen suchen. Ich möchte meinen, du müßtest wieder Seebäder nehmen …«
»Du hast vor dich hin gesagt; ›wenn aber … vielleicht … herangereift‹. Was hast du dabei gedacht?« fragte sie.
»Ich dachte …« erwiderte er langsam (er sprach nachdenklich, als ob er selbst zu seinen Gedanken kein rechtes Zutrauen hätte und sich seiner Worte schämte), »sieh mal … es gibt Augenblicke … das heißt, ich will sagen, wenn das nicht ein Anzeichen irgendwelcher Affektion ist, wenn du vollständig gesund bist, dann bist du vielleicht zu jener Lebensperiode herangereift und gelangt, wo das Wachstum zum Stillstand kommt … wo es keine Rätsel mehr gibt, sondern das Leben sich völlig offenbart hat …«
»Ich glaube, du willst sagen, ich sei alt geworden?« unterbrach sie ihn lebhaft. »Untersteh dich nicht!« Sie drohte ihm sogar: »Ich bin noch jung und stark …« fügte sie hinzu und richtete sich gerade.
Er lachte.

»Sei unbesorgt«, sagte er. »Es scheint, du beabsichtigst, nie alt zu werden! Nein, das ist es nicht ... im Alter sinken die Kräfte und hören auf mit dem Leben zu ringen. Nein, deine Traurigkeit und Selbstquälerei ist (wenn anders sie das ist, wofür ich sie halte), eher ein Zeichen von Kraft ... Die suchende Tätigkeit eines lebhaften, angeregten Geistes geht manchmal über die vom Leben gesteckten Grenzen hinaus, findet natürlich keine Antwort, und dann bildet sich eine Traurigkeit heraus ... eine zeitweilige Unzufriedenheit mit dem Leben ... Das ist die Traurigkeit einer Seele, die das Leben nach seinen Geheimnissen fragt ... Vielleicht geht es auch dir so ... Wenn es so ist, dann sind das keine Dummheiten.«

Sie seufzte, aber anscheinend mehr aus Freude darüber, daß ihre Befürchtungen nun ein Ende genommen hatten und sie in den Augen ihres Mannes nicht gesunken war, sondern im Gegenteile ...

»Aber ich bin doch glücklich; mein Geist ist nicht müßig; ich überlasse mich nicht bloßen Träumereien; mein Leben hat einen mannigfachen Inhalt – was will ich denn nun noch weiter? Wozu diese Fragen?« sagte sie. »Das ist eine Krankheit, etwas Bedrückendes!«

»Ja, vielleicht ist es etwas Bedrückendes für einen ungebildeten, schwachen Geist, der darauf nicht vorbereitet ist. Diese Traurigkeit und diese Fragen haben vielleicht vielen den Verstand geraubt; bei manchen haben sie häßliche Visionen und Irrereden zur Folge ...«

»Das Glück fließt über den Rand der vollen Schale; es verlangt mich so sehr zu leben und da mischt sich auf einmal diese Bitterkeit hinein ...«

»Ja, das ist der Preis, den die Menschheit für das Feuer des Prometheus zahlt! Und man soll diese Traurigkeit nicht nur ertragen, sondern sogar lieben und die Zweifel und Fragen achten: sie sind ein überfließendes Übermaß, ein Luxus des Lebens und erscheinen meist auf den Gipfeln des Glückes, wo es keine Wünsche größerer Art gibt; sie entstehen nicht inmitten des Alltagslebens; wo Leid und Not herrschen, steht den Menschen nicht der Sinn danach; die Menge geht ihren Weg, ohne diesen Nebel der Zweifel und den durch diese Fragen hervorgerufenen Kummer zu kennen ... Aber wer mit ihnen rechtzeitig in Berührung gekommen ist, für den sind sie nicht eine Folter, sondern liebe Gäste.«

»Aber man kommt mit ihnen nicht zurecht; sie machen einen traurig und gleichgültig ... fast allem gegenüber ...« fügte sie in unsicherem Tone hinzu.

»Aber das dauert nicht lange. Nachher erfrischen sie das Leben«, sagte er. »Sie führen zu einer Kluft, die durch keine Bitten überschreitbar wird, und veranlassen einen dann, das Leben wieder mit größerer Liebe anzusehen ... Sie fordern Kräfte, die schon erprobt sind, zum Kampfe heraus, gewissermaßen in der Absicht, sie nicht einschlafen zu lassen ...«

»Daß man sich mit solchem Nebel, mit solchen Hirngespinsten abquälen muß!« klagte sie. »Alles ist hell, und da legt sich auf einmal ein düsterer Schatten auf das Leben! Gibt es denn wirklich gar kein Mittel dagegen?«

»Wie sollte es keins geben? Man muß eine Stütze im Leben haben! Hat man die aber nicht, so ist das Leben auch ohne jene Fragen unerträglich!«

»Was soll man denn tun? Sich ergeben und sich schämen?«

»Nein«, erwiderte er, »man soll sich mit Festigkeit wappnen und geduldig und beharrlich seinen Weg weiter verfolgen. Du und ich, wir sind keine Titanen«, fuhr er fort, indem er sie umarmte; »wir werden nicht wie Manfred und Faust einen kühnen Kampf mit den rebellischen Fragen beginnen und ihre Herausforderung nicht annehmen; sondern wir werden unser Haupt neigen und den schweren Augenblick in Demut durchleben; dann aber wird uns wieder das Leben und das Glück lächeln, und …«

»Aber wenn nun diese Fragen niemals aufhören und die Traurigkeit uns immer ärger quält? …« fragte sie.

»Nun gut, dann wollen wir sie als ein neues Element in unser Leben aufnehmen … Aber nein, das wird nicht geschehen; das kann sich bei uns nicht ereignen! Das ist nicht eine dir besonders eigene Traurigkeit; das ist eine gemeinsame Krankheit der Menschheit. Es ist dir nur ein Tropfen davon angespritzt … Es ist immer furchtbar, wenn der Mensch sich vom Leben losreißt … wenn er keine Stütze hat. Bei uns aber … Gebe Gott, daß diese deine Traurigkeit das ist, wofür ich sie halte, und nicht ein Anzeichen irgendwelcher Krankheit … das wäre schlimmer. Das wäre ein Leid, vor dem ich wehrlos und kraftlos zu Boden sinken müßte. Wenn dem aber nicht so ist, können dann wirklich ein solcher Nebel, eine solche Traurigkeit, irgendwelche Zweifel und Fragen uns unseres Glückes berauben und …«

Er konnte nicht zu Ende sprechen; sie warf sich wie von Sinnen in seine Arme und erstarrte in leidenschaftlicher Selbstvergessenheit für einen Augenblick wie eine Bacchantin, indem sie seinen Hals mit ihrem Armen umschlang.

»Weder Nebel, noch Traurigkeit, noch Krankheit, noch selbst der Tod!« flüsterte sie entzückt; sie war wieder glücklich, beruhigt und heiter. Es schien ihr, als habe sie ihn noch nie so leidenschaftlich geliebt wie in diesem Augenblicke.

»Nimm dich in acht, daß das Schicksal dein Murren nicht hört«, schloß er mit einer abergläubischen Bemerkung, die ihm seine zärtliche Vorsicht eingab, »und es dir nicht als Undankbarkeit anrechnet! Das Schicksal liebt es nicht, wenn man seine Gaben nicht schätzt. Bisher hast du das Leben nur mit dem Verstande kennengelernt; aber du wirst noch in die Lage kommen, es durch eigene Erfahrung kennenzulernen … Warte nur, bis es sein Spiel beginnt und Leid und Arbeit kommen … und sie werden kommen … dann wird dir nicht danach zumute sein, dich mit diesen Fragen zu beschäftigen … Schone deine Kräfte!« fügte Stolz als Antwort auf ihren leidenschaftlichen Ausbruch leise, fast als ob er nur zu sich selbst spräche, hinzu. Seinen Worten war eine gewisse Traurigkeit anzuhören, als sähe er schon in der Ferne »Leid und Arbeit«.

Sie schwieg, momentan betroffen durch den traurigen Klang seiner Stimme. Sie setzte ein grenzenloses Vertrauen auf ihn und vertraute auch seiner Stimme. Sie wurde von seiner Nachdenklichkeit angesteckt, zog sich in ihr Inneres zurück und konzentrierte ihr Denken auf einen Punkt.

Sich auf ihn stützend, ging sie mechanisch und langsam die Allee entlang; sie war in beharrliches Schweigen versunken. An der Seite ihres Mannes dahinschreitend, blickte sie ängstlich in die Ferne des Lebens, dorthin wo nach seinen Worten die Zeit der »Erfahrungen« kommen sollte, wo »Leid und Arbeit« ihrer warteten.

Sie träumte einen andern Traum, nicht von der blauen Nacht; es tat sich vor ihr ein anderes Gebiet des Lebens auf, nicht jenes klare, festtägliche, in stiller Zurückgezogenheit, inmitten eines unbegrenzten Wohlstandes, mit »ihm« allein zusammen …

Nein, dort sah sie eine Kette von Verlusten, von Entbehrungen, von unvermeidlichen, tränenreichen Opfern, ein Leben des Fastens und des unfreiwilligen Verzichtes auf die im Müßiggange entstandenen Launen; sie glaubte ein Weinen und Stöhnen infolge neuer, ihnen jetzt noch unbekannter Empfindungen zu hören; sie träumte von Krankheiten, von geschäftlichem Zusammenbruch, vom Tode ihres Mannes …

Sie fuhr zusammen und wurde ganz schwach; aber mit mutiger Neugier blickte sie auf diese neue Form des Lebens, betrachtete sie entsetzt und maß ihre Kräfte ab … Nur die Liebe war ihr auch in diesem Traume treu geblieben; sie stand auch im neuen Leben als treue Wächterin da; aber auch sie war eine andre geworden!

Von ihrem heißen Atem, den hellen Strahlen und der blauen Nacht war dann nichts mehr vorhanden; nach Jahren erschien das als ein Kinderspiel im Vergleich mit jener fernen Liebe, die in dem schweren, harten Leben einen Platz gefunden hatte. Da hörte man keine Küsse und kein Lachen, keine bangen, nachdenklichen Gespräche im Boskett, zwischen Blumen, an einem Festtage der Natur und des Lebens … Alles war »verwelkt und vorbei«.

Jene unverwelkliche, unvergängliche Liebe kam machtvoll wie eine Lebenskraft auf ihren Gesichtern zum Ausdruck; sie leuchtete in der Zeit des gemeinsamen Schmerzes in einem langsam und schweigend gewechselten Blicke vereinten Leides; sie gab sich zu erkennen in der endlosen beiderseitigen Geduld gegenüber der Folter des Lebens, in zurückgehaltenen Tränen und unterdrücktem Schluchzen …

In Olgas nebelhafte Traurigkeit und in die Fragen, von denen sie heimgesucht wurde, mischten sich leise noch andere zwar entfernte, aber klare, bestimmte und drohende Träume.

Unter dem Einflusse der beruhigenden, festen Worte ihres Mannes, zu dem sie ein unbegrenztes Vertrauen hegte, erholte sich Olga sowohl von ihrer rätselhaften, nicht einem jeden verständlichen Traurigkeit als auch von den prophetischen drohenden Zukunftsträumen und schritt mutig vorwärts.

Nach dem Nebel kam ein heller Morgen mit den Sorgen der Mutter und der Hausfrau; nun lockten der Blumengarten und das Feld und das Arbeitszimmer ihres Mannes sie zu sich. Nur spielte sie nicht mehr in sorglosem Genusse mit dem Leben, sondern sie lebte mit einem verborgenen, kühnen Gedanken, bereitete sich vor und wartete ...

Sie wuchs immer höher und höher ... Andrei sah, daß sein früheres Ideal von einem weiblichen Wesen und von einer Gattin unerreichbar war; aber er war auch über das blasse Abbild desselben bei Olga glücklich: er hatte auch dieses nie erwartet.

Außerdem beschäftigte ihn lange, fast das ganze Leben hindurch, die nicht geringe Sorge, seine Würde als Mann in den Augen der ehrgeizigen, stolzen Olga auf der gleichen Höhe zu erhalten, nicht aus niedriger Rivalität, sondern damit dieses kristallhelle Leben nicht verdunkelt werde; das hätte aber geschehen können, wenn ihr Glaube an ihn auch nur ein wenig ins Wanken gekommen wäre.

Viele Frauen hegen solche Wünsche gar nicht. Wenn sie einmal verheiratet sind, nehmen sie sowohl die guten als auch die schlechten Eigenschaften des Mannes in aller Ergebung hin, fügen sich bedingungslos in die ihnen bestimmte Stellung und Tätigkeit und geben mit derselben Ergebung dem ersten zufälligen Gelüste nach, indem sie einen Widerstand gegen dasselbe von vornherein für unmöglich erklären oder nicht für notwendig halten; sie meinen, das sei nun einmal vom Schicksal so verhängt; das liege im Wesen der Leidenschaft; das Weib sei ein schwaches Geschöpf, und so weiter. Selbst wenn der Gatte durch seinen Verstand, diese bezaubernde Macht an einem Manne, die Menge überragt, sind solche Frauen zwar auf diesen Vorzug des Gatten wie auf ein wertvolles Geschmeide stolz, aber auch das nur in dem Falle, wenn dieser Verstand ihren kläglichen Weiberkniffen gegenüber blind bleibt. Wenn er es aber wagt, in die kleinliche Komödie ihrer hinterlistigen, nichtigen, mitunter lasterhaften Existenz einzudringen, dann fühlen sie sich von diesem Verstande bedrückt und beengt.

Olga kannte diese Logik der Ergebung dem blinden Schicksal gegenüber nicht und hatte kein Verständnis für die kleinen weiblichen Leidenschaften und Gelüste. Wenn sie einmal den Wert des auserwählten Mannes und seine Rechte auf sie anerkannt hatte, so glaubte sie an ihn und liebte ihn deshalb; wenn sie aber aufhörte zu glauben, so hörte sie auch auf zu lieben, wie es in ihrem Verhältnisse zu Oblomow der Fall gewesen war.

Aber damals waren ihre Schritte noch unsicher gewesen und ihr Wille schwankend; sie hatte eben erst angefangen, das Leben zu betrachten und darüber nachzudenken, sich die Elemente ihres Verstandes und Charakters zum Bewußtsein zu bringen und Material zu sammeln; die schöpferische Tätigkeit hatte sie noch nicht begonnen, die Wege des Lebens noch nicht enträtselt.

Aber jetzt glaubte sie an Andrei nicht blind, sondern mit Bewußtsein und sah in ihm die Verkörperung ihres Ideals männlicher Vollkommenheit. Je mehr und je bewußter sie an ihn glaubte, um so schwerer war es für ihn, sich auf der gleichen Höhe zu halten und der Held nicht nur ihres Verstandes und Herzens, sondern auch ihrer Phantasie zu bleiben. Sie aber glaubte an ihn so, daß sie zwischen ihm und sich keinen andern Mittler, keine andere Instanz anerkannte als Gott.

Darum hätte sie eine Verringerung der von ihr anerkannten vortrefflichen Eigenschaften auch nur um Haaresbreite nicht ertragen; jede falsche Note in seinem Charakter oder Verstande würde eine erschütternde Dissonanz hervorgerufen haben. Das einstürzende Gebäude ihres Glückes würde sie unter seinen Trümmern begraben haben, oder wenn ihre Kräfte unversehrt geblieben wären, so würde sie gesucht haben, ob …

Nein, solche Frauen irren sich nicht zweimal Nach dem Dahinschwinden eines solchen Glaubens und einer solchen Liebe ist eine Auferstehung unmöglich.

Stolz war über sein voll ausgefülltes, bewegtes Leben, in welchem ein unverwelklicher Frühling blühte, außerordentlich glücklich und hegte, pflegte und hütete es eifrig, energisch und wachsam. Vom Grunde seiner Seele stieg nur dann ein Gefühl des Entsetzens in die Höhe, wenn er sich daran erinnerte, daß Olga nur um Haaresbreite vom Untergange entfernt gewesen war, daß nur der Zufall sie beide hatte den richtigen Weg finden und ihre Existenz zu einer einzigen vereinigen lassen, daß die Unkenntnis der Wege des Lebens die Verwirklichung eines verhängnisvollen Irrtums herbeiführen konnte, daß Oblomow …

Er fuhr zusammen. Wie? Olga in jenem Leben, das Oblomow ihr hatte bieten wollen? Sie in einer Umgebung, die sich schläfrig von einem Tage zum andern hinüberschleppte; sie eine Gutsherrin auf dem Lande, eine Wärterin ihrer Kinder, eine Hausfrau – und weiter nichts?

Alle Fragen und Zweifel und die ganze fieberhafte Lebensglut würden nur auf wirtschaftliche Sorgen gerichtet gewesen sein, auf bevorstehende Festtage und Familienzusammenkünfte, auf erwartete Gäste, auf Entbindungen und Taufen, auf die Apathie und den Schlaf des Mannes!

Die Ehe wäre nur eine Form gewesen, aber kein Inhalt, ein Mittel, aber kein Zweck; sie hätte als ein weiter, unveränderlicher Rahmen für abgestattete und empfangene Besuche, Diners, Soupers und leeres Geschwätz gedient! …

Wie hätte Olga dieses Leben ertragen? Anfangs würde sie krampfhaft gesucht haben, das Geheimnis des Lebens zu erraten; sie hätte geweint und sich gequält; dann hätte sie sich gewöhnt, wäre dick geworden, hätte gegessen, geschlafen und stumpfsinnig dahingelebt …

Nein, so wäre es mit ihr nicht gegangen: sie hätte geweint

und sich gequält, wäre dahingeschwunden und in den Armen des liebenden, guten, kraftlosen Gatten gestorben … Arme Olga!

Aber wenn das Feuer nicht erloschen, das Leben nicht erstorben wäre, wenn die Kräfte standgehalten und nach Freiheit verlangt hätten, wenn sie wie ein starkes, scharfblickendes Adlerweibchen, das für einen Augenblick von schwachen Händen zur Gefangenen gemacht ist, die Flügel geregt und sich auf jenen hohen Felsen geschwungen hätte, wo sie einen Adler erblickt hatte, der sie an Stärke und Sehkraft noch übertraf? … Armer Ilja!

»Armer Ilja!« sagte eines Tages Andrei laut, als er an die Vergangenheit zurückdachte.

Olga ließ bei diesem Namen plötzlich die Hände mit ihrer Stickerei in den Schoß sinken, warf den Kopf zurück und versank tief in Gedanken. Dieser Ausruf rief in ihr Erinnerungen wach.

»Wie geht es ihm?« fragte sie dann. »Kann man das wirklich nicht in Erfahrung bringen?«

Andrei zuckte die Achseln.

»Man könnte meinen«, erwiderte er, »wir lebten in einer Zeit, wo es noch keine Post gab, und wo die Menschen, wenn sie nach verschiedenen Seiten auseinandergekommen waren, einander für tot hielten und tatsächlich ohne Nachricht verstarben.«

»Du solltest wieder einmal an einen deiner Freunde schreiben; dann würden wir wenigstens erfahren …«

»Wir würden nichts erfahren, als was wir ohnehin schon wissen: er lebt, ist gesund, lebt noch in derselben Wohnung – das weiß ich auch ohne Freunde. Aber wie es ihm geht, wie er sein Leben erträgt, ob er geistig gestorben ist oder noch ein Fünkchen Leben in ihm glimmt, das wird ein Fremder nicht in Erfahrung bringen …«

»Ach, sprich nicht so, Andrei; es ist mir schrecklich und schmerzlich, das zu hören! Ich möchte das gern wissen und fürchte mich doch davor, es zu erfahren …«

Sie war nahe daran, in Tränen auszubrechen.

»Im Frühling werden wir in Petersburg sein; da werden wir es selbst in Erfahrung bringen.«

»Es zu erfahren, ist nicht ausreichend; wir müssen auch alles tun, um …«

»Habe ich denn nicht alles getan? Wie habe ich ihm zugeredet, mich für ihn abgemüht, seine Angelegenheiten in Ordnung gebracht – aber er hat auf all das nicht reagiert! Wenn man mit ihm zusammen ist, so ist er zu allem bereit; aber sowie man ihm den Rücken kehrt, ist alles vorbei, und er schläft wieder ein. Man quält sich mit ihm vergebens ab wie mit einem Trunkenbolde!«

»Warum kehrst du ihm den Rücken?« erwiderte Olga ungeduldig. »Man muß gegen ihn ein energisches Verfahren anwenden; ihn mit in den Wagen nehmen und fortschaffen. Jetzt siedeln wir ja nach dem Gute über; da wird er in unserer Nähe sein … wir wollen ihn mitnehmen.«

»Wieviel Sorge er dir und mir macht!« sagte Andrei, indem er überlegend im Zimmer auf und ab ging. »Und es ist gar kein Ende davon abzusehen!«

»Belästigt dich das?« fragte Olga. »Das ist etwas Neues! Es ist das erste Mal, daß ich dich über diese Sorge murren höre.«

»Ich murre nicht«, antwortete Andrei; »ich überlege.«

»Aber warum überlegst du noch? Du hast dir selbst gesagt, daß das eine langweilige, verdrießliche Geschichte ist, nicht?«

Sie sah ihn mit einem forschenden Blicke an. Er schüttelte verneinend den Kopf.

»Nein, verdrießlich nicht, aber nutzlos; das denke ich manchmal.«

»Sage das nicht, sage das nicht!« unterbrach sie ihn. »Sonst werde ich wieder wie in der vorigen Woche den ganzen Tag über daran denken und mich abhärmen. Wenn bei dir die Freundschaft zu ihm erloschen ist, so mußt du aus Liebe zu ihm als Menschen diese Sorge tragen. Wenn du dessen müde wirst, so werde ich allein hinfahren und ohne ihn nicht fortgehen: er wird sich durch meine Bitten bewegen lassen; ich fühle, daß ich bitterlich weinen werde, wenn ich ihn geistig erstorben sehen sollte! Vielleicht werden meine Tränen …«

»Du meinst, sie werden ihn auferwecken?« unterbrach Andrei sie.

»Nein, sie werden ihn nicht zur Tätigkeit auferwecken, aber ihn wenigstens veranlassen, um sich zu blicken und sein Leben mit etwas Besserem zu vertauschen. Er wird nicht mehr im Schmutze leben, sondern bei seinesgleichen, bei uns. Sowie ich mich damals nur bei ihm zeigte, erwachte er auch sofort und schämte sich …«

»Du liebst ihn am Ende noch wie früher?« fragte Andrei im Scherz.

»Nein«, antwortete Olga ernsthaft und nachdenklich, wie wenn sie in die Vergangenheit zurückschaute. »Ich liebe ihn nicht wie früher; aber es gibt etwas, was ich an ihm liebe, etwas, dem ich, wie ich glaube, treu geblieben bin, und wovon ich mich nicht abgewandt habe wie andere …«

»Wer sind denn die anderen? Sprich, du giftige Schlange; stich nur zu: ich, nicht wahr? Du irrst dich. Aber wenn du die Wahrheit hören willst, so wisse: ich bin es gewesen, der dich gelehrt hat, ihn zu lieben, und der damit beinah ein großes Unheil angerichtet hätte. Ohne mich wärest du an ihm vorübergegangen, ohne ihn zu beachten. Ich habe dich darauf aufmerksam gemacht, daß er nicht weniger Verstand besitzt als andere Menschen, daß dieser Verstand nur von allerlei Kehricht bedeckt und verschüttet und im Müßiggange eingeschlummert ist. Soll ich dir sagen, warum er dir teuer ist, weswegen du ihn noch liebst?«

Sie nickte zum Zeichen der Bejahung mit dem Kopfe.

»Deswegen, weil er etwas besitzt, was wertvoller ist als aller Verstand: ein ehrliches, treues Herz! Dieses goldene Herz ist ein ihm angeborener Schatz; er hat ihn unbeschädigt durch das Leben getragen. Er hat sich von Stößen, die er erlitt, zu Fall bringen lassen und ist kalt geworden; niedergeschlagen und enttäuscht hat er die Lebenskraft verloren; aber was er nicht verloren hat, das ist die Ehrenhaftigkeit und die Treue. Sein Herz hat nie auch nur einen einzigen falschen Ton von sich gegeben, und es ist kein Schmutz an ihm haften geblieben. Keine aufgeputzte Lüge wird ihn jemals verführen und nichts ihn auf einen falschen Weg locken. Mag um ihn herum ein ganzer Ozean von Gemeinheit und Schlechtigkeit wogen, mag die ganze Welt von Gift schwellen und einen verkehrten Weg einschlagen: niemals wird Oblomow sich vor dem Götzenbilde der Lüge beugen; in seiner Seele wird es immer rein und hell und ehrenhaft aussehen … Das ist eine kristallhelle, durchsichtige Seele; solcher Menschen gibt es nur wenige; sie sind selten; es sind vereinzelte Perlen in der Menge! Sein Herz läßt sich durch nichts erkaufen; man kann sich auf ihn immer und überall verlassen. Das ist in ihm das Element, dem du deine Treue bewahrt hast, und darum werde ich die Sorge für ihn nie als eine Last empfinden. Ich habe viele Menschen mit schönen Vorzügen gekannt, bin aber nie einem reineren, helleren, schlichteren Herzen begegnet; ich habe viele geliebt, aber niemanden so beharrlich und so warm wie Oblomow. Wenn man ihn einmal kennen gelernt hat, kann man nicht wieder aufhören, ihn zu lieben. Ist es so? Habe ich es erraten?«

Olga schlug die Augen auf ihre Arbeit nieder und schwieg.

Andrei dachte nach.

»Ist das nun wirklich alles? Oder was fehlt noch? Ach! ...« fügte er dann, zu sich kommend, in fröhlichem Tone hinzu, »die ›taubenhafte Zärtlichkeit‹ hatte ich ganz vergessen ...«

Olga lachte auf, legte flink ihre Handarbeit hin, lief zu Andrei, schlang die Arme um seinen Hals, sah ihm ein paar Augenblicke lang mit ihren strahlenden Augen gerade in die seinigen, legte dann den Kopf an die Schulter ihres Mannes und versank in Gedanken. In ihrer Erinnerung erstand Oblomows sanftes, nachdenkliches Gesicht, sein zärtlicher Blick, seine Ergebung, dann sein klägliches, schamhaftes Lächeln, mit dem er bei der Trennung auf ihren Vorwurf geantwortet hatte ... und es wurde ihr so weh ums Herz, er tat ihr so leid ...

»Du wirst ihn nicht verlassen, wirst ihn nicht aufgeben?« sagte sie, ohne die Arme von dem Halse ihres Mannes wegzunehmen.

»Niemals! Es müßte denn zwischen uns unerwarteterweise ein Abgrund sich auftun oder eine Mauer sich erheben.

Sie küßte ihren Mann.

»Du wirst mich in Petersburg zu ihm mit hinnehmen?«

Er schwieg unschlüssig.

»Ja? ja?« fragte sie, hartnäckig eine Antwort verlangend.

»Höre mal, Olga«, sagte er und versuchte, seinen Hals von den umschlingenden Armen freizumachen; »da muß ich doch vorher ...«

»Nein, sage Ja! Versprich es mir! Ich lasse nicht davon ab!«

»Meinetwegen«, erwiderte er; »nur nicht gleich beim ersten Mal, sondern erst beim zweiten; ich weiß, wie es dir gehen wird, wenn er ...«

»Rede nicht weiter, rede nicht weiter! ...« unterbrach sie ihn. »Also du wirst mich mit hinnehmen; beide zusammen werden wir alles erreichen. Allein wirst du es nicht verstehen und auch nicht wollen!«

»Sei es so! Aber es wird dich angreifen und vielleicht auf lange«, sagte er, nicht ganz zufrieden damit, daß Olga ihm seine Einwilligung abgenötigt hatte.
»Also behalte es im Gedächtnis«, schloß sie, indem sie sich wieder auf ihren Platz setzte, »daß du ihn nur dann verlassen wirst, wenn ›zwischen ihm und dir ein Abgrund sich auftun oder eine Mauer sich erheben sollte‹. Ich werde diese Worte nicht vergessen.«

## IX.

Friede und Stille lagerten über der Wyborger Seite, über ihren ungepflasterten Straßen, über den hölzernen Trottoirs, über den dürftigen Gärten, über den mit Brennesseln bewachsenen Gräben, wo am Zaun eine Ziege mit einem zerrissenen Stricke am Halse eifrig Gras abrupfte oder stumpfsinnig hindämmerte. Um die Mittagszeit klapperten wohl die stutzerhaft hohen Absätze eines vorübergehenden Schreibers auf dem Trottoir; ein Musselinvorhang an einem Fensterchen bewegte sich, und hinter den Geraniumtöpfchen schaute eine Beamtenfrau hervor; oder es tauchte plötzlich über einem Gartenzaun für einen Augenblick ein frisches Mädchengesicht auf und verschwand sofort wieder; gleich darauf tauchte ein anderes, ebensolches Gesicht auf und verschwand ebenfalls; dann erschien wieder das erste und wurde von dem zweiten abgelöst; man hörte das Kreischen und Lachen der sich schaukelnden Mädchen.
Auch in dem Hause der Frau Pschenizyna war alles still. Wenn man auf den kleinen Hof trat, stand man mitten in einer lebenden Idylle: die Hühner und Hähne gerieten in un-

ruhige Bewegung und liefen davon, um sich in den Ecken zu verstecken; der Hund begann an der Kette umherzuspringen und laut zu bellen; Akulina hörte auf, die Kuh zu melken, der Hausknecht hielt im Holzhacken inne, und beide sahen den Besucher neugierig an.

»Zu wem wollen Sie?« fragte der Hausknecht, wies, wenn er den Namen Ilja Iljitschs oder den der Wirtin hörte, schweigend nach der Haustür und nahm dann seine Tätigkeit des Holzhackens wieder auf; der Besucher aber ging auf einem reinen, mit Sand bestreuten Steige zur Haustür, vor der auf den hinanführenden Stufen ein einfacher, sauberer Teppich lag, zog an dem messingnen, blankgeputzen Klingelgriff, worauf dann Anisja oder eines der Kinder, manchmal auch die Wirtin selbst oder Sachar die Tür öffnete – Sachar allerdings als der letzte.

Alles in Frau Pschenizynas Hause bekundete eine solche Fülle und Behäbigkeit der Wirtschaft, wie sie nicht einmal in jener früheren Zeit, als Agafja Matwjejewna noch mit ihrem Bruder in diesem Hause zusammen wohnte, vorhanden gewesen war.

Die Küche, die Kammern und das Büfett, alles war mit Regalen versehen, auf denen allerlei Geschirr stand: große und kleine, runde und ovale Schüsseln, Saucieren, Tassen, Stöße von Tellern und eine Menge von eisernen, kupfernen und irdenen Töpfen.

In den Schränken lag sowohl das der Wirtin gehörige Silberzeug, das schon längst eingelöst war und jetzt niemals versetzt wurde, als auch das Silberzeug Oblomows.

Ferner waren da ganze Reihen riesiger, dickbäuchiger und dann wieder auch winzig kleiner Teekannen und mehrere Reihen Porzellantassen; die Tassen waren von verschiedener Art: einfache, solche mit Malerei, solche mit Vergoldung, solche mit Sprüchen, solche mit flammenden Herzen, solche mit Chinesen. Ferner große Glasgefäße mit Kaffee, Zimt und Vanille, kristallene Teebüchsen, Menagen mit Öl und Essig. Ferner waren in einem Schranke ganze Regale vollgepackt mit Paketen, Flaschen und Schächtelchen, enthaltend allerlei Hausmittel, Kräuter, Mundwasser, Pflaster, verschiedene Arten Spiritus, Kampfer, allerlei Pulver, Räuchermittel; ebendort waren Seifen, Mittel zur Reinigung von Spitzen, zur Beseitigung von Flecken, und so weiter und so weiter, – alles, was man in einem beliebigen Hause jeder Provinzstadt bei jeder wohlhabenden Hausfrau vorfindet.

Wenn Agafja Matwjejewna plötzlich die Tür des mit all diesen Dingen angefüllten Schrankes öffnete, so konnte sie selbst alle diese betäubenden Gerüche nicht ertragen und mußte für einen Augenblick das Gesicht seitwärts wenden.

In der Speisekammer hingen an der Decke, damit die Mäuse nicht herankönnten, mehrere Schinken, Käse, Zuckerhüte, gedörrter Fisch, Säcke mit getrockneten Pilzen und mit Nüssen, die bei einem Finnen gekauft waren.

Auf dem Fußboden standen Kübel mit Butter, große zugedeckte Töpfe mit Sahne, Körbe mit Eiern und was sonst nicht noch alles! Es wäre die Feder eines zweiten Homer nötig, um vollständig und eingehend alles aufzuzählen, was in allen Ecken und auf allen Regalen dieser kleinen Arche häuslichen Lebens zusammengehäuft war.

Die Küche war das wahre Palladium der Tätigkeit der großartigen Wirtin und ihrer würdigen Gehilfin Anisja. Alles war im Hause vorhanden, und alles handgerecht und auf seinem Platze; man hätte sagen können, daß in allem Ordnung und Reinlichkeit herrschte, wenn nicht ein Winkel im ganzen Hause übrig geblieben wäre, wohin niemals weder ein Lichtstrahl, noch ein frischer Lufthauch, noch das Auge der Wirtin, noch die hurtige, immer fegende Hand Anisjas drang. Das war Sachars Kammer oder Nest.

Seine Kammer hatte kein Fenster, und die stete Dunkelheit wirkte zu der Verwandlung dieses Raumes aus einer menschlichen Wohnung in eine Höhle mit. Wenn Sachar dort manchmal die Wirtin mit irgendwelchen Verbesserungs- und Reinigungsplänen antraf, so erklärte er auf das bestimmteste, es sei nicht Weibersache, anzuordnen, wo und wie die Bürsten und die Stiefel liegen sollten; es gehe niemanden etwas an, warum bei ihm die Kleider in einem Haufen auf dem Fußboden lägen und sein Bett sich in der Ecke hinter dem Ofen im Staube befände; er sei es doch, der die Kleider trage und in diesem Bette schlafe, und nicht sie. Was aber den Badequast und die Bretter und die beiden Ziegelsteine und den Faßboden und die beiden Holzscheite anlange, die er bei sich in seinem Zimmer aufbewahre, so seien ihm die in der Wirtschaft unentbehrlich (wozu er sie aber brauche, das erklärte er nicht); der Staub ferner und die Spinnen seien ihm nicht störend; kurz, wie er seine Nase nicht zu ihnen in die Küche steckte, so wünsche er auch, daß sie ihn in Ruhe ließen.

Anisja, die er einmal dort antraf, überschüttete er mit einer solchen Flut verächtlicher Schimpfworte und machte eine so ernstgemeinte drohende Bewegung mit dem Ellbogen gegen ihre Brust, daß sie sich von da an fürchtete zu ihm hineinzusehen. Als die Sache an die höhere Instanz, das heißt an Ilja Iljitsch, gebracht und diesem zu geneigter Entscheidung vorgelegt war, ging der gnädige Herr hin, um eine Inspektion vorzunehmen und, wie es sich gehörte, strenge Anordnungen zu treffen; aber nachdem er bloß den Kopf zu Sachar durch die Tür hineingesteckt und einen Augenblick lang alles, was da war, angesehen hatte, spuckte er nur aus und sagte kein Wort.

»Was habt ihr nun erreicht?« sagte Sachar zu Agafja Matwjejewna und Anisja, die mit Ilja Iljitsch mitgekommen waren in der Hoffnung, daß sein Eingreifen zu einer Umänderung führen werde. Dann lächelte er auf seine Weise über das ganze Gesicht, so daß die Augenbrauen und der Backenbart sich nach den Seiten auseinanderzogen.

In den übrigen Zimmern war es überall hell, rein und frisch. Die alten verschossenen Vorhänge waren verschwunden und die Fenster und Türen des Salons und des Wohnzimmers mit blauen und grünen Draperien und Musselinvorhängen mit roten Festons versehen, alles die Arbeit der Hände Agafa Matwjejewnas.

Die Kissen waren weiß wie Schnee und erhoben sich wie ein Berg fast bis zur Zimmerdecke; die Bettdecke war von Seide und gesteppt.

Ganze Wochen lang war das Zimmer der Wirtin mit mehreren ausgezogenen und aneinandergereihten Chambretischen vollgestellt, auf denen diese Decken und Ilja Iljitschs Schlafrock ausgebreitet lagen.

Agafja Matwjejewna schnitt alles eigenhändig zu, legte Watte unter und steppte es durch, wobei sie sich mit ihrer festen Brust gegen die Arbeit legte, die Augen unverwandt auf sie heftete und sogar den Mund in Benutzung nahm, wenn ein Faden abgebissen werden mußte; sie arbeitete mit Liebe und mit unermüdlichem Fleiße und belohnte sich bescheiden mit dem Gedanken, daß der Schlafrock und die Decken den prächtigen Ilja Iljitsch einhüllen und wärmen und ihm zu Wohlgefühl und behaglicher Ruhe verhelfen würden.

Ganze Tage lang beobachtete er, in seinem Zimmer auf dem Sofa liegend, wie ihre nackten Arme, der Nadel und dem Faden folgend, sich hin und her bewegten. Bei dem Zischen des eingefädelten und dem Knistern des abgebissenen Fadens schlummerte er zu wiederholten Malen ein, wie einst in Oblomowka.

»Hören Sie doch auf zu arbeiten; Sie müssen ja müde werden!« suchte er ihr Einhalt zu tun.

»Gott liebt die Arbeit!« antwortete sie, ohne die Augen und die Hände von der Arbeit zu lassen.

Der Kaffee wurde ihm ebenso sorgfältig, reinlich und schmackhaft zubereitet und serviert wie vor einigen Jahren, als er in diese Wohnung eingezogen war. Suppe mit Gekröse, Makkaroni mit Parmesankäse, Fischpastete, Botwinja, junge Hühner vom eigenen Hofe, all dies löste einander in strenger Ordnung ab und brachte in das eintönige Leben des kleinen Häuschens eine angenehme Abwechslung.

In die Fenster warf vom Morgen bis zum Abend die Sonne ihre fröhlichen Strahlen herein, in der einen Hälfte des Tages von der einen, in der andern von der andern Seite; denn dank den auf beiden Seiten sich ausbreitenden Gemüsegärten hatte das Licht einen durch nichts behinderten Zugang. Die Kanarienvögel schmetterten lustig; die Geranien sowie die Hyazinthen, die die Kinder manchmal aus dem gräflichen Garten mitbrachten, erfüllten das kleine Zimmer mit ihrem starken Dufte, der sich in angenehmer Weise mit dem Rauche einer echten Havannazigarre und dem Geruche des Zimts und der Vanille mischte, die die Wirtin mit kräftigen Armbewegungen im Mörser stieß.

Ilja Iljitsch führte ein Leben, das gleichsam in einen Goldrahmen eingefaßt war, und in dem wie in einem Diorama nur die gewöhnlichen Phasen des Tages und der Nacht und der Jahreszeiten miteinander abwechselten, während andere Veränderungen fehlten, namentlich bedeutendere zufällige Ereignisse, die vom untersten Grunde des Lebens den ganzen oft bitteren und trüben Bodensatz aufwühlen.

Seit Stolz Oblomowka von den Zahlungen befreit hatte, die auf Grund des vom Bruder ergaunerten Schuldscheines aus den Einnahmen geleistet waren, und seit der Bruder und Tarantjew sich vollständig entfernt hatten, war mit ihnen auch jedes feindliche Element aus Ilja Iljitschs Leben verschwunden. Es umgaben ihn jetzt lauter schlichte, gutherzige, ihn liebende Persönlichkeiten, die es sich sämtlich zur Aufgabe gemacht hatten, durch ihre Existenz seinem Leben eine Stütze zu sein und ihm dazu zu verhelfen, daß er dasselbe gar nicht bemerke und gar nicht fühle.

Agafja Matwjejewna stand auf dem Höhepunkte ihres Lebens; sie lebte in so vollem Maße, wie es früher nie der Fall gewesen war, und sie fühlte das auch; nur konnte sie es, wie auch früher, niemals aussprechen, oder, richtiger gesagt, es kam ihr nicht in den Sinn, dies zu tun. Sie bat nur den lieben Gott, Ilja Iljitsch ein recht langes Leben zu schenken und ihn von aller »Trübsal, Heimsuchung und Not« zu befreien; ihr eigenes Geschick aber sowie das ihrer Kinder und ihres ganzen Hauses stellte sie dem Willen Gottes anheim. Ihr Gesicht aber drückte beständig die gleiche Glückseligkeit aus, ein Gefühl vollständiger Befriedigung ohne weitere Wünsche, also ein Gefühl, das nur selten vorkommt und bei keiner anderen Charakteranlage möglich ist.

Sie hatte an Körperfülle zugenommen; ihre Brust und ihre Schultern strahlten dieselbe vollständige Zufriedenheit aus; in ihren Augen leuchteten Sanftmut und nur wirtschaftliche Sorge. Es hatte sich bei ihr wieder jene Würde und jene Ruhe eingestellt, mit denen sie früher inmitten ihrer gehorsamen Untergebenen, Anisjas, Akulinas und des Hausknechtes, das Haus beherrscht hatte. Wie früher ging sie nicht, sondern glitt sie gleichsam vom Schranke zur Küche, von der Küche zur Speisekammer und erteilte gleichmäßig und ohne Hast ihre Befehle, mit dem vollen Bewußtsein dessen, was sie tat.

Anisja war noch lebhafter geworden als früher, weil mehr Arbeit vorhanden war. Beständig war sie in geschäftiger Bewegung, lief umher und arbeitete, alles nach Anweisung der Wirtin. Ihre Augen waren sogar noch heller als früher, und die Nase, diese redende Nase, ragte ordentlich vor ihrer ganzen Person hervor, wurde ganz rot von Sorgen, Gedanken und Absichten und redete ordentlich, auch wenn die Zunge schwieg.

Jede von beiden kleidete sich der Würde ihres Ranges und ihrer Pflichten entsprechend. Die Wirtin besaß jetzt einen großen Schrank mit einer Menge von seidenen Kleidern, Mantillen und Mänteln; ihre Hauben bestellte sie sich auf jener Seite, beinah in der Liteinaja-Straße; ihr Schuhzeug kaufte sie nicht auf dem Apraxin-Markte, sondern im Kaufhause, und ihr Hut stammte (man denke!) aus der Morskaja-Straße! Und Anisja zog, wenn sie mit dem Kochen fertig war, und namentlich Sonntags, ein wollenes Kleid an. Nur Akulina ging immer noch wie früher: den Saum des Rockes in den Gürtel gesteckt; und der Hausknecht konnte sich selbst in der heißesten Sommerzeit nicht von seinem Halbpelze trennen.

Von Sachar ist wenig zu vermelden. Er hatte sich aus einem grauen Frack eine Jacke gemacht; welche Farbe seine Beinkleider hatten, und woraus seine Krawatte hergestellt war, ließ sich nicht sagen. Er putzte die Stiefel, schlief dann, saß am Tore und blickte dort stumpfsinnig nach den spärlichen Passanten; oder endlich er saß in einem nahegelegenen Kramladen und tat dort ganz dasselbe und in ganz derselben Weise wie früher, zuerst in Oblomowka und dann in der Gorochowaja-Straße.

Und Oblomow selbst? Oblomow selbst war der volle Reflex und Ausdruck jener Ruhe, Zufriedenheit und ungestörter Stille, Indem er sein Dasein betrachtete und überdachte und sich immer mehr in dasselbe einlebte, kam er schließlich zu der Überzeugung daß er nichts mehr zu erstreben, nichts mehr zu suchen brauchte, und daß das Ideal seines Lebens sich verwirklicht hatte, wenn auch ohne Poesie und ohne jene hellen Farben, mit denen ehemals seine Phantasie ihm das großzügige, sorglose Herrenleben auf seinem Gute inmitten der Bauern und des Gutsgesindes ausgemalt hatte.

Er betrachtete sein gegenwärtiges Dasein als eine Fortsetzung derselben Lebensweise in Oblomowka, nur mit verändertem Kolorit der Örtlichkeit und zum Teil auch der Zeit. Auch hier war es ihm wie in Oblomowka gelungen, sich billig mit dem Leben abzufinden, sich bei ihm eine ungestörte Ruhe einzuhandeln und sie sich für die Dauer zu sichern.

Er triumphierte innerlich, daß er sich von den lästigen, quälenden Forderungen und Drohungen des Lebens davongemacht und sich von jener Gegend des Himmels entfernt hatte, unter der die Blitze großer Freuden leuchten und die plötzlichen Donnerschläge großer Leiden erschallen, wo trügerische Hoffnungen und prächtige Glücksvisionen ihr Spiel treiben, wo an dem Menschen der eigene Gedanke nagt und frißt und die Leidenschaft ihn tötet, wo der Geist bald fällt, bald triumphiert, wo der Mensch einen beständigen Kampf durchmacht und den Kampfplatz gemartert, aber immer unzufrieden und ungesättigt verläßt. Ohne den Genuß kennengelernt zu haben, der im Kampfe selbst liegt, hatte er in Gedanken auf ihn verzichtet, und seine Seele fühlte sich nur in dem vergessenen Winkelchen ruhig, das von Bewegung, Kampf und Leben unberührt war.

Wenn aber seine Phantasie noch einmal aufflammte, vergessene Erinnerungen und unerfüllte Träumereien wieder lebendig wurden, wenn in seinem Gewissen Vorwürfe rege wurden, wegen seines so und nicht anders verbrachten Lebens, dann schlief er unruhig, wachte auf, sprang aus dem Bette und beweinte manchmal mit kalten Tränen der Hoffnungslosigkeit das lichte, für immer erloschene Lebensideal,

so wie man einen teuren Entschlafenen beweint mit dem bitteren Bewußtsein, für ihn während seines Lebens nicht genug getan zu haben.
Dann blickte er auf seine Umgebung, genoß die irdischen Güter und beruhigte sich, indem er nachdenklich zusah, wie still und ruhig die Sonne in der feurigen Glut des Abendrotes unterging, und sagte sich schließlich, sein Leben habe sich nicht nur so einfach und schlicht gestaltet, sondern es sei auch so geschaffen, ja dazu prädestiniert, die Möglichkeit der idealen ruhigen Seite des menschlichen Daseins zu beweisen.
Anderen, dachte er, ist das Los zugefallen, die unruhige Seite des Lebens zum Ausdruck zu bringen, schaffend und zerstörend zu wirken: ein jeder hat eben seine Bestimmung!
Das war die Philosophie, die sich Oblomow als ein zweiter Plato zurechtgemacht hatte, und die ihn inmitten der Fragen und der strengen Forderungen der Pflicht und der Bestimmung einwiegte! Er war nicht zum Gladiator für die Arena geboren und erzogen, sondern zum friedlichen Zuschauer des Kampfes; seine ängstliche, träge Seele konnte weder die Aufregung des Glückes noch die schmerzhaften Schläge des Lebens ertragen; folglich brachte er in seiner Person nur das eine Gebiet des Lebens zur Anschauung und hatte keinen Anlaß, im Leben noch etwas zu erstreben, zu ändern oder zu bereuen.
Mit den Jahren stellten sich die Aufregungen und die Reue seltener ein, und er legte sich still und allmählich in den schlichten, geräumigen Sarg seiner übrigen Existenz, den er sich mit seinen eigenen Händen hergestellt hatte, wie die alten Eremiten, die, wenn sie sich vom Leben abwenden, sich selbst ein Grab graben.
Er phantasierte nicht mehr davon, wie er das Gut einrichten und mit all seinen Hausgenossen dorthin übersiedeln wolle. Der von Stolz eingesetzte Verwalter schickte ihm pünktlich

zu Weihnachten eine sehr beträchtliche Geldsumme; die Bauern brachten Brot und Geflügel, und im Hause herrschten Wohlstand und Fröhlichkeit.

Ilja Iljitsch schaffte sich sogar einen Wagen und zwei Pferde an; aber mit der ihm eigenen Vorsicht kaufte er sich solche Pferde, die erst nach dem dritten Peitschenschlage von der Haustür weggingen. Bei dem ersten und zweiten Schlage schwankte zuerst das eine Pferd und trat seitwärts, dann schwankte das andere Pferd und trat seitwärts; und dann erst streckten sie eifrig den Hals, den Rücken und den Schwanz aus, setzten sich gleichzeitig in Bewegung und fingen, mit den Köpfen nickend, an zu laufen. Mit diesem Gespann fuhr Wanja nach der andern Seite der Newa zum Gymnasium, und die Wirtin benutzte es bei allerlei Einkäufen.

In der Butterwoche und in der Osterwoche machte die ganze Familie mit Einschluß Ilja Iljitschs eine Spazierfahrt, die sie auch zu den Schaubuden führte. Ab und zu nahm er eine Loge und besuchte, ebenfalls mit dem ganzen Hause, das Theater.

Im Sommer wurden Ausflüge in die Umgegend der Stadt unternommen, am Elias-Freitage ging es nach der Pulvermühle. Man hätte sagen können, daß die gewöhnlichen Ereignisse des Lebens einander ablösten, ohne verderbliche Veränderungen herbeizuführen, wenn die schmerzhaften Schläge des Lebens die kleinen, friedlichen Winkel überhaupt nicht träfen. Aber leider ertönt der Donnerschlag, der die Fundamente der Berge und den gewaltigen Luftraum erschüttert, auch in einem Mauseloch, zwar schwächer und dumpfer, aber doch in einer für das Mauseloch empfindlichen Weise.

Ilja Iljitsch aß, wie in Oblomowka, mit viel Appetit und große Quantitäten, ging und arbeitete träge und wenig, ebenfalls wie in Oblomowka. Trotz des zunehmenden Lebensalters trank er sorglos Wein und Johannisbeerschnaps und gönnte sich noch sorgloser einen langen Nachmittagsschlaf. Auf einmal veränderte sich alles.

Als er eines Tages nach Tische sich erholt und geschlummert hatte und vom Sofa aufstehen wollte, war er dazu nicht imstande; er wollte ein Wort sagen, aber die Zunge gehorchte ihm nicht. Erschrocken winkte er nur mit der Hand, um jemand zur Hilfe herbeizurufen.

Hätte er mit niemandem als mit Sachar zusammen gewohnt, so würde er mit der Hand bis zum andern Morgen haben telegraphieren und schließlich sterben können, was man dann am andern Tage erfahren hätte, aber das Auge der Wirtin wachte über ihn wie das der Vorsehung; sie bedurfte keines Verstandes; ihr Herz erriet, daß ihrem Ilja Iljitsch etwas zugestoßen sei.

Und kaum war ihr diese Erkenntnis gekommen, da flog auch schon Anisja in einer Droschke zum Arzte, und die Wirtin legte ihm Eis auf den Kopf und schleppte zugleich aus dem geheimnisvollen Schränkchen alle möglichen Arten Spiritus und Wundwasser herbei, alles, was sie auf Grund ihrer eigenen Gewöhnung und fremder Mitteilung für nützlich erachtete. Sogar Sachar hatte unterdes Zeit gefunden, den einen Stiefel anzuziehen, und beteiligte sich so, mit einem Stiefel, zusammen mit dem Arzte, der Wirtin und Anisja an der Pflege seines Herrn.

Der Arzt brachte Ilja Iljitsch zum Bewußtsein zurück, ließ ihn zur Ader und erklärte dann, es liege ein Schlaganfall vor, und er müsse eine andre Lebensweise führen.

Branntwein, Bier und Wein wurde ihm mit wenigen, seltenen Ausnahmen verboten, ferner Fleischkost, sowie alle fetten und scharf gewürzten Speisen; statt dessen wurde ihm tägliche Bewegung und mäßiger Schlaf, nur des Nachts, vorgeschrieben.

Ohne Agafja Matwjejewnas Aufsicht wäre nichts davon zur Ausführung gelangt; aber sie verstand es, dieses System dadurch durchzusetzen, daß sie ihm das ganze Haus unterordnete und bald durch List, bald durch Freundlichkeit Oblomow von den verführerischen Gelüsten nach Wein, nach einem Mittagsschlafe und fetten Fischpasteten abbrachte.

Kaum schlummerte er ein, so fiel im Zimmer ein Stuhl ganz von selbst um, oder es ging im Nebenzimmer altes, unbrauchbares Geschirr geräuschvoll entzwei, oder es machten auch die Kinder einen Lärm, daß man hätte davonlaufen mögen! Wenn das nicht half, so ließ sich ihre sanfte Stimme vernehmen: sie rief ihn und fragte ihn nach etwas.

Der Gartensteig wurde in den Gemüsegarten hinein verlängert, und Ilja Iljitsch führte auf ihm morgens und abends einen zweistündigen Spaziergang aus. Sie ging mit ihm oder, wenn sie nicht konnte, Mascha oder Wanja oder ein alter Bekannter, der dienstfertige, sich in alles fügende, mit allem einverstandene Alexejew.

Da ging nun Ilja Iljitsch, sich auf Wanjas Schulter stützend, langsam auf dem Steige hin. Wanja, der schon fast ein Jüngling war und die Gymnasiastenuniform trug, mäßigte seinen forschen, schnellen Schritt nur mit Mühe, um ihn dem Gange Ilja Iljitschs anzupassen. Oblomow konnte mit dem einen Bein nicht ganz unbehindert auftreten – eine Nachwirkung des Schlaganfalles.

»Na, lieber Wanja, dann wollen wir wieder ins Zimmer gehen!« sagte er.

Sie begaben sich zur Tür. Aber Agafja Matwjejewna kam ihnen entgegen.

»Wohin wollt ihr denn so früh?« fragte sie, ihnen den Eintritt verwehrend.

»Wieso ›so früh‹? Wir sind wohl zwanzigmal hin und zurück

gegangen, und von hier bis zum Zaune sind fünfzig Saschen, das macht zwei Werst.«

»Wievielmal seid ihr gegangen?« fragte sie ihren Sohn.

Dieser wurde verlegen.

»Lüge nicht; sieh mich an!« drohte sie, ihm in die Augen schauend. »Ich sehe das gleich. Denk an den Sonntag; ich lasse dich nicht zu Besuch gehen.«

»Nein, Mamachen, wirklich, wir sind wohl zwölfmal hin und her gegangen.«

»Ach, was bist du für ein Schelm!« sagte Oblomow. »Du hast immer an Akazienblättern gerupft; ich aber habe jedesmal gezählt ...«

»Nein, geht nur noch länger! Ich habe auch die Fischsuppe noch nicht fertig!« entschied die Wirtin und schlug ihnen die Tür vor der Nase zu.

Und Oblomow mußte, er mochte wollen oder nicht, noch acht Touren abzählen; dann erst durfte er ins Zimmer gehen. Dort dampfte auf dem großen, runden Tische die Fischsuppe. Oblomow setzte sich auf seinen Platz; er saß allein auf dem Sofa; rechts neben ihm saß auf einem Stuhle Agafja Matwjejewna, links auf einem kleinen Kinderstuhle mit einem Riegel zum Vorschieben saß ein etwa dreijähriges Kind. Neben dieses setzte sich Mascha, die schon ein Mädchen von ungefähr dreizehn Jahren war, dann Wanja und endlich, Oblomow gegenüber, auch Alexejew, der an diesem Tage zu Gaste war.

»Warten Sie, ich möchte Ihnen noch einen Bars geben; da ist gerade ein recht fetter!« sagte Agafja Matwjejewna, indem sie Oblomow einen Bars auf den Teller legte.

»Dazu würde eine Pastete gut schmecken!« bemerkte Oblomow.

»Das habe ich vergessen, ganz vergessen! Und ich hatte es noch gestern abend vor; aber mein Gedächtnis läßt mich jetzt ganz im Stich!« erwiderte Agafja Matwjejewna listig. »Und Ihnen habe ich auch vergessen Kohl zu den Koteletts zu kochen«, fügte sie, sich an Alexejew wendend, hinzu. »Nehmen Sie so vorlieb!«

Auch das war wieder eine List.

»Das tut ja nichts; ich esse alles«, versetzte Alexejew.

»Warum bekommt er denn eigentlich nicht Schinken mit Erbsen oder ein Beefsteak?« fragte Oblomow. »Das sind seine Lieblingsgerichte ...«

»Ich bin selbst auf den Markt gegangen, Ilja Iljitsch, und habe mich umgesehen; aber es war kein gutes Rindfleisch da! Dafür habe ich Ihnen eine Gelatine aus Kirschsirup machen lassen; ich weiß, daß Sie die gern essen«, fügte sie, sich zu Alexejew wendend, hinzu.

Die Gelatine war für Ilja Iljitsch unschädlich, und deshalb mußte auch der mit allem einverstandene Alexejew sie gern essen.

Nach dem Mittagessen konnte niemand und nichts Oblomow davon abhalten, sich hinzulegen. Er streckte sich gewöhnlich gleich dort auf dem Sofa auf den Rücken hin, aber nur um ein Stündchen so zu liegen. Damit er nicht einschlafe, pflegte die Wirtin ihm gleich dort, während er auf dem Sofa lag, den Kaffee einzugießen; auch spielten die Kinder in demselben Zimmer auf dem Teppich, und Ilja Iljitsch mußte, er mochte wollen oder nicht, sich daran beteiligen.

»Necke den kleinen Andrei nicht; er wird gleich anfangen zu weinen!« schalt er Wanja, als dieser das Kind neckte.

»Mascha, paß auf, der kleine Andrei wird sich am Stuhl stoßen!« warnte er besorgt, als das Kind unter die Stühle gekrochen war.

Und Mascha stürzte hin, um das »Brüderchen«, wie sie den Kleinen nannte, hervorzuholen.

Alles wurde für eine Weile still; die Wirtin war in die Küche gegangen, um nachzusehen, ob der Kaffee noch nicht fertig sei. Die Kinder hatten sich beruhigt. Im Zimmer ließ sich ein Schnarchen vernehmen, anfangs leise, wie *con sordino*, dann lauter, und als Agafja Matwjejewna mit der dampfenden Kaffeekanne erschien, schlug ihr ein Schnarchen wie in einer Fuhrmannsherberge entgegen.

Sie sah Alexejew vorwurfsvoll an und wiegte den Kopf hin und her.

»Ich habe ihn geweckt; aber er hat sich nicht darum gekümmert«, sagte Alexejew zu seiner Rechtfertigung.

Sie stellte schnell die Kaffeekanne auf den Tisch, hob den kleinen Andrei vom Fußboden auf und setzte ihn sachte auf das Sofa zu Ilja Iljitsch. Das Kind kroch an ihm hin, gelangte bis zum Gesichte und faßte ihn an die Nase.

»Ah! Was ist? Wer ist das?« sagte Ilja Iljitsch beunruhigt beim Erwachen.

»Sie waren eingeschlafen, und der kleine Andrei ist hinaufgekrochen und hat Sie aufgeweckt«, sagte die Wirtin freundlich.

»Wann wäre ich denn eingeschlafen?« rechtfertigte sich Oblomow, indem er den kleinen Andrei in seine Arme nahm. »Als ob ich nicht gemerkt hätte, wie er mit seinen Händchen an mir herumkrabbelte. Ich höre alles! Ach, du Schlingel: hat er mich an die Nase gefaßt! Ich will dich! Warte nur, warte nur!« sagte er, das Kind hätschelnd und liebkosend. Dann setzte er es auf den Fußboden und seufzte so, daß es durch das ganze Zimmer schallte. »Erzählen Sie etwas, Iwan Alexejewitsch!« sagte er.

»Wir haben ja schon alles durchgesprochen, Ilja Iljitsch; ich weiß nichts mehr zu erzählen«, antwortete dieser.

»Wie können Sie sagen, daß Sie nichts mehr wissen? Sie kommen doch unter Menschen: gibt es da nichts Neues? Ich denke, Sie lesen auch Zeitungen?«

»Ja, das tue ich manchmal, oder andere lesen Zeitungen und reden darüber, und ich höre zu. So hat gestern bei Alexei Spiridonowitsch der Sohn, ein Student, vorgelesen ...«

»Was hat er denn vorgelesen?«

»Von den Engländern, daß sie jemandem Gewehre und Schießpulver geliefert haben. Alexei Spiridonowitsch sagte, es werde Krieg geben.«

»Wem haben sie denn das geliefert?«

»Nach Spanien, oder nach Indien – ich erinnere mich nicht; aber der Gesandte war sehr unzufrieden.«

»Was denn für ein Gesandter?« fragte Oblomow.

»Das habe ich schon wieder vergessen!« sagte Alexejew, indem er die Nase zur Zimmerdecke aufhob und sich zu erinnern versuchte.

»Mit wem denn Krieg?«

»Mit dem türkischen Pascha, glaube ich.«

»Na, was gibt es sonst noch Neues in der Politik?« fragte Ilja Iljitsch nach einem kurzen Stillschweigen.

»Da schreiben sie in der Zeitung, daß die Erdkugel sich immer mehr abkühle; sie werde einmal ganz kalt werden.«

»Aber hören Sie mal! Ist denn das Politik?« sagte Oblomow.

Alexejew war betroffen. »Dmitri Alexejewitsch hat zuerst von Politik gesprochen«, entschuldigte er sich; »aber dann hat er immer weiter gelesen und nicht gesagt, wo sie aufhörte. Ich weiß, daß das schon zur Literatur gehört.«

»Was hat er denn über Literatur vorgelesen?« fragte Oblomow.

»Er hat vorgelesen, die besten Schriftsteller seien Dmitrijew, Karamsin, Batjuschkow und Schukowski ...«

»Nicht auch Puschkin?«

»Puschkin war nicht dabei. Ich habe mich selbst gewundert, warum er nicht dabei war! Er ist doch ein Chenie«, sagte Alexejew, indem er G wie Ch aussprach.

Es folgte ein Stillschweigen. Die Wirtin brachte ihre Handarbeit herein und begann mit der Nadel hin und her zu fahren, wobei sie ab und zu Ilja Iljitsch und Alexejew ansah und achtsam horchte, ob es nicht irgendwo eine Ungehörigkeit oder einen Lärm gebe, ob sich auch nicht Sachar mit Anisja herumzankte, ob Akulina auch das Geschirr abwasche, und ob auch nicht das Pförtchen auf dem Hofe knarre, das heißt, ob sich auch nicht der Hausknecht nach dem »Etablissement« davonmache.

Oblomow versank sachte in Schweigen und Nachdenken. Dieses Nachdenken war nicht Schlaf und nicht Wachen: er ließ sorglos seine Gedanken frei umherirren, ohne sie auf einen bestimmten Gegenstand zu konzentrieren, horchte ruhig auf das gleichmäßige Pochen seines Herzens und zwinkerte manchmal mit den Augen wie jemand, der seinen Blick nirgendhin richtete. Er geriet in einen undefinierbaren, rätselhaften Zustand hinein, in eine Art von Halluzination.

Es stellen sich bei dem Menschen manchmal seltene, kurze, nachdenkliche Augenblicke ein, wo es ihm scheint, als durchlebe er etwas schon irgendeinmal und irgendwo Erlebtes zum zweiten Mal. Ob er das jetzt vor ihm Vorgehende einmal geträumt oder ob er es früher erlebt und dann vergessen hat, weiß er nicht; aber er sieht: es sitzen dieselben Personen um ihn herum, die damals um ihn herumsaßen, und dieselben Worte sind schon früher einmal gesprochen worden. Die Phantasie hat nicht die Kraft, ihn wieder dorthin zu versetzen, und das Gedächtnis läßt die Vergangenheit nicht wieder auferstehen und ruft ein unsicheres Schwanken hervor.

Dasselbe ging jetzt in Oblomow vor. Es umfing ihn eine schon irgendwo dagewesene Stille; ein bekanntes Pendel bewegte sich hin und her; das Knistern eines abgebissenen Fadens wurde vernehmbar; bekannte Worte und ein bekanntes Flüstern wiederholten sich.

»Ich kann doch gar nicht mit dem Faden in das Nadelöhr treffen; da, Mascha, du hast schärfere Augen!«

Er blickte träge, mechanisch und wie selbstvergessen nach dem Gesichte der Wirtin hin, und aus der Tiefe seiner Erinnerungen tauchte eine Gestalt auf, die er kannte, die er irgendwo gesehen hatte. Er suchte herauszubekommen, wann und wo das gewesen war …

Und er sah den großen, dunklen, von einem Talglichte beleuchteten Salon in seinem Elternhause; er sah, wie seine verstorbene Mutter und ihre weiblichen Gäste an einem runden Tische saßen; sie nähten schweigend; der Vater ging schweigend auf und ab. Die Gegenwart und die Vergangenheit flossen zusammen und vermischten sich.

Es träumte ihn, daß er jenes gelobte Land erreicht habe, wo Ströme von Milch und Honig fließen, wo die Menschen Brot essen, das sie nicht erarbeitet haben, und in Gold und Silber gekleidet gehen.

Er hörte die Erzählungen von Träumen und von Vorzeichen, das Klappern der Teller, das Klopfen der Messer; er schmiegte sich an die Kinderfrau und lauschte ihrer greisenhaften, zitternden Stimme:

»Militrisa Kirbitjewna«, sagte sie zu ihm, indem sie auf die Gestalt der Wirtin hinwies.

An dem blauen Himmel schwamm, wie es ihm schien, dasselbe Wölkchen wie damals; derselbe Wind wehte ins Fenster herein und spielte mit seinen Haaren; ein Oblomowkaer Truthahn ging vor dem Fenster vorbei und kollerte.

Da fing der Hund an zu bellen: es kam gewiß Besuch. Ob wohl Andrei mit seinem Vater aus Werchlowo gekommen war? Das war für ihn ein Festtag. In der Tat, das mußte er sein: die Schritte kamen immer näher; die Tür ging auf »Andrei!« rief er. Wirklich stand Andrei vor ihm, aber nicht der Knabe, sondern der gereifte Mann.

Oblomow kam zur Besinnung: er sah wachend, nicht etwa halluzinierend, den wirklichen, wahrhaftigen Stolz vor sich. Die Wirtin ergriff schnell das kleine Kind, riß ihre Näharbeit vom Tische und führte die Kinder hinaus; auch Alexejew verschwand. Stolz und Oblomow blieben allein und sahen einander schweigend und ohne sich zu rühren an. Stolz drang ordentlich mit den Augen in das Innere seines Freundes ein.

»Bist du es, Andrei?« fragte Oblomow kaum hörbar vor Aufregung, wie nur ein Liebhaber nach einer langen Trennung seine Geliebte fragt.

»Ja, ich bin es«, antwortete Andrei leise. »Du lebst und bist gesund?«

Oblomow umarmte ihn und drückte sich fest an ihn.

»Ach!« sagte er zur Antwort in gedehntem Tone und brachte in diesem Ach die ganze Macht der Traurigkeit und Freude zum Ausdruck, die in seiner Seele lange verborgen gelegen hatte, und von der er seit ihrer Trennung vielleicht nie jemanden etwas hatte merken lassen.

Sie setzten sich und sahen einander wieder unverwandt an.

»Bist du gesund?« fragte Andrei.

»Ja, jetzt bin ich es, Gott sei Dank.«

»Aber du bist krank gewesen?«

»Ja, Andrei, ich habe einen Schlaganfall gehabt ...«

»Ist es möglich? O Gott!« rief Andrei erschrocken und teilnahmsvoll. »Aber doch ohne schlimme Folgen?«

»Ja, nur das linke Bein habe ich nicht recht in der Gewalt ...« antwortete Oblomow.

»Ach, Ilja, Ilja! Was ist nur mit dir? Du hast dich ja ganz und gar gehen lassen! Was hast du denn diese ganze Zeit her getan? Das ist keine Kleinigkeit: wir haben uns schon seit mehr als vier Jahren nicht gesehen!«

Oblomow seufzte.

»Warum bist du denn nicht nach Oblomowka gefahren? Warum hast du nicht geschrieben?«
»Was soll ich dir sagen, Andrei? Du kennst mich; frage nicht weiter!« antwortete Oblomow traurig.
»Und du bist immer noch hier, in dieser Wohnung?« sagte Stolz, sich im Zimmer umsehend. »Du bist nicht ausgezogen?«
»Ja, ich bin immer noch hier Und jetzt werde ich auch nicht mehr ausziehen!«
»Wie? Entschieden nicht?«
»Ja, Andrei, entschieden nicht!«
Stolz blickte ihn unverwandt an, dachte nach und begann im Zimmer auf und ab zu gehen.
»Und was macht Olga Sergejewna? Ist sie gesund? Wo ist sie? Denkt sie noch …«
Er sprach nicht zu Ende.
»Sie ist gesund und denkt noch an dich, als ob ihr euch erst gestern getrennt hättet. Ich werde dir gleich sagen, wo sie ist. …«
»Und die Kinder?«
»Auch die Kinder sind gesund … Aber sage mal, Ilja: du scherzest doch nur, daß du hierbleiben willst? Ich bin gekommen, um dich zu holen, um dich von hier wegzuschaffen, zu uns, aufs Land …«
»Nein, nein!« erwiderte Oblomow, die Stimme senkend und nach der Tür hinblickend; er befand sich offenbar in großer Aufregung. »Nein, bitte, fange nicht davon an; sage so etwas nicht …«
»Warum nicht? Was ist mit dir?« begann Stolz. »Du kennst mich: ich habe mir schon längst diese Aufgabe gestellt und werde nicht davon ablassen. Bisher haben mich allerlei Geschäfte davon zurückgehalten; aber jetzt bin ich frei. Du mußt mit uns zusammen wohnen, in unserer Nähe: Olga

und ich haben das beschlossen, und so wird es auch geschehen. Gott sei Dank, daß ich dich in einem solchen Zustande und nicht in einem schlimmeren vorgefunden habe. Ich hatte es nicht zu hoffen gewagt … Komm also! … Ich habe vor, dich nötigenfalls mit Gewalt fortzuschaffen! Du mußt anders leben; du weißt schon wie …«

Oblomow hatte diese erregte Rede ungeduldig angehört.

»Schreie nicht so; bitte, sprich leiser!« bat er flehentlich. »Dort …«

»Was ist dort?«

»Man wird es hören … die Wirtin wird denken, ich wolle wirklich wegziehen …«

»Nun, was schadet das? Mag sie es doch denken!«

»Ach, wie wäre das möglich!« unterbrach ihn Oblomow. »Höre, Andrei!« fügte er plötzlich in einem entschlossenen Tone, wie man ihn an ihm gar nicht gewohnt war, hinzu, »mache keine vergeblichen Versuche; rede mir nicht zu: ich bleibe hier.«

Stolz richtete einen Blick des Erstaunens auf seinen Freund. Oblomow sah ihn ruhig und mit entschlossener Miene an.

»Du gehst zugrunde, Ilja!« sagte er. »Dieses Haus, dieses Weib … dieses ganze Dasein … Es ist nicht möglich: komm mit, komm mit!«

Er faßte ihn am Ärmel und zog ihn zur Tür.

»Warum willst du mich fortführen? Wohin?« sagte Oblomow, sich sträubend.

»Weg aus dieser Grube, aus diesem Sumpfe, ans Licht, ins Freie, wo es ein gesundes, normales Leben gibt!« rief Stolz, auf seinem Verlangen ernst, fast gebieterisch bestehend. »Wo bist du? Was ist aus dir geworden? Komm zur Besinnung! Ist dies das Leben, zu dem du dich in deiner Jugend vorbereitet hast? wie ein Maulwurf in einer Höhle zu schlafen? Erinnere dich an alles …«

»Erinnere mich an nichts, rühre die Vergangenheit nicht auf: du wirst sie nicht wieder zurückbringen!« sagte Oblomow mit festem Gesichtsausdruck und im vollen Bewußtsein seines Verstandes und Willens. »Was willst du mit mir anfangen? Mit jener Welt, in die du mich hineinziehen möchtest, bin ich für immer zerfallen; es wird dir nicht gelingen, die beiden getrennten Hälften zusammenzulöten und zu vereinigen. Ich bin mit einer wunden Stelle an dieser Grube festgewachsen: wenn du versuchst, mich loszureißen, so wird das mein Tod sein.«

»Aber blicke doch um dich: wo bist du, und mit wem lebst du hier?«

»Ich weiß es, ich fühle es ... Ach, Andrei, ich fühle das alles, verstehe das alles: ich schäme mich schon lange, auf der Welt zu leben! Aber ich bin nicht imstande, mit dir deinen Weg zu gehen, selbst wenn ich wollte ... Vielleicht wäre es das letzte Mal noch möglich gewesen. Jetzt ...« (er schlug die Augen nieder und schwieg ein Weilchen) »jetzt ist es zu spät ... Geh weg und halte dich nicht mit mir auf! Ich bin deiner Freundschaft würdig, das weiß Gott; aber ich bin nicht wert, daß du dich um mich abmühst.«

»Nein, Ilja, du sagst da etwas, aber nicht alles. Ich werde dich trotzdem wegbringen und werde es gerade deswegen tun, weil ich etwas argwöhne ... Höre mal«, fuhr er fort, »zieh dir etwas an und komm mit mir mit; verlebe den Abend mit mir zusammen! Ich werde dir vieles, vieles erzählen; du weißt wohl gar nicht, was für ein reges Leben bei uns jetzt herrscht, du hast nichts davon gehört?«

Oblomow blickte ihn fragend an.

»Du kommst ja gar nicht unter Menschen, das hatte ich ganz vergessen. Komm mit, ich werde dir alles erzählen ... Weißt du, wer hier am Tore im Wagen auf mich wartet ... Ich werde sie herrufen!«

»Olga!« rief Oblomow erschrocken. Sein Gesicht sah ganz verändert aus. »Um Gotteswillen, laß sie nicht hierher, fahre weg! Lebe wohl, lebe wohl, um Gotteswillen!«
Er versuchte geradezu, Stolz hinauszudrängen; aber dieser rührte sich nicht.
»Ich darf ohne dich nicht zu ihr zurückkehren; ich habe ihr mein Wort gegeben, hörst du, Ilja? Wenn ich dich heute nicht wegbekomme, so morgen; du verzögerst die Sache nur, wirst mich aber nicht loswerden … Wir werden uns morgen oder übermorgen wiedersehen; aber wiedersehen werden wir uns bestimmt!«
Oblomow schwieg, ließ den Kopf hängen und wagte es nicht, Stolz anzusehen.
»Wann kommst du also? Olga wird mich fragen.«
»Ach, Andrei«, antwortete er in zärtlichem, flehendem Tone, indem er ihn umarmte und ihm den Kopf an die Schulter legte. »Laß ganz von mir ab … vergiß mich …«
»Wie? Für immer?« fragte Stolz erstaunt, machte sich aus seinen Armen los und sah ihm ins Gesicht.
»Ja!« flüsterte Oblomow.
Stolz trat einen Schritt von ihm zurück.
»Bist du das wirklich, Ilja?« rief er vorwurfsvoll. »Du stößt mich fort, und um ihretwillen, um dieses Weibes willen! … Mein Gott!« (er schrie beinah auf, wie infolge eines plötzlichen Schmerzes). »Dieses kleine Kind, das ich vorhin gesehen habe … Ilja, Ilja! Fliehe von hier, komm, komm so schnell wie möglich! Wie tief bist du gesunken! Dieses Weib was ist sie dir …«
»Meine Frau!« antwortete Oblomow ruhig.
Stolz stand wie versteinert da.
»Und dieses Kind ist mein Sohn! Er heißt Andrei, zur Erinnerung an dich!« fügte Oblomow hinzu und atmete ruhig auf, nachdem er so mit einem Male alles ausgesprochen

und seine Seele von der Last der Geheimhaltung befreit hatte.
Jetzt war es Stolz, dessen Gesichtsausdruck sich änderte; er sah sich erstaunt und beinah geistesabwesend rings um. Vor ihm hatte plötzlich »ein Abgrund sich aufgetan«, »eine steinerne Mauer sich erhoben«, und Oblomow war gleichsam nicht mehr da, gleichsam aus seinen Augen verschwunden, in die Erde versunken, und er fühlte nur den brennenden Schmerz, den jemand empfindet, wenn er nach längerer Trennung in freudiger Aufregung herbeieilt, um einen Freund wiederzusehen, und nun erfährt, daß er schon längst nicht mehr existiert, daß er gestorben ist.
»Er ist zugrunde gegangen!« flüsterte er mechanisch. »Was werde ich nun zu Olga sagen?«
Oblomow hatte die letzten Worte gehört, wollte etwas sagen, vermochte es aber nicht. Er streckte seinem Freunde beide Arme hin, und sie umarmten einander schweigend und fest, so wie man sich vor einem Kampfe, vor dem Tode umarmt. Diese Umarmung erstickte ihre Worte, ihre Tränen, ihre Gefühle …
»Vergiß meinen Andrei nicht!« das waren Oblomows letzte Worte, die er mit erlöschender Stimme sprach.
Andrei ging schweigend und langsam hinaus, schritt langsam und nachdenklich über den Hof und stieg in den Wagen; Oblomow aber setzte sich auf das Sofa, stützte sich mit den Ellbogen auf den Tisch und verbarg das Gesicht in den Händen.
»Nein, ich werde deinen Andrei nicht vergessen«, dachte Stolz traurig, während er über den Hof ging. »Du bist zugrunde gegangen, Ilja; es hat keinen Zweck, dir zu sagen, daß dein Oblomowka nicht mehr von der Welt abgeschieden daliegt, daß auch deine Heimat an die Reihe gekommen ist, von den Strahlen der Sonne beschienen zu werden! Ich

werde dir nicht sagen, daß nach vier Jahren Oblomowka eine Eisenbahnstation sein wird, daß deine Bauern an der Aufschüttung des Bahndammes arbeiten werden und dann dein Getreide auf der Bahn nach dem Anlegeplatz rollen wird ... Und dann ... Schulen, Unterricht und alles Weitere ... Nein, du würdest über die Morgenröte des neuen Glückes erschrecken, und deine dessen ungewohnten Augen würden dir weh tun. Aber deinen Andrei werde ich dahin führen, wohin zu gelangen dir nicht beschieden war ... und mit ihm zusammen werde ich unsere Jugendträume verwirklichen. – Lebe wohl, du altes Oblomowka!« sagte er, zum letzten Mal nach den Fenstern des kleinen Häuschens zurückblickend. »Du hast dein Leben beschlossen!«

»Nun, was gibt es dort?« fragte Olga mit starkem Herzklopfen. »Nichts!« antwortete Andrei trocken und kurz.

»Lebt er und ist er gesund?«

»Ja«, erwiderte Andrei widerwillig.

»Warum bist du denn so bald wieder zurückgekommen? Warum hast du mich nicht hingerufen und ihn nicht hergebracht? Laß mich hin!«

»Es ist unmöglich.«

»Was geht denn dort vor?« fragte Olga erschrocken. »Hat sich etwa ›ein Abgrund aufgetan‹? Willst du es mir nicht sagen?«

Er schwieg.

»Aber was gibt es denn da eigentlich?«

»Oblomowerei!« antwortete Andrei finster und beobachtete auf Olgas weitere Fragen, bis sie zu ihrem Hause gelangt waren, ein düsteres Schweigen.

## X.

Es waren fünf Jahre vergangen. Vieles hatte sich auch auf der Wyborger Seite verändert: an der früher wenig bebauten Straße, an der das Haus der Frau Pschenizyna lag, waren Landhäuser entstanden, und zwischen ihnen erhob sich ein langgestrecktes, steinernes staatliches Gebäude, welches die Sonnenstrahlen verhinderte, lustig in die Fensterscheiben des friedlichen Asyls der Trägheit und Ruhe hineinzuscheinen.

Auch das Häuschen selbst war ein wenig gealtert; es sah vernachlässigt und unsauber aus wie ein Mensch, der sich nicht rasiert hat. Die Farbe war abgegangen, die Dachrinnen stellenweise zerbrochen; infolgedessen standen auf dem Hofe Schmutzpfützen, über die wie früher ein schmales Brett gelegt war. Wenn jemand durch das Pförtchen hereinkam, sprang der alte schwarze Hund nicht mehr eifrig an der Kette umher, sondern bellte heiser und träge, ohne aus seiner Hütte herauszukommen.

Und welche Veränderungen waren im Innern des Häuschens vorgegangen! Dort herrschte eine fremde Frau, und andere Kinder als die früheren tollten umher. Dort erschien wieder von Zeit zu Zeit das rote Trinkergesicht des händelsüchtigen Tarantjew, aber nicht mehr das Gesicht des sanften, dienstfertigen Alexejew. Weder Sachar noch Anisja sind zu sehen: eine neue dicke Köchin wirtschaftet in der Küche und erfüllt widerwillig und unter groben Bemerkungen Agafja Matwjejewnas stille Befehle, und dieselbe Akulina mit dem in den Gürtel gesteckten Kleidersaume wäscht die Töpfe und Kübel; derselbe verschlafene Hausknecht in demselben Schafpelze beschließt müßig sein Leben in seinem Kämmerchen. Neben dem Gitterzaun huscht zu bestimmen

Stunden am frühen Morgen und am Nachmittag wieder die Gestalt des »Bruders« vorbei, mit dem großen Paket unter dem Arm und Sommers und Winters in Gummischuhen.

Was ist aus Oblomow geworden? Wo ist er? Wo? Auf dem nächsten Kirchhofe ruht sein Leib unter einer bescheidenen Urne zwischen Gebüsch an einem stillen Plätzchen. Fliedersträuche, die eine Freundeshand gepflanzt hat, neigen sich wie schlummernd über das Grab, und ungestört wächst auf ihm duftender Wermut. Es scheint, daß der Engel der Stille selbst den Schlaf des Ruhenden behütet.

Wie sorgsam auch das Auge seiner Frau jeden Augenblick seines Lebens bewacht hatte, so hatten doch die stete Ruhe, die stete Stille und das träge Hinüberschleichen von einem Tage zum andern unvermerkt die Maschinerie seines Lebens zum Stillstande gebracht. Ilja Iljitsch war anscheinend ohne Schmerzen und Qualen verschieden, so wie eine Uhr stehen bleibt, die man aufzuziehen vergessen hat.

Niemand sah seine letzten Augenblicke, und niemand hörte sein Stöhnen vor dem Tode. Der Schlaganfall hatte sich noch einmal wiederholt, nach einem Jahre, und war wieder glücklich vorübergegangen; nur wurde Ilja Iljitsch blaß und schwach, aß wenig, ging nur noch wenig in das Gärtchen hinaus und wurde immer schweigsamer und melancholischer; manchmal weinte er sogar. Er ahnte den nahen Tod und fürchtete ihn.

Mehrere Male befiel ihn ein Unwohlsein, das aber vorüberging. Eines Morgens brachte ihm Agafja Matwjejewna wie gewöhnlich den Kaffee und – fand ihn auf seinem Totenbette ebenso sanft ruhend, wie wenn er schliefe; nur der Kopf hatte sich ein wenig, vom Kissen heruntergeschoben, und die Hand war krampfhaft gegen das Herz gedrückt, wo das Blut anscheinend zusammengeströmt war und gestockt hatte.

Drei Jahre lang hatte Agafja Matwjejewna nun als Witwe gelebt; in dieser Zeit hatte sich alles wieder in den früheren Zustand zurückverändert. Der Bruder hatte sich mit Lieferungen für den Staat befaßt, war aber dabei verarmt; durch allerlei List und Kriecherei war es ihm mit Not und Mühe gelungen, seine frühere Sekretärstelle in der Kanzlei, »wo die Bauern eingetragen werden«, wiederzubekommen, und so ging er denn wieder zu Fuß zum Dienste, brachte Viertelrubel, halbe Rubel und Zwanzigkopekenstücke heim und füllte damit einen Kasten an, den er vor jedem Späherblick versteckt hielt. Die Wirtschaft wurde in ebenso ordinärer, einfacher Form, aber auch mit ebenso delikater, reichlicher Beköstigung wie in früherer Zeit, vor der Oblomowschen Periode, geführt.

Die erste Rolle im Hause spielte die Frau des Bruders, Irma Panteljejewna, das heißt, sie nahm für sich das Recht in Anspruch, spät aufzustehen, dreimal Kaffee zu trinken, dreimal am Tage den Anzug zu wechseln und, was die Wirtschaft anlangte, nur darauf zu sehen, daß ihre Unterröcke so steif wie möglich gestärkt wurden. Um alles übrige kümmerte sie sich nicht, und Agafja Matwjejewna war wie früher das lebendige Pendel im Hause: sie hatte die Küche unter sich, sorgte dafür, daß ein jeder im Hause Tee und Kaffee bekam, nähte für alle und beaufsichtigte das Weißzeug, die Kinder, Akulina und den Hausknecht.

Aber warum tat sie das? Sie war ja doch Frau Oblomowna, eine Gutsbesitzerin; sie hätte getrennt für sich und unabhängig leben können und brauchte sich um niemanden und um nichts zu kümmern? Was konnte sie veranlassen, die Last eines fremden Haushaltes, die Sorge um fremde Kinder und all die Kleinigkeiten auf sich zu nehmen, mit denen sich eine Frau sonst nur entweder aus inniger Liebe, im Gefühl der heiligen, durch die Familienbande ihr auferlegten Pflicht, oder aber um des täglichen Brotes willen abgibt? Wo waren denn Sachar und Anisja, die nach allen Rechten ihre Diener waren? Wo war endlich das lebende Pfand, das ihr Mann ihr hinterlassen hatte, der kleine Andrei? Wo waren ihre Kinder von dem ersten Manne?

Ihre Kinder waren versorgt; das heißt, Wanja hatte die Schule durchgemacht und war in den Staatsdienst getreten; Mascha hatte den Aufseher eines staatlichen Gebäudes geheiratet; den kleinen Andrei aber hatten sich Stolz und seine Frau zur Erziehung erbeten und betrachteten ihn als ein Glied ihrer Familie. Agafja Matwjejewna war nie der Meinung gewesen, daß der kleine Andrei und ihre ersten Kinder einen ähnlichen Lebensgang haben müßten, und hatte sie in dieser Hinsicht nie auf die gleiche Stufe gestellt, obwohl sie in ihrem Herzen vielleicht unbewußt ihnen allen den gleichen Platz zuerteilte. Aber die Erziehung, die Lebensweise und das künftige Leben des kleinen Andrei mußten nach ihrer Auffassung von Wanjas und Maschas Leben himmelweit verschieden sein.

»Was sind die denn? Ebensolche gewöhnliche Sorte wie ich selbst«, sagte sie geringschätzig. »Sie sind von gemeiner Herkunft; aber dieser«, fügte sie mit Bezug auf den kleinen Andrei beinah hochachtungsvoll hinzu und streichelte ihn mit einer gewissen wenn nicht Schüchternheit so doch Behutsamkeit, »dieser ist ein Herrchen! Wie schön weiß er aussieht, wie ein Glasapfel, und was für kleine Händchen und Füßchen er hat, und Härchen wie Seide. Er kommt ganz nach seinem seligen Vater!«

Daher ging sie widerspruchslos und sogar mit einer gewissen Freude auf Stolzens Anerbieten, Andrei zur Erziehung zu übernehmen, ein; denn sie war der Meinung, daß dort sein richtiger Platz sei und nicht bei ihr, in »gemeiner Umgebung«, mit ihren schmutzigen Neffen, den Kindern des Bruders, zusammen.

Nach Oblomows Tode lebte sie etwa ein halbes Jahr lang mit Anisja und Sachar im Hause, ganz gebrochen vor Schmerz. Sie trat einen Pfad zu dem Grabe ihres Mannes aus, weinte ohne Unterlaß, aß und trank fast nichts, nährte sich nur von Tee, tat oft nachts kein Auge zu und kam körperlich ganz herunter. Sie klagte nie jemandem gegenüber, und je weiter sie sich von dem Augenblicke der Trennung entfernte, um so mehr zog sie sich, wie es schien, in sich selbst, in ihren Kummer zurück und schloß sich von allen, sogar von Anisja, ab. Niemand wußte, wie es in ihrer Seele aussah.

»Ihre Hauswirtin weint ja immer noch um ihren Mann«, sagte auf dem Markte der Händler, von dem die Lebensmittel für das Haus entnommen wurden, zur Köchin.

»Sie grämt sich immer um ihren Mann«, sagte der Kirchenälteste, auf sie hinzeigend, zu der Hostienbäckerin in der Friedhofskirche, wohin die untröstliche Witwe allwöchentlich kam, um da zu beten und zu weinen.

»Sie ist immer noch ganz entzwei!« wurde im Hause des Bruders gesagt.

Eines Tages erschien plötzlich bei ihr unerwartet die ganze Familie des Bruders, mit den Kindern und sogar mit Tarantjew, unter dem Vorwande der Beileidsbezeigung. Sie erschöpften sich in Tröstungen und Ratschlägen, »sich nicht zugrunde zu richten, sich für die Kinder zu schonen«, lauter Redewendungen, die sie vor fünfzehn Jahren beim Tode ihres ersten Mannes zu hören bekommen hatte, und die damals von dem gewünschten Erfolg begleitet gewesen waren, die aber eigentümlicherweise bei ihr jetzt Widerwillen und Ekel hervorriefen.

Es wurde ihr erheblich leichter zumute, als die Besucher von etwas anderem zu reden anfingen und ihr erklärten, sie könnten wieder zusammen wohnen; es werde sowohl ihr leichter sein, »inmitten der Ihrigen ihr Leid zu tragen«, als

auch ihnen selbst erwünscht, da niemand es so wie sie verstehe, ein Haus in Ordnung zu halten.
Sie bat um Bedenkzeit, quälte sich noch ein paar Monate lang mit ihrem Grame und willigte schließlich ein, mit ihnen zusammen zu leben. Um diese Zeit nahm Stolz den kleinen Andrei zu sich, und sie blieb allein.
Da ging sie nun in einem schwarzen Kleide, mit einem schwarzen wollenen Tuch um den Hals wie ein Schatten aus dem Zimmer in die Küche, machte wie früher die Schränke auf und zu, nähte, plättete Spitzen, aber still und ohne Energie; sie sprach, wie es schien, nur widerwillig, mit leiser Stimme, und sah nicht wie früher mit Augen um sich, die sorglos von einem Gegenstande zum andern liefen, sondern mit einem in sich gekehrten Ausdruck, mit einem verborgenen innerlichen Gedanken in den Augen. Dieser Gedanke hatte sich, wie es schien, in dem Augenblicke unsichtbar auf ihrem Gesichte gelagert, als sie ernst und lange in das tote Gesicht ihres Mannes blickte, und hatte sie seitdem nicht wieder verlassen.
Sie bewegte sich im Hause herum und verrichtete mit den Händen alles, was nötig war; aber ihre Gedanken nahmen daran nicht teil. Als sie ihren Mann verloren hatte und neben seiner Leiche stand, da begriff sie, wie es scheint, plötzlich ihr Leben und dachte über den Inhalt desselben nach, und dieser nachdenkliche Gedanke legte sich für immer wie ein Schatten auf ihr Gesicht. Nachdem sie den ersten heftigen Schmerz ausgeweint hatte, konzentrierte sie ihr Denken auf das Bewußtsein dieses Verlustes: außer dem kleinen Andrei war alles übrige für sie gestorben. Nur wenn sie diesen sah, erwachten bei ihr gleichsam Anzeichen des Lebens, ihre Gesichtszüge begannen sich zu regen, ihre Augen füllten sich mit einem freudigen Glanze und strömten dann über von Tränen der Erinnerung.

Ihrer ganzen Umgebung stand sie fremd gegenüber. Mochte nun der Bruder über einen unnötigerweise ausgegebenen oder nicht abgehandelten Rubel, über einen angebrannten Braten, über einen nicht ganz frischen Fisch räsonieren, oder mochte die Schwägerin über nicht steif genug gestärkte Unterröcke, über schwachen und kalten Tee maulen, oder mochte die dicke Köchin grobe Reden führen: Agafja Matwjejewna beachtete nichts davon, als ob von ihr gar nicht die Rede wäre, und hörte nicht einmal das boshafte Geflüster: »Eine gnädige Frau, eine Gutsbesitzerin!«

Sie antwortete auf das alles mit der Würde ihres Schmerzes und mit ergebungsvollem Stillschweigen.

In der Christwoche, an hohen Feiertagen, an den vergnügten Abenden der Butterwoche, wenn alles im Hause jubelte, sang, aß und trank, dann brach sie plötzlich inmitten der allgemeinen Fröhlichkeit in heiße Tränen aus und versteckte sich in ihr Stübchen.

Nachher nahm sie sich wieder zusammen und blickte sogar manchmal auf den Bruder und seine Frau mit einer Art von Stolz und von Mitleid.

Sie begriff, daß die Glanzzeit ihres Lebens unwiderruflich vorbei war, daß Gott ihrem Leben eine Seele verliehen und nun wieder genommen hatte, daß in ihrem Leben eine Sonne aufgeleuchtet hatte und für immer erloschen war ... Für immer, freilich; aber dafür hatte auch ihr Leben für immer einen Inhalt gewonnen; jetzt wußte sie, warum sie gelebt hatte, und daß sie nicht vergebens gelebt hatte.

Sie hatte so innig und so viel geliebt: sie hatte Oblomow geliebt als ihren Liebhaber, als ihren Mann und als ihren Herrn; nur verstand sie, ebenso wie früher, niemals, es jemandem zu sagen. Und es würde auch niemand von ihrer Umgebung sie verstanden haben. Wo hätte sie die Ausdrücke dafür hernehmen sollen? In dem Sprachschatze des Bruders, Tarantjews und der Schwägerin gab es keine solchen Worte, weil es keine solchen Begriffe gab; nur Ilja Iljitsch würde sie verstanden haben; aber sie hatte es ihm gegenüber niemals ausgesprochen, weil sie es damals selbst noch nicht begriffen und verstanden hatte.

Mit den Jahren begriff sie ihre Vergangenheit immer klarer und deutlicher, verbarg sie immer tiefer in ihrem Innern und wurde immer schweigsamer und verschlossener. Die hellen Strahlen und das stille Licht von den wie im Augenblick vorübergeflogenen sieben Jahren ergossen sich über ihr ganzes Leben, und sie hatte nichts mehr, was sie hätte wünschen und erstreben können.

Nur wenn Stolz für den Winter vom Gute nach der Stadt kam, lief sie zu ihm ins Haus, betrachtete leidenschaftlich den kleinen Andrei, liebkoste ihn mit schüchterner Zärtlichkeit und wollte dann etwas zu Andrei Iwanowitsch sagen, ihm danken, ja, ihm alles aussprechen, was in ihrem Herzen verborgen war und dort ein stilles Leben führte; er hätte sie verstanden, aber sie fand nicht die Worte, sondern stürzte nur zu Olga hin, drückte ihre Lippen auf deren Hände und brach dann in einen solchen Strom heißer Tränen aus, daß auch diese unwillkürlich anfing mit ihr zu weinen, und Andrei, tief erregt, eilig das Zimmer verließ.

Sie alle verband eine gemeinsame Sympathie, die Erinnerung an die kristallreine Seele des Verstorbenen. Stolz und Olga baten Agafja Matwjejewna mehrmals, mit ihnen aufs Land zu ziehen und dort bei ihnen und dem kleinen Andrei zu leben; aber sie wiederholte immer: »Wo man geboren ist und sein ganzes Leben verbracht hat, da muß man auch sterben.«

Vergeblich legte ihr Stolz über die Verwaltung des Gutes Rechenschaft ab und übersandte ihr die ihr zukommenden Einkünfte; sie gab alles zurück und bat, es für den kleinen Andrei aufzuheben.

»Es gehört ihm und nicht mir«, wiederholte sie hartnäckig. »Er wird es gebrauchen können; er ist ein Edelmann; ich aber werde auch so durchkommen.«

## XI.

Eines Tages gingen um die Mittagszeit auf der Wyborger Seite zwei Herren das Holztrottoir entlang; ein Wagen fuhr langsam hinter ihnen her. Der eine von ihnen war Stolz, der andre ein Freund von ihm, ein Schriftsteller, ein korpulenter Herr, mit einem apathischen Gesichte und nachdenklichen, scheinbar schläfrigen Augen. Sie kamen zur Kirche; die Messe war gerade zu Ende, und das Volk strömte auf die Straße, allen voran die Bettler. Diese bildeten eine große, buntscheckige Schar.

»Ich möchte gern wissen, wo die Bettler herkommen«, sagte der Schriftsteller, sie anblickend.

»Woher? Die kriechen aus allerlei Ritzen und Winkeln heraus ...«

»Das meinte ich mit meiner Frage nicht«, erwiderte der Schriftsteller. »Ich möchte gern wissen, wie man zum Bettler werden, in diese Lage kommen kann. Geschieht das plötzlich oder allmählich, ist es Wahrheit oder Lüge? ...«

»Warum willst du das wissen? Hast du etwa vor, *Mystères de Pétersbourg* zu schreiben?«

»Vielleicht ...« versetzte der Schriftsteller mit trägem Gähnen.

»Da bietet sich dir hier Gelegenheit: frage den ersten besten; für einen Rubel wird er dir seine ganze Geschichte verkaufen; du schreibst sie dann nieder und verkaufst sie mit Profit weiter. Sieh mal diesen Alten; der scheint der normale Typus eines Bettlers zu sein. Heda, Alter, komm mal her!«

Der Alte wandte sich auf den Ruf um, nahm die Mütze ab und kam zu ihnen heran.

»Meine barmherzigen Herren!« sagte er mit heiserer Stimme, »helfen Sie einem armen, in dreißig Kämpfen verstümmelten Krieger ...«

»Sachar!« rief Stolz erstaunt. »Bist du es?«

Sachar verstummte plötzlich; dann schützte er die Augen mit der Hand gegen die Sonne und blickte Stolz unverwandt an. »Verzeihen Sie, Exzellenz, ich erkenne Sie nicht ... ich bin ganz blind geworden!«

»Hast du den Freund deines Herrn, Stolz, vergessen?« erwiderte Stolz vorwurfsvoll.

»Ach, ach, Väterchen Andrei Iwanowitsch! O Gott, ich war mit Blindheit geschlagen! Väterchen, teures Väterchen!«

Er geriet in hastige Bewegung, haschte nach Stolzens Hand, und da er sie nicht fassen konnte, so küßte er dessen Rockschoß.

»Daß Gott mich elenden Hund diese Freude hat erleben lassen ...« heulte er, halb weinend, halb lachend. Sein ganzes Gesicht machte den Eindruck, als wäre es von der Stirn bis zum Kinn mit einem dunkelroten Brandmal bedeckt; die Nase war außerdem noch mit einer bläulichen Farbe überzogen. Der Kopf war ganz kahl, der Backenbart groß wie früher, aber zusammengedrückt und wirr wie Filz; es sah aus, als ob in jede Hälfte ein Schneeball hineingelegt wäre. Bekleidet war er mit einem alten, ganz verschossenen Mantel, an dem der eine Schoß fehlte; an den nackten Füßen trug er alte, schiefgetretenen Überschuhe; in der Hand hielt er eine ganz abgescheuerte Pelzmütze.

»Ach, du barmherziger Gott! Welche Gnade hast du mir heute zum Feiertage erwiesen ...«

»In was für einem Zustande befindest du dich denn da? Woher kommt das? Schämst du dich nicht?« fragte ihn Stolz in strengem Tone.

»Ach, Väterchen Andrei Iwanowitsch! Was soll ich machen?« antwortete Sachar mit einem schweren Seufzer. »Wovon soll ich mich ernähren? Früher, solange Anisja noch lebte, da habe ich mich nicht so herumgetrieben; da hatte ich immer ein Stück Brot; aber als sie an der Cholera gestorben war (Gott schenke ihr das Himmelreich!), da wollte der Bruder der gnädigen Frau mich nicht im Hause behalten; er nannte mich einen Tagedieb. Michei Andrejewitsch Tarantjew paßte immer, wenn ich an ihm vorbeikam, die Gelegenheit ab, mir von hinten einen Fußtritt zu versetzen: es war nicht mehr auszuhalten! Wie viele Vorwürfe mußte ich über mich ergehen lassen! Glauben Sie mir, gnädiger Herr, jeder Bissen Brot blieb mir im Halse stecken. Wenn die gnädige Frau nicht gewesen wäre (Gott gebe ihr Gesundheit!)«, fügte Sachar, sich bekreuzend, hinzu, »so wäre ich schon längst in der Kälte umgekommen. Sie gab mir im Winter etwas anzuziehen und Brot, soviel ich wollte, und ein Plätzchen auf dem Ofen, all das gab sie mir aus ihrem guten Herzen. Aber sie fingen an, auch ihr um meinetwillen Vorwürfe zu machen, und da ging ich denn weg, wohin mich meine Füße trugen! Jetzt ist es schon das zweite Jahr, daß ich dieses elende Leben führe …«

»Warum hast du nicht eine Stelle angenommen?« fragte Stolz.

»Wo kann denn unsereiner heutzutage eine Stelle finden, Väterchen Andrei Iwanowitsch? Ich bin bei zwei Familien gewesen; aber ich konnte es den Leuten nicht zu Dank machen. Alles ist jetzt anders, nicht mehr so wie früher; es ist schlechter geworden. Sie verlangen als Diener Leute, die lesen und schreiben können; und selbst bei vornehmen Herrschaften ist es nicht mehr so, daß im Vorzimmer ein ganzer Haufe von Dienern sitzt. Sie halten sich alle nur einen, höchstens zwei Diener. Die Stiefel ziehen sie sich selbst aus: sie haben da so eine Maschine erfunden!« fuhr Sachar bekümmert fort. »Es ist eine Schmach und Schande; das edelmännische Wesen verschwindet aus der Welt!«

Er seufzte.

»Da trat ich bei einem Deutschen in den Dienst, einem Kaufmann; ich sollte im Vorzimmer sitzen. Es ging alles gut; aber da stellte er mich am Büfett an! Ist das eine Arbeit für mich? Eines Tages trug ich Glasgeschirr, so böhmisches; aber der Fußboden war so glatt und schlüpfrig, hol' ihn der Teufel! Auf einmal rutschte ich aus, und alle die Gläser, so viele auf dem Präsentierbrett standen, fielen auf die Erde; na, da wurde ich fortgejagt. Ein andermal fand eine alte Gräfin an meinem Äußern Gefallen: ›Er sieht so respektabel aus‹, sagte sie und nahm mich als Portier an. Das ist ein schönes, altertümliches Amt; man sitzt nur mit würdevoller Miene auf einem Stuhle, schlägt ein Bein über das andre und schaukelt langsam damit; und wenn jemand kommt, so antwortet man nicht gleich, sondern schreit ihn zuerst an und dann erst läßt man ihn herein oder packt ihn am Kragen und wirft ihn hinaus, je nachdem es nötig ist. Wenn aber vornehmer Besuch kommt, dann muß man mit dem Stabe salutieren, sehen Sie, so!« (Sachar machte es mit der bloßen Hand vor.) »Das ist eine angenehme Stellung; das kann man nicht anders sagen! Aber die gnädige Frau war so furchtbar heikel, Gott verzeihe es ihr! Einmal warf sie einen Blick in meine Kammer und sah da eine Wanze; da fing sie an, mit den Füßen zu stampfen und zu schreien, als ob ich die Wanzen erfunden hätte. Wo gibt es denn eine Hauswirtschaft ohne Wanzen? Ein andermal ging sie an mir vorbei, und es kam ihr so vor, als ob ich nach Branntwein röche … so eine war sie, wahrhaftig! Und da kündigte sie mir.«

»Du riechst aber tatsächlich nach Branntwein, und zwar ganz gehörig!« sagte Stolz.

»Vor Kummer, Väterchen Andrei Iwanowitsch, weiß Gott, vor Kummer!« erwiderte Sachar heiser und zog schmerzlich die Stirn in Falten. »Ich habe auch versucht, als Kutscher zu dienen. Ich vermietete mich bei einem Herrn; aber ich erfror mir die Füße; ich habe nicht Kraft genug, ich bin alt geworden! Und dann war ich an ein so böses Pferd geraten; einmal warf es sich unter den Wagen und zerbrach mir beinah die Knochen; ein andermal überfuhr es eine alte Frau, und ich wurde auf die Polizei gebracht …«

»Na, genug davon; gib das Herumtreiben und das Trinken auf und komm zu mir; ich werde dir ein Plätzchen geben; komm mit aufs Land! Hörst du?«

»Ich höre, Väterchen Andrei Iwanowitsch; aber …«

Er seufzte.

»Ich möchte nicht von hier fortziehen, von dem Grabe! Ach, unser Wohltäter Ilja Iljitsch!« heulte er. »Ich habe heute wieder für ihn gebetet; Gott gebe ihm das Himmelreich! Solch einen Herrn hat Gott von uns genommen! Er lebte zur Freude der Menschen; er hätte hundert Jahre leben sollen …« fügte Sachar schluchzend und die Stirn runzelnd hinzu. »Da war ich heute an seinem Grabe; wenn ich nach dieser Seite komme, dann gehe ich auch immer dorthin, setze mich da hin und sitze da lange; die Tränen laufen mir nur so aus den Augen … Manchmal versinke ich ganz in Gedanken; alles ist so still, und da kommt es mir so vor, als riefe er: ›Sachar, Sachar!‹ Und da läuft mir ein Schauer über den Rücken! So einen Herrn gibt es nicht wieder! Und wie lieb hat er Sie gehabt! Gedenke, o Gott, seiner Seele in deinem Reiche!«

»Nun, dann komm wenigstens, um dir den kleinen Andrei anzusehen; ich werde dir Essen und Kleidung geben lassen, und dann magst du tun, was du willst!« sagte Stolz und gab ihm Geld.

»Ich werde kommen; wie sollte ich nicht gern kommen, um Andrei Iljitsch anzusehen? Er ist gewiß schon hübsch groß geworden! O Gott! Welche Freude hat mich Gott erleben lassen! Ich werde kommen, Väterchen; Gott gebe Ihnen eine gute Gesundheit und ein langes, langes Leben …« rief Sachar dem davonfahrenden Wagen nach.

»Nun, hast du die Geschichte dieses Bettlers gehört?« sagte Stolz zu seinem Freunde.

»Was war denn das für ein Ilja Iljitsch, von dem er sprach?« fragte der Schriftsteller.

»Oblomow; ich habe dir oft von ihm erzählt.«

»Ja, ich erinnere mich des Namens: er war dein Kamerad und Freund. Was ist denn aus ihm geworden?«

»Er ist zugrunde gegangen, um nichts und wieder nichts.« Stolz seufzte und überließ sich seinen Gedanken.

»Und doch war er nicht dümmer als andere, und seine Seele war rein und klar wie Glas; er war ein vornehmdenkender, zartfühlender Mensch und – ist zugrunde gegangen!«

»Aber warum denn? Was war die Ursache?«

»Die Ursache … ja, die Ursache! Die Oblomowerei!« antwortete Stolz.

»Die Oblomowerei!« sprach ihm der Schriftsteller erstaunt nach. »Was ist denn das?«

Ich werde es dir sogleich erzählen; laß mich nur erst meine Gedanken sammeln und in meinem Gedächtnisse Umschau halten. Du aber schreib es nieder; vielleicht hat jemand davon Nutzen.«

Und er erzählte ihm das, was hier geschrieben steht.